ELETROMAGNETISMO
Fundamentos e simulações

Claudio Elias da Silva
Arnaldo José Santiago
Alan Freitas Machado
Altair Souza de Assis

©2014 by Pearson Education do Brasil

Todos os direitos reservados. Nenhuma parte desta publicação poderá ser reproduzida ou transmitida de qualquer modo ou por qualquer outro meio, eletrônico ou mecânico, incluindo fotocópia, gravação ou qualquer outro tipo de sistema de armazenamento e transmissão de informação, sem prévia autorização, por escrito, da Pearson Education do Brasil.

DIRETOR EDITORIAL E DE CONTEÚDO: Roger Trimer
GERENTE EDITORIAL: Kelly Tavares
SUPERVISORA DE PRODUÇÃO EDITORIAL: Silvana Afonso
COORDENADORA DE DESENVOLVIMENTO EDITORIAL: Danielle Sales
COORDENADORA DE PRODUÇÃO GRÁFICA: Tatiane Romano
EDITOR DE AQUISIÇÕES: Vinícius Souza
EDITORES DE DESENVOLVIMENTO: Rodrigo Manoel e Gabrielle Navarro
REVISÃO: Maria Alice da Costa
CAPA: Alberto Vonach Corrêa
PROJETO GRÁFICO E DIAGRAMAÇÃO: Oitava Rima
ESTAGIÁRIA: Karina Ono

Dados Internacionais de Catalogação na Publicação (CIP)
(Câmara Brasileira do Livro, SP, Brasil)

Eletromagnetismo : fundamentos e simulações / Claudio Elias da Silva...[et al.]. – São Paulo : Pearson Education do Brasil, 2014.

Outros autores: Arnaldo José Santiago, Alan Freitas Machado, Altair Souza de Assis
ISBN 978-85-430-0111-1

1. Eletromagnetismo 2. Eletromagnetismo - Estudo e ensino I. Silva, Claudio Elias da. II. Santiago, Arnaldo José. III. Machado, Alan Freitas. IV. Assis, Altair Souza de.

14-00590   CDD-537.07

Índice para catálogo sistemático:
1. Eletromagnetismo : Física : Estudo e ensino
537.07

Printed in Brazil by Reproset RPSA 227157

Direitos exclusivos cedidos à
Pearson Education do Brasil Ltda.,
uma empresa do grupo Pearson Education
Avenida Francisco Matarazzo, 1400
Torre Milano – 7o andar
CEP: 05033-070 -São Paulo-SP-Brasil
Telefone 19 3743-2155
pearsonuniversidades@pearson.com

Distribuição
Grupo A Educação
www.grupoa.com.br
Fone: 0800 703 3444

ELETROMAGNETISMO
Fundamentos e simulações

Prefácio

O rápido desenvolvimento tecnológico que estamos vivenciando tem tornado o eletromagnetismo uma das mais importantes disciplinas da física básica. A teoria eletromagnética, porém, apresenta muitos desafios de compreensão para a maioria dos alunos dos cursos de engenharia e demais cursos de ciências exatas, como física, matemática e geociências. Esses desafios são observados tanto em relação aos conceitos quanto aos cálculos efetuados, bem como nas deduções das equações relevantes, suas aplicações e na resolução de exercícios.

As dificuldades encontradas por grande número de alunos, apesar das várias obras no mercado que tratam do assunto, motivaram os autores, habituados a ministrar essa disciplina em diferentes instituições de ensino superior, a elaborar um livro que atendesse aos anseios e necessidades de nossos estudantes, levando em conta as lacunas que não foram preenchidas em sua formação, sem que fosse necessário retroceder a ponto de comprometer a qualidade que o curso possa demandar, mantendo a mesma carga horária dos cursos convencionais.

Logo, esta obra se propõe como um curso básico e, por essa razão, tivemos o cuidado de prepará-la utilizando as ferramentas matemáticas compatíveis com a formação curricular das áreas elencadas anteriormente, fazendo, por exemplo, uso quase exclusivo de coordenadas cartesianas, sem, contudo, deixar de lado a árdua tarefa de deduzir passagens matemáticas, uma vez que, na maior parte das vezes, tal estudo é relegado aos alunos como estudo a ser desenvolvido em casa, tarefa essa que nem sempre realizam, o que compromete o desenvolvimento de seu aprendizado.

Além disso, resolvemos, na íntegra, grande número de exercícios, apresentados como exemplos ao longo do texto, conciliando teoria e suas aplicações para facilitar a visualização e a prática matemática. No final de cada capítulo, apresentamos um número viável de exercícios para que o estudante possa efetivamente resolvê-los e adquirir confiança gradualmente.

Outro aspecto relevante e dificilmente encontrado em um livro sobre este assunto é a apresentação concomitante do formalismo integral e diferencial, abordada inicialmente no capítulo sobre a lei de Gauss (Capítulo 3), que pode, a critério do professor, ser postergada sem com isso comprometer a proposta sequencial do curso, servindo, no entanto, como complemento diferenciado da abordagem desse fenômeno físico.

Como o livro é fundamentalmente sobre a teoria eletromagnética, ele inicia sua jornada abordando independentemente as teorias da eletricidade e do magnetismo, percorrendo todos os principais fenômenos eletromagnéticos até a proposta do físico inglês James Clerk

Maxwell, a saber, de unir essas duas teorias e prever a existência e propagação de ondas eletromagnéticas, deduzidas aqui inicialmente para o vácuo.

Chamamos a atenção para o Capítulo 10, sobre oscilações eletromagnéticas, assunto que, em geral, apresenta desafios a professores e alunos, em grande medida porque a maioria dos textos a respeito é pouco didática na apresentação de seu conteúdo e nas ferramentas matemáticas utilizadas. Procuramos, assim como nos demais capítulos, apresentar de forma sucinta essas ferramentas, inserindo-as no próprio texto, e abordar o assunto com mais detalhamento para facilitar o trabalho do professor e a aprendizagem do aluno.

Ainda de acordo com nossa meta de facilitar e enriquecer a aprendizagem do estudante, visando sua melhor qualificação para a vida acadêmica e o mercado de trabalho, bem como de fornecer recursos para contribuir com a atividade docente, buscamos explorar a efetiva facilidade com que os alunos atualmente utilizam e dominam as ferramentas digitais, por meio da inclusão, no Site de Apoio, de simulação computacional como ferramenta de estudo e exercícios, estimulando a interatividade com a matéria objeto de estudo. Isso se dá por meio do software Modellus, que possibilita replicar (modelar) o funcionamento de um sistema real ou idealizado para determinar como esse sistema físico responderá a mudanças em sua estrutura, ambiente ou condições de contorno, utilizando simulação computacional interativa e animada. Em última análise, o Site de Apoio disponibiliza um laboratório virtual, possibilitando, portanto, a experimentação "em tempo real".

O Modellus encontra-se disponível on-line no Site de Apoio e pode ser acessado por professores e alunos também para a realização de experimentações e exercícios sugeridos ao longo do livro nos boxes *Aplique seus conhecimentos*. Disponibilizamos também o código em Matlab para resolução de problemas *top-down* (do mais geral para o mais específico) da maioria dos exercícios, estimulando assim sua interatividade com a matéria que é nosso objeto de estudo.

Importa ressaltar, ainda, que as simulações propostas no ambiente virtual visam fixar os principais conceitos e estão presentes em todos os capítulos, de forma que o professor que assim o desejar possa estruturar toda sua aula de acordo com essas modelagens.

Desse modo, o livro estrutura-se em 16 capítulos, propondo uma introdução ao eletromagnetismo até o Capítulo 12. Já os capítulos 13, 14, 15 e 16 encontram-se disponíveis exclusivamente on-line, no Site de Apoio, para quem quiser se aprofundar em situações específicas das aplicações da teoria eletromagnética que são particularmente úteis às engenharias, incluindo tópicos como propagação de ondas no meio material, linhas de transmissão, guia de ondas e antenas, além da resolução de exercícios propostos.

Agora, desejamos expressar nosso agradecimento a todos que contribuíram para tornar este livro possível. Em primeiro lugar, agradecemos a nossas inúmeras turmas de alunos, às quais tivemos o prazer de ensinar, o que nos motivou a realizar a presente obra. Também agradecemos aos colegas do Instituto de Física Armando Dias Tavares, da Uerj, e em especial àqueles relacionados a seguir, pelo incentivo, sugestões e comentários: Armando Dias Tavares Jr., Pedro von Ranke Perlingeiro, Lilian Pantoja Sosman, Nilson Antunes de Oliveira, Romir Reis, Andrés Reinaldo Rodriguez Papa, Eduardo Pilard Nóbrega, Ada Petronila López Giménez, José de Sá Borges Filho, Carlos Augusto de Azevedo, José Roberto Pinheiro Mahon, José Carlos Xavier da Silva, Henrique Pereira de Oliveira, Raul José da Silva Câmara, Maurício da Fonseca, Emílio Jorge Lydia e Lúcia de Assis Alves.

Por fim, gostaríamos de expressar nossa gratidão à equipe editorial da Pearson Education do Brasil, pelo incansável esforço e compromisso com a excelência, em todos os aspectos da preparação e produção deste livro.

Os autores.

Sumário

Capítulo 1 - A carga e a interação eletromagnética 1

    1.1 Estrutura atômica da matéria 3

    1.2 Conservação da carga 6

    1.3 Carga elementar e a quantização da carga 8

    Bibliografia complementar 10

Capítulo 2 - Eletrostática 11

    2.1 Lei de Coulomb 11

        2.1.1 Razão entre as forças elétrica e gravitacional 15

    2.2 Condutores e isolantes 17

        2.2.1 Eletrização 18

        2.2.2 Outros processos de eletrização 19

    2.3 Campo elétrico 20

        2.3.1 Linhas de campo 23

        2.3.2 Princípio da superposição 26

    2.4 Dipolo elétrico 29

        2.4.1 Campo do dipolo elétrico 30

        2.4.2 Dipolo em um campo elétrico 33

    2.5 Distribuição contínua de cargas 35

        2.5.1 Densidade volumétrica de carga 36

        2.5.2 Densidade superficial de carga 37

        2.5.3 Densidade linear de carga 37

    2.6 Problemas clássicos 38

    2.7 Exercícios 48

        2.7.1 Exercícios resolvidos 48

        2.7.2 Exercícios propostos 58

    Bibliografia complementar 66

Capítulo 3 - Lei de Gauss 67

    3.1 Fluxo elétrico 68

        3.1.1 Aplicações da lei de Gauss 72

        3.1.2 Prova experimental da lei de Gauss 81

        3.1.3 Forma diferencial da lei de Gauss 82

3.2 Exercícios 84
    3.2.1 Exercícios resolvidos 84
    3.2.2 Exercícios propostos 86
Bibliografia complementar 92

Capítulo 4 – Potencial elétrico 93
4.1 Energia potencial elétrica 94
4.2 Cálculo do potencial elétrico 97
4.3 Relação entre o campo $\vec{E}$ e o potencial V 104
    4.3.1 Gradiente do potencial 105
4.4 A diferença de potencial elétrico 111
    4.4.1 Superfícies equipotenciais 115
4.5 A carga do elétron e o elétron-volt 117
4.6 Equação de Poisson e Laplace 119
    4.6.1 Aplicações das equações de Poisson e Laplace 120
4.7 Exercícios 123
    4.7.1 Exercícios resolvidos 123
    4.7.2 Exercícios propostos 126
Bibliografia complementar 134

Capítulo 5 – Dielétricos e capacitância 135
5.1 Propriedades dos dielétricos 136
    5.1.1 Cargas induzidas em uma esfera 136
5.2 Suscetibilidade, constante dielétrica e permissividade 137
5.3 Polarização ($\vec{P}$) 140
5.4 Lei de Gauss em um meio dielétrico 141
5.5 Capacitância 144
    5.5.1 Unidade da capacitância (C) 145
5.6 Aplicações 145
5.7 Energia armazenada no capacitor 151
    5.7.1 Densidade de energia (μ_E) 153
5.8 Associação de capacitores 154
    5.8.1 Associação em paralelo 154
    5.8.2 Associação em série 155
    5.8.3 Aplicações 157
5.9 Exercícios 160

        5.9.1 Exercícios resolvidos 160
        5.9.2 Exercícios propostos 163
    Bibliografia complementar 172

Capítulo 6 - Corrente elétrica 173

    6.1 Direção da corrente 174
    6.2 Densidade de corrente 175
        6.2.1 Distribuições de corrente 177
    6.3 Condutividade, resistividade e lei de Ohm 179
        6.3.1 Variação com a temperatura 182
    6.4 Energia e potência em circuitos elétricos 183
        6.4.1 Analogia entre corrente elétrica e corrente térmica 185
    6.5 Corrente alternada 185
        6.5.1 Valor médio de uma corrente 188
        6.5.2 Valor *RMS* ou eficaz 189
    6.6 Força eletromotriz e circuitos elétricos 191
        6.6.1 Determinação da corrente 192
        6.6.2 Circuito de uma única malha 193
    6.7 Associação de resistores 195
        6.7.1 Associação em série 195
        6.7.2 Associação em paralelo 197
        6.7.3 Medidores de *cc* 198
        6.7.4 Curtos-circuitos e sobrecargas 199
        6.7.5 Circuitos em ponte 201
    6.8 Circuitos de mais de uma malha 203
    6.9 Circuito RC 205
        6.9.1 Determinação da corrente 208
    6.10 Exercícios 210
        6.10.1 Exercícios resolvidos 210
        6.10.2 Exercícios propostos 211
    Bibliografia complementar 220

Capítulo 7 - Campo magnético 221

    7.1 Indução magnética e fluxo magnético 227
    7.2 Força magnética sobre uma carga em movimento 229
    7.3 Órbitas de partículas carregadas em campo magnético 235

7.3.1 Descrição geral do movimento da partícula 238
7.4 Força magnética sobre um condutor de corrente 244
7.5 Torque sobre uma espira de corrente 247
7.6 Exercícios 250
    7.6.1 Exercícios resolvidos 250
    7.6.2 Exercícios propostos 252
Bibliografia complementar 259

Capítulo 8 – Campos magnéticos produzidos por correntes elétricas 261

8.1 Lei de Biot-Savart 261
    8.1.1 Campo magnético de uma corrente retilínea 263
    8.1.2 Campo magnético produzido por uma espira circular de corrente 266
    8.1.3 Campo de um dipolo magnético 270
    8.1.4 Campo magnético produzido por corrente em espira quadrada 271
8.2 Lei de Ampère 274
    8.2.1 Fluxo magnético 275
    8.2.2 A lei circuital de Ampère 275
    8.2.3 Aplicações da lei de Ampère 278
8.3 Solenoides e toroides 285
    8.3.1 Campo de um solenoide 286
    8.3.2 Campo de um toroide 290
8.4 Exercícios 292
    8.4.1 Exercícios resolvidos 292
    8.4.2 Exercícios propostos 297
Bibliografia complementar 306

Capítulo 9 – Lei de Faraday 307

9.1 Lei de indução de Faraday 308
    9.1.1 Lei de Lenz 310
    9.1.2 Forma integral da lei de Faraday 312
9.2 Aplicação da lei de indução de Faraday 313
9.3 Indutância 317
    9.3.1 Indutância de um toroide e de um solenoide 321
9.4 Circuito *RL* 323
9.5 Energia armazenada em um campo magnético 327
    9.5.1 Densidade de energia no indutor 330

9.6 Indutância mútua 331

9.7 Exercícios 334

    9.7.1 Exercícios resolvidos 334

    9.7.2 Exercícios propostos 338

Bibliografia complementar 346

Capítulo 10 – Oscilações eletromagnéticas 347

10.1 Circuito *LC* 347

    10.1.1 Série de Taylor e MacLaurin 348

    10.1.2 Exemplos de funções expandidas em série de MacLaurin 349

    10.1.3 Circuito *LC* sem fonte 351

10.2 Circuito *RLC* em série, sem fonte 355

10.3 Circuito *RLC* em paralelo, sem fonte 364

10.4 Circuito *RLC* em paralelo/série, com fonte *cc* 368

10.5 Circuitos de tensão e corrente alternadas 372

    10.5.1 Gerador de corrente alternada 373

    10.5.2 Álgebra dos complexos – fasores 374

    10.5.3 Operações com complexos 376

    10.5.4 Algumas propriedades 379

    10.5.5 Representação de funções senoidais no tempo – fasor 379

10.6 Análise de circuitos ca no regime estacionário 382

    10.6.1 Circuito resistivo com fonte alternada 383

    10.6.2 Circuito capacitivo com fonte alternada 386

    10.6.3 Circuito indutivo com fonte alternada 388

    10.6.4 Circuito *RLC* em série, com fonte alternada 391

    10.6.5 Ressonância em um circuito *RLC* em série 394

10.7 Transformadores 397

10.8 Exercícios 400

    10.8.1 Exercícios resolvidos 400

    10.8.2 Exercícios propostos 403

Bibliografia complementar 410

Capítulo 11 – Equações de Maxwell 411

11.1 Leis básicas da eletricidade e do magnetismo 411

11.2 Equação da continuidade 414

11.3 Corrente de deslocamento e lei de Ampère-Maxwell 416

11.3.1 Equações de Maxwell no vácuo 419

11.4 Onda eletromagnética 421

11.4.1 Onda plana 423

11.4.2 Energia eletromagnética e o vetor de Poynting 432

11.4.3 Energia e momento da onda eletromagnética 436

11.5 O espectro eletromagnético 438

11.6 Exercícios 443

11.6.1 Exercícios resolvidos 443

11.6.2 Exercícios propostos 443

Bibliografia complementar 448

Capítulo 12 - Complementos de matemática aplicados à física 449

12.1 Grandezas físicas e unidades: metrologia 449

12.1.1 Grandezas fundamentais 450

12.1.2 Grandezas derivadas 450

12.1.3 Equações dimensionais 451

12.1.4 A importância das medições em nossa vida 451

12.1.5 Medida-padrão 452

12.1.6 Sistema Internacional de unidades: SI 453

12.1.7 Unidades de base 453

12.1.8 Definição das unidades de base 453

12.1.9 Unidades suplementares do SI 454

12.1.10 Unidades derivadas do SI 454

12.1.11 Nomes e símbolos das unidades 455

12.1.12 Adição e subtração de números expressos em notação científica 456

12.1.13 Multiplicação de números expressos em notação científica 457

12.1.14 Divisão de números expressos em notação científica 457

12.1.15 Múltiplos e submúltiplos no SI 458

12.1.16 Medidas e aproximações 458

12.1.17 Algarismos significativos 459

12.1.18 Operações com quantidades medidas 460

12.1.19 Incertezas e erros de uma medida 460

12.2 Elementos de análise vetorial 462

12.2.1 Grandezas vetoriais e escalares 462

12.2.2 Vetores 462

12.2.3 Operação com vetores 463

  12.2.4 Sistema de coordenadas 465

  12.2.5 Produto escalar e produto vetorial 468

  12.2.6 Campos escalares e vetoriais 470

  12.2.7 Operador diferencial vetorial 472

  12.2.8 Gradiente 473

  12.2.9 Divergente 473

  12.2.10 Rotacional 474

  12.2.11 Laplaciano 475

  12.2.12 Derivação de função vetorial 476

  12.2.13 Derivadas de segunda ordem 477

  12.2.14 Operadores diferenciais em outros sistemas de coordenadas 478

  12.2.15 Integração vetorial 481

 12.3 Regra de Cramer 482

 Bibliografia complementar 484

Índice remissivo 485

Capítulos disponíveis no site de apoio do livro

Capítulo 13 – Ondas planas no meio material

 13.1 O campo eletromagnético

  13.1.1 Condições de fronteira

  13.1.2 Propagação da onda em meio linear

  13.1.3 Equação da onda em meio material

  13.1.4 Ondas planas no meio dielétrico

  13.1.5 Reflexão e refração de ondas planas para incidência normal

  13.1.6 A equação da onda no meio condutor

 13.2 Exercícios

  13.2.1 Exercícios resolvidos

  13.2.2 Exercícios propostos

 Bibliografia complementar

Capítulo 14 – Aplicações da teoria eletromagnética I – linhas de transmissão

 14.1 Fundamentos de linhas de transmissão

  14.1.1 Modelo por parâmetro distribuído e as equações das LTs

   14.1.2 Impedância da LT e coeficiente de reflexão
   14.1.3 Atenuação
   14.1.4 LT sem perdas no regime harmônico
   14.1.5 Localização dos pontos de máximo e de mínimo da onda
  14.2 Exercícios
   14.2.1 Exercício resolvido
   14.2.2 Exercícios propostos
  Bibliografia complementar

Capítulo 15 – Aplicações da teoria eletromagnética II – guias de onda

  15.1 Guias de onda
   15.1.1 Guia de onda retangular
   15.1.2 Onda transversal magnética – modo TM
   15.1.3 Onda transversal elétrica – modo TE
  15.2 Ressonadores de cavidade
  15.3 Guia dielétrico – fibra óptica
   15.3.1 Guia dielétrico retangular
   15.3.2 Modos de propagação
   15.3.3 Frequência de corte
  15.4 Guias dielétricos e reflexão interna total
   15.4.1 Modos permitidos
   15.4.2 Índice de refração gradual
  15.5 Exercícios
   15.5.1 Exercício resolvido
   15.5.2 Exercícios propostos
  Bibliografia complementar

Capítulo 16 – Aplicações da teoria eletromagnética III – elementos de antenas

  16.1 Campos de radiação
   16.1.1 Onda eletromagnética senoidal
   16.1.2 Radiação produzida por carga acelerada
  16.2 Potenciais eletromagnéticos
   16.2.1 Transformação de calibre
   16.2.2 Potenciais retardados
  16.3 Cálculo do vetor de Poynting
   16.3.1 Campo próximo

16.3.2 Potência total irradiada
16.3.3 Resistência de irradiação
16.4 Dipolo de meia onda
Bibliografia complementar

A carga e a interação eletromagnética

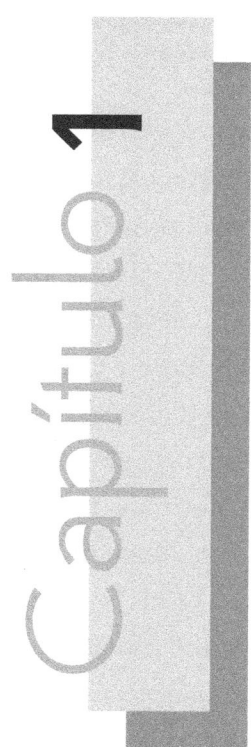

O eletromagnetismo é uma área fundamental da física, não apenas porque é uma das teorias mais bem estabelecidas nesse campo da ciência, mas principalmente porque o estudo e o entendimento dos fenômenos eletromagnéticos afetam de maneira decisiva o nosso dia a dia. O computador, por exemplo, um símbolo concreto do progresso tecnológico alcançado pela humanidade, não seria possível sem o eletromagnetismo. De modo genérico, podemos dizer que o eletromagnetismo é a área da física que estuda as cargas e suas interações.

Sua história remete à antiga civilização grega, responsável por descobrir que ao friccionar o âmbar (pedra de tom amarelado, proveniente da resina de certas árvores) na pele dos animais, ele passava a atrair pedaços de palha, penas e outros corpos leves. Além disso, os gregos também conheciam a magnetita, pedra que tinha a capacidade de atrair o ferro. E esse efeito, como veremos mais tarde, é devido à força magnética.

Entre as grandes contribuições já realizadas à teoria eletromagnética, podemos citar como marco para o entendimento contemporâneo da interação eletromagnética a introdução do conceito de unidade fundamental de eletricidade e o uso do termo *elétron* em 1891, pelo físico irlandês George Johnstone Stoney (1826-1911), e a descoberta do elétron em 1897, pelo físico inglês Joseph John Thomson (1856-1940).

A interação eletromagnética é uma das quatro interações (ou acoplamentos) fundamentais, por meio das quais, aparentemente, podemos explicar tudo na natureza. As outras interações são: a gravitacional, a fraca e a forte ou nuclear. De todos os acoplamentos, o mais conhecido em termos teóricos é o eletromagnético, cuja descrição é feita com base na eletrodinâmica quântica e cujas previsões foram experimentalmente testadas, em alguns casos, em até dez casas decimais, tornando-se a teoria mais precisa da física atual.

A conceituação e a discussão a respeito da teoria eletrodinâmica quântica estão muito além dos objetivos deste livro, mas consistem basicamente em unir as equações de Maxwell (que serão estudadas a partir do Capítulo 3) às ideias da chamada *física quântica*. Contudo, o ponto essencial dessa teoria é o fato de as partículas interagirem a distância, com troca de *quantum* (partícula) de campo. Como poderemos notar, a partir do Capítulo 2, a abordagem da eletrodinâmica quântica está em franca oposição à da interação via campos, desenvolvida pelo físico inglês Michael Faraday, que usaremos para estudar a teoria eletromagnética neste livro.

Segundo a eletrodinâmica quântica, todos os processos eletromagnéticos podem ser entendidos a partir da interação fundamental entre dois elétrons, que resulta da troca de um fóton entre eles. Esse fóton é emitido por um dos elétrons e é imediatamente absorvido pelo outro. A emissão e a absorção do fóton resultam na mudança do *momentum* de cada uma das partículas. O efeito líquido dessa variação de *momentum* é que se identifica, geralmente, como uma interação elétrica entre as partículas carregadas.

Um ponto importante é que o processo de emissão e imediata absorção do fóton ocorre sob momentânea violação da lei de conservação de energia, motivo pelo qual esse fóton é chamado *fóton virtual*. É conveniente lembrar que isso não pode ser considerado total surpresa, uma vez que tal tipo de violação ocorre também no fenômeno de tunelamento de barreira de potencial da mecânica quântica, base do desenvolvimento dos modernos microscópios de tunelamento por varredura, inventados em 1981, pelo físico alemão Gerd Binnig (1947-) e pelo físico suíço Heinrich Rohrer (1933-2013). Esses microscópios são instrumentos capazes de gerar imagens reais de superfícies com resolução atômica e entraram em operação há mais de três décadas.

Os demais acoplamentos, ou seja, o gravitacional, o fraco e o forte (ou nuclear), têm sido construídos em completa analogia ao caso eletromagnético, embora existam importantes diferenças, como o alcance e a intensidade da interação. Para termos uma ideia das intensidades relativas das quatro interações, a Tabela 1.1 apresenta as estimativas das ordens de grandeza, considerando a interação forte como unidade.

Tabela 1.1 – Interações fundamentais	
Tipo de interação	Intensidade
Nuclear	1
Eletromagnética	10^{-2}
Fraca	10^{-5}
Gravitacional	10^{-39}

O alcance das interações eletromagnética e gravitacional é infinito, enquanto o alcance das interações fraca e forte é extremamente curto. Como pode ser observado na Tabela 1.1, a força gravitacional é desprezível ante às demais interações, motivo pelo qual não a levaremos em conta nos estudos sobre eletromagnetismo. Já as forças nuclear e fraca, que ocorrem no interior do núcleo atômico, só se manifestam em dimensões da ordem dos núcleos dos átomos, podendo, seguramente, ser desconsideradas nas interações atômicas e moleculares.

Desde as distâncias da ordem de 10^{-15} m (tamanho do núcleo) até 10^{26} m (distância da mais longínqua galáxia visível), a física do universo é dominada pela interação eletromagnética. Comparativamente às demais interações, a força gravitacional só tem efeitos apreciáveis quando as massas envolvidas são realmente muito grandes, envolvendo praticamente a massa do universo como um todo.

PARA REFLETIR

Por que a natureza teria escolhido as interações fundamentais em número exatamente igual a 4? Seria possível reduzir esse número por meio de algum tipo de unificação?

1.1 Estrutura atômica da matéria

Enquanto os estudos sobre o eletromagnetismo se desenvolviam, com as primeiras conclusões científicas sobre os fenômenos elétricos e magnéticos sendo divulgadas a partir do século XVII, o conhecimento sobre a constituição da matéria também crescia. Em 1803, o cientista inglês John Dalton (1766-1844) propôs a teoria atômica/molecular da matéria. De acordo com essa teoria, as substâncias seriam constituídas de pequenas partículas (moléculas), que, por sua vez, seriam formadas por partículas ainda menores (átomos). Dessa forma, ao unir uma quantidade relativamente pequena de átomos diferentes nas mais variadas proporções e combinações, era possível formar diferentes moléculas. Dalton, então, conseguiu formular uma explicação para a enorme variedade de substâncias conhecidas. A palavra átomo, de origem grega, significa *indivisível* e, para Dalton, os átomos seriam as partículas mais elementares, não sendo formadas por nenhuma outra partícula, e a partir das quais todas as substâncias seriam derivadas.

Contudo, o modelo do átomo nuclear só foi estabelecido anos mais tarde, após a descoberta do elétron em 1897, como já mencionamos, e do núcleo atômico em 1911, pelo físico e químico neozelandês Ernest Rutherford (1871-1937), que chegou a essa conclusão ao analisar os dados experimentais de Hans Geiger e Ernest Marsden (viriam a ser publicados somente em 1913). Nesse modelo de átomo nuclear, o átomo é representado por um núcleo em seu centro (no qual está localizada a carga positiva, ou prótons) e os elétrons movem-se à sua volta. Apenas vinte anos mais tarde, o físico britânico James Chadwick (1891-1974) descobre o nêutron, em 1932. Hoje, sabemos que o núcleo dos átomos da matéria com que lidamos no dia a dia é composto por prótons e nêutrons, à exceção do hidrogênio, cujo núcleo é formado de um único próton. Além disso, estados altamente energéticos da matéria, como aqueles obtidos nos grandes aceleradores de partículas, como o Cern e o Fermilab, são compostos de *quarks* e *gluons*.

Com base no que foi dito, o átomo é constituído por partículas subatômicas de três tipos: o elétron, o próton e o nêutron. Destas, apenas o elétron ainda é considerado partícula fundamental, embora existam situações teóricas e experimentais nas quais admite-se que o elétron seja formado por três partes, ou três "quase-partículas" denominadas: *spinon* (fornece seu spin), *orbitron* (responsável por sua órbita) e *holon* (carrega sua carga). Já o próton e o nêutron são formados por partículas menores denominadas *quarks*, as quais só se manifestam indiretamente e em uma escala de energia muito maior do que aquela com que iremos trabalhar no decorrer deste livro. Dessa maneira, consideraremos prótons e nêutrons indivisíveis e, portanto, partículas fundamentais. Na Tabela 1.2, apresentamos suas propriedades de carga e massa.

\multicolumn{3}{c}{Tabela 1.2 – Partícula subatômica}		
Partícula	Carga (C)	Massa (kg)
Elétron	$-1,6021917 \times 10^{-19}$	$9,1095 \times 10^{-31}$
Próton	$+1,6021917 \times 10^{-19}$	$1,67261 \times 10^{-27}$
Nêutron	0	$1,67492 \times 10^{-27}$

O modelo do átomo nuclear pode ser visto na Figura 1.1. Porém, perceba que a representação é apenas esquemática, uma vez que o universo microscópico é descrito pela física quântica. Nesse contexto, as partículas são representadas por funções de ondas e não têm superfícies bem definidas. Da mesma maneira, o conceito de trajetória também não se aplica.

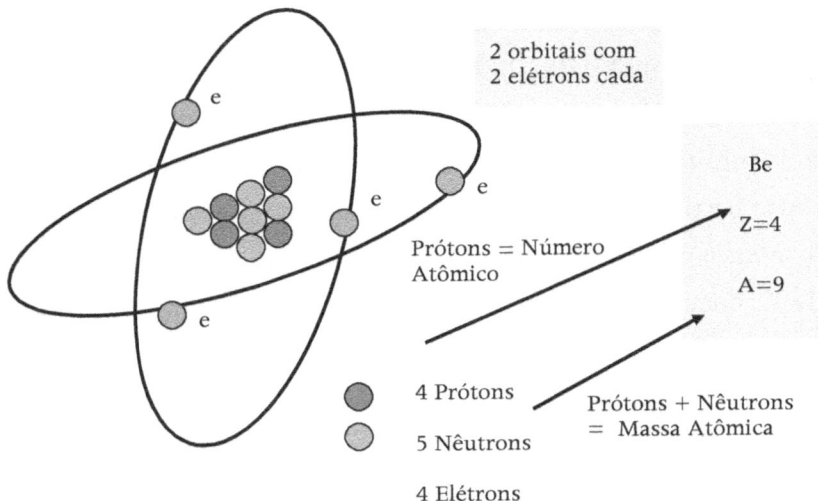

Figura 1.1 – Representação esquemática do átomo.

Um átomo pode ser caracterizado pelo número de prótons que possui, denominado *número atômico Z*, correspondente à carga positiva do núcleo. No átomo eletricamente neutro (aquele que possui quantidade igual de prótons e elétrons), Z também corresponde ao número total de elétrons. Já o número total de prótons e de nêutrons que constituem um núcleo é denominado *número de massa A*.

Os números de massa A e Z caracterizam os átomos dos diversos elementos que podemos observar em uma tabela periódica, e, em particular, o Z é único para cada tipo de elemento. O hidrogênio tem apenas 1 próton, o carbono tem 6 e o urânio, 92. Na Figura.1.1, o átomo que aparece esquematicamente representado é o de berílio, cujo núcleo é formado por 4 prótons e 5 nêutrons, além de dois *orbitais*, com dois elétrons cada.

Quanto à massa dos elementos do átomo, o nêutron tem massa ligeiramente superior à do próton e carga zero. Já a massa do próton é aproximadamente 1.840 vezes maior que a do elétron.

Do ponto de vista das interações, no núcleo os prótons estão sujeitos à força eletromagnética e à força forte, enquanto os nêutrons interagem via força forte. É esta última força que mantém o núcleo coeso. Já os elétrons interagem entre si e com os prótons, por acoplamento eletromagnético. Nesse contexto, o hidrogênio (átomo mais simples encontrado na natureza, formado apenas por um único elétron que se movimenta sob ação de um próton) constitui o laboratório ideal para se estudar a interação eletromagnética nos átomos, já que nesse sistema elétron-próton não existem interações nucleares, mas apenas o acoplamento eletromagnético.

Existem ainda os isótopos, átomos que apresentam o mesmo Z e diferentes números de A. Esses átomos apresentam as mesmas propriedades químicas, uma vez que estas só dependem do número e da distribuição dos elétrons atômicos. O deutério, por exemplo, conhecido como átomo de "hidrogênio pesado", tem um núcleo formado por um próton e um nêutron; já o trítio é formado por um próton e dois nêutrons. Na Figura1.2 estão representados o hidrogênio e seus isótopos também de maneira esquemática.

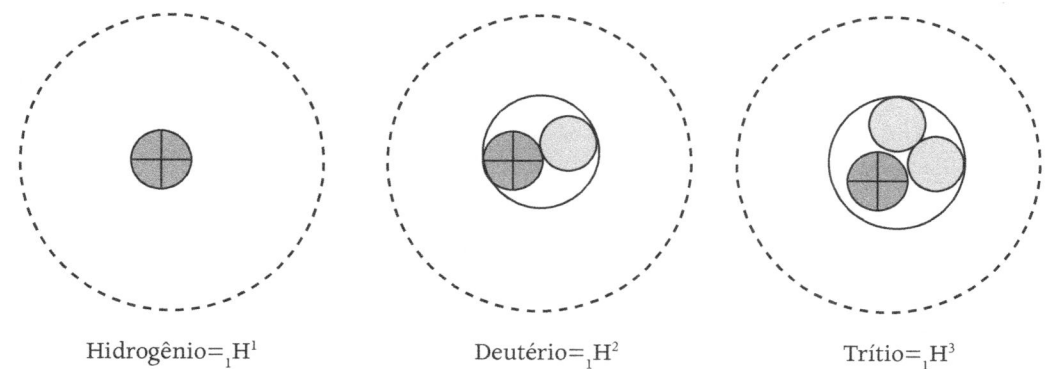

Hidrogênio=$_1H^1$ Deutério=$_1H^2$ Trítio=$_1H^3$

Figura 1.2 – Hidrogênio e seus isótopos.

Como foi mencionado, os átomos podem se combinar para formar diferentes moléculas. O número de átomos em uma molécula varia de 2, no caso da simples molécula diatômica, até a um número aproximado de 10^{10}, como as moléculas do ácido desoxirribonucleico (DNA). As propriedades das moléculas são ditadas pela configuração dos elétrons (pela interação eletromagnética, em última análise). Moléculas também se agrupam, via interação eletromagnética, para formar a matéria nos vários estados que observamos macroscopicamente.

As moléculas de um gás, um líquido ou um sólido exercem forças moleculares (de origem eletromagnética) umas sobre as outras. Essas forças mantêm a coesão e a estabilidade da matéria em baixa temperatura e estão presentes na matéria, seja qual for o estado físico em que ela se encontre (Figura 1.3).

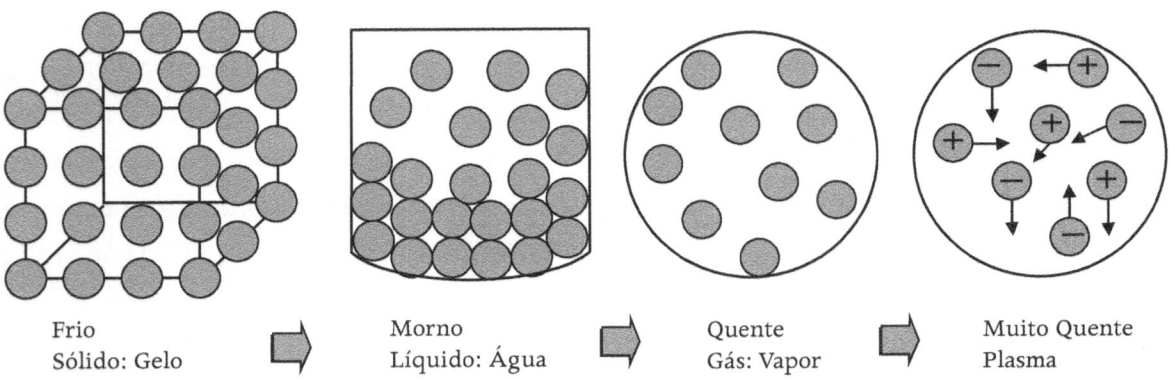

Frio
Sólido: Gelo

Morno
Líquido: Água

Quente
Gás: Vapor

Muito Quente
Plasma

Figura 1.3 – Os quatro estados da matéria (água).

Perceba que a Figura 1.3 ilustra os quatro estados da matéria, considerando a água como exemplo: sólido (gelo), líquido (água), gás (vapor d'água) e plasma (íons e elétrons). Em cada um dos casos, a força interna ou a força de coesão, que responde pela estabilidade e pelo comportamento da matéria em cada estado, é uma força de natureza eletromagnética.

PARA REFLETIR
Seriam os *quarks* e os elétrons as unidades mais fundamentais da matéria?

1.2 Conservação da carga

Num sistema isolado, a carga total é sempre constante. Isso acontece porque o sistema isolado é aquele no qual nenhuma matéria ou energia atravessa seus limites, consequentemente a carga total fica conservada. A lei de conservação de carga pode ser enunciada, mais precisamente, como:

Em qualquer processo físico, a carga total se conserva.

Até o momento, não se tem conhecimento de algum resultado experimental que não esteja de acordo com essa lei. Uma lei de conservação sempre expressa o fato de que uma grandeza mensurável não se altera em processos físicos. Desde o teorema de Noether, aprendemos que as leis de conservação resultam da simetria do sistema físico em relação a algum tipo de transformação. Diz-se que um sistema físico possui uma simetria caso seja possível fazer uma mudança nesse sistema de tal forma que, após a mudança, esse sistema permaneça inalterado. De acordo com Noether, a simetria reflete a invariância sob algum tipo de transformação, e a essa invariância corresponde uma lei de conservação.

A invariância com relação à translação temporal, por exemplo, dá origem à lei de conservação de energia, e a invariância das leis da física com respeito à rotação espacial dá origem à lei de conservação de momento angular. O mesmo se dá com a conservação da carga elétrica. A conservação da carga relaciona-se a uma transformação de fase da função de onda φ. Apesar de não tratarmos este assunto com profundidade, pode-se ter uma ideia do que ocorre.

Diferente da função de onda, estudada no movimento ondulatório de ondas mecânicas, a que estamos nos referindo agora é a função de onda complexa da mecânica quântica, que representa a amplitude de probabilidade de algum processo. Nesta, o quadrado do módulo de φ corresponde à probabilidade de o evento ocorrer. Se fizermos uma transformação de fase em φ,

$$\varphi \to \varphi' = e^{i\theta}\varphi,$$

não alteramos o valor da probabilidade. De fato,

$$|\varphi'|^2 = \varphi'^{\dagger}\varphi' = \varphi^{\dagger}(e^{-i\theta}e^{i\theta})\varphi = |\varphi|^2,$$

e essa invariância por transformação de fase leva à conservação da carga elétrica. Vemos, então, que a simetria desempenha um importante papel na descrição física da natureza. A falta de simetria, ou a quebra espontânea de simetria, também pode nos ajudar a entender diversos aspectos da natureza, como a ausência de monopolos magnéticos. A quebra espontânea de simetria é um processo pelo qual um sistema simétrico passa, de maneira espontânea, para um estado não simétrico. Esse tipo de processo, relativamente raro na natureza física, é fundamental para a atual compreensão dos constituintes mais fundamentais da matéria e suas interações.

PARA REFLETIR

Nosso universo observável parece ser constituído predominantemente de matéria. A assimetria entre a matéria e a antimatéria é uma das questões mais intrigantes da Física contemporânea. Por que a natureza parece preferir a matéria à antimatéria?

1.3 Carga elementar e a quantização da carga

O sucesso do experimento de Thomson para a descoberta do elétron deve-se ao desenvolvimento da técnica necessária para observar a deflexão dos raios catódicos em um campo elétrico. Os raios catódicos foram descobertos no final do século XIX, e sua natureza não estava ainda bem estabelecida quando Thomson iniciou seus experimentos no Laboratório Cavendish, na Inglaterra. Ele e outros cientistas ingleses propunham que esses raios eram partículas materiais carregadas negativamente e desenvolveram um método para medir a razão entre a carga e a massa dessas partículas, os elétrons.

No experimento, Thomson acelerou os raios catódicos em um campo elétrico e mediu a curvatura de sua trajetória em um campo magnético, mostrando claramente que se tratava de partículas de carga elétrica negativa. O instrumento desenvolvido por Thomson é chamado *espectrômetro de massa* e foi usado para obter a razão carga-massa do elétron. Esse experimento será discutido de maneira detalhada quando tratarmos do movimento de partículas em campo eletromagnético, no Capítulo 7. Contudo, medidas precisas da razão q/m, do elétron com a técnica desenvolvida por Thomson, fornecem

$$\frac{q}{m} = 1,76 \times 10^{11} \, \text{C/kg}. \tag{1.1}$$

Nesse momento, ele conseguiu medir a razão q/m, mas não o valor da carga em si.

A partir das medidas realizadas por Faraday, havia a evidência de uma quantidade mínima de carga elétrica. A quantidade de carga correspondente a 1 faraday (96.485,34 C)[1] foi usada para decompor 1 mol (N_A) de íons monovalentes, e o dobro dessa quantidade foi utilizado para íons bivalentes. Como 1 faraday $\propto N_A q$, com as estimativas que existiam para o número de Avogadro N_A, o físico irlandês G. J. Stoney foi capaz de estimar a carga elementar como $q = 10^{-20}$ C.

Thomson também procurou determinar o valor da carga elementar. Fazendo borbulhar na água o gás ionizado produzido por eletrólise, ele criou uma nuvem de vapor d'água, de modo que cada gotícula continha um ou mais íons. Coletando as gotículas da nuvem, Thomson mediu sua carga total e sua massa com um eletrômetro. Determinando o número de gotas como a razão entre a massa total e a massa de uma gota, e supondo que cada gotícula continha um íon, ele conseguiu determinar a carga elétrica de cada íon, sendo $q = 10^{-19}$ C. O método, contudo, apresentava muitas incertezas e as principais relacionavam-se à estimativa do raio

---

[1] O faraday é uma unidade antiga de carga elétrica, muito utilizada em processos eletroquímicos industriais, equivalente a 96.485, 3415 ± 0,0001 coulombs. Não deve ser confundido com farad (símbolo F) que é a unidade SI de capacitância elétrica.

das gotas (as gotículas evaporam rapidamente, fazendo com que a medida do raio variasse com o tempo) e, assim, ao número de íons contidos em cada gota.

Um método muito mais exato para a medida da carga de uma única gota foi desenvolvido em 1910, pelos físicos norte-americanos Robert Andrews Millikan (1868-1953) e Harvey Fletcher (1884-1981). Nele, são utilizadas gotículas de óleo, que, ao contrário das de água, não perdem quantidade relevante de massa por evaporação. No método de Millikan e Fletcher, a carga de cada gota pôde ser determinada. Embora cada gota contenha um número variado de cargas elementares, ao medir um grande número de gotas foi possível determinar com precisão o valor da carga q, hoje chamada de carga elementar e. Mais detalhes da técnica de Millikan e Fletcher serão vistos no Capítulo 4.

Medidas recentes apontam para uma carga elementar de

$$e = 1,6021917 \times 10^{-19} \text{C}, \tag{1.2}$$

que é realmente muito pequena. Dito de outra maneira, a unidade de carga elétrica no SI, o coulomb (C) equivale a uma carga de cerca de $6,2 \times 10^{18}$ elétrons. O resultado mais interessante, contudo, é que o experimento de Millikan mostra que as variações na carga das gotículas sempre se davam como múltiplos inteiros de e, demonstrando a quantização da carga. Hoje, sabe-se que todas as partículas livres têm valores de carga elétrica q e que são múltiplos inteiros da carga do elétron e (carga elementar):

$$q = ne \qquad n = 0, \pm1, \pm2, \pm3... \tag{1.3}$$

O inteiro n é chamado *número quântico de carga elétrica*.

Mais recentemente, variações da técnica de Millikan e Fletcher têm sido usadas na busca por cargas fracionárias. Embora previstos no modelo-padrão das partículas elementares, não se espera que os *quarks* (com carga $\pm1/3$ e $\pm2/3$) sejam observados separadamente, mas somente combinados, de modo a ter carga total inteira. Ainda assim, muitos pesquisadores têm efetuado essas experiências para buscar partículas com cargas fracionárias, conforme relato feito em 1997 pelo físico norte-americano Martin Lewis Perl (1927-).

PARA REFLETIR
Existem cargas fracionárias na natureza?

Bibliografia complementar

BINNING, G.; ROHRER, H. In touch with atoms, *Rev. Mod. Phys.*, v. 71, 1999, p. 324.

CHADWICK, J. The existence of a neutron. *Proc. Roy. Soc.*, 1832; p. 696.

FLETCHER, H. My work with Millikan on the oil-drop experiment. *Phys. Today*, v. 43, 1982.

GEIGER, H.; MARSDEN, E. The laws of deflexion of α particles through large angles. *Phil. Mag*, 1913; 25:604.

MILLIKAN, R. A new modification of the cloud method of determining the elementary electrical charge and the most probable value of that charge. *Phys. Mag.*, v. 19, 1910, p. 209

NOETHER, E. Invariante variationsprobleme (Invariant variation problems), Nachr. König. Gesellsch, D, Wiss. Zu Göttingen D. *Math-phys. Klasse.* 1918; 235. Tradução inglesa de M. A. Tavel.

PERL, M. L.; LEE, E. R. Searching for elementary particles with fractional electric charge and the philosophy of speculative experiments, *Am. J. Phys.*, v. 65, 1997, p. 698.

RUTHERFORD, E. The scattering of α and β particles by matter and the structure of the atom, *Phil. Mag.*, v. 21, 1911, p. 669.

SILVA, L. C. M.; SANTOS, W. M. S.; DIAS, P. M. C. A carga específica do elétron. Um enfoque histórico e experimental. *Rev. Bras. Ens. Física*, v. 33, 2011, p. 1601.

STONEY, G. J. Of the 'electron', or atom of electricity, *Phil. Mag.*, v. 38, 1894, p. 418.

THOMSON, J.J. Cathode rays, *Phil. Mag.*, v. 44, 1897, p. 293.

WILCZEK, F. Physics: the enigmatic electron. *Nature*, v. 498, 2013, p. 31.

Eletrostática

Capítulo 2

A eletrostática pode ser definida, de modo geral, como o estudo de cargas elétricas em repouso ou, ainda, o estudo de campos elétricos estacionários. De acordo com a visão do eletromagnetismo clássico, o estudo de cargas, correntes elétricas e suas ações mútuas é feito como se as grandezas envolvidas pudessem ser medidas de maneira independente e com precisão ilimitada. Desconsideram-se, portanto, possíveis efeitos quânticos, o que significa que a constante h, ou seja, a constante de Planck (em homenagem ao físico alemão Max Karl Ernst Ludwig Planck, 1858-1947), não será discutida neste livro.

2.1 Lei de Coulomb

A lei de Coulomb, a qual descreve a interação eletrostática entre partículas carregadas, recebe esse nome em reconhecimento ao engenheiro francês Charles Augustin de Coulomb (1736-1806), que realizou experimentos para conseguir medir as forças entre objetos eletrizados. Essa lei pode ser resumida em três afirmativas:

- Existem duas, e somente duas, espécies de cargas elétricas: a positiva e a negativa.
- A força de interação entre duas cargas pontuais[1] atua ao longo da linha que as une e é inversamente proporcional ao quadrado da distância entre elas.
- Essa força é também proporcional ao produto das cargas, ou seja, é repulsiva para cargas de mesmo sinal e atrativa para cargas de sinais opostos.

Em linguagem matemática, esses resultados podem ser escritos da seguinte forma:

$$F = K \frac{q_1 q_2}{r^2}, \qquad (2.1)$$

onde q_1 e q_2 são quantidades de carga (sem sinal), r é a distância entre essas cargas e K é a constante de proporcionalidade.

Escrita na forma escalar (Equação 2.1), essa expressão fornece apenas informações sobre

---

[1] O termo *carga pontual* significa que o tamanho das cargas é pequeno em relação a todas as dimensões do sistema.

o módulo da força. Na resolução de um problema, o sentido e a direção devem ser atribuídos à parte. Por exemplo, se as cargas possuem sinais contrários, as observações de Coulomb estabelecem que a força é atrativa, assim, o sentido da força que atua em q_1 é de q_1 para q_2, enquanto a força que atua em q_2 é de q_2 para q_1, e a direção é a da linha que passa pelas duas cargas. Portanto, a força eletrostática pode ser atrativa ou repulsiva (Figura 2.1).

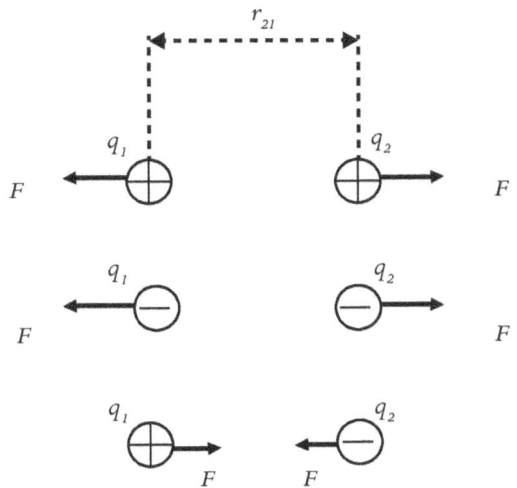

Figura 2.1 – Representação da força eletrostática entre partículas carregadas.

Ao utilizar a Equação 2.1, deve-se considerar que cargas de sinais opostos se atraem e cargas de mesmo sinal se repelem, lembrando que a força é newtoniana, isto é, a força coulombiana obedece à terceira lei de Newton (também conhecida como lei da ação e reação).

PARA REFLETIR

O módulo de simulação de cargas permite a visualização do comportamento das forças entre cargas. É possível variar tanto o valor das cargas quanto a distância (x, y) entre elas, bem como observar seus efeitos utilizando o computador.

Para escrever a forma vetorial da Equação 2.1, é preciso considerar o fato (também observado por Coulomb) de que a força atua ao longo da linha que une as duas cargas, sendo positiva se as cargas tiverem o mesmo sinal e negativa se possuírem sinais opostos. Nesse caso, consideremos $\vec{F}_1$ a força sobre uma carga q_1, em virtude da presença da carga q_2, e $\vec{r}_{1,2}$ o vetor que parte de q_2 a q_1 cujo módulo é $r_{1,2}$. Assim:

$$\vec{F}_1 = K \frac{q_1 q_2}{(r_{1,2})^2} \frac{\vec{r}_{1,2}}{r_{1,2}} = K \frac{q_1 q_2}{(r_{1,2})^2} \hat{r}, \qquad (2.2)$$

onde $\hat{r} = \vec{r}_{1,2} / |\vec{r}_{1,2}|$ é o vetor unitário na direção de $\vec{r}_{1,2} = \vec{r}_1 - \vec{r}_2$.

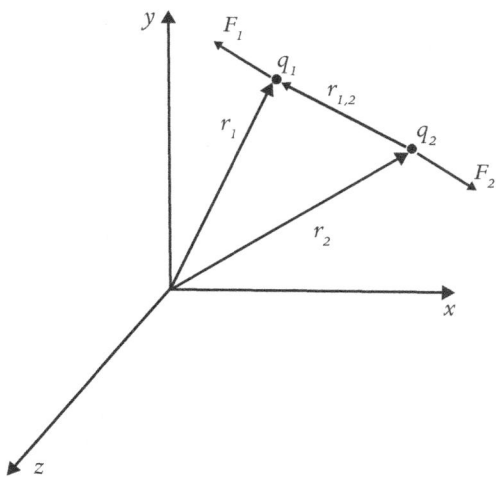

Figura 2.2 – Forma vetorial da lei de Coulomb. Para os sentidos indicados para $\vec{F}_1$ e $\vec{F}_2$, as cargas teriam o mesmo sinal.

Para obter a força que age sobre a carga q_2, é preciso permutar os índices 1 e 2. É importante notar que, na equação vetorial, q_1 e q_2 são quantidades (positivas ou negativas) de cargas, que devem ser atribuídas na equação, cada uma com seu sinal. O resultado fornecido pela Equação 2.2 é o vetor força, que apresenta informações sobre o módulo, a direção e o sentido da força. É fundamental entender essa notação para os desenvolvimentos futuros, como o cálculo do campo elétrico que veremos a seguir.

A constante K é denominada constante eletrostática, aplicada para ajustar valores e dimensões, de modo que a expressão forneça resultados coerentes em um sistema de unidades. No Sistema Internacional de unidades (SI, ver Capítulo 12), a força é dada em newtons (N), as cargas são medidas em coulombs (C) e a distância, em metros (m). O valor de K, que garante a coerência do sistema utilizado, é:

$$K = \frac{1}{4\pi\varepsilon_0}, \qquad (2.3)$$

onde

$$\varepsilon_0 = 8{,}854 \times 10^{-12} \frac{C^2}{Nm^2}, \qquad (2.4)$$

que é denominada permissividade elétrica no vácuo. Então, a lei de Coulomb (ver Equação 2.2) pode ser assim representada:

$$\vec{F}_1 = \frac{1}{4\pi\varepsilon_0} \frac{q_1 q_2}{(r_{1,2})^2} \hat{r}. \qquad (2.5)$$

É comum manter o fator $1/4\pi\varepsilon_0$ nas expressões que envolvem a lei de Coulomb substituindo-o por seu valor numérico (aproximado) apenas quando os resultados numéricos são obtidos.

Eletromagnetismo: fundamentos e simulações

Exemplo 1

Considere duas cargas $q_1 = 4 \times 10^{-4}$ C e $q_2 = -2 \times 10^{-4}$ C, localizadas pelas coordenadas (2,3) e (0,2), respectivamente. Se as cargas estão no vácuo:

(a) Qual a força exercida por q_2 em q_1?

(b) Qual a força de q_1 sobre q_2?

Solução

Para a resolução deste problema, utilizaremos a Equação 2.5, que fornece o vetor força em q_1, decorrente de q_2. Sendo assim, é preciso determinar $r_{1,2}$ e $\hat{r}$.

(a) O vetor posição de cada carga foi dado e pode ser escrito como $\vec{r}_1 = 2\hat{i} + 3\hat{j}$ e $\vec{r}_2 = 0\hat{i} + 2\hat{j}$. Como desejamos obter a força em q_1, o vetor $\vec{r}_{1,2}$ é aquele cuja origem está em q_2 e a extremidade, em q_1 (já que ele aponta para q_1). Então, $\vec{r}_2 + \vec{r}_{1,2} = \vec{r}_1$, ou seja, $\vec{r}_{1,2} = \vec{r}_1 - \vec{r}_2$. Assim, $\vec{r}_{1,2} = 2\hat{i} + 1\hat{j}$.

Portanto, $r_{1,2} = |\vec{r}_{1,2}| = \sqrt{2^2 + 1^2} = \sqrt{5}$, e o vetor unitário $\hat{r} = \vec{r}_{1,2}/|\vec{r}_{1,2}| = \frac{1}{\sqrt{5}}[2\hat{i} + 1\hat{j}]$.

Finalmente,

$$\vec{F}_1 = \frac{1}{4\pi\varepsilon_0}\frac{(4\times 10^{-4}).(-2\times 10^{-4})}{(\sqrt{5})^2}\frac{1}{\sqrt{5}}[2\hat{i}+1\hat{j}]\text{N},$$

assim,

$$\vec{F}_1 = 9\times 10^9 \frac{(4\times 10^{-4}).(-2\times 10^{-4})}{(\sqrt{5})^2}\frac{1}{\sqrt{5}}[2\hat{i}+1\hat{j}]\text{N}$$

$$\vec{F}_1 = -144\frac{1}{\sqrt{5}}[2\hat{i}+1\hat{j}]\text{ N} \quad \rightarrow \quad \vec{F}_1 = -144\text{N }\hat{r}.$$

Portanto, podemos observar que a força que aponta para q_2 possui sentido contrário ao unitário, o qual aponta de q_2 para q_1. É uma força atrativa, de módulo de 144N e tem a direção do unitário. Em termos das componentes, essa força pode ser reescrita da seguinte forma:

$$\vec{F}_1 \cdot \hat{i} = (-144\text{N}.0,89) \quad \rightarrow \quad F_1\hat{i} = -128,80\text{N }\hat{i}.$$

$$\vec{F}_1 \cdot \hat{j} = (-144\text{N}.0,45) \quad \rightarrow \quad F_1\hat{j} = -64,40\text{N }\hat{j}.$$

A força de q_1 sobre q_2 é dada por $\vec{F}_2 = -\vec{F}_1$. Para melhor compreensão dessa ideia, vejamos, por meio das equações a seguir, como se dá essa força mais explicitamente.

Para obter $\vec{F}_2$, permutamos os índices 1 e 2 na Equação 2.5 e obtemos: $\vec{F}_2 = \frac{1}{4\pi\varepsilon_0}\frac{q_1 q_2}{(r_{2,1})^2}\hat{r}$.

O vetor $\vec{r}_{2,1} = \vec{r}_2 - \vec{r}_1 = -2\hat{i} - 1\hat{j}$ apresenta módulo igual a $r_{2,1} = |\vec{r}_{2,1}| = \sqrt{(-2)^2 + (-1)^2} = \sqrt{5}$

e vetor unitário $\vec{r}_{2,1}/|\vec{r}_{2,1}| = \frac{1}{\sqrt{5}}[-2\hat{i} - 1\hat{j}] = -\hat{r}$.

Note que, como esperado, $r_{2,1} = r_{1,2}$, ou seja, esse módulo corresponde à distância entre as duas cargas e o vetor unitário possui a mesma direção, mas apontando agora para o sentido contrário do vetor unitário, calculado no item anterior. Desse modo,

$$\vec{F}_2 = -144\frac{1}{\sqrt{5}}[-2\hat{i} - 1\hat{j}]N \quad \rightarrow \quad \vec{F}_2 = (-144N).(-\hat{r}) \quad \rightarrow \quad \vec{F}_2 = 144N\,\hat{r}.$$

Podemos notar que a força é atrativa, aponta para q_1, apresenta o mesmo sentido e a mesma direção do unitário (que aponta de q_2 para q_1) e possui módulo de 144N e direção igual à do unitário (Figura 2.3).

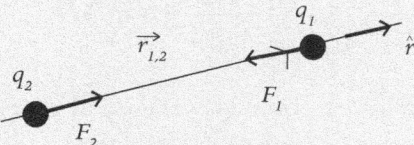

Figura 2.3 – Ilustração da interação entre as cargas q_1 e q_2.

Em termos das forças componentes, a $\vec{F}_2$ pode ser reescrita assim:

$$\vec{F}_2 \cdot \hat{i} = +144N.0,89 \quad \rightarrow \quad F_2\hat{i} = 128,80N\hat{i}.$$
$$\vec{F}_2 \cdot \hat{j} = +144N.0,45 \quad \rightarrow \quad F_2\hat{j} = 64,40N\hat{j}.$$

2.1.1 Razão entre as forças elétrica e gravitacional

A intensidade da força gravitacional F_g entre dois corpos de massa m_1 e m_2 é a mesma predita pela lei da gravitação de Newton:

$$F_g = G\frac{m_1 m_2}{r^2}.$$

Dessa maneira, é possível comparar essa intensidade com a intensidade da força coulombiana:

$$F = \frac{1}{4\pi\varepsilon_0}\frac{q_1 q_2}{r^2}.$$

Ambas as leis dependem do inverso do quadrado das distâncias entre os centros dos corpos em exame e envolvem a propriedade de interação a distância entre as partículas. No caso gravitacional, as massas são o fator importante e, no caso eletrostático, são as cargas que desempenham esse papel. A principal diferença, no caso da força gravitacional, é que sempre haverá atração entre as partículas. Já para a força eletrostática poderá haver ora atração, ora repulsão entre as partículas, fato que dependerá do sinal das cargas.

Exemplo 2

A distância média r entre o próton e o elétron em um átomo de hidrogênio é de aproximadamente $5,3 \times 10^{-11}$ m. Qual o módulo das forças entre essas duas partículas para (a) força elétrica e (b) força gravitacional? Considere $\left(G = 6,7 \times 10^{-11}\, \text{Nm}^2/\text{kg}^2\right)$.

Solução

As expressões para calcular o módulo da força elétrica e da força gravitacional são dadas a seguir:

(a) $F_e = \dfrac{9 \times 10^9 \times (1,6 \times 10^{-19})^2}{(5,3 \times 10^{-11})^2} \approx 8 \times 10^{-8}$.

(b) $F_g = \dfrac{6,7 \times 10^{-11} \times 1,67 \times 10^{-27} \times 9,1 \times 10^{-31}}{(5,3 \times 10^{-11})^2} \approx 4 \times 10^{-47}$.

A razão entre a força elétrica e a força gravitacional é da ordem de $\dfrac{F_e}{F_g} \simeq 10^{39}$.

O resultado do exemplo mostra que a força elétrica é muito mais forte do que a força gravitacional, e esse é o motivo pelo qual, em nossos cálculos, não é necessário considerar a força peso das partículas. O resultado permite, também, enfatizar que as interações dominantes em nosso cotidiano são de natureza elétrica, e não gravitacional. A estrutura de um prédio, de uma casa, do corpo humano, bem como a forma dos objetos em geral, por exemplo, devem-se às interações eletromagnéticas entre os átomos (ou moléculas) da matéria. Fique atento ao fato de que a estimativa apresentada anteriormente parte de premissas e aproximações que diferem das utilizadas na Tabela 1.1. As estimativas apresentadas nessa tabela, especificamente, basearam-se nos valores das constantes de acoplamento das interações. Em ambas as situações, deve prevalecer o fato de a interação eletromagnética ser muito mais intensa do que a gravitacional.

PARA REFLETIR

Sabemos, agora, que a força eletromagnética entre duas cargas é inversamente proporcional ao quadrado da distância entre elas. Essa mesma relação inversa também pode ser verificada na lei da gravidade. Apesar de poder ser apenas uma coincidência, acredita-se que essa semelhança é evidência de uma profunda simetria que liga as duas forças. Essa questão, no entanto, também permanece em aberto e constitui um importante campo de pesquisa.

2.2 Condutores e isolantes

Chamamos de condutores elétricos todos os materiais que possuem elétrons livres, o que significa que esses elétrons podem se deslocar dentro dos limites do condutor. Em materiais como o vidro e a madeira, todos os elétrons presentes estão fortemente ligados aos átomos, de modo que não podem se mover livremente. Tais materiais são chamados de *isolantes* ou *dielétricos*. Existem ainda certos materiais, denominados *semicondutores*, que, especialmente preparados, combinam certas propriedades dos condutores e dos dielétricos. Em metais, o movimento das cargas elétricas ocorre em virtude das cargas negativas, tal como comprovado pelo efeito Hall. O efeito Hall consiste no aparecimento de um campo elétrico transversal em um condutor sobre o qual circula uma corrente elétrica na presença de um campo magnético. Esse experimento demonstra que os portadores de cargas eram partículas carregadas negativamente, e os resultados apresentados foram bastante relevantes, já que os elétrons só seriam descobertos dez anos mais tarde. Assim, o efeito foi chamado de Hall, em homenagem ao físico norte-americano Edwin Herbert Hall (1855-1938). Os elétrons móveis de um condutor são chamados de *elétrons de condução*.

Exemplos:

Tabela 2.1 – Classificação dos materiais	
Condutores	metais (Al, Cu, Au etc.), corpo humano, água salgada etc.
Isolantes	vidro, plástico, madeira, água destilada, ar etc.
Semicondutores	silício, germânio, gálio etc.

Na realidade, as substâncias comportam-se como condutores ou isolantes dependendo do tipo de átomos que as compõe e da própria ligação entre eles. Com efeito, os átomos dos metais, em geral, apresentam poucos elétrons na camada mais externa (chamada de camada de valência), os quais estão pouco ligados ao núcleo positivo, ao passo que os materiais não metálicos apresentam um número mais elevado de elétrons na última camada, resultando em uma ligação mais forte com o átomo. Esse aspecto pode ser mais bem esclarecido com um exemplo.

Consideremos o átomo do sódio, elemento metálico. Esse elemento tem número atômico $Z=11$ e, portanto, 11 prótons no núcleo e 11 elétrons orbitais. Esses elétrons são assim distribuídos: 2 na primeira camada, 8 na segunda e apenas 1 elétron na camada de valência. Esse elétron de valência tem sua força de atração ao núcleo diminuída, em razão da presença (blindagem) dos 10 elétrons das camadas mais internas. Tudo acontece como se esses 10 elétrons nas camadas mais internas cancelassem a atração de 10 prótons, o que resulta em uma força elétrica de 1 próton e do elétron mais externo. Já nos elementos não metálicos, esse efeito de blindagem é menor, o que leva a maior carga líquida. O átomo de cloro, por exemplo, possui 17 prótons no núcleo e 17 elétrons distribuídos em três camadas da seguinte maneira: 2 elétrons na primeira camada, 8 na segunda e 7 na de valência. A blindagem dos 10 elétrons mais internos deixaria uma carga líquida de 7 prótons, o que resultaria em uma força elétrica efetiva entre 7 cargas positivas e os 7 elétrons mais externos. Os elétrons de valência, nesse caso, estariam muito mais ligados ao átomo do que no caso do sódio.

Deve-se notar, contudo, que os chamados dielétricos não são isolantes perfeitos, apenas apresentam uma condutividade muito baixa ante um bom condutor.

2.2.1 Eletrização

Os materiais que compõem a natureza apresentam uma propriedade elétrica intrínseca. Isso significa que há uma propriedade fundamental nas partículas elementares que formam os objetos materiais: a carga elétrica. Dizemos, pois, que um corpo está eletrizado quando sua carga líquida difere de zero. Quando há excesso de cargas positivas, dizemos que o corpo está eletrizado positivamente e, quando há excesso de cargas negativas, diz-se que o corpo está eletrizado negativamente. Quando não há excesso de cargas, o corpo está em equilíbrio eletrostático ou em estado neutro.

Há três processos mais comuns de eletrização: a realização por indução, a realização por contato e a realização por atrito. No processo de indução não ocorre contato físico e, portanto, não há transferência de cargas entre os corpos, apenas uma redistribuição delas. Já na eletrização por contato ocorre transferência de cargas entre os corpos em contato, a qual ocorre até que seja estabelecido o equilíbrio eletrostático entre esses corpos. Porém, quando os corpos em contato são isolantes, somente haverá transferência de carga se houver atrito entre eles.

Os átomos estruturam-se de tal modo que, em todos os casos, são os elétrons que devem ser removidos de um corpo e transferidos para outro. Quando um bastão de plástico sofre atrito com uma flanela, por exemplo, os elétrons são removidos do tecido e acumulados no bastão. Desse modo, o bastão adquire excesso de elétrons, estando negativamente carregado. Quando, ao contrário, um bastão de vidro sofre atrito com um pano de seda, os elétrons são retirados do bastão e passados para a seda. Assim, o bastão torna-se positivamente carregado. Em nenhum dos casos, porém, os corpos retêm suas cargas por muito tempo, já que os elétrons escapam e restabelecem, assim, a neutralidade elétrica, que é a condição natural da matéria. Há, contudo, condições externas que podem afetar o comportamento das cargas. Quando a umidade relativa do ar é elevada, ou seja, quando a concentração de vapor d'água é alta, as cargas escapam mais facilmente dos corpos eletrizados, uma vez que o vapor d'água forma uma fina camada de umidade sobre os materiais, facilitando o fluxo de elétrons entre os objetos e entre os objetos e o meio ambiente. Por essa razão, em um dia quente e úmido, torna-se mais difícil realizar experiências de eletrização, ao passo que o tempo frio e seco é mais favorável para tanto.

2.2.2 Outros processos de eletrização

Diferentes experimentos de laboratório demonstram que constituintes básicos de todos os átomos são partículas carregadas. Quando um filamento metálico é aquecido, ele, em geral, emite elétrons, assim como as moléculas são evaporadas quando aquecemos um líquido. Esse é um fenômeno conhecido como ionização térmica ou emissão termiônica.

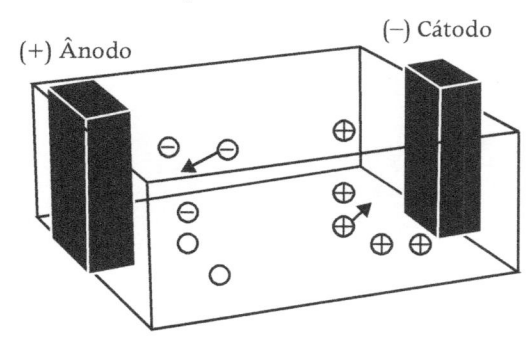

Figura 2.4 – Representação da eletrólise.

A eletrólise é outro fenômeno interessante. Na Figura 2.4, supomos que os eletrodos ($+$) e ($-$) estejam ligados a uma fonte de energia elétrica (uma bateria, por exemplo). Por meio da introdução de duas barras ou placas opostamente carregadas, chamadas eletrodos, será produzido um campo elétrico E, tal como veremos na próxima seção, desde que a solução contenha ou um ácido (como HCl), uma base (como $NaOH$) ou um sal (como $NaCl$). Desse modo, pode-se observar um fluxo de cargas elétricas em direção ao eletrodo positivo (ou ânodo) e outro em direção ao eletrodo negativo (ou cátodo). Esse fenômeno sugere que as moléculas da substância dissolvida são separadas em íons com diferentes sinais de carga. No caso do $NaCl$, por exemplo, os átomos de sódio movem-se em direção ao cátodo e são, portanto, íons positivos (chamados de cátions), enquanto os átomos de cloro vão para o ânodo e são íons negativos, chamados ânions. As equações das reações são as seguintes:

$$NaCl \rightarrow Na^+ + Cl^-;$$

$$HCl \rightarrow H^+ + Cl^-;$$

$$NaOH \rightarrow Na^+ + OH^-.$$

2.3 Campo elétrico

Consideremos inicialmente uma carga q_1 localizada em um ponto qualquer do espaço. Essa carga produzirá uma perturbação em torno de si mesma, que chamaremos de campo elétrico da carga q_1 (na realidade, essa perturbação só se anula no infinito). A verificação experimental da existência desse campo, em um ponto qualquer, pode ser constatada pela seguinte experiência hipotética (ilustrada na Figura 2.5):

Suponha que uma pequena carga de prova q_0 (positiva por convenção) se aproxime com velocidade v, em trajetória retilínea, de uma carga q_1 (também positiva por conveniência). Se, à medida que a carga q_0 se aproxima de q_1, houver atuação de alguma força de origem elétrica (repulsiva, F_0), q_0 sofrerá uma mudança na trajetória de seu movimento, desviando-se da direção inicial, ou, ainda, sofrer algum tipo de aceleração. Dizemos, então, que a carga q_0 percebeu o campo elétrico (E_1) da carga q_1 naquele ponto e foi compelida por F_0 a mudar sua trajetória.

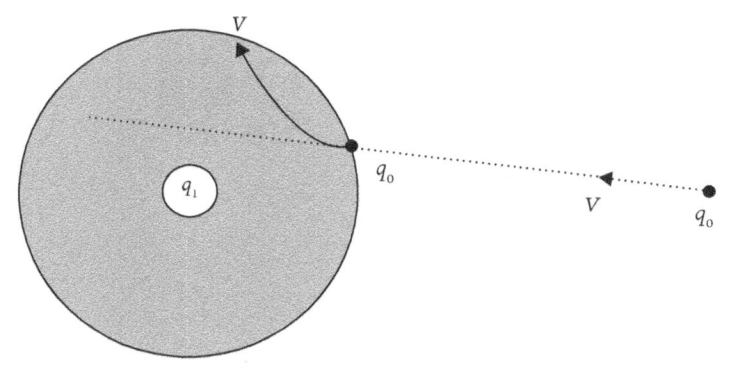

Figura 2.5 – Ilustração do "efeito" de campo sobre a carga de prova.

A Figura 2.5 mostra a carga q_0 aproximando-se em linha reta e com velocidade v da carga q_1. Embora o campo se estenda até o infinito, ela só percebe a carga q_1 ao receber uma aceleração devida à força coulombiana. Essa "zona de influência" encontra-se hachurada na figura, marcando o ponto onde a velocidade da partícula começa a ser alterada.

PARA REFLETIR

No módulo *campo elétrico*, pode-se observar a representação da Figura 2.5 em "tempo real". É possível variar a carga e observar a trajetória da partícula-teste no campo dessa carga, bem como o vetor que representa a força sobre essa partícula.

A razão entre a força percebida pela carga de prova e a unidade da carga de prova é uma medida da intensidade do campo elétrico no ponto em questão. A carga de prova, contudo, tem de ser pequena o suficiente para que não altere, desde o início, a distribuição de carga que produz o campo. Assim, mais apropriadamente, o campo elétrico naquele ponto é definido como

$$\vec{E}_1 = \lim_{q_0 \to 0} \frac{\vec{F}_0}{q_0}. \tag{2.6}$$

Podemos constatar que, sendo a força uma grandeza vetorial, o campo elétrico também o é, de modo que ele tem a direção e o sentido da força que atua sobre a carga de prova. O campo é dirigido radialmente para fora de q_1, se for uma carga positiva, e para dentro de q_1, se for negativa (de acordo com a convenção de sinais).

Qual é o significado da intensidade do campo elétrico? Se colocarmos uma carga-teste q_0 em um campo, e se esse campo exercer uma grande força sobre a carga, dizemos que a intensidade do campo é alta. Da mesma maneira, se essa força é pequena, dizemos que a intensidade do campo é baixa. Assim, a intensidade de um campo elétrico é diretamente proporcional à força que esse campo exerce sobre a carga-teste. Contudo, realmente não faz sentido ter uma intensidade de campo que mude sempre que usamos uma carga-teste diferente para determinar sua intensidade. Assim, pode-se evitar essa dificuldade definindo-se a intensidade de um campo elétrico como a força por unidade da carga de teste. Esse também é o motivo pelo qual tomamos o limite na Equação 2.6.

Aplicando o limite da Equação 2.6 à lei de Coulomb (Equação 2.5), podemos, finalmente, escrever a equação do campo elétrico da carga q_1 como:

$$\vec{E}_1 = \frac{1}{4\pi\varepsilon_0} \frac{q_1}{(r_{0,1})^2} \hat{r}, \tag{2.7}$$

onde $\hat{r} = \vec{r}_{0,1}/|\vec{r}_{0,1}|$ é o vetor unitário na direção de $\vec{r}_{0,1} = \vec{r}_0 - \vec{r}_1$, sendo que $\vec{r}_1$ denota o vetor posição da carga q_1 e $\vec{r}_0$ é o vetor que localiza a carga-teste q_0 (o ponto no qual queremos calcular o campo elétrico). A Figura 2.6 representa a disposição das cargas.

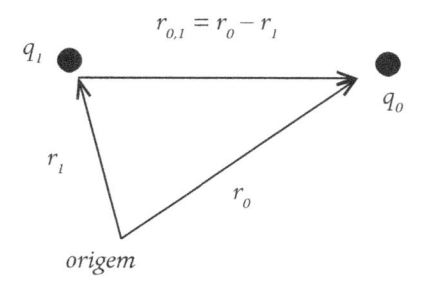

Figura 2.6 – Vetores posição das cargas q_1 e q_0.

Assim, o campo dado pela Equação 2.7 exerce a força

$$\vec{F}_0 = q_0 \vec{E}_1 = \frac{1}{4\pi\varepsilon_0} \frac{q_0 q_1}{(r_{0,1})^2} \hat{r}$$

sobre a carga de teste.

Exemplo 3

Determine o campo elétrico $\vec{E}$ tal que um elétron colocado nesse campo esteja sujeito a uma força elétrica igual ao seu próprio peso.

Solução

A força peso atua na direção vertical, cujo sentido positivo será tomado como o que aponta para o centro da Terra. Seja $\hat{y}$ o unitário nessa direção. Então, $\vec{P} = mg\hat{y}$. A força capaz de equilibrar $\vec{P}$ será $\vec{F}_e$. Então:

$$\vec{F}_e + \vec{P} = 0 \qquad \vec{F}_e + mg\hat{y} = 0.$$

Em termos do campo, $\vec{F}_e = q\vec{E}$. Assim,

$$\vec{E} = -\frac{mg}{q}\hat{y}.$$

No caso do elétron, $q = -e$, então:

$$\vec{E} = +\frac{mg}{e}\hat{y}.$$

Como convencionamos $\hat{y}$ positivo apontando para o centro da Terra, o campo também deve apontar para baixo, a fim de que a força $q\vec{E} = -e\vec{E}$ aponte para cima e equilibre $\vec{P}$. Note que, se a carga fosse a de um próton $(q = +e)$, o campo apontaria para cima e seria $\vec{E} = -\frac{mg}{e}\hat{y}.$

PARA REFLETIR

No módulo *campo (carga fixa)*, pode-se calcular o campo elétrico em um ponto P, a uma distância R, de coordenadas (x, y), e observar os efeitos sobre o campo ao variar o valor e o sinal da carga.

Para finalizar, podemos observar que o conceito de campo elétrico caracteriza a capacidade que uma carga tem de criar forças como uma propriedade intrínseca a ela e que se estende por todo o espaço. Assim, mesmo uma carga isolada é capaz de dotar todos os pontos do espaço dessa propriedade latente.

2.3.1 Linhas de campo

A força elétrica que uma carga exerce sobre outra, ou a força ocasionada por conta de algumas poucas cargas, é facilmente calculada utilizando-se a lei de Coulomb (Equação 2.5). Porém, como calcular a força sobre uma carga resultante de um grande número de cargas, positivas e negativas, distribuídas em um par de placas? Nesse caso, não há como reduzir o problema a vetores força individuais para obter a resultante. Veremos que esse problema pode ser resolvido com a aplicação do conceito de campo.

A linha curva que, em cada ponto de um campo, é tangente ao vetor campo é denominada de linha de campo de um campo vetorial. Essa linha imaginária é traçada de modo que, em cada ponto, o elemento de linha $\vec{ds}$ tem a direção e o sentido do campo (Figura 2.7).

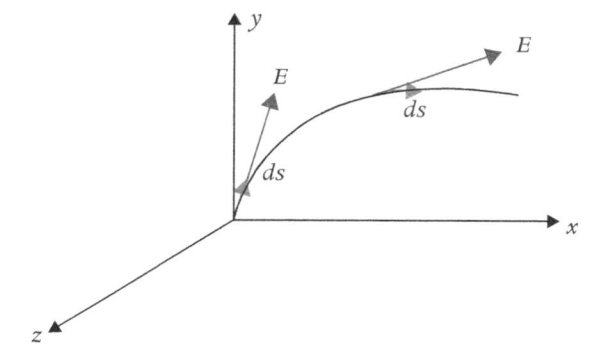

Figura 2.7 – Linhas de campo.

Esse conceito de linhas de campo foi utilizado primeiro por Michael Faraday (1791-1867), que as denominou linhas de força. Ele usou essas linhas como um auxílio para a visualização de campos elétricos e/ou magnéticos.

Na Figura 2.7, podemos observar que

$$\vec{ds} \;//\; \vec{E} \quad \Rightarrow \quad \vec{ds} = \lambda \vec{E}, \quad \forall \quad \lambda \in R. \tag{2.8}$$

Em coordenadas cartesianas,

$$\begin{cases} \vec{ds} = dx\vec{i} + dy\vec{j} + dz\vec{k} \\ \vec{E} = E_x\vec{i} + E_y\vec{j} + E_z\vec{k} \end{cases}. \tag{2.9}$$

Substituindo-se a Equação 2.9 na Equação 2.8, temos

$$\vec{ds} = \lambda \vec{E} \Rightarrow dx\vec{i} + dy\vec{j} + dz\vec{k} = \lambda(E_x\vec{i} + E_y\vec{j} + E_z\vec{k}).$$

Logo,

$$\begin{cases} dx = \lambda E_x & \Rightarrow \lambda = dx/E_x \\ dy = \lambda E_y & \Rightarrow \lambda = dy/E_y \\ dz = \lambda E_z & \Rightarrow \lambda = dz/E_z \end{cases}.$$

Portanto,

$$\frac{dx}{E_x} = \frac{dy}{E_y} = \frac{dz}{E_z}. \qquad (2.10)$$

A Equação 2.10 é um sistema de equações diferenciais de primeira ordem para as linhas de campo elétrico.

Exemplo 4

Um campo elétrico é dado por $\vec{E} = \frac{1}{x}\vec{i} + \frac{1}{y}\vec{j}$. *Pede-se a equação das linhas de campo.*

Solução

Considerando apenas as componentes x e y na Equação 2.10, temos

$$\frac{dx}{E_x} = \frac{dy}{E_y}. \qquad (2.11)$$

No caso, $E_x = \frac{1}{x}$ e $E_y = \frac{1}{y}$, logo

$$xdx = ydy.$$

Integrando-se,

$$\int x\,dx = \int y\,dy,$$

$$\frac{x^2}{2} = \frac{y^2}{2} + C' \rightarrow x^2 - y^2 = 2C'.$$

Logo, a equação final é:

$$x^2 - y^2 = C,$$

que é a equação de uma família de hipérbole (ver Figura 2.8).

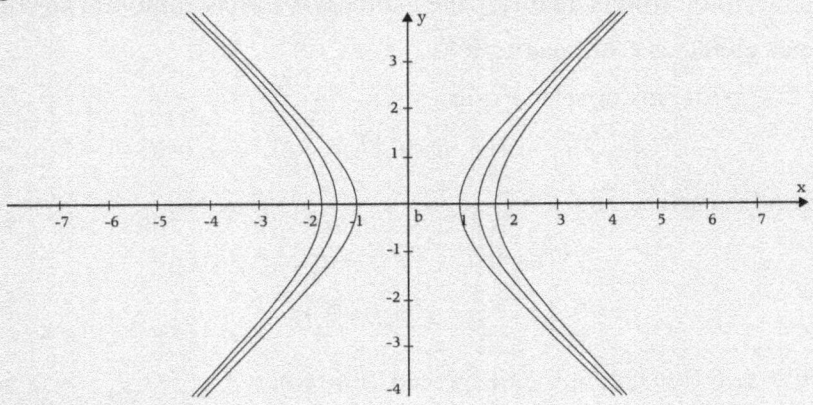

Figura 2.8 – Família de hipérbole.

Alguns exemplos (bidimensionais) de linhas de força de algumas distribuições de cargas são apresentados a seguir. Na Figura 2.9, vemos as linhas de campo de duas cargas isoladas e de sinais contrários. Já na Figura 2.10 as cargas aparecem interagindo.

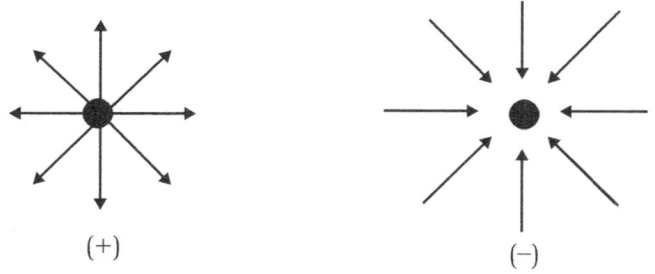

Figura 2.9 – Linhas de campo de cargas pontuais isoladas.

É importante notar que a Figura 2.10 representa a superposição de dois campos esfericamente simétricos (os das cargas individuais), que permanecem inalterados mesmo estando na presença um do outro. A imagem da figura pode dar a impressão de que a presença da carga negativa "entorta" as linhas de campo da carga positiva e vice-versa, mas esta percepção não é correta. O resultado observado nas figuras é apenas a resultante da soma (superposição) dos campos das duas cargas, e foi possível observar que existem pontos em que os campos se anulam e pontos em que se reforçam. A capacidade individual que uma carga elétrica tem de criar campo não é passível de ser alterada pela presença de outra carga.

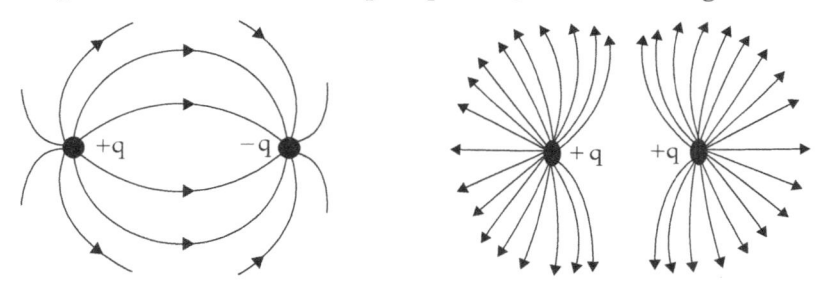

Figura 2.10 – Linhas de campo de cargas de sinais opostos (esquerda) e de mesmos sinais (direita).

É possível observar nas figuras anteriores que, nas regiões em que a intensidade de campo é grande, as linhas de força deverão ser traçadas muito próximas umas às outras, mas, em regiões em que a intensidade de campo seja pequena, deverão ser traçadas de maneira inversa (mais afastadas), de acordo com a convenção.

Vale ressaltar que a conservação de carga implica linhas de campo "eternas". Desse modo, não ocorre o surgimento de linhas de campo, nem tampouco ocorre seu desaparecimento, isto é, as linhas de campo também se conservam. Elas também não se propagam, pois a presença da carga provoca alterações em todo o espaço. Uma carga, quando se desloca, leva suas linhas de campo, e o que pode se propagar é a informação sobre eventuais mudanças na posição da carga. Quando atritamos o bastão de plástico no laboratório, por exemplo, e o aproximamos de fragmentos de papel, notamos que esses fragmentos são atraídos pelo bastão. Contudo, não houve criação de campo elétrico, cargas ou linhas de campo, apenas uma redistribuição de carga e a consequente redistribuição das linhas de campo no espaço.

2.3.2 Princípio da superposição

Se, em vez de apenas uma carga, tivermos várias cargas pontuais $q_1, q_2, q_3, ..., q_n$ localizadas nos pontos especificados por $\vec{r}_1, \vec{r}_2, ..., \vec{r}_n$, respectivamente, e se o ponto em que quisermos calcular o campo for dado por $\vec{r}_0$, o vetor campo elétrico resultante será dado pela soma vetorial do campo produzido pelas cargas naquele ponto. Assim, para uma distribuição discreta de cargas,

$$\vec{E} = \vec{E}_1 + \vec{E}_2 + ... + \vec{E}_n,$$

ou

$$\vec{E} = \frac{1}{4\pi\varepsilon_0} \frac{q_1}{r_{0,1}^2} \hat{r}_1 + \frac{1}{4\pi\varepsilon_0} \frac{q_2}{r_{0,2}^2} \hat{r}_2 + ... + \frac{1}{4\pi\varepsilon_0} \frac{q_n}{r_{0,n}^2} \hat{r}_n,$$

com $\vec{r}_{0,i} = \vec{r}_0 - \vec{r}_i, \hat{r}_i = \vec{r}_{0,i}/|\vec{r}_{0,i}|$, e $i = 1, 2, ..., n$.

Resumidamente,

$$\vec{E} = \frac{1}{4\pi\varepsilon_0} \sum_{i=1}^{n} \frac{q_i}{r_{0,i}^2} \hat{r}_i. \tag{2.12}$$

Um erro muito comum em problemas com distribuição de cargas é não especificar corretamente os vetores e as distâncias envolvidos. Por isso, em todo problema de eletrostática, é fundamental escolher um sistema de referência arbitrário e definir todas as distâncias envolvidas de modo consistente com essa escolha.

Observe, na Figura 2.11, a definição do vetor que localiza o ponto de observação $\vec{r}_0$ (onde colocaremos a carga de prova), o vetor que localiza a carga que gera o campo $\vec{r}_i$ e o vetor que fornece a distância entre essa carga e o ponto de observação, $\vec{r}_{0,i}$. É este último que entra na lei de Coulomb. Não é $\vec{r}_0$ ou $\vec{r}_i$, mas a diferença entre esses vetores que dá a distância entre as duas cargas cuja interação está sendo considerada.

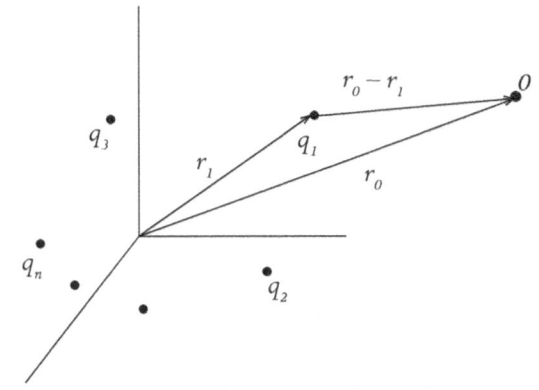

Figura 2.11 – Sistema de referência para distribuição puntiforme de cargas.

Exemplo 5

Duas cargas pontuais q_1 e q_2, uma de $+12 \times 10^{-19}$ C e outra de -12×10^{-19} C, encontram-se separadas por uma distância de 10 cm. Determine o campo devido a essas cargas: no ponto a, localizado 4 cm à esquerda de q_1; no ponto b, localizado 6 cm à direita de q_2.

Solução

No ponto a.

A intensidade resultante no ponto *a* será a superposição entre o campo da carga q_1 e da carga q_2.

$$\vec{r}_1 = -0,05 \text{m}\hat{x};$$
$$\vec{r}_2 = 0,05 \text{m}\hat{x};$$
$$\vec{r}_0 = -0,09 \text{m}\hat{x}.$$

Então,

$$\vec{r}_{0,1} = \vec{r}_0 - \vec{r}_1 \quad \rightarrow \quad \vec{r}_{0,1} = -0,04 \text{m}\hat{x}.$$

O unitário na direção de $\vec{r}_{0,1}$ será $\hat{r} = \dfrac{\vec{r}_{0,1}}{|\vec{r}_{0,1}|} = -\hat{x}$.

A Figura 2.12 mostra um diagrama com esses vetores.

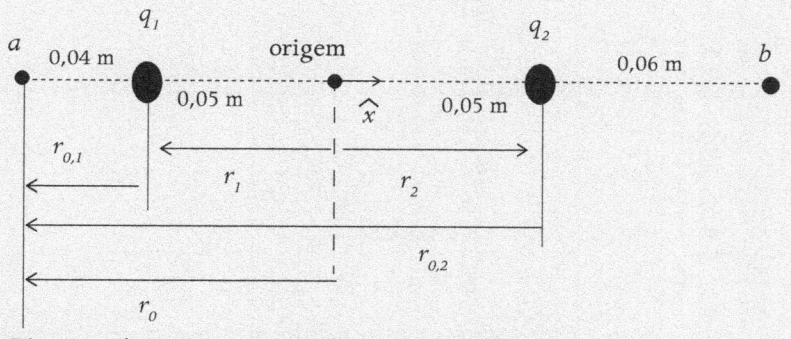

Figura 2.12 – Diagrama dos vetores para o cálculo do campo em *a*.

Assim, o campo criado pela carga q_1 em *a* será

$$\vec{E}_1 = \frac{1}{4\pi\varepsilon_0} \frac{q_1}{r_{0,1}^2} \hat{r} \rightarrow \vec{E}_1 = 9 \times 10^9 \frac{\text{Nm}^2}{\text{C}} \left[\frac{12 \times 10^{-19} \text{ C}}{(0,04\text{m})^2} \right](-\hat{x}). \qquad \vec{E}_1 = -6,75 \times 10^{-6} \text{ N/C}\hat{x}.$$

Do mesmo modo, o campo criado pela carga q_2 em *a* será

$$\vec{r}_{0,2} = \vec{r}_0 - \vec{r}_2 \qquad \vec{r}_{0,2} = -0,14 \text{m}\hat{x}.$$

E o unitário: $\hat{r} = \dfrac{\vec{r}_{0,2}}{|\vec{r}_{0,2}|} = -\hat{x}.$

Então,

$$\vec{E}_2 = \frac{1}{4\pi\varepsilon_0}\frac{q_2}{r_{0,2}^2}\hat{r} \rightarrow \vec{E}_2 = 9\times 10^9 \frac{\text{Nm}^2}{\text{C}}\left[\frac{-12\times 10^{-19}\text{C}}{(0,14\text{m})^2}\right](-\hat{x}).$$

$\vec{E}_2 = 0,55\times 10^{-6}$ N/C $\hat{x}$. Ao contrário de $\vec{E}_1$, $\vec{E}_2$ é positivo e aponta na direção de x positivo.

A superposição desses dois campos mostra que $\vec{E}_a = -6,2\times 10^{-6}$ N/C $\hat{x}$. O campo resultante tem módulo de $6,2\times 10^{-6}$ N/C e direção de $-\hat{x}$. Uma carga Q que se aproxima de a pela esquerda sofre a ação de uma força igual a $\vec{F}_Q = Q\vec{E}_a$, que é repulsiva, se Q é positiva, e atrativa, se Q é negativa. A Figura 2.13, a seguir, mostra o diagrama com os vetores relevantes.

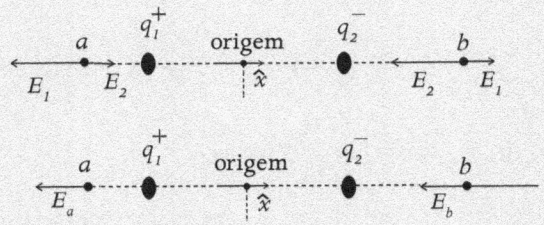

Figura 2.13 – Diagrama dos vetores campo elétrico.

No ponto b.
Neste caso, a resultante será a superposição entre o campo da carga q_1 e da carga q_2 no ponto b. Agora,

$$\vec{r}_1 = -0,05\text{m}\hat{x};$$
$$\vec{r}_2 = 0,05\text{m}\hat{x};$$
$$\vec{r}_0 = 0,11\text{m}\hat{x}.$$

Então,

$$\vec{r}_{0,1} = \vec{r}_0 - \vec{r}_1 \quad \rightarrow \quad \vec{r}_{0,1} = 0,16\text{m}\hat{x}.$$

O unitário na direção de $\vec{r}_{0,1}$ será $\hat{r} = \frac{\vec{r}_{0,1}}{|\vec{r}_{0,1}|} = \hat{x}$.

Assim, o campo criado pela carga q_1 em b será:

$$\vec{E}_1 = \frac{1}{4\pi\varepsilon_0}\frac{q_1}{r_{0,1}^2}\hat{r} \quad \rightarrow \quad \vec{E}_1 = 9\times 10^9 \frac{\text{Nm}^2}{\text{C}}\left[\frac{12\times 10^{-19}\text{C}}{(0,16\text{m})^2}\right]\hat{x}.$$

$$\vec{E}_1 = 0,42\times 10^{-6}\text{ N/C}\hat{x}.$$

Do mesmo modo, o campo criado pela carga q_2 em b será

$$\vec{r}_{0,2} = \vec{r}_0 - \vec{r}_2 \quad \rightarrow \quad \vec{r}_{0,2} = 0,06\text{m}\hat{x}.$$

Então,

$$\vec{E}_2 = \frac{1}{4\pi\varepsilon_0} \frac{q_2}{r_{0,2}^2} \hat{r} \quad \rightarrow \quad \vec{E}_2 = 9\times 10^9 \frac{\text{Nm}^2}{\text{C}} \left[\frac{-12\times 10^{-19}\text{C}}{(0{,}06\text{m})^2} \right]\hat{x}.$$

$$\vec{E}_2 = -3{,}0\times 10^{-6}\,\text{N/C}\hat{x}.$$

A superposição desses dois campos mostra que $\vec{E}_b = -2{,}58\times 10^{-6}\,\text{N/C}\hat{x}$. O campo resultante é negativo e tem a direção de $\hat{x}$. Uma carga Q que se aproxima de b pela direita sofre a ação de uma força igual a $\vec{F}_Q = Q\vec{E}_b$, que é repulsiva, se Q é negativa, e atrativa, se Q é positiva. Note, na Figura 2.13, que o sentido dos vetores do campo elétrico depende do ponto de observação em relação à carga. Por exemplo, $\vec{E}_1$ aponta à esquerda para os pontos à esquerda da carga q_1 e à direita para os pontos à direita dessa carga. O inverso ocorre com q_2. Trata-se de uma redução unidimensional decorrente do fato de o campo de uma carga positiva apontar radialmente para fora, mas, no caso da carga negativa, radialmente para dentro.

Em suma, o princípio de superposição estabelece que o campo elétrico resultante de um sistema de cargas em determinado ponto é igual à soma vetorial dos campos criados separadamente pelas cargas nesse ponto. Em última análise, o princípio de superposição expressa o fato de o campo elétrico criado por uma carga não ser alterado pela presença de outras cargas, ou seja, o campo elétrico elétrico de uma carga depende somente dela.

2.4 Dipolo elétrico

Um dipolo elétrico consiste em duas cargas de sinais opostos, $+q$ e $-q$, separadas por uma distância muito pequena denominada a. A Figura 2.14, que não está em escala, representa um dipolo.

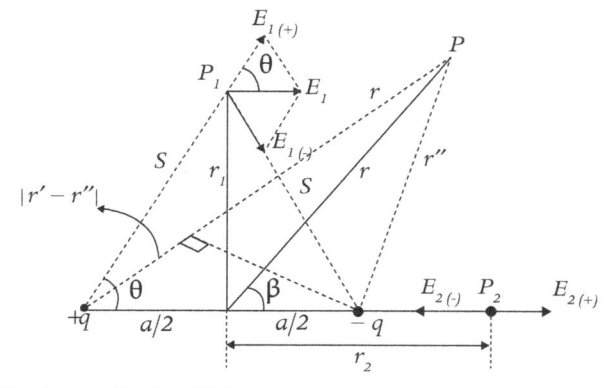

Figura 2.14 – Ilustração de um dipolo elétrico.

Na Figura 2.14, as distâncias r_1, r_2 e r e são distâncias do centro do dipolo aos pontos P_1, P_2, e P, respectivamente. A distância de qualquer um desses pontos é considerada muito maior do que a distância a, que separa as duas cargas.

2.4.1 Campo do dipolo elétrico

O cálculo do campo do dipolo em um ponto qualquer denotado por P na Figura 2.14 é mais complexo e será visto posteriormente. Agora, para simplificar, vamos determinar o campo elétrico no ponto P_1, simétrico em relação às duas cargas.

1. Cálculo do módulo do campo elétrico E_1 no ponto P_1 localizado na mediatriz do segmento que une as duas cargas (Figura 2.14):

O campo ocorre em função das duas cargas, positiva e negativa, assim:

$$E_1 = E_{1(+)} + E_{1(-)}.$$

Das relações geométricas:

$$s^2 = r_1^2 + \frac{a^2}{4}$$

$$\cos\theta = \frac{a/2}{\sqrt{\left(r_1^2 + \frac{a^2}{4}\right)}}.$$

Então, podemos concluir que:

$$E_{1(+)} = E_{1(-)} = \frac{1}{4\pi\varepsilon_0}\frac{q}{\left(r_1^2 + \frac{a^2}{4}\right)}$$

e

$$E_1 = 2E_{1(+)}\cos\theta.$$

Logo,

$$E_1 = 2\frac{1}{4\pi\varepsilon_0}\frac{q}{\left(r_1^2 + \frac{a^2}{4}\right)}\frac{a}{2\sqrt{\left(r_1^2 + \frac{a^2}{4}\right)}}, \qquad E_1 = \frac{1}{4\pi\varepsilon_0}\frac{aq}{\left(r_1^2 + \frac{a^2}{4}\right)^{\frac{3}{2}}}.$$

Sendo $r_1 \gg a$ (como é, de fato, para um dipolo),

$$\left(r_1^2 + \frac{a^2}{4}\right)^{\frac{3}{2}} \approx (r_1^2)^{\frac{3}{2}} = r_1^3.$$

E, finalmente,

$$E_1 \approx \frac{1}{4\pi\varepsilon_0}\frac{qa}{r_1^3}.$$

O produto qa é chamado de momento de dipolo elétrico p. Então, podemos reescrever a equação de E para pontos distantes do dipolo localizados na mediatriz como

$$E_1 = \frac{1}{4\pi\varepsilon_0} \frac{p}{r_1^3}. \qquad (2.13)$$

2. Cálculo do módulo do campo elétrico E_2 no ponto P_2, localizado ao longo da reta que une as duas cargas a uma distância r_2 do centro do dipolo (Figura 2.14).

Como o campo no ponto P_2, por conta da carga negativa, aponta para a origem, seu sentido é contrário ao do campo da carga positiva, que aponta na direção de $\hat{i}$, de acordo com a Figura 2.14. Assim, o módulo do campo resultante em P_2 pode ser escrito simplesmente como a diferença entre os módulos dessas cargas, nesse problema unidimensional. Então, como a carga negativa está mais próxima do ponto P_2 (seu campo será maior em P_2), fazemos

$$E_2 = E_{2(-)} - E_{2(+)},$$

mas

$$E_{2(-)} = \frac{1}{4\pi\varepsilon_0} \frac{q}{\left(r_2 - \frac{a}{2}\right)^2},$$

e

$$E_{2(+)} = \frac{1}{4\pi\varepsilon_0} \frac{q}{\left(r_2 + \frac{a}{2}\right)^2}.$$

Logo, teremos

$$E_2 = \frac{q}{4\pi\varepsilon_0} \left[\frac{1}{\left(r_2 - \frac{a}{2}\right)^2} - \frac{1}{\left(r_2 + \frac{a}{2}\right)^2} \right].$$

$$E_2 = \frac{q}{4\pi\varepsilon_0} \left[\frac{1}{\left(r_2^2 + \frac{a^2}{4} - r_2 a\right)} - \frac{1}{\left(r_2^2 + \frac{a^2}{4} + r_2 a\right)} \right] = \frac{q}{4\pi\varepsilon_0} \left[\frac{1}{r^2(r_2 - a) + \frac{a^2}{4}} - \frac{1}{r^2(r_2 + a) + \frac{a^2}{4}} \right].$$

Como $r_2 \gg a$, $r^2 \gg a^2/4$, então temos

$$E_2 = \frac{q}{4\pi\varepsilon_0} \left[\frac{1}{r_2(r_2 - a)} - \frac{1}{r_2(r_2 + a)} \right].$$

$$E_2 = \frac{q}{4\pi\varepsilon_0 r_2} \left[\frac{r_2 + a - r_2 + a}{\left(r_2^2 - a\right)} \right].$$

Novamente, sendo $r_2 \gg a \Rightarrow r_2^2 - a^2 \simeq r_2^2$,

$$E_2 = \frac{q}{4\pi\varepsilon_0}\left[\frac{2a}{r_2^2}\right] = \frac{1}{2\pi\varepsilon_0}\frac{qa}{r_2^3}.$$

Finalmente, o módulo do campo no eixo do dipolo fica

$$E_2 = \frac{1}{2\pi\varepsilon_0}\frac{p}{r_2^3}, \qquad (2.14)$$

que tem a direção do eixo ($\hat{i}$) e aponta para a carga negativa.

O gráfico a seguir, exposto na Figura 2.15, mostra como o módulo do campo, E, varia em função de r. Pode-se notar que o campo é intenso quando está próximo à origem, mas decai rapidamente a zero, praticamente se anulando, quando $r \sim 3$.

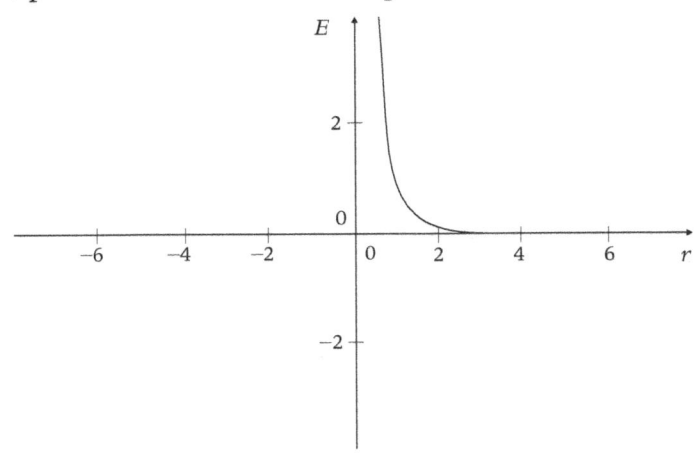

Figura 2.15 – O campo E como função de r.

APLIQUE SEUS CONHECIMENTOS

No módulo *campo* (*dipolo*), você pode simular esta e outras situações.

Exemplo 6

Obtenha o campo $\vec{E}$ no ponto P_2 da Figura 2.14 utilizando a definição vetorial de campo elétrico.

Solução

O campo $\vec{E}_2$ é dado pela superposição dos campos gerados pelas cargas $(+)$ e $(-)$ em P_2. Os vetores que localizam as cargas e P_2 são, respectivamente:

$$\vec{r}_+ = -\frac{a}{2}\hat{i}, \qquad \vec{r}_- = \frac{a}{2}\hat{i} \quad \text{e} \quad \vec{r}_0 = r_2\hat{i}.$$

Então:
$$\vec{r}_{0+} = \left(r_2 + \frac{a}{2}\right)\hat{i} \qquad \vec{r}_{0-} = \left(r_2 - \frac{a}{2}\right)\hat{i}.$$

Logo,
$$\vec{E}_2 = \vec{E}_{2+} + \vec{E}_{2-} = \frac{1}{4\pi\varepsilon_0}\frac{q}{\left(r_2 + \frac{a}{2}\right)^2}\hat{i} + \frac{1}{4\pi\varepsilon_0}\frac{-q}{\left(r_2 - \frac{a}{2}\right)^2}\hat{i}.$$

$$\vec{E} = \frac{q\hat{i}}{4\pi\varepsilon_0}\left[\frac{1}{\left(r_2 + \frac{a}{2}\right)^2} - \frac{1}{\left(r_2 - \frac{a}{2}\right)^2}\right].$$

Com as simplificações anteriores,
$$\vec{E} = -\frac{q}{2\pi\varepsilon_0}\frac{a}{r_2^3}\hat{i}.$$

2.4.2 Dipolo em um campo elétrico

O comportamento de um dipolo em um campo elétrico uniforme e externo pode ser descrito em termos dos vetores $\vec{E}$ e $\vec{p}$. A Figura 2.16 mostra um dipolo em um campo elétrico uniforme, $\vec{E}$, e seu momento de dipolo $\vec{p}$ formando um ângulo θ com a direção do campo. Por formar um binário de forças, o sistema sofrerá um torque que atuará sobre seu centro de massa, cujo módulo é dado por

$$\tau = -Fd\,\text{sen}\,\theta. \tag{2.15}$$

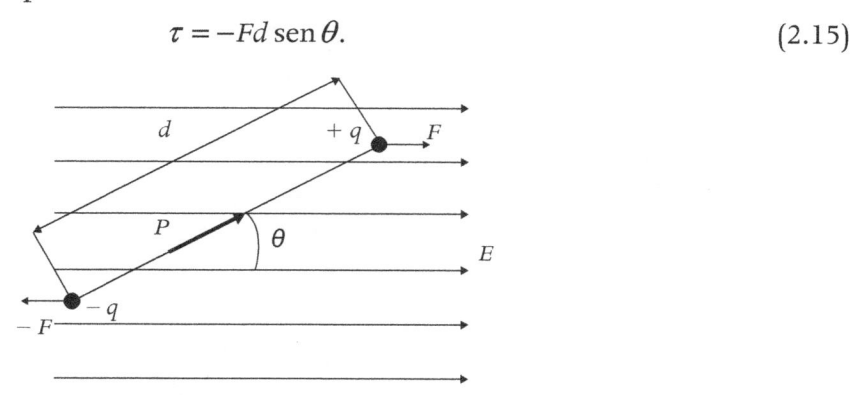

Figura 2.16 – Dipolo em campo elétrico uniforme.

O sinal negativo indica que o torque exercido pelo campo elétrico sobre o dipolo está em sentido horário. Sendo $F = qE$ a força elétrica e $p = qd$ o momento de dipolo elétrico, temos

$$\tau = -qdE\ \text{sen}\,\theta = -pE\,\text{sen}\,\theta. \tag{2.16}$$

Podemos generalizar a Equação 2.16 na forma vetorial a seguir:

$$\vec{\tau} = \vec{p} \times \vec{E}. \tag{2.17}$$

A Equação 2.17 refere-se ao torque sobre um dipolo. Esse torque tende a orientar o dipolo em direção ao campo, analogamente ao torque exercido pelo campo magnético, que tende a orientar uma agulha magnética (dipolo magnético) na direção daquele campo.

É interessante notar que, nos átomos, o centro de massa dos elétrons coincide com o do núcleo, de modo que o momento médio de dipolo elétrico do átomo é nulo (Figura 2.17). Contudo, se um campo externo $\vec{E}$ é aplicado, o movimento dos elétrons é perturbado e o centro de massa dos elétrons é deslocado de uma distância d em relação ao núcleo (Figura 2.18). O átomo é então polarizado, tornando-se um dipolo elétrico de momento $\vec{p}$, que é proporcional ao campo externo $\vec{E}$ aplicado.

No caso das moléculas denominadas polares, seu momento de dipolo elétrico é permanente. Na molécula do ácido clorídrico (HCl, ver Figura 2.19), por exemplo, o elétron do átomo de hidrogênio (H) despende mais tempo movendo-se ao redor do átomo de cloro (Cl) do que ao redor do átomo de H. Portanto, o centro de cargas negativas não coincide com o de cargas positivas, e a molécula tem um momento de dipolo dirigido do átomo Cl para o átomo H, de modo que podemos escrever H^+Cl^-. O dipolo elétrico da molécula HCl é $p = 3,43 \times 10^{-30}$ Cm.

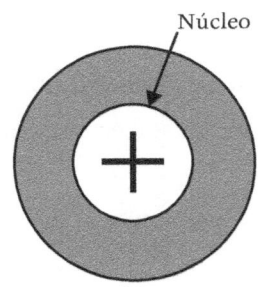

Figura 2.17 – Centro de massa do átomo.

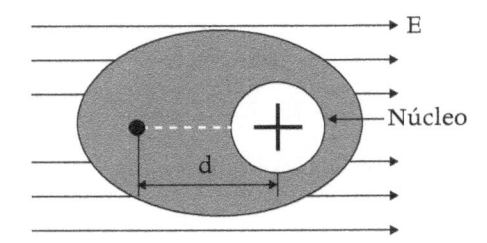

Figura 2.18 – Campo externo deslocando o centro de massa (CM) dos elétrons.

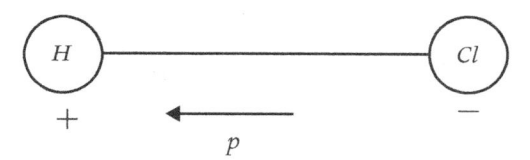

Figura 2.19 – Molécula diatômica polar de HCl.

Em uma molécula como a da água (H_2O), na qual as duas ligações H – O contribuem para o momento de dipolo elétrico, a resultante desse momento, em razão da simetria, encontra-se no eixo da molécula (Figura 2.20) e possui valor igual a $6,2 \times 10^{-30}$ Cm.

Por último, temos a molécula do dióxido de carbono (CO_2), na qual todos os átomos estão em uma linha reta (Figura 2.21), e seu momento de dipolo resultante é nulo em razão da simetria. Tais moléculas são chamadas de apolares.

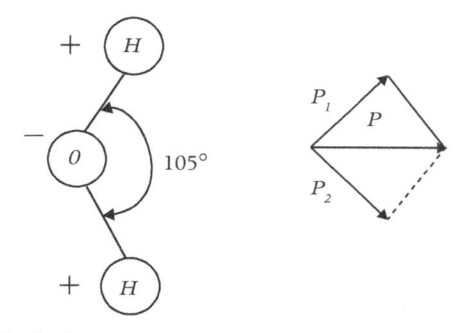

Figura 2.20 – Dipolo da molécula de H_2O.

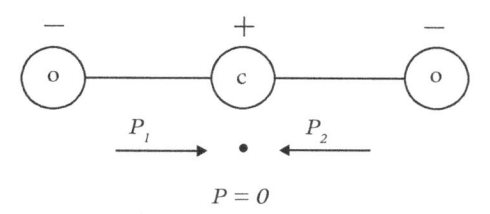

Figura 2.21 – A molécula CO_2 não apresenta dipolo elétrico.

2.5 Distribuição contínua de cargas

Apesar de a carga ser quantizada e de as distribuições de carga serem discretas, existem situações em que podemos considerar essas distribuições como contínuas. Com efeito, esse é o caso se temos um conjunto muito grande de cargas e se queremos calcular a força ou o campo em um ponto suficientemente afastado da distribuição. Nesse caso, a distribuição de cargas pode ser considerada contínua e as equações podem ser escritas na forma de integral.

Então, se a carga total estiver distribuída continuamente em uma região, conforme mostrado na Figura 2.22, onde localizamos por $\vec{r}'$ o elemento de carga dq, o campo produzido por essa carga no ponto localizado por $\vec{r}$ será

$$\vec{E}(x,y,z) = \frac{1}{4\pi\varepsilon_0}\int dq \frac{\vec{r}-\vec{r}'}{|\vec{r}-\vec{r}'|^3} = \frac{1}{4\pi\varepsilon_0}\int dq \frac{\hat{r}}{|\vec{r}-\vec{r}'|^2},\qquad(2.18)$$

onde $\vec{r} = \vec{r}(x,y,z)$ é o vetor posição do ponto onde queremos calcular o campo elétrico e $\hat{r}$ é o vetor unitário. As variáveis x', y', z' referem-se à distribuição das cargas geradoras do campo, como mostrado na Figura 2.22

Assim, se em vez de uma distribuição discreta tivermos uma distribuição contínua de cargas, a equação para o campo será dada sob forma de integral, e a Equação 2.12 pode ser reescrita como a Equação 2.18.

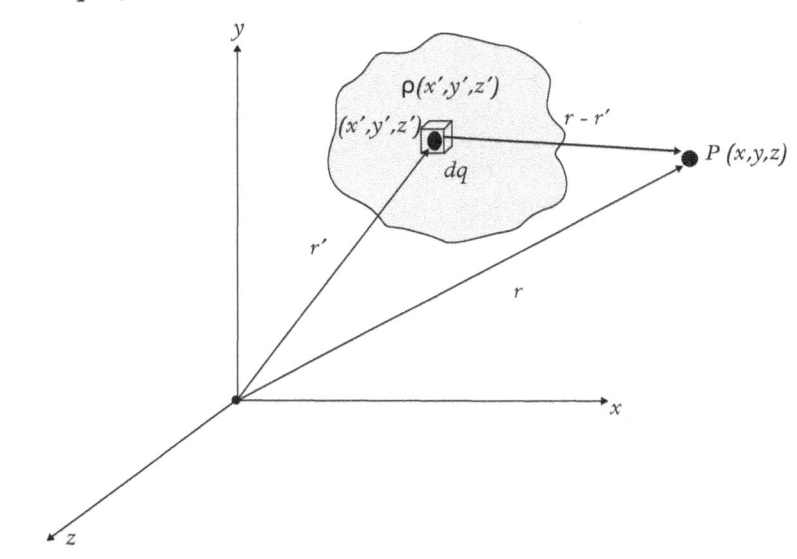

Figura 2.22 – Distribuição contínua de carga.

Pode-se ainda, para uma distribuição contínua de cargas, descrevê-la em termos de uma função densidade de cargas pontuais, como veremos na próxima seção.

2.5.1 Densidade volumétrica de carga

Quando uma distribuição de cargas ocupa um volume V no espaço, podemos definir uma densidade volumétrica de cargas $\rho = \rho(x', y', z')$ da seguinte maneira:

$$\rho = \lim_{\Delta V \to 0} \frac{\Delta q}{\Delta V} = \frac{dq}{dV}.$$

Portanto, o elemento de carga pode ser escrito como

$$dq = \rho dV, \tag{2.19}$$

onde $dV = dx'dy'dz'$ é o elemento de volume. Dessa maneira, podemos escrever o campo elétrico no ponto (x,y,z), em virtude de uma distribuição de cargas nos pontos (x',y',z'), como ilustra a Figura 2.22, na forma

$$\vec{E} = \frac{1}{4\pi\varepsilon_0} \int_V dx'dy'dz' \rho(x',y',z') \frac{\hat{r}}{r^2}, \tag{2.20}$$

onde $r = \sqrt{(x-x')^2 + (y-y')^2 + (z-z')^2}$, e $\hat{r} = (\vec{r} - \vec{r}')/r$ é o unitário.

2.5.2 Densidade superficial de carga

Quando as cargas se distribuem sobre uma superfície S, podemos definir uma densidade superficial de cargas $\sigma = \sigma(x',y')$ da seguinte maneira:

$$\sigma = \lim_{\Delta S \to 0} \frac{\Delta q}{\Delta S} = \frac{dq}{dS}.$$

Portanto, $dq = \sigma dS$, com $dS = dx'dy'$, que é o elemento de superfície. Analogamente à distribuição volumétrica, podemos escrever o campo para uma distribuição superficial de cargas como

$$\vec{E}(x,y) = \frac{1}{4\pi\varepsilon_0} \int_S dx'dy' \sigma(x',y') \frac{\hat{r}}{r^2}. \tag{2.21}$$

2.5.3 Densidade linear de carga

Quando uma distribuição de cargas é unidimensional, como uma linha, por exemplo, podemos definir uma densidade linear de cargas $\lambda(x')$ como

$$\lambda = \lim_{\Delta L \to 0} \frac{\Delta q}{\Delta L} = \frac{dq}{dL}.$$

Portanto, $dq = \lambda dL$, com $dL = dx'$ denotando o elemento de comprimento. Assim, podemos escrever o campo para uma distribuição linear da seguinte forma:

$$\vec{E}(x) = \frac{1}{4\pi\varepsilon_0} \int_L dx' \lambda(x') \frac{\hat{r}}{r^2}. \tag{2.22}$$

2.6 Problemas clássicos

Exemplo 7

Calcule o campo elétrico produzido em um ponto P, localizado a uma distância R de um fio supostamente infinito, carregado com uma distribuição contínua de carga positiva q, como mostra a Figura 2.23.

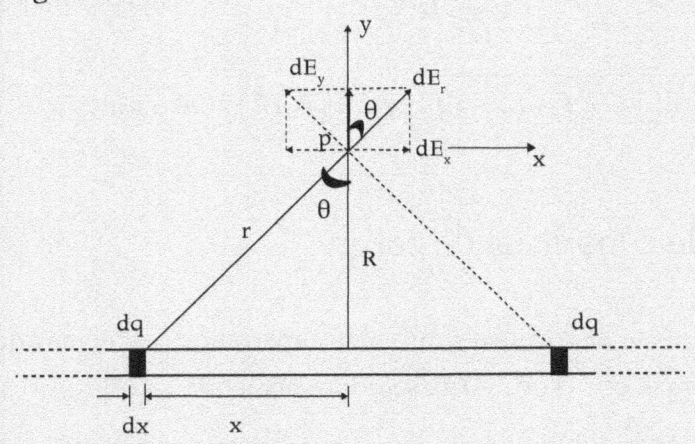

Figura 2.23 – Fio carregado positivamente e infinito.

Solução

O termo "fio infinito" é utilizado para representar um fio suficientemente longo, de modo que podemos desprezar os efeitos produzidos pela distribuição irregular de cargas acumuladas em suas extremidades. Assim, a região central do fio apresenta uma distribuição uniforme de carga, o que resulta em um campo uniforme.

O vetor campo elétrico em P, $\vec{E}_r$, pode ser escrito em termos de seus componentes $\vec{E}_x$ e $\vec{E}_y$. Nesse caso, podemos escolher o sistema de coordenadas de modo que:

$$|\vec{r}'| = x; |\vec{r}| = R, \text{ e } |\vec{r} - \vec{r}'| = r$$

e usar a Equação 2.22.

Porém, o fio infinito apresenta simetria geométrica, bem como uma distribuição simétrica de carga em cada ponto. Isso pode ser representado desenhando-se um elemento de carga dq simetricamente em relação à bissetriz que passa pelo ponto P.

(a) Cálculo de E_x

$$dE_x = dE_r \operatorname{sen} \theta$$

$$dE_r = \frac{1}{4\pi\varepsilon_0} \frac{dq}{r^2}.$$

Podemos depreender da figura as seguintes relações geométricas:

$$r^2 = x^2 + R^2 \Rightarrow r = \left(x^2 + R^2\right)^{1/2}$$

$$\operatorname{sen}\theta = \frac{x}{r} = \frac{x}{\left(x^2 + R^2\right)^{1/2}}.$$

Mas $dq = \lambda dx$, assim:

$$dE_x = \frac{1}{4\pi\varepsilon_0} \frac{\lambda dx}{r^2} \frac{x}{\left(x^2 + R^2\right)^{1/2}}.$$

Como $r^2 = x^2 + R^2$, temos

$$dE_x = \frac{\lambda x}{4\pi\varepsilon_0} \frac{dx}{\left(x^2 + R^2\right)^{3/2}}.$$

Integrando-se ambos os membros da equação ao longo do fio,

$$\int dE_x = \int_x \frac{\lambda x}{4\pi\varepsilon_0} \frac{dx}{\left(x^2 + R^2\right)^{3/2}}$$

$$E_x = \frac{\lambda}{4\pi\varepsilon_0} \int_x \frac{x dx}{\left(x^2 + R^2\right)^{3/2}}.$$

Utilizando-se o método de substituição trigonométrica na resolução da integral anterior, fazemos

$$x = R\tan\theta, \text{ então } dx = R\sec^2\theta d\theta$$

e a integral fica

$$\int_\theta \frac{R\tan\theta R\sec^2\theta d\theta}{(R^2\tan^2\theta + R^2)^{3/2}} = \int_\theta \frac{R^2 \tan\theta \sec^2\theta d\theta}{R^3 \sec^3\theta} = \int_\theta \frac{\operatorname{sen}\theta d\theta}{R}.$$

Logo,

$$E_x = \frac{\lambda}{4\pi\varepsilon_0 R} \int_{\theta=-\pi/2}^{\theta=\pi/2} \operatorname{sen}\theta d\theta.$$

O intervalo de integração de x é de $[-\infty, +\infty]$, então, como $x = R\tan\theta$, o de θ é $[-\pi/2, \pi/2]$, assim,

$$E_x = \frac{-\lambda}{4\pi\varepsilon_0} \cos\theta \Big|_{-\pi/2}^{\pi/2},$$

ou seja, $E_x = 0$ (como já era esperado por conta da simetria geométrica).

(b) Cálculo de $\vec{E}_y$

$$dE_y = dE_r \cos\theta \Rightarrow dE_r = \frac{1}{4\pi\varepsilon_0}\frac{dq}{r^2}.$$

Da Figura 2.23, podemos obter as seguintes relações:

$$r^2 = x^2 + R^2;$$
$$dq = \lambda dx;$$
$$\tan\theta = \frac{x}{R} \quad \Rightarrow x = R\tan\theta \quad \Rightarrow dx = R\sec^2\theta d\theta$$
$$\cos\theta = \frac{R}{r} = \frac{R}{\left(x^2+R^2\right)^{1/2}}.$$

Temos, assim, que:

$$dE_r = \frac{1}{4\pi\varepsilon_0}\frac{\lambda R\sec^2\theta}{\left(x^2+R^2\right)}d\theta.$$

Então, fazendo uso das relações anteriores, obtemos:

$$dE_y = \frac{1}{4\pi\varepsilon_0}\frac{\lambda R\sec^2\theta}{\left(x^2+R^2\right)}\frac{R}{\left(x^2+R^2\right)^{1/2}}d\theta$$

$$dE_y = \frac{1}{4\pi\varepsilon_0}\frac{\lambda R^2\sec^2\theta}{\left(x^2+R^2\right)^{3/2}}d\theta = \frac{1}{4\pi\varepsilon_0}\frac{\lambda R^2\sec^2\theta}{\left(R^2\tan^2\theta+R^2\right)^{3/2}}d\theta$$

$$dE_y = \frac{1}{4\pi\varepsilon_0}\frac{\lambda R^2\sec^2\theta}{\left[R^2\left(\tan^2\theta+1\right)\right]^{3/2}}d\theta = \frac{\lambda R^2}{4\pi\varepsilon_0}\frac{\sec^2\theta}{R^3\sec^3\theta}d\theta.$$

Simplificando e integrando ambos os membros da equação, temos:

$$\int dE_y = \frac{\lambda}{4\pi\varepsilon_0 R}\int_\theta \cos\theta d\theta.$$

A integral do lado esquerdo é simplesmente E_y; como o intervalo de integração de x é $[-\infty,+\infty]$, o de θ será $[-\pi/2,\pi/2]$. Assim, a integral do lado direito pode ser reescrita como:

$$\int_{-\pi/2}^{\pi/2}\cos\theta d\theta = 2\int_0^{\pi/2}\cos\theta d\theta.$$

Logo, a expressão do campo torna-se:

$$E_y = \frac{\lambda}{4\pi\varepsilon_0 R}2\int_0^{\pi/2}\cos\theta d\theta,$$

$$E_y = \frac{\lambda}{4\pi\varepsilon_0 R}2\left[\operatorname{sen}\theta\right]_0^{+\pi/2} = \frac{\lambda}{4\pi\varepsilon_0 R}2\left[\operatorname{sen}\pi/2 - \operatorname{sen}0\right].$$

Portanto, o campo resultante ao longo do eixo y é dado por:

$$E_y = \frac{\lambda}{2\pi\varepsilon_0 R}.$$

Assim, $E_r = E_y$, o que mostra que o campo resultante é perpendicular à distribuição de cargas ao longo do fio.

APLIQUE SEUS CONHECIMENTOS

Calcule E_y para $\lambda = 4\times 10^{-7}$ C/m e $R = 100$ m. Confira o resultado no módulo *campo (fio infinito)* e estude outras possibilidades.

Exemplo 8

Calcule o campo elétrico produzido em um ponto P qualquer, localizado a uma distância R de um fio não condutor de comprimento finito L, carregado com uma distribuição uniforme ao longo do fio com carga positiva q, como mostra a Figura 2.24.

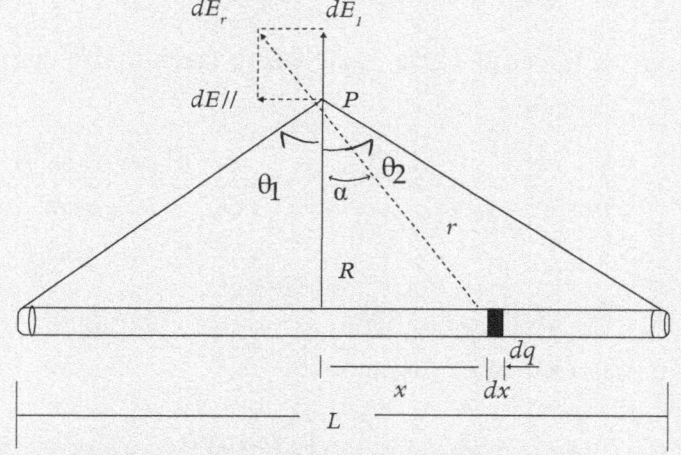

Figura 2.24 – Fio finito carregado positivamente. No texto, $dE_\parallel = dE_x$ e $dE_\perp = dE_y$.

Solução

Sendo o fio finito, não podemos fazer as mesmas considerações do exemplo anterior, como representar um fio suficientemente longo, de modo que pudéssemos desprezar os efeitos produzidos pela distribuição irregular de cargas acumuladas em suas extremidades. Porém, por se tratar de uma distribuição uniforme de carga, o campo resultante também será uniforme.

Podemos escolher a origem do sistema de coordenadas tal que $|\vec{r}'| = x; |\vec{r}| = R$ e $|\vec{r} - \vec{r}'| = r$. Sendo $dE_\parallel = dE_x$ a componente paralela do fio e $dE_\perp = dE_y$ a componente perpendicular, resulta que $d\vec{E}_r = d\vec{E}_x + d\vec{E}_y$.

(a) Cálculo de E_x

$$dE_x = dE_r \operatorname{sen}\alpha$$

e

$$dE_r = \frac{1}{4\pi\varepsilon_0} \frac{dq}{r^2}.$$

Podemos obter da figura as seguintes relações:

$$r^2 = x^2 + R^2 \Rightarrow r = \left(x^2 + R^2\right)^{1/2}$$

$$\operatorname{sen}\alpha = \frac{x}{r} = \frac{x}{\left(x^2 + R^2\right)^{1/2}}$$

$$\cos\alpha = \frac{R}{r} = \frac{R}{\left(x^2 + R^2\right)^{1/2}}$$

$$\tan\alpha \frac{x}{R} \Rightarrow x = R\tan\alpha \quad \Rightarrow dx = R\sec^2\alpha\, d\alpha.$$

Para uma distribuição linear de carga, $dq = \lambda dL$, e fazendo uso das relações apresentadas obtemos dE_x, de modo que:

$$dE_x = \frac{\lambda}{4\pi\varepsilon_0} \frac{x}{\left(x^2 + R^2\right)} \frac{dx}{\left(x^2 + R^2\right)^{1/2}} = \frac{\lambda}{4\pi\varepsilon_0} \frac{R^2 \tan\alpha \sec^2\alpha}{R^3 \sec^3\alpha} d\alpha$$

$$dE_x = \frac{\lambda}{4\pi\varepsilon_0} \frac{\tan\alpha}{\sec\alpha} d\alpha = \frac{\lambda}{4\pi\varepsilon_0} \operatorname{sen}\alpha\, d\alpha.$$

Integrando a expressão anterior, obtemos:

$$\int dE_x = \frac{\lambda}{4\pi\varepsilon_0 R} \int_{\theta_1}^{\theta_2} \operatorname{sen}\alpha\, d\alpha$$

$$E_x = \frac{\lambda}{4\pi\varepsilon_0 R} [-\cos\alpha]_{\theta_1}^{\theta_2}.$$

Portanto:

$$E_x = -\frac{\lambda}{4\pi\varepsilon_0 R}\left(\cos\theta_2 - \cos\theta_1\right).$$

No caso particular do ponto P, que está sobre a bissetriz perpendicular, o campo paralelo será nulo ($E_x = 0$), pois $\cos\theta_2 = \cos\theta_1$.

(b) Cálculo de $\vec{E}_y$

$$dE_y = dE_r \cos\alpha$$

e

$$dE_r = \frac{1}{4\pi\varepsilon_0}\frac{dq}{r^2}$$

$$dE_y = \frac{1}{4\pi\varepsilon_0}\frac{\lambda R}{(x^2+R^2)^{3/2}}\sec^2\alpha\, d\alpha = \frac{1}{4\pi\varepsilon_0}\frac{\lambda R}{(R^2\tan^2\alpha + R^2)^{3/2}}\sec^2\alpha\, d\alpha$$

$$dE_y = \frac{1}{4\pi\varepsilon_0}\frac{\lambda R^2}{\left[R^2(\tan^2\alpha+1)\right]^{3/2}}\sec^2\alpha\, d\alpha = \frac{\lambda R^2}{4\pi\varepsilon_0}\frac{\sec^2\alpha}{R^3\sec^3\alpha}d\alpha.$$

Simplificando e integrando a expressão anterior, temos:

$$\int dE_y = \frac{\lambda}{4\pi\varepsilon_0 R}\int_{\theta_1}^{\theta_2}\cos\alpha\, d\alpha$$

$$E_y = \frac{\lambda}{4\pi\varepsilon_0 R}\left[\operatorname{sen}\alpha\right]_{\theta_1}^{\theta_2}.$$

E, finalmente, obtemos:

$$E_y = \frac{\lambda}{4\pi\varepsilon_0 R}\left[\operatorname{sen}\theta_2 - \operatorname{sen}\theta_1\right].$$

No caso específico do ponto P, que se encontra na bissetriz perpendicular, temos que: $-\theta_1 = \theta_2$ (o sinal negativo para o ângulo θ_1 se deve ao fato de ele aumentar em sentido horário, como pode ser visto na Figura 2.24).

Como o seno é uma função ímpar, $\operatorname{sen}(-\theta) = -\operatorname{sen}\theta$, então:

$$\operatorname{sen}\theta_2 - \operatorname{sen}\theta_1 = \operatorname{sen}\theta_2 - \operatorname{sen}(-\theta_1)$$
$$= \operatorname{sen}\theta_2 + \operatorname{sen}\theta_2 = 2\operatorname{sen}\theta_2.$$

Portanto,

$$E_y = \frac{\lambda}{4\pi\varepsilon_0 R}2\operatorname{sen}\theta_2.$$

Simplificando e fazendo $\theta_2 = \theta$, teremos:

$$E_y = \frac{\lambda}{2\pi\varepsilon_0 R}\operatorname{sen}\theta.$$

Se o comprimento L tende para o infinito (fio infinito), $\theta = \pi/2$ e $\operatorname{sen}\pi/2 = 1$. Obtemos, por fim:

$$E_y = \frac{\lambda}{2\pi\varepsilon_0 R},$$

como a única componente não nula do campo para pontos sobre a bissetriz, isto é, nesse caso $E_r = E_y$, e o resultado coincide com o obtido para o fio infinito do exemplo anterior.

Exemplo 9

Considere um anel com carga positiva e uniformemente distribuída ao longo de sua circunferência. Calcule o campo no eixo desse anel.

Solução

Um anel carregado pode ser visto como um fio carregado encurvado. Podemos, assim, pressupor uma distribuição linear de carga, $dq = \lambda dl$, em que dq representa o elemento de carga situado no elemento de comprimento dl do anel e λ, a densidade linear (carga por unidade de comprimento).

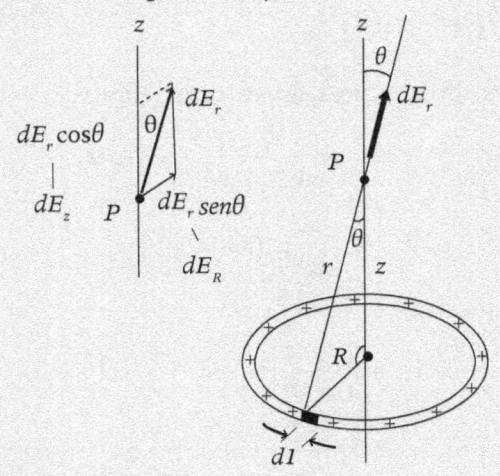

Figura 2.25 – Anel carregado positivamente.

Da Figura 2.25, temos também R, o raio do anel, e z, a distância do centro ao ponto P ao longo do eixo perpendicular ao plano da figura. Isto quer dizer que podemos escolher

$$|\vec{r} - \vec{r}'| = r, |\vec{r}'| = R, |\vec{r}| = z$$

e

$$d\vec{E}_r = d\vec{E}_z + d\vec{E}_R.$$

No entanto, em virtude da simetria da distribuição,

$$\int d\vec{E}_R = 0.$$

Assim, o campo no ponto P a uma distância z do centro sobre o eixo do anel será:

$$dE_z = dE_r \cos\theta,$$

em que:

$$dE_r = \frac{1}{4\pi\varepsilon_0} \frac{\lambda dl}{r^2}.$$

Da figura, temos que:

$$r^2 = z^2 + R^2 \quad \text{ou} \quad r = \left(z^2 + R^2\right)^{1/2}$$

e
$$\cos\theta = \frac{z}{r} = \frac{z}{\left(z^2 + R^2\right)^{1/2}}.$$

Logo, dE torna-se:

$$dE_z = \frac{1}{4\pi\varepsilon_0} \frac{\lambda z dl}{\left(z^2 + R^2\right)^{3/2}}.$$

Integrando-se ambos os membros da equação, temos que:

$$\int dE_z = \frac{1}{4\pi\varepsilon_0} \frac{\lambda z}{\left(z^2 + R^2\right)^{3/2}} \int dl,$$

onde $\int dl = 2\pi R$ é o comprimento do anel; assim:

$$E_z = \frac{1}{4\pi\varepsilon_0} \frac{\lambda z(2\pi R)}{\left(z^2 + R^2\right)^{3/2}}.$$

Como $\lambda(2\pi R) = q$, teremos finalmente:

$$E_z = \frac{1}{4\pi\varepsilon_0} \frac{zq}{\left(z^2 + R^2\right)^{3/2}},$$

onde E_z representa o campo ao longo do eixo do anel.

A Figura 2.26 mostra o comportamento desse campo ao longo do eixo z.

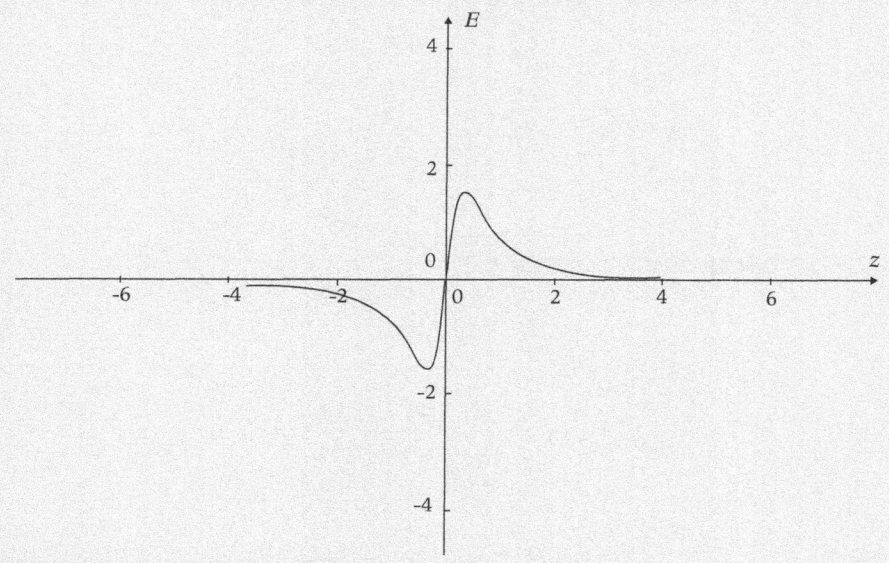

Figura 2.26 – Campo como função de z.

Caso particular

Considerando $z \gg R$, temos que $\left(z^2 + R^2\right)^{3/2} \approx z^3$; logo,

$$E_z = \frac{1}{4\pi\varepsilon_0}\frac{q}{z^2}.$$

Esse resultado equivale ao de uma carga q localizada no centro do anel. Ou seja, nessa aproximação, tudo ocorre como se toda a distribuição de carga do anel fosse uma carga pontual localizada em seu centro.

Exemplo 10

Calcule o *campo produzido por um disco carregado positivamente com densidade superficial uniforme de carga*.

Solução

Para o disco, $dq = \sigma dA$, mas $dA = 2\pi s\, ds$.

A área total do disco pode ser dada como a soma de elementos de área, onde cada elemento de área corresponde a um anel de raio s (Figura 2.27), variando de 0 até R. Logo,

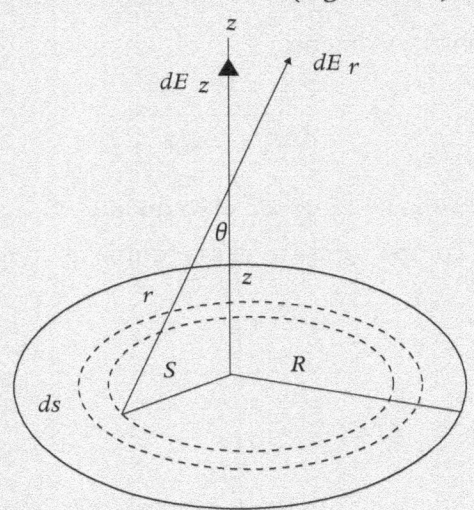

Figura 2.27 – Disco carregado positivamente.

$$dE_z = dE_r \cos\theta,$$

onde

$$dE_r = \frac{1}{4\pi\varepsilon_0}\frac{\sigma(2\pi s)\,ds}{(z^2+s^2)}$$

e,

$$\cos\theta = \frac{z}{r} = \frac{z}{(z^2+s^2)^{1/2}}.$$

Assim,

$$dE_z = \frac{\sigma z}{4\pi\varepsilon_0}\frac{2\pi s\,ds}{(z^2+s^2)^{3/2}} \Rightarrow E_z = \frac{\sigma z(2\pi)}{4\pi\varepsilon_0}\int_0^R \frac{s\,ds}{(z^2+s^2)^{3/2}}.$$

Fazendo-se uma mudança de variável, temos que:

$$z^2 + s^2 = u \Rightarrow du = 2sds.$$

Logo,

$$E_z = \frac{\sigma z (2\pi)}{4\pi\varepsilon_0} \int_0^R \frac{1}{u^{3/2}} \frac{du}{2} = \frac{\sigma z (2\pi)}{4\pi\varepsilon_0} \int_0^R \frac{u^{-3/2}}{2} du$$

$$E_z = \frac{\sigma z (2\pi)}{4\pi\varepsilon_0} \frac{1}{2}\left[-\frac{u^{-1/2}}{1/2}\right]_0^R = \frac{\sigma z (2\pi)}{4\pi\varepsilon_0}\left[\frac{1}{\sqrt{z^2+s^2}}\right]_R^0$$

$$E_z = \frac{\sigma z (2\pi)}{4\pi\varepsilon_0}\left[\frac{1}{\sqrt{z^2}} - \frac{1}{\sqrt{z^2+R^2}}\right] = \frac{\sigma z}{2\varepsilon_0}\frac{1}{z}\left[1 - \frac{z}{\sqrt{z^2+R^2}}\right].$$

Finalmente, o campo total no ponto P é dado por:

$$E_z = \frac{\sigma}{2\varepsilon_0}\left[1 - \frac{z}{\sqrt{z^2+R^2}}\right].$$

Podemos obter também o campo próximo ao disco ao longo de um ponto axial, fazendo a consideração $R \gg z$ (ou $z \to 0$, plano infinito), de modo que, no resultado anterior:

$$\sqrt{z^2+R^2} \simeq R \Rightarrow \frac{z}{R} \simeq 0$$

Logo, para um plano infinito carregado,

$$E_z = \frac{\sigma}{2\varepsilon_0}.$$

2.7 Exercícios

2.7.1 Exercícios resolvidos

1. **Força coulombiana I** – Na Figura 2.28, determine a força eletrostática resultante sobre a partícula carregada, que se encontra no canto inferior esquerdo do quadrado, se $q = 1,0 \times 10^{-7}$ C e $a = 5,0$ cm.

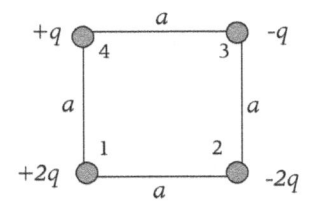

Figura 2.28 – Distribuição quadrada de cargas.

SOLUÇÃO

Colocando-se a origem do sistema de referência sobre a partícula 1, o arranjo apresenta as seguintes coordenadas: 1(0, 0), 2(a, 0), 3(a, a) e 4(0, a).

A força total que atua sobre a partícula 1 será: $\vec{F}_1 = \vec{F}_{12} + \vec{F}_{13} + \vec{F}_{14}$. Os vetores posição são:

$$\vec{r}_1 = 0\hat{i} + 0\hat{j} \quad \vec{r}_2 = a\hat{i} + 0\hat{j} \quad \vec{r}_3 = a\hat{i} + a\hat{j} \quad \vec{r}_4 = 0\hat{i} + a\hat{j}.$$

Então,

$$\vec{r}_{12} = \vec{r}_1 - \vec{r}_2 = -a\hat{i}$$
$$\vec{r}_{13} = \vec{r}_1 - \vec{r}_3 = -a\hat{i} - a\hat{j}$$
$$\vec{r}_{14} = \vec{r}_1 - \vec{r}_4 = -a\hat{j}.$$

Os respectivos vetores unitários são:

$$\hat{r}_{12} = \frac{\vec{r}_{12}}{r_{12}} = -\hat{i}$$
$$\hat{r}_{13} = \frac{\vec{r}_{13}}{r_{13}} = -\frac{\sqrt{2}}{2}\hat{i} - \frac{\sqrt{2}}{2}\hat{j}$$
$$\hat{r}_{14} = \frac{\vec{r}_{14}}{r_{14}} = -\hat{j}.$$

Nesse caso, a força $\vec{F}_1$ fica:

$$\vec{F}_1 = \frac{1}{4\pi\varepsilon_0}[\frac{q_1 q_2}{r_{12}^2}\hat{r}_{12} + \frac{q_1 q_3}{r_{13}^2}\hat{r}_{13} + \frac{q_1 q_4}{r_{14}^2}\hat{r}_{14}]$$

$$\vec{F}_1 = \frac{1}{4\pi\varepsilon_0}[\frac{2q \cdot (-2q)}{a^2}(-\hat{i}) + \frac{2q \cdot (-q)}{2a^2}\left(-\frac{\sqrt{2}}{2}\hat{i} - \frac{\sqrt{2}}{2}\hat{j}\right) + \frac{2q \cdot q}{a^2}(-\hat{j})].$$

Então,

$$\vec{F}_1 = \frac{1}{4\pi\varepsilon_0}[\frac{4q^2}{a^2} + \frac{\sqrt{2}q^2}{2a^2}]\hat{i} + \frac{1}{4\pi\varepsilon_0}[\frac{\sqrt{2}q^2}{2a^2} - \frac{2q^2}{a^2}]\hat{j}.$$

Logo, a força sobre a carga 1, q_1, será:

$$\vec{F}_1 = 0,17\text{N}\,\hat{i} - 0,046\text{N}\,\hat{j}.$$

2. **Força coulombiana II** – Duas cargas $q_1 = 4\times 10^{-4}\text{C}$ e $q_2 = -2\times 10^{-4}\text{C}$ estão localizadas nas coordenadas (1, 3, 5) e (0, 2, 4), respectivamente. Se as cargas estão no vácuo: (a) qual a força exercida por q_1 em q_2? (b) qual a força de q_2 sobre q_1?

SOLUÇÃO

Para resolver o exercício, faremos uso da Equação 2.5, que fornece o vetor força, permutando os índices 1 e 2. Então é preciso determinar $\vec{r}_{2,1}$ e $\hat{r}$:

(a) O vetor posição de cada carga é dado e pode ser escrito como:

$$\vec{r}_1 = 1\hat{i} + 3\hat{j} + 5\hat{k} \qquad \vec{r}_2 = 0\hat{i} + 2\hat{j} + 4\hat{k}.$$

Como queremos a força em q_2, o vetor $\vec{r}_{2,1}$ é aquele cuja origem está em q_1 e a extremidade, em q_2. Logo,

$$\vec{r}_1 + \vec{r}_{2,1} = \vec{r}_2$$

$$\vec{r}_{2,1} = \vec{r}_2 - \vec{r}_1, \text{ então, } \vec{r}_{2,1} = -1\hat{i} - 1\hat{j} - 1\hat{k}.$$

Assim, $r_{2,1} = |\vec{r}_{2,1}| = \sqrt{3}$, e o vetor unitário $\hat{r} = \vec{r}_{2,1}/|\vec{r}_{2,1}| = \frac{1}{\sqrt{3}}[-1\hat{i} - 1\hat{j} - 1\hat{k}]$.

Finalmente,

$$\vec{F}_2 = \frac{1}{4\pi\varepsilon_0}\frac{(4\times 10^{-4})\cdot(-2\times 10^{-4})}{(\sqrt{3})^2}\frac{1}{\sqrt{3}}[-1\hat{i} - 1\hat{j} - 1\hat{k}]\text{N}.$$

Assim,

$$\vec{F}_2 = 9\times 10^9 \frac{(4\times 10^{-4})\cdot(-2\times 10^{-4})}{(\sqrt{3})^2}\frac{1}{\sqrt{3}}[-1\hat{i} - 1\hat{j} - 1\hat{k}]\text{N}$$

$$\vec{F}_2 = -240\frac{1}{\sqrt{3}}[-1\hat{i} - 1\hat{j} - 1\hat{k}]\text{N} \quad \rightarrow \quad \vec{F}_2 = -240\text{N}\hat{r}.$$

Vemos, então, que a força tem sentido contrário ao unitário (que aponta de q_1 para q_2), ou seja, ela aponta de q_2 para q_1 (é atrativa), tem módulo de 240 N e sua direção é a do unitário. Em termos das componentes, essa força pode ser reescrita como

$$\vec{F}_2 = [138,56\hat{i} + 138,56\hat{j} + 138,56\hat{k}]N.$$

A força de q_2 sobre q_1 é dada por $\vec{F}_1 = -\vec{F}_2$.

3. **Dipolo elétrico** – Duas cargas pontuais q_1 e q_2, uma de $+12 \times 10^{-19}$ C e outra de -12×10^{-19} C, encontram-se separadas por uma distância de 10 cm. Determine o campo elétrico no ponto c, localizado na mediatriz a 10 cm de q_1 e q_2 (Figura 2.29).

SOLUÇÃO

O campo no ponto c é dado pela superposição do campo das duas cargas. Os vetores posição são:

$$\vec{r}_1 = -0,05m\hat{x};$$
$$\vec{r}_2 = 0,05m\hat{x};$$
$$\vec{r}_0 = y\hat{y}.$$

Portanto, o valor de y será:

$$r_{0,1}^2 = y^2 + r_1^2 = (0,1\ m)^2$$

$$y^2 = (0,1\ m)^2 - (0,05\ m)^2 = 0,75 \times 10^{-2}$$

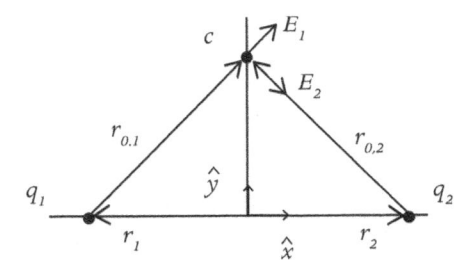

$$y = 0,866\ m.$$

Figura 2.29 – Dipolo.

Então, o unitário na direção de $\vec{r}_{0,1}$ será: $\hat{r} = \vec{r}_{0,1}/r_{0,1}$, em que:

$$\vec{r}_{0,1} = \vec{r}_0 - \vec{r}_1 = 0,086m\hat{y} + 0,05m\hat{x}$$

$$r_{0,1} = \sqrt{(0,086)^2 + (0,05)^2} = 0,1\ .$$

Portanto,

$$\hat{r} = \frac{0,05}{0,1}\hat{x} + \frac{0,086}{0,1}\hat{y} = 0,5\hat{x} + 0,86\hat{y}.$$

Assim, o campo criado pela carga q_1 em c será:

$$\vec{E}_1 = \frac{1}{4\pi\varepsilon_0} \frac{q_1}{r_{0,1}^2} \hat{r}$$

$$\vec{E}_1 = 9 \times 10^9 \frac{\text{Nm}^2}{\text{C}^2} \frac{12 \times 10^{-19}\text{C}}{(0,1\text{m})^2} [0,866\hat{y} + 0,5\hat{x}]$$

$$\vec{E}_1 = [93,53\hat{y} + 54\hat{x}] \times 10^{-8} \text{ N/C}.$$

Analogamente, o campo criado pela carga q_2 em c será:

$$\vec{r}_{0,2} = \vec{r}_0 - \vec{r}_2 \quad \vec{r}_{0,2} = 0,0866\hat{y} + 0,05\hat{x}.$$

Então,

$$\vec{E}_2 = \frac{1}{4\pi\varepsilon_0} \frac{q_2}{r_{0,2}^2} \hat{r}$$

$$\vec{E}_2 = 9 \times 10^9 \frac{\text{Nm}^2}{\text{C}^2} \left[\frac{-12 \times 10^{-19}\text{C}}{(0,1\text{m})^2} \right] \hat{r}$$

$$\vec{E}_2 = [-93,53\hat{y} + 54\hat{x}] \times 10^{-8} \text{ N/C}.$$

A superposição dos campos $\vec{E}_1$ e $\vec{E}_2$ mostra que as componentes na direção $\hat{y}$ se anulam; portanto, a resultante terá a direção $\hat{x}$ e será dada por $\vec{E}_c = (54\hat{x} + 54\hat{x}) \times 10^{-8}$ N/C. Assim, o campo desse dipolo elétrico no ponto c será:

$$\vec{E}_c = 1,08 \times 10^{-6} \text{ N/C}\, \hat{x}.$$

4. **Superposição de campo** – Uma carga $q_1 = 7\mu\text{C}$ está localizada na origem, e uma segunda carga, $q_2 = -5\mu\text{C}$, está localizada no eixo x a 0,3 m da origem. Encontre o campo elétrico no ponto P, cujas coordenadas são ($x = 0$, $y = 0,4$) em metros.

SOLUÇÃO

Primeiro, vamos encontrar a magnitude do campo elétrico correspondente a cada carga. Os campos $\vec{E}_1$ devido a q_1 e $\vec{E}_2$ devido a q_2 em P estão ilustrados na Figura 2.30.
As magnitudes dos campos são dadas por:

$$E_1 = k\frac{q_1}{r_1^2} = \left(9,0 \times 10^9 \frac{\text{Nm}^2}{\text{C}^2}\right) \frac{(7 \times 10^{-6}\text{C})}{(0,4\text{m})^2} = 3,9 \times 10^5 \text{ N/C};$$

$$E_2 = k\frac{q_2}{r_2^2} = \left(9,02 \times 10^9 \frac{\text{Nm}^2}{\text{C}^2}\right) \frac{(5 \times 10^{-6}\text{C})}{(0,5\text{m})^2} = 1,8 \times 10^5 \text{ N/C}.$$

O vetor $\vec{E}_1$ tem somente uma componente y.

$$\vec{E}_1 = 3,9\times10^5\,\hat{j}\,\text{N/C}$$

O vetor $\vec{E}_2$ tem uma componente x e uma componente y dadas, respectivamente, por:

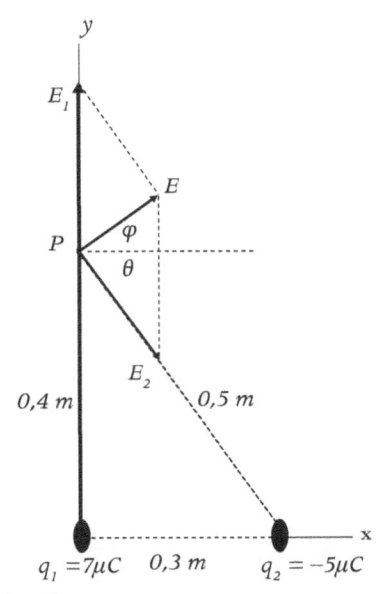

$$E_x = E_2\cos\theta = 0,6E_2 = 1,1\times10^5\,\text{N/C}$$
$$E_y = -E_2\,\text{sen}\,\theta = 0,8E_2 = -1,4\times10^5\,\text{N/C}.$$

Figura 2.30 – Campo resultante das duas cargas.

Portanto, podemos expressar os vetores como:

$$\vec{E}_2 = \left(1,1\times10^5\,\hat{i} - 1,4\times10^5\,\hat{j}\right)\text{N/C}.$$

O campo resultante $\vec{E}$ no ponto é a superposição de $\vec{E}_1$ e $\vec{E}_2$:

$$\vec{E} = \vec{E}_1 + \vec{E}_2 = \left(1,1\times10^5\,\hat{i} + 2,5\times10^5\,\hat{j}\right)\text{N/C}.$$

Podemos agora encontrar a magnitude do campo:

$$E^2 = \sqrt{E_1^2 + E_2^2} = \sqrt{\left(1,1\times10^5\right)^2 + \left(2,5\times10^5\right)^2} = 2,7\times10^5\,\text{N/C}.$$

A direção do campo resultante é dada como $\tan\phi = \dfrac{2,5}{1,1} = 2,2$, ϕ e o ângulo $\phi = \tan^{-1}2,2 = 66°$, com o eixo positivo x.

5. **Campo de uma distribuição triangular de cargas** – Calcule a direção, o sentido e a intensidade do campo elétrico no ponto P da figura, resultante das três cargas pontuais, em que $a = 6\,\mu\text{m}$ e $q = e$.

Capítulo 2 – Eletrostática

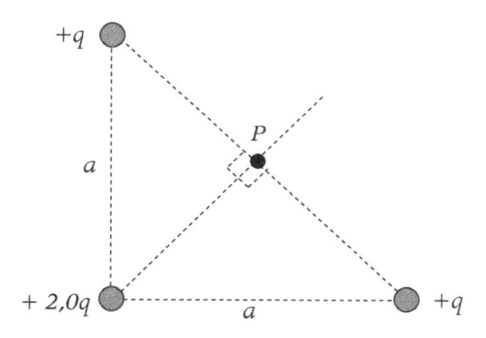

Figura 2.31 – Distribuição triangular de cargas.

SOLUÇÃO

Colocando o sistema de referência, com os unitários $\hat{i}$ e $\hat{j}$ sobre a partícula 3 (canto inferior esquerdo), podemos escrever os vetores posição de todas as partículas como:

$$\vec{r}_1 = a\hat{i} \quad \vec{r}_2 = a\hat{j} \quad \vec{r}_3 = 0.$$

O ponto onde medimos o campo é localizado pelo vetor:

$$\vec{r}_0 = a\frac{\sqrt{2}}{2}\cos\theta\hat{i} + a\frac{\sqrt{2}}{2}\operatorname{sen}\theta\hat{j}.$$

Da Figura 2.31, temos que $\theta = 45°$, logo,

$$\vec{r}_0 = \frac{a}{2}\hat{i} + \frac{a}{2}\hat{j}.$$

O campo elétrico no ponto P é dado pela superposição do campo resultante das três cargas: $\vec{E} = \vec{E}_1 + \vec{E}_2 + \vec{E}_3$. Então,

$$\vec{E}_1 = \frac{1}{4\pi\varepsilon_0}\frac{q_1}{\left|\vec{r}_{0,1}\right|^2}\frac{\vec{r}_{0,1}}{\left|\vec{r}_{0,1}\right|},$$

onde:

$$\vec{r}_{0,1} = \vec{r}_0 - \vec{r}_1 = -\frac{a}{2}\hat{i} + \frac{a}{2}\hat{j}$$

$$\left|\vec{r}_{0,1}\right| = \sqrt{\left(a/2\right)^2 + \left(a/2\right)^2} = a/\sqrt{2}$$

$$\vec{E}_1 = \frac{1}{4\pi\varepsilon_0}\frac{q}{a^2/2}\left[-\frac{1}{\sqrt{2}}\hat{i} + \frac{1}{\sqrt{2}}\hat{j}\right] = \frac{1}{4\pi\varepsilon_0}\frac{q\sqrt{2}}{a^2}[-\hat{i} + \hat{j}].$$

Para o cálculo de $\vec{E}_2$, temos:

$$\vec{r}_{0,2} = \vec{r}_0 - \vec{r}_2 = \frac{a}{2}\hat{i} - \frac{a}{2}\hat{j}.$$

Assim,
$$\vec{E}_2 = \frac{1}{4\pi\varepsilon_0} \frac{q\sqrt{2}}{a^2}[\hat{i} - \hat{j}].$$

Note que $\vec{E}_1 + \vec{E}_2 = 0$. Logo, $\vec{E} = \vec{E}_3$.

$$\vec{r}_{0,3} = \frac{a}{2}\hat{i} + \frac{a}{2}\hat{j}$$

$$|\vec{r}_{0,3}| = \frac{a\sqrt{2}}{2}.$$

Logo,
$$\vec{E}_3 = \frac{1}{4\pi\varepsilon_0} \frac{2q\sqrt{2}}{a^2}[\hat{i} + \hat{j}].$$

Em termos das componentes:

$$\vec{E}_x = \frac{1}{4\pi\varepsilon_0} \frac{2\sqrt{2}e}{a^2}\hat{i},$$

$$\vec{E}_y = \frac{1}{4\pi\varepsilon_0} \frac{2\sqrt{2}e}{a^2}\hat{j}.$$

$$E = \sqrt{\vec{E}_x^2 + \vec{E}_y^2} = \frac{1}{4\pi\varepsilon_0} \frac{4e}{a^2} = 1{,}6 \times 10^2 \text{ N/C}$$

$$\text{tg}\,\theta = \frac{E_y}{E_x} = 1; \quad \theta = 45°.$$

Um modo simplificado de resolver esse problema consiste em utilizar o que aprendemos sobre as linhas de campo e explorar as propriedades geométricas e de simetria da distribuição de carga. Com efeito, ao observar a Figura 2.31 e analisar as linhas de campo, podemos concluir que, embora $\vec{E}_1$ e $\vec{E}_2$ tenham a mesma direção e mesmo módulo, apresentam sentidos contrários e, consequentemente, se anulam. A única contribuição em P decorre da carga 3, cujo campo estará ao longo do eixo de simetria, $\theta = 45°$ com o eixo x e apontando para fora ($x > 0$). Seu módulo será:

$$E = \frac{1}{4\pi\varepsilon_0} \frac{2q}{\left(a\frac{\sqrt{2}}{2}\right)^2} = \frac{1}{4\pi\varepsilon_0} \frac{4e}{a^2} = 160 \text{ N/C}, \text{ como vimos anteriormente.}$$

Capítulo 2 – Eletrostática

6. **Distribuição quadrada de cargas** – Qual é a intensidade, a direção e o sentido do campo elétrico no centro do quadrado da Figura 2.28 se $q = 1,0 \times 10^{-8}$ C e $a = 5,0$ cm?

SOLUÇÃO

O problema pode ser resolvido de maneira simplificada. Colocando-se o sistema de referência no centro do quadrado (ponto de observação) e analisando-se as linhas de campo geradas pelas cargas, observamos que o campo produzido pelas cargas $+2q =$ carga 4 e carga $-q =$ carga 2 tem a direção da diagonal que liga essas cargas 2 e 4 e aponta para a carga 2. Do mesmo modo, o campo produzido pelas cargas $-2q =$ carga 1 e $+q =$ carga 3 tem a direção da diagonal que as liga e aponta para a carga 1. Assim, o campo produzido pelas cargas 4 e 2 será:

$$E_{42} = \frac{1}{4\pi\varepsilon_0} \frac{2q}{\left(a\sqrt{2}/2\right)^2} + \frac{1}{4\pi\varepsilon_0} \frac{q}{\left(a\sqrt{2}/2\right)^2} = \frac{1}{4\pi\varepsilon_0} \frac{6q}{a^2}.$$

Assim, calculamos o campo decorrente das cargas 3 e 1 como:

$$E_{31} = \frac{1}{4\pi\varepsilon_0} \frac{q}{\left(a\sqrt{2}/2\right)^2} + \frac{1}{4\pi\varepsilon_0} \frac{2q}{\left(a\sqrt{2}/2\right)^2} = \frac{1}{4\pi\varepsilon_0} \frac{6q}{a^2}.$$

O campo em P corresponde à soma dessas duas componentes $E_R = E_{42} \cos 45° + E_{31} \cos 45° = 30,54 \times 10^4$ N/C, tem a direção do eixo x e aponta para $x > 0$. Refaça este problema atribuindo vetores posição a cada carga e utilizando a definição vetorial de campo elétrico.

7. **Distribuição linear de carga** – Um fio finito de tamanho L e com distribuição uniforme de cargas encontra-se sobre o eixo x. Calcule o campo elétrico no ponto P, sobre o mesmo eixo, a uma distância a da face direita desse fio.

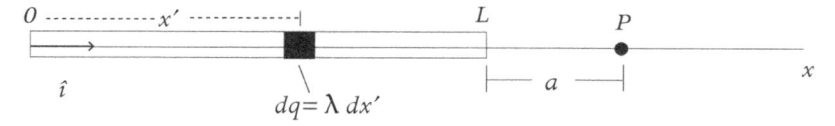

Figura 2.32 – Fio finito.

SOLUÇÃO

Escolhendo-se a origem do sistema de referência na extremidade esquerda do fio (Figura 2.32), temos:

$$\vec{r} = (L+a)\hat{i}$$
$$\vec{r}' = x'\hat{i}$$
$$\vec{r} - \vec{r}' = (L+a-x')\hat{i}.$$

$$\vec{E} = \frac{1}{4\pi\varepsilon_0} \int_0^L \frac{\lambda dx'}{\left[(L+a)-x'\right]^2} \hat{i}.$$

Ao realizar a mudança de variável: $u = L+a-x' \to du = -dx'$, temos:

$$\vec{E} = \frac{\lambda}{4\pi\varepsilon_0} \int_u \frac{-du}{[u]^2}\hat{i} \quad \Rightarrow \quad \vec{E} = \frac{1}{4\pi\varepsilon_0}\frac{1}{u}\bigg|_u \hat{i}.$$

Assim,

$$\vec{E} = \frac{\lambda}{4\pi\varepsilon_0}\left[\frac{1}{a} - \frac{1}{(L+a)}\right]\hat{i} = \frac{1}{4\pi\varepsilon_0}\left[\frac{\lambda L}{a(L+a)}\right]\hat{i}$$

ou

$$\vec{E} = \frac{q}{4\pi\varepsilon_0}\left[\frac{1}{a(L+a)}\right]\hat{i}.$$

8. **Anéis paralelos**. A Figura 2.33 a seguir mostra dois anéis paralelos não condutores dispostos com seus eixos centrais ao longo de uma mesma linha (são colineares). O anel 1 possui carga uniforme q_1 e raio R; o anel 2 possui carga uniforme q_2 e o mesmo raio R. Os anéis estão separados por uma distância $3R$. O campo elétrico resultante no ponto P sobre a linha comum, a uma distância R do anel 1, é nulo. Qual o valor da razão q_1/q_2?

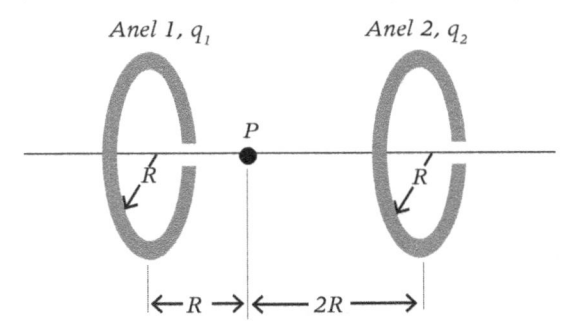

Figura 2.33 – Anéis paralelos.

SOLUÇÃO

Colocando-se a origem do referencial sobre o ponto P, com os versores $\hat{k}$ na direção do eixo e $\hat{r}$ na direção perpendicular ao eixo, podemos localizar um elemento de carga $dq_2 = \lambda R d\theta$ pelo vetor $\vec{r}_2 = z_2\hat{k} + R\hat{r}$, e $\vec{r}_0 = 0$.

Assim, $\vec{r}_{0,2} = -z_2\hat{k} - R\hat{r}$ e $|\vec{r}_{0,2}| = \sqrt{z_2^2 + R^2}$.

Então,

$$d\vec{E}_2 = \frac{dq_2}{4\pi\varepsilon_0}\frac{-z_2\hat{k} - R\hat{r}}{(z_2^2 + R^2)\left[z_2^2 + R^2\right]^{1/2}}.$$

Da mesma forma, a análise do anel 1 mostra que:

$$\vec{r}_1 = -z_1\hat{k} + R\hat{r}, \qquad \vec{r}_{0,1} = z_1\hat{k} - R\hat{r} \quad \text{e} \quad |\vec{r}_{0,1}| = \sqrt{z_1^2 - R^2}.$$

Segue-se que:

$$d\vec{E}_1 = \frac{dq_1}{4\pi\varepsilon_0} \frac{z_1\hat{k} - R\hat{r}}{\left(z_1^2 + R^2\right)\left[z_1^2 + R^2\right]^{1/2}}.$$

Pela simetria do problema, o campo radial em cada anel ($\hat{r}$) se anula. Então, o campo no ponto P é dado por: $d\vec{E}_P = d\vec{E}_1 + d\vec{E}_2$.

A distribuição de carga em cada anel é uniforme, de modo que a integral sobre as cargas fornecem:

$$\vec{E}_P = \frac{1}{4\pi\varepsilon_0}\left[\frac{q_1 z_1}{\left(z_1^2 + R^2\right)^{3/2}} - \frac{q_2 z_2}{\left(z_2^2 + R^2\right)^{3/2}}\right]\hat{k}.$$

Como $z_1 = R$ e $z_2 = 2R$,

$$\vec{E}_P = \frac{1}{4\pi\varepsilon_0 R^2}\left[\frac{q_1}{2\sqrt{2}} - \frac{2q_2}{5\sqrt{5}}\right]\hat{k}.$$

Fazendo-se $\vec{E}_P = 0$, vemos que $\dfrac{q_1}{q_2} = 2\left(\dfrac{2}{5}\right)^{3/2} \approx 0,506$.

9. **Fio encurvado.** Uma haste fina de vidro é encurvada em forma de semicírculo de raio r. Na Figura 2.34, uma carga $+q$ está uniformemente distribuída ao longo da metade superior e uma carga $-q$ está uniformemente distribuída ao longo da metade inferior, como mostra a figura. Determine a intensidade, a direção e o sentido do campo elétrico $\vec{E}$ no ponto P, o centro do semicírculo.

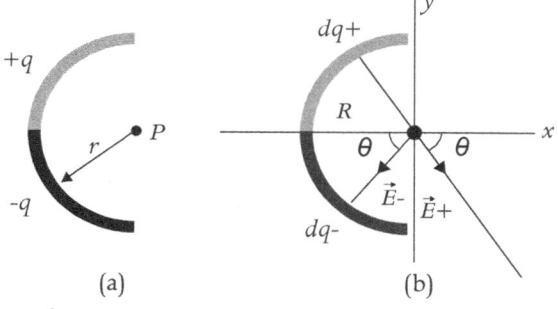

Figura 2.34 – Haste encurvada.

SOLUÇÃO

Colocando-se o sistema de referência sobre o ponto de observação P, localizamos um elemento de carga dq_+ e um dq_- sobre posições simétricas no semicírculo (ver Figura 2.34b), sendo $dq = \lambda R d\theta$. Seus vetores posição são:

$$\vec{r}_+ = -R\cos\theta\hat{i} + R\sen\theta\hat{j} \quad \vec{r}_- = -R\cos\theta\hat{i} - R\sen\theta\hat{j} \quad \vec{r}_0 = 0$$

$$\vec{r}_{0,+} = \vec{r}_0 - \vec{r}_+ = R\cos\theta\hat{i} - R\sen\theta\hat{j} \quad |\vec{r}_{0,+}| = R$$

$$dE_+ = \frac{1}{4\pi\varepsilon_0}\frac{\lambda R d\theta}{R^2}[\cos\theta\hat{i} - \sen\theta\hat{j}].$$

Analogamente,

$$\vec{r}_{0,-} = \vec{r}_0 - \vec{r}_- = R\cos\theta\hat{i} + R\sen\theta\hat{j} \quad |\vec{r}_{0,-}| = R$$

$$dE_- = -\frac{1}{4\pi\varepsilon_0}\frac{\lambda R d\theta}{R^2}[\cos\theta\hat{i} + \sen\theta\hat{j}].$$

Assim, $d\vec{E}_P = d\vec{E}_+ + d\vec{E}_- = -\frac{1}{4\pi\varepsilon_0}\frac{2\lambda d\theta}{R}\sen\theta\hat{j}.$

Observe que as componentes horizontais se anularam. Então,

$$\vec{E}_P = -\frac{2\lambda}{4\pi\varepsilon_0 R}\int_0^{\pi/2}d\theta\sen\theta\hat{j}$$

$$\vec{E}_P = -\frac{\lambda}{2\pi\varepsilon_0 R}\hat{j}.$$

Como esperado pela simetria do problema, o campo tem a direção de $\hat{j}$ e aponta para baixo ($y < 0$).

Finalmente,

$$dq = \lambda R d\theta \rightarrow |q| = \lambda R \theta\big|_{-\pi/2}^{\pi/2}.$$

Logo, $\lambda = q/\pi R$.

Assim,

$$\vec{E}_P = \frac{-|q|}{2\pi\varepsilon_0\pi R^2}\hat{j}.$$

Explore a geometria e as propriedades das linhas de campo e refaça esse problema de maneira simplificada.

2.7.2 Exercícios propostos

1. Duas cargas de mesmo valor $q_1 = q_2 = 2,00\mu C$ estão localizadas ao longo do eixo x nas posições (−1, 0) e (1, 0) respectivamente. Uma terceira carga q é colocada na origem, determine:

   a) a força elétrica resultante sobre a carga q;

   b) o campo elétrico resultante neste ponto.

2. Considere que duas cargas localizadas no eixo x têm os respectivos valores: $q_1 = 2\mu C$ e está localizada na posição (0, 2); e $q_2 = -3\ \mu C$ está na posição (0, 4). Qual a força exercida por essas duas cargas sobre uma terceira $q_3 = 4\ \mu C$, localizada na origem?

3. Na Figura 2.35, a partícula 1, de carga $+4\ \mu C$, está a uma distância $d_1 = 2$ m do solo, e a partícula 2, de carga $+6\ \mu C$, está sobre o solo, a uma distância horizontal $d_2 = 6$ m da partícula 1. Calcule as componentes x e y da força eletrostática exercida pela partícula 2 sobre a partícula 1.

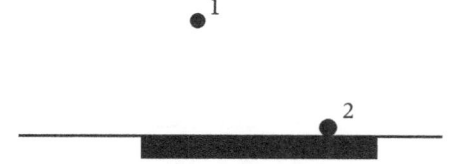

Figura 2.35 – Partículas carregadas.

4. Uma partícula de carga $q = +7,5\ \mu C$ é liberada a partir do repouso sobre o eixo x, no ponto $x = 60$ cm. A partícula começa a se mover devido à presença de uma carga $q' = +20\ \mu C$ que é mantida fixa na origem. Calcule a energia cinética da partícula q após se deslocar 40 cm.

5. Esboce qualitativamente as linhas de campo elétrico entre as duas cascas esféricas concêntricas, bem como fora da mesma, quando uma carga negativa uniforme $-q_1$ estiver sobre a casca interna e uma carga positiva uniforme q_2 estiver sobre a casca externa. Considere os casos em que $q_1 > q_2$; $q_1 = q_2$ e $q_1 < q_2$.

6. Duas pequenas esferas (partículas) de mesma massa m e carga q, estão suspensas de um ponto comum por fios de seda de comprimento L, como visto na Figura 2.36. Encontre uma relação matemática para o ângulo θ que cada fio forma com a vertical.

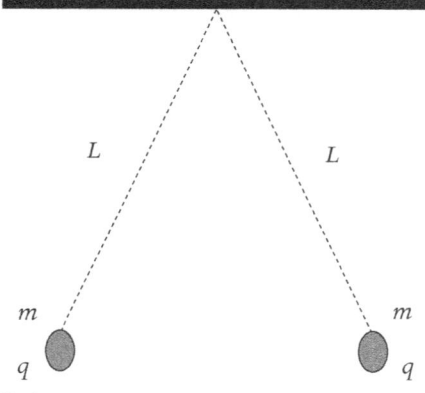

Figura 2.36 – Cargas em equilíbrio.

7. Considere que, na Figura 2.36, as duas esferas tenham massa $m = 10$ g e carga $q_1 = +1,0\ \mu C$ e estejam penduradas pelos fios de seda, de comprimento $L = 1$ m. Considerando $g = 9,8$ m/s^2:

   a) mostre que a separação entre as esferas é dada por: $x = (\dfrac{q^2 L}{2\pi\varepsilon_0 mg})^{1/3}$;

   b) substitua os valores e confira no módulo de simulação se o valor encontrado para x está correto;

   c) troque essas esferas por outras cuja massa é de 20 g. Nesse caso, qual o valor de q para que essas bolas tenham a mesma separação x de equilíbrio?

8. Considerando que a força elétrica entre dois corpos carregados é muitas ordens de grandeza maior que a força gravitacional entre eles, explique a razão pela qual fazemos menção constantemente da interação gravitacional Terra-Lua, e não de sua interação elétrica?

9. Um próton (puntiforme) de carga q_1, e massa m é projetado diretamente na direção do centro de um núcleo atômico, de carga $q_2 = 100 q_1$ (ambas as cargas são positivas). Se o projétil tiver velocidade inicial $v_0 = 0,5$ m/s muito longe do núcleo,

   a) mostre que a distância de máxima aproximação é dada por $D = 2Kq_1 q_2 / mv_0^2$, onde $K = 1/4\pi\varepsilon_0$.

   b) Qual o valor de D em metros?

   c) Vá para o módulo de simulação e verifique seu resultado.

   d) Se a partícula incidente tem a mesma massa que o próton, mas uma carga que é $2q_1$, qual o valor de D?

   e) Simule diversos valores de q_1 e observe o comportamento de D.

   f) Mantenha os demais valores constantes e varie v_0. Observe a trajetória da partícula incidente.

   g) Qual a influência da carga q_1 e da velocidade inicial v_0 sobre a "zona de influência" da distribuição de carga positiva do núcleo?

10. Duas esferas condutoras idênticas são mantidas fixas se atraindo com uma força eletrostática de módulo igual a 0,108 N, quando separadas por uma distância de 50,0 cm. As esferas são ligadas, a seguir, por um fio condutor fino. Quando o fio é removido, elas se repelem com uma força eletrostática de módulo igual a 0,0360 N. Quais eram as cargas iniciais das esferas?

11. Qual é a força resultante sobre uma carga +q, localizada no ponto P da Figura 2.37, se a distância é $d = 100$ cm, e $q = 2\times 10^{-12}$ C?

a) Após conferir o resultado no módulo (*exercício, ex7*), estude o problema para vários valores de d.

b) Qual seria o valor da força sobre a carga q em P, se $q = 8\times 10^{-8}$ C?

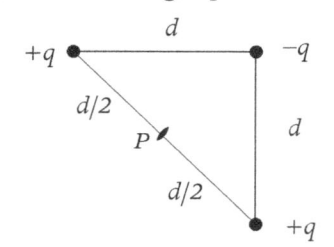

Figura 2.37 – Distribuição de cargas.

12. Um elétron é projetado em um campo elétrico uniforme de intensidade de 5.000 N/C. A direção do campo é vertical, no sentido de cima para baixo. A velocidade do elétron é 10^7 m/s a um ângulo de 45° acima do horizontal.

a) Calcule a altura máxima que o elétron sobe em relação a sua posição inicial?

b) Após qual distância horizontal o elétron retomará a sua elevação inicial?

13. Uma barra fina não condutora (Figura 2.38), de comprimento finito $L = 10$ cm, tem uma carga total $q = 3,0$ C, distribuída uniformemente ao longo dela.

a) Qual é a densidade linear de carga da barra?

b) Qual é o campo elétrico no ponto P a uma distância $a = 0,5$ m da extremidade da barra?

c) Se P estivesse muito longe da barra em comparação a L, ela se comportaria como uma carga pontual. Mostre que a sua resposta para o item (b) reduz-se ao campo elétrico de uma carga pontual para $a \ggg L$.

d) Obtenha o valor do campo elétrico no caso em que $a = 100$ m.

e) Observe os resultados para o caso em que a carga q da barra está concentrada em um ponto, a uma distância a do ponto P. Podemos dizer que a barra carregada se comporta como uma carga pontual?

f) Se $a = 0,3$ m, é possível dizer que um sistema de duas cargas pontuais é um sistema equivalente com boa aproximação?

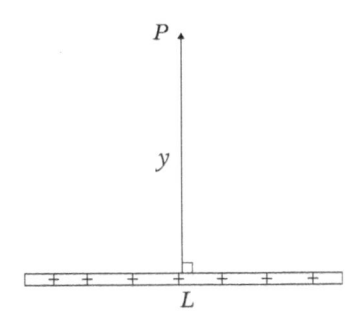

Figura 2.38 – Barra fina.

14. Um arame fino infinitamente longo contém uma densidade de carga positiva distribuída uniformemente ($\lambda = 2{,}0 \times 10^{-8}$ C/cm). Encontre a repulsão de Coulomb experimentada por uma carga puntiforme positiva $Q = 2{,}0 \times 10^{-8}$ C a uma distância $R = 1$ m do arame. Em seguida:

    a) Verifique o resultado em *ex8*.

    b) Matenha R fixo e observe o valor da força quando você dobra o valor de λ.

    c) Retorne aos valores originais e dobre o valor da carga Q. O que você pode dizer sobre a força nesse caso?

    d) O que acontece com a força quando R aumenta?

15. Duas cargas fixas de $+1{,}0\ \mu C$ e $-3{,}0\ \mu C$ estão separadas por uma distância de 10 cm. Com base nesses dados,

    a) onde você deverá localizar uma terceira carga, de $+1{,}0\ \mu C$, para que nenhuma força atue sobre ela?

    b) Faça um esboço das linhas de campo do sistema de cargas.

    c) Vá para o módulo de simulação *exercício (ex1)* e verifique se sua resposta está correta.

    d) Se a terceira carga fosse de $-1{,}0\ \mu C$, onde deveria estar localizada para que a força sobre ela fosse nula?

16. Duas pequenas esferas condutoras idênticas possuem cargas de $2\ nC$ e $-0{,}5\ nC$, respectivamente. Qual será a força entre elas quando estiverem separadas a uma distância de 4 cm? Supondo-se que ambas tenham sido postas em contato e novamente separadas em 4 cm, qual será a nova força entre elas?

17. Três cargas pontuais de 3×10^{-9} C são colocadas em três vértices de um quadrado de 15 cm de lado. Determine o módulo, a direção e o sentido do campo elétrico no vértice vago do quadrado.

18. Calcule a intensidade, a direção e o sentido do campo elétrico no centro do quadrado da Figura 2.39 se $q = 1,0 \times 10^{-8}$ C e $a = 4,0$ cm?

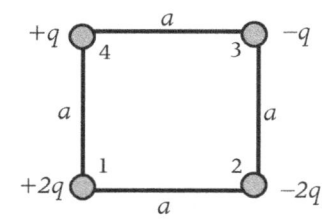

Figura 2.39 – Campo no centro de uma distribuição de cargas na forma de um quadrado.

19. Qual é o valor do campo elétrico no ponto P indicado na Figura 2.40? Suponha $q_1 = 1,0 \times 10^{-8}$ C, $q_2 = -2,0 \times 10^{-8}$ C, $q_3 = 3,0 \times 10^{-8}$ C e $q_4 = -4 \times 10^{-8}$ C, com $d = 3$ m.

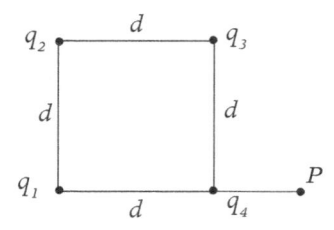

Figura 2.40 – Distribuição de cargas em geometria simples.

20. Uma pequena esfera cuja massa é 0,20 g possui uma carga de 3×10^{-10} C e está presa à extremidade de um fio de seda de 10 cm de comprimento. A outra ponta do fio é presa a uma grande placa condutora vertical possuindo uma carga superficial de 5×10^{-6} C. Determine a distância do desvio da esfera da placa.

21. Uma barra isolante, de comprimento $L = 1$ m, tem uma carga $q = 2$ C, distribuída uniformemente ao longo de sua extensão, como nos mostra a Figura 2.41.

Figura: 2.41 – Ilustração da barra.

a) Qual a densidade linear de carga da barra?

b) Qual o campo elétrico no ponto P a uma distância $a = 0,5$ m da extremidade da barra?

c) Se P estivesse muito longe da barra em comparação a L, ela se comportaria como uma carga pontual. Mostre que a sua resposta para o item (b) reduz-se ao campo elétrico de uma carga pontual para $a >>> L$.

d) Obtenha o valor do campo elétrico no caso em que $a = 100$ m.

e) Em (ex10), verifique todos os resultados acima.

f) Observe os resultados para o caso em que a carga q da barra está concentrada em um ponto a uma distância a do ponto P.

g) Se $a = 0,3$ m, você pode dizer que um sistema de duas cargas pontuais é um sistema equivalente com boa aproximação?

22. Uma barra isolante, de comprimento $L = 10$ m, tem uma carga $q = -1$ C distribuída uniformemente ao seu longo. Determine

a) O campo elétrico no ponto P a uma distância $a = 0,1$ cm da extremidade da barra. Considere $L \gg a$.

b) Em *ex12*, verifique os resultados obtidos.

c) Altere os valores de L e a, em seguida, observe o que acontece com o campo.

d) Considere os valores originais e obtenha o valor do campo, no caso em que a carga distribuída ao longo da barra é positiva.

23. A Figura 2.42 mostra uma barra fina não condutora de comprimento L, que tem uma carga $+q$ uniformemente distribuída ao longo dela.

a) Determine o módulo do campo elétrico $\vec{E}$ no ponto P localizado a uma distância y sobre a mediatriz da barra.

b) Em seguida, coloca-se uma carga $-Q$ no ponto P. Determine o módulo, direção e sentido da força elétrica $\vec{F}$ resultante em P.

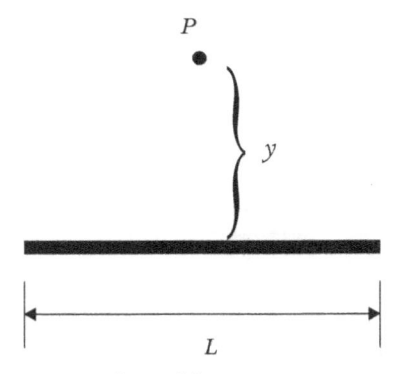

Figura 2.42 – Barra não condutora carregada positivamente.

24. Uma barra isolada "semi-infinita", como mostra a Figura 2.43, possui uma carga constante por unidade de comprimento L. Mostre que o campo elétrico no ponto P forma um ângulo de 45° com a barra e que este resultado é independente da distância R.

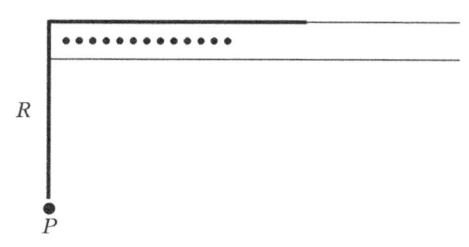

Figura 2.43 – Barra semi-infinita carregada positivamente.

25. Na Figura 2.44, duas barras de plástico, uma com densidade linear de carga uniforme igual a $+\lambda$ e outra com densidade linear de carga uniforme $-\lambda$, formam uma circunferência de raio $R = 8,5$ cm no plano xy. O eixo x passa pelos dois pontos de ligação entre os arcos. Se o módulo de λ é $56,2\ pC/m$, determine o módulo e a direção do campo elétrico no ponto P, no centro da circunferência.

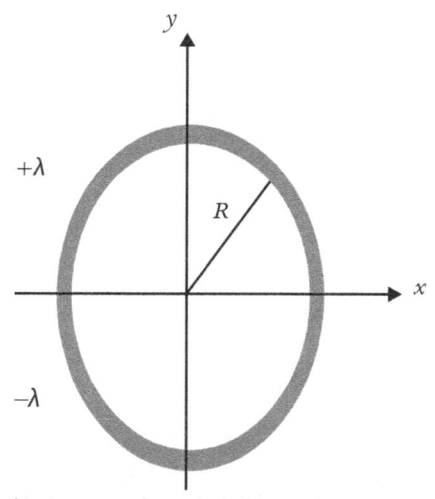

Figura 2.44 – Duas barras de plástico com densidade linear de cargas.

26. Uma barra de vidro fino é encurvada em um semicírculo de raio R. Uma carga $+Q$ é distribuída uniformemente ao longo da barra, como mostra a Figura 2.45. Determine o campo elétrico no ponto P, o centro do semicírculo.

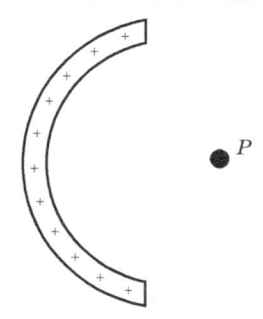

Figura 2.45 – Campo elétrico de uma barra encurvada positivamente carregada.

27. A Figura 2.46 mostra um quadrupolo elétrico, formado por dois dipolos com momentos de dipolo que são iguais em módulo, mesma direção, mas sentidos opostos. Mostre que o valor de E sobre o eixo do quadripolo, para um ponto P a uma distância x do seu centro (suponha que $x \gg d$) é dado por:

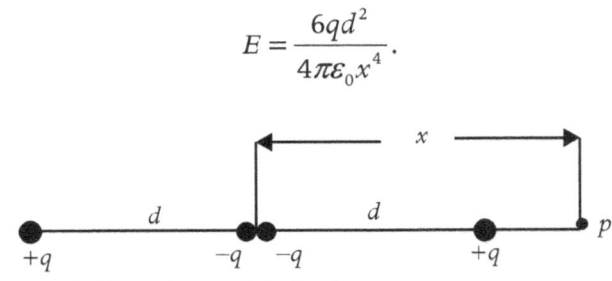

$$E = \frac{6qd^2}{4\pi\varepsilon_0 x^4}.$$

Figura 2.46 – Um quadripolo formado por dois dipolos.

28. Um dipolo elétrico constituído pelas cargas elétricas $+2e$ e $-2e$ separadas pela distância de 0,80 *nm* encontram-se na presença de um campo elétrico de $4,0 \times 10^6$ N/C. Determine o módulo do torque sobre o dipolo quando o dipolo se encontra:

    a) paralelo ao campo;

    b) perpendicular ao campo;

    c) antiparalelo ao campo elétrico.

PESQUISA E APROFUNDAMENTO

1) Descreva, com base nos princípios eletrostáticos, como ocorrem os relâmpagos.

2) Como funcionam os para-raios? Existe algum meio de torná-los mais eficientes?

Bibliografia complementar

COULOMB, C. Premier mémoire sur l'électricité et le magnétisme. Construction et usage d'une balance électrique fondée sur la propriété qu'ont les fils de métal d'avoir une force de réaction de torsion proportionnelle à l'angle de torsion. Détermination expérimentale de la loi suivante laquelle les éléments du même genre d'électricité se repoussent mutuellement. *Mémoires de l'AcadémieRoyale des Sciences*. v. 88, 1788, p. 569-77.

FARADAY, M. Experimental researches part I. *Philosophical transactions*. v. 7, 1832, p. 125-7.

Lei de Gauss

A lei de Gauss não é exatamente uma nova lei referente ao fenômeno eletrostático, pois, em eletrostática, ela é equivalente à própria lei de Coulomb. Porém, a lei de Gauss também é válida quando o campo elétrico varia com o tempo, o que não ocorre com a lei de Coulomb. A dedução da lei de Coulomb a partir da lei de Gauss, no entanto, só pode ser feita com o auxílio de hipóteses adicionais. Isso ocorre porque, como veremos, a lei de Gauss está relacionada ao fluxo elétrico, e então conterá apenas informações a respeito da componente do campo normal à superfície gaussiana, já que esta é a única que contribui com o fluxo. De maneira geral, o campo de Coulomb pode ser obtido por meio da lei de Gauss, adicionada à hipótese de que o campo eletrostático é conservativo.[1] Temos, então, dois modos equivalentes para calcular o campo eletrostático: a lei de Coulomb ou a lei de Gauss, considerando também a hipótese de campo conservativo.

Existem situações, contudo, nas quais a direção do campo elétrico pode ser determinada diretamente a partir da distribuição de cargas. Isso acontece quando a distribuição de carga apresenta algum tipo de simetria, pois, nesse caso, a direção do campo ao longo dos eixos de simetria coincide com a direção desses eixos. Entretanto, é impossível conhecer a direção do campo elétrico por onde não passa eixo de simetria sem a realização de outro tipo de cálculo.

Em eletrostática, o conhecimento prévio da direção do campo elétrico em todos os pontos de uma região do espaço permitirá a construção de uma superfície gaussiana, de modo que, em cada ponto, sua normal seja paralela ao campo. Dessa maneira, nos casos em que há simetria, temos um terceiro método para o cálculo do campo elétrico, partindo da lei de Gauss para determinar seu módulo, e a simetria, para determinar sua direção.

Na realidade, a lei de Gauss representa um método alternativo para calcular o campo elétrico gerado por uma distribuição simétrica qualquer de cargas. Contudo, a lei de Gauss será operacionalmente útil apenas quando essa distribuição apresentar simetria ou ser aproximadamente simétrica, uma vez que, nessa situação, a lei de Gauss, que está intimamente

---

[1] Um campo $\vec{F}$ é dito conservativo quando existe uma função ϕ, chamada potencial para este campo, tal que $grad\phi = \vec{F}$.

relacionada à ideia de fluxo, torna o cálculo muito mais simples do que os outros métodos. É importante enfatizar que tanto a lei de Gauss como a lei de Coulomb são simultaneamente válidas em problemas eletrostáticos. É a conveniência dos cálculos matemáticos em dada aplicação que deve nortear a escolha por uma delas.

3.1 Fluxo elétrico

Considere uma carga pontual q positiva, isolada, localizada no centro de uma superfície esférica de raio r, como ilustra a Figura 3.1. Qual é o fluxo elétrico através dessa superfície?

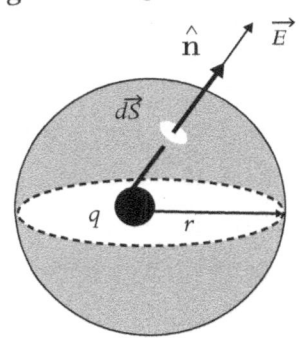

Figura 3.1 – Superfície gaussiana de raio r.

O campo gerado por essa carga a uma distância r é obtido pela Equação 2.7, resultando

$$\vec{E} = \frac{1}{4\pi\varepsilon_0}\frac{q}{r^2}\hat{r}. \tag{3.1}$$

O conceito de linhas de campo, visto no Capítulo 2, também pode ser útil para a visualização do problema. Em razão de o campo cair com $1/r^2$, os vetores representativos do campo elétrico tornam-se menores quando observamos pontos mais afastados da origem. No caso da carga positiva, os vetores $\vec{E}$ sempre apontam para fora. A intensidade do campo elétrico, como já mencionamos, é dada pela densidade de linhas do campo, que é maior nas proximidades da carga, e diminui quanto mais afastado. De fato, a densidade é dada por $N/4\pi r^2$, onde N é o número de linhas de campo e $4\pi r^2$, a área da superfície esférica com centro na carga. Dessa maneira, se duas superfícies esféricas com centro na carga são atravessadas pelas mesmas linhas de força, a densidade dessas linhas será menor na superfície de maior raio (mais afastada da carga), uma vez que a densidade decresce com $1/r^2$, que é a mesma dependência da intensidade do campo. Além disso, o vetor campo elétrico $\vec{E}$ é perpendicular à superfície em todos os pontos dela. Isso significa que $\vec{E}$ e $\hat{n}$ são paralelos, isto é, $\vec{E}||\hat{n}$, onde $\hat{n}$ é vetor unitário normal à superfície, apontando sempre para fora. Já o vetor $\vec{E}$ aponta para fora se a carga é positiva, e para dentro se a carga é negativa.

Dessa forma, como é possível determinar a densidade de linhas de campo se o número de linhas N é, obviamente, infinito? Note que N é infinito, mas o número de linhas por unidade de área (a densidade) é finito.

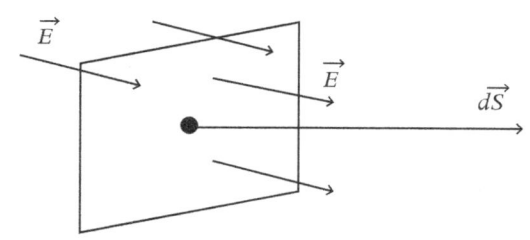

Figura 3.2 – Fluxo elétrico através de um elemento de área $d\vec{S} = \hat{n}dS$.

De fato, o número de linhas de campo que atravessa o elemento de superfície $d\vec{S}$ é proporcional a $\vec{E}.\hat{n}dS$. Esse produto escalar leva em conta apenas a componente de $d\vec{E}$ perpendicular ao elemento de área (ou equivalente à componente $d\vec{E} \mid \mid \hat{n}$).

Da mesma maneira, devemos considerar apenas a área no plano perpendicular a $\vec{E}$ quando calculamos a densidade de linhas de campo. A Figura 3.3 ilustra por que a definição considera apenas o plano perpendicular (a). Note que, na situação (c), nenhuma linha atravessa a superfície dS, enquanto na situação (b) esse número é proporcional ao ângulo entre $\vec{E}.\hat{n}$. Esse é o motivo pelo qual o fluxo de campos vetoriais é definido em termos de área no plano perpendicular à direção desses campos.

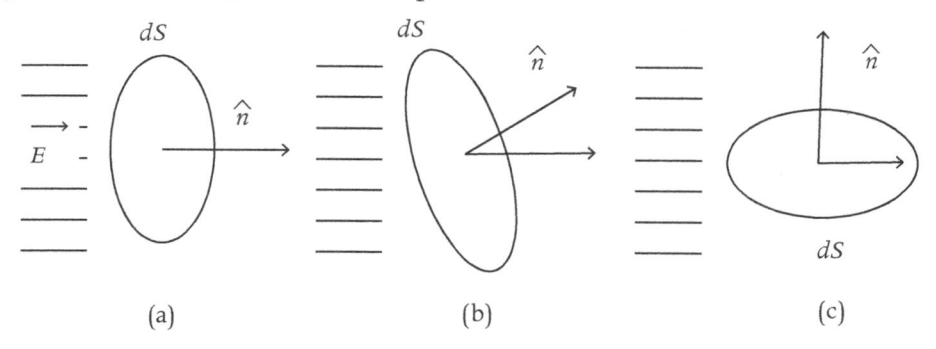

Figura 3.3 – Fluxo elétrico através de um elemento de área $\hat{n}dS$.

A palavra "fluxo" apresenta um significado distinto daquele que utilizamos quando tratamos do fluxo de um fluido através de uma superfície. No contexto do fluxo do fluido, há algo realmente passando de um lado para o outro na superfície considerada. Contudo, no fluxo que estamos tratando agora, o campo elétrico não flui, apenas está estaticamente "cravado" na superfície traçada.

O fluxo elétrico Φ_E, através de uma superfície fechada S, para $E = |\vec{E}|$ constante, será dado por

$$\Phi_E = \oint_S \vec{E}.\hat{n}dS = \oint_S EdS\cos 0 = E\oint_S dS \tag{3.2}$$

com $E = q/4\pi\varepsilon_0 r^2$ (Equação 3.1), sendo q a carga total encerrada na superfície fechada S. A integral $\oint_S dS = S = 4\pi r^2$ (no caso de uma superfície esférica), de modo que o fluxo se torna $\Phi_E = \dfrac{q}{4\pi\varepsilon_0 r^2} 4\pi r^2$, ou seja,

$$\Phi_E = \frac{q}{\varepsilon_0}, \qquad (3.3)$$

que é independente de S. Isso se deve ao fato de o campo não poder depender da quantidade de espaço limitado pela superfície S (ou do tamanho dessa superfície), uma vez que o espaço vazio não cria nem sorve campo elétrico.

Vemos, então, que o fluxo através de qualquer superfície fechada é proporcional à carga total dentro dessa superfície. Isso pode ser facilmente entendido se notarmos que as linhas de campo originadas em uma carga positiva ou irão atravessar a superfície, ou irão morrer em uma carga negativa dentro dessa mesma superfície. Em contrapartida, a quantidade de carga fora da superfície não irá contribuir para o fluxo total, uma vez que as linhas entram por um lado e saem por outro, ao passo que o campo será resultado da contribuição de todas as cargas do sistema, incluindo as que estão fora da superfície fechada. Essa é basicamente a essência da lei de Gauss.

APLIQUE SEUS CONHECIMENTOS

No módulo *cargasg*, pode-se acompanhar o passo a passo da aplicação da lei de Gauss para o cálculo do campo elétrico de uma carga pontual positiva e de uma carga pontual negativa.

Suponhamos, agora, uma superfície fechada arbitrária S, com uma carga q em seu interior, como mostra a Figura 3.4.

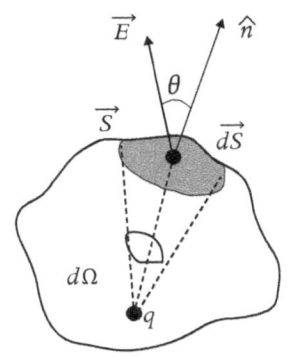

Figura 3.4 – Superfície gaussiana arbitrária.

O fluxo total do campo elétrico através da superfície S, produzido pela carga q, encerrada na região limitada por S, considerando E constante, é dado por

$$\Phi_E = \oint_S \vec{E}\cdot\hat{n}\,dS. \tag{3.4}$$

Mas

$$\oint_S \vec{E}\cdot\hat{n}\,dS = \oint_S E\cos\theta\,dS = \oint_S \frac{q}{4\pi\varepsilon_0 r^2}\cos\theta\,dS,$$

Logo,

$$\Phi_E = \frac{q}{4\pi\varepsilon_0}\oint_S \frac{\cos\theta\,dS}{r^2}.$$

Porém,

$$\frac{\cos\theta\,dS}{r^2} = d\Omega \tag{3.5}$$

é o elemento de ângulo sólido subentendido pelo elemento da superfície dS. Podemos definir ângulo sólido de modo similar à definição de ângulo (plano) de abertura entre duas linhas retas. Nesse caso, nós o definimos como $\theta = \dfrac{A}{r}$, sendo θ medido em radianos. O ângulo θ será igual a 2π rad, se compreender toda a circunferência com perímetro $2\pi r$.

Dessa forma, podemos dizer que o ângulo sólido Ω será a medida da abertura de um cone, dada por $\Omega = S/r^2$, sendo Ω medido em esterradianos. Se Ω compreender toda a esfera, $\Omega = 4\pi$ rad^2, uma vez que a área da superfície da esfera é $4\pi r^2$. A Figura 3.5 ilustra essas definições.

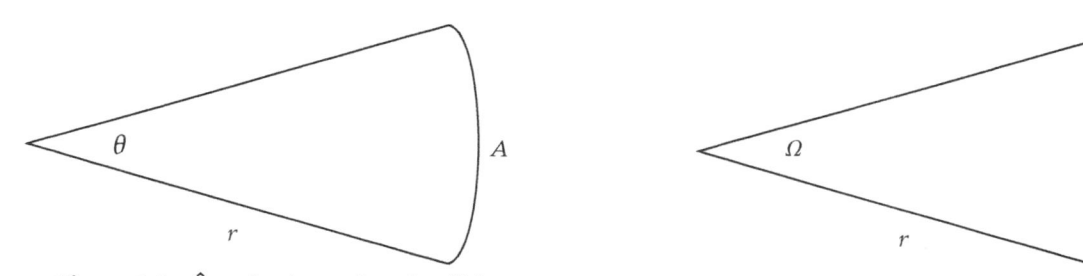

Figura 3.5 – Ângulo plano e ângulo sólido.

Em contrapartida, como S é arbitrária, podemos considerá-la esférica apenas para o cálculo de $d\Omega$.

Assim, para uma superfície fechada,

$$\oint_S d\Omega = 4\pi.$$

Logo,

$$\Phi_E = \frac{q}{4\pi\varepsilon_0}\oint_S d\Omega$$

e, então,

$$\Phi_E = \frac{q}{4\pi\varepsilon_0}(4\pi) = \frac{q}{\varepsilon_0}. \tag{3.6}$$

Isso mostra que o fluxo através de uma superfície arbitrária é igual ao da esfera. Logo, se uma superfície encerra uma carga q, podemos escrever

$$\oint_S \vec{E}.d\vec{S} = \frac{q}{\varepsilon_0}. \tag{3.7}$$

A Equação 3.7 representa a forma integral da lei de Gauss para o campo elétrico, a qual estabelece que o fluxo elétrico resultante através de uma superfície fechada S é proporcional à carga elétrica total encerrada pela superfície. É importante notar que se a carga dentro da superfície (chamada *superfície gaussiana*) for nula, o campo também será nulo, uma vez que $q = 0$ e a integral, representando a lei de Gauss (fluxo), também será nula. Em outras palavras, a causa do fluxo é a carga encerrada na superfície fechada.

PARA REFLETIR

Lei de Gauss: o fluxo de campo elétrico que atravessa qualquer superfície fechada é igual à carga total contida nessa superfície.

3.1.1 Aplicações da lei de Gauss

A aplicação prática da lei de Gauss é realmente possível apenas em problemas cuja configuração de cargas possa ser associada a uma simetria geométrica. Por essa razão, sua aplicação torna-se restrita, porém altamente poderosa, uma vez que, em muitos casos, podemos associar, com boa aproximação, uma simetria geométrica ao problema.

A fim de tornar mais clara a importância da simetria no método que discutiremos a seguir, podemos considerar uma superfície quadrada uniformemente carregada e seus eixos de simetria. A Figura 3.6 ilustra essa situação.

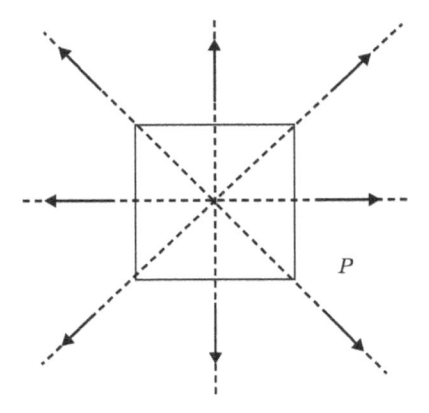

Figura 3.6 – Superfície quadrada uniformemente carregada e seus eixos de simetria.

No caso da Figura 3.6, como a superfície está uniformemente carregada, o campo elétrico ao longo dos eixos de simetria (linhas pontilhadas) será paralelo a esses eixos. Já nos espaços em branco em torno do quadrado e que não são cortados pelos eixos, como o ponto P, é impossível conhecer a direção do campo elétrico sem a realização de algum tipo de cálculo. Dessa maneira, se envolvêssemos o quadrado por uma superfície gaussiana, só conheceríamos a direção do campo em alguns pontos e não todos, e o problema só seria solucionado pela lei de Gauss para os primeiros.

O cálculo do campo elétrico pela lei de Gauss pode ser dividido em duas etapas. Na primeira, utilizamos a lei de Gauss para determinar o fluxo do campo elétrico, o que se resume em determinar a carga encerrada pela superfície gaussiana, já que

$$\Phi_E = q/\varepsilon_0.$$

Na segunda, precisamos extrair informações sobre o campo a partir desse fluxo. Essa é a etapa que nem sempre pode ser realizada. De fato, ela consiste em determinar o campo elétrico em dado ponto a partir do conhecimento do fluxo ou, em outras palavras, a partir do campo elétrico normal médio sobre a superfície S, que é

$$\overline{E} = \frac{\Phi_E}{S} = \frac{\int_S \vec{E}.\hat{n}dS}{S}.$$

A dificuldade provém do fato de desejarmos calcular $\vec{E}$ em dado ponto, a partir do seu valor médio. É como se quiséssemos determinar o "peso" de uma pessoa em um grupo de dez indivíduos, sabendo que o "peso" total é de 800 kg. Temos conhecimento de que o "peso" médio de uma pessoa é de 80 kg, mas como podemos determinar o de uma pessoa em particular?

O objetivo, então, é determinar o campo em cada ponto a partir do seu valor médio, fato que é possível somente por meio da utilização de uma superfície gaussiana com trechos normais ao campo, e nos quais o módulo desse campo seja constante.

Em termos de equações, essas etapas podem ser sintetizadas como:

- **Se a superfície é normal ao campo:**

$$\overline{E} = \frac{\Phi_E}{E} = \frac{1}{S}\int_S \vec{E}.\hat{n}dS = \frac{1}{S}\int_S dSE,$$

- **Se o módulo do campo E é constante**, a equação anterior é escrita da seguinte forma:

$$\overline{E} = E\frac{\int_S dS}{S} = E,$$

o que mostra que, nessa situação, o campo em dado ponto é igual ao seu valor médio.

- **Por fim, a lei de Gauss fornece o valor do módulo do campo**

$$E = \frac{1}{S}\frac{q}{\varepsilon_0},$$

e, então, o valor do campo elétrico é obtido ao multiplicar o módulo apresentado pelo versor normal à superfície gaussiana naquele ponto:

$$\vec{E} = E\hat{n}.$$

Esse procedimento será utilizado nos exemplos a seguir.

Exemplo 11

Calcule o campo elétrico, a uma distância R, de um fio longo positivamente carregado.

Solução

A partir da descrição do fio como sendo longo (em relação a R), podemos considerá-lo infinito. Ou seja, para qualquer ponto do fio, pode-se sempre supor uma distribuição simétrica de cargas, a exemplo da visualizada na Figura 3.7. A simetria do problema indica claramente que o campo elétrico é radial, com simetria cilíndrica. Essa constatação nos permite fazer uso simples da lei de Gauss. A superfície gaussiana, ou superfície imaginária para o fio carregado, é a figura de uma casca cilíndrica cujo raio é equivalente à distância R, na qual se deseja calcular o campo elétrico produzido pela distribuição contínua de cargas.

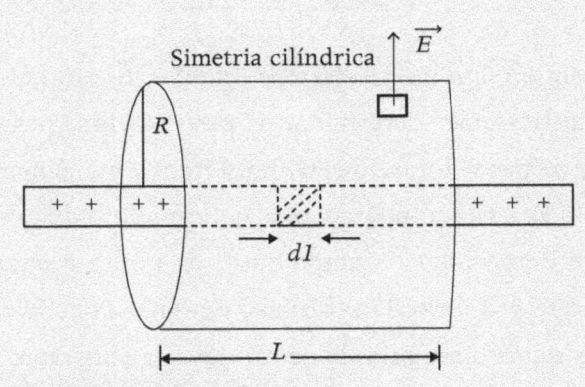

Figura 3.7 – Fio longo positivamente carregado.

Com base na lei de Gauss,

$$\int_S \vec{E}.d\vec{S} = \frac{q}{\varepsilon_0}.$$

Não existe fluxo de campo elétrico nas bases do cilindro, pois o campo é paralelo a essas superfícies e, portanto, perpendicular aos vetores unitários dessas superfícies. Além disso, q é a carga encerrada em S, e, para uma distribuição linear de cargas, a carga total pode ser expressa como

$$q = \int_0^L \lambda dl,$$

onde λ representa a densidade linear de carga (carga por unidade de comprimento) e dl, o elemento de comprimento do fio. Assim, temos que a integral do fluxo será

$$\oint_S E\,dS = \frac{1}{\varepsilon_0} \int_0^L \lambda\,dl,$$

uma vez que $\vec{E}.d\vec{S} = \vec{E}.\hat{n}\,dS = E\,dS\cos\theta = E\,dS\cos 0$, visto que $\vec{E}\,||\,\hat{n}$, ou seja, ambos vetores são paralelos entre si e, ao mesmo tempo, perpendiculares à superfície cilíndrica imaginária.

É importante observarmos que o lado esquerdo da expressão anterior representa a integral da superfície gaussiana, ou superfície imaginária, enquanto o lado direito representa a integral da distribuição de cargas, ou da região (limitada pela superfície gaussiana) onde as cargas estão distribuídas. Sendo o campo elétrico uniforme, este possui o mesmo valor em todos os pontos da superfície gaussiana, de modo que a integral do lado esquerdo torna-se uma simples integral através da superfície S. Da mesma forma, sendo a densidade linear uniforme, a integral do lado direito torna-se uma simples integral ao longo do comprimento L.

Assim:

$$ES = \frac{\lambda}{\varepsilon_0} L.$$

Como S representa a superfície gaussiana, ou seja, a superfície da casca cilíndrica, temos que

$$S = 2\pi R L,$$

logo, o campo elétrico em um ponto P a uma distancia R do fio será $E = \dfrac{\lambda}{2\pi\varepsilon_0 R}$, ou

$$\vec{E} = \frac{\lambda}{2\pi\varepsilon_0 R}\hat{n}.$$

Observe que esse resultado está em concordância com o resultado do problema do Exemplo 5, visto no Capítulo 2. Convém enfatizar que $\vec{E}$ é o campo criado por todas as cargas do sistema, e não apenas por aquelas encerradas na superfície gaussiana.

APLIQUE SEUS CONHECIMENTOS

No módulo *fiolg*, pode-se observar as características de $\vec{E}$ em tempo real, tal como direção e módulo, em função da distância R ao fio.

Exemplo 12

Considere uma casca esférica uniforme e positivamente carregada, de raio R. Calcule o campo elétrico produzido dentro e fora da casca esférica. Discuta o resultado e elabore um gráfico mostrando como o campo se comporta em relação à distância ao centro da casca.

Solução

Sendo uma casca esférica, teremos uma densidade superficial de cargas, que denotaremos por σ, distribuída ao longo da parte externa da esfera. Podemos considerar a simetria esférica e fazer uso da lei de Gauss, conforme a Figura 3.8:

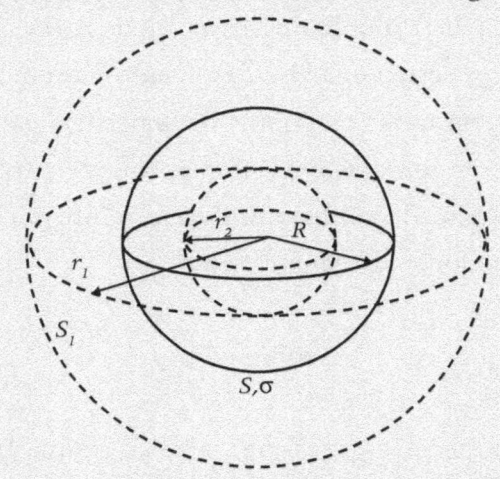

Figura 3.8 – Esfera oca positivamente carregada. As superfícies gaussianas (linhas tracejadas) têm raios r_1 e r_2.

Para calcular o campo elétrico produzido dentro e fora da casca esférica, será necessário: (a) Cálcular o campo fora da esfera $(r > R)$; e (b) Calcular o campo no interior da esfera $(r < R)$.

(a) Cálculo do campo fora da esfera $(r > R)$

Com base na lei de Gauss,

$$\oint_{S_1} \vec{E}.d\vec{s_1} = \frac{q}{\varepsilon_0}$$

Para uma distribuição superficial de cargas,

$$q = \int_S \sigma dS$$

teremos então

$$\oint_{S_1} \vec{E}.d\vec{s_1} = \frac{1}{\varepsilon_0} \int_S \sigma dS.$$

Assim como o Exemplo 11, o lado esquerdo da expressão anterior corresponde à superfície gaussiana, que, na Figura 3.8, equivale à superfície S_1. Enquanto o lado direito representa a superfície em que a carga q está distribuída, representada na mesma figura pela superfície S.

Da geometria, sabemos que:
$$S_1 = 4\pi r_1^2$$
e
$$S = 4\pi R^2.$$

Considerando ainda o fato de os vetores $\vec{E}$ e o unitário $\hat{n}$ serem paralelos em todos os pontos da superfície S_1, podemos reescrever o lado esquerdo da integral anterior da seguinte maneira:
$$\oint_{S_1} \vec{E}.d\vec{s}_1 = \oint_{S_1} Eds_1 \cos 0 = \oint_{S_1} Eds_1,$$
e a lei de Gauss é escrita
$$\oint_{S_1} Eds_1 = \frac{1}{\varepsilon_0} \int_S \sigma dS.$$

Além disso, por ser uniforme o campo elétrico tem o mesmo valor em todos os pontos da superfície gaussiana, e a integral do lado esquerdo torna-se uma simples integral através da superfície S_1. Da mesma forma, sendo a densidade superficial uniforme, a integral do lado direito torna-se uma simples integral através da superfície S. Logo, podemos escrever:
$$E\oint_{S_1} ds_1 = \frac{\sigma}{\varepsilon_0} \int_S dS$$
ou
$$E(4\pi r_1^2) = \frac{\sigma}{\varepsilon_0}(4\pi R^2).$$

Mas, sendo $\sigma(4\pi R^2) = q$, temos
$$E = \frac{q}{4\pi\varepsilon_0 r_1^2} \quad (r_1 > R).$$

A equação anterior representa o campo elétrico medido em qualquer ponto, a uma distância $r = r_1$ fora da esfera.

(b) Cálculo do campo no interior da esfera (r < R)

Ao traçar a superfície gaussiana de raio r_2 (Figura 3.8), observamos que a carga total no interior dela é nula. Consequentemente, o campo será nulo no interior da casca esférica:
$$E = 0 \quad (r_2 < R).$$

Esses resultados podem ser sintetizados no gráfico da Figura 3.9, no qual podemos observar o comportamento de E em função de r. Note que $E = 0$ para $r < R$ e que E cai com $1/r^2$ para $r > R$.

$$E_r = \frac{1}{4\pi\varepsilon_0} \frac{q}{r^2}$$

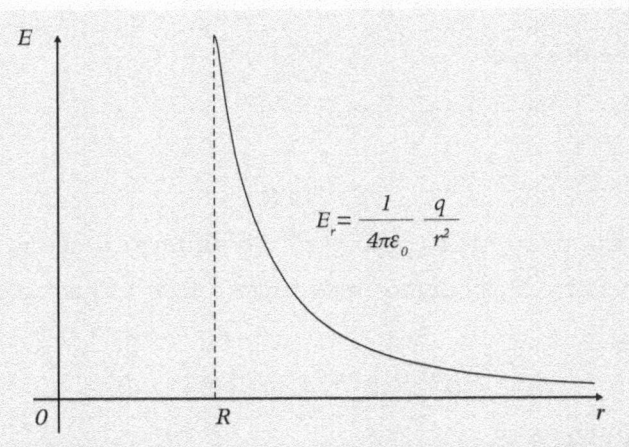

Figura 3.9 – Dependência do campo com r para uma esfera oca positivamente carregada.

Exemplo 13

Considere uma esfera maciça de raio R, na qual a carga q, positiva, está distribuída em todo o volume de modo uniforme. Calcule o campo elétrico produzido fora e dentro da esfera. Discuta o resultado e elabore um gráfico mostrando como o campo se comporta em relação à distância ao centro da esfera.

Solução

As superfícies interna e externa estão representadas na Figura 3.8. O cálculo para a superfície gaussiana externa $(r_1 > R)$ é o mesmo do Exemplo 12. Já o campo no interior da esfera $(r_2 < R)$ pode ser calculado conforme demonstraremos a seguir.

Como a esfera é homogênea, a densidade de cargas no interior da superfície gaussiana será igual à densidade da distribuição de cargas na esfera real, isto é, $\rho = \rho_1$, com $\rho = \frac{q}{V}$ e $\rho_1 = \frac{q_1}{V_1}$.

Assim,

$$\frac{q}{V} = \frac{q_1}{V_1} \Rightarrow q_1 = q\frac{(4/3)\pi r_1^3}{(4/3)\pi R^3} = q(\frac{r_1}{R})^3.$$

Da lei de Gauss,

$$\oint_{S_1} E ds_1 = \frac{q_1}{\varepsilon_0},$$

de modo que

$$ES_1 = \frac{q_1}{\varepsilon_0} \Rightarrow E(4\pi r_1^2) = \frac{q_1}{\varepsilon_0};$$

Ao substituir q_1 na expressão anterior, temos que

$$E(4\pi r_1^2) = \frac{q}{\varepsilon_0}\frac{r_1^3}{R^3}.$$

Logo,

$$E = \frac{q}{4\pi\varepsilon_0} \frac{r_1}{R^3}.$$

Esse resultado mostra que o campo no interior da esfera varia (cresce) linearmente com r_1. A variação do campo dentro e fora da esfera maciça pode ser representada graficamente conforme a Figura 3.10.

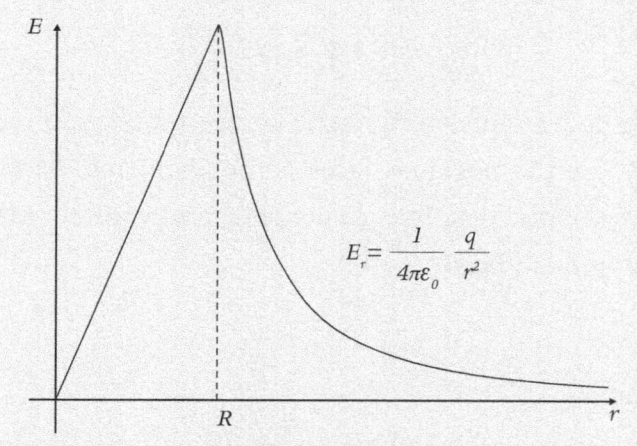

Figura 3.10 – Dependência do campo com r para uma esfera maciça positivamente carregada.

Exemplo 14

Considere uma placa plana infinita carregada positivamente. Calcule o campo elétrico nas proximidades da placa.

Solução

Sendo uma placa infinita, podemos desprezar os efeitos de borda e considerar uma distribuição uniforme de carga. Consequentemente, um campo elétrico uniforme e perpendicular à placa estará presente. Nas proximidades da placa, esse campo apontará perpendicularmente para fora em cada uma das duas faces e será tangente à superfície lateral cilíndrica imaginária.

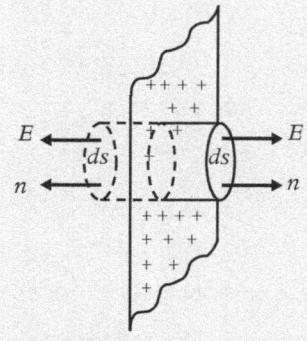

Figura 3.11 – Placa infinita positivamente carregada.

O fluxo de $\vec{E}$ só ocorre por meio das bases do cilindro. De fato, aplicando a lei de Gauss na superfície ao longo do cilindro, vemos que:

$$\oint_{s'} \vec{E} \cdot \hat{n} \, dS = 0,$$

uma vez que $\vec{E} \perp \hat{n}$ e, então, $\vec{E} \cdot \hat{n} \, dS = E \, dS \cos 90° = 0$.

Ao aplicar a lei de Gauss às duas bases do cilindro, temos que

$$\oint_s \vec{E} \cdot \hat{n} \, dS + \oint_s \vec{E} \cdot \hat{n} \, dS = \frac{q}{\varepsilon_0}.$$

Com base na Figura 3.11, podemos observar que o vetor campo elétrico e a normal têm a mesma direção nas duas faces perpendiculares, de modo que seu produto escalar será sempre positivo, como podemos verificar em $\vec{E} \| \hat{n}$, e então, $\vec{E} \cdot \hat{n} \, dS = E \, dS \cos 0° = E \, dS$. Logo,

$$2 \oint_s E \, dS = \frac{q}{\varepsilon_0},$$

$$2E \oint_s dS = \frac{\sigma}{\varepsilon_0} \int_s dS.$$

Contudo, as integrais de superfícies dos lados esquerdo e direito são equivalentes, isto é, a superfície do lado direito corresponde à área onde está distribuída a carga e é equivalente à superfície gaussiana imaginária do lado esquerdo (ver Figura 3.11). Assim, $2ES = \frac{\sigma}{\varepsilon_0} S$, e, finalmente,

$$\vec{E} = \frac{\sigma}{2\varepsilon_0} \hat{n},$$

é o valor do campo elétrico nas proximidades da placa, suposta anteriormente como infinita. Esse resultado também é válido para o disco discutido no Exemplo 10.

PARA REFLETIR

Vemos, então, que escolher a lei de Gauss pode simplificar bastante a resolução de alguns problemas eletrostáticos. Sendo assim, antes de resolver um desses problemas, devemos nos perguntar se é possível utilizar a lei de Gauss, isto é, seria possível encontrar uma superfície gaussiana na qual o módulo de $\vec{E}$ fosse constante? Seria fácil encontrar tal superfície? Nesse caso, é conveniente o cálculo de E aplicando a lei de Gauss? As respostas a essas questões permitem escolher entre a lei de Gauss e a lei de Coulomb, que são equivalentes na eletrostática.

3.1.2 Prova experimental da lei de Gauss

O seguinte experimento pode ser realizado para verificar que a carga líquida em um condutor reside em sua superfície. Uma bola metálica positivamente carregada e suspensa por um fio de *nylon* é introduzida em um condutor oco descarregado, através de uma pequena abertura (Figura 3.12a). O condutor oco estará, assim, isolado da terra. A bola carregada induz uma carga negativa na parede interna do condutor oco, deixando uma carga positiva igual na parede externa (Figura 3.12b). A presença da carga positiva na parede externa está indicada pela deflexão de um eletroscópio, a qual permanece inalterada quando a bola toca a superfície interna do condutor oco (Figura 3.12c). No momento em que a bola é removida, a leitura do eletroscópio permanece igual e a bola encontra-se descarregada (Figura 3.12d), mostrando que a carga transferida para o condutor oco reside em sua superfície externa. Se uma pequena bola metálica é agora introduzida em um condutor oco carregado, conforme a Figura 3.12e), a bola carregada não será atraída para esse condutor. Isso mostra que $\vec{E} = 0$ em qualquer lugar dentro do condutor oco. Em contrapartida, se uma pequena bola carregada é localizada próxima à parte externa do condutor oco, a bola será atraída para o condutor, mostrando que $\vec{E} \neq 0$ fora dele.

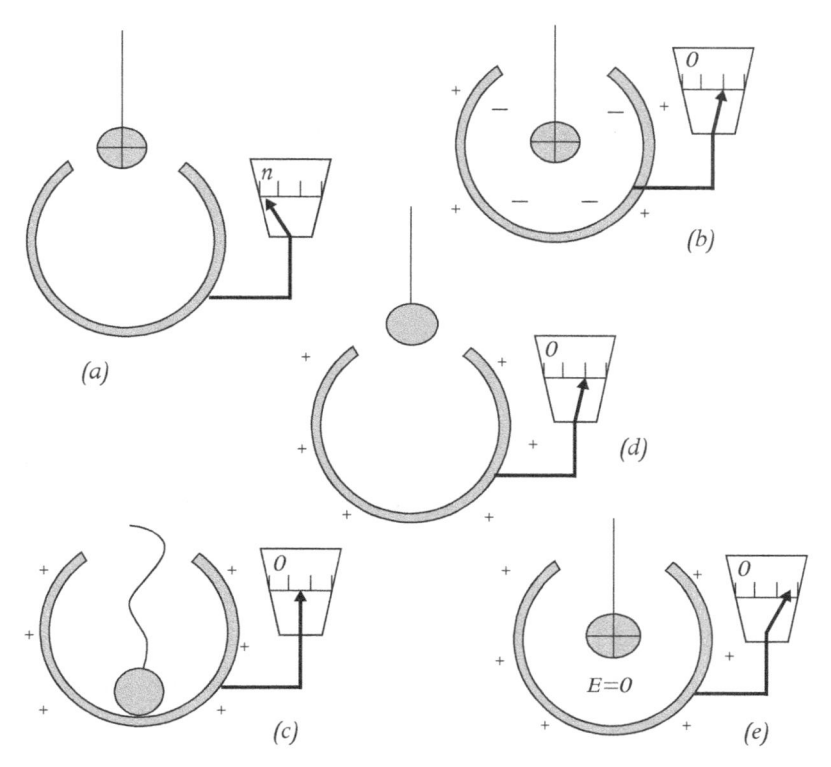

Figura 3.12 – Demonstração da lei de Gauss.

3.1.3 Forma diferencial da lei de Gauss

No caso de uma distribuição contínua de cargas, caracterizada por uma densidade de carga ρ, temos que

$$dq = \rho dV \Rightarrow q = \iiint_V \rho(x,y,z)dxdydz = \int_V \rho dV.$$

Assim, podemos reescrever a Equação 3.7 da seguinte maneira:

$$\oint_s \vec{E}.d\vec{S} = \frac{1}{\varepsilon_0} \int_V dV\rho. \tag{3.8}$$

Em contrapartida, o teorema do divergente (ver Capítulo 12), para um vetor qualquer $\vec{A}$, nos permite escrever

$$\oint_s \vec{A}.d\vec{S} = \int_V (\nabla.\vec{A})dV.$$

No caso, o vetor representa o campo elétrico e é denotado por $\vec{E}$. Assim, teremos:

$$\oint_s \vec{E}.d\vec{S} = \int_V (\nabla.\vec{E})dV. \tag{3.9}$$

Substituindo a Equação 3.9 na Equação 3.8, temos:

$$\int_V \nabla.\vec{E} dV = \frac{1}{\varepsilon_0} \int_V \rho dV,$$

que ainda pode ser reescrita colocando-se dV em evidência:

$$\int_V (\nabla.\vec{E} - \frac{\rho}{\varepsilon_0})dV = 0. \tag{3.10}$$

Como dV é arbitrário, para $\forall dV \neq 0$, o termo entre parênteses na Equação 3.10 deve ser nulo, de modo que:

$$\nabla.\vec{E} - \frac{\rho}{\varepsilon_0} = 0,$$

ou, ainda,

$$\nabla.\vec{E} = \frac{\rho}{\varepsilon_0}. \tag{3.11}$$

A Equação 3.11 representa a forma diferencial da lei de Gauss, também conhecida como a primeira equação de Maxwell. Essa expressão informa que a variação do campo elétrico em uma região do espaço é proporcional à densidade de carga encerrada nessa região.

Podemos, contudo, analisar uma região do espaço onde nenhuma carga esteja encerrada, ou seja, presente, e medir um campo elétrico diferente de zero nesse meio. A divergência do campo, nesse caso, é nula, porém o campo não o é. O exemplo a seguir, que recorre à Figura 3.13, esclarece a situação.

A Figura 3.13 mostra as superfícies imaginárias, S_1, S_2 e S_3. Tanto S_1 quanto S_3 encerram densidades de cargas no seu interior, representadas por ρ. Já a superfície S_2 não contém carga em seu interior, mas é cortada pelas linhas de campo de um dipolo com fonte em S_1 (representada pela carga positiva) e sorvedouro em S_3 (representada pela carga negativa). Nas três superfícies, podemos medir um campo elétrico diferente de zero, porém a divergência do campo em cada região será dada por:

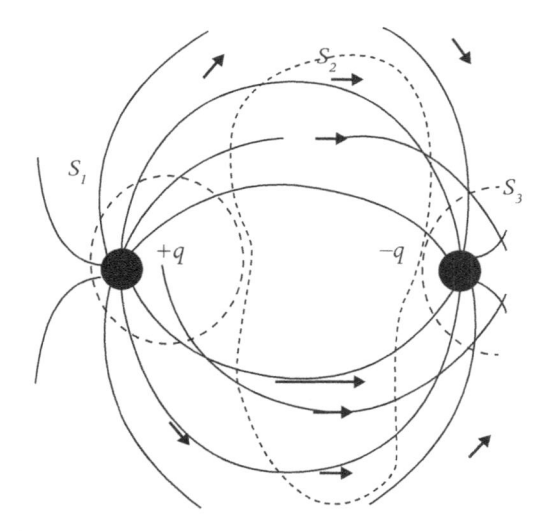

Figura 3.13 – Campo de duas cargas iguais com sinais opostos. As superfícies S_1 e S_3 encerram cargas de sinais opostos, enquanto a superfície S_2 não possui carga em seu interior.

Em S_1 e S_3,

$$\nabla \cdot \vec{E} = \frac{\rho}{\varepsilon_0},$$

ao passo que, em S_2,

$$\nabla \cdot \vec{E} = 0.$$

Podemos medir valores de campo em todas as superfícies e ver que, em S_1, a divergência do campo não é nula, pois as linhas de campo surgem em seu interior, caracterizando uma fonte para as linhas de campo. Já em S_3, a divergência também não é nula, mas as linhas de campo desaparecem em seu interior, caracterizando um sorvedouro. Contudo, em S_2 existe $\vec{E}$, mas a divergência do campo é nula, pois não há nem fonte nem sorvedouro em seu interior, e o número de linhas que entram é igual ao número de linhas que saem de S_2.

3.2 Exercícios

3.2.1 Exercícios resolvidos

1. **Cabo coaxial.** A Figura 3.14 representa a seção de um cabo condutor de raio $R_1 = 1,30$ mm e comprimento $L = 11,00$ m no interior de uma casca coaxial, de paredes finas, raio $R_2 = 10R_1$ e mesmo comprimento L. A carga da barra é $Q_1 = +3,40 \times 10^{-12}$ C e a carga da casca é $Q_2 = -2,00Q_1$. Determine: (a) o campo elétrico $\vec{E}$ a uma distância radial $r = 2,00R_2$; (b) o campo elétrico $\vec{E}$ a uma distância radial $r = 5,00 R_1$; e (c) a carga na superfície interna e na superfície externa da casca.

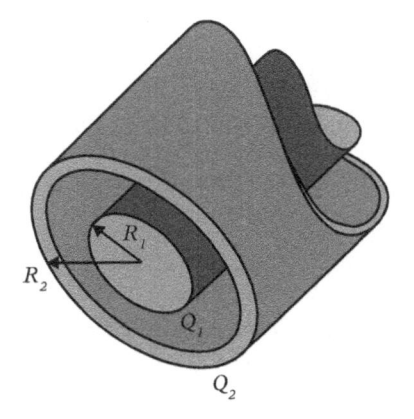

Figura 3.14 – Cabo coaxial.

SOLUÇÃO

(a) Para $r = 2R_2$, a superfície gaussiana cilíndrica, de raio r e comprimento L, engloba toda a casca coaxial e encerra toda a carga. Só existe fluxo na direção radial ($\hat{r}$). Assim, a lei de Gauss pode ser escrita da seguinte maneira:

$$\oint d\vec{S}.\vec{E} = \frac{q}{\varepsilon_0} \Rightarrow E2\pi rL = \frac{Q_1 + Q_2}{\varepsilon_0}$$

$$\vec{E} = \frac{Q_1}{2\pi\varepsilon_0 rL}\hat{r}.$$

Para $r = 2R_2$, temos

$$\vec{E} = \frac{Q_1}{4\pi\varepsilon_0 R_2 L}\hat{r} \rightarrow \vec{E} = (-0,214 \text{ N/C})\hat{r}.$$

Dessa maneira, o campo é radial (ou seja, possui a direção de $\hat{r}$), tem módulo 0,214 N/C e aponta para dentro.

(b) Para $r = 5R_1$, a superfície gaussiana cilíndrica de raio r e comprimento L engloba apenas o cabo, situando-se dentro da casca e, portanto, encerrando apenas a carga Q_1. Só existe fluxo na direção radial ($\hat{r}$). Assim, a lei de Gauss pode ser escrita da seguinte maneira:

$$\oint d\vec{S}\cdot\vec{E} = \frac{q}{\varepsilon_0} \Rightarrow E2\pi rL = \frac{Q_1}{\varepsilon_0}$$

$$\vec{E} = \frac{Q_1}{2\pi\varepsilon_0 rL}\hat{r} \rightarrow \vec{E} = 0,855\text{N}/\text{C}\hat{r}.$$

Nesse caso, vemos que o campo também é radial, tem módulo 0,855 N/C e aponta para fora.

(c) No interior do condutor, a carga é nula. A carga que existe deve-se ao cabo. Na região $R_1 < r < R_2$ não há carga, exceto as induzidas na superfície interna da casca por Q_1. Logo, a carga será $Q_i = -Q_1 = -3,4\times 10^{-12}\text{C}$. Na superfície externa da casca estarão as cargas Q_2 subtraídas das que se deslocaram, por indução, para a superfície interna. Assim, $Q_e = Q_2 - Q_i$, isto é, $Q_e = -3,4\times 10^{-12}\text{C}$.

2. **Casca esférica.** Uma casca esférica não condutora com raio interno $a = 2,00$ cm e raio externo $b = 2,40$ cm (ver Figura 3.15) possui densidade volumétrica uniforme de cargas positivas $\rho = A/r$, onde A é uma constante e r é a distância em relação ao centro da casca. Além disso, uma pequena esfera de carga $q = 45,0\times 10^{-15}\text{C}$ está situada no centro da casca. Qual deverá ser o valor de A para que o campo elétrico no interior da casca ($a \leq r \leq b$) seja uniforme?

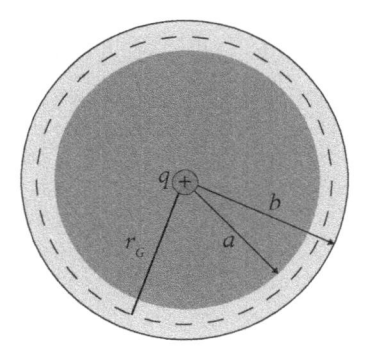

Figura 3.15 – Casca esférica.

SOLUÇÃO

Ao chamar de q a carga da esfera pequena e de Q a carga da casca que está encerrada pela superfície gaussiana de raio r_G, a lei de Gauss diz que

$$E4\pi r_G^2 = \frac{q+Q}{\varepsilon_0}.$$

Como $dq = \rho dV$, a carga Q pode ser obtida da integração da densidade de carga $\rho = A/r$ sobre o volume da casca limitado pela gaussiana. Assim,

$$Q = \int_V dV \rho = \int_a^{r_G} 4\pi r^2 dr \frac{A}{r} \Rightarrow Q = 2\pi(r_G^2 - a^2)A.$$

Retornando à equação de E, vemos que

$$E = \frac{q}{4\pi\varepsilon_0 r_G^2} + \frac{A}{2\varepsilon_0} - \frac{a^2 A}{2\varepsilon_0 r_G^2}.$$

Para que o campo seja uniforme (e não dependa de r_G), o primeiro e o último termo têm de se anular, assim $A = \dfrac{q}{2\pi a^2}$, ou seja, $A = 1,79 \times 10^{11} C/m^2$.

PARA REFLETIR

A natureza exige: a dependência do campo elétrico com o inverso do quadrado da distância; a constância do fluxo desse campo através de qualquer superfície que envolva a carga que o produz; e a neutralidade do espaço vazio.

3.2.2 Exercícios propostos

1. Três cargas pontuais, $q_1 = 120 \ nC$, $q_2 = -80 \ nC$ e $q_3 = 50 \ nC$, estão encerradas em uma superfície S. Qual é o fluxo total que atravessa a superfície S?

2. Um cubo com 1,8 m de aresta está posicionado como mostra a Figura 3.16, numa região de campo elétrico uniforme. Determine o fluxo elétrico através da face direita do cubo para os seguintes valores de campo: (a) $8,00\hat{\imath}$, (b) $-4,00\hat{\jmath}$ e (c) $-5,00\hat{\imath} + 4,00\hat{k}$.

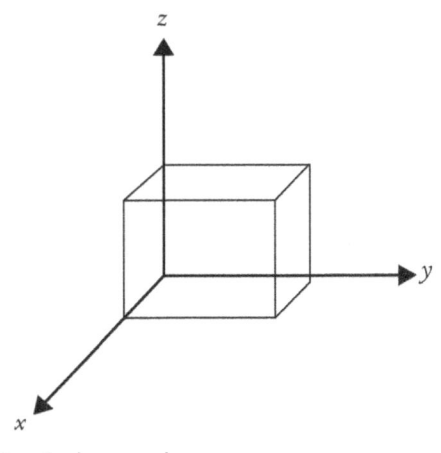

Figura 3.16 – Fluxo elétrico através de um cubo.

3. A Figura 3.17 mostra as linhas de força em um campo elétrico.

   a) Se o módulo do campo no ponto X é 40 N/C, qual a força que o elétron experimenta nesse ponto?

   b) Qual é o módulo do campo no ponto Y?

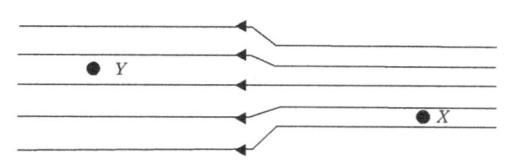

Figura 3.17 – Representação de linhas de força de um campo elétrico.

4. Uma placa quadrada de 3,0 mm² de lado é banhada por um campo elétrico uniforme $E = 2.400$ N/C, como mostra a Figura 3.18. Considerando que a direção das linhas de campo e a normal formam um ângulo de 40°, determine o fluxo elétrico através da superfície.

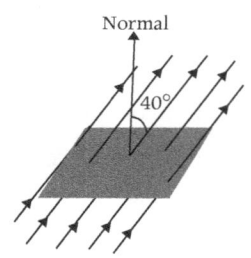

Figura 3.18 – Fluxo elétrico através de uma placa.

5. Nuvens de tempestade tendem a se carregar mantendo sua base positivamente carregada em relação à superfície da Terra. Considerando que, em uma região onde o campo elétrico está dirigido verticalmente para baixo, a uma altitude de 400 m, o módulo do campo mede 120 N/C, ao passo que, a 300 m, o campo mede 200 N/C. Com base nesses dados, determine a carga líquida contida em um cubo de 100 m de aresta, com as faces horizontais nas altitudes de 300 e 400 m. Despreze a curvatura da Terra.

6. Duas extensas placas metálicas, dispostas paralelamente, estão negativamente carregadas. Calcule o campo elétrico nos pontos:

   a) à esquerda das placas;

   b) entre as placas;

   c) à direita das placas.

7. Uma placa metálica quadrada de 12 cm de lado e espessura desprezível tem carga total de 8.000 μC. Determine:

   a) O valor do campo nas proximidades do centro da placa (a uma distância de 0,8 mm), supondo que a carga esteja uniformemente distribuída sobre as duas faces da placa.

b) O valor do campo a uma distância de 30 m da placa, supondo-se que a placa seja uma carga puntiforme.

8. Uma esfera metálica de 15 cm de raio possui carga de 3×10^{-8} C. Assim:
   a) Qual o campo elétrico em um ponto a uma distância $r = 15$ cm da superfície da esfera?
   b) Faça um esboço das linhas de campo do sistema de cargas.
   c) Qual é o campo elétrico na superfície da esfera?

9. Uma esfera metálica de parede fina tem raio de 25 cm e carga de 2×10^{-7} C. Determine o campo elétrico para um ponto:
   a) dentro da esfera;
   b) imediatamente fora da esfera;
   c) a 3 m do centro da esfera.

10. Um condutor isolado, de forma arbitrária, possui uma carga total de 10 μC. Dentro do condutor existe uma cavidade oca, em cujo interior há uma carga puntiforme de 3 μC. Com base nesses dados, determine a carga
    a) sobre a parede da cavidade;
    b) sobre a superfície externa do condutor.

11. Uma casca esférica com densidade de carga uniforme ρ está distribuída ao longo da região hachurada da Figura 3.19. Determine o campo elétrico para:
    a) $r < a$;
    b) $a < r < b$;
    c) $r > b$.

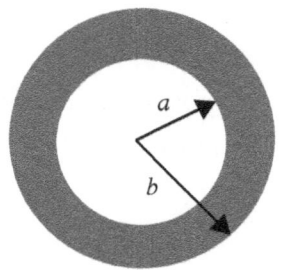

Figura 3.19 – Coroa esférica carregada.

12. A Figura 3.20 mostra uma coroa esférica não condutora com um raio interno a e um raio externo b, com uma densidade volumétrica de cargas dada por $\rho = A/r$, onde A é uma constante e r é a distância em relação ao centro da casca. Assim, obtenha o valor do campo elétrico com

a) $r < a$;

b) $a < r < b$;

c) $r > b$.

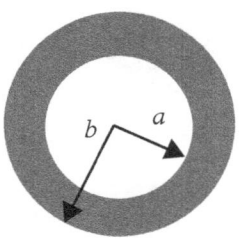

Figura 3.20 – Uma coroa ou casca esférica volumétrica.

13. Uma esfera de raio R tem distribuição volumétrica de carga ρ. Determine o módulo do campo elétrico dentro ($r < R$) e fora ($r > R$) da esfera nas seguintes situações:

    a) $\rho =$ constante;

    b) $\rho = br$, onde b é uma constante e r, a distância ao centro da distribuição.

14. Uma esfera sólida de raio de 30 cm tem carga positiva total de $36,0\ \mu C$ distribuída uniformemente por todo o seu volume. Calcule a magnitude do campo elétrico a uma distância do centro da esfera de:

    a) 0 cm;

    b) 12 cm;

    c) 30 cm;

    d) 50 cm.

15. Uma esfera maciça não condutora de raio R possui uma distribuição de carga não uniforme, com desnidade de cargas $\rho = \rho_s r / R$, onde ρ_s é uma constante e r é a distância ao centro da esfera. Com base nesses dados:

    a) mostre que a carga total da esfera é de $Q = \pi \rho_s R^3$;

    b) Calcule o campo elétrico no interior da esfera.

16. Uma casca esféria de raio interno b e raio externo c uniformemente carregada, com densidade de carga volumétrica ρ, envolve uma esfera não condutora, maciça e concêntrica de raio a, também uniformemente carregada com a mesma densidade como mostra a Figura 3.21. Calcule o campo elétrico nas quatro regiões diferentes do espaço:

    a) no interior da esfera, $r > b$;

    b) entre a esfera e a casca, $a < r < b$;

    c) dentro da casca, $b < r < c$;

    d) fora da casca, $r > c$.

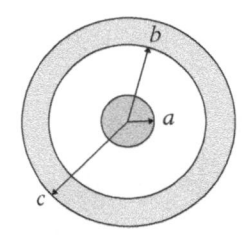

Figura 3.21 – Campo de esfera e casca esférica.

17. A Figura 3.22 mostra uma esfera de raio a e carga $+2q$ uniformemente distribuída através de seu volume, concêntrica com uma casca esférica não condutora de raio interno b e raio externo c. A casca tem carga líquida $-2q$ uniformemente distribuída. Determine as expressões do campo elétrico nas seguintes regiões:
    a) $r < a$;
    b) $a < r < b$;
    c) $b < r < c$;
    d) $r > c$.

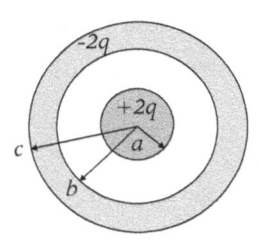

Figura 3.22 – Esfera carregada concêntrica a uma coroa esférica não condutora negativamente carregada.

18. Um cilindro muito longo, de raio R, possui uma distribuição volumétrica de carga uniforme igual a ρ. A partir desses dados,
    a) obtenha uma expressão para o campo elétrico radial a uma distância $r < R$ do eixo do cilindro;
    b) obtenha uma expressão para o campo elétrico radial a uma distância $r > R$ do eixo do cilindro.

19. Um cilindro muito longo de raio R como mostra a Figura 3.23, possui uma distribuição volumétrica de cargas uniforme igual a ρ.
    a) Obtenha o módulo do campo elétrico a uma distância r do eixo do cilindro, tal que $r < R$, admitindo $R = 12$ cm, $\rho = 6\ nC/m^3$ e $r = 3$ cm.
    b) O campo elétrico do lado de fora do cilindro em $R = 15$ cm.

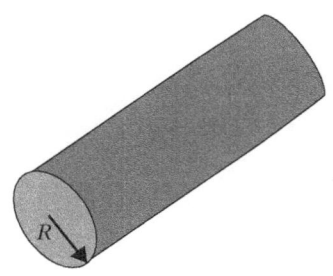

Figura 3.23 – Cilindro longo com distribuição volumétrica de cargas.

20. Uma esfera está uniformemente carregada com uma densidade volumétrica de carga ρ.
    a) Mostre que o campo elétrico no interior da esfera, em um ponto genérico P, situado a uma distância r do centro da esferá, é dado por $E = \rho r / 3\varepsilon_0$.
    b) Se uma cavidade esférica é aberta na esfera, como ilustra a Figura 3.24, mostre que o campo elétrico no interior da cavidade é dado por $E = \rho a / 3\varepsilon_0$, onde a é a distância entre o centro da esfera e o centro da cavidade.

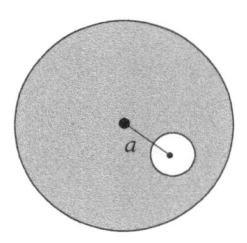

Figura 3.24 – Esfera com cavidade.

21. Considere o caso hipotético em que o campo gerado por uma carga puntiforme varia com o inverso do cubo da distância (em contraste com o usual quadrado da distância), isto é, $\vec{E} = k\dfrac{q}{r^3}\hat{r}$. Mostre que o fluxo deste campo através de uma superfície esférica de raio R, centrada na carga, é dado por $\Phi_E = 4\pi k \dfrac{q}{R}$. Observe que, nesse caso, o fluxo não permaneceria constante, diminuindo com R, o que significa que o espaço atuaria como um sorvedouro de campo elétrico!

22. Encontre a divergência e o rotacional do campo vetorial dado por $\vec{E} = (x/r)\hat{i}$, onde $r = \sqrt{x^2 + y^2 + z^2}$.

23. Determinado campo físico define-se pelas seguintes equações:
    $$A_x = (x^2 + y^2)^{-1/2} \quad \text{e} \quad A_y = (x^2 + y^2)^{-1/2}.$$
    Encontre o rotacional desse campo e, em seguida, o divergente do rotacional. Trata-se de um campo solenoidal?

> **PESQUISA E APROFUNDAMENTO**
>
> Procure saber mais sobre as seguintes tecnologias:
> 1. Blindagem eletrostática
> 2. Gaiola de Faraday.

Bibliografia complementar

FEYNMAN, R. P.; LEIGHTON, R. B., SANDS, M. *The Feynman lectures on Physics*, v. 2, 1970.

GOLDMAN, C.; LOPES, E.; ROBILOTTA, M. R. Um pouco de luz na lei de Gauss. *Revista Brasileira de Ensino de Física*, v. 3, n. 3, 1981.

KREY, I; MOREIRA, M.A. *Dificuldades dos alunos na aprendizagem da lei de Gauss em nível de física geral*. Atas do II ENPEC, Valinhos, 1999.

MAXWELL, J. C. On Physical Lines of Force. *Phylosophical Magazine*, v. 24, n. 4, 1861.

MENEZES, A. M. M.; LOPES, E.; ROBILOTTA M. R. Gente como carga e aula como campo. *Revista Brasileira de Ensino de Física*, v. 5, n. 1, 1983.

PURCELL, E. M. *Curso de Física de Berkeley: eletricidade e magnetismo*. São Paulo: Edgard Blücher, v. 2, 1973.

TORT, A. C. Gauss's law, infinite homogenous charge distributions and Helmholtz theorem. *Revista Brasileira de Ensino de Física*, v. 33, 2011, p. 2701.

Potencial elétrico

No Capítulo 2, vimos que toda carga cria um campo elétrico e que a interação dessa carga com uma "carga de prova" fornece a medida desse campo em módulo, direção e sentido, no ponto onde se situa a "carga de prova". Definimos, assim, o campo elétrico $\vec{E}$ como uma força por unidade de carga. Por sua vez, o potencial elétrico, que chamaremos de V, será definido como a energia potencial por unidade de carga. Sendo a energia uma grandeza escalar, o potencial também é uma grandeza escalar, ou melhor, um campo escalar. O fato de o potencial ser uma grandeza escalar será de grande utilidade, visto que é mais fácil lidar com grandezas escalares do que com vetores. Esse é o caso do campo elétrico $\vec{E}$, já que há uma relação direta entre ele e o potencial, de maneira que um pode ser obtido em função do outro.

A possibilidade de estabelecer uma conexão direta entre uma grandeza escalar e outra vetorial vem de uma importante propriedade dos campos eletrostáticos – eles são conservativos. Essa propriedade é completamente análoga àquela das forças conservativas na mecânica newtoniana. Assim, da mesma forma que o campo gravitacional é conservativo, o campo eletrostático também o é. Já o campo magnético, que será estudado no Capítulo 7, é um campo não conservativo.

Uma força é conservativa caso o trabalho realizado por ela não dependa da trajetória que une os pontos, isto é, se depender somente dos pontos inicial e final. Nos casos em que o trabalho independe da trajetória, ou seja, depende apenas dos valores nos pontos inicial e final, a força que realiza esse trabalho é conservativa.

Nesse caso, o fato de uma força $\vec{F}$ ser conservativa, pode ser expresso matematicamente da seguinte forma:[1]

$$\int_A^B \vec{F}.d\vec{r} = V_{\text{mec}}(B) - V_{\text{mec}}(A); \quad \nabla \times \vec{F} = 0. \tag{4.1}$$

---

[1] Se o rotacional do campo vetorial $\vec{F}$ é zero, $\nabla \times \vec{F} = 0$, o campo é chamado irrotacional, e a integral de linha sobre esse campo não depende do caminho, mas apenas dos pontos inicial e final. Trata-se de um campo conservativo.

A integral não depende do caminho, mas apenas do valor da função V_{mec}, calculado nos pontos final e inicial. V_{mec} é uma quantidade escalar, o potencial mecânico, função apenas dos pontos A e B.

Assim, sempre que a força for conservativa, podemos definir uma grandeza escalar, o potencial, tal que essa força possa ser definida em termos dele. De fato, se $\nabla \times \vec{F} = 0$, $\vec{F} = -\nabla V_{mec}$, pois $\nabla \times \nabla V = 0$. Logo, nessa situação, a força pode ser escrita como o negativo do gradiente de um potencial. Esse resultado é geral para uma força conservativa, independentemente de ela ser mecânica ou elétrica. O mesmo ocorre com relação ao potencial elétrico (V) e o vetor campo elétrico $\vec{E}$, em que $\vec{E} = -\nabla V$. Iniciaremos nosso estudo sobre potencial elétrico com a definição de energia potencial.

4.1 Energia potencial elétrica

Consideremos uma configuração estacionária de cargas que são fonte de um campo eletrostático. Para simplificar, levaremos em conta que essa configuração é formada a partir de uma única carga q, como mostra a Figura 4.1. Vamos supor, também, que desejamos mover uma carga de prova q_0 do ponto A ao ponto B. Ambas as cargas são consideradas positivas.

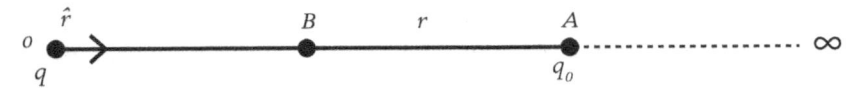

Figura 4.1 – Carga de prova q_0 deslocada de A até B.

Para deslocarmos a carga q_0 do ponto A até o ponto B, será necessário realizar trabalho. De fato, em qualquer ponto da trajetória da carga de prova, a força que age sobre ela é dada por $\vec{F} = q_0 \vec{E}$, e, então, a força mínima (o agente externo) que devemos exercer para mantê-la sobre o caminho e com velocidade constante será $\vec{F}' = -q_0 \vec{E}$, e $\vec{E}$ tem a direção e o sentido do unitário $\hat{r}$. Assim, como a definição de trabalho é

$$W_{AB} = \int_A^B \vec{F}.d\vec{r}, \qquad (4.2)$$

no caso em que o agente externo realiza trabalho, tem-se

$$W_{AB} = \int_A^B \vec{F}'.d\vec{r} = \int_A^B (-\hat{r})dr . (-\hat{r})q_0\vec{E}, \qquad (4.3)$$

sendo que $\vec{E}$ denota o campo elétrico produzido pela distribuição de carga, aqui representada pela carga q, tendo como intensidade $E = \dfrac{q}{4\pi\varepsilon_0 r^2}$. Note que o deslocamento e a força têm sentido contrário ao campo e, portanto, têm $-\hat{r}$ como seus unitários. Assim,

$$W_{AB} = \frac{qq_0}{4\pi\varepsilon_0} \int_A^B dr \, \frac{1}{r^2} = \frac{qq_0}{4\pi\varepsilon_0} \left[-\frac{1}{r} \right]_A^B, \qquad (4.4)$$

Logo, sendo $r_B(r_A)$ a distância do ponto B (A) até a origem,

$$W_{AB} = -\frac{qq_0}{4\pi\varepsilon_0} \left[\frac{1}{r_B} - \frac{1}{r_A} \right].$$

Como $r_B < r_A$, W_{AB} será negativo. Esse resultado mostra que, se tentarmos movimentar a carga de prova contra o campo elétrico, devemos exercer uma força igual e contrária àquela exercida pelo campo, e isso requer dispêndio de energia, ou seja, requer trabalho.

No entanto, se tentarmos movimentar a carga na direção do campo, o dispêndio de energia torna-se negativo, e, assim, não precisaremos realizar trabalho, pois o campo irá realizá-lo. Consideremos, como exemplo, que o deslocamento parte de A para B ao longo da linha que une as duas cargas, como ilustra a Figura 4.2.

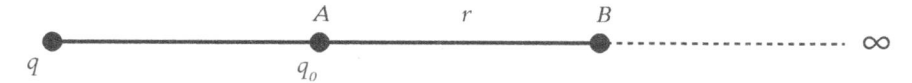

Figura 4.2 – Carga de prova q_0 deslocada de A até B.

Como as cargas são positivas, para deslocar a carga de prova do ponto A até o ponto B, separados por uma distância $r_B - r_A$, não é preciso despender energia, porque é a força exercida pelo campo $\vec{F} = q_0 \vec{E}$ que irá realizar o trabalho. Nesse caso, podemos escrever $d\vec{r}$ como $dr\hat{r}$ e, uma vez que o campo produzido por q é igual a $\vec{E} = (q/4\pi\varepsilon_0 r^2)\hat{r}$, temos:

$$W_{AB} = q_0 \int_{r_A}^{r_B} (dr\hat{r}) \left(\frac{q}{4\pi\varepsilon_0 r^2} \hat{r} \right)$$

ou

$$W_{AB} = \frac{q_0 q}{4\pi\varepsilon_0} \int_{r_A}^{r_B} \frac{dr}{r^2} = \frac{q_0 q}{4\pi\varepsilon_0} \left[-\frac{1}{r} \right]_{r_A}^{r_B}.$$

Finalmente, o trabalho pode ser escrito como

$$W_{AB} = \frac{q_0 q}{4\pi\varepsilon_0} \left(\frac{1}{r_A} - \frac{1}{r_B} \right). \qquad (4.5)$$

Essa expressão representa o trabalho realizado pela força elétrica para deslocar a carga de A até B. Note que $r_A < r_B$ e, então, W_{AB} será positivo, indicando que o movimento se realiza à custa da energia do campo (não será necessário fornecer energia ao sistema). Em outras palavras, a força atua no sentido do deslocamento, e o produto interno (escalar) $\vec{F}.d\vec{r}$ é positivo. Observe, ainda, que o trabalho só depende dos pontos inicial e final (A e B, respectivamente), ou seja, independe da trajetória. A explicação para isso, como já vimos, decorre do fato de a força eletrostática ser conservativa.

Suponha agora que o ponto A, onde está localizada inicialmente a carga de prova, esteja a uma distância muito grande de B, como no infinito, por exemplo, e que desejamos trazer essa carga ao ponto $r = r_B$, onde o ponto B está localizado (como mostra a Figura 4.3). Nesse caso, é preciso que o trabalho seja realizado contra o campo para que a carga de prova seja deslocada.

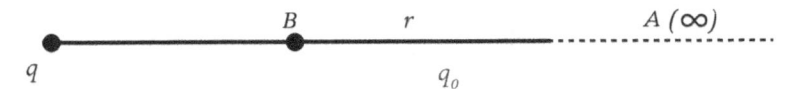

Figura 4.3 – Carga de prova deslocada de A (localizado no infinito) até B.

Com efeito, o trabalho realizado para deslocar a carga de prova do infinito a um ponto próximo de B agora exige um deslocamento contrário ao sentido da força exercida pelo campo, visto que são cargas de mesmo sinal (neste caso, positivas). Assim, para deslocar o corpo, teríamos de aplicar uma força de sentido contrário à do campo. Desse modo, o produto escalar $\vec{F}'.d\vec{r} = (-\hat{r})dr \cdot (-\hat{r})q_0\vec{E}$ leva a

$$W = \int_{\infty}^{r} \vec{F}'.d\vec{r} = \frac{qq_0}{4\pi\varepsilon_0}\int_{\infty}^{r} dr \frac{1}{r^2} = \frac{qq_0}{4\pi\varepsilon_0}\left[-\frac{1}{r}\right]_{\infty}^{r}, \quad (4.6)$$

e, por fim, o trabalho fica

$$W = -\frac{qq_0}{4\pi\varepsilon_0 r}. \quad (4.7)$$

Essa expressão representa o trabalho necessário para mover uma partícula carregada (de carga q_0) contra a força elétrica, vinda do infinito até uma posição arbitrária r próxima da carga q. Em outras palavras, trata-se da quantidade de energia que é preciso dispender para aproximar as partículas. Nesse momento, podemos nos questionar: para onde vai essa energia se, ao final do deslocamento, a partícula ficará retida em r? Ela fica armazenada no sistema formado pelas duas partículas em forma de energia potencial elétrica, que chamaremos de U. De fato, se admitirmos que a energia potencial do sistema[2] formado pelas duas partículas é zero no infinito, o trabalho fornecido pela Equação 4.7 é equivalente à energia potencial elétrica (U) armazenada no sistema formado pela carga q (campo) e pela carga de prova q_0, separadas pela distância r.

---

[2] Convém notar que não há sentido em se falar de energia potencial elétrica de uma carga isolada, do mesmo modo que não se pode falar de energia potencial gravitacional de uma única massa.

Logo, a expressão para U, no caso considerado, é:

$$U = \frac{qq_0}{4\pi\varepsilon_0 r}. \tag{4.8}$$

Essa equação expressa o fato de a energia potencial elétrica contida na configuração formada pelas duas cargas ser igual ao trabalho necessário para juntar as duas cargas, uma das quais vinda do infinito. Quando da sua obtenção, usamos a relação trabalho-energia:

$$\Delta U = U(r) - U(r = \infty) = -W,$$

e o fato de, quando a carga q_0 encontrava-se no infinito, a energia potencial do sistema (formado pelas cargas q e q_0) ser igual a zero.

Neste momento, vamos apresentar uma terceira carga, por hipótese também positiva, para se juntar ao sistema. Nesse caso, será necessário deslocar essa partícula, que se encontra no infinito, contra o campo gerado pelas duas primeiras cargas. Uma quarta carga exigiria um trabalho realizado contra o campo das três primeiras, e assim por diante. De modo geral, o trabalho necessário para juntar n cargas, ou a energia potencial elétrica contida em um sistema de n cargas, segundo determinada configuração, é dado por:

$$U = \frac{1}{4\pi\varepsilon_0} \sum_{i=1}^{n} \sum_{j=1, j>i}^{n} \frac{q_i q_j}{r_{ij}}. \tag{4.9}$$

A restrição $j > i$, no somatório, evita a dupla contagem, isto é, a interação entre a carga 1 e a 2, interação que é igual à 2 e 1, por exemplo. Além disso, não há autointeração, isto é, 1 com 1 etc.

A unidade de W ou U no SI é o joule (J).

4.2 Cálculo do potencial elétrico

Assim como temos o potencial gravitacional na mecânica, na eletrostática, analogamente, temos o potencial elétrico, que representa o trabalho ou a energia potencial por unidade de carga. Note, contudo, que o potencial mecânico, no caso gravitacional, equivale à energia potencial do sistema, ao passo que o potencial elétrico é definido como a energia por unidade de carga. Ele é assim definido porque, em muitas situações, é a capacidade de o campo elétrico realizar trabalho, independentemente do valor da carga colocada em um ponto desse campo, o fator de nosso interesse. Assim, para medir essa capacidade, colocamos no campo uma carga de prova q e medimos a energia potencial adquirida por ela. Essa energia potencial é proporcional ao valor de q. O quociente entre a energia potencial e a carga é constante, representando o que denominamos potencial elétrico do campo naquele ponto. Dessa maneira, a energia potencial por unidade de carga tem um único valor em dado ponto de uma região onde existe campo elétrico. Se colocarmos, por exemplo, uma carga de prova de $1,6 \times 10^{-19}$ C em um ponto onde a energia potencial da carga seja de $2,4 \times 10^{-17}$ J, a energia potencial por unidade de carga será dada por

$$\frac{2,40 \times 10^{-17} \text{ J}}{1,6 \times 10^{-19} \text{ C}} = 150 \text{ J/C}.$$

Ao supor que essa carga de prova seja substituída por outra três vezes maior, ou seja, de $4,80 \times 10^{-19}$ C, teríamos uma energia potencial para ela três vezes maior do que a da primeira, ou seja, de $7,2 \times 10^{-17}$ J. Entretanto, a energia potencial por unidade de carga seria a mesma, isto é,

$$\frac{7,20 \times 10^{-17} \text{ J}}{4,8 \times 10^{-19} \text{ C}} = 150 \text{ J/C}.$$

Portanto, quando dizemos que o potencial elétrico de um ponto é de 150 J/C, isso significa que o campo naquele ponto consegue dotar de 150 J de energia cada unidade de carga de 1C que nele for colocada.

Temos, pois, que o potencial em um ponto qualquer é dado por

$$V = \frac{U}{q_0}. \tag{4.10}$$

Logo, podemos dizer que o potencial em um ponto qualquer se dá pela razão entre a energia potencial elétrica da carga de prova e essa mesma carga de prova. Assim, para uma carga pontual q, dividimos a Equação 4.8 por q_0, de modo que obtemos, para um ponto P localizado a uma distância r da carga, o valor do potencial, que é, portanto,

$$V = \frac{q}{4\pi\varepsilon_0 r}, \tag{4.11}$$

que representa o potencial de uma carga puntiforme.

A Figura 4.4 mostra o potencial elétrico $V(r)$ decorrente de uma carga pontual localizada na origem de um plano xy. $V(r)$ é calculado para pontos sobre esse plano e plotado na vertical.

Se considerarmos a presença de várias cargas puntiformes, podemos estender o conceito de potencial para o mesmo ponto P, que dista $r_1, r_2, \ldots r_n$, respectivamente, das cargas $q_1, q_2, \ldots q_n$, como:

$$V = V_1 + V_2 + \ldots + V_n.$$

Logo, ao substituir os respectivos valores dos potenciais, temos

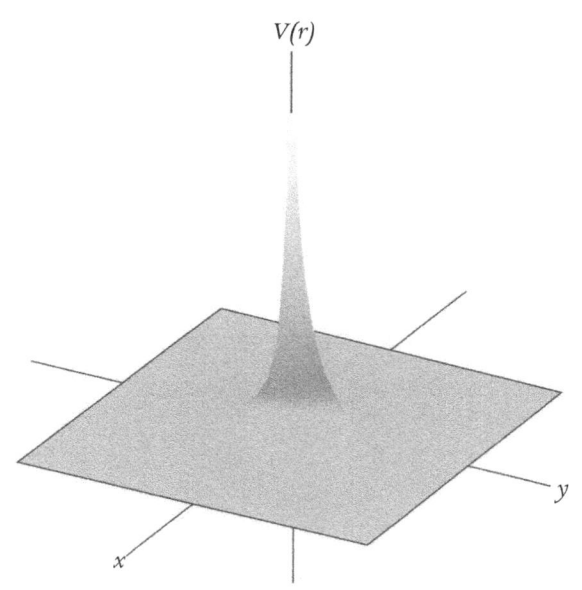

Figura 4.4 – Potencial de uma carga puntiforme.

$$V = \frac{q_1}{4\pi\varepsilon_0 r_1} + \frac{q_2}{4\pi\varepsilon_0 r_2} + \ldots + \frac{q_n}{4\pi\varepsilon_0 r_n}, \tag{4.12}$$

ou, resumidamente,

$$V = \frac{1}{4\pi\varepsilon_0} \sum_{i=1}^{n} \frac{q_i}{r_i}, \tag{4.13}$$

o que representa o potencial no ponto P, decorrente de uma distribuição discreta de cargas.

A unidade de V no SI é dada por:

$$[V] = \frac{[W]}{[q_0]} = \frac{joule}{coulomb} = volt\ (V)$$

Exemplo 15

Dadas duas cargas de sinais opostos separadas por uma distância d, localize os pontos, se houver, onde $V = 0$. Considere apenas os pontos que estejam sobre o eixo que passa pelas cargas e adote $d = 1,0\ m$.

Solução

A Figura 4.5 ilustra uma possível disposição do sistema de cargas.

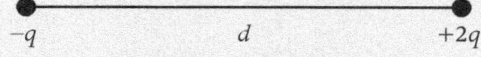

Figura 4.5 – Duas cargas, $-q$ e $+2q$, separadas por uma distância d.

Considerando que o potencial é uma grandeza escalar, desejamos encontrar um ou mais pontos, tais que $V_1 + V_2 = 0$.

Uma vez que as cargas são $-q$ e $+2q$, podemos pensar que um desses pontos estará localizado entre as cargas, em uma posição tal que a razão carga/distância tenha o mesmo valor, já que são cargas de sinais opostos. Como a carga positiva tem maior módulo, esse ponto estará mais próximo da carga negativa. Do mesmo modo, existirá um segundo ponto ao longo do eixo das cargas, porém de fora e mais próximo da carga negativa, o qual, pela mesma razão descrita no caso anterior, satisfará à condição desejada.

1º caso: ponto entre as cargas

A equação a seguir mostra que o ponto procurado está a (1/3) m da carga negativa ou a (2/3) m da carga positiva:

$$V_1 + V_2 = 0$$
$$\frac{k(-q)}{x} + \frac{k(2q)}{d-x} = 0$$
$$\frac{1}{x} = \frac{2}{d-x} \Rightarrow 2x = d - x$$
$$3x = d \Rightarrow x = \frac{1}{3} \text{ m.}$$

2º caso: ponto fora do eixo que une as cargas

$$V_1 + V_2 = 0.$$

Tomando o ponto P à esquerda da carga negativa como origem, podemos escrever

$$\frac{k(-q)}{x} + \frac{k(2q)}{x+d} = 0$$
$$\frac{1}{x} = \frac{2}{x+d} \Rightarrow 2x = x + d$$
$$x = d \quad \text{ou} \quad x = 1{,}0 \text{ m.}$$

Esse resultado mostra que o ponto está localizado 1,0 m à esquerda da carga negativa.

APLIQUE SEUS CONHECIMENTOS

No módulo *potx*, você pode verificar esse resultado, além de estudar outras situações variando *d* e os valores das cargas.

Exemplo 16

Determine o potencial no ponto que dista 1,0 mm de uma carga pontual positiva de 10^{-9} C.

Solução

$$V = \frac{1}{4\pi\varepsilon_0}\frac{q}{r} = 9\times 10^9 \frac{Nm^2}{C^2}\frac{10^{-9}\text{ C}}{10^{-3}\text{ m}} = 9.000 \text{ volts.}$$

Exemplo 17

Duas cargas pontuais, de $+12\times 10^{-9}$ C e -12×10^{-9} C, encontram-se a 10 cm uma da outra, como mostra a Figura 4.6. Determine o potencial nos pontos a, b e c.

Solução

É necessário efetuar, para cada ponto, a soma algébrica

$$V = \frac{1}{4\pi\varepsilon_0}\sum_n \frac{q_n}{r_n}.$$

No ponto *a*, o potencial devido à carga positiva é:

$$V = 9\times 10^9 \frac{Nm^2}{C^2}\frac{12\times 10^{-9}\text{ C}}{6\times 10^{-2}\text{ m}} = +1.800 \text{ volts.}$$

Já o potencial devido à carga negativa é:

$$V = 9\times 10^9 \frac{Nm^2}{C^2}\frac{(-12\times 10^{-9}\text{ C})}{4\times 10^{-2}\text{ m}} = -2.700 \text{ volts.}$$

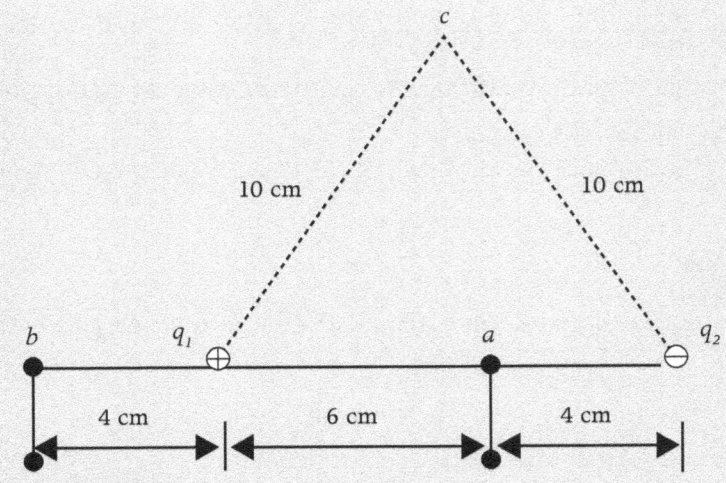

Figura 4.6 – Distribuição de cargas.

Portanto,

$$V_a = 1.800 - 2.700 = -900 \text{ volts.}$$

No ponto b, o potencial devido à carga positiva é de $+2.700$ volts, e o potencial devido à carga negativa é de -770 volts. Portanto,

$$V_b = +2.700 - 770 = +1.930 \text{ volts.}$$

Finalmente, no ponto c, o potencial será de:

$$V_c = +1.080 - 1.080 = 0.$$

Exemplo 18

Determine a energia potencial de uma carga pontual de $+4 \times 10^{-9}$ C quando colocada sucessivamente nos pontos a, b e c da Figura 4.6 do exemplo anterior.

Solução

A energia potencial é dada por $U_p = qV$.

Assim, no ponto a, teríamos uma energia potencial igual a

$$U_p = 4 \times 10^{-9} \times (-900) = -36 \times 10^{-7} \text{ joules.}$$

No ponto b,

$$U_p = 4 \times 10^{-9} \times 1.930 = 77 \times 10^{-7} \text{ joules.}$$

Finalmente, no ponto c,

$$U_p = qV_c = 0.$$

APLIQUE SEUS CONHECIMENTOS

Vá ao módulo *epote* e simule esses dois últimos exemplos. Varie os valores das cargas e das distâncias, observando as alterações nos valores do potencial e da energia potencial.

Se, no lugar de cargas discretas, houver uma distribuição contínua de cargas, o cálculo do potencial, em vez de ser realizado por um somatório, é dado por uma integração que abrange toda a extensão da distribuição de carga. Assim:

$$V(r) = \frac{1}{4\pi\varepsilon_0} \int \frac{dq}{r}, \quad (4.14)$$

onde dq representa o elemento de carga e r, a distância de dq ao ponto P no qual se deseja calcular o potencial.

Exemplo 19

Determine o potencial no eixo de um anel de raio R uniformemente carregado (ver Figura 2.25).

Solução

Nesse caso, o potencial se deve a uma distribuição contínua de cargas e será dado por

$$V = \frac{1}{4\pi\varepsilon_0} \int \frac{dq}{r}.$$

Vamos tomar um ponto P sobre o eixo e a uma distância z do centro do anel. O elemento de carga dq está a uma distância $r = \sqrt{R^2 + z^2}$ do ponto P. O elemento de carga dq pode ser escrito como $dq = \lambda R d\theta$.

Então,

$$V = \frac{1}{4\pi\varepsilon_0} \int_\theta \frac{\lambda R d\theta}{(R^2 + z^2)^{1/2}}.$$

Como a integral é em θ, obtemos

$$V = \frac{\lambda R}{4\pi\varepsilon_0 (R^2 + z^2)^{1/2}} \int_0^{2\pi} d\theta$$

e, finalmente,

$$V = \frac{\lambda R}{2\varepsilon_0 (R^2 + z^2)^{1/2}}.$$

Como $\lambda = q/2\pi R$, podemos escrever, também:

$$V = \frac{q}{4\pi\varepsilon_0(R^2+z^2)^{1/2}}.$$

O gráfico do potencial *versus* distância $(V \times r)$ é representado pelo ramo positivo de uma hipérbole equilátera, conforme pode ser visto na Figura 4.7.

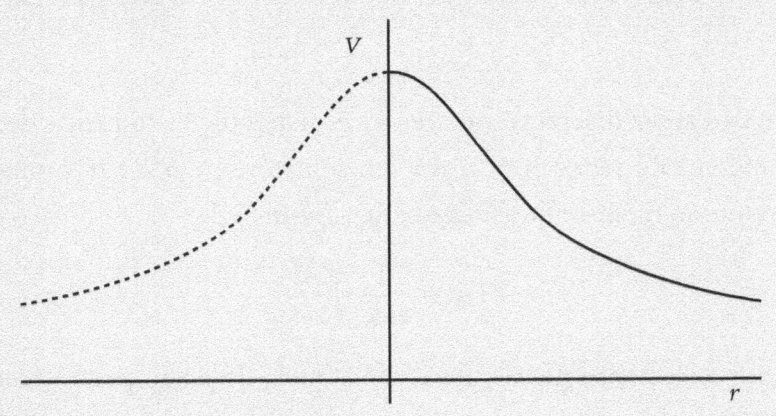

Figura 4.7 – Potencial no eixo de um anel eletrizado.

4.3 Relação entre o campo $\vec{E}$ e o potencial V

A vantagem de descrevermos um sistema físico carregado através do potencial eletrostático é que, uma vez conhecido $V(\vec{r})$, é muito simples obter $\vec{E}(\vec{r})$ por uma operação de derivação ($\vec{E}= -\nabla V$). É importante relembrar que o potencial é uma quantidade escalar, ao passo que o campo elétrico é um vetor. Então, de que maneira é possível, a partir de uma única função, obter informações sobre as três componentes do campo?

A resposta a essa questão reside do fato de que as três componentes do campo não são realmente independentes, uma vez que $\nabla \times \vec{E} = 0$. Com efeito, se o rotacional é nulo, temos que $\partial E_x/\partial y = \partial E_y/\partial x, \partial E_x/\partial z = \partial E_z/\partial x$ etc. Vemos, com base nisso, que o campo eletrostático não é um campo qualquer, mas um campo com uma propriedade importante, que permite reduzir um problema vetorial a um problema escalar.

No entanto, como visto inicialmente, podemos escrever a expressão para o potencial de uma carga puntiforme como

$$V = \frac{U}{q_0} \Rightarrow V = -\int_{\text{referência}}^{r} \frac{\vec{F}.d\vec{r}}{q_0} = -\int_{\text{referência}}^{r} dr \frac{qq_0}{4\pi\varepsilon_0 q_0 r^2}.$$

Ao cancelar os termos comuns, temos

$$V = -\int_{\text{referência}}^{r} dr \frac{q}{4\pi\varepsilon_0 r^2}. \tag{4.15}$$

Esse resultado mostra que, enquanto o conceito de energia potencial depende da presença de duas cargas ou mais, o conceito de potencial depende apenas da carga geradora do campo. No caso anterior, não é difícil notar que o integrando equivale ao campo elétrico da carga q, de modo que a expressão pode ser reescrita como

$$V = -\int_{\text{referência}}^{r} \vec{E}.d\vec{r}, \tag{4.16}$$

onde $\vec{E}$ representa o campo da carga q e V, o potencial elétrico em um ponto qualquer r. Vemos assim que o potencial pode, também, ser obtido em termos do campo elétrico.

O ponto de referência é, em geral, escolhido de acordo com a conveniência, de modo que V depende apenas de r, e a referência é arbitrária. Note que a alteração desse ponto equivale à alteração do potencial por uma constante, o que não modifica o valor do campo elétrico, uma vez que a derivada de uma constante é zero $(-\nabla[V + \text{constante}] = -\nabla V = \vec{E})$. Além disso, a modificação do potencial por uma constante em nada muda a diferença de potencial $(V'(b) + V'(a) = V(b) + V(a))$. É evidente, então, que o potencial em si não apresenta significado físico, pois o valor do potencial em qualquer ponto pode sempre ser ajustado por meio de uma nova escolha conveniente de referência. A quantidade com interesse intrínseco é a diferença de potencial, que será a mesma independentemente do ponto escolhido como *referência*. A referência natural é um ponto infinitamente afastado da carga que gera o potencial. Geralmente, o que se faz é escolher o zero no infinito; contudo, no caso de distribuições infinitas de cargas, toma-se a origem do sistema de referência como *referência*.

4.3.1 Gradiente do potencial

Vimos que é possível obter o potencial da integral do campo ao longo de uma trajetória (Equação 4.16). Então podemos escrever, inversamente,

$$dV = -\vec{E}.d\vec{r} \tag{4.17}$$

ou, em coordenadas cartesianas,

$$dV = -(E_x\hat{i} + E_y\hat{j} + E_z\hat{k}).\left(dx\hat{i} + dy\hat{j} + dz\hat{k}\right). \tag{4.18}$$

Entretanto, sendo V uma função escalar de ponto (cada ponto do espaço corresponde a um valor de V), a derivada de V é dada por:

$$dV = \frac{\partial V}{\partial x}dx + \frac{\partial V}{\partial y}dy + \frac{\partial V}{\partial z}dz. \tag{4.19}$$

As equações 4.18 e 4.19 devem ser verdadeiras para qualquer dx, dy e dz. Então,

$$E_x = -\frac{\partial V}{\partial x} \quad E_y = -\frac{\partial V}{\partial y} \quad E_z - \frac{\partial V}{\partial z}.$$

Logo,

$$\vec{E} = -\left[\frac{\partial V}{\partial x}\hat{i} + \frac{\partial V}{\partial y}\hat{j} + \frac{\partial V}{\partial z}\hat{k}\right].$$

Porém,

$$\frac{dV}{d\vec{r}} = \frac{\partial V}{\partial x}\hat{i} + \frac{\partial V}{\partial y}\hat{j} + \frac{\partial V}{\partial z}\hat{k} = \text{grad } V = \nabla V,$$

isto é, o operador apresentado anteriormente corresponde ao gradiente do potencial. O gradiente de uma escalar é um vetor. Em última análise, ele mostra a taxa máxima de variação espacial de uma grandeza escalar e a direção na qual esse valor máximo ocorre.

Assim,

$$E = -\nabla V \quad \text{ou} \quad \vec{E} = -\text{grad} V. \tag{4.20}$$

A Equação 4.20 descreve o campo como o gradiente do potencial. O sinal negativo (–) surge em razão de o campo elétrico apontar de uma região de potencial maior para outra de potencial menor, ao passo que o vetor ∇V é definido de tal forma que aponta na direção em que V tem o máximo crescimento, isto é, cresce o mais rapidamente possível. O processo analítico apresentado anteriormente pode ser representado em um gráfico, como poderemos ver a seguir. A Figura 4.8 ilustra a correlação entre V e $|\vec{E}|$ e apresenta duas curvas: a primeira refere-se ao potencial V de uma carga pontual q em função de r; e a segunda, ao campo elétrico E em função de r ou à inclinação em um ponto qualquer, representando o gradiente do potencial segundo uma direção radial, dV/dr.

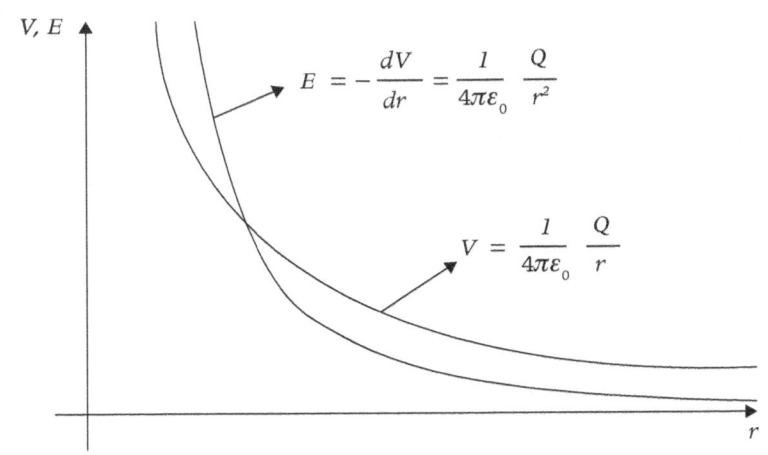

Figura 4.8 – V ou E como função de r. Note que, embora representados no mesmo eixo, V e $|\vec{E}|$ têm unidades diferentes.

Exemplo 20

Calcule o campo elétrico no eixo de um anel de raio R uniformemente carregado com densidade linear de cargas constante e igual a λ (ver Figura 2.25).

Solução

Vimos que, no caso do anel, $V(z) = \dfrac{Q}{4\pi\varepsilon_0 \sqrt{R^2 + z^2}}$.

Como

$$\vec{E} = -\nabla V, \qquad \vec{E} = -\hat{z}\dfrac{\partial}{\partial z}\left[\dfrac{Q}{4\pi\varepsilon_0 \sqrt{R^2 + z^2}}\right],$$

Assim,

$$\vec{E} = \dfrac{Q}{4\pi\varepsilon_0} \dfrac{z}{[R^2 + z^2]^{3/2}} \hat{z}.$$

Observe que a dependência de $\vec{E}$ em z mostra que o campo muda de sentido ao passar pela origem do eixo do anel, conforme ilustra a Figura 4.9.

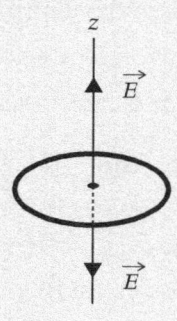

Figura 4.9 – Campo $\vec{E}$ no eixo do anel.

Exemplo 21

Determine o potencial de um condutor esférico uniformemente carregado de raio R:
(a) Na parte externa da esfera;
(b) Na parte interna da esfera.

Solução

(a) Cálculo do potencial elétrico na parte externa da esfera

Calcularemos, inicialmente, o campo elétrico. Pela lei de Gauss, sabemos que, para pontos fora da esfera,

$$\vec{E} = \dfrac{Q}{4\pi\varepsilon_0 r^2}\hat{r},$$

onde $\hat{r}$ é o unitário na direção radial apontando para fora da superfície da esfera. Como em $V = -\int_{\text{referência}}^{r} \vec{E}.d\vec{r}$, a integral independe do caminho, esse caminho pode ser tomado como a linha reta entre o infinito e r, ponto em que calculamos o campo e cujo potencial desejamos determinar. O elemento de linha nesse caminho será dado por

$$d\vec{r} = dr(\hat{r}).$$

Assim,

$$V(r) = -\int_{\infty}^{r} \frac{Q}{4\pi\varepsilon_0} \frac{dr}{r^2} = \frac{Q}{4\pi\varepsilon_0}\left[\frac{1}{r} - \frac{1}{\infty}\right],$$

e, então,

$$V = \frac{1}{4\pi\varepsilon_0} \frac{Q}{r}.$$

Note que o potencial para pontos externos à esfera equivale ao de uma carga puntiforme, e o resultado vale para r igual ou maior do que o raio da esfera.

(b) Cálculo do potencial elétrico na parte interior da esfera

Para pontos dentro da esfera, também devemos tomar a integral nas duas regiões espaciais em que $\vec{E}$ está definido, isto é, no interior $(r < R)$ e no exterior da superfície da esfera. Se $\vec{E}_{int}$ e $\vec{E}_{ext}$ representam o campo nessas regiões:

$$V = -\int_{referência}^{R} \vec{E}_{ext}.d\vec{r} - \int_{R}^{r} \vec{E}_{int}.d\vec{r}.$$

Como, pela lei de Gauss, sabemos que $\vec{E}_{int} = 0$ (não há carga no interior de um condutor), a única contribuição será em razão de $\vec{E}_{ext}$:

$$V(r) = -\int_{\infty}^{R} \frac{Q}{4\pi\varepsilon_0} \frac{dr}{r^2} = \frac{1}{4\pi\varepsilon_0} \frac{Q}{R}.$$

É fácil perceber que esse resultado vale para todos os pontos $r \leq R$. De fato, sendo $\vec{E}_{int}(\vec{r}) = 0$, e como

$$\vec{E} = -\nabla V = -\frac{dV}{d\vec{r}} = 0 \quad \rightarrow \quad V = V_{int} = \text{constante},$$

isto é, o potencial é constante dentro da esfera condutora. Mas, sobre a superfície da esfera $(r = R)$, V_{int} coincide com V_{ext}, o que permite determinar o valor da constante.

$$V_{int}\big|_{r=R} = V_{ext}\big|r = R,$$

portanto,

$$V_{int} = \frac{1}{4\pi\varepsilon_0} \frac{Q}{R} \qquad (r \leq R).$$

Vemos então que, apesar de o campo elétrico ser nulo dentro da esfera, o potencial não o é, pois é igual a uma constante. A Figura 4.10 mostra o comportamento do potencial dentro e fora da esfera.

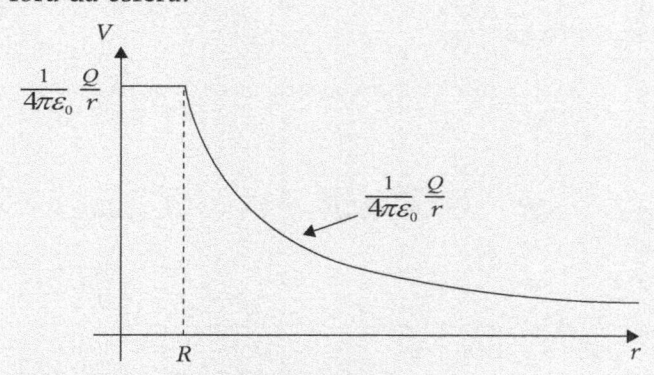

Figura 4.10 – Potencial de um condutor esférico carregado.

Exemplo 22

Calcule o campo de um dipolo em um ponto P qualquer (ver Figura 4.11), via potencial elétrico.

Solução

Um ponto P qualquer, como o da Figura 4.11, pode ser determinado pelas coordenadas polares r e β. Se o ponto P sofrer uma rotação em torno de x, conservando r e β fixos, o potencial não mudará. Logo, para qualquer plano que contenha o eixo x, teremos

$$V = V_1 + V_2 = \frac{1}{4\pi\varepsilon_0}\frac{q}{r'} - \frac{1}{4\pi\varepsilon_0}\frac{q}{r''},$$

ou seja,

$$V = \frac{q}{4\pi\varepsilon_0}\left[\frac{1}{r'} - \frac{1}{r''}\right] = \frac{q}{4\pi\varepsilon_0}\left[\frac{|r''-r'|}{r'\,r''}\right]. \qquad (4.21)$$

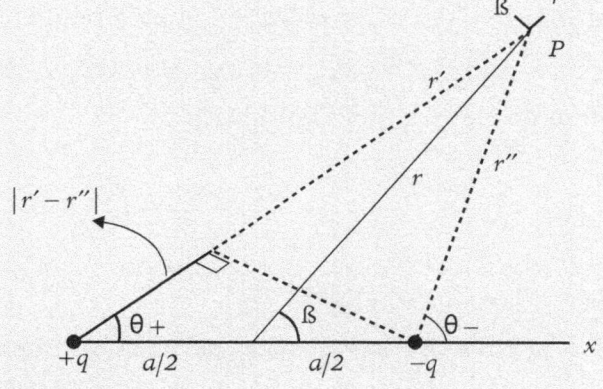

Figura 4.11 – Campo de um dipolo.

Na condição $r \gg a$, as linhas r', r'' e r são praticamente paralelas, de modo que os ângulos θ_+, θ_- e β são aproximadamente iguais. Além disso, as diferenças entre os comprimentos das linhas são pequenas quando comparadas a seus tamanhos, assim, valem as seguintes aproximações

$$\begin{cases} |r''-r'| = a\cos\theta_+ \approx a\cos\theta_- \approx a\cos\beta \\ r'r'' \approx r^2 \end{cases} \quad (4.22)$$

Com efeito, $r'' \approx r - \dfrac{a}{2}\cos\beta$, $r' \approx r'' + a\cos\beta \approx r + \dfrac{a}{2}\cos\beta$, então, $r'r'' \approx r^2 - \dfrac{a^2}{4}\cos^2\beta \approx r^2$.

Consequentemente,

$$V = \frac{q}{4\pi\varepsilon_0}\left[\frac{|r''-r'|}{r'\ r''}\right] = \frac{q}{4\pi\varepsilon_0}\left[\frac{a\cos\beta}{r^2}\right],$$

onde, como vimos no Capítulo 3, o produto $qa = p$ representa o momento de dipolo. Desse modo, o potencial é dado por

$$V = \frac{qa}{4\pi\varepsilon_0}\frac{\cos\beta}{r^2}. \quad (4.23)$$

Podemos, agora, calcular o campo no ponto P via potencial. Em coordenadas polares (r, β), esse campo será dado por

$$\vec{E} = E_r \hat{r} + E_\beta \hat{\beta},$$

onde $\hat{r}$ e $\hat{\beta}$ são os unitários na direção de r e β. Como o campo é o gradiente do potencial, $\vec{E} = -\text{grad} V$, que em coordenadas polares fica $-\nabla V = \dfrac{\partial V}{\partial r}\hat{r} - \dfrac{1}{r}\dfrac{\partial V}{\partial \beta}\hat{\beta}$, temos

$$\begin{cases} E_r = -\dfrac{\partial V}{\partial r} = \dfrac{2p\cos\beta}{4\pi\varepsilon_0 r^3} \\ E_\beta = -\dfrac{1}{r}\dfrac{\partial V}{\partial \beta} = \left[\dfrac{p\,\text{sen}\,\beta}{4\pi\varepsilon_0 r^3}\right]. \end{cases}$$

Pode-se notar que, para pontos localizados na mediatriz do segmento que une as duas cargas, $\beta = \pi/2$, e $E_r = 0$, e $E_\beta = p/4\pi\varepsilon_0 r^3$; já para pontos localizados ao longo da reta que une as duas cargas $\beta = 0$, $E_\beta = 0$, e $E_r = p/2\pi\varepsilon_0 r^3$, como havíamos calculado no estudo do campo elétrico (ver Capítulo 2).

APLIQUE SEUS CONHECIMENTOS

No módulo *potdip*, é possível traçar as curvas de potencial, bem como as linhas de campo elétrico de um dipolo. Observe atentamente as curvas.

4.4 A diferença de potencial elétrico

Vimos que o trabalho realizado para mover uma carga de um ponto r até um ponto de *referência*, dividido por q_0, é a diferença de potencial (ddp) entre esses pontos:

$$\Delta V = V(r) - V(\text{referência}) = -\int_{\text{referência}}^{r} \vec{E}.d\vec{r} = \frac{W_{r \to \text{referência}}}{q_0}. \qquad (4.24)$$

Especificamente, se quisermos levar a carga ao infinito, teremos

$$W = q_0[V(r) - V(\infty)],$$

com $V(\infty) = 0$ como usual. Desse modo,

$$V(r) = \frac{W}{q_0},$$

e podemos dizer que $V_{(r)}$ é o potencial (também chamado, algumas vezes, de potencial absoluto) do ponto r. Uma questão natural nesse ponto seria: como falar em potencial absoluto se o que possui significado físico é a diferença de potencial, e não o potencial no ponto? É possível tratar de potencial absoluto porque convencionamos medir a diferença de potencial em relação a um ponto de referência específico, o infinito, onde consideramos o potencial igual a zero. Na verdade, é preciso adotar uma convenção sobre o zero de referência antes de se fazer qualquer afirmativa sobre o potencial.

Além de infinito, outro ponto de referência bastante comum para medidas experimentais de potenciais é a "terra", ou o potencial da região da superfície da Terra, onde a medida é realizada. Em um cabo coaxial, contudo, o condutor externo é, na maioria das situações, escolhido como o zero de referência para o potencial.

Assim, quando dizemos que a diferença de potencial entre dois pontos A e B, cujos potenciais são respectivamente V_A e V_B, é igual a

$$\Delta V = V_A - V_B, \qquad (4.25)$$

assumimos implicitamente que V_A e V_B possuem o mesmo ponto zero de referência.

Por exemplo, em uma pilha comum de 1,5 volt, o terminal positivo (+) representa o terminal de maior potencial e está positivamente eletrizado, ao passo que o terminal negativo (−) representa o terminal de menor potencial e está negativamente eletrizado. Entre os terminais há um campo elétrico, e a diferença de potencial entre eles é de 1,5 volt. Isso significa que os dois terminais têm o mesmo ponto zero de referência, como a carcaça da pilha. Já o ΔV entre os terminais indica que, para se deslocar uma carga positiva do terminal negativo até o positivo, um trabalho equivalente a 1,5 joule/coulomb contra a força elétrica do campo deverá ser realizado. Esse dispêndio de energia é necessário para que a carga possa vencer a barreira de potencial de 1,5 V.

Note ainda que, pela Equação 4.24,

$$\Delta V = V_A - V_B = -\int_B^A \vec{E}.d\vec{r} = \frac{W_{AB}}{q_0} = V_{AB}, \qquad (4.26)$$

o que significa que, na notação apresentada, B é a *referência* e A é o ponto r. A razão de tal definição é que, como já mencionamos, a referência B é frequentemente considerada no infinito com $V(B) = 0$.

A Equação 4.24 diz ainda que, se $\Delta V = V_{AB}$ é positivo, $V_A > V_B$, não há dispêndio de energia para levar a partícula de A até B, $W_{AB} > 0$, e o próprio campo realiza o trabalho.

Ao contrário, se ΔV é negativo, $V_A < V_B$, haverá dispêndio de energia para levar a partícula de A até B, $W_{AB} < 0$.

No entanto, quando estamos lidando com um campo elétrico uniforme, a diferença de potencial entre dois pontos separados por uma distância d pode simplesmente ser obtida pela expressão

$$V = E.d, \qquad (4.27)$$

que é válida somente para o caso de um campo uniforme, tal como o campo entre um par de placas paralelas.

Na Figura 4.12, temos 6 volts através de placas separadas por 1 cm. Portanto, a intensidade do campo uniforme entre as placas é

$$E = \frac{V}{d} = \frac{6 \text{ volt}}{0,01 \text{ m}} = 600 \text{ V/m}.$$

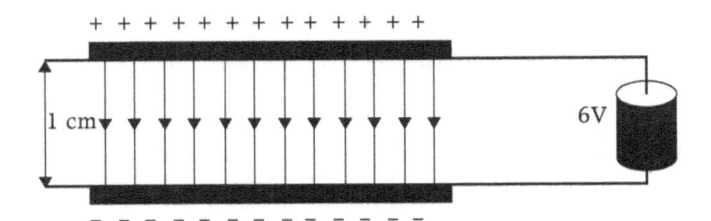

Figura 4.12 – Campo uniforme entre placas paralelas.

Atente que a unidade de E é *volt* por *metro*, V/m, que é equivalente a *newton* por *coulomb* (N/C). É importante perceber a diferença entre voltagem e intensidade do campo elétrico.

Uma bateria, por exemplo, possui voltagem característica; mas, se os terminais dessa bateria estão conectados a um par de placas paralelas, a intensidade do campo elétrico na região entre elas dependerá da separação das placas, o que, naturalmente, não ocorre com a voltagem. Se as placas estiverem afastadas, a intensidade do campo será baixa porque a distância d ocorrerá no denominador da expressão, $E = V/d$. Porém, se as placas estiverem próximas, a intensidade do campo poderá ser muito alta.

Capítulo 4 – Potencial elétrico

É a intensidade do campo (e não a voltagem) que determina, por exemplo, se um raio ocorrerá. De fato, no ar seco, raios (centelhas) entre um par de placas ou eletrodos ocorrerão se a intensidade do campo exceder cerca de 3 milhões de volts por metro (3 MV/m). Contudo, uma voltagem de apenas 4.000 volts através de uma brecha de 1 mm (E = 4 MV/m) é capaz de produzir uma centelha, mas, uma voltagem de 400.000 volts através de uma distância de 1 m (E = 0,4 MV/m) não será capaz de produzir raios. O fator determinante é a intensidade do campo, e não a voltagem.

APLIQUE SEUS CONHECIMENTOS

No módulo de simulação *eraio*, você poderá observar esse efeito ao variar os valores das grandezas E e d.

Exemplo 23

Determine a diferença de potencial entre os pontos a e b; b e a; e b e c da Figura 4.6 do Exemplo 17. Qual o trabalho necessário para que uma carga pontual de $+4 \times 10^{-9}$ C seja levada de a para b sem acréscimo de energia cinética? E de c para a?

Solução

A diferença de potencial entre os pontos a e b é $V_a - V_b$ ou V_{ab}. Assim, temos

$$V_{ab} = V_a - V_b = (-900) - 1.930 = -2.830 \text{ volts}$$

e, então,

$$V_{ba} = V_b - V_a = 1.930 - (-900) = +2.830 \text{ volts},$$

$$V_{bc} = V_b - V_c = 1.930 - 0 = 1.930 = +1.930 \text{ volts}.$$

O trabalho necessário para levar uma carga q de a para b é qV_{ab} (ver Equação 4.26).

$$W_{a \to b} = qV_{ab} = 4 \times 10^{-9} \times (-2.830) = -113 \times 10^{-7} \text{ joules}.$$

Assim, um agente externo realizaria trabalho para levar a carga de a até b, cedendo energia à carga, que, no ponto b, terá sofrido uma variação de energia potencial $\Delta U = -W = U_b - U_a = 113 \times 10^{-7}$ joules (ver Exemplo 18). Em suma, é preciso despender 113×10^{-7} joules de energia para deslocar a carga de a para b.

O trabalho necessário para se levar uma carga q de c para a é qV_{ca}.

$$W_{c \to a} = qV_{ca} = 4 \times 10^9 \times 900 = 36 \times 10^{-7} \text{ joules}.$$

Nesse caso, o trabalho W do campo seria positivo, e o agente externo não precisaria despender energia, pois a carga pode se deslocar de c para a à custa da energia do campo, o que produziria uma variação $\Delta U = -W = -36 \times 10^{-7}$ joules na energia potencial da carga, a qual, então, seria reduzida de $U_i = 0$, em c, para $U_f = -36 \times 10^{-7}$ joules em a.

Exemplo 24

Um campo elétrico presente dentro de uma esfera não condutora de raio R, contendo uma densidade de carga uniforme, está radialmente direcionado e seu módulo é
$E(r) = \dfrac{qr}{4\pi\varepsilon_0 R^3}$, *onde q é a carga total da esfera e r é a distância ao centro da esfera.*

(a) Determine o potencial $V(r)$, supondo que $V = 0$ no centro da esfera.

(b) Qual é a diferença de potencial elétrico entre um ponto situado na superfície e outro localizado no centro da esfera? Sendo q positivo, qual ponto possui maior potencial?

Solução

(a) Dentro da esfera $(r < R)$

$$V = -\int_{\text{referência}}^{r} \vec{E} \cdot d\vec{r}.$$

Como $V = 0$ na origem, podemos tomar 0 como *referência*. Além disso, $\vec{E}$ e $d\vec{r}$ têm a mesma direção e o mesmo sentido; logo

$$V = -\int_0^r dr \, \frac{qr}{4\pi\varepsilon_0 R^3}$$

$$V = -\frac{q}{4\pi\varepsilon_0 R^3} \int_0^r dr \, r$$

$$V = -\frac{q}{4\pi\varepsilon_0 R^3} \left[\frac{r^2}{2}\right]_0^r$$

$$\Rightarrow V(r) = -\frac{qr^2}{8\pi\varepsilon_0 R^3}.$$

(b) No centro da esfera, $r = 0 \Rightarrow V(r) = 0$, e, na superfície da esfera, $r = R \Rightarrow V(R) = -q/8\pi\varepsilon_0 R$, sendo $q > 0 \Rightarrow V = -q/8\pi\varepsilon_0 R$, ou seja, o maior potencial encontra-se no centro da esfera.

A diferença de potencial entre um ponto na superfície da esfera em $r = R$, cujo potencial é $V(R)$, e um ponto situado em $r = 0$ com $V(0)$ é dado pela Equação 4.26:

$$\Delta V = V(R) - V(0) = -\frac{q}{8\pi\varepsilon_0 R} - 0,$$

isto é,

$$\Delta V = -\frac{q}{8\pi\varepsilon_0 R}.$$

Esse resultado mostra que não haverá dispêndio de energia ao trazer uma carga positiva do centro (região de maior potencial) à superfície (região de menor potencial), sem variação de energia cinética. Note que, inversamente, para levar a carga positiva da superfície para o centro, deve-se despender uma energia proporcional a $\frac{q}{8\pi\varepsilon_0 R}$.

4.4.1 Superfícies equipotenciais

O lugar geométrico dos pontos que possuem o mesmo potencial é chamado de região equipotencial, que pode ser um volume, uma linha ou uma superfície equipotencial. Isso significa que nenhum trabalho está associado ao deslocamento de uma carga entre quaisquer dos dois pontos, por exemplo, de uma superfície equipotencial, uma vez que, pela definição, a diferença de potencial entre esses dois pontos será sempre nula. As superfícies equipotenciais no potencial de uma carga pontual são esferas centradas nessa carga, mas podem ser de geometria bastante complexa para distribuições de cargas mais complicadas, como pode-se observar na simulação de um simples dipolo. Vejamos outro exemplo simples.

As figuras 4.13a e 4.13b são exemplos de superfícies equipotenciais (linhas pontilhadas e círculos) produzidas, respectivamente, por um campo elétrico uniforme (linha cheia) (a) e uma carga positiva puntiforme (b). Ao longo de cada superfície, o potencial tem o mesmo valor (por exemplo, V_1 é o valor do potencial em qualquer ponto do primeiro círculo, V_2 para o segundo círculo, e assim sucessivamente).

Pode-se observar, ainda, que o campo elétrico é sempre perpendicular a uma superfície equipotencial. Esse resultado não é válido apenas para as situações representadas na figura, mas vale de modo geral. Com efeito, considere a equipotencial $V(\vec{r}) = V(x,y,z) =$ constante, então, $dV = 0$. Assim,

$$dV = \frac{\partial V}{\partial x}dx + \frac{\partial V}{\partial y}dy + \frac{\partial V}{\partial z}dz = \nabla V \cdot d\vec{r} = 0.$$

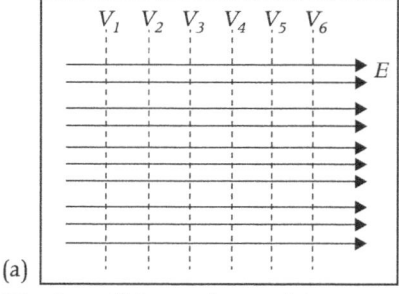

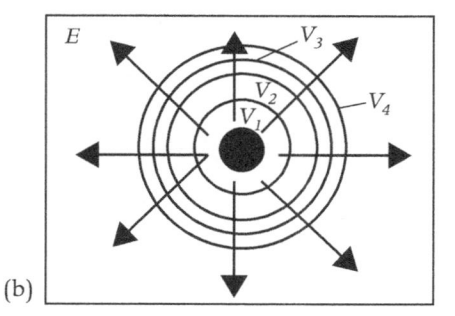

Figura 4.13 – Superfícies equipotenciais.
a) Superfícies equipotenciais (linhas pontilhadas) de um campo elétrico uniforme (linhas cheias).
b) Superfícies equipotenciais (círculos) de um campo produzido por uma carga puntiforme positiva.

Logo, se o produto escalar de ∇V, com $d\vec{r}$, é nulo, temos que ∇V é normal à $d\vec{r}$, que é tomado ao longo da superfície equipotencial, isto é, $d\vec{r}$ é tangente à superfície. Dessa maneira, $\vec{E}$ é normal à $d\vec{r}$, ou seja, $\vec{E}$ é perpendicular à superfície equipotencial.

Exemplo 25

Mostre que a superfície de um condutor é equipotencial.

Solução

Em primeiro lugar, vamos mostrar que, no equilíbrio eletrostático, toda a carga em excesso encontra-se na superfície. Para isso, vamos construir uma superfície gaussiana em torno de qualquer região dentro do corpo. Se a distribuição de cargas está em equilíbrio, não há campo elétrico em qualquer ponto do interior do corpo do condutor, pois, se houvesse um campo elétrico nessa região, ele deslocaria as cargas através do condutor, violando a condição de equilíbrio (eletrostática). Assim, em qualquer ponto da superfície gaussiana, $\vec{E} = 0$. Logo, da lei de Gauss,

$$\oint_S d\vec{S} \cdot \vec{E} = \frac{q}{\varepsilon_0},$$

vemos que a integral é nula, uma vez que o integrando é nulo em qualquer ponto. Desse modo, a lei de Gauss exige que q, a carga encerrada dentro da superfície gaussiana, seja nula ($q = 0$). Como podemos traçar a superfície gaussiana em qualquer região, podemos concluir que não há carga em excesso em qualquer ponto dentro do condutor. Toda carga transferida a um condutor deve buscar a distribuição de equilíbrio e, dessa maneira, estar situada na superfície.

Concluímos, então, que não há carga nem campo no interior de um condutor. Mas o que ocorre na superfície?

Podemos decompor o vetor campo elétrico em duas componentes, uma normal e outra tangente à superfície do condutor:

$$\vec{E} = E_t \hat{t} + E_n \hat{n}.$$

A componente tangencial deve ser nula, pois, caso contrário, haveria uma força tangencial ($F_t \hat{t} = q E_t \hat{t}$) atuando sobre as cargas da superfície do condutor, o que faria essas cargas se deslocarem, em franco contraste com a hipótese de equilíbrio eletrostático. Podemos demonstrar explicitamente esse fato considerando a circulação de $\vec{E}$, isto é, a integral de linha ao longo de um caminho fechado, conforme a Figura 4.14.

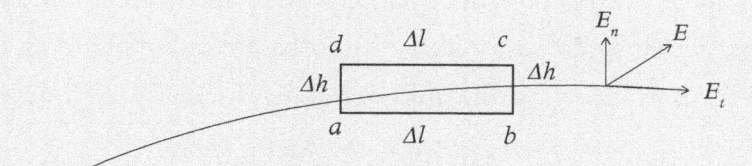

Figura 4.14 – Caminho fechado na superfície de um condutor.

De fato, ao longo de um caminho fechado qualquer,

$$\oint d\vec{s}.\vec{E} = 0. \tag{4.28}$$

No curto caminho ilustrado, a integral pode ser dividida da seguinte maneira:

$$\int_a^b E_t(\hat{t}).dl(\hat{t}) + \int_b^c \vec{E}_n(\hat{n}).dh(\hat{n}) + \int_c^d E_t(\hat{t}).dl(-\hat{t}) + \int_d^a \vec{E}_n(\hat{n}).dh(-\hat{n}) = 0.$$

Como $\vec{E} = 0$ dentro do condutor, a integral de a até b é nula, e as integrais de b a c e de d a a só terão contribuição em metade de seus percursos. Assim, se admitirmos que cada componente do campo permaneça constante durante o respectivo percurso,

$$E_n.\frac{1}{2}\Delta h - E_t\Delta l - E_n.\frac{1}{2}\Delta h = 0.$$

Desse modo, $E_t \Delta l = 0$. Como, por construção, $\Delta l \neq 0$, então $E_t = 0$. Assim, o campo tem de ser normal à superfície do condutor. Consequentemente, para qualquer deslocamento $d\vec{r} = dr\hat{t}$ sobre a superfície do condutor, temos

$$V(A) - V(B) = -\int_B^A \vec{E}.d\vec{r} = -\int dr\hat{t}.\vec{E}\hat{n} = 0,$$

ou seja, $\Delta V = 0$ para qualquer ponto sobre a superfície do condutor. Logo, a superfície do condutor é equipotencial.

4.5 A carga do elétron e o elétron-volt

Como já havíamos mencionado, em 1911 o físico norte-americano Robert Andrews Millikan (1868-1953) realizou um experimento bastante simples, mas altamente significativo, no qual estabeleceu a natureza discreta da carga, fazendo, pela primeira vez, uma medida precisa da carga do elétron. Se dispormos um par de placas paralelas separadas por uma distância d (Figura 4.15) sob uma voltagem V, um campo elétrico será estabelecido. Dentro do campo, entre as placas, borrifam-se algumas gotículas de óleo. Algumas dessas gotículas tornaram-se negativamente carregadas $(q < 0)$ em virtude do excesso de elétrons adquiridos pela fricção no processo de borrifação. As gotículas podiam ser vistas em um microscópio.

Ajustando-se a voltagem V, uma gotícula qualquer pode ser suspensa entre as placas, com a força gravitacional mg dirigida para baixo, sendo balanceada pela força elétrica qE para cima. Igualando-se as duas forças e utilizando-se a Equação 4.27 para E, temos

$$força\ para\ baixo = força\ para\ cima$$

$$mg = qE = \frac{qV}{d}.$$

Assim, encontramos o valor da carga q,

$$q = \frac{mgd}{V}, \tag{4.29}$$

que fornece q em termos das quantidades mensuráveis do experimento. Millikan descobriu que a carga em várias gotículas, determinada dessa maneira, não era arbitrária; pelo contrário, ele mostrou que qualquer carga era um múltiplo inteiro de alguma unidade básica de carga; ou seja, $q = ne$, em que $n = 1, 2, 3, \dots$. Essa unidade básica de carga e é justamente a carga do elétron.

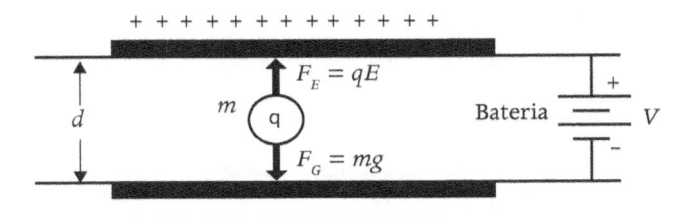

Figura 4.15 – Esquema do aparato de Millikan para determinação da carga do elétron e. A gotícula carregada pode ser suspensa ajustando-se E tal que qE = mg. Em vez de se utilizar água, que evapora muito rapidamente, optou-se pelo uso do óleo. Millikan usou um método dinâmico que considera a viscosidade do ar (em vez da técnica estática aqui descrita), no qual ele mediu a razão das velocidades de uma única gotícula para diferentes voltagens V, mas a distinção não é importante neste contexto.

Quando discutimos fenômenos atômicos e nucleares, não é particularmente conveniente expressar a energia em joules, que é uma unidade utilizada para medidas muito grandes, compatíveis com sistemas macroscópicos. No caso da energia atômica e da energia nuclear, utilizamos outra unidade, chamada *elétron-volt* (eV), que possui dimensão apropriada para sistemas microscópicos. Suponhamos que uma partícula carregada partindo do repouso é acelerada por uma força elétrica através de uma voltagem de 1 volt. Se a partícula carrega uma carga de 1 coulomb, essa carga adquirirá, em virtude do acréscimo de velocidade, energia equivalente a 1 joule, porque 1 volt = 1 joule/coulomb. Ou seja,

$$E_c = q.V. \tag{4.30}$$

Contudo, se a partícula é um elétron, a energia adquirida ao acelerar em 1 volt será consideravelmente menor, em virtude do baixo valor da carga do elétron. Para um elétron, a energia será

$$E_c = (1,60 \times 10^{-19} \text{C}) \times (1\,\text{V})$$

$$E_c = 1,60 \times 10^{-19}\,\text{J}.$$

Essa energia é chamada de elétron-volt (1 eV):

$$1\,\text{eV} = 1,60 \times 10^{-19}\,\text{J}. \tag{4.31}$$

Energias típicas encontradas em um átomo são da ordem de 10 eV, ao passo que nos núcleos, geralmente, encontramos energias da ordem de poucos milhões de eV (ou megaelétron-volt – MeV):

$$1\,\text{MeV} = 10^6\,\text{eV} = 1,6 \times 10^{-13}\,\text{J}.$$

O elétron-volt é uma unidade de energia e pode ser utilizada para medir a energia de qualquer partícula, quer ela carregue uma carga elétrica ou não. Por exemplo, frequentemente expressamos a energia cinética de nêutrons, ou seja, a partícula eletricamente neutra encontrada no núcleo atômico, em termos de eV ou MeV. No entanto, raramente usamos o elétron-volt como uma unidade de energia, exceto para partículas atômicas e nucleares.

4.6 Equação de Poisson e Laplace

Nas seções anteriores, calculamos o potencial elétrico para diferentes distribuições de cargas. Tratamos basicamente de distribuições com certa simetria e apenas para os pontos do espaço em que as equações eram facilmente resolvidas, como em pontos localizados no eixo das distribuições de cargas. Entretanto, no caso mais geral, em que o ponto está localizado em qualquer lugar do espaço, as equações podem ser de difícil solução. Em alguns casos, quando existem densidades de cargas livres, é possível empregar o método conhecido como equações de Poisson, ou, quando as densidades de cargas livres são nulas, podemos utilizar as equações de Laplace e, assim, solucionar o problema. Discutiremos essas situações a seguir.

Para deduzirmos as equações de Poisson e Laplace, tomemos inicialmente a forma diferencial da lei de Gauss e o gradiente do potencial, dados, respectivamente, por

$$\nabla \cdot \vec{E} = \frac{\rho}{\varepsilon_0} \tag{4.32}$$

e

$$\vec{E} = -\nabla V. \tag{4.33}$$

Substituindo-se a Equação 4.33 na 4.32, temos

$$\nabla \cdot (-\nabla V) = \frac{\rho}{\varepsilon_0}$$

$$-\nabla^2 V = \frac{\rho}{\varepsilon_0}$$

e, finalmente,

$$\nabla^2 V = -\frac{\rho}{\varepsilon_0}. \qquad (4.34)$$

A Equação 4.34 é conhecida como equação de Poisson. Ela estabelece a relação entre uma distribuição conhecida de cargas $\rho(\vec{r})$ e o potencial elétrico gerado por essa distribuição.

A equação de Poisson em coordenadas cartesianas pode ser escrita como

$$\nabla^2 V = \nabla \cdot (\nabla V) = \left(\frac{\partial}{\partial x}\vec{i} + \frac{\partial}{\partial y}\vec{j} + \frac{\partial}{\partial z}\vec{k}\right) \cdot \left(\frac{\partial V}{\partial x}\vec{i} + \frac{\partial V}{\partial y}\vec{j} + \frac{\partial V}{\partial z}\vec{k}\right).$$

Logo,

$$\frac{\partial^2 V}{\partial x^2} + \frac{\partial^2 V}{\partial y^2} + \frac{\partial^2 V}{\partial z^2} = -\frac{\rho}{\varepsilon_0}. \qquad (4.35)$$

Se agora tomarmos a equação de Poisson em um meio onde a densidade de carga é nula $(\rho = 0)$, temos:

$$\nabla^2 V = 0, \qquad (4.36)$$

que é conhecida como equação de Laplace. Observe que nosso interesse aqui é apenas obter o potencial em uma região onde não há cargas, embora o potencial seja produzido por cargas elétricas que, nesse caso, se encontram fora da região em análise.

4.6.1 Aplicações das equações de Poisson e Laplace

1º caso: considere duas placas metálicas paralelas separadas em 1 m (Figura 4.16). Qual a distribuição de potencial entre as placas se os potenciais das placas são 0 e 100 V?

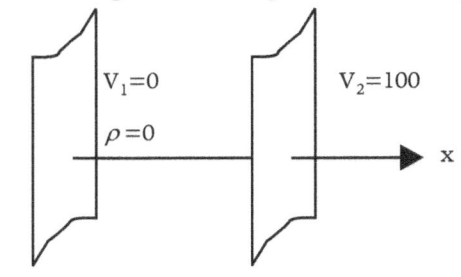

Figura 4.16 – Placas no vácuo.

Como não há cargas na região entre as placas, $\rho = 0$. Utilizando-se a equação de Laplace:

$$\nabla^2 V = 0,$$

e, como o potencial só varia na direção x, escrevemos:

$$\frac{d^2V}{dx^2} = 0 \quad \Rightarrow \quad \frac{d}{dx}\left(\frac{dV}{dx}\right) = 0.$$

Uma vez que a derivada de uma função constante é sempre nula, podemos escrever

$$\frac{dV}{dx} = k_1,$$

onde k_1 é uma constante. Para obtermos V, integramos a equação anterior e obtemos

$$V = k_1 x + k_2,$$

onde k_2 é uma constante de integração.

Aplicando as condições de contorno[3] na equação anterior,

- para $x = 0$, temos que $V = V_1 = 0$; logo, $k_2 = 0$
- para $x = 1$ m, temos que $V = V_2 = 100$; logo, $k_1 = 100$.

Substituindo-se os valores de k_1 e k_2 na expressão de V, obtemos

$$V = 100x.$$

Esse resultado mostra como o potencial varia linearmente entre as duas placas em virtude de uma uniformidade do meio, partindo de um mínimo em $x = 0$ a um máximo em $x = 1$ m.

O valor do campo pode ser obtido a partir da relação entre campo e potencial, dada por

$$E = -\frac{dV}{dx} = -\frac{d}{dx}(100x)$$
$$E = 100 \ V/m,$$

que mostra que o campo tem valor constante entre as placas.

2º caso: considere agora as duas placas paralelas na presença de um meio onde $\rho = -4\varepsilon_0 \ C/m^3$.

Utilizando-se a equação de Poisson,

$$\nabla^2 V = -\rho / \varepsilon_0.$$

Como o potencial só varia na direção x,

---

[3] Condições de contorno são aquelas que a função V, solução da equação diferencial, tem de satisfazer no contorno ou fronteira do meio.

ou

$$\frac{d^2V}{dx^2} = 4$$

$$\frac{d}{dx}\left(\frac{dV}{dx}\right) = 4.$$

Multiplicando-se ambos os lados por dx e fazendo-se a integração, obtemos

$$\int d\left(\frac{dV}{dx}\right) = \int 4 dx.$$

Logo,

$$\frac{dV}{dx} = 4x + k_1.$$

Integrando-se mais uma vez a expressão anterior, obtemos

$$V = 2x^2 + k_1 x + k_2.$$

Aplicando-se as condições de contorno,

- para $x = 0$, temos $V = V_1 = 0$; logo, $k_2 = 0$.
- para $x = 1\text{m}$, temos $V = V_2 = 100$; logo, $k_1 = 98$.

Substituindo-se os valores de k_1 e k_2 na expressão de V, obtemos a equação do potencial em função da distância:

$$V = 2x^2 + 98x.$$

Essa expressão mostra como o potencial varia de modo não linear entre as duas placas, em razão da existência de cargas no meio.

O campo, por sua vez, pode ser obtido pelo gradiente do potencial; então,

$$E = -\frac{dV}{dx} = -\frac{d}{dx}(2x^2 + 98x)$$
$$E = -4x - 98,$$

o que mostra que o campo não é constante, como no caso anterior.

Para finalizar, gostaríamos de mencionar que existem situações em que o método conhecido como método das imagens pode ser útil na solução de problemas com geometrias mais complicadas, pois ele implica a conversão de um campo elétrico em outro equivalente, mas de solução mais fácil. Em certos casos, é possível substituir um condutor por uma ou mais cargas pontuais, de modo que as superfícies condutoras são substituídas por superfícies equipotenciais, ou seja, de mesmo potencial, o que simplifica o problema.

4.7 Exercícios

4.7.1 Exercícios resolvidos

1. **Potencial de um fio finito.** A figura a seguir mostra uma barra não condutora de comprimento $L = 6,00$ cm e densidade linear de cargas positiva uniforme $\lambda = +3,68\text{pC/m}$. Se $V = 0$ no infinito, qual é o valor de V no ponto P, situado a uma distância $d = 8,00$ cm acima do ponto médio da barra?

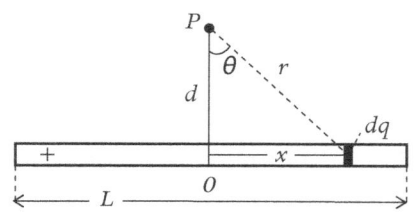

Figura 4.17 – Barra não condutora.

SOLUÇÃO

O potencial é dado por $V = \dfrac{1}{4\pi\varepsilon_0}\displaystyle\int \dfrac{dq}{r}$, com $dq = \lambda dx$. Colocando-se a origem no ponto médio da barra e sendo a distribuição de carga homogênea, podemos realizar a integração nos limites de $[0, L/2]$ e multiplicar o resultado por 2. Assim,

$$V = \dfrac{\lambda}{4\pi\varepsilon_0}\int_0^{L/2} \dfrac{dx}{\sqrt{x^2+d^2}}.$$

Para resolver a integral, convém fazer a substituição de variáveis $\tan\theta = \dfrac{x}{d}$. Assim, $dx = d\sec^2\theta\, d\theta$ e $\sqrt{x^2+d^2} = d\sec\theta$, e, portanto,

$$V = \dfrac{\lambda}{4\pi\varepsilon_0}\int d\theta \sec\theta.$$

Multiplicando o integrando por $\dfrac{(\tan\theta + \sec\theta)}{(\tan\theta + \sec\theta)}$, obtemos

$$V = \dfrac{\lambda}{4\pi\varepsilon_0}\int \dfrac{\sec\theta\tan\theta + \sec^2\theta}{\sec\theta + \tan\theta}.$$

Vemos que, no integrando, o numerador corresponde à derivada do denominador, e a integral é imediata e corresponde ao logaritmo do denominador:

$$V = \dfrac{\lambda}{4\pi\varepsilon_0}\ln[\tan\theta + \sec\theta].$$

Para retornar às variáveis iniciais, notamos na figura que $\sec\theta = \dfrac{1}{\cos\theta} = \sqrt{x^2+d^2}/d$ e que $\tan\theta$ havia sido definido como x/d. Então, temos como resultado do problema:

$$V = \dfrac{\lambda}{4\pi\varepsilon_0}\ln\left[\dfrac{x}{d}+\dfrac{\sqrt{x^2+d^2}}{d}\right]_0^{L/2}\times 2,$$

ou seja,

$$V = 2\dfrac{\lambda}{4\pi\varepsilon_0}\ln\left[\dfrac{L}{2d}+\dfrac{\sqrt{L^2/4+d^2}}{d}\right].$$

Substituindo-se as variáveis pelos valores numéricos: $V = 2,43\times 10^{-2}$ volts.

Observe que o fator 2 surgiu em razão da simetria da barra em relação ao ponto de observação P. Se tivéssemos uma barra cuja metade direita fosse carregada positivamente e cuja metade esquerda fosse carregada negativamente, o potencial seria nulo.

2. **Energia de uma distribuição de carga.** (a) Qual a energia potencial elétrica do arranjo da figura a seguir se $q = 2,30$ pC e $a = 0,64$ cm? (b) Qual o trabalho necessário para montar esse arranjo se, no início, as cargas encontrarem-se em repouso e infinitamente afastadas uma da outra?

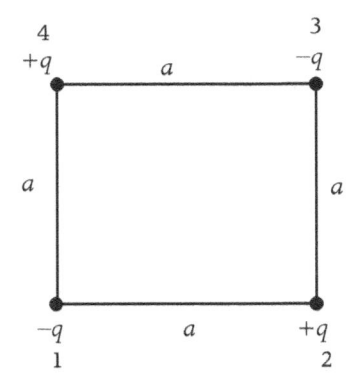

Figura 4.18 – Cargas em repouso.

SOLUÇÃO

(a) A energia potencial elétrica de um sistema de partículas é dada por $U = \dfrac{1}{4\pi\varepsilon_0}\sum_{i=1}^{n}\sum_{j=1,j>i}^{n}\dfrac{q_i q_j}{r_{ij}}$, onde q_i e q_j são as cargas e r_{ij}, a distância entre as partículas i e j. Enumerando as cargas conforme indicado na figura, temos $n = 4$. Assim, $U = U_{12}+U_{13}+U_{14}+U_{23}+U_{24}+U_{34}$. Logo,

$$U = \dfrac{-q\cdot q}{4\pi\varepsilon_0 a} + \dfrac{(-q)\cdot(-q)}{4\pi\varepsilon_0 a\sqrt{2}} + \dfrac{-q\cdot q}{4\pi\varepsilon_0 a} + \dfrac{(q)\cdot(-q)}{4\pi\varepsilon_0 a} + \dfrac{q\cdot q}{4\pi\varepsilon_0 a\sqrt{2}} + \dfrac{-q\cdot q}{4\pi\varepsilon_0 a}.$$

Então,

$$U = \frac{2q^2}{4\pi\varepsilon_0 a}\left[-2 + \sqrt{\frac{1}{2}}\right].$$

Utilizando-se os valores numéricos, $U = -1,92\times 10^{-13}$ J. A configuração teria energia mais alta (e igual a zero) no infinito. O arranjo tornou-se um sistema ligado.

(b) Sabemos que $\Delta U = U - U(\infty) = -1,92\times 10^{-13} - 0 = -W$. Assim, $W = 1,92\times 10^{-13}$ J. Na verdade, o trabalho poderia ser realizado pelo próprio campo, e não precisaríamos despender energia para montar o arranjo. Para desfazer o arranjo, é preciso, inversamente, fornecer a energia de $1,92\times 10^{-13}$ J ao sistema.

3. **Potencial de uma distribuição de cargas.** Considere o arranjo de cargas abaixo. Suponha: $q_1 = 1,0\times 10^{-8}$ C, $q_2 = -2,0\times 10^{-8}$ C, $q_3 = 3,0\times 10^{-8}$ C, e $q_4 = -4,0\times 10^{-8}$ C, e que m. Qual é o valor do potencial no ponto P indicado na figura?

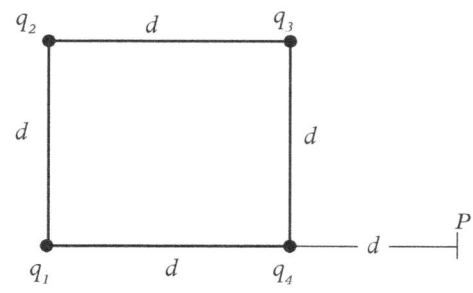

Figura 4.19 – Distribuição de carga com simetria quadrada.

SOLUÇÃO

O potencial no ponto P é dado por $V_P = V_1 + V_2 + V_3 + V_4$. Sendo,

$$V_1 = \frac{1}{4\pi\varepsilon_0}\frac{q_1}{2d};\quad V_2 = \frac{1}{4\pi\varepsilon_0}\frac{q_2}{d\sqrt{5}};\quad V_3 = \frac{1}{4\pi\varepsilon_0}\frac{q_3}{d\sqrt{2}};\quad V_4 = \frac{1}{4\pi\varepsilon_0}\frac{q_4}{d}.$$

Logo,

$$V_P = \frac{1}{4\pi\varepsilon_0 d}\left(\frac{q_1}{2} + \frac{q_2}{\sqrt{5}} + \frac{q_3}{\sqrt{2}} + q_4\right).$$

Substituindo pelos valores numéricos, obtemos,

$$V_P = \frac{8,89\times 10^9}{3\times 10^1}\left(\frac{1\times 10^{-8}}{2} - \frac{2\times 10^{-8}}{\sqrt{5}} + \frac{3\times 10^{-8}}{\sqrt{2}} - \frac{4\times 10^{-8}}{1}\right)$$

ou $V_P = -68,9$ volts.

4. **Gradiente do potencial.** Determine o vetor campo elétrico e seu módulo no ponto P, dado por $(3,00\hat{i} - 2,00\hat{j} + 4,00\hat{k})$, se o potencial elétrico é dado por $V = 2,00xyz^2$, onde V está em volts e x, y e z, em metros.

SOLUÇÃO

$$\vec{E} = -\nabla V = -\hat{i}\frac{\partial V}{\partial x} - \hat{j}\frac{\partial V}{\partial y} - \hat{k}\frac{\partial V}{\partial z}.$$

Então,

$$\vec{E} = -2yz^2\hat{i} - 2xz^2\hat{j} - 4xyz\hat{k}.$$

No ponto P, $\vec{E} = 64\hat{i} - 96\hat{j} + 96\hat{k}$.

O módulo do campo elétrico será: $|\vec{E}| = \sqrt{64^2 + (-96)^2 + 96^2}$. Logo, $|\vec{E}| = 150,09$ volts/m.

A direção de $\vec{E}$ em P é dada pelo unitário $\hat{r} = \dfrac{\vec{E}}{|\vec{E}|} = 0,43\hat{i} - 064\hat{j} + 0,64\hat{k}$.

4.7.2 Exercícios propostos

1. Na Figura 4.20, duas partículas carregadas com cargas $+q$ e $-3q$ encontram-se separadas por uma distância $d = 1$ m. Determine os valores de x para os quais o potencial elétrico sobre o eixo x é zero.

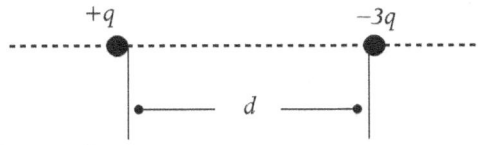

Figura 4.20 – Distribuição de carga linear.

2. Considerando que na Figura 4.20 ambas as cargas sejam positivas, isto é, $+q$ e $+3q$. Determine os pontos em que $V = 0$.

3. Três cargas iguais estão dispostas nos vértices de um triângulo equilátero de lado igual a 2 m.
   a) Calcule a energia necessária para retirar uma das cargas e transportá-la a uma distância infinita.
   b) Encontre a energia potencial eletrostática do sistema antes e depois de retirar a carga.

4. Considere o arranjo de cargas abaixo, conforme a Figura 4.21. Suponha: $q_1 = -1{,}0 \times 10^{-8}$ C, $q_2 = 2 \times 10^{-8}$ C, $q_3 = -3{,}0 \times 10^{-8}$ C, $q_4 = 4{,}0 \times 10^{-8}$ C e $d = 3$ m.

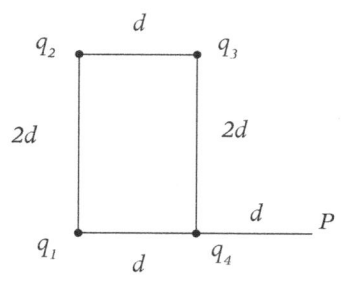

Figura 4.21 – Distribuição de carga com simetria retangular.

a) Qual é o valor do potencial no ponto P indicado na figura?
b) Vá para o módulo de simulação $C3$ e verifique se sua resposta está correta.
c) Se a distância d for alterada para $d = d/3$, qual o novo valor para o potencial?

5. Considere um quadrado de lado $a = 60$ cm. Em cada vértice desse quadrado foram colocados alternadamente um próton e um elétron. Considerando as partículas inicialmente em repouso, determine:

a) O trabalho necessário para manter o arranjo.
b) O potencial elétrico no centro do quadrado.
c) Em $C3$, verifique seus resultados.

6. Qual é o trabalho necessário para montar o arranjo das figuras abaixo se $q = 2{,}0 \times 10^{-12}$ C e as partículas estão inicialmente em repouso e afastadas umas das outras por uma distância $d = 100$ cm?

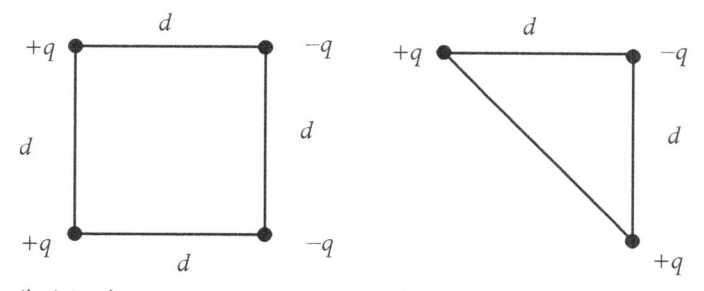

Figura 4.22 – Distribuição de cargas em geometria simples.

7. Uma casca esférica fina, condutora de raio R, está uniformemente carregada com uma carga total Q. Por integração direta, encontre o potencial em um ponto arbitrário
a) no interior da casca;
b) fora da casca;

8. Uma carga q é distribuída uniformemente em uma esfera isolante de raio de 30 cm. Determine o potencial elétrico:

   a) na superfície da esfera;

   b) no centro da esfera;

   c) a uma distância de 1 m do centro.

9. A Figura 4.23 mostra a seção de um plano condutor π com densidade superficial de carga igual a $1,0\ \mu C/m^2$.

   a) Encontre a distância entre duas superfícies equipotenciais geradas pelo plano condutor π tal que $V_1 - V_2 = \Delta V = 100 V$.

   b) Em $C3$, determine essas distâncias para $\Delta V = 50$ V e $\Delta V = 200$ V.

Figura 4.23 – Plano condutor.

10. Ligam-se os polos de uma bateria de 100 volts a duas placas paralelas separadas de 1 cm. Determine:

    a) A intensidade do campo elétrico.

    b) A resultante da força que atua sobre um elétron abandonado em repouso nesse campo elétrico.

11. Duas cascas cilíndricas longas de raios $R_1 < R_2$ estão dispostas coaxialmente e carregadas de tal modo que o sistema possui uma diferença de potencial ΔV. Determine o campo eletrostático.

12. Uma casca esférica de raio R, carga Q e potencial V_1 é englobada concentricamente por outra casca de raio $2R$, carga $2Q$ e potencial V_2. Esta, por sua vez, é concentricamente englobada por outra casca de raio $3R$, carga $3Q$ e potencial V_3. Se o sistema encontra-se isolado,

    a) determine V_i com $i = 1, 2, 3$;

    b) mostre que $V_3 = (V_1 + 2V_2)/3$.

13. Uma casca esférica espessa com densidade volumétrica de carga uniforme ρ, vista na Figura 4.24, está limitada pelos raios a e b, onde $b > a$. Arbitrando $V = 0$ no infinito, determine a expressão do potencial elétrico V em função da distância radial r ao centro da distribuição nas seguintes regiões:

   a) $r > b$;

   b) $a < r < b$;

   c) $r < a$.

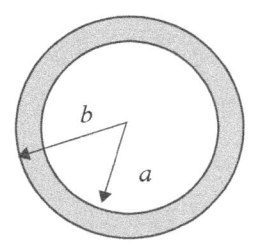

Figura 4.24 – Casca esférica.

14. Na Figura 4.25, uma carga q está uniformemente distribuída através de um volume esférico de raio R. Fazendo $V = 0$ no infinito, determine a expressão do potencial nas seguintes regiões:

   a) $r > R$;

   b) $r < R$.

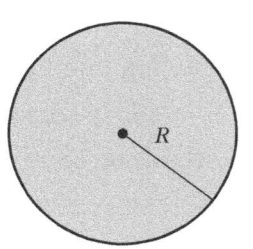

Figura 4.25 – Esfera carregada não condutora.

15. Para a configuração de cargas da Figura 4.26, obtenha uma expressão para $V(r)$ para os pontos sobre o eixo vertical, supondo $r \gg d$.

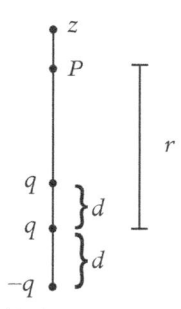

Figura 4.26 – Configuração de um dipolo elétrico.

16. O potencial elétrico de um conjunto de cargas é representado pela seguinte expressão:

$$V = 4xz^3 - 3x^2y^2z.$$

Determine o campo elétrico no ponto (2, −1, 2).

17. Uma barra fina de comprimento L com carga positiva tem densidade linear de carga uniforme λ e se encontra ao longo de um eixo X como é mostrado na Figura 4.27. Fazendo $V = 0$ no infinito, determine:

a) O potencial elétrico da barra no ponto P sobre o eixo X.

b) A partir da expressão do potencial, determine a componente do campo elétrico $\vec{E}$ no ponto P ao longo do eixo X.

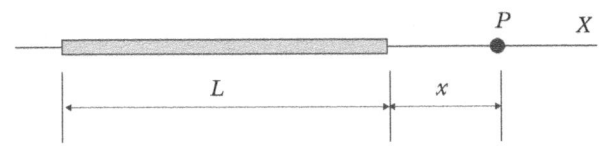

Figura 4.27 – Barra carregada positivamente.

18. A função potencial para certo campo elétrico é dada como $V = x^2 + y^2 - zy$. Determine o gradiente ∇V em magnitude e direção no ponto (2, 3, 4).

19. Uma esfera não condutora de raio $R = 10$ cm possui densidade de carga uniforme. O campo elétrico no interior da esfera tem módulo dado por $E(r) = qr/4\pi\varepsilon_0 R^3$, onde $q = 1C$ é a carga total da esfera e r é a distância ao centro da esfera. Determine:

a) O potencial $V(r)$, supondo que $V = 0$ no centro da esfera.

b) Qual a ddp entre um ponto situado na superfície e outro no centro da esfera?

20. Uma esfera maciça isolante de raio $a = 3,00$ cm possui uma carga uniforme $q = 5,00 \times 10^{-15} C$. Calcule o campo elétrico em:

a) $r = 2,00$ cm;

b) $r = 4,00$ cm. Considere r uma distância radial medida a partir do centro da esfera.

c) Obtenha o potencial gerado pela esfera no ponto que dista 4,00 cm do centro da esfera, considerando que no infinito o potencial da esfera é igual a zero.

21. Em 1911, Ernest Rutherford estabeleceu o modelo do átomo nuclear. Neste modelo, o átomo tem carga pontual positiva Ze no centro, envolvida por cargas negativas, $-Ze$, uniformemente distribuídas dentro de uma esfera de raio R.

a) Qual o valor do campo elétrico $\vec{E}$ para um ponto dentro do átomo, a uma distância r do seu centro, sabendo-se que o potencial é dado por:

$$V = \frac{Ze}{4\pi\varepsilon_0}\left(\frac{1}{r} - \frac{3}{2R} + \frac{r^2}{2R^3}\right).$$

b) No módulo de simulação C3, observe o comportamento de $V \times r$, variando os valores de Z no intervalo [1,100] e de r no intervalo [R, R/100], para $R = 10^{-11}$ m.

22. Uma esfera condutora de raio 1,5 m contém uma carga total de $3{,}0 \times 10^{-6}$ C.

a) Qual é o campo elétrico na superfície da esfera?

b) Qual é o campo elétrico no centro da esfera?

c) Qual é o potencial elétrico na superfície da esfera?

d) A que distância da esfera o potencial decresceu 5.000 V?

23. A expressão do potencial elétrico sobre o eixo 0Z de um disco carregado é $V = \frac{\sigma}{2\varepsilon_0}(\sqrt{z^2 + R^2} - z)$, onde σ é a densidade superficial de cargas. Use o resultado acima para obter a expressão do campo elétrico nos pontos axiais do disco.

24. Um cilindro longo de raio R carregando uma densidade linear de carga λ é colocado num campo inicialmente uniforme E de tal modo que o eixo do cilindro é normal a E. Desprezando os efeitos de borda, calcule:

a) o potencial elétrico fora do cilindro;

b) as componentes do campo elétrico.

25. Três cargas iguais estão sobre o plano xy. Duas delas estão sobre o eixo y, em $y = a$ e $y = -a$, e a terceira está sobre o eixo x, em $x = a$.

a) Qual o potencial $V(x)$ deste sistema de cargas, num ponto qualquer sobre o eixo x?

b) Determine a partir do potencial do item anterior, o campo E_x sobre o eixo x.

c) Em C3, simule a situação se $a = 1$ cm, nos casos de $q = 1$ C e $q = -1$ C.

26. Encontre o laplaciano de V se $V = \ln\dfrac{1}{r}$. Considere o caso onde $r = \sqrt{x^2 + y^2}$.

27. Encontre o laplaciano da função escalar de ponto $V = 2x^2 - y^2 + 3z^2$.

28. Encontre o laplaciano da função vetorial de ponto:
$\vec{A} = (2x^2 + y^2)\hat{\imath} + (y^2 + 3z^2)\hat{\jmath} + (x^2w + 2z^2)\hat{k}$.

29. A Figura 4.28 mostra duas placas paralelas distantes 100 cm cujo meio encontra-se no vácuo e seus potenciais são 20 V e 50 V respectivamente. Pede-se:
    a) A equação do potencial em função da distância.
    b) O potencial em um ponto distante 0,6 m da primeira placa.
    c) O campo elétrico nesse ponto.
    d) O valor do maior (ou menor) potencial entre as placas.
    e) O gráfico do $V \times r$ e $E \times r$.

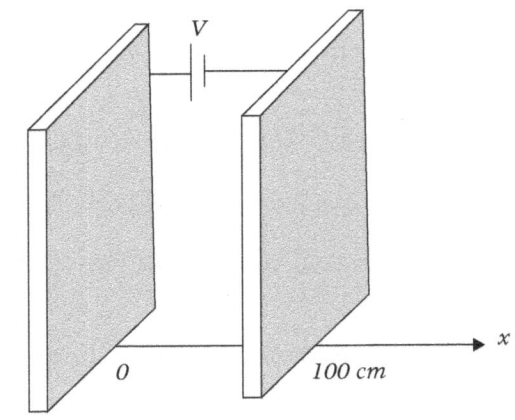

Figura 4.28 – Duas placas condutoras no vácuo.

30. Na figura do problema anterior, as duas placas paralelas, distantes 1 m entre si, encontram-se no meio onde $\rho = -4\varepsilon_0 \, C/m^2$ e seus potenciais são 20 V e 50 V respectivamente. Pede-se:
    a) A equação do potencial em função da distância.
    b) O potencial em um ponto distante 0,6 m da primeira placa.
    c) O campo elétrico nesse ponto.
    d) O valor do maior (ou menor) potencial entre as placas.
    e) O gráfico do $V \times r$ e $E \times r$.
    f) Vá para o módulo C3 e verifique seus resultados. Estude novas situações variando a distância das placas e os valores dos potenciais.

31. Em uma situação hipotética, suponha que um motorista parado numa estrada deserta tenha seu carro afetado por uma descarga elétrica de 100 kV. Diga por que e qual a situação do motorista após o acidente nas seguintes situações:

a) se ele estiver no interior do carro;

b) se ele estivesse trocando o pneu do carro.

PARA REFLETIR

O dipolo elétrico possui diversas aplicações industriais, desde a chamada antena de dipolo até as máquinas fotocopiadoras, como as xerox. Neste último caso, altas tensões são aplicadas ao papel, que fica carregado apenas onde estão as partes escuras da imagem a ser copiada. O papel carregado é, em seguida, colocado em contato com o pó negro que contém os dipolos. O pó é atraído e a imagem é formada. Posteriormente, o conjunto sofre um aquecimento para que, por meio da fusão (do pó), tenha maior aderência ao papel.

Bibliografia complementar

AINSLIE, D. What are the essential conditions for electrification by rubbing? *American Journal of Physics*, v. 35, 1967, p. 535.

CARUSO, F.; OGURI, V. *Física moderna: origens clássicas e fundamentos quânticos*. Elsevier, 2006.

DALL'AGNOL, F. F.; MAMMANA, V. P. Solution for the electric potential distribution produced by sphere-plane electrodes using the method of images. *Revista Brasileira de Ensino de Física*, v. 31, n. 3, 2009, p. 3503.

JEFIMENKO, O. How can an electroscope be charged this way? *The Physics Teacher*, v. 3, 1979, p. 56.

MAXWELL, J. C. *A treatise in electricity and magnetism*. v. 1. 3. ed. New York: Dover, 1958.

MEDEIROS, A. As origens históricas do eletroscópio. *Rev. Bras. Ensino Fís.*; v. 24, 2002, p. 3.

MILLIKAN, R. A new modification of the cloud method of determining the elementary electrical charge and the most probable value of that charge. *Phys. Mag*, v. 19, 1910, p. 209.

OLIVEIRA, I.S. *Física moderna para iniciados, interessados e aficionados*. São Paulo: Livraria da Física, 2010.

Dielétricos e capacitância

Capítulo 5

Já estudamos a diferença entre um dielétrico e um condutor. Nos dielétricos (ou isolantes), os elétrons estão presos aos núcleos dos átomos, de maneira que, ao contrário dos metais, não existem elétrons livres nessas substâncias. Contudo, se um campo elétrico for aplicado a um dielétrico, haverá uma tendência a afastar os elétrons de seus núcleos em virtude da força externa. À medida que aumentamos o campo elétrico externo, a força que age em cada elétron aumenta na mesma proporção, e, eventualmente, pode-se chegar ao ponto em que a força externa seja maior do que a força que liga o elétron a seu núcleo. Quando isso ocorre, os elétrons passam a ser livres, e o dielétrico torna-se o condutor. Esse processo pode ocorrer com qualquer isolante, e o campo elétrico aplicado, que o transforma em condutor, dependerá da estrutura de cada material. O valor mínimo do campo que deve ser aplicado a um isolante para transformá-lo em condutor é denominado rigidez dielétrica, e cada material possui seu valor característico de rigidez dielétrica. Outra característica importante dos dielétricos é sua capacidade de armazenar energia eletrostática. Tal propriedade é observada quando um material dielétrico é introduzido entre meios condutores, formando um dispositivo que chamamos capacitor (ou condensador). O capacitor "confina" o campo elétrico e, desse modo, armazena energia potencial eletrostática.

A capacidade de os sistemas físicos armazenarem energia potencial já é bem conhecida. De fato, quando uma mola é distendida, ela armazena energia potencial elástica, ou, quando um corpo é levantado, dizemos que esse corpo possui energia potencial gravitacional armazenada no campo gravitacional do sistema "corpo + Terra". No caso eletrostático, por meio de um capacitor, podemos armazenar energia potencial em um campo eletrostático. O capacitor é, portanto, um dos principais componentes de um circuito elétrico, já que possui a importante capacidade de armazenar energia elétrica no campo criado entre suas placas.

5.1 Propriedades dos dielétricos

Consideremos, inicialmente, o caso de um condutor não eletrizado introduzido entre duas placas carregadas sem estabelecer contato com elas, conforme ilustra a Figura 5.1a. Sob a ação do campo, os elétrons livres do condutor deslocam-se para a face esquerda e as cargas positivas, para a face direita. Esse movimento de cargas continua até que o campo originado no interior do condutor seja igual e oposto ao campo externo. As cargas em excesso nas faces do condutor são denominadas cargas induzidas. Porém, no condutor não há excesso de cargas. O campo é nulo em qualquer ponto no interior do condutor, como indicado na figura a seguir.

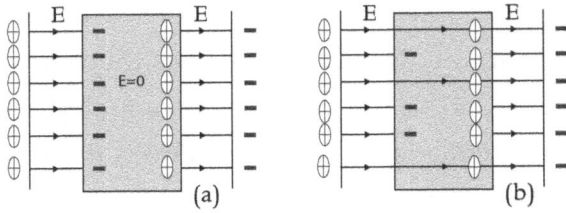

Figura 5.1 – (a) Os elétrons livres do condutor descarregado distribuem-se sobre a superfície, anulando o campo. (b) No interior do dielétrico, contudo, não há cargas livres, e, portanto, o campo resultante não chega a se anular.

Consideremos agora um material dielétrico submetido à ação do campo elétrico externo, isto é, colocado entre as duas placas, como mostra a Figura 5.1b. Vejamos o que ocorre nesse caso.

No interior do dielétrico, não há excesso de cargas, e, portanto, o interior de um dielétrico polarizado caracteriza-se pelo deslocamento relativo de cargas e não por um excesso delas. O campo no dielétrico é oposto ao campo das placas, mas, como no dielétrico as cargas não podem se mover livremente, o deslocamento das cargas não é suficiente para que o campo originado por elas possa igualar o campo entre as duas placas (campo externo). Assim, no interior do dielétrico, o campo, embora enfraquecido, não é nulo. Desse modo, podemos dizer que o campo elétrico entre as placas é enfraquecido pelo dielétrico.

5.1.1 Cargas induzidas em uma esfera

É importante considerar os efeitos descritos anteriormente e as cargas induzidas, no condutor e no isolante, quando estes têm geometrias esféricas e se encontram na presença de um campo elétrico uniforme.

a. Esfera condutora: nesse caso, as cargas livres redistribuem-se sobre a superfície, anulando o campo no interior da esfera condutora e tornando o campo resultante na superfície perpendicular a ela. A Figura 5.2 ilustra essa situação.

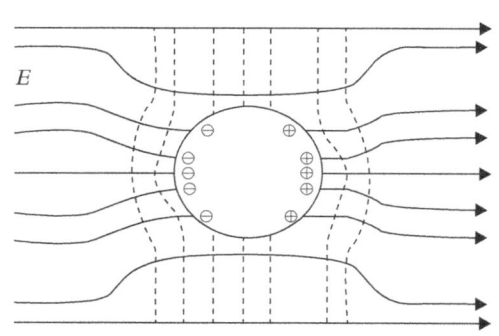

Figura 5.2 – Esfera condutora descarregada, imersa em um campo elétrico externo. As linhas pontilhadas representam as superfícies equipotenciais.

b. Esfera isolante: nesse caso, as cargas induzidas superficiais apenas enfraquecem o campo no interior da esfera sem que este se anule, como mostra a Figura 5.3.

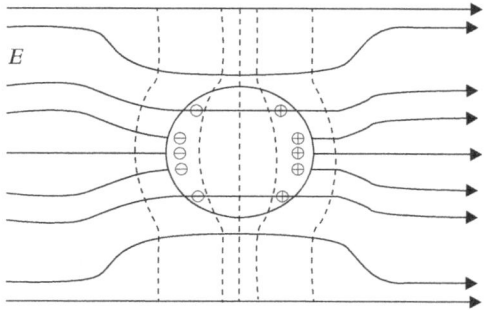

Figura 5.3 – Esfera isolante em presença de um campo elétrico uniforme. As linhas pontilhadas representam as superfícies equipotenciais.

5.2 Suscetibilidade, constante dielétrica e permissividade

Como já vimos, o campo resultante entre duas placas paralelas vale σ/ε_0 (você já deve ser capaz de aplicar a lei de Gauss nessa situação e de reproduzir esse resultado). Consideremos, então, duas placas (condutoras) carregadas com densidade de cargas de sinais contrários σ. Entre essas placas introduzimos um dielétrico, cujas cargas induzidas são representadas por σ_i (Figura 5.4).

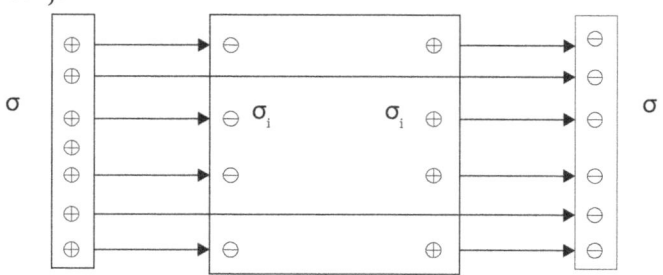

Figura 5.4 – Material dielétrico entre placas condutoras.

Dessa forma, σ representa a densidade de cargas nas placas, enquanto σ_i representa a densidade de carga induzida no dielétrico. As cargas induzidas neutralizam parcialmente as cargas livres, e, no interior do dielétrico, o campo resultante será dado por:

$$E = \frac{\sigma}{\varepsilon_0} - \frac{\sigma_i}{\varepsilon_0} \tag{5.1}$$

Assim como a carga induzida, σ_i também dependerá tanto do campo E como da natureza do dielétrico. A relação entre σ_i e a intensidade de campo E resultante é denominada suscetibilidade elétrica do material, representada por χ_e e dada por

$$\chi_e = \frac{\sigma_i}{E} \tag{5.2}$$

Deslocando-se o valor de σ_i da Equação 5.2 até a Equação 5.1, temos que:

$$E = \frac{\sigma}{\left(1 + \frac{\chi_e}{\varepsilon_0}\right)\varepsilon_0}. \tag{5.3}$$

O termo entre parênteses no denominador, após Faraday, representa a constante dielétrica do material,[1] representada por k_e. Assim,

$$k_e = 1 + \frac{\chi_e}{\varepsilon_0} \tag{5.4}$$

e, então,

$$E = \frac{1}{k_e \varepsilon_0}\sigma. \tag{5.5}$$

Note que o campo, como definido pela Equação 5.5, considera a contribuição devida às cargas induzidas. O produto $k_e \varepsilon_0$ é denominado permissividade do dielétrico e é representado por ε. Assim,

$$\varepsilon = k_e \varepsilon_0. \tag{5.6}$$

No vácuo, $k_e = 1$, pois não há cargas induzidas, e, nesse caso, $\varepsilon = \varepsilon_0$.

Estas são as unidades de χ_e k_e no SI:

$$[U(\chi_e)] = \frac{[U(\sigma)]}{[U(E)]} = \frac{\text{coulomb}/\text{metro}^2}{\text{newton}/\text{coulomb}} = \frac{C^2}{Nm^2}$$

$$[U(k_e)] = \frac{[U(X_e)]}{[U(\varepsilon_0)]} = \frac{C^2/Nm^2}{C^2/Nm^2}$$

Portanto, $[U(k_e)]$ é adimensional, ou seja, k_e é um número abstrato.

---

[1] O termo constante é um tanto impróprio, uma vez que χ_e varia com a temperatura e a intensidade do campo, porém é consagrado pelo uso.

Capítulo 5 – Dielétricos e capacitância

Exemplo 26

Duas placas paralelas de 1 m² de área são carregadas com cargas iguais, mas de sinais opostos, com $30 \times 10^{-6} C$ cada uma. O espaço entre as duas placas encontra-se preenchido por uma lâmina isolante, cuja permissividade é de $15 \times 10^{-12} C^2/Nm^2$. Determine:

(a) a intensidade de campo resultante no interior do dielétrico;

(b) a densidade superficial de carga induzida nas faces do dielétrico;

(c) a componente da intensidade do campo resultante no dielétrico devido às cargas livres;

(d) a componente devida às cargas induzidas.

Solução

(a) A densidade superficial das cargas livres é:

$$\sigma = \frac{q}{A} = 30 \times 10^{-6} C/m^2.$$

Logo, a intensidade de campo resultante é:

$$E = \frac{1}{k_e \varepsilon_0} \sigma = \frac{1}{\varepsilon} \sigma.$$

Então,

$$E = 2 \times 10^6 \, N/C \text{ ou } 2 \times 10^6 \text{ volts/metro}.$$

(b) A densidade superficial das cargas induzidas é:

$$\sigma_i = \chi_e E = (\varepsilon - \varepsilon_0) E,$$

$$\sigma_i = 12,3 \times 10^{-3} C/m^2.$$

(c) A componente do campo resultante devido às cargas livres é:

$$E_0 = \frac{1}{\varepsilon_0} \sigma,$$

$$E_0 = 3,39 \times 10^6 \text{ volts/metro}.$$

(d) A componente devida às cargas induzidas é:

$$E_i = \frac{1}{\varepsilon_0} \sigma_i$$

$$E_i = 1,39 \times 10^6 \text{ volts/metro}.$$

A componente E_i tem sentido oposto ao de E_0 (note que as placas induzem cargas de sinais contrários); assim, a intensidade de campo resultante será:

$$E = E_0 - E_i$$

$$E = 2,00 \times 10^6 \text{ volts/metro},$$

e, naturalmente, esse resultado é idêntico ao do item (a).

APLIQUE SEUS CONHECIMENTOS

No módulo C4, altere o valor da área da placa, a quantidade de carga e a permissividade, observando, em cada mudança, a alteração nos resultados obtidos.

5.3 Polarização ($\vec{P}$)

A indução de cargas superficiais é apenas um dos aspectos da influência de um campo elétrico sobre um dielétrico. Tomemos como exemplo uma molécula de um material dielétrico. Sob a ação de um campo elétrico externo, as partículas positivas e negativas irão se deslocar de suas posições de equilíbrio em sentidos opostos, formando um dipolo eletrostático. Essa tendência ocorre com todas as moléculas do material, sobre o qual se diz que está polarizado. As moléculas de um dielétrico podem ser classificadas como polares e não polares. A molécula polar, sob a ação de um campo elétrico, torna-se orientada segundo a direção do campo, o que não ocorre com a molécula não polar.

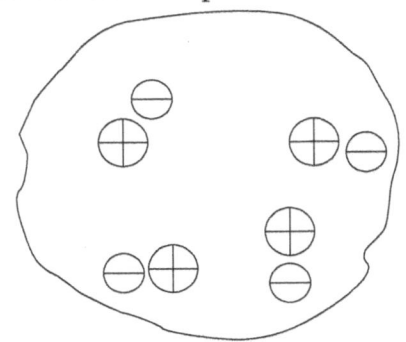

Figura 5.5 – Dielétrico na ausência de campo elétrico externo.

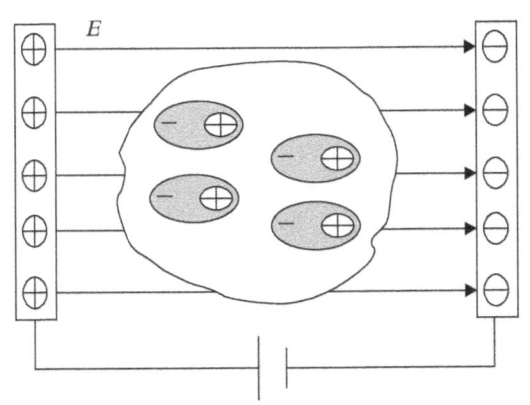

Figura 5.6 – Dielétrico sob a ação de um campo elétrico uniforme.

A polarização elétrica, ou, simplesmente, polarização $\vec{P}$, é definida como o momento de dipolo por unidade de volume. $\vec{P}$ é uma quantidade vetorial que, em cada elemento de volume do meio, terá o sentido de $\vec{p}$ e módulo

$$|\vec{P}| = \frac{|\Delta \vec{p}|}{\Delta V} = \frac{\sum p_{\text{molécula}}}{\Delta V} = \frac{q_i d}{Ad} = \frac{q_i}{A} = \sigma_i \tag{5.7}$$

$$P = \sigma_i.$$

Nessa equação, o somatório é sobre todas as moléculas contidas no elemento de volume ΔV. Note que o momento de dipolo por unidade de volume é igual à densidade superficial de carga induzida, isto é, a polarização tem dimensão de carga por unidade de área (C/m² no SI).

5.4 Lei de Gauss em um meio dielétrico

Vimos que a lei de Gauss estabelece que o fluxo elétrico através de uma superfície fechada arbitrária é proporcional à carga total encerrada por essa superfície. Quando tratamos de um meio dielétrico, ou, mais precisamente, quando aplicamos a lei de Gauss a uma região que contém cargas imersas em um dielétrico, devemos incluir todas as cargas da superfície gaussiana, as quais, agora, correspondem às cargas de polarização, além das que estão imersas no dielétrico.

Consideremos S uma superfície imaginária fechada localizada no interior de um dielétrico.

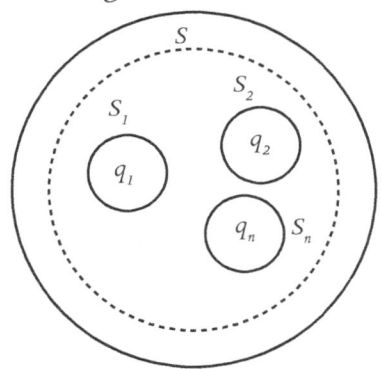

Figura 5.7 – Superfície fechada em meio dielétrico.

Então, a carga total existente no meio considerado será $q + q_p$, onde q é a quantidade de carga livre introduzida,

$$q = q_1 + q_2 + \ldots + q_n, \tag{5.8}$$

e q_p é a carga de polarização, dada por

$$q_p = -\oint_s \hat{n} da \cdot \vec{P}. \tag{5.9}$$

Utilizando-se a lei de Gauss para o dielétrico, temos que:

$$\oint_s \vec{E}.d\vec{S} = \frac{1}{\varepsilon_0}(q + q_p) \tag{5.10}$$

$$\oint_s \vec{E}.\hat{n}ds = \frac{1}{\varepsilon_0}(q - \oint_s \vec{P}.\hat{n}ds)$$

$$\oint_s ds\varepsilon_0\vec{E}.\hat{n} + \oint_s ds\vec{P}.\hat{n} = q$$

$$\oint_s ds\hat{n}.(\varepsilon_0\vec{E} + \vec{P}) = q. \tag{5.11}$$

Essa equação estabelece que o fluxo de $\varepsilon_0\vec{E} + \vec{P}$, através de uma superfície fechada, é igual à carga líquida introduzida no volume envolvido pela superfície. Essa quantidade é geralmente chamada de deslocamento elétrico, sendo representada por $\vec{D}$, isto é,

$$\vec{D} = \varepsilon_0\vec{E} + \vec{P}. \tag{5.12}$$

A Equação 5.12 relaciona os três campos que podem ter lugar em um dielétrico, $\vec{E}, \vec{P}$, e $\vec{D}$. O primeiro, $\vec{E}$, é criado pelas cargas livres, o segundo, $\vec{P}$, pelas cargas de polarização, e o terceiro, $\vec{D}$, é o campo resultante da superposição dos dois anteriores, devido tanto às cargas livres quanto às cargas de polarização.

Em termos de $\vec{D}$, a lei de Gauss pode ser assim escrita:

$$\oint_S \vec{D}.d\vec{S} = q, \tag{5.13}$$

que é conhecida como lei de Gauss para o deslocamento elétrico. Para uma distribuição volumétrica de cargas, $q = \int_V \rho dV$, e a Equação 5.13 torna-se

$$\oint_S \vec{D}.\hat{n}dS = \int_V dV\rho.$$

Aplicando o teorema do divergente (ver Capítulo 12),

$$\int_V dV \nabla.\vec{D} = \oint_S \vec{D}.d\vec{S},$$

Então, temos

$$\int_V dV \nabla.\vec{D} = \int_V dV\rho,$$

ou, ainda,

$$\int_V dV(\nabla.\vec{D} - \rho) = 0.$$

Para uma solução não trivial, $dV \neq 0$, logo, $\nabla \cdot \vec{D} - \rho = 0$, e, finalmente,

$$\nabla \cdot \vec{D} = \rho. \tag{5.14}$$

A Equação 5.14 representa a lei de Gauss na forma diferencial e equivale à Primeira Equação de Maxwell.

Para finalizar, no caso de materiais dielétricos, isotrópicos e cuja polarização não seja permanente, verifica-se experimentalmente que são válidas as seguintes relações lineares entre $\vec{P}, \vec{E}$ e $\vec{D}$:

$$\vec{P} = \chi_e \vec{E}, \tag{5.15}$$

$$\chi_e = k_e \varepsilon_0 - \varepsilon_0 = (k_e - 1)\varepsilon_0, \tag{5.16}$$

$$\vec{P} = (k_e - 1)\varepsilon_0 \vec{E}. \tag{5.17}$$

Nessas equações, χ_e representa a suscetibilidade elétrica do material e k_e, a constante dielétrica do meio. Em todos os dielétricos, $k_e \geq 1$ e $\chi_e \geq 0$, e a igualdade ocorre no vácuo. Nos dielétricos mais comuns, $1 \leq k_e \leq 100$.

Substituindo-se a Equação 5.17 na Equação 5.12, passamos a escrever

$$\vec{D} = \varepsilon_0 \vec{E} + (k_e - 1)\varepsilon_0 \vec{E} = (1 + k_e - 1)\varepsilon_0 \vec{E}.$$

Assim,

$$\vec{D} = k_e \varepsilon_0 \vec{E}, \tag{5.18}$$

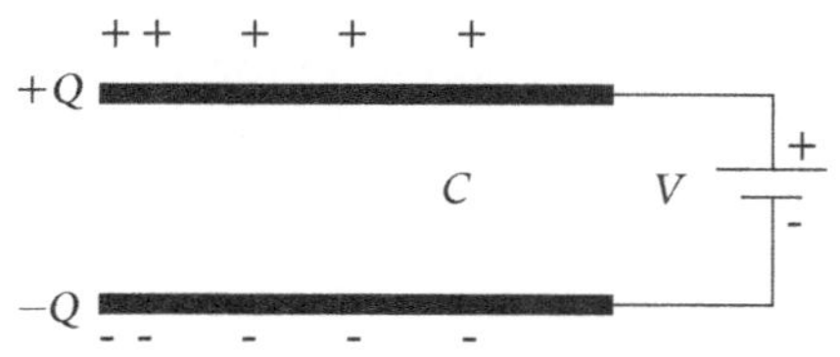

Figura 5.8 – Duas placas separadas por um meio dielétrico e submetidas a uma diferença de potencial V formam um capacitor.

ou

$$\vec{D} = \varepsilon \vec{E}, \tag{5.19}$$

onde $\varepsilon = k_e \varepsilon_0$ é a permissividade do meio.

Veja, então, que, para um dielétrico linear (satisfaz a Equação 5.19), a lei de Gauss pode ser escrita como

$$\int_S \vec{E} \cdot d\vec{S} = \frac{q}{\varepsilon}. \tag{5.20}$$

No SI, as unidades de $\vec{P}$ e $\vec{D}$ são:

$$[U(\vec{p})] = [U(\chi_e)][U(\vec{E})] = \frac{\text{coulomb}^2}{\text{newton} \cdot \text{metro}^2} \frac{\text{newton}}{\text{coulomb}} = \frac{\text{coulomb}}{\text{metro}^2} = \frac{C}{m^2}.$$

É importante observar que materiais dielétricos anisotrópicos não podem ser escritos em termos dos parâmetros permissividade e susceptibilidade como números simples; pelo contrário, cada componente de $\vec{D}$ em geral é função de cada componente de $\vec{E}$, e, na verdade, $\vec{D} = \varepsilon \vec{E}$ é uma equação matricial, onde ε é uma matriz quadrada 3×3, e $\vec{D}$ e $\vec{E}$ são, cada um, uma matriz coluna 3×1, que, representados nos eixos cartesianos, assumem a forma:

$$D_x = \varepsilon_{xx} E_x + \varepsilon_{xy} E_y + \varepsilon_{xz} E_z \tag{5.21}$$

$$D_y = \varepsilon_{yx} E_x + \varepsilon_{yy} E_y + \varepsilon_{yz} E_z \tag{5.22}$$

$$D_z = \varepsilon_{zx} E_x + \varepsilon_{zy} E_y + \varepsilon_{zz} E_z. \tag{5.23}$$

Vemos, então, que os elementos da matriz dependem da escolha dos eixos coordenados no material anisotrópico. Nosso estudo, porém, limita-se aos materiais isotrópicos lineares.

5.5 Capacitância

Consideremos um par de superfícies condutoras separadas por um meio não condutor (tal como ar, vácuo ou plástico). Esse conjunto constitui um capacitor, e, quando uma bateria é conectada a um capacitor, como mostra a Figura 5.8, a carga é rapidamente transferida para as placas até que a diferença de potencial entre elas seja V (a voltagem da bateria).

Nessa condição de equilíbrio, a carga Q, que cada placa carrega, é diretamente proporcional à voltagem V, e a constante de proporcionalidade entre Q e V é denominada capacitância C do capacitor. Assim,

$$Q = CV. \tag{5.24}$$

A capacitância C é uma medida da carga total Q que o capacitor carrega quando a diferença de potencial entre as placas é V. Certamente, a carga total armazenada no capacitor é nula, porém, o valor em módulo da carga de um dos dois condutores é o que chamamos, por convenção, de carga Q do capacitor.

Portanto, podemos dizer que um capacitor retém cargas elétricas (cargas de sinais opostos se acumulam nas placas) e a capacitância descreve a capacidade do dispositivo em reter essas cargas, para dada diferença de potencial V. Para um V fixo, uma capacitância maior corresponde a uma quantidade maior de carga.

5.5.1 Unidade da capacitância (C)

No SI, a capacitância é medida em unidades de coulombs por volt. Essa combinação de unidades é chamada *farad*, em homenagem ao cientista inglês Michael Faraday (1791-1867). Portanto,

$$1\ \text{farad}(F) = \frac{1\ \text{coulomb}}{1\ \text{volt}} = \frac{C}{V}.$$

Na prática, encontramos capacitores com valores de capacitância na faixa de $10^{-6}\text{F} = 1\mu\text{F}$ (lê-se: um microfarad) a $10^{-12}\text{F} = 1\text{pF}$ (lê-se: um picofarad). Em algumas situações, quanto maior a capacitância, melhor, como no caso, por exemplo, de aplicações nas células de memória, nas quais quanto mais tempo a célula conservar sua carga elétrica, menor será o número de ciclos de *refresh* necessários por segundo, fazendo o módulo consumir menos energia e apresentar melhor desempenho. No entanto, existem áreas nas quais uma alta capacitância é um sério problema, como nos transistores que compõem a parte lógica do processador. Nesse caso, quanto maior a capacitância, mais tempo o transistor demora para perder sua carga e mudar de estado, o que limita a frequência de operação do processador.

5.6 Aplicações

A capacitância C de qualquer capacitor é uma grandeza que depende das dimensões físicas do sistema, ou seja, da forma geométrica das placas e do meio entre elas, como veremos adiante.

Exemplo 27

Considere um capacitor de placas planas e paralelas de área A, carregado com carga Q, cuja distância entre as placas seja d e cujo meio tenha permissividade ε, como mostra a Figura 5.9. Determine o valor da capacitância C.

Solução

Considerando-se que o meio entre as placas é não condutor, este será caracterizado pelo vetor deslocamento elétrico, e não mais pelo vetor campo elétrico. Isso tem de ser assim porque, ainda que se mantenha fixa a distância entre as placas e a mesma diferença de potencial entre elas, o vetor deslocamento elétrico terá um valor diferente para cada meio ou para cada dielétrico introduzido entre as placas. Considerando-se, ainda, que a distribuição de cargas nas placas é uniforme, o campo entre as placas também será uniforme (já que os efeitos de borda serão desprezados).

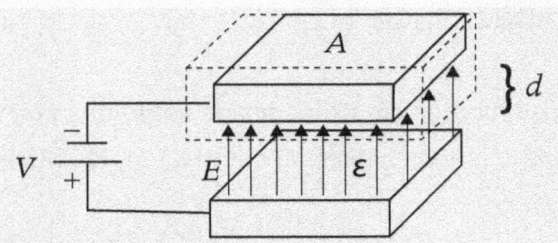

Figura 5.9 – Capacitor de placas paralelas.

Aplicando-se a lei de Gauss para o deslocamento elétrico, temos

$$\oint_s \vec{D}.d\vec{S} = Q,$$

sendo $\vec{D}.d\vec{S} = D\cos\theta dS$; visto que $\vec{D}$ é paralelo a $d\vec{S}$, então $\cos\theta = 1$.

Logo,

$$\int_s \vec{D}.d\vec{S} = DA = Q.$$

Nessa equação, A representa a área da superfície gaussiana (área tracejada), que, por construção, pode ser tomada como equivalente à área da placa.

Sendo $D = \varepsilon E$, a expressão acima fornece o campo elétrico como

$$E = \frac{Q}{\varepsilon A}.$$

A diferença de potencial entre a placa positiva e a negativa pode ser calculada da seguinte maneira (Equação 4.26):

$$V = V(+) - V(-) = -\int_-^+ d\vec{l}.\vec{E} = -\int_0^d dl\hat{l}.E(-\hat{l}),$$

onde o unitário $\hat{l}$ aponta da placa negativa para a positiva ($\vec{E}$ e $d\hat{l}$ são antiparalelos).

Assim, obtemos

$$V = \int_0^d dl \frac{Q}{\varepsilon A} \Rightarrow V = \frac{Q}{\varepsilon A}d.$$

O gráfico da Figura 5.10, a seguir, mostra a variação da voltagem entre as placas do capacitor.

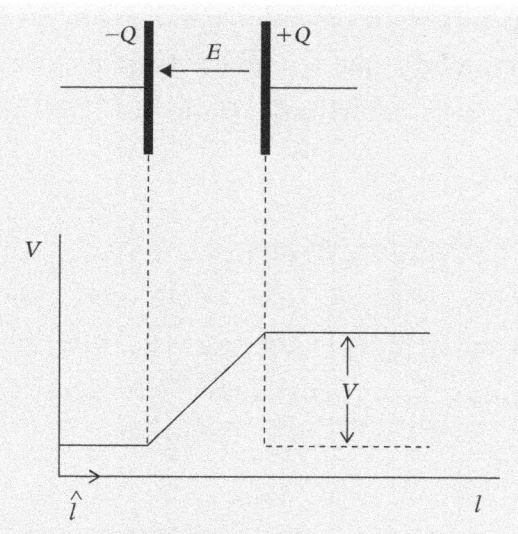

Figura 5.10 – Gráfico $V \times l$ entre as placas do capacitor.

Como se pode esperar dos cálculos anteriores, é possível observar que, entre as placas, V cresce linearmente com $l(d)$, e a capacitância pode ser assim representada:

$$C = \frac{Q}{V} = \frac{Q}{Qd/\varepsilon A}.$$

Finalmente,

$$C = \varepsilon \frac{A}{d}.$$

No resultado anterior, torna-se evidente que a capacitância C, para um ε fixo, é função apenas das dimensões físicas do sistema. Se o meio entre as placas for o vácuo ou mesmo o ar, temos $\varepsilon = \varepsilon_0$, e a capacitância é dada por

$$C = \varepsilon_0 \frac{A}{d},$$

onde $\varepsilon_0 = 8{,}85 \times 10^{-12}\,\text{F/m}$.

Note ainda que o uso de um dielétrico (em vez de apenas vácuo) aumenta a capacitância do capacitor em razão do valor da permissividade elétrica do meio.

Uma aplicação numérica desse resultado pode ser vista pelo cálculo da área das placas de um capacitor de 1 F. Se a distância entre as placas fosse de 1 mm e se elas se encontrassem no vácuo, teríamos de utilizar placas cujas áreas teriam as seguintes dimensões:

$$A = \frac{Cd}{\varepsilon_0} = \frac{1 \times 10^{-3}}{8{,}85 \times 10^{-12}}$$

$$A = 1{,}13 \times 10^8\,\text{m}^2,$$

ou seja, seriam necessárias placas de cerca de 10.630 m (ou 10,6 km) de comprimento de lados. Esse exemplo mostra, ainda, que a unidade *farad* é extremamente grande. Por esse motivo, costumamos utilizar seus submúltiplos (1 μF = 10^{-6} F e 1 pF 10^{-12} F).

APLIQUE SEUS CONHECIMENTOS

No módulo de simulação *C4 Farad*, você poderá simular os cálculos apresentados. Varie os valores da permissividade elétrica do meio. Procure, especialmente, o valor de ε necessário para que a placa possa ter dimensões realistas.

Exemplo 28

Considere um capacitor coaxial ou cabo coaxial carregado com carga Q, cujo raio interno é a, raio externo é b, comprimento é L e permissividade é ε, como mostra a Figura 5.11. Determine o valor da capacitância C.

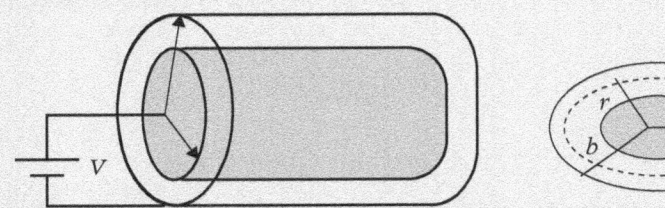

Figura 5.11 – A figura à esquerda mostra dois cabos coaxiais ou cilindros coaxiais de comprimento L, separados por um meio dielétrico de permissividade ε e submetidos a uma diferença de potencial V. A figura à direita mostra um corte da seção reta do mesmo cilindro, sendo o raio interno *a*, o externo *b*, e *r* é o raio da superfície gaussiana.

Solução

Aplicando-se a lei de Gauss, temos:

$$\oint_S \vec{D}.d\vec{S} = Q \Rightarrow DA = Q,$$

onde *A*, agora, representa a área da superfície gaussiana do cilindro. Dando sequência ao cálculo,

$$D = \varepsilon E \Rightarrow \varepsilon E(2\pi r L) = Q,$$

e, então,

$$E = \frac{Q}{2\pi \varepsilon L r}.$$

A diferença de potencial $V_{ab} = V$ entre os cilindros de raios *a* e *b* será dada pela integral de linha (Equação 4.26),

$$V = -\int_b^a \vec{E}.d\vec{r} = \int_a^b E dr.$$

Substituindo-se a expressão do campo, obtemos

$$V = \int_a^b \frac{Q}{2\pi\varepsilon L} \frac{dr}{r} = \frac{Q}{2\pi\varepsilon L}[\ln r]_a^b.$$

Portanto, o potencial é dado por

$$V = \frac{Q}{2\pi\varepsilon L} \ln \frac{b}{a}$$

e a capacitância pode ser assim representada:

$$C = \frac{Q}{V} \Rightarrow C = \frac{Q}{\dfrac{Q}{2\pi\varepsilon L}\ln\dfrac{b}{a}},$$

ou seja,

$$C = \varepsilon \frac{2\pi L}{\ln b/a}.$$

Mais uma vez, notamos o aparecimento de quantidades relacionadas à geometria do capacitor e à constante dielétrica.

Exemplo 29

Considere um capacitor esférico formado por duas calotas esféricas concêntricas, carregadas com carga Q e de raios a e b, com b > a. O meio entre as calotas tem permissividade ε. Esse modelo de capacitor é representado na Figura 5.12. Determine o valor da capacitância C, supondo que uma diferença de potencial V é aplicada entre os terminais das duas calotas.

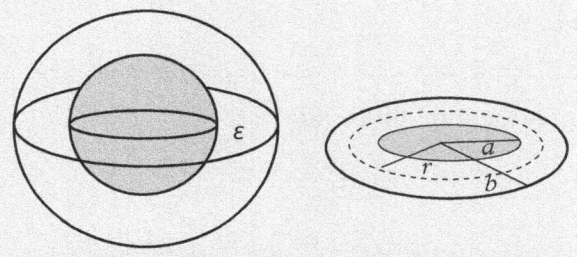

Figura 5.12 – A figura à esquerda mostra duas calotas esféricas concêntricas, separadas por um meio dielétrico de permissividade ε e submetidas a uma diferença de potencial V. A figura à direita mostra as mesmas calotas projetadas no plano. O raio interno é denotado por a, o externo, por b, e r é o raio da superfície gaussiana traçada entre as duas esferas.

Aplicando-se a lei de Gauss,

$$\oint_S \vec{D}.d\vec{S} = Q \Rightarrow DA = Q,$$

com

$$D = \varepsilon E \Rightarrow \varepsilon E(4\pi r^2) = Q.$$

Assim,
$$E = \frac{Q}{4\pi\varepsilon r^2}.$$

A diferença de potencial $V = V_{ab}$ é dada pela integral de linha

$$V_{ab} = -\int_b^a \vec{E}.d\vec{r} = \int_a^b \frac{Q}{4\pi\varepsilon} \frac{dr}{r^2} = \frac{Q}{4\pi\varepsilon}\left[-\frac{1}{r}\right]_a^b,$$

portanto,

$$V_{ab} = \frac{Q}{4\pi\varepsilon}\left(\frac{1}{a} - \frac{1}{b}\right).$$

Porém,

$$C = \frac{Q}{V} \Rightarrow C = \frac{4\pi\varepsilon}{\frac{1}{a} - \frac{1}{b}}$$

$$C = 4\pi\varepsilon\left(\frac{ab}{b-a}\right).$$

É interessante observar o que acontece quando $b \gg a$, uma vez que, nessa situação, podemos obter uma expressão mais simples para a capacitância, pois podemos desprezar[2] o valor de a ante b no denominador da equação de C e, então,

$$C = 4\pi\varepsilon a.$$

Esse resultado corresponde ao modelo físico de uma esfera isolada, como podemos confirmar no Exemplo 30, a seguir.

Exemplo 30

Caso da esfera isolada.

Considerando uma esfera carregada isolada de raio R e supondo que a outra placa seja uma esfera condutora de raio infinito, então temos

$$V_{ab} = -\int_b^a \vec{E}.d\vec{r} = \int_R^\infty E dr,$$

$$V_{ab} = \int_R^\infty \frac{Q}{4\pi\varepsilon} \frac{dr}{r^2} = \frac{Q}{4\pi\varepsilon}\left[-\frac{1}{r}\right]_R^\infty.$$

Se o meio entre as duas calotas é o ar, temos $\varepsilon_0 = \varepsilon$.

$$V = \frac{Q}{4\pi\varepsilon_0}\left(\frac{1}{R} - \frac{1}{\infty}\right),$$

---

[2] Se nos valermos de um pouco mais de rigor nas definições, uma regra para efetuar aproximações na física é a partir da identificação do parâmetro que é pequeno e escrevendo-se a expressão que pretendemos aproximar em termos desse parâmetro. Depois disso, faz-se uma expansão em torno do valor zero para o parâmetro, o qual, em geral, é adimensional, uma vez que, com frequência, ele é considerado razão entre duas grandezas físicas. No caso em questão, o parâmetro corresponde à razão entre os raios, a/b.

logo, a *diferença de potencial* entre as placas será

$$V = \frac{Q}{4\pi\varepsilon_0 R}.$$

Como

$$C = \frac{Q}{V} \Rightarrow C = \frac{Q}{\dfrac{Q}{4\pi\varepsilon_0 R}},$$

vemos que a capacitância de uma esfera isolada é

$$C = 4\pi\varepsilon_0 R,$$

como esperado.

> **APLIQUE SEUS CONHECIMENTOS**
> No módulo C4, você pode rever o problema do capacitor formado por duas calotas esféricas. Altere os valores dos raios e observe a variação da capacitância. Faça $b \gg a$ e obtenha como limite a capacitância de uma esfera isolada.

Até o momento, discutimos os principais modelos de capacitores. Em particular, todos os casos possuíam grande simetria, de modo que foi possível utilizar a lei de Gauss. Existem, contudo, capacitores com as mais variadas formas geométricas, como o capacitor de placas não paralelas, o cilindro (ou esfera) excêntrico, entre outros. Na maioria dos casos, os cálculos são complexos e fogem ao que nos propomos. Algumas referências citadas ao final deste capítulo discutem esses problemas mais elaborados e, em alguns casos, apresentam soluções aproximadas.

5.7 Energia armazenada no capacitor

Para carregar um capacitor, é preciso expender energia, uma vez que, para aumentar a carga desse capacitor, deve-se realizar trabalho a fim de superar a repulsão da carga já presente na placa, produzindo, assim, um acréscimo na energia do condutor. Desse modo, um capacitor carregado possui certa energia potencial elétrica U_E acumulada, que é igual ao trabalho W despendido para carregá-lo. O que torna um capacitor extremamente útil do ponto de vista de suas aplicações tecnológicas é que essa energia também pode ser recuperada, permitindo-se a descarga do capacitor. Supondo-se que q é a carga transferida ao capacitor, a voltagem entre as placas será:

$$V = \frac{q}{C}. \qquad (5.25)$$

Mas

$$V = \frac{dW}{dq} \Rightarrow dW = Vdq. \qquad (5.26)$$

Substituindo-se o valor de V dado pela Equação 5.25 na Equação 5.26, temos

$$dW = \frac{q}{C}dq. \qquad (5.27)$$

A energia despendida para carregar o capacitor com uma carga total q será igual ao trabalho realizado:

$$U_E = \int dW = \int_0^q dq \frac{q}{C},$$

$$U_E = \frac{1}{C}\int_0^q dq\, q = \frac{1}{C}\left[\frac{q^2}{2}\right]_0^q,$$

portanto,

$$U_E = \frac{1}{2}\frac{q^2}{C}, \qquad (5.28)$$

ou, ainda,

$$U_E = \frac{1}{2}CV^2, \qquad (5.29)$$

que corresponde à energia potencial elétrica armazenada no capacitor. No caso do condutor esférico do exemplo anterior, $C = 4\pi\varepsilon_0 R$ e $V = q/4\pi\varepsilon_0 R$; a energia armazenada será, então:

$$U_E = \frac{1}{2}\frac{q^2}{4\pi\varepsilon_0 R}. \qquad (5.30)$$

PARA REFLETIR

Além dos capacitores que discutimos, os circuitos podem conter capacitâncias parasitas, que estão presentes de modo não intencional e se devem a vários efeitos. Por exemplo, quando dois fios não perfeitamente isolados de um circuito estão próximos, existe uma capacitância parasita entre eles. O mesmo ocorre nos circuitos transistorizados, em que capacitâncias parasitas podem existir entre os diferentes elementos dos transistores. As capacitâncias parasitas podem causar sérios problemas se não forem, de alguma maneira, prevenidas no projeto do circuito.

5.7.1 Densidade de energia (μ_E)

Vimos que o campo elétrico entre placas paralelas é uniforme se desprezarmos os efeitos nas bordas. Essa é uma boa aproximação para capacitores cuja separação entre as placas é muito pequena em comparação às dimensões das placas. Assim, nesses capacitores, o campo elétrico tem o mesmo valor em todos os pontos entre as placas, e podemos definir uma densidade de energia do campo elétrico como a distribuição de energia por unidade de volume,

$$\mu_E = \frac{U_E}{\text{volume}}. \tag{5.31}$$

O capacitor de placas paralelas tem $C = \varepsilon_0 A / d$ e $volume = Ad$. Assim,

$$\mu_E = \frac{\frac{1}{2}CV^2}{\text{volume}} = \frac{\frac{1}{2}\varepsilon_0 A V^2}{dAd} = \frac{1}{2}\varepsilon_0 \left(\frac{V}{d}\right)^2,$$

mas $V/d = E$, logo, a densidade de energia é dada por:

$$\mu_E = \frac{1}{2}\varepsilon_0 E^2. \tag{5.32}$$

Vemos, então, que a densidade de energia elétrica é proporcional ao quadrado do campo elétrico. Desse modo, podemos integrar a Equação 5.32 sobre todo o volume e obter a energia U_E. Nesse caso,

$$U_E = \frac{1}{2}\varepsilon_0 \int E^2 dv.$$

Podemos dizer que a energia encontra-se armazenada no próprio campo elétrico.

PARA REFLETIR

O campo não é mero artifício matemático para tratar forças, mas uma entidade física, real, com energia associada a ele.

Embora tenhamos considerado o capacitor de placas paralelas, o resultado é geral e se estende às demais formas geométricas. Note, ainda, que a energia eletrostática é quadrática em E. Isso significa que ela não obedece ao princípio da superposição. A energia de um sistema composto por dois campos, por exemplo, não será apenas a soma das energias de cada um, mas conterá também termos cruzados.

Unidade da densidade de energia (μ_E)

$$U[\mu_E] = \frac{\text{joules}}{\text{metro}^3} = \frac{J}{m^3}$$

5.8 Associação de capacitores

Os circuitos elétricos e eletrônicos, em geral, são constituídos por vários componentes, que são associados de diferentes modos. No caso dos capacitores, a possibilidade de podermos associá-los é particularmente importante, uma vez que, como vimos, a capacitância, para um mesmo dielétrico, só depende da geometria do capacitor, e tal dependência é claramente um fator limitante para um projeto. A associação de capacitores pode ser em paralelo, em série, ou de forma mista, ou seja, uma junção das duas primeiras.

5.8.1 Associação em paralelo

Dizemos que um conjunto de capacitores está ligado em paralelo quando esse conjunto está sujeito à mesma diferença de potencial V. A Figura 5.13 ilustra um exemplo desse tipo de associação.

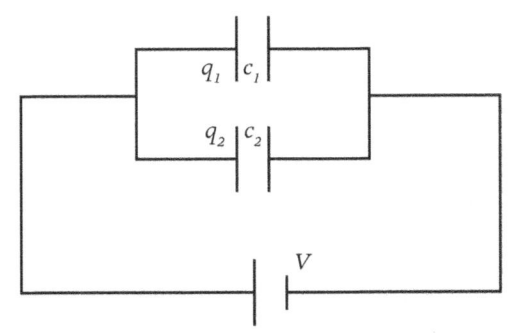

Figura 5.13 – Dois capacitores ligados em paralelo.

Nesse caso, a carga total será:

$$q = q_1 + q_2, \tag{5.33}$$

e, uma vez que

$$q = CV,$$

temos

$$\begin{cases} q_1 = C_1 V \\ q_2 = C_2 V \end{cases}. \tag{5.34}$$

Substituindo a Equação 5.34 na Equação 5.33, temos

$$CV = C_1V + C_2V,$$

assim,

$$C = C_1 + C_2. \tag{5.35}$$

Logo, a capacitância equivalente é dada pela soma da capacitância de cada capacitor. Chamamos capacitância equivalente a capacitância de um único capacitor, capaz de substituir todo o conjunto sem que haja mudança na operação do circuito externo.

Em um circuito, podemos facilmente identificar uma associação em paralelo, porque, nas associações em paralelo, as armaduras positivas são ligadas entre si, e o mesmo se dá com as armaduras negativas, como se pode ver no esquema da Figura 5.14, a seguir.

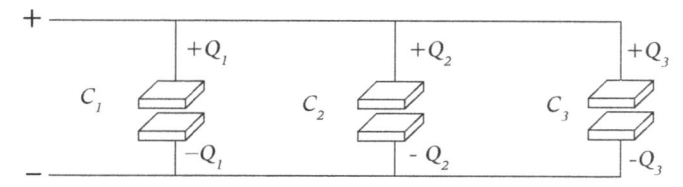

Figura 5.14 – Capacitores ligados em paralelo.

O resultado da Equação 5.35 pode ser generalizado para n capacitores em paralelo, e a capacitância equivalente C_{eq} de n capacitores associados em paralelo é dada por

$$C_{eq} = \sum_n C_n. \tag{5.36}$$

5.8.2 Associação em série

Dizemos que um conjunto de capacitores está ligado em série quando a diferença de potencial aplicado ao conjunto é igual à soma das diferenças de potencial de cada capacitor. A Figura 5.15 mostra um exemplo desse tipo de associação.

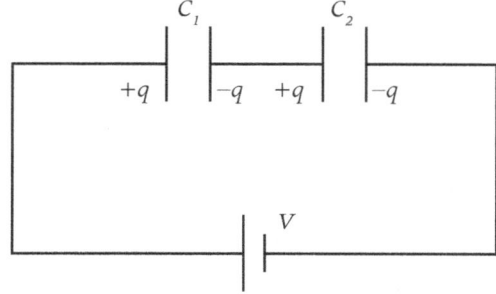

Figura 5.15 – Dois capacitores ligados em série.

Nesse caso,
$$V = V_1 + V_2, \qquad (5.37)$$
mas
$$V = \frac{q}{C},$$
então,
$$\begin{cases} V_1 = \dfrac{q}{C_1} \\ V_2 = \dfrac{q}{C_2} \end{cases}. \qquad (5.38)$$

Substituindo-se a Equação 5.38 na Equação 5.37, temos
$$\frac{q}{C} = \frac{q}{C_1} + \frac{q}{C_2},$$
isto é,
$$\frac{1}{C} = \frac{1}{C_1} + \frac{1}{C_2}. \qquad (5.39)$$

Em uma associação em série, a armadura positiva liga-se à armadura negativa, como ilustra o esquema da Figura 5.16, a seguir.

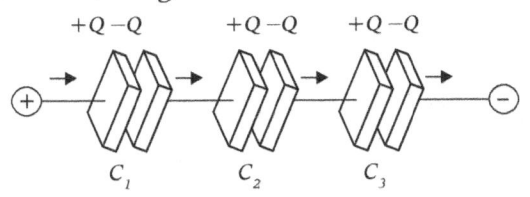

Figura 5.16 – Capacitores ligados em série.

No caso de n capacitores em série,
$$\frac{1}{C_{eq}} = \sum_n \frac{1}{C_n} \qquad (5.40)$$

APLIQUE SEUS CONHECIMENTOS

No módulo C4, monte o circuito com os capacitores em série, varie os valores da tensão de entrada e, a cada alteração, use o multímetro para determinar o valor da tensão sobre cada capacitor. Refaça a simulação para o caso de eles estarem em paralelo.

5.8.3 Aplicações

Exemplo 31

Entre as placas paralelas de um capacitor são introduzidos dois materiais de constante k_1 e k_2, como mostra a Figura 5.17. Mostre que os capacitores estão ligados em paralelo e que a capacitância C é dada por

$$C = \frac{\varepsilon_0 A}{d}\left(\frac{k_1 + k_2}{2}\right).$$

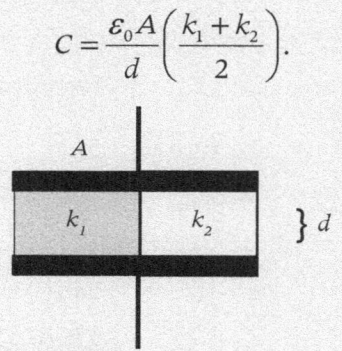

Figura 5.17 – Dois capacitores de constantes k_1 e k_2.

Solução

Dizemos que os capacitores da Figura 5.17 se encontram em paralelo, visto que estão ligados sob a mesma diferença de potencial. Dessa maneira, a capacitância equivalente é dada por

$$C = C_1 + C_2 \tag{i}$$

Da lei de Gauss,

$$\oint_S d\vec{S} \cdot \varepsilon_0 \vec{E} = q,$$

ou

$$\int_S \vec{D} \cdot d\vec{S} = q.$$

Como $\vec{D} // d\vec{S}$, temos

$$D\int_S dS = q \Rightarrow DA = q,$$

ou

$$D = \frac{q}{A}. \tag{ii}$$

A *diferença de potencial* entre as placas será dada por

$$V = \int_0^d E\,dr.$$

Mas,

$$E = \frac{D}{k\varepsilon_0}. \tag{iii}$$

Podemos, assim, reescrever V fazendo uso de (ii) e (iii):

$$V = \int_0^d dr \frac{D}{\varepsilon_0 k} = \frac{q}{\varepsilon_0 kA} \int_0^d dr.$$

Logo,

$$V = \frac{q}{\varepsilon_0 kA} d.$$

Chamando V_1 e V_2 a diferença de potencial dos capacitores C_1 e C_2, respectivamente, e visto que cada um deles ocupa a metade da área entre as placas, temos

$$V_1 = \frac{q_1}{\varepsilon_0 k_1 \frac{A}{2}} d = \frac{2q_1 d}{\varepsilon_0 k_1 A},$$

e

$$V_2 = \frac{q_2}{\varepsilon_0 k_2 \frac{A}{2}} d = \frac{2q_2 d}{\varepsilon_0 k_2 A},$$

assim como

$$C_1 = \frac{q_1}{V_1} = \frac{\varepsilon_0 k_1 A}{2d}$$

e

$$C_2 = \frac{q_2}{V_2} = \frac{\varepsilon_0 k_2 A}{2d}.$$

Podemos finalmente retornar a (i) e escrever a capacitância equivalente do sistema de capacitores ligados em paralelo como

$$C = \frac{\varepsilon_0 k_1 A}{2d} + \frac{\varepsilon_0 k_2 A}{2d}$$

ou, ainda,

$$C = \frac{\varepsilon_0 A}{d} \left(\frac{k_1 + k_2}{2} \right).$$

Exemplo 32

Entre as placas de um capacitor de placas paralelas são introduzidos dois materiais de constantes k_1 e k_2, como mostra a Figura 5.18. Mostre que os capacitores estão ligados em série e que a capacitância C é dada por:

$$C = \frac{2\varepsilon_0 A}{d} \left(\frac{k_1 k_2}{k_1 + k_2} \right).$$

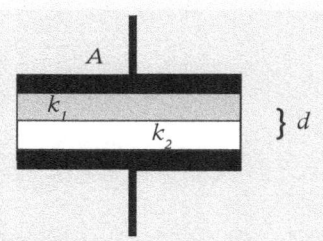

Figura 5.18 – Capacitores de constantes k_1 e k_2.

Solução

Sendo $V = V_1 + V_2$, concluímos que o sistema de capacitores encontra-se em série, assim:

$$C = \frac{C_1 C_2}{C_1 + C_2}. \qquad (i)$$

De modo análogo ao problema anterior, temos

$$D = \frac{q}{A}.$$

Como cada capacitor ocupa apenas a metade da distância entre as placas, temos

$$V_1 = \int_0^{d/2} dr \frac{D}{\varepsilon_0 k} = \frac{q}{\varepsilon_0 kA} \int_0^{d/2} dr,$$

logo,

$$V_1 = \frac{q}{\varepsilon_0 k_1 A} \frac{d}{2}$$

e, analogamente,

$$V_2 = \frac{q}{\varepsilon_0 k_2 A} \frac{d}{2}.$$

Como $q = q_1 = q_2$, temos

$$C_1 = \frac{q}{V_1} = \frac{2\varepsilon_0 k_1 A}{d},$$

e, também,

$$C_2 = \frac{q}{V_1} = \frac{2\varepsilon_0 k_2 A}{d}.$$

De (i) temos, finalmente,

$$C = \frac{\frac{2\varepsilon_0 k_1 A}{d} \frac{2\varepsilon_0 k_2 A}{d}}{\frac{2\varepsilon_0 k_1 A}{d} + \frac{2\varepsilon_0 k_2 A}{d}},$$

ou, arrumando-se os termos, chegamos à expressão dos capacitores ligados em série:

$$C = \frac{2\varepsilon_0 A}{d} \left(\frac{k_1 k_2}{k_1 + k_2} \right).$$

5.9 Exercícios

5.9.1 Exercícios resolvidos

1. **Capacitor de placas paralelas.** Um capacitor de placas paralelas é construído comprimindo-se fortemente uma folha de papel de 0,14 mm de espessura entre folhas de alumínio. As dimensões laterais das folhas são 15 mm e 480 mm. Desprezando os efeitos de borda e sabendo que a rigidez e a constante dielétrica do papel são, respectivamente, 15×10^6 volts/m e 3,6, determine:

    a) a capacitância do capacitor;

    b) a diferença de potencial máxima que pode ser estabelecida através dele sem ruptura dielétrica.

SOLUÇÃO

a) A lei de Gauss para o dielétrico é: $\oint_S \vec{D}.\vec{dS} = Q \Rightarrow DA = Q$, onde A representa a área da superfície gaussiana tomada como a área da placa. Mas $D = \varepsilon E \Rightarrow E = Q/\varepsilon A$ e, então, a diferença de potencial $V = -\int_-^+ \vec{E}.\vec{dr}$ entre as placas será $V = \frac{Q}{\varepsilon A}d$, portanto, como $C = \frac{Q}{V}$, temos $C = \frac{\varepsilon A}{d}$. Como $\varepsilon = k_e \varepsilon_0$, para $k_e = 3,6$ temos:

$$C = \frac{(3,6)(8,85 \times 10^{-12}\,\text{m})(0,48\,\text{m})}{1,4 \times 10^{-4}\,\text{m}} \Rightarrow C = 1,6 \text{ nF}.$$

b) No caso do capacitor de placas paralelas, temos:

$$V_{max} = E_{max}d = (1,5 \times 10^{-6}\,\text{volt/m})(1,4 \times 10^{-4}\,\text{m}) \Rightarrow V_{max} = 2,1 \text{ kV},$$

como tensão máxima que pode ser estabelecida sem causar ruptura dielétrica.

2. **Capacitor esférico.** Considere a esfera isolada do Exemplo 29. Suponha que essa esfera seja coberta com um material dielétrico diferente ($\varepsilon = \varepsilon_c$), formando uma camada que se estenda de $R < r < r_c$. Determine a capacitância.

SOLUÇÃO

A lei de Gauss mostra que $D = \frac{q}{4\pi r^2}$. Então,

$E = \frac{q}{4\pi \varepsilon_c r^2}$, para $(R < r < r_c)$, e

$E = \frac{q}{4\pi \varepsilon_0 r^2}$, para $(r > r_c)$.

E a diferença de potencial fica:

$$V(R)-V(\infty)=-\int_{r_c}^{R}dr\frac{q}{4\pi\varepsilon_c r^2}-\int_{\infty}^{r_c}dr\frac{q}{4\pi\varepsilon_0 r^2},$$

$$V=\frac{q}{4\pi}\left[\frac{1}{\varepsilon_c}\left(\frac{1}{R}-\frac{1}{r_c}\right)+\frac{1}{\varepsilon_0 r_c}\right].$$

Logo,

$$C=\frac{4\pi}{\left[\dfrac{1}{\varepsilon_c}\left(\dfrac{1}{R}-\dfrac{1}{r_c}\right)+\dfrac{1}{\varepsilon_0 r_c}\right]}.$$

3. **Energia no capacitor.** Um capacitor cilíndrico possui raios r_i e r_f, sendo $r_f > r_i$. Mostre que metade da energia potencial elétrica está localizada no interior de um cilindro cujo raio é $\sqrt{r_i r_f}$.

SOLUÇÃO

A densidade de energia é $\mu_E=\dfrac{1}{2}\varepsilon_0 E^2$. O campo E pode ser obtido pela lei de Gauss e é igual a $E=\dfrac{q}{2\pi\varepsilon_0 L r}$. Assim, $\mu_E=\dfrac{1}{2}\varepsilon_0\dfrac{q^2}{(2\pi\varepsilon_0 L r)^2}$. Então,

$$\mu_E=\frac{q^2}{8\pi^2\varepsilon_0 L^2 r^2}.$$

A energia pode ser obtida integrando-se a densidade de energia sobre todo o volume: $U=\int dv\,\mu_E$, com $dv=2\pi r L\,dr$. Logo,

$$U=\frac{q^2}{4\pi\varepsilon_0 L}\int_{r_i}^{r_f}\frac{dr}{r}.$$

Desse modo, a energia total no capacitor é

$$U=\frac{q^2}{4\pi\varepsilon_0 L}\ln\left(\frac{r_f}{r_i}\right).$$

Chamando R o raio (maior) do cilindro, em que metade da energia potencial está contida, temos

$$U_R=\frac{q^2}{4\pi\varepsilon_0 L}\ln\left(\frac{R}{r_i}\right).$$

A condição desejada é $\dfrac{U_R}{U}=\dfrac{1}{2}$, então:

$$\frac{\ln\left(\dfrac{R}{r_i}\right)}{\ln\left(\dfrac{r_f}{r_i}\right)}=\frac{1}{2},$$

assim, $R=\sqrt{r_i r_f}$.

4. **Associação de capacitores.** Considere a combinação de capacitores da Figura 5.19, onde $C_1 = 2,9\ \mu F$, $C_2 = 1,8\ \mu F$ e $C_3 = 2,4\ \mu F$. A diferença de potencial entre as extremidades da combinação é $V_b - V_a = 53$ volts. Determine:

a) a capacitância equivalente C_{123} da combinação;

b) a carga em cada capacitor.

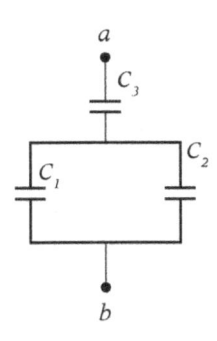

Figura 5.19 – Associação de capacitores.

c) a diferença de potencial através de cada capacitor.

SOLUÇÃO

a) Vê-se que os capacitores 1 e 2 estão em paralelo, então a capacitância equivalente será $C_{12} = 2,9\ \mu F + 1,8\ \mu F = 4,7\ \mu F$. Como C_{12} está em série com C_3, temos

$$C_{123} = \frac{C_{12} C_3}{C_{12} + C_3} = \frac{(4,7\ \mu F)(2,4\ \mu F)}{4,7\ \mu F + 2,4\ \mu F} = 1,6\ \mu F.$$

b) Os capacitores 1 e 2 estão em paralelo, então a diferença de potencial através de cada um deles é a mesma: $V_1 = V_2$. Já C_{12} está em série com C_3, então, $V_3 + V_1 = V$, a tensão sobre o equivalente. $Q_3 = Q_1 + Q_2 = C_{123} V = 84\ \mu C$. E $Q_1 = C_1 V_1$ e $Q_2 = C_2 V_2$. Porém, $V_1 = V_2 = \frac{Q_1 + Q_2}{C_{12}} = \frac{Q_3}{C_{12}} = 18$ volts. Assim, $Q_1 = (2,9\ \mu F)(18\text{ volts}) = 52\ \mu C$ e $Q_2 = (1,8\ \mu F)(18\text{ volts}) = 32\ \mu C$.

c) $V_3 = \frac{Q_3}{C_3} = 35$ volts. Para calcular a carga no item anterior, foi necessário conhecer as demais tensões, que foram encontradas anteriormente.

5.9.2 Exercícios propostos

1. Um condutor de forma arbitrária contendo carga q é introduzido em um meio dielétrico uniforme de constante dielétrica k conforme a Figura 5.20. Determine as cargas de polarização dentro e fora do dielétrico.

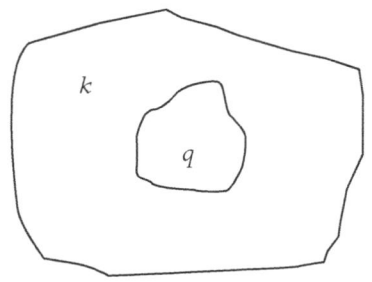

Figura 5.20 – Condutor de geometria arbitrária.

2. Determine os módulos $\vec{D}$ e $\vec{P}$ para um material dielétrico em que se encontre um campo aplicado $E = 0,15\ MV/m$ e $\chi_e = 4,25$.

3. Determine o valor de $\vec{E}$ em um material cuja suscetibilidade elétrica é $\chi_e = 3,5$ e $\vec{P} = 2,3 \times 10^{-7}\hat{r}\ C/m^2$. Considere $\vec{P}$ e $\vec{E}$ na mesma direção.

4. Duas placas paralelas com densidade de carga superficial igual e de sinais opostos estão separadas por um dielétrico de 5 mm de espessura, de coeficiente dielétrico 3. A intensidade elétrica resultante no dielétrico é 10^6 V/m. Achar:
   a) o deslocamento no dielétrico,
   b) a densidade superficial de carga livre nas placas condutoras,
   c) a polarização no dielétrico,
   d) a densidade superficial de carga induzida na superfície do dielétrico,
   e) a componente de intensidade elétrica no dielétrico devido a carga livre,
   f) a componente do campo elétrico devido a carga induzida.

5. Determine:
   a) a quantidade de carga de cada placa de um capacitor de 5,00 μF quando ele está conectado a uma bateria de 1,50 V;
   b) a quantidade de carga se esse mesmo capacitor for conectado a uma bateria de 3,00 V e finalmente a uma bateria de 12 V.

6. Duas placas paralelas têm área de 2.000 cm² e estão separadas de 1 cm. A diferença de potencial entre as placas é de 3.000 V, diminuindo para 1.000 V quando entre as placas é inserida uma lâmina de material dielétrico. Determine:
   a) a capacitância inicial antes da introdução da lâmina;
   b) a carga em cada placa;
   c) a capacitância após ter sido inserido o dielétrico;
   d) a constante dielétrica, K, do dielétrico;
   e) a permissividade, ε, do dielétrico;
   f) a carga induzida no dielétrico;
   g) o campo elétrico antes da introdução da lâmina;
   h) o campo elétrico após a introdução da lâmina.

7. Uma chapa de cobre com espessura $b = 0,5$ cm é introduzida exatamente no meio das placas de um capacitor plano, cujas placas estão separadas pela distância $d = 1,0$ cm. Considere A = 100 cm². Determine o valor da capacitância nos seguintes casos:
   a) Antes da introdução da placa.
   b) Depois da introdução da placa.
   c) No módulo de simulação C4, estude o comportamento da capacitância nas seguintes situações:
   ▪ ao alterar os valores da espessura da chapa de cobre;
   ▪ ao alterar a distância d entre as placas.

8. Dois meios dielétricos, de constantes dielétricas k_1 e k_2, estão separados por uma interface plana. Não há carga externa sobre a interface. Determine a relação entre θ_1 e θ_2, considerando que esses são os ângulos formados por uma linha arbitrária de deslocamento normal à interface (θ_1 do meio 1 e θ_2 do meio 2).

9. Considere duas esferas condutoras concêntricas de raios R_a e R_b ($R_a < R_b$), com cargas Q e $-Q$, respectivamente, como mostra a Figura 5.21. Calcule a energia armazenada no sistema sabendo que o meio entre as esferas tem permissividade ε.

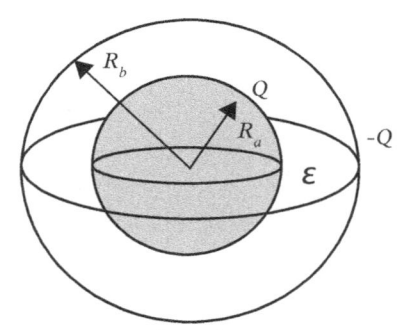

Figura 5.21 – Esferas concêntricas com cargas Q e –Q.

10. Considere uma casca esférica condutora de raio R, com uma densidade superficial de carga σ homogênea sobre sua superfície. Dentro da casca e fora dela existe um meio de permissividade ε_0. Encontre a energia eletrostática do sistema.

11. Um capacitor de 80 μF é submetido a uma *ddp* de 20 V. O capacitor é removido da ligação com a bateria e a distância entre as placas é ampliada de 2,5 mm para 3,8 mm. Determine:
    a) a carga no capacitor;
    b) a energia inicialmente armazenada no capacitor;
    c) o aumento da energia armazenada após a separação entre as placas.

12. Um cabo coxial é constituído por um fio condutor de raio 0,80 mm e de uma casca condutora externa de raio de 1,8 mm. Encontre a capacitância do cabo por unidade de comprimento.

13. Deseja-se projetar um capacitor de placas paralelas utilizando-se borracha como dielétrico. Se a borracha tem constante dielétrica igual a 3 e rigidez dielétrica de 2×10^5 V/cm e a capacitância do capacitor deve ser de 0,15 μF, qual a área mínima que as placas do capacitor devem ter para que ele seja capaz de suportar uma diferença de potencial máxima de 6.000 V?

14. O capacitor de cargas planas e paralelas como o da Figura 5.22 com área de 0,30 m² e separação de 5,5 mm contém três dielétricos, sendo os campos $\vec{E}$ e $\vec{D}$ normais às interfaces. Os dielétricos possuem as seguintes características: $\varepsilon_1 = 3,0$ e $d_1 = 1,0$ mm; $\varepsilon_2 = 4,0$ e $d_2 = 2,0$ mm; $\varepsilon_3 = 6,0$ e $d_3 = 2,5$ mm. Determine a capacitância.

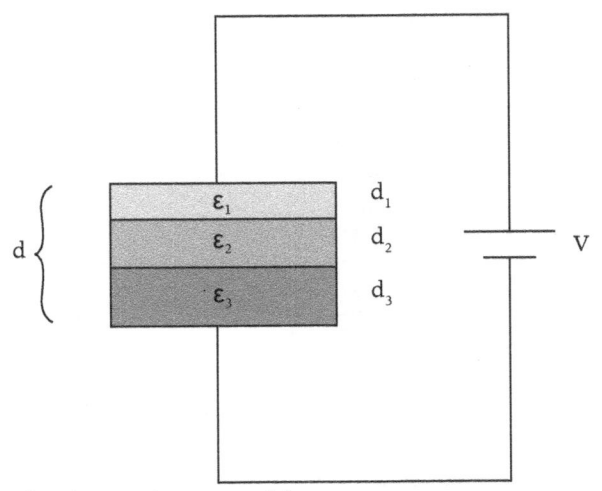

Figura 5.22 – Conjunto de três capacitores em série.

15. Encontre a capacitância de um capacitor de placas planas e paralelas contendo dois dielétricos, $\varepsilon_1 = 1,5$ e $\varepsilon_2 = 3,5$. Cada um deles ocupa a metade do volume entre as placas, como ilustrado na Figura 5.23. Sendo a área da placa $A = 2,0$ m² e $d = 10^{-3}$m.

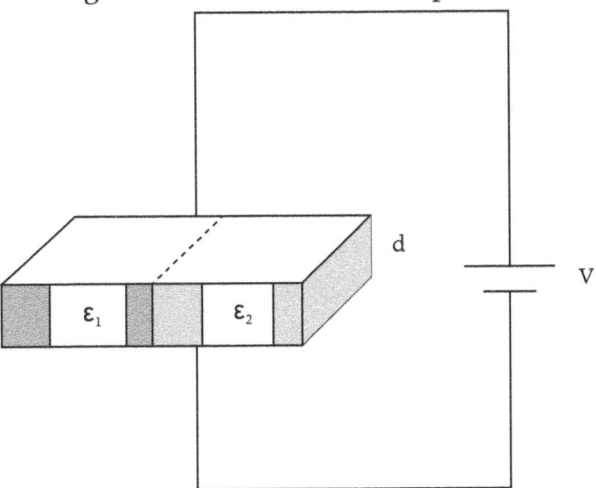

Figura 5.23 – Capacitores em paralelo.

16. No capacitor cilíndrico ilustrado na Figura 5.24, cada dielétrico ocupa a metade do volume. Determine a capacitância do conjunto.

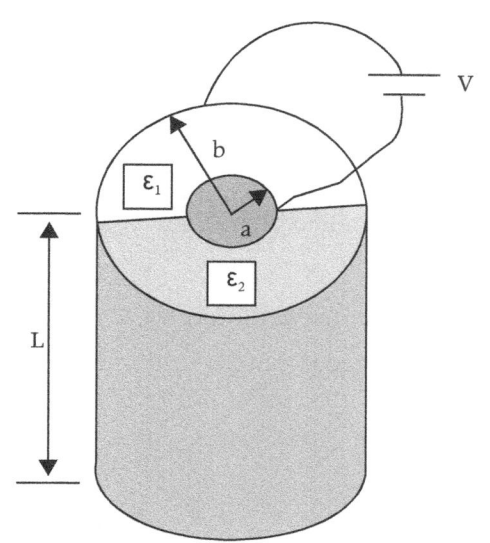

Figura 5.24 – Capacitores cilíndricos em paralelo.

17. Considere a associação de capacitores da Figura 5.25.

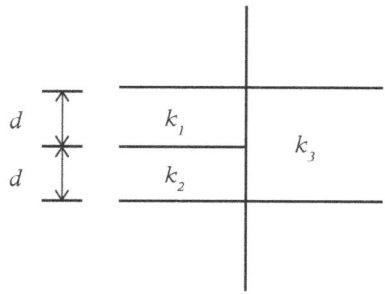

Figura 5.25 – Associação de capacitores.

a) Determine a capacitância dos capacitores de placas paralelas na situação ilustrada, onde k_1, k_2 e k_3 são constantes dielétricas dos materiais colocados no interior do capacitor.
b) Construa um circuito equivalente para cada um dos casos.
c) Sabendo que os valores da constante dielétrica do ar, do papel e da cerâmica são, respectivamente, 1,00; 3,5; e 130, vá ao módulo de simulação C4 e simule as combinações de materiais que proporcionem ao capacitor a maior e a menor capacitância.

18. No circuito do item b da questão anterior, suponha que $C_1 = 10$ μF; $C_2 = 5,0$ μF; $C_3 = 4,0$ μF e $V = 100$ V. Determine:
   a) a carga em cada capacitor;
   b) a diferença de potencial em cada capacitor;
   c) a energia acumulada em cada capacitor.

19. Um capacitor de 2 μF e outro de 4 μF são ligados em paralelo a uma fonte com uma diferença de potencial de 300 V. Calcule:
    a) a capacitância equivalente do conjunto;
    b) a carga no conjunto;
    c) a energia total armazenada no conjunto de capacitores.

20. Cinco capacitores idênticos, com capacitância de C_1, estão ligados num circuito ponte, conforma a Figura 5.26. Qual a capacitância equivalente entre os pontos a e b?

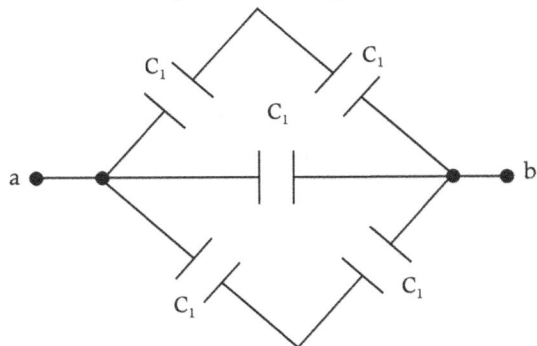

Figura 5.26 – Capacitores em ponte.

21. Encontre a capacitância equivalente entre os pontos a e b na combinação de capacitores mostrada na Figura 5.27.

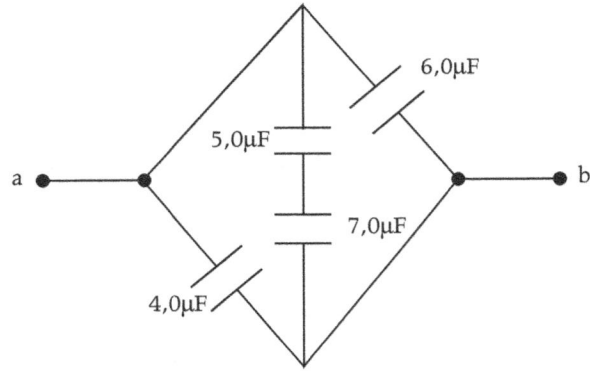

Figura 5.27 – Conjunto de capacitores.

22. No conjunto de capacitores da Figura 5.28, determine:
    a) a capacitância equivalente entre os pontos a e b;
    b) a carga em cada capacitor se $V_{ab} = 15,0$ V.

$C_1=15,0\mu F$ $C_1=3,00\mu F$

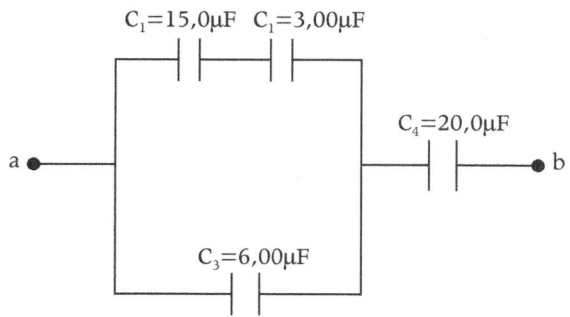

$C_4=20,0\mu F$

$C_3=6,00\mu F$

Figura 5.28 – Associação de capacitores.

23. Na Figura 5.29, $C_1 = 0{,}4\ \mu F$, $C_2 = 1{,}3\ \mu F$, $C_3 = 2{,}5\ \mu F$, $C_4 = 3{.}2\ \mu F$ e $\varepsilon = 13$ V. Obtenha:

   a) a capacitância equivalente no circuito;
   b) a carga total no circuito;
   c) a carga armazenada no capacitor C_1;
   d) a energia potencial armazenada no capacitor C_1.

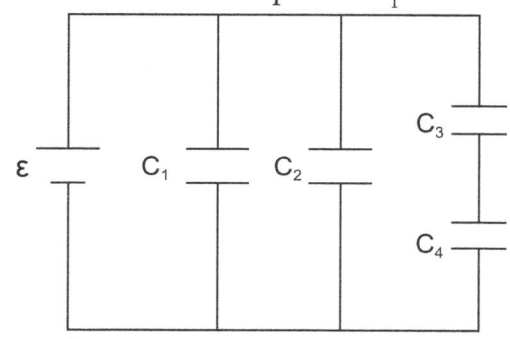

Figura 5.29 – Conjunto de capacitores.

24. Na Figura 5.30, determine:

   a) a capacitância equivalente do circuito, para $C_1 = 10{,}0\ \mu F$, $C_2 = 5{,}0\ \mu F$, $C_3 = 4{,}0\ \mu F$;
   b) a carga armazenada na capacitância equivalente para uma *ddp* de 50 V;
   c) a tensão no capacitor C_2.

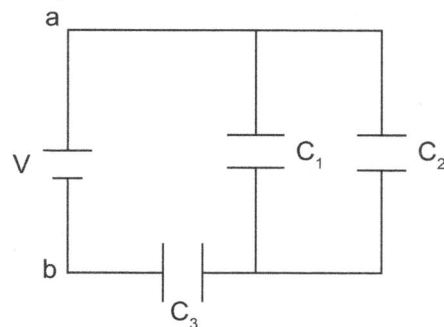

Figura 5.30 – Circuito de capacitores.

25. A *ddp* fornecida pela bateria na Figura 5.31 vale 12 V. Calcule a carga e a *ddp* em cada capacitor após ter sido fechada
   a) a chave S_1;
   b) a chave S_2.

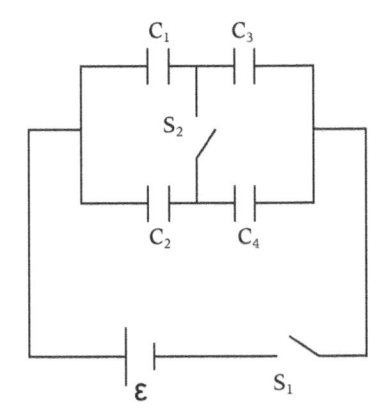

Figura 5.31 – Circuito de capacitores alimentados por fonte cc.

26. Na figura a seguir, a bateria possui uma diferença de potencial de 10 V, e os cinco capacitores possuem, cada um, capacitância de 10 μF.

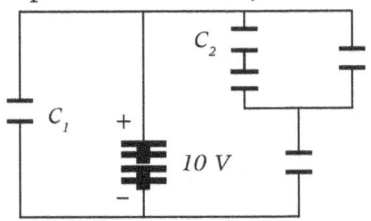

Figura 5.32 – Circuito com cinco capacitores.

   a) Determine a carga sobre o capacitor C_1.
   b) Determine a carga sobre o capacitor C_2.
   c) Vá ao modulo de simulação e verifique seus resultados.

27. Na figura a seguir, $V_{ab} = 100$ V.
   a) Calcule a capacitância equivalente do sistema, sabendo que todos os capacitores têm capacitância $C = 1$ μF.
   b) Calcule a energia acumulada no sistema.
   c) Em C4, realize as simulações e responda:
   A capacitância equivalente, se todos os capacitores estivessem em série, seria maior ou menor do que a configuração acima?
   Se todos os capacitores estivessem em paralelo, a capacitância equivalente seria maior ou menor do que a atual?

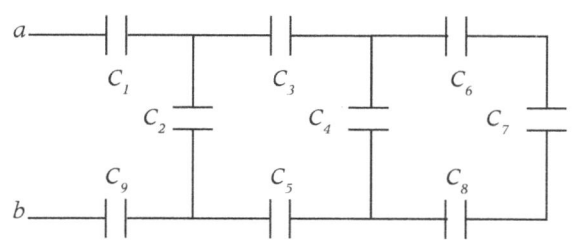

Figura 5.33 – Circuito com nove capacitores associados.

28. Para estimular o raciocínio.

    Otimização: no mundo atual, a otimização ganha cada dia mais importância, na otimização do tempo, no uso de materiais, nos custos etc. Contudo, quando estudamos os capacitores de placas paralelas, vimos que um capacitor de 1 F teria de ter placas com quilômetros de lados. Suponha que você realmente tenha de construir um capacitor de 100 F, sempre o mais otimizado possível. Como guia para sua otimização, responda, sempre justificando com cálculos:

    a) Que geometria você utilizaria (esférica, cilíndrica ou placas planas)?

    b) Qual dielétrico você utilizaria?

    c) Se pudesse utilizar uma combinação de até três capacitores para obter 100 F, que associação você faria (em série, em paralelo ou mista)?

    d) Que valor da constante dielétrica o material dielétrico deveria ter para que esse capacitor tivesse dimensões realistas?

PESQUISA E APROFUNDAMENTO

Partículas de poeira e fumaça são filtradas nas chaminés das fábricas pela aplicação de altas tensões que criam campos não uniformes. As partículas, tanto as condutoras quanto as dielétricas, polarizam-se formando dipolos e são atraídas pela ação dos elevados campos elétricos, impedindo que certos poluentes sejam liberados para a atmosfera.

Bibliografia complementar

BERTUOLA, A. C.; FIGUEREDO, M. V. Método dos limites na solução de capacitores com placas não paralelas. *Rev. Bras. Ens. Fís.*, v. 26, 2004, p. 161.

CARVALHO, R. E.; SILVA, A. P. M. A da. Capacitor cilíndrico excêntrico. *Revista Brasileira de Ensino de Física*, v. 24, 2002, p. 290.

FARADAY, M. *Experimental researches part I*: philosophical transactions, v. 7, 1832, p. 125-7.

GROSS, B.; ROCHA, P. Estudos sobre dielétricos. *An. Acad. Bras. Cien.*, v. 9, n.3, p. 187.

_____; _____. Estudos sobre dielétricos II. *An. Acad. Bras. Cien.*, v. 9, n.4, 1937, p. 309.

KELVIN, L. Contact electricity of metals, *Philos. Mag.*, v. 46, 1898, p. 120.

KUHNEN, C. A., ALMEIDA ISOPPO, E. de; OURIQUES, G. R. Forças em capacitores assimétricos submetidos a altas tensões. *Revista Brasileira de Ensino de Física*, v. 29, 2007, p. 231.

NEUGEBAUER, T. C.; PERREAULT, D. J. Parasitic capacitance cancellation in filter inductors. *IEEE Transactions on Power Electronics*, v. 21, 2006, p. 282.

PRECKER, J. W.; SILVA, W. P. A capacitância de um condensador com placas planas não paralelas. *Revista Brasileira de Ensino de Física*, v. 28, 2006, p. 85.

PREETHICHANDRA, D. M. G. A simple interface circuit to measure very small capacitance changes in capacitive sensors. *IEEE Trans. Instrum. Meas*; v. 50, 2001, p. 1583.

REDONDO, D. M.; LÍBERO, V.L. Conceitos básicos sobre capacitores e indutores. *Revista Brasileira de Ensino de Física*, v. 18, 1996, p. 137.

ROBERT, R. Descarga interna e tensão de retorno em capacitores. *Revista Brasileira de Ensino de Física*, v. 23, 2001, p. 294.

SOARES, L. C. et al. A new mechanism for the electrostatic charge build-up and dissipation in dielectrics. *Journal of the Brazilian Chemical Society*, v. 19, n. 2, 2008, p. 277-86.

VAN DE GRAAFF, R. J.; COMPTON, K. T.; VAN ATTA; L. C. The electrostatic production of high voltage for nuclear investigations. *Physical Review*, v. 43, 1933, p. 149.

VOSTEEN, R. E.; BARTNIKAS, R. *Engineering dielectrics*. Vol. IIB. ASTM, 1987, p. 440-89.

Capítulo 6

Corrente elétrica

Até agora, estudamos situações em que as cargas estão em repouso, situações estas que se encontram no domínio da eletrostática. Neste capítulo, trataremos das cargas em movimento e das correntes elétricas.

Em condutores metálicos, as cargas livres são elétrons, isto é, são cargas negativas. Os elétrons livres que existem em um condutor metálico movimentam-se como partículas em um gás e, então, constituem um tipo de *gás de elétrons* dentro do material. Esses elétrons oscilam aleatoriamente e com velocidades muito elevadas na substância. Em temperatura ambiente, a velocidade média dos elétrons é da ordem de 10^6 m/s.

Sob condições ordinárias, o movimento de elétrons em um metal é completamente randômico, assim como o movimento de átomos em um gás. Se considerarmos uma seção transversal de um fio metálico, pelo qual os elétrons atravessam, encontraremos elétrons movendo-se tanto para a direita quanto para a esquerda ao longo dessa seção (ver Figura 6.1). Isso significa que não existe fluxo líquido de elétrons ao longo dessa ou de qualquer seção transversal do fio, ou seja, nenhuma corrente elétrica é observada. Note, então, que estamos definindo a corrente elétrica como um fluxo de cargas em movimento, o que significa que nem toda carga em movimento constitui uma corrente elétrica. Para se tratar de uma corrente, há necessidade de o movimento ser direcionado.

Na realidade, quando um condutor isolado é colocado em um campo elétrico, as cargas no interior do condutor são dispostas de modo que, nele, o campo seja nulo e o potencial seja o mesmo em todo o condutor. O deslocamento de cargas, nesse processo de redistribuição, constitui o que chamamos corrente; porém, trata-se de uma corrente transitória, uma vez que tem curta duração. Contudo, a situação é alterada se conectarmos os terminais do fio a uma bateria, formando um circuito elétrico fechado. Os elétrons, agora, são atraídos para a direção do terminal positivo da bateria e são repelidos do terminal negativo. Como resultado, conforme se pode visualizar na Figura 6.2, existe um movimento líquido (note que o movimento aleatório individual de cada elétron ainda persiste, só que, agora, cada elétron tem uma componente de velocidade na direção imposta pela bateria) contínuo de elétrons ao longo de qualquer seção transversal do condutor (da direita para a esquerda). Logo, existe um fluxo de cargas (corrente) no fio.

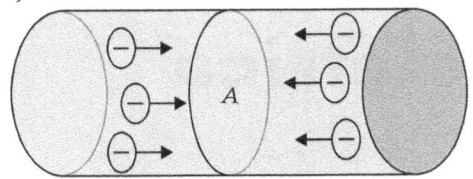

Figura 6.1 – Em um condutor isolado, o movimento dos elétrons ao longo de uma seção de área transversal se dá tanto para direita quanto para a esquerda, resultando em uma corrente líquida igual a zero.

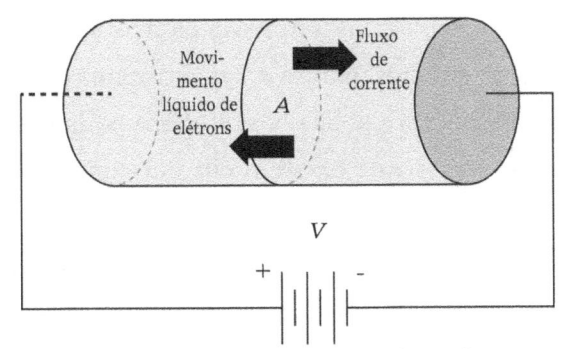

Figura 6.2 – Com uma bateria ligada aos terminais de um condutor de seção transversal A, existe um movimento líquido de elétrons na direção do terminal positivo da bateria. Por convenção, o sentido do fluxo de corrente é oposto ao do movimento dos elétrons.

6.1 Direção da corrente

Naturalmente, a direção real da corrente é determinada pela forma do condutor. Neste contexto, utilizaremos o termo *direção* para indicar o sentido de movimento.

Quando um condutor é ligado aos terminais de uma bateria, os elétrons movem-se sempre do terminal negativo para o terminal positivo, sendo esse o caminho do fluxo de elétrons. Contudo, por convenção, definimos como fluxo de corrente o movimento de carga do terminal positivo para o negativo (ver Figura 6.2), ou seja, o fluxo de corrente elétrica em um fio possui a mesma direção segundo a qual uma carga positiva deveria se mover. Esse sentido é denominado *sentido convencional de corrente*. Porém, sabemos que em um fio não há movimento das cargas positivas (núcleos atômicos), de modo que, portanto, somente os elétrons se movem. O sentido de movimento dos elétrons é denominado *sentido eletrônico de corrente*. A física não depende da direção em que os elétrons possam estar fluindo. O movimento de cargas negativas para a esquerda é totalmente equivalente ao movimento de cargas positivas para a direita. Sempre que fizermos referência ao fluxo de corrente, a direção é do terminal positivo para o negativo. Se desejarmos nos referir ao movimento dos elétrons, utilizaremos o termo *fluxo de elétrons*. Convém mencionar, ainda, que, sempre que o sentido do campo elétrico for mantido, a corrente manterá seu sentido, embora possa variar sua intensidade; ela, então, será denominada *corrente contínua* (cc ou dc). Quando o sentido do campo se inverte periodicamente, o sentido da circulação de cargas também se inverte, e a essa corrente dá-se o nome de corrente alternada (ca ou ac).

A corrente elétrica em um fio é a quantidade de carga que passa através de uma seção transversal desse fio em uma unidade de tempo. Assim:

$$I = \frac{dq}{dt}, \qquad (6.1)$$

onde o elemento de carga dq corresponde à carga total que atravessa a mesma superfície no intervalo de tempo dt.

Logo, no SI, a unidade de I será:

$$U(I) = \frac{\text{coulomb}}{\text{segundo}} = \text{ampère(A)}.$$

6.2 Densidade de corrente

Não se deve confundir a distribuição de cargas em um fio em que há corrente com a distribuição estacionária de carga em um condutor isolado que tenha excesso de carga, caso em que, como já vimos, a carga excedente se situa na superfície do condutor. Em um fio em que há corrente, não há excesso de carga, pois as cargas negativas e positivas, por unidade de volume, estão em igual número. Nesse caso, os elétrons livres distribuem-se uniformemente por todo o interior do fio, e a corrente, quando o fio é de seção constante, distribui-se uniformemente ao longo desse fio.

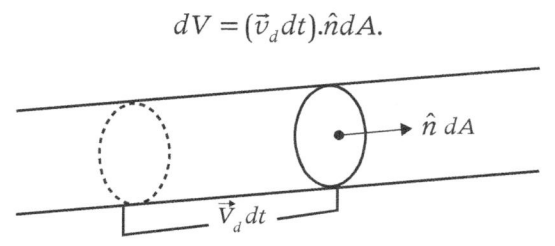

Consideremos agora que esses elétrons se desloquem com velocidade $\vec{v}_d$ no meio condutor. Isso significa que o movimento térmico, aleatório, assumiu um direcionamento, e associaremos a mesma velocidade, chamada *velocidade de deslocamento* v_d (também chamada *velocidade de deriva*), a cada elétron. Assim, a carga total que atravessa uma área de seção reta $\vec{dA}$ durante um intervalo de tempo dt será a carga contida dentro do cilindro de base $\hat{n}.dA$ e altura $\vec{v}_d dt$, onde $\hat{n}$ é o unitário normal à área. O volume desse cilindro é, então, dado por

$$dV = (\vec{v}_d dt).\hat{n}dA.$$

Figura 6.3 – Cilindro no qual a carga dq está contida.

Se n representa o número de elétrons livres por unidade de volume, o número N desses elétrons dentro do volume do cilindro será

$$N = n.dV = n.(\vec{v}_d dt).\hat{n}dA.$$

Assim, como a carga de cada elétron é e, a carga dq contida em dV será igual a $N.e$, isto é,

$$dq = [n.(\vec{v}_d dt).\hat{n}dA]e. \tag{6.2}$$

Desse modo, a corrente será igual à carga que atravessa $d\vec{A}$, no intervalo de tempo considerado ($dI = dq/dt$), isto é,

$$dI = \frac{ne\vec{v}_d.\hat{n}dtda}{dt} = (ne\vec{v}_d).\hat{n}dA. \tag{6.3}$$

A quantidade entre parênteses pode ser redefinida como

$$ne\vec{v}_d = \vec{J}, \tag{6.4}$$

onde $\vec{J}$ é a densidade de corrente e tem dimensão de corrente por unidade de área. Em termos de $\vec{J}$, a Equação 6.3 fica

$$dI = \vec{J}.\hat{n}da, \tag{6.5}$$

que, integrada, fornece

$$I = \int dI = \int_A da\,\hat{n}.\vec{J}. \tag{6.6}$$

A Equação 6.6 representa a corrente ao longo da superfície A, que tem forma arbitrária e dimensões macroscópicas. Essa equação informa que a corrente através de uma superfície é o fluxo da densidade de corrente para aquela superfície.

Para uma corrente uniformemente distribuída na direção $\hat{n}$, temos $I = JA$ e, então,

$$J = \frac{I}{A}. \tag{6.7}$$

É importante observar que consideramos elétrons todos os portadores de cargas. Se estiver presente mais de um tipo de portador, como, prótons, íons etc., devemos considerar todos os tipos. Nesse caso, cada tipo i de portador contribui para a Equação 6.3, e temos

$$dI = [\sum_i n_i e\vec{v}_{di}].\hat{n}da. \tag{6.8}$$

Da mesma maneira,

$$\sum_i n_i e\vec{v}_{di} = \vec{J}. \tag{6.9}$$

No exemplo a seguir, vamos calcular a velocidade média dos elétrons livres em um condutor no qual há corrente.

Capítulo 6 – Corrente elétrica

Exemplo 33

Um condutor cilíndrico de cobre $\left(n = 8{,}5 \times 10^{28} \text{ m}^{-3}\right)$ de 1,00 cm de diâmetro é percorrido por uma corrente de 200 A. Determine a densidade de corrente e a velocidade média dos elétrons livres.

Solução

A área da seção reta do cilindro é dada por $A = \pi r^2 = \dfrac{\pi}{4}(0{,}01)^2$. Então,

$$J = \frac{I}{A} = \frac{200}{\dfrac{\pi}{4}(0{,}01)^2} = 2{,}54 \times 10^6 \, A/m^2.$$

Sendo

$$J = nev_d \quad \text{ou} \quad v_d = J/ne$$

e, como para o cobre $n = 8{,}5 \times 10^{28}$ elétrons livres por m³, temos

$$v_d = \frac{2{,}54 \times 10^6 \, A/m^2}{8{,}5 \times 10^{28} \, m^{-3} \times 1{,}6 \times 10^{-19} \, C} = 1{,}9 \times 10^{-4} \, m/s$$

ou

$$v_d \approx 0{,}02 \; cm/s.$$

Portanto, não se deve confundir a velocidade média dos elétrons livres em um condutor com a velocidade de propagação das ondas eletromagnéticas, que é da ordem de 3×10^8 m/s. Além disso, uma velocidade que corresponde a um espaço percorrido de 2×10^{-2} cm em um segundo é, aparentemente, pequena; contudo, se compararmos essa distância ao raio clássico do elétron, que é da ordem de 10^{-13} cm, veremos que esse elétron percorre uma distância que equivale a milhões de vezes seu diâmetro em um segundo.

6.2.1 Distribuições de corrente

As equações 6.6 e 6.7 relacionam a densidade de corrente $\vec{J}$ com a corrente. $\vec{J}$ é mais acertadamente chamada de densidade superficial de corrente e é definida como o produto da densidade volumétrica de carga[1] $\rho_q = ne$ pela velocidade $\vec{v}$,

$$\vec{J} = \rho_q \vec{v}. \tag{6.10}$$

---

[1] Daqui em diante, reservaremos os símbolos ρ e σ para outras quantidades, as densidades de carga serão denotadas com q subscrito.

Tal como mencionado anteriormente, a integral de superfície de $\vec{J}$ fornece a corrente total que atravessa a superfície.

Da mesma forma, podemos definir uma densidade linear de corrente $\vec{K}$ como o produto da densidade superficial de carga σ_q pela velocidade $\vec{v}$,

$$\vec{K} = \sigma_q \vec{v} \tag{6.11}$$

e cuja unidade é o A/m. A integral de linha da densidade linear de corrente $\vec{K}$ fornece a corrente total que atravessa esta linha, isto é,

$$I = \int_C \vec{K}.(\hat{n} \times d\vec{l}). \tag{6.12}$$

Podemos entender melhor o significado da integral da Equação 6.12 através da Figura 6.4, onde a superfície tem uma densidade superficial de carga σ_q correspondendo a uma densidade linear de corrente $\vec{K}$. O vetor unitário $\hat{n}$ é normal à superfície S, por onde flui e densidade de corrente $\vec{K}$. A corrente infinitesimal que atravessa o elemento de linha $d\vec{l}$ do contorno C (linha tracejada) é dada pelo produto da componente normal de $\vec{K}$ ao plano do caminho C pelo elemento de linha $d\vec{l}$.

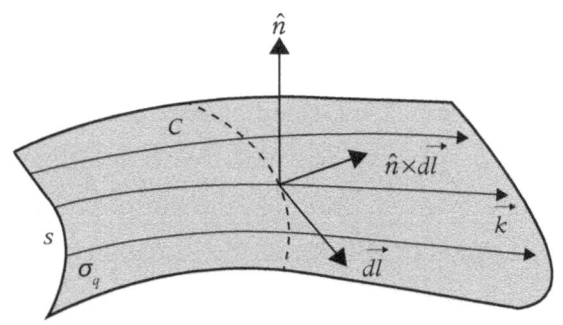

Figura 6.4 – Corrente atravessando a linha C e densidade linear de corrente.

Como o produto vetorial $(\hat{n} \times d\vec{l})$ tem como resultado um vetor de módulo dl na direção ortogonal ao contorno C, podemos escrever

$$dI = K^\perp dl = \vec{K}.(\hat{n} \times d\vec{l}), \tag{6.13}$$

cuja integral é a corrente (Equação 6.12).

Finalmente, podemos definir uma corrente linear $\vec{I}$, cuja unidade é o A, como o produto da densidade linear de carga λ_q pela velocidade $\vec{v}$,

$$\vec{I} = \lambda_q \vec{v}, \tag{6.14}$$

com a corrente I correspondendo simplesmente ao módulo de $\vec{I}$.

6.3 Condutividade, resistividade e lei de Ohm

Verifica-se, experimentalmente, que em um metal à temperatura constante a densidade de corrente $\vec{J}$ é linearmente proporcional ao campo elétrico (lei de Ohm). A constante de proporcionalidade é denominada condutividade elétrica do material e é representada pela letra grega σ. Assim, em um metal à temperatura aproximadamente constante,

$$\vec{J} = \sigma \vec{E}. \tag{6.15}$$

Os meios para os quais a Equação 6.15 é válida são chamados meios ôhmicos ou lineares. Já à situação recíproca à da condutividade dá-se o nome de resistividade, representada por η; assim:

$$\eta = \frac{1}{\sigma}, \tag{6.16}$$

ou, ainda, $\eta = \dfrac{E}{J}$.

Consideremos agora um fio reto cujas extremidades estejam mantidas a uma *diferença de potencial* (ddp) constante V, como mostra a Figura 6.5.

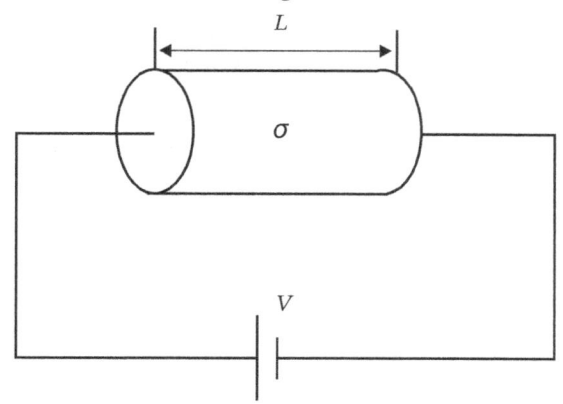

Figura 6.5 – Fio condutor cuja condutividade é σ.

Sendo o fio homogêneo, a diferença de potencial entre os terminais do fio é dada por

$$V = \int_0^L \vec{E}.d\vec{l} = E\int_0^L dl,$$

e, então,

$$V = EL. \tag{6.17}$$

Mas, da Equação 6.7, $I = JA$, e, combinando-se a Equação 6.12 às equações 6.10 e 6.11, podemos mostrar que

$$I = \sigma \frac{A}{L} V \tag{6.18}$$

ou

$$I = \frac{A}{\eta L}V. \qquad (6.19)$$

Nesta última, o termo $\eta L/A$ é chamado resistência elétrica do fio e é denotado por R. Logo, a resistência elétrica de qualquer material com seção transversal uniforme de área A depende, além da natureza do próprio material, de A e do comprimento L, como pode ser explicitado pela equação que a define:

$$R = \eta \frac{L}{A}. \qquad (6.20)$$

A resistividade η de alguns materiais é apresentada na Tabela 6.1. Bons condutores, como o cobre e o alumínio, possuem pequena resistividade, enquanto os isolantes, como a mica e o papel, possuem grandes resistividades. Essa diferença em razão da natureza dos materiais pode ser facilmente entendida, uma vez que as cargas elétricas, ao se deslocarem entre dois pontos de um condutor, colidem (isto é, sofrem espalhamento) contra os átomos do condutor. Essas colisões variam em frequência e intensidade dependendo do tipo de material que constitui o condutor.

Tabela 6.1 – Resistividade de alguns materiais a 20 °C		
Material	Resistividade (Ω.m)	Tipo
Prata (Ag)	$1,64 \times 10^{-8}$	Condutor
Cobre (Cu)	$1,72 \times 10^{-8}$	Condutor
Alumínio (Al)	$2,8 \times 10^{-8}$	Condutor
Ouro (Au)	$2,45 \times 10^{-8}$	Condutor
Carbono (C)	4×10^{-5}	Semicondutor
Germânio (Ge)	47×10^{-2}	Semicondutor
Silício (Si)	$6,4 \times 10^{2}$	Semicondutor
Papel	10^{10}	Isolante
Mica	5×10^{11}	Isolante
Vidro	10^{12}	Isolante
Teflon	3×10^{12}	Isolante

O elemento de um circuito elétrico utilizado para modelar o comportamento de resistência à passagem da corrente elétrica através do circuito é o resistor. A relação entre a corrente elétrica e a tensão para um resistor foi encontrada pela primeira vez pelo físico alemão Georg Simon Ohm (1787-1854). A relação é conhecida como lei de Ohm: *a lei de Ohm estabelece que a tensão V em um resistor é diretamente proporcional à corrente I que flui através do resistor.*

Ou seja,

$$V = RI. \qquad (6.21)$$

A Equação 6.21 representa a forma linear da lei de Ohm, que pode ser obtida, na prática, ligando-se uma fonte de corrente contínua, tal como uma pilha ou uma bateria, por exemplo, aos terminais de um condutor e considerando-se, ainda, que durante toda a experiência a temperatura do condutor seja mantida constante. A Figura 6.6 mostra, no gráfico $V \times I$, a variação da tensão em função da corrente. A inclinação da reta é a resistência elétrica do condutor.

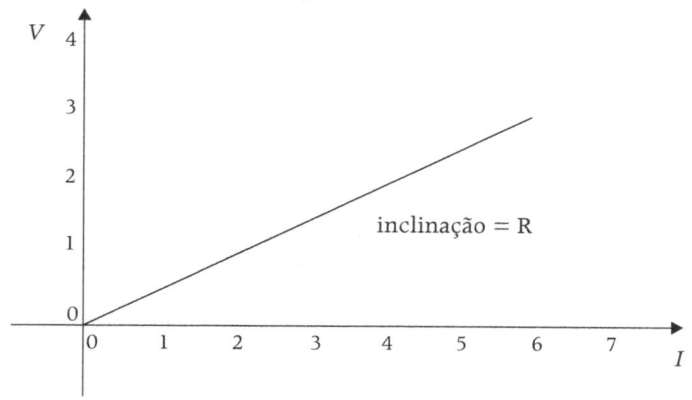

Figura 6.6 – Gráfico $V \times I$ para um resistor ôhmico.

O inverso da resistência é chamado de condutância G.

$$G = \frac{1}{R}.$$

A condutância pode ser interpretada como a facilidade de os elétrons se moverem em um material sob o efeito de um campo elétrico, gerando corrente, e a resistência seria, inversamente, a dificuldade de se obter essa corrente. A condutância é medida em ampères por volt, e essa unidade foi denominada *siemens* (S), em homenagem ao engenheiro elétrico e inventor anglo-germânico William Siemens (1823-1883).

Unidades no SI:

$$U(J) = \frac{\text{ampère}}{\text{metro}^2} = A/m^2$$

$$U(\eta) = \frac{(v/m)}{(A/m^2)} = \text{ohm.metro}(\Omega.m)$$

$$U(R) = \frac{\text{Volt}}{\text{ampère}} = \text{ohm}(\Omega)$$

6.3.1 Variação com a temperatura

Vimos que a colisão dos elétrons da corrente com outras partículas do condutor é, em parte, responsável pelo efeito de resistência à passagem da corrente elétrica por esse condutor. O tratamento correto dessas colisões tem de ser feito no contexto da física quântica, que, como já mencionamos, é a teoria física do mundo microscópico. Na mecânica quântica, o comportamento de uma partícula é dado por sua função de onda, obtida a partir da equação de Schrödinger, que depende do potencial que age sobre a partícula e tem como solução os possíveis valores de energia do sistema. No caso quântico, o espectro de energias permitidas pode ser contínuo ou discreto, ao passo que na física clássica somente valores contínuos são assumidos. Essa é uma das grandes mudanças a que somos levados pela interpretação quântica da natureza. No caso específico do transporte de elétrons em um condutor, precisamos resolver a equação de Schrödinger para um elétron em um potencial que descreve o condutor, o que está fora do escopo deste livro. Vale a pena mencionar que a aproximação clássica tem se mostrado satisfatória para nossos condutores macroscópicos, porém o caráter quântico da condutância em nanocondutores tem sido demonstrado em diversos experimentos no século XX. Felizmente, podemos entender qualitativamente a dependência da resistividade com a temperatura sem fazer uso de qualquer tipo de cálculo. Com efeito, a elevação da temperatura do material provoca um aumento no movimento térmico dos átomos na estrutura do condutor, de modo que, consequentemente, as colisões dos elétrons da corrente com esses átomos podem ser mais frequentes e intensas, e isso seria uma explicação para uma resistência maior à corrente quando a temperatura do condutor é elevada. A variação da resistividade de um material com a temperatura pode ser dada pela expressão empírica:

$$\eta = \eta_0 + \eta_0 \alpha (T - T_0), \tag{6.22}$$

onde T_0 é a temperatura de referência e η_0, a resistividade em T_0.

Nesse caso, o resistor deixa de ser um resistor linear ou ôhmico, de modo que o gráfico $I \times V$ deixa de ser uma reta, como pode ser observado na Figura 6.7, a seguir.

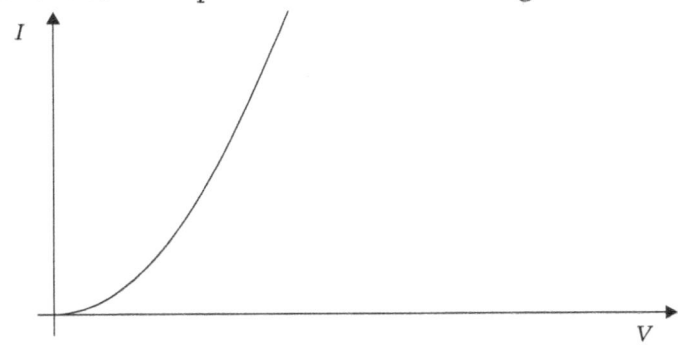

Figura 6.7 – Gráfico $I \times V$ para um resistor não ôhmico.

6.4 Energia e potência em circuitos elétricos

Consideremos um circuito constituído por um resistor ligado aos terminais de uma bateria por fios de resistência desprezível, como ilustra a Figura 6.8. Denominamos circuito elétrico qualquer conexão capaz de interligar dispositivos elétricos, que são responsáveis pela transmissão de energia de um ponto a outro. Os componentes de um circuito elétrico são chamados *elementos* do circuito. Tais circuitos podem variar dos mais simples, como aqueles formados por uma bateria de 12 V, dois fios e uma lâmpada comum, até os mais complexos, como os de uma televisão, um rádio, um computador etc. Os chamados circuitos de corrente contínua (cc) são circuitos cuja corrente elétrica flui em uma única direção. Em geral, são circuitos de baixa tensão, tal como aqueles alimentados por baterias. O circuito da Figura 6.8 é um exemplo de circuito de corrente contínua. Nele, a bateria mantém uma diferença de potencial V em seus terminais, e uma corrente constante I flui pelo circuito. Neste momento, desejamos determinar o trabalho realizado ou a energia fornecida pela bateria para manter a corrente I em um intervalo de tempo. Essa energia corresponde à energia dissipada pelo resistor.

Dado que I é constante, a quantidade de carga dq que entra em a, em um intervalo de tempo dt, é igual à quantidade que sai em b no mesmo intervalo, sendo dada por

$$dq = Idt. \tag{6.23}$$

A energia dW "perdida" pela carga dq entre a e b é

$$dW = dqV_{ab}, \tag{6.24}$$

que, por meio da Equação 6.23, pode ser reescrita como

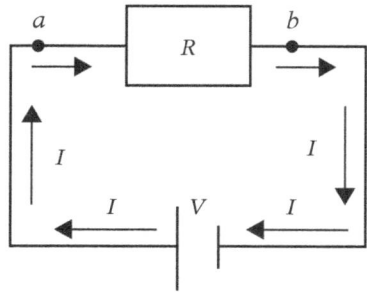

$$dW = IdtV_{ab}. \tag{6.25}$$

Figura 6.8 – Circuito de corrente contínua.

A potência consumida, ou a taxa de transferência de energia, é dada por $P = dW/dt$. Então, da Equação 6.25 chegamos a

$$P = IV_{ab}, \tag{6.26}$$

que representa a taxa a que a bateria transfere energia elétrica ao dispositivo do circuito. Essa equação é geral e independe da natureza do dispositivo que está acoplado ao circuito. No caso particular de haver apenas a resistência R entre os pontos a e b, toda energia transferida se converte em calor, e, então, como

$$V_{ab} = IR,$$

temos

$$P = I^2 R. \tag{6.27}$$

Mas $I = V/R$; assim, também podemos escrever

$$P = \frac{V^2}{R}. \tag{6.28}$$

Tanto a Equação 6.27 quanto a Equação 6.28 representam dissipações resistivas. A Equação 6.27, em particular, é conhecida como lei de Joule e fornece uma medida da energia elétrica que é transformada e dissipada sob a forma de calor. De modo geral, a energia elétrica é transformada em diversas outras formas de energia, como a mecânica, a química, a luminosa etc. Somente nos circuitos em que existirem apenas resistores (e somente nesses casos), a energia elétrica consumida é totalmente transformada em energia térmica (calor). Em última análise, ocorre que a colisão dos elétrons da corrente com os átomos do resistor transfere energia cinética para esses átomos, resultando no aquecimento do material. Esse fenômeno é conhecido por efeito Joule.

É interessante observar que, quando a corrente elétrica I atravessa o resistor R, a energia elétrica é transformada em calor, mas o número de elétrons que entram no resistor, considerando-se a unidade de tempo, é igual ao número que sai, uma vez que o resistor consome energia, e não carga.

Exemplo 34

Se, em um trecho de circuito contendo apenas resistores, foi consumida uma energia de $1,0 \times 10^4$ J, determine:

(a) a quantidade de calor dissipada no referido trecho, no mesmo intervalo de tempo;

(b) o valor, em calorias, da quantidade de calor perdida.

Solução

(a) o mesmo valor, ou seja, $1,0 \times 10^4$ J, uma vez que a quantidade de calor dissipada corresponde à energia consumida;

(b) sendo 1,00 cal = 4,18 J, ou seja, 1,00 J = 0,24 cal, temos

$$x = \frac{1,00 \text{ cal} \times 1,00 \times 10^4 \text{ J}}{4,18 \text{ J}} = 2,4 \times 10^3 \text{ cal}.$$

6.4.1 Analogia entre corrente elétrica e corrente térmica

Uma vez que a densidade da corrente pode ser dada tanto pela Equação 6.7 quanto pela Equação 6.10, e, ainda, lembrando que a energia é dada pelo negativo do gradiente do potencial que, em uma dimensão, é $E = -dV/dx$, podemos escrever:

$$\frac{I}{A} = \sigma\left(-\frac{dV}{dx}\right).$$

Logo,

$$I = -\ A\frac{dV}{dx}. \tag{6.29}$$

Entretanto, na calorimetria, a equação que determina a condução de calor no meio sólido (uma barra condutora, por exemplo) é dada por

$$H = \frac{dQ}{dt} = -kA\frac{dT}{dx}, \tag{6.30}$$

onde H é a corrente térmica, k é a condutividade térmica do material, A é a área da seção transversal da barra e dT/dx é o gradiente de temperatura. O sinal negativo exprime o fato de o calor fluir sempre de pontos de temperaturas mais altas para pontos de temperaturas mais baixas.

Comparando as equações 6.29 e 6.30, podemos fazer uma analogia entre a corrente elétrica I e a corrente térmica H; a condutividade elétrica σ corresponde à condutividade térmica k; e o gradiente do potencial (dV/dx) corresponde ao gradiente de temperatura (dT/dx). Desse modo, como tanto a corrente elétrica quanto a corrente térmica satisfazem equações similares, é de se esperar que bons condutores de eletricidade sejam também bons condutores de calor. De fato, os metais em geral são bons condutores de eletricidade e, também, de calor.

6.5 Corrente alternada

Toda nossa análise até este momento resumiu-se a circuitos de cc, cujas fontes são constantes ou invariáveis no tempo. Porém, as fontes variáveis no tempo são, também, de grande aplicabilidade. São particularmente interessantes aquelas que variam senoidalmente ou, simplesmente, produzem excitação por uma senoide. Uma corrente senoidal é comumente chamada *corrente alternada* (ca). Esse tipo de corrente possui valores positivos e negativos alternadamente. De modo geral, um circuito ca pode ser obtido com uma fonte de tensão ou corrente alternada. Resumidamente, uma senoide é um sinal na forma de uma função seno ou cosseno. Podemos identificar diferentes sinais com essas características, tal como aqueles devidos ao movimento de um pêndulo, às marés oceânicas, à vibração de uma corda etc.

Uma corrente alternada é uma função senoidal que pode ser descrita pela equação

$$I(t) = I_m \operatorname{sen} \omega t \qquad (6.31)$$

onde

I_m = amplitude da senoide;
ω = frequência angular em radianos/s;
ωt = argumento da senoide (fase).

A Figura 6.9 ilustra o comportamento de $I(t)$ com o tempo.

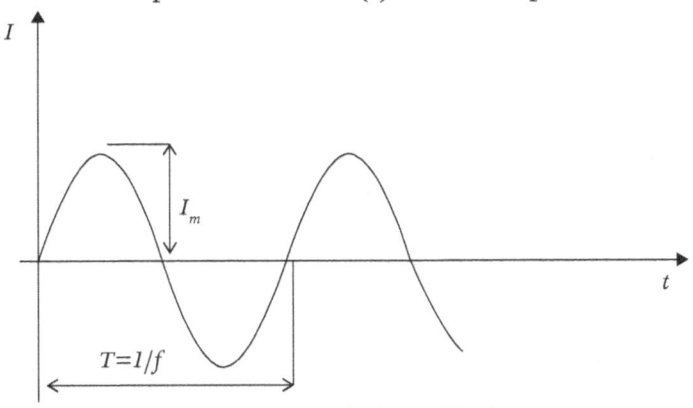

Figura 6.9 – Gráfico I×t para uma corrente alternada de amplitude I_m.

Uma das mais importantes características de uma senoide é sua periodicidade, ou seja, sua repetição a cada T segundos. Por isso, dizemos que T é o *período* da senoide. No gráfico da Figura 6.9, observa-se que $\omega T = 2\pi$, logo

$$T = \frac{2\pi}{\omega} \qquad (6.32)$$

Como $I(t)$ se repete a cada T segundos, temos, pela substituição de t por $t + T$ na Equação 6.31, a seguinte evidência:

$$I(t+T) = I_m \operatorname{sen} \omega(t+T) = I_m \operatorname{sen} \omega\left(t + \frac{2\pi}{\omega}\right) =$$
$$I_m \operatorname{sen}(\omega t + 2\pi) = I_m \operatorname{sen} \omega t = I(t).$$

Logo,

$$I(t+T) = f(t) \qquad (6.33)$$

é periódica, pois tem o mesmo valor para ambos os valores $t + T$ e t, como havíamos mencionado. Definimos, assim, o período T de uma função periódica como o tempo necessário para completar um ciclo. A recíproca dessa grandeza é o número de ciclos por segundo f, denominada frequência cíclica ou, simplesmente, frequência da senoide. Portanto,

$$f = \frac{1}{T}. \qquad (6.34)$$

Igualando-se as equações 6.32 e 6.34, vê-se que
$$\omega = 2\pi f, \quad (6.35)$$
onde ω é a frequência angular e f é expressa em hertz (Hz), sendo 1Hz = 1/s. Consideremos, agora, uma expressão mais geral para a senoide,
$$I(t) = I_m \text{sen}(\omega t + \phi) \quad (6.36)$$
onde $(\omega t + \phi)$ é o argumento, enquanto ϕ representa a fase inicial. Tanto o argumento quanto a fase inicial podem ser medidos em radianos (se considerarmos a medida do arco) ou graus (se considerarmos o ângulo).

Sejam, então, as correntes senoidais de mesma amplitude, descritas por
$$I_1(t) = I_m \text{sen}\,\omega t \quad \text{e} \quad I_2(t) = I_m \text{sen}(\omega t + \phi). \quad (6.37)$$

A Figura 6.10 ilustra o gráfico das duas funções superpostas. Observe que no mesmo instante (considere $t = 0$ como referência) I_2 ocorre antes no tempo, mostrando que I_2 está adiantado de ϕ em relação a I_1. Do mesmo modo, dizemos que I_1 está atrasado de ϕ em relação a I_2. Assim, podemos afirmar que I_1 e I_2 estão fora de fase, isto é, defasadas de ϕ. Se $\phi = 0$, então I_1 e I_2 estão em fase, isto é, atingem simultaneamente os valores máximo e mínimo, uma vez que suas frequências são iguais. A Figura 6.11 ilustra duas senoides de amplitudes diferentes em fase.

Uma senoide pode ser expressa em termos de seno, cosseno ou por meio de uma combinação de seno e cosseno, visto que essas funções diferem entre si apenas por uma fase de $\pi/2$. As seguintes identidades trigonométricas, por exemplo, permitem obter algumas dessas relações:
$$\begin{aligned}\text{sen}(A \pm B) &= \text{sen}A \cos B \pm \text{sen}B \cos A \\ \cos(A \pm B) &= \cos A \cos B \mp \text{sen}B \, \text{sen}A\end{aligned}, \quad (6.38)$$

Pode-se ver, então, que
$$\begin{aligned}\text{sen}(\omega t \pm 90°) &= \pm \cos \omega t \\ \cos(\omega t \pm 90°) &= \mp \text{sen}\,\omega t \\ \text{sen}(\omega t \pm 180°) &= -\text{sen}\,\omega t \\ \cos(\omega t \pm 180°) &= -\cos \omega t\end{aligned} \quad (6.39)$$

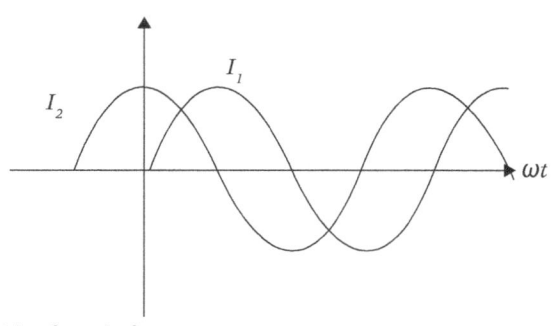

Figura 6.10 – Duas senoides fora de fase.

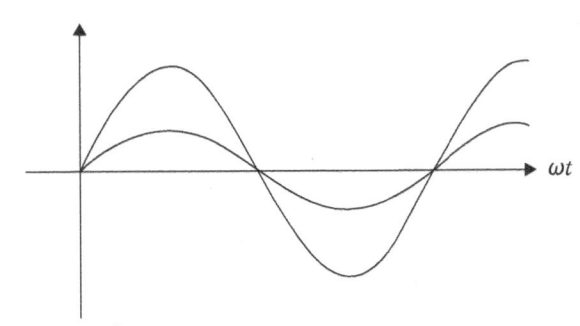

Figura 6.11 – Duas senoides em fase.

As funções senoides podem ser somadas (superpostas). Dois métodos bastante usuais de se somar funções periódicas são o método gráfico e o método de fasores,[2] os quais serão apresentados com mais detalhes no Capítulo 10.

6.5.1 Valor médio de uma corrente

Dado um circuito qualquer, vimos que a corrente é definida pela relação $I = dq/dt$; logo, a carga total q, que passa por uma seção do circuito em um intervalo de tempo finito t, é dada por:

$$q = \int_0^t dt\, I. \tag{6.40}$$

Se a corrente for constante, a equação anterior fornecerá:

$$q = It. \tag{6.41}$$

Por definição, o valor médio de uma corrente variável, I_{med}, em dado intervalo de tempo, é o valor de uma corrente contínua que, no mesmo intervalo de tempo, transporta a mesma quantidade de carga. Portanto a carga q, transportada pela corrente I_{med}, será:

$$q = I_{med} t. \tag{6.42}$$

Como a corrente variável transporta a mesma quantidade de carga no mesmo intervalo de tempo, igualamos as equações 6.40 e 6.42 e obtemos

$$I_{med} = \frac{1}{t} \int_0^t dt\, I. \tag{6.43}$$

A Equação 6.43 representa o valor médio da corrente elétrica. Essa média no tempo pode ser realizada para qualquer quantidade que dependa do tempo.

---

[2] Um *fasor* pode ser descrito como um vetor que gira com velocidade angular que é igual à frequência angular da função, cujo módulo é igual à amplitude da função. Assim, o método dos fasores consiste em transformar em fasores as funções periódicas que se deseja superpor.

6.5.2 Valor *RMS* ou eficaz

O conceito de *valor eficaz* de uma corrente surge da necessidade de se medir a eficácia de uma fonte de tensão ou de uma corrente quando há transmissão de potência para uma carga resistiva.

Definimos o valor *rms*[3] de uma corrente variável ou periódica, I_{ef}, em dado intervalo de tempo, como o valor da corrente contínua que, no mesmo intervalo de tempo, transmite a mesma quantidade de calor a uma resistência.

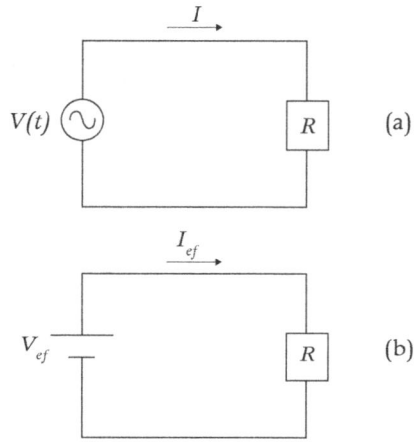

Figura 6.12 – Em (a), circuito de corrente alternada; em (b), circuito de corrente contínua.

Na Figura 6.12, o circuito (*a*) é de ca, ao passo que o circuito em (*b*) é de cc. Nosso objetivo é determinar a I_{ef}, que irá transferir um valor de potência ao resistor *R* igual ao valor da potência média entregue pela senoide *I*.

A potência média absorvida pelo resistor no circuito de ca é dada pela média no tempo da potência I^2R:

$$P = \frac{1}{T}\int_0^T I^2 R\, dt = \frac{R}{T}\int_0^T I^2 dt, \qquad (6.44)$$

enquanto a potência absorvida pelo resistor no circuito de cc é

$$P = I_{ef}^2 R. \qquad (6.45)$$

Igualando-se as duas últimas equações, podemos determinar I_{ef} como

$$I_{ef} = \sqrt{\frac{1}{T}\int_0^T I^2 dt}. \qquad (6.46)$$

O valor eficaz da tensão é obtido do mesmo modo, ou seja,

$$V_{ef} = \sqrt{\frac{1}{T}\int_0^T V^2 dt}. \qquad (6.47)$$

---

[3] Raiz média quadrática, do inglês *root-mean-square*.

Esses resultados (equações 6.46 e 6.47) indicam que o valor eficaz é *a raiz quadrada do valor médio do quadrado do sinal periódico*. Portanto, o valor eficaz é geralmente chamado *raiz do valor médio quadrático* ou valor *rms*, sendo expresso como

$$\begin{cases} I_{ef} = I_{rms} \\ V_{ef} = V_{rms} \end{cases}. \qquad (6.48)$$

Tomemos, novamente, o caso de uma corrente alternada que varia senoidalmente com o tempo, segundo a equação

$$I(t) = I_{max}\operatorname{sen}\omega t, \qquad (6.49)$$

onde I_{max}, a amplitude, é o valor máximo da corrente. O valor médio dessa corrente é, portanto,

$$I_{med} = \frac{1}{T}\int_0^T I dt = \frac{1}{T}\int_0^T dt I_{max}\operatorname{sen}2\pi ft. \qquad (6.50)$$

Contudo, $\theta = 2\pi ft$ e $f = 1/T$; e, como $\theta = 0$ quando $t = 0$, e $\theta = 2\pi$ quando $t = T$, podemos fazer uma mudança de variável e reescrever a Equação 6.50 como

$$I_{med} = \frac{1}{2\pi}\int_0^{2\pi} \operatorname{sen}\theta d\theta.$$

Assim,

$$I_{med} = \frac{I_{max}}{2\pi}[-\cos\theta]_0^{2\pi} = 0$$

ou

$$I_{med} = 0. \qquad (6.51)$$

Logo, concluímos que o valor médio de uma corrente alternada é zero, tal como esperado pelo gráfico, pois na figura vemos que a área acima do eixo horizontal é igual à área abaixo do mesmo eixo.

Resta-nos calcular o valor da corrente eficaz. Substituindo-se a Equação 6.49 na Equação 6.46 e fazendo-se as devidas mudanças de variáveis, temos

$$I_{ef} = \sqrt{\frac{1}{2\pi}\int_0^{2\pi} (I_{max}\operatorname{sen}\theta)^2 d\theta},$$

ou seja,

$$I_{ef} = I_{max}\sqrt{\frac{1}{2\pi}\int_0^{2\pi} \operatorname{sen}^2\theta d\theta}. \qquad (6.52)$$

Note que, de acordo com a Equação 6.46, o radicando da Equação 6.52 é, por definição, o valor médio do quadrado da função senoidal.

Podemos resolver a integral do radicando utilizando as seguintes identidades trigonométricas:

$$\operatorname{sen}^2\theta + \cos^2\theta = 1$$

e
$$\cos^2\theta = \frac{1+\cos 2\theta}{2}.$$

Logo,
$$\text{sen}^2\theta = \frac{1-\cos 2\theta}{2}$$

Assim,
$$\frac{1}{2\pi}\int_0^{2\pi} d\theta\,\text{sen}^2\theta = \frac{1}{2\pi}\int_0^{2\pi} d\theta\,\frac{1-\cos 2\theta}{2},$$

$$\frac{1}{2\pi}\int_0^{2\pi} d\theta\,\text{sen}^2\theta = \frac{1}{4\pi}\left[\int_0^{2\pi} d\theta - \int_0^{2\pi} d\theta\,\cos 2\theta\right].$$

A segunda integral do lado direito anula-se no intervalo $[0,\ 2\pi]$, e a primeira integral vale 2π; logo,

$$\frac{1}{4\pi}\int_0^{2\pi} d\theta\,\text{sen}^2\theta = \frac{1}{2}. \tag{6.53}$$

Portanto, substituindo-se o valor da integral na Equação 6.52, obtemos

$$I_{ef} = I_{\max}\sqrt{\frac{1}{2}}.$$

Finalmente, o valor eficaz da corrente é dado por

$$I_{rms} = \frac{I_{\max}}{\sqrt{2}} = 0{,}707\,I_{\max} \tag{6.54}$$

Esse resultado mostra que o efeito produzido por uma corrente senoidal é o mesmo que o obtido por uma corrente constante, igual a 0,707 da amplitude da mesma corrente senoidal. Geralmente, as correntes alternadas são expressas em termos do valor eficaz.

Analogamente, o valor eficaz da tensão para uma fonte alternada do tipo $V(t) = V_{\max}\text{sen}\,\omega t$ é dado por

$$V_{rms} = \frac{V_{\max}}{\sqrt{2}} = 0{,}707\,V_{\max} \tag{6.55}$$

No Brasil, a maioria das redes residenciais monofásicas (uma fase e um neutro) utiliza a tensão eficaz de 127 V, que corresponde à tensão máxima de 179,6 V. Observe ainda que as equações 6.54 e 6.55 são válidas apenas para sinais senoidais.

6.6 Força eletromotriz e circuitos elétricos

A Figura 6.13 mostra uma fonte de *força eletromotriz* (*fem*), neste caso uma bateria, e uma resistência elétrica R, percorrida por uma corrente elétrica I gerada pela mesma fonte. As cargas deslocam-se no circuito fechado constituindo uma corrente elétrica.

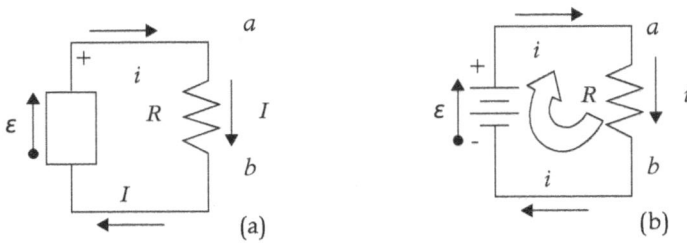

Figura 6.13 – Circuito com fonte de força eletromotriz.

O sentido da *fem* ($\mathcal{E}$) é o sentido em que uma carga positiva é forçada a se deslocar de um potencial mais baixo (terminal negativo) para o potencial mais alto (terminal positivo), o que corresponde a um sentido contrário ao do campo. Desse modo, torna-se clara a necessidade da realização de trabalho para se deslocar a carga de um ponto a outro do circuito. A *fem* de um dispositivo de *fem* é definida como o trabalho por unidade de carga que o dispositivo realiza ao mover a carga de seu terminal de baixo potencial para o seu terminal de alto potencial, ou seja,

$$\mathcal{E} = \frac{dW}{dq} \qquad (6.56)$$

Assim, força eletromotriz não é uma força no seu sentido físico, mas um "agente modificador". O uso consagrou o termo. Note que a *fem*, embora numericamente igual à diferença de potencial e também medida em volts, não é propriamente uma diferença de potencial. Ela produz uma diferença de potencial, mas tem origem em fenômenos físicos que podem ter natureza diversa da elétrica, dependendo do tipo de fonte. Além disso, a força que realiza o trabalho da Equação 6.56 não precisa ser conservativa, enquanto diferença de potencial só pode ser definida para forças conservativas.

Unidades no SI:

$$U(\mathcal{E}) = \frac{\text{joule(J)}}{\text{coulomb(C)}} = \text{volt(V)}$$

6.6.1 Determinação da corrente

Veremos agora dois métodos para calcular a corrente em circuitos simples. O primeiro baseia-se na conservação de energia e o outro, no conceito de potencial. O circuito é o da Figura 6.13, que consiste em uma bateria cuja *fem* é $\mathcal{E}$, uma resistência R, estando fechado por um fio condutor de resistência desprezível.

(a) **Método da energia**

Vimos que, no caso de um circuito resistivo (constituído apenas por resistência), a energia elétrica transferida pela bateria ao resistor é dissipada na forma de calor (efeito Joule), e a potência consumida é dada pela Equação 6.27. Isso significa que, em um intervalo de tempo dt, a quantidade de energia transformada em calor é igual a I^2Rdt.

Da mesma maneira, para que a corrente I se mantenha no circuito, a bateria deve realizar trabalho sobre a carga $dq = Idt$ para deslocá-la de um ponto a outro dos terminais da bateria. Esse trabalho é igual à energia cedida pela bateria ao resistor e é dado pela Equação 6.56; então,

$$dW = \mathcal{E}dq = \mathcal{E}Idt. \quad (6.57)$$

Assim,

$$\mathcal{E}Idt = I^2Rdt, \quad (6.58)$$

que resulta em

$$I = \frac{\mathcal{E}}{R}, \quad (6.59)$$

que representa a corrente elétrica gerada pela fonte de força eletromotriz do circuito.

(b) Método do potencial

Na determinação da corrente pelo método do potencial, fazemos uso da "lei das malhas", a qual diz que *as somas das variações dos potenciais, encontrados em todos os pontos ao longo de um percurso fechado de um circuito, devem ser igual a zero.*

Assim, partindo-se do ponto a da Figura 6.13(a) e percorrendo-se o circuito no sentido horário, temos

$$V_a - IR + \mathcal{E} = V_a. \quad (6.60)$$

Na Equação 6.60, o produto IR é a queda de potencial em R, e $\mathcal{E}$, o potencial da fonte. Os respectivos sinais seguem as seguintes regras:

- **Regra do resistor:** quando um resistor é percorrido no mesmo sentido da corrente que o atravessa, a variação do potencial é igual a $-IR$, mas é $+IR$ se ele for percorrido em sentido contrário.
- **Regra da *fem*:** se uma fonte de força eletromotriz for atravessada no mesmo sentido de sua *fem*, a variação do potencial será igual a $+\mathcal{E}$, mas é igual a $-\mathcal{E}$ se atravessada em sentido contrário.

Finalmente, cancelando-se V_a e resolvendo para I, a Equação 6.60 fornece $I = \frac{\mathcal{E}}{R}$, como esperado.

6.6.2 Circuito de uma única malha

Considere o circuito da Figura 6.14, constituído por uma fonte de *fem* ($\mathcal{E}$) e um resistor (R). Podemos observar, ainda, que a resistência interna r, inerente a toda a fonte de *fem*, será levada em conta. Partindo-se de b, percorremos imaginariamente o circuito no sentido horário e, ao aplicarmos a lei das malhas, obtemos a equação do circuito dada por

$$V_b + \mathcal{E} - Ir - IR = V_b, \tag{6.61}$$

onde os produtos Ir e IR são, respectivamente, as quedas de tensão da fonte e da resistência externa do circuito. Eliminando-se V_b na equação anterior, podemos encontrar a expressão para a corrente elétrica como

$$I = \frac{\mathcal{E}}{R+r}. \tag{6.62}$$

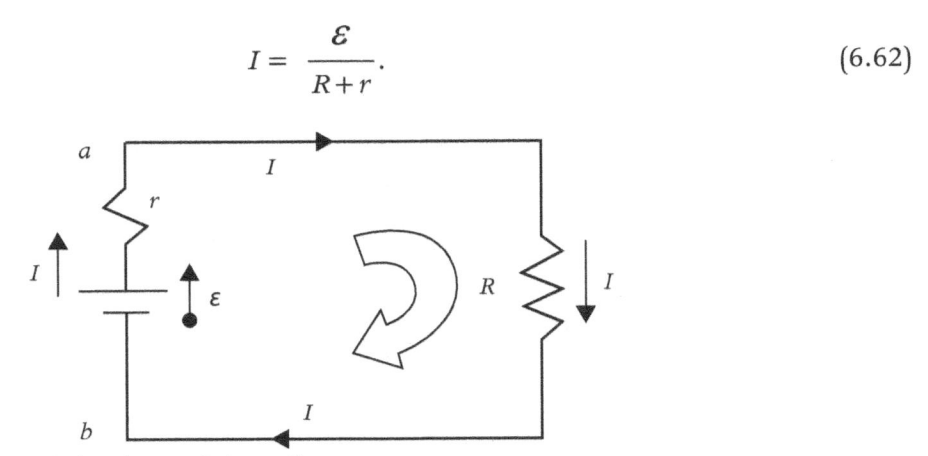

Figura 6.14 – Circuito resistivo de uma única malha.

Observe que, nessa expressão, a corrente depende tanto da resistência externa do circuito quanto da resistência interna da fonte.

Retornemos ao circuito da Figura 6.14 e consideremos, agora, a diferença de potencial entre os pontos a e b, tomando-se mais uma vez o sentido horário. A equação do circuito é

$$V_a - I\,R = V_b, \tag{6.63}$$

que, por meio da Equação 6.62, pode ser reescrita como

$$V_a - V_b = \frac{\mathcal{E}}{r+R}R. \tag{6.64}$$

Sendo a diferença de potencial $V_{ab} = V_a - V_b$, temos

$$V_{ab} = \mathcal{E}\frac{R}{r+R}. \tag{6.65}$$

Percorrendo agora o circuito no sentido anti-horário, ou seja, de a para b, a lei das malhas fornece

$$V_a + Ir - \mathcal{E} = V_b, \tag{6.66}$$

que pode ser reduzida à expressão

$$V_{ab} = \mathcal{E} - Ir. \tag{6.67}$$

Nos casos em que a fonte tiver resistência interna desprezível ($r = 0$), ou se o circuito estiver aberto ($R \to \infty$), a *diferença de potencial* (V_{ab}) será igual à *força eletromotriz* ($\mathcal{E}$), isto é,

$$V_{ab} = \mathcal{E}. \tag{6.68}$$

6.7 Associação de resistores

Esse tema é muito importante, uma vez que a maioria dos circuitos elétricos com que lidamos no dia a dia é formada por associações de elementos resistivos, que podemos chamar genericamente de resistores. Como exemplo, podemos citar as lâmpadas, os aparelhos eletrodomésticos em geral, os chuveiros e os ferros elétricos, entre outros itens que fazem o papel dos elementos resistivos no circuito elétrico de nossa casa.

Contudo, os elementos de um circuito poderão estar ligados entre si de diferentes maneiras, ou seja, a ligação poderá ser do tipo em série, em paralelo, ou mista. Neste último caso, a junção de elementos em série e paralelo estão simultaneamente presentes.

6.7.1 Associação em série

Considera-se uma associação de resistores em série, como mostra a Figura 6.15, quando todos os resistores dessa associação são percorridos pela mesma corrente I, porém a tensão é dividida entre todos os resistores, estando cada um deles sujeito a uma *diferença de potencial* diferente.

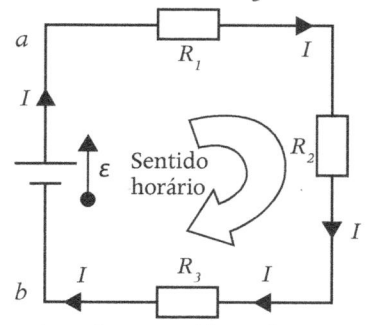

Figura 6.15 – Resistores ligados em série são percorridos pela mesma corrente.

Percorrendo-se o circuito do exemplo, no sentido horário de a para b, e aplicando-se a lei das malhas, obtemos

$$-IR_1 - IR_2 - IR_3 + \mathcal{E} = 0,$$

que fornece I como

$$I = \frac{\mathcal{E}}{R_1 + R_2 + R_3} \tag{6.69}$$

O termo no denominador representa a resistência equivalente de um circuito ligado em série, de modo que

$$R_1 + R_2 + R_3 = R_{eq}. \qquad (6.70)$$

Em termos de R_{eq}, a corrente total do circuito pode ser escrita como

$$I = \frac{\varepsilon}{R_{eq}} \qquad (6.71)$$

Esse resultado mostra que, se cada resistor satisfaz a lei de Ohm, a rede toda segue a mesma lei e é possível substituir todos os resistores por um equivalente. Generalizando a expressão para n resistores ligados em série, a resistência equivalente, escrita de modo simplificado, será dada por

$$R_{eq} = \sum_n R_n. \qquad (6.72)$$

Exemplo 35

No circuito da Figura 6.16, três resistores, $R_1 = 12\ \Omega$; $R_2 = 6\ \Omega$ e $R_3 = 4\ \Omega$, estão ligados em série a uma bateria de 11 V de resistência interna desprezível. Determine a corrente que percorre o circuito.

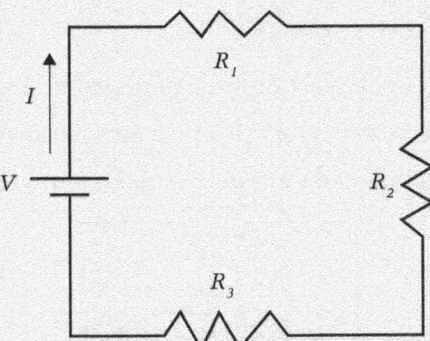

Figura 6.16 – Resistores ligados em série a uma bateria de resistência interna desprezível.

Solução

Os resistores estão em série e, portanto, são percorridos pela mesma corrente I. A resistência equivalente é dada pela Equação 6.70, então

$$R_{eq} = 12\ \Omega + 6\ \Omega + 4\ \Omega = 22\ \Omega.$$

A corrente que percorre o circuito é

$$I = \frac{11\,V}{22\ \Omega} = 0{,}5\,A.$$

6.7.2 Associação em paralelo

Na associação de resistores em paralelo, todos os resistores dessa associação estão sujeitos à mesma *diferença de potencial*, e cada um transporta a corrente que transportaria se os outros resistores não estivessem presentes. A Figura 6.17 apresenta um exemplo de resistores em paralelo.

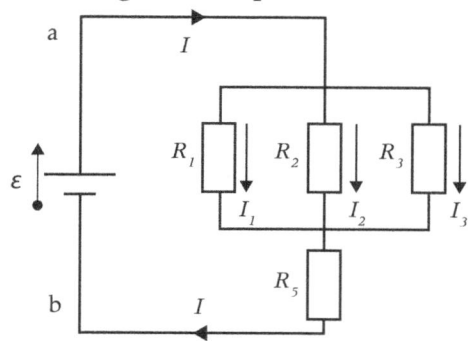

Figura 6.17 – Resistores em paralelo no circuito estão sujeitos à mesma diferença de potencial.

Assim, as correntes nos três ramos do exemplo são

$$I_1 = \frac{\varepsilon}{R_1}; \; I_2 = \frac{\varepsilon}{R^2}; \; I_3 = \frac{\varepsilon}{R_3}, \tag{6.73}$$

e a corrente total é:

$$I = I_1 + I_2 + I_3 = \varepsilon \left(\frac{1}{R_1} + \frac{1}{R_2} + \frac{1}{R_3} \right). \tag{6.74}$$

O termo entre parênteses é o inverso da resistência equivalente do circuito ligado em paralelo, de modo que

$$\frac{1}{R_{eq}} = \frac{1}{R_1} + \frac{1}{R_2} + \frac{1}{R_3}, \tag{6.75}$$

e a corrente total do circuito será, então,

$$I = \frac{\varepsilon}{R_{eq}}. \tag{6.76}$$

Ao generalizar para *n* resistores ligados em paralelo, a resistência equivalente é dada por

$$\frac{1}{R_{eq}} = \sum_n \frac{1}{R_n}. \tag{6.77}$$

Quando apenas dois resistores encontram-se em paralelo, sua resistência equivalente é dada simplesmente pela razão do produto pela soma dos resistores:

$$R_{eq} = \frac{R_1 R_2}{R_1 + R_2}. \tag{6.78}$$

6.7.3 Medidores de cc

Em virtude de sua característica, os resistores são utilizados para controlar o fluxo de corrente elétrica em um circuito. Uma aplicação prática consiste na utilização de medidores de corrente contínua, como amperímetros (A) e voltímetros (V), para medir corrente e tensão, respectivamente. O amperímetro possui uma resistência interna bem pequena e deve ser conectado em série com o elemento do circuito (resistor) pelo qual se deseja medir a corrente que o atravessa. Já o voltímetro contém uma resistência interna grande, sendo conectado paralelamente ao elemento do circuito (resistor) ao qual se deseja medir a tensão aplicada. A Figura 6.18 mostra a ligação de amperímetro e voltímetro ligados em um circuito elétrico.

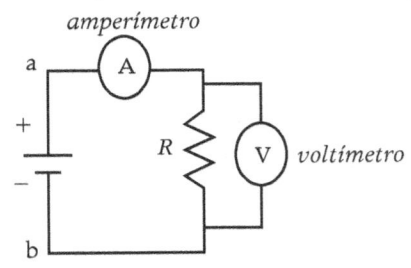

Figura 6.18 – Um amperímetro conectado em série e um voltímetro conectado em paralelo a um resistor para medida de corrente e tensão.

Exemplo 36

Suponha que no circuito da Figura 6.17 os três resistores ligados em paralelo meçam $R_1 = 12\ \Omega$; $R_2 = 6\ \Omega$ e $R_3 = 4\ \Omega$ e estejam ligados a uma bateria de 11 V de resistência interna desprezível. Determine a corrente total do circuito.

Solução

Os resistores estão em paralelo e, portanto, estão sujeitos à mesma diferença de potencial. A resistência equivalente é dada pela Equação 6.75, então

$$\frac{1}{R_{eq}} = \frac{1}{12\ \Omega} + \frac{1}{6\ \Omega} + \frac{1}{4\ \Omega} = \frac{1}{2\ \Omega},$$

$$R_{eq} = 2\ \Omega.$$

A corrente que percorre cada resistor é dada pela Equação 6.74:

$$I_1 = \frac{11V}{12\ \Omega};\ I_2 = \frac{11V}{6\ \Omega};\ I_3 = \frac{11V}{4\ \Omega},$$

e a corrente total será $I = I_1 + I_2 + I_3$, ou, em termos de tensão e de resistência equivalente,

$$I = \frac{11V}{2\ \Omega} = 5,5\ A.$$

APLIQUE SEUS CONHECIMENTOS

No módulo C5, pode-se acompanhar o passo a passo do exemplo apresentado, bem como variar os valores das resistências.

6.7.4 Curtos-circuitos e sobrecargas

Se conectarmos os pontos A e B no circuito em série da Figura 6.19 com um pedaço de fio curto, o fio estará em paralelo com R_2. Pelo fato de o fio ter resistência zero, toda a corrente no circuito fluirá ao longo do fio, não passando por R_2. É como se R_2 não estivesse no circuito, de modo que podemos dizer que R_2 foi curto-circuitado. Além disso, mais corrente fluirá no circuito, pelo fato de a resistência total ter sido reduzida de $R_1 + R_2 + R_3$ para $R_1 + R_3$. A resistência de um fio em um curto intenso é tão baixa que, para a maioria dos propósitos, pode ser considerada nula.

Em um circuito em série real, se um elemento é curto-circuitado, o aumento na corrente pode ser suficiente para danificar os elementos restantes. No circuito paralelo, as consequências podem ser ainda mais severas. Com efeito, se o resistor R_2 na Figura 6.19 paralelo é curto-circuitado pelos pontos de conexão A e B, isso equivale a um curto direto através dos terminais da bateria. Se, de fato, o circuito possuía uma resistência zero, uma corrente ilimitada fluiria. Contudo, existe sempre no circuito alguma resistência pequena, que limita a corrente a um valor muito grande, porém finito. De qualquer modo, a bateria rapidamente teria sua capacidade de enviar corrente danificada e queimaria.

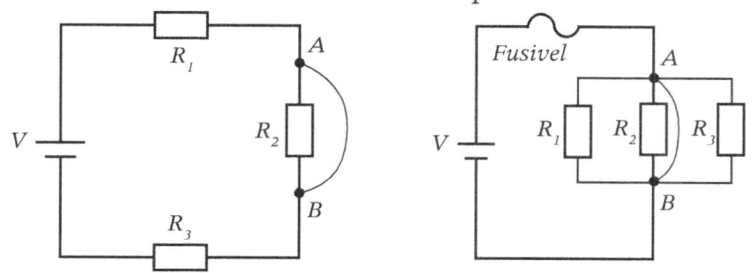

Figura 6.19 – Dois curtos-circuitos. No primeiro, se os pontos A e B no circuito em série forem conectados por um fio, o resistor R_2 estará em curto no circuito. No segundo, se os pontos A e B no circuito paralelo forem conectados por um fio, todo o circuito (R_1, R_2 e R_3) estará em curto. Em tais casos, a corrente seria muito grande, a ponto de o fusível abrir e proteger a bateria da sobrecarga e de se queimar.

Se um curto ocorrer em um circuito doméstico, uma perigosa situação de sobrecarga poderá se desenvolver. Uma bateria simplesmente queimaria com o resultado de um curto, mas, na rede doméstica, a companhia de energia continuaria a suprir corrente, mesmo no caso de um curto. É possível, portanto, que uma grande corrente flua em um curto-circuito de um circuito doméstico, até que o fio torne-se suficientemente quente e, eventualmente, atinja o ponto de fusão, interrompendo o circuito. Entretanto, isso pode não acontecer até que o fio pegue fogo. Por essa razão, circuitos domésticos (assim como muitos outros tipos de circuitos) são protegidos com fusíveis, como o indicado na Figura 6.19.

Na ocorrência de um curto-circuito, em um circuito protegido por um fusível,[4] a corrente irá crescer somente até o valor permitido pela estrutura do fusível. Nesse ponto, o fusível, que é feito de um material com um baixo ponto de fusão, fundirá e abrirá o circuito, prevenindo, assim, posteriores fluxos de corrente. Muitos circuitos elétricos modernos contêm disjuntores em vez de fusíveis. A função do disjuntor é a mesma que a do fusível, mas um disjuntor pode ser reajustado (novamente "armado").

Exemplo 37

Determine a R_{eq} do circuito da Figura 6.20.

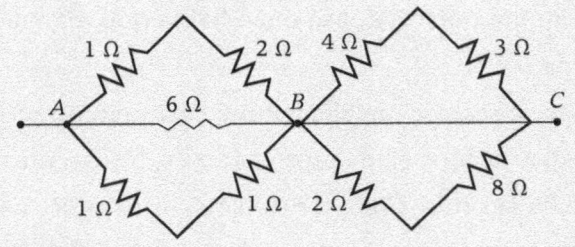

Figura 6.20 – Circuito com trecho em curto.

Solução

O trecho BC do circuito da Figura 6.20 está em curto, de modo que o circuito é simplificado, tomando a forma da Figura 6.21:

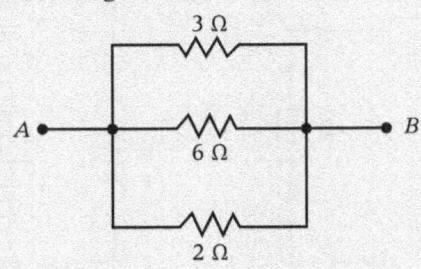

Figura 6.21 – Circuito de resistores paralelos.

---

[4] Um *fusível* é um dispositivo de proteção contra sobrecorrente em circuitos elétricos. Ele é composto por um filamento ou lâmina de um metal de baixo ponto de fusão para que se funda por efeito Joule, na ocorrência de um curto-circuito ou sobrecarga. Quando a falha for corrigida, um fusível danificado deverá ser substituído. Fusíveis e disjuntores protegem circuitos de sobrecargas, assim como de curtos-circuitos. A maioria dos circuitos domésticos individuais (cada casa possui vários circuitos) é designada a suportar um máximo de 15 a 20 A. Se muitos eletrodomésticos são conectados a um circuito, o fluxo de corrente pode exceder a taxa de corrente do circuito. Nesse caso, o fusível fundirá ou o disjuntor "desarmará", para prevenir os danos.

R_{eq} é, portanto,

$$\frac{1}{R_{eq}} = \frac{1}{3} + \frac{1}{6} + \frac{1}{2} = 1.$$

Logo,

$$R_{eq} = 1\,\Omega.$$

6.7.5 Circuitos em ponte

Em alguns casos, um circuito não é classificado como em série ou em paralelo. Um circuito como o da Figura 6.22 é chamado de *ponte de Wheatstone*. Esse modelo pode ser empregado para a determinação de um resistor cujo valor desejamos conhecer, a partir de um resistor variável (R_s).

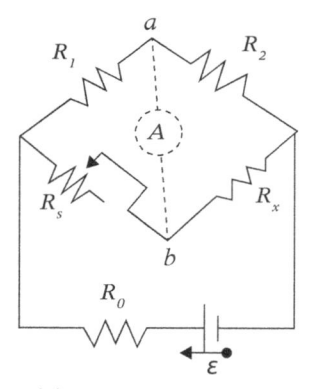

Figura 6.22 – Circuito de resistores paralelos.

Ajusta-se o valor de R_s até que os pontos *a* e *b* estejam submetidos ao mesmo potencial. Essa condição pode ser obtida ligando-se um amperímetro entre os pontos *a* e *b* de modo que a corrente medida seja nula.

Nesse caso, se $V_a = V_b$, isso significa que a corrente medida pelo amperímetro é nula e o sistema está em equilíbrio; logo, temos a seguinte condição

$$R_1 R_x = R_2 R_s$$

Portanto,

$$R_x = R_s \frac{R_2}{R_1}. \tag{6.79}$$

Exemplo 38

Determine a resistência equivalente da associação da Figura 6.23, onde $R_1 = R_2 = R_3 = R_4 = R_5 = 10 \ \Omega$.

Solução

Um circuito equivalente ao da Figura 6.23 é descrito na Figura 6.24.

Como os resistores são iguais, o sistema está em equilíbrio, de modo que os pontos *a* e *b* estão sob o mesmo potencial ($V_a = V_b$). Portanto,
$$R_1 R_5 = R_2 R_4.$$

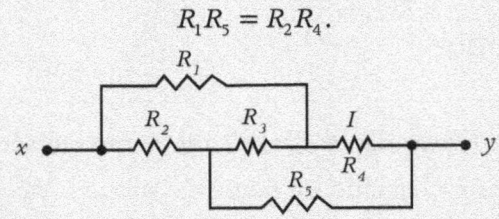

Figura 6.23 – Associação de resistores.

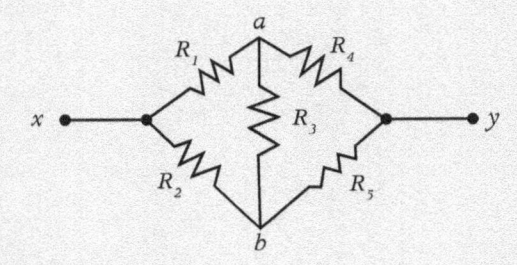

Figura 6.24 – Circuito de resistores.

Logo, não passa corrente em R_3 e o circuito pode mais uma vez ser simplificado como mostra a Figura 6.25, onde os resistores R' e R'' são dados, respectivamente, por:
$$R' = R_1 + R_4 = 10 \ \Omega + 10 \ \Omega = 20 \ \Omega,$$
$$R'' = R_2 + R_5 = 10 \ \Omega + 10 \ \Omega = 20 \ \Omega.$$

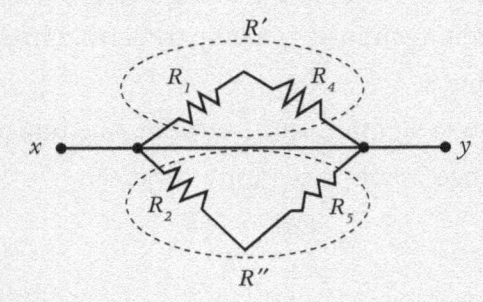

Figura 6.25 – Resistores em paralelo.

Como R' e R'' estão em paralelo, obtemos
$$R_{eq} = R' || R'' = \frac{20 \ \Omega \times 20 \ \Omega}{20 \ \Omega + 20 \ \Omega} = 10 \ \Omega.$$

6.8 Circuitos de mais de uma malha

A solução de problemas envolvendo circuitos de mais de uma malha não pode ser obtida de maneira simples, como no caso das resistências equivalentes (série e/ou paralelo), uma vez que tais circuitos não podem ser reduzidos a uma única malha pelo método da equivalência de resistores.

O que queremos é determinar as correntes nos diferentes ramos de um circuito elétrico, como o da Figura 6.26.

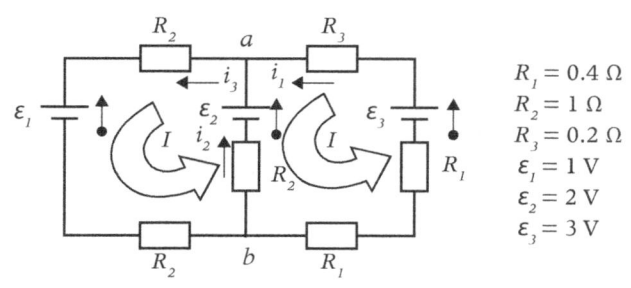

$R_1 = 0.4\ \Omega$
$R_2 = 1\ \Omega$
$R_3 = 0.2\ \Omega$
$\varepsilon_1 = 1\ V$
$\varepsilon_2 = 2\ V$
$\varepsilon_3 = 3\ V$

Figura 6.26 – Circuito com mais de uma malha.

Para resolver esse problema, empregamos o método de Kirchhoff, também conhecido como *leis de Kirchhoff*. A aplicação dessas leis a circuitos puramente resistivos leva-nos à obtenção de equações puramente algébricas, como teremos oportunidade de verificar. As *leis de Kirchhoff*, que, em última análise, expressam as leis de conservação de energia e da carga elétrica, são enunciadas a seguir:

- **Lei dos nós**: a soma algébrica das correntes que se cruzam em um nó é nula.
- **Lei das malhas**: a soma algébrica das *fem* em uma malha qualquer de uma rede é igual à soma algébrica dos produtos *IR* da malha,
$$\sum \varepsilon = \sum IR.$$

No circuito da Figura 6.26, I representa o sentido arbitrado de corrente (sentido anti-horário) e os pontos a e b são nós. Podemos tomar como malha 1 aquela formada pelo trecho de circuito fechado $a \to b \to a$, percorrido no sentido *anti-horário*, enquanto a malha 2 será aquela formada pelo trecho de circuito fechado $a \to b \to a$, percorrido no sentido *horário*. Os trechos abertos $a \to b$, percorridos nos sentidos horário, anti-horário ou vertical, representam os braços do circuito.

Estamos agora em condições de equacionar as correntes. De fato,

- utilizando a lei dos nós,
$$I_1 + I_2 = I_3$$

- utilizando a lei das malhas,

$$\begin{cases} \mathcal{E}_2 - \mathcal{E}_1 - R_2 I_3 - R_2 I_2 = 0 \\ \mathcal{E}_3 - \mathcal{E}_2 - R_3 I_1 + R_2 I_2 - R_1 I_1 - R_1 I_1 = 0 \end{cases}.$$

As equações do sistema tornam-se, então,

$$\begin{cases} I_1 + I_2 - I_3 = 0 \\ \mathcal{E}_2 - \mathcal{E}_1 - 2 R_2 I_3 - R_2 I_2 = 0 \\ \mathcal{E}_3 - \mathcal{E}_2 - 2 R_1 I_1 - R_3 I_1 + R_2 I_2 = 0 \end{cases}.$$

Temos, assim, um sistema de três equações para as três incógnitas I_1, I_2, I_3, o qual pode ser resolvido pelos métodos tradicionais. Por simplicidade, faremos diretamente a aplicação numérica. Utilizando, então, os valores dos elementos do circuito, o sistema de equações torna-se

$$\begin{cases} I_1 + I_2 - I_3 = 0 \\ 1 - 2 I_3 - I_2 = 0 \\ 1 - 0,8 I_1 - 0,2 I_1 + I_2 = 0 \end{cases}.$$

Arrumando-se os termos,

$$\begin{cases} I_1 + I_2 - I_3 = 0 \\ 0 + I_2 + 2 I_3 = 1 \\ I_1 - I_2 + 0 = 1 \end{cases}. \qquad (6.80)$$

Podemos resolver esse sistema de equações de diferentes maneiras. Deixamos a critério do leitor a utilização do método que for mais conveniente. Uma das formas de resolver o sistema consiste em calcular o determinante da maneira apresentada a seguir.

Cálculo do determinante:

$$\Delta = \begin{vmatrix} 1 & 1 & -1 \\ 0 & 1 & 2 \\ 1 & -1 & 0 \end{vmatrix} = 5.$$

Para o cálculo do determinante de I_1, trocam-se os coeficientes da coluna de I_1 pelos coeficientes do termo-fonte, isto é, pelos termos do lado direito da igualdade da Equação 6.80.

$$\Delta_1 = \begin{vmatrix} 0 & 1 & -1 \\ 1 & 1 & 2 \\ 1 & -1 & 0 \end{vmatrix} = 4.$$

Cálculo do determinante de I_2: nesse caso, trocam-se os coeficientes da coluna de I_2 pelos valores do lado direito da igualdade:

$$\Delta_2 = \begin{vmatrix} 1 & 0 & -1 \\ 0 & 1 & 2 \\ 1 & 1 & 0 \end{vmatrix} = -1.$$

Cálculo do determinante de I_3 (trocam-se os coeficientes da coluna de I_3 pelos coeficientes do termo do lado direito da igualdade):

$$\Delta_3 = \begin{vmatrix} 1 & 1 & 0 \\ 0 & 1 & 1 \\ 1 & -1 & 1 \end{vmatrix} = 3.$$

Finalmente,

$$I_1 = \frac{\Delta_1}{\Delta}, \; I_2 = \frac{\Delta_2}{\Delta} \text{ e } I_3 = \frac{\Delta_3}{\Delta}.$$

Logo,

$$I_1 = \frac{4}{5} = 0,8 \text{A}$$

$$I_2 = \frac{-1}{5} = -0,2 \text{A}$$

$$I_3 = \frac{3}{5} = 0,6 \text{A}.$$

O valor negativo para I_2 significa que o sentido real de I_2 é o oposto do arbitrado.

6.9 Circuito RC

Existem importantes tipos de circuitos que contêm elementos denominados passivos, em adição aos resistores. Consideraremos a seguir um circuito do tipo *RC* em série, que, além de resistor, tem um capacitor incluso. A única diferença ao aplicarmos as *leis de Kirchhoff* é que, em um circuito *RC*, obtemos equações diferenciais, que são mais difíceis de serem resolvidas do que as equações algébricas vistas anteriormente. Consideramos, por simplicidade, um circuito que consiste em um resistor e em um capacitor conectados em série a uma bateria e uma chave *S*, como mostra a Figura 6.27.

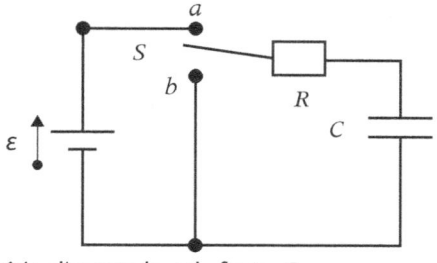

Figura 6.27 – Circuito *RC* em série alimentado pela fonte $\mathcal{E}$.

Ligando-se, inicialmente, a chave *S* na posição *a*, o capacitor *C* começa a ser carregado, de modo que a carga é depositada no capacitor, em uma razão que depende somente da resistência *R* e da *diferença de potencial* da fonte.

Utilizando-se a lei das malhas, temos

$$\mathcal{E} - IR - \frac{q}{C} = 0, \qquad (6.81)$$

onde $q/C = V_c$ é a *diferença de potencial* entre as placas do capacitor.

Como $I = dq/dt$, temos

$$R\frac{dq}{dt} + \frac{q}{C} = \mathcal{E}. \qquad (6.82)$$

A Equação 6.82 é uma equação diferencial de primeira ordem, que representa a equação de carga do capacitor e descreve a variação da carga q com o tempo t. Para resolvê-la, procederemos da seguinte maneira:

$$R\frac{dq}{dt} = \mathcal{E} - \frac{q}{C},$$

ou

$$dq = -\frac{1}{RC}(q - C\mathcal{E})dt,$$

ou, ainda,

$$\frac{dq}{q - C\mathcal{E}} = -\frac{1}{RC}dt. \qquad (6.83)$$

Integrando-se esta última equação,

$$\int_0^q \frac{dq'}{q' - C\mathcal{E}} = -\frac{1}{RC}\int_0^t dt'$$

ou

$$\int_0^q \frac{dq'}{q' - C\mathcal{E}} = -\frac{t}{RC}. \qquad (6.84)$$

Com a mudança de variável, fazendo $u = q' - C\mathcal{E}$, temos $du = dq'$, e, então, a Equação 6.84 fica

$$\int_{u_0}^u \frac{du}{u} = -\frac{t}{RC}, \qquad (6.85)$$

onde u_0 corresponde ao valor de u no instante $t = 0$, o que equivale a $q = 0$. A solução torna-se, então,

$$[\ln u]_{u_0}^u = -\frac{t}{RC} \Rightarrow \ln u - \ln u_0 = -\frac{t}{RC}.$$

Retornando às variáveis originais, teremos

$$\ln(q - C\mathcal{E}) - \ln(0 - C\mathcal{E}) = -t/RC,$$

$$\ln\frac{q-C\mathcal{E}}{-C\mathcal{E}} = -t/RC,$$

Logo,
$$q - C\mathcal{E} = -C\mathcal{E}e^{-t/RC}$$

e, finalmente,
$$q = C\mathcal{E}\left[1 - e^{-t/RC}\right]. \tag{6.86}$$

A Equação 6.86 mostra como a carga do capacitor varia em função do tempo. Podemos constatar que, em $t = 0$, a carga é $q = 0$, isto é, o capacitor está descarregado inicialmente. Entretanto, o máximo de carga que irá se acumular no capacitor é $C\mathcal{E}$. Isso ocorre porque a carga vai se acumulando nas placas, e a cada uma, torna-se cada vez mais difícil para a carga que se aproxima superar a barreira coulombiana das cargas já depositadas e, assim, alcançar o capacitor. Consequentemente, as cargas se aproximam do valor $C\mathcal{E}$ cada vez mais lentamente, alcançando o máximo somente quando o tempo de acumulação torna-se infinitamente longo. A quantidade de carga acumulada em função do tempo encontra-se ilustrada na Figura 6.28.

Note que na Equação 6.86 o produto RC tem a dimensão de tempo. Fazendo $t = RC$ nesta equação, teremos

$$q = C\mathcal{E}\left[1 - e^{-1}\right] \implies 1 - e^{-1} = 1 - \frac{1}{2,718} = 0,63,$$

logo,
$$q = 0,63 C\mathcal{E}. \tag{6.87}$$

Ou seja, o tempo requerido para que a carga acumulada alcance 63% do máximo $(0,63C\mathcal{E})$ é igual a RC, e a esse intervalo de tempo dá-se o nome de *constante de tempo capacitiva*, ou *tempo RC*, ou *tempo característico do circuito*. Note, na Figura 6.28, que RC é também o tempo no qual o capacitor estaria completamente carregado se fosse mantida a taxa inicial de carga (linha tracejada).

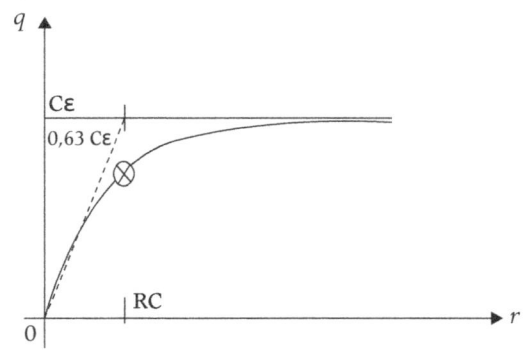

Figura 6.28 – Dependência exponencial do acúmulo de carga em função de *t*, no circuito *RC*.

6.9.1 Determinação da corrente

Para se determinar a corrente do circuito RC, basta tomar a derivada de q em função de t,

$$I = \frac{d}{dt}\left[C\mathcal{E}(1-e^{-t/RC})\right].$$

Então,

$$I = \frac{C\mathcal{E}}{RC}e^{-t/RC},$$

e, finalmente,

$$I = \left(\frac{\mathcal{E}}{R}\right)e^{-t/RC}. \tag{6.88}$$

Vemos, então, que, logo após o capacitor ser carregado, a corrente do circuito varia de modo exponencial com o tempo. No instante ($t = 0$), logo após ter sido ligada a chave S quando o capacitor ainda encontra-se descarregado, a corrente inicial medida sobre o resistor é $\mathcal{E}/R$, e, após ser carregado, a corrente começa a decrescer exponencialmente com t, eventualmente se anulando em $t \to \infty$.

Uma vez que o capacitor esteja carregado, podemos medir a *diferença de potencial* (V_c) entre suas placas. Fazendo uso de Equação 6.86, vemos que tal *ddp* (diferença de potencial) será:

$$V_c = \frac{q}{C} = \mathcal{E}\left[1-e^{-t/RC}\right]. \tag{6.89}$$

Analogamente, a *diferença de potencial* (V_R) através do resistor será

$$V_R = IR = \mathcal{E}e^{-t/RC}. \tag{6.90}$$

A seguir, vamos considerar o circuito da Figura 6.27, com o capacitor totalmente carregado. Mudando a chave S da posição a para b, estamos desconectando a fonte ($\mathcal{E} = 0$). Desse modo, o capacitor C irá descarregar através do resistor R. Então, para obter a equação de descarga do capacitor, fazemos $\mathcal{E} = 0$ na Equação 6.82, assim

$$R\frac{dq}{dt} + \frac{q}{C} = 0, \tag{6.91}$$

que também é uma equação diferencial de primeira ordem, com coeficientes constantes, e representa a *equação de descarga* do capacitor. Essa equação pode ser reescrita como

$$\frac{dq}{q} + \frac{dt}{RC} = 0, \tag{6.92}$$

que pode ser facilmente integrada:

$$\int_{q_0}^{q} \frac{dq'}{q'} + \int_{0}^{t} \frac{dt'}{RC} = 0,$$

$$\ln q - \ln q_0 = -\frac{1}{RC}(t-0)$$

$$\ln \frac{q}{q_0} = -\frac{t}{RC}.$$

Finalmente, a *equação de descarga* do capacitor tem como solução

$$q = q_0 e^{-t/RC}, \qquad (6.93)$$

onde q_0 é a carga inicial no capacitor. Com o capacitor totalmente carregado, a corrente começará a fluir com um valor inicial que será $I = -dq/dt = \mathcal{E}/R = q_0/RC$ (observe a convenção de sinais: – a variação de corrente devido à descarga do capacitor é positiva). A Figura 6.29 mostra a descarga do capacitor através do resistor R (Equação 6.93).

Quando a corrente flui, a carga no capacitor e, portanto, a voltagem através do resistor diminuem. A carga aproxima-se de zero cada vez mais lentamente. Note que a curva de descarga também apresenta dependência exponencial com o tempo. A carga aproxima-se de zero quando t torna-se indefinidamente longo.

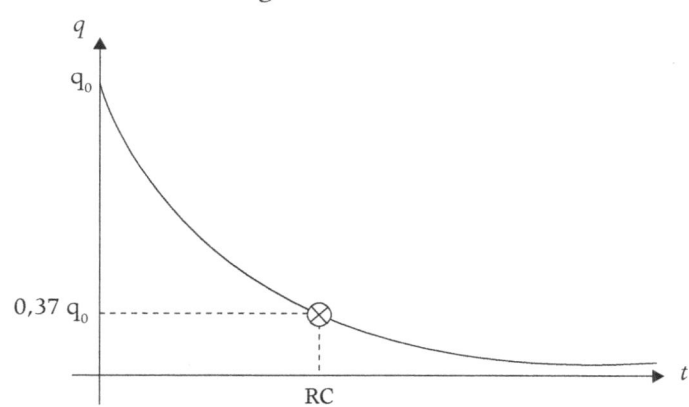

Figura 6.29 – Evolução da descarga de um capacitor através de um resistor.

6.10 Exercícios

6.10.1 Exercícios resolvidos

1. A Figura 6.30 mostra um circuito cujos elementos têm os seguintes valores: $\mathcal{E}_1 = 2,1$ volts, $\mathcal{E}_2 = 6,2$ volts, $R_1 = 1,7\ \Omega$, $R_2 = 3,5\ \Omega$.

   (a) Determine as correntes nos três ramos do circuito.

   (b) Qual a diferença de potencial entre os pontos a e b?

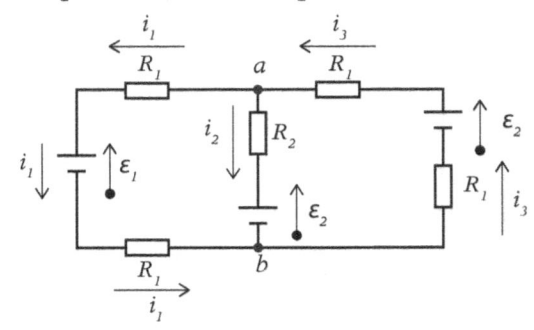

Figura 6.30 – Circuito com duas malhas.

SOLUÇÃO

a) Chamando a malha da esquerda de (I) e a da direita de (II), e percorrendo o circuito no sentido horário:

- **Leis de Kirchhoff**

$$i_3 = i_1 + i_2.$$

- Malha (I): $-i_1 R_1 + \mathcal{E}_2 + i_2 R_2 - i_1 R_1 - \mathcal{E}_1 = 0$. Logo,

$$i_2 R_2 - 2i_1 R_1 = \mathcal{E}_1 - \mathcal{E}_2.$$

- Malha (II): $-\mathcal{E}_2 - i_3 R_1 + \mathcal{E}_2 - i_3 R_1 - i_2 R_2 = 0$, então

$$i_2 R_2 + 2I - 3R_1 = 0.$$

As três equações permitem obter os três valores das correntes:

$i_1 = 0,82$ A;

$i_2 = -0,4$ A e

$i_3 = 0,42$ A.

b) A diferença de potencial pode ser obtida de: $V_a - i_2 R_2 - \mathcal{E}_2 = V_b$, então $V_a - V_b = 4,9$ V.

2. Considere o circuito da Figura 6.27 com $\mathcal{E} = 100$ V, $R = 10$ MΩ e $C = 8\ \mu$F.

   a) Obtenha a constante de tempo capacitiva.

b) Com a chave na posição *a*, qual é o valor da *diferença de potencial* no capacitor para um tempo $t = 3\tau_c$?

c) Após um longo período, a chave *S* é colocada na posição *b*. Em que instante a tensão no resistor é a metade da tensão inicial?

d) Qual é o valor da energia armazenada no sistema no instante do item c?

SOLUÇÃO

a) A constante de tempo do capacitor é dada por
$$\tau_C = RC = 10,0 \text{ M}\Omega \times 8,0 \mu\text{F} = 80,0\text{s}.$$

b) A tensão no capacitor vale $V_C = \mathcal{E}(1-e^{-t/\tau_C})$, onde $t = 3\tau_C$, logo,
$$V_C = 100\left(1-e^{-3\tau_C/\tau_C}\right) = 100\left(1-e^{-3}\right) \rightarrow V_C = 95 \text{ V}.$$

c) A tensão no resistor é $V_R = V_0 e^{-t/\tau_C}$. Como $V_R = V_0/2$, temos
$$\frac{1}{2}V_0 = V_0 e^{-t/\tau_C},$$
logo, $\frac{1}{2} = e^{-t/\tau_C}$.

Então, $\ln\left(\frac{1}{2}\right) = \ln\left(e^{-t/\tau_C}\right)$. Assim, $-\ln(2)\tau_C = -t$. Finalmente,
$$t = (\ln 2)\tau_C = 0,69 \times 80 \rightarrow t = 55,5\text{s}.$$

d) A energia é dada por $U_E = \frac{1}{2}\frac{q^2}{C}$, onde
$$q = C\mathcal{E}e^{-t/\tau_C} = (8\times 10^{-6}\text{F})(100\text{V})e^{-55,5/80} = 8\times 10^{-4} e^{-0,69} = 4\times 10^{-4}\text{C}.$$
Então,
$$U_E = \frac{1}{2}\frac{(4\times 10^{-4}\text{C})^2}{(8\times 10^{-6}\text{F})} = 1,0\times 10^{-2}\text{J}.$$

6.10.2 Exercícios propostos

1. Durante 5 minutos, um fio é atravessado por uma corrente elétrica de 6,0 A. Determine:
   a) a carga total;
   b) a quantidade de elétrons que atravessam a seção transversal do fio nesse intervalo de tempo.

2. A quantidade de carga *q* (em coulombs) que atravessa uma superfície de 2,00 cm² de área varia no tempo de acordo com a equação $q = 4t^3 + 5t^2 + 5$, onde *t* está em segundos. Determine:

a) a corrente instantânea através da superfície em $t = 1,00$ s;

b) o valor da densidade de corrente.

3. Qual é a intensidade de campo elétrico e a densidade de corrente correspondentes a uma velocidade de deslocamento de $6,0 \times 10^{-4}$ m/s em um condutor de prata?

4. Qual deve ser o diâmetro de um fio de ferro para que tenha a mesma resistência de um fio de cobre de 0,12 cm de diâmetro, admitindo que ambos os fios tenham o mesmo comprimento e sabendo que a resistência de um fio de ferro é 5,9 vezes a de um fio de cobre com as mesmas dimensões?

5. Um fio de alumínio de diâmetro de 0,200 mm tem um campo elétrico uniforme de $0,500$ $V.m^{-1}$ ao longo de seu comprimento de 2,00 m. Esse fio atinge uma temperatura de 50,0 °C quando percorrido pela corrente I. Dados: $\eta_{Al}(20\ °C) = 2,82 \times 10^{-8}$ $\Omega.m$; $n = 6,02 \times 10^{28}$ elétrons.m^{-3}; $\alpha = 3,90 \times 10^{-3}$. Determine:

a) a resistividade do alumínio;

b) a densidade de corrente no fio;

c) a corrente total no fio;

d) a velocidade média dos elétrons de condução;

e) a ddp entre as extremidades do fio para o campo elétrico dado.

6. Um cabo coaxial de comprimento l, como mostra a Figura 6.31, possui uma corrente uniforme I distribuída por sua seção transversal. Determine a resistência total de isolamento desse cabo.

Figura 6.31 – Cabo coaxial.

7. Para que valor de R a bateria fornecerá, ao circuito da Figura 6.32, energia a uma taxa de 70 W?

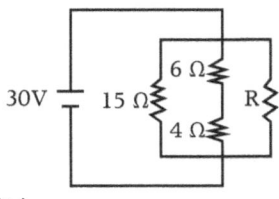

Figura 6.32 – Potência em circuito elétrico.

8. Uma esfera metálica de 15 cm de raio possui uma carga de 30 nC. Se o potencial no infinito é $V = 0$, calcule:

   a) o potencial elétrico na superfície da esfera, sendo aplicada uma diferença de potencial de 120 V a um aquecedor de ambiente de 500 W;

   b) a resistência do elemento de aquecimento e a corrente no elemento.

9. Considere um gerador de energia qualquer. Esse gerador se utiliza de uma rede transmissora para transportar energia até um consumidor localizado distante da fonte.

   a) Descreva um possível processo de geração e transmissão dessa energia elétrica até o consumidor.

   b) Quais cuidados devem ser tomados para amenizar a perda de energia na transmissão?

10. Na Figura 6.33, as resistências são $R_1 = 6,0\ \Omega$, $R_2 = R_3 = 18,0\ \Omega$ e a força eletromotriz da fonte ideal é 12 V. Determine:

    a) o valor absoluto da corrente;

    b) o sentido da corrente i_1.

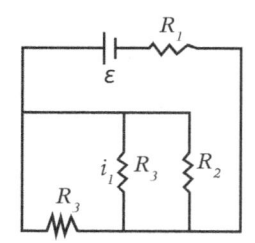

Figura 6.33 – Circuito de resistores.

11. Calcule a resistência equivalente do circuito da Figura 6.34, considerando $R_1 = 10,0\ \Omega$, $R_2 = 5,0\ \Omega$ e $R_3 = 4,0\ \Omega$. Se aplicarmos uma ddp, V = 10 V entre os terminais do circuito, calcule a corrente total e a potência total dissipada no circuito.

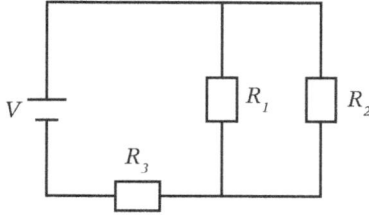

Figura 6.34 – Resistência equivalente.

12. No circuito da Figura 6.35 são conhecidos os valores de
    $R_1 = R_6 = R_7 = R_8 = 10\ \Omega$, $R_2 = 20\ \Omega$, $R_3 = 2,0\ \Omega$, $R_4 = 30\ \Omega$, $R_5 = 3,0\ \Omega$ e
    $\mathcal{E} = 120$ V. Determine:

    a) a resistência equivalente do circuito;

b) a diferença de potencial entre os pontos a e b;
c) a potência dissipada em R_7.

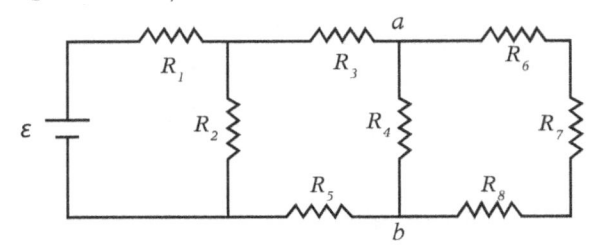

Figura 6.35 – Ligação mista de resistores.

13. A bateria no circuito da Figura 6.36 tem resistências internas desprezíveis. Calcule:
    a) as correntes indicadas;
    b) a ddp entre os pontos x e y.

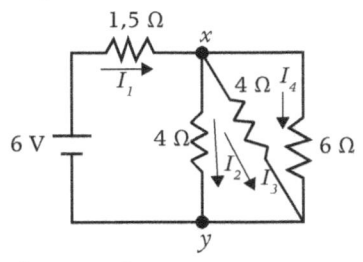

Figura 6.36 – Circuito elétrico com fonte contínua.

14. Determine a resistência equivalente do circuito em forma de cubo, como mostra a Figura 6.37. Considere que todos os resistores têm o mesmo valor de resistência R.

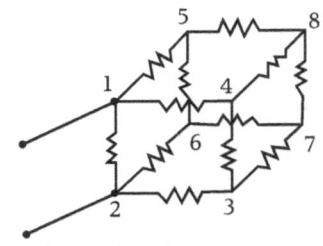

Figura 6.37 – Circuito de resistores em forma de cubo.

15. Determine a corrente I que flui no circuito da Figura 6.38. Sendo $\mathcal{E} = 24$ V, $R_1 = 40$ Ω, $R_2 = 10$ Ω, $R_3 = 20$ Ω, $R_4 = 30$ Ω e $R_5 = 60$ Ω.

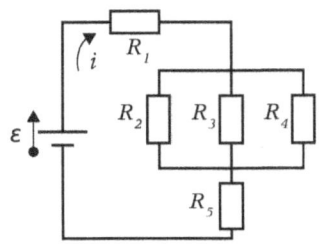

Figura 6.38 – Circuito com várias resistências.

16. Para que valor de resistência W o galvanômetro da Figura 6.39 indica zero quando $Z = 5,00\ \Omega$, $Y = 13,7\ \Omega$ e $M = 500\ \Omega$?

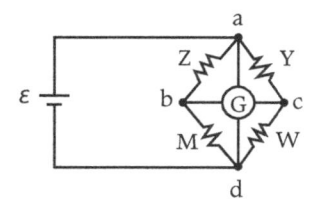

Figura 6.39 – Ponte de Wheatstone.

17. No circuito da Figura 6.40, o ponto A está ligado à terra $(V_A = 0)$. Determine:
    a) a indicação do amperímetro ideal;
    b) o potencial elétrico dos pontos B, C e D;
    c) a indicação do voltímetro ideal.

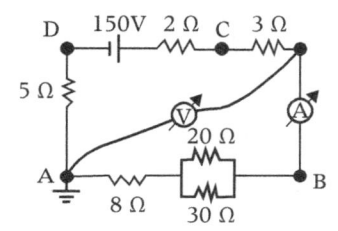

Figura 6.40 – Circuito resistivo.

18. No circuito da Figura 6.41, sabe-se que a ddp entre A e B é 48 V. Determine:
    a) a resistência equivalente da associação;
    b) a corrente que atravessa o fio de resistência nula.

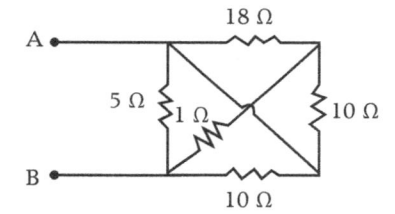

Figura 6.41 – Circuito resistivo.

19. Na Figura 6.42, encontre a corrente em cada resistor e a resistência equivalente.

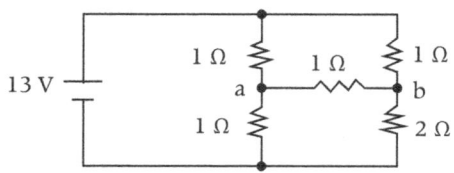

Figura 6.42 – Circuito de três malhas: leis de Kirchhoff.

20. Determine a corrente em cada parte do circuito da Figura 6.43.

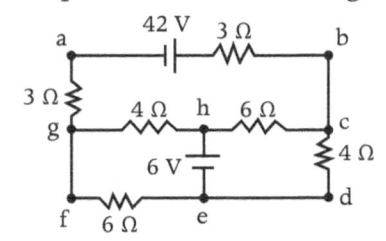

Figura 6.43 – Circuito com malhas.

21. No circuito da Figura 6.44, as baterias são ideais e $\mathcal{E}_1 = 12$ V, $\mathcal{E}_2 = 15$ V e os resistores são $R_1 = 130\ \Omega$, $R_2 = 220\ \Omega$ e $R_3 = 40\ \Omega$. Obtenha os valores das correntes I_1, I_2 e I_3 mostradas na figura.

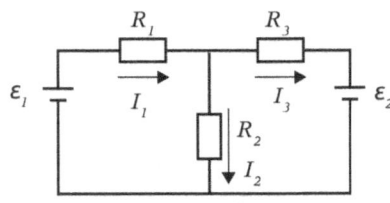

Figura 6.44 – Circuito de duas malhas: leis de Kirchhoff.

22. Dado o circuito da Figura 6.45, determine:
    a) a intensidade de corrente em cada ramo, bem como os respectivos sentidos;
    b) a ddp entre os pontos A e B.

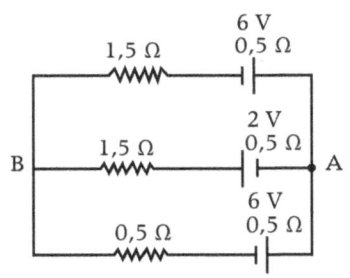

Figura 6.45 – Aplicação das leis de Kirchhoff em circuitos de mais de uma malha.

23. Dado o circuito da Figura 6.46. Determine:
    a) as correntes I_1, I_2 e I_3;
    b) a diferença de potencial entre os pontos x e y.

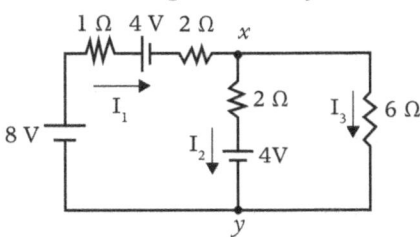

Figura 6.46 – Circuito de duas malhas.

24. Determine as correntes nos ramos do circuito indicado na Figura 6.47, considerando os valores seguintes: $R_1 = 0,8\ \Omega$, $R_2 = 2\ \Omega$, $\mathcal{E}_1 = 2$ V, $\mathcal{E}_2 = 4$ V e $\mathcal{E}_3 = 6$ V.

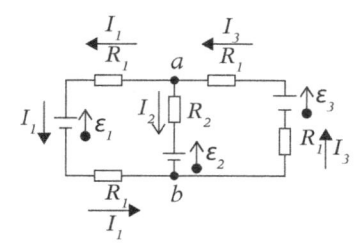

Figura 6.47 – Circuito com mais de uma fonte.

25. Considere o circuito da Figura 6.48. Determine:
    a) as correntes nos ramos do circuito indicado na figura;
    b) a potência dissipada no resistor de 1 Ω.

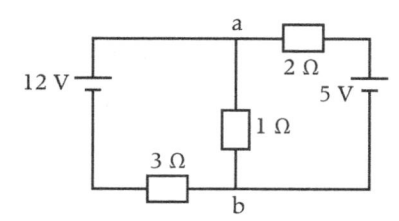

Figura 6.48 – Circuito resistivo.

26. No circuito da Figura 6.49, $\mathcal{E} = 50,0$ V, $R_1 = 2,0\ M\Omega$, $R_2 = 600\ k\Omega$ e $C = 3,0\ \mu F$. Determine:
    a) a corrente na bateria imediatamente depois de a chave S ter sido fechada;
    b) a corrente na bateria muito depois de a chave ter sido fechada;
    c) a corrente no resistor de 600 $k\Omega$ em função do tempo depois de a chave ficar fechada durante um longo tempo e ser aberta em seguida.

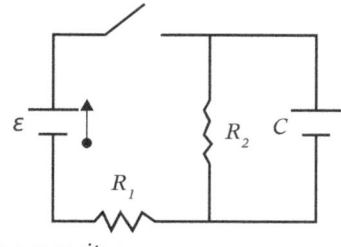

Figura 6.49 – Circuito de resistores e capacitor.

27. No mesmo circuito da Figura 6.49, a fonte ideal fornece 20 V, $C = 0,4\ \mu F$, $R_1 = 10\ k\Omega$ e $R_2 = 15\ k\Omega$. Primeiro, a chave é mantida por um longo tempo na posição fechada, até atingir o regime estacionário. Em seguida, a chave é aberta no instante $t = 0$. Determine, no instante $t = 4$ ms, a corrente no resistor R_2.

28. No circuito da Figura 6.50, a bateria ideal é $\mathcal{E} = 20,0$ V, o capacitor é $C = 0,4$ μF e os resistores são $R_1 = 10$ $k\Omega$ e $R_2 = 15,0$ $k\Omega$. Com o capacitor totalmente descarregado, a chave S é fechada bruscamente no instante $t = 0$ e mantida por um longo tempo nessa posição, até que seja atingido o regime estacionário. Calcule a corrente do circuito no regime estacionário. Em seguida, a chave é aberta. Calcule a corrente no resistor 2 no instante 4,0 ms após a chave ser aberta.

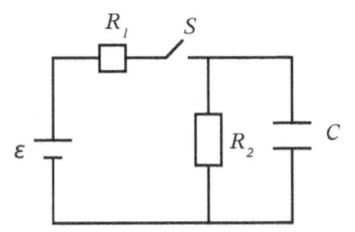

Figura 6.50 – Circuito RC.

29. A chave S da Figura 6.51 é fechada no instante $t = 0$, fazendo com que um capacitor inicialmente descarregado de capacitância $C = 15$ μF comece a se carregar através do resistor de resistência $R = 20$ Ω. Em que instante a diferença de potencial entre os terminais do capacitor é igual à diferença de potencial entre os terminais do resistor?

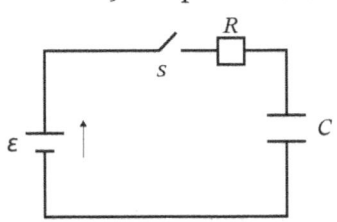

Figura 6.51 – Circuito RC com fonte contínua.

30. No circuito da Figura 6.52, os capacitores estão inicialmente descarregados. Determine:
    a) o valor inicial da corrente da bateria quando a chave S for fechada;
    b) a corrente da bateria depois de um intervalo de tempo longo;
    c) a carga final em cada capacitor.

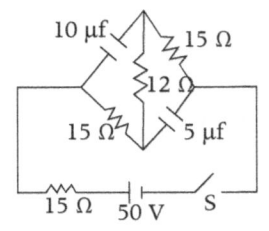

Figura 6.52 – Circuito RC.

31. Observe o circuito da Figura 6.53, onde $R = 500$ Ω, $C = 8,00$ μF e $\mathcal{E} = 100$ V.
    a) Nesse circuito, liga-se a chave na posição a. Quanto tempo levará para a carga aumentar até 80% de seu valor máximo?

b) Após um período bastante longo, passa-se a chave para a posição b. Qual é a diferença de potencial no capacitor no instante $t = 2\tau_e$?

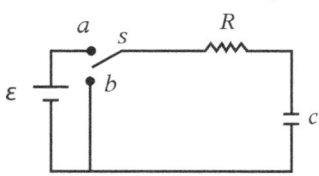

Figura 6.53 – Circuito **RC** com fonte contínua.

32. Dado o circuito da Figura 6.54, obtenha:

a) A resistência equivalente, a capacitância equivalente e a constante de tempo capacitiva.

b) Com a chave na posição a, qual é o valor da ddp no capacitor para um tempo $t = 2\tau_e$?

c) Onde você instalaria: um amperímetro para medir a corrente total do circuito; outro para medir a corrente que passa pelo resistor R_2; e um voltímetro para medir a diferença de potencial (ddp) sobre R_3? Justifique suas respostas. Confira suas soluções no módulo de simulação C5.

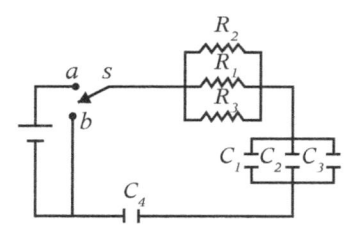

Figura 6.54 – Circuito.

Após um longo período, a chave S é colocada na posição b.

d) Em que instante a tensão no resistor é um terço da tensão inicial?

e) Qual é o valor da energia armazenada no sistema no instante acima?

Dados:

$\mathcal{E} = 100$ V; $R_1 = 10$ Ω; $R_2 = 20$ Ω; $R_3 = 20$ Ω; $C_1 = 1$ μF; $C_2 = 4$ μF; $C_3 = 5$ μF; $C_4 = 1$ μF.

PESQUISA E APROFUNDAMENTO

Pesquise:
- Termômetro de resistência;
- Supercondutividade;
- Microfone de capacitor.

Bibliografia complementar

DE HEER, W. A.; UGARTE, D. M. *Fractionally quantized conductances in ballistic metal nanowires and carbon nanotube networks.* Proceedings of the NATO Advanced Research Workshop, 1996; v. 340, p. 227-36.

RODRIGUES, V.; UGARTE; D. M. Quantização da condutância: um experimento simples para o ensino de Física. *Revista Brasileira de Ensino de Fisica*, v. 21, n.2, 1999, p. 264.

VAN HOUTEN, H.; BEENAKER, C. Quantum point contacts. *Physics Today*, 1996, p. 49-22.

Capítulo 7

Campo magnético

O aspecto mais comum e mais bem conhecido sobre o magnetismo se relaciona a um par de ímãs permanentes que se atraem ou se repelem e, ainda, a um ímã permanente que atrai objetos de ferro não imantados, como os ímãs permanentes, comuns em portas das geladeiras: trata-se da força magnética. O uso dessa força magnética, contudo, vai muito além desses exemplos: engloba motores elétricos, televisores, fornos de micro-ondas, alto-falantes, impressoras, discos rígidos de computadores, entre muitos outros equipamentos, que funcionam com base no magnetismo. Em uma bússola existe interação magnética entre sua agulha e o campo magnético terrestre. As usinas hidrelétricas geram eletricidade graças a uma interação eletromagnética de eletroímãs e bobinas de fios que giram de maneira concêntrica, impulsionadas por meio de turbinas que se movimentam pela força das águas represadas.

Uma das aplicações do magnetismo que tem sido, atualmente, foco de intensa pesquisa é a refrigeração com base no chamado efeito magnetocalórico (EMC). Esse interessante fenômeno foi descoberto em 1881 pelo físico alemão Emil Warburg (1846-1931), quando percebeu que um metal pode apresentar mudanças de temperatura ao se aproximar de um forte ímã. Contudo, coube ao químico canadense William Giauque (1895-1982), ganhador do prêmio Nobel de Química em 1949, aplicar o efeito EMC na redução de temperatura de materiais, impulsionando a ideia dos ciclos termomagnéticos, análogos aos ciclos termomecânicos (compressão/descompressão), que estão presentes nos refrigeradores atuais. A história do magnetismo, entretanto, é muito mais remota.

Há muitos séculos, os gregos observaram que determinadas pedras possuíam a propriedade de atrair pedaços de ferro. Essas pedras foram chamadas de ímãs, e os fenômenos naturais que se manifestavam espontaneamente foram denominados *fenômenos magnéticos* ou *magnetismo*. Os ímãs naturais foram observados primeiro em Magnésia, na Grécia, onde pedras do mineral magnetita possuíam a propriedade de atrair ferro e ligas de ferro. Hoje sabemos que essas pedras correspondem a um óxido de ferro (Fe_3O_4). Há também os ímãs artificiais, materiais que contêm ferro e adquirem temporariamente as mesmas propriedades dos ímãs naturais a partir de certos processos, como a imantação.

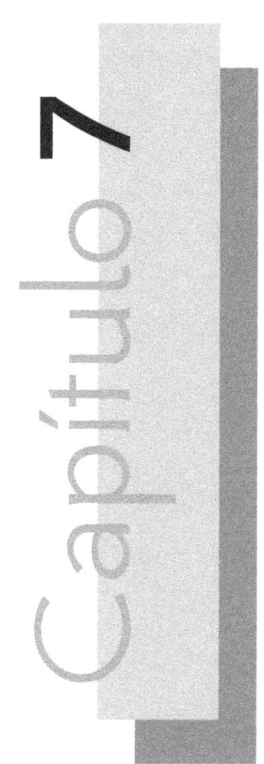

A Figura 7.1 ilustra a representação do campo magnético de um ímã natural através das linhas de campo. Todo ímã representa um dipolo, ou seja, possui dois polos, um norte (N) e outro sul (S). Por convenção, representa-se o sentido das linhas partindo do campo sul para o norte, no interior do ímã, e partindo do norte para o sul, fora do ímã.

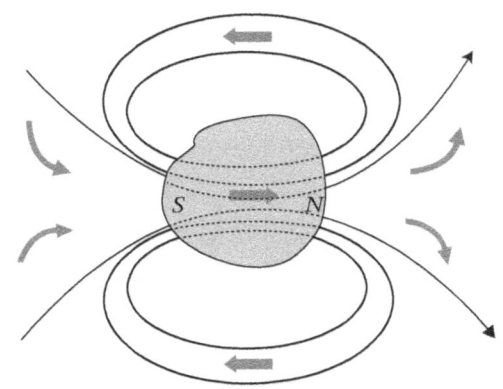

Figura 7.1 – Representação das linhas de campo de um ímã natural. As linhas saem do ímã pelo polo norte e entram no polo sul.

Os ímãs exercem entre si uma força de ação mútua, que pode ser de atração ou repulsão, conforme a posição em que são postos quando na presença um do outro. Assim como observamos experimentalmente, na eletrostática, quando cargas de mesmo sinal interagem repulsivamente e cargas de sinais contrários interagem atrativamente, também observamos experimentalmente que polos magnéticos de mesmo nome interagem repulsivamente, como podemos facilmente verificar quando um polo norte de um ímã é posto junto ao polo norte de outro ímã. Entretanto, quando o polo norte de um ímã é colocado junto ao polo sul de outro ímã, eles se atraem mutuamente. Tal como visto na interação elétrica, um efeito de atração e repulsão pode ser observado na interação magnética. A esquematização da interação entre duas barras magnetizadas está apresentada na Figura 7.2.

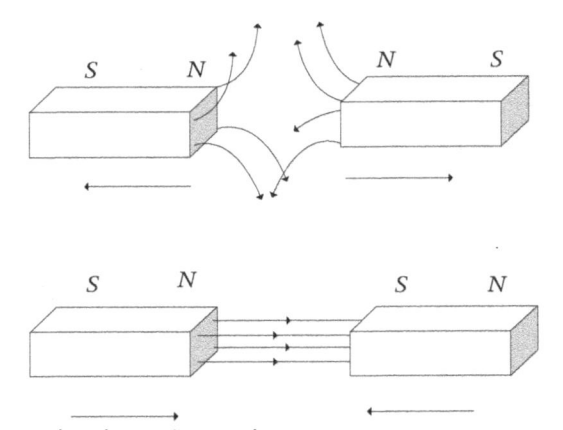

Figura 7.2 – Interação entre duas barras imantadas.

Capítulo 7 – Campo magnético

Esse fenômeno permitiu aos chineses a invenção da bússola, em cuja estrutura havia um ímã no formato de losango (ver Figura 7.3) chamado de agulha magnética, bastante utilizado em seus navios para uma correta orientação. A bússola mostrou-se um instrumento muito útil, principalmente quando o mau tempo impedia a orientação pelas estrelas. Denominou-se polo norte do ímã (N) a região voltada ao norte geográfico e polo sul (S) a região voltada ao sul geográfico.

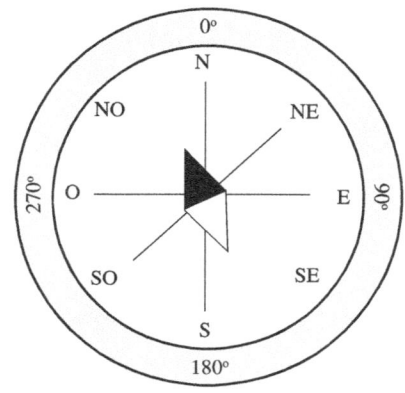

Figura 7.3 – Ilustração de uma bússola.

Uma bússola nada mais é do que uma barra imantada. Uma vez que o polo norte da agulha de uma bússola sempre aponta para o norte, podemos concluir que o polo magnético da Terra, ou polo geomagnético, no hemisfério norte é um polo sul magnético, ao passo que o polo geomagnético no hemisfério sul é um polo norte magnético. Assim, o polo geomagnético da Terra na Antártica é um polo norte magnético, isto é, as linhas de campo magnético da Terra nessa região apontam geralmente para cima e para fora da superfície da Terra.

Quando uma bússola é suspensa ou apoiada sobre um eixo móvel, podendo girar livremente, ela aponta na direção do norte geográfico do local. Isso ocorre porque polos opostos se atraem, de modo que o polo norte magnético da bússola (ponteiro pintado) aponta para o polo sul magnético do planeta, o qual, por coincidência, está próximo ao polo norte geográfico da Terra. A Figura 7.4 representa uma bússola e suas devidas orientações – o polo norte (N) e o polo sul (S). Sempre que deixamos uma bússola livre (e distante de materiais que possam influenciá-la, tais como o ferro ou o aço), ela se orienta na direção dos polos norte e sul geográficos da Terra, mostrando, assim, a existência de um campo magnético terrestre. Com efeito, ao se utilizar uma bússola, como a mostrada na Figura 7.4, estamos, em última análise, utilizando o campo magnético da Terra para encontrar uma direção geográfica. Ou seja, a Terra pode ser considerada um imenso ímã, cujo modelo do campo magnético é rigorosamente aquele que resultaria de um pequeno e poderoso ímã próximo ao centro do planeta.

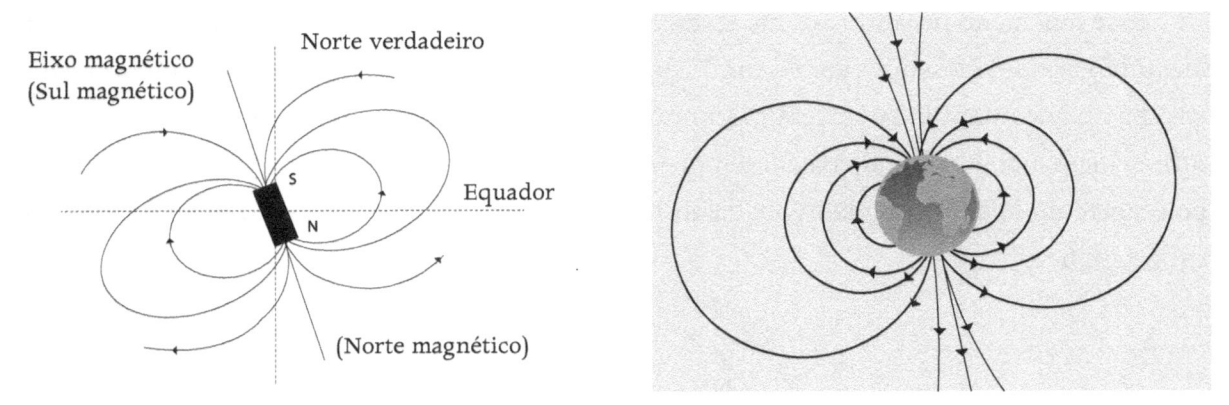

Figura 7.4 – Modelo do ímã no centro da Terra (à esquerda) e o planeta com seu campo magnético (à direita).

É muito importante também destacar a inseparabilidade dos polos de um ímã, como mostra a Figura 7.5. Embora um ímã seja dividido em duas partes iguais, cada uma dessas partes constitui um novo ímã, que, embora menor, possui sempre dois polos. Esse processo pode se repetir, e o resultado é sempre o mesmo, isto é, em cada pedaço existem os dois polos até que se obtenham moléculas de óxido de ferro, no caso do ímã natural.

No princípio do século XVIII, julgava-se não haver relação alguma entre os fenômenos magnéticos e elétricos. A ideia de campo ainda não havia sido estabelecida, e foi Ampère quem estudou as ações de forças entre fios portadores de corrente elétrica, enquanto coube ao cientista dinamarquês Hans Christian Oersted (1775-1851) a primeira constatação de que uma corrente elétrica modificava a orientação de uma agulha de bússola localizada próximo ao circuito de corrente.

Vimos em eletrostática que toda carga elétrica em repouso cria em seu redor um campo elétrico e que toda interação entre cargas estáticas ocorre via campo. Assim, cargas elétricas possuem um campo elétrico, o qual, por sua vez, exerce uma força de natureza elétrica sobre outra carga colocada nesse campo. Do mesmo modo, podemos supor que toda carga móvel tenha um campo magnético associado a ela, o qual atua sobre qualquer outra carga móvel. Assim, para uma carga em movimento, existirá tanto um campo elétrico quanto um campo magnético. Qualquer partícula eletrizada em presença desses dois campos combinados sofre a ação de uma força em virtude do campo eletrostático, independentemente de essa partícula estar em movimento ou não.

O campo magnético, contudo, no âmbito de discussão a que nos propomos, só atua sobre a partícula quando esta se encontra em movimento. Isso significa que não levaremos em conta, neste momento, a possibilidade de existência das cargas ou polos magnéticos (monopolo magnético). Apesar disso, é importante lembrar que o monopolo magnético, conjecturado primeiro por Pierre Curie em 1894, é ainda alvo de intensa pesquisa nos dias de hoje.

Um monopolo magnético seria uma *partícula* que se comportaria como um ímã de um único polo, isto é, o monopolo magnético possuiria carga magnética. A teoria quântica de tal carga começou com Paul Dirac, em 1931, que, de maneira geral, previu que os monopolos existiriam na extremidade de tubos que conduzem campos magnéticos. Esses tubos passaram a ser conhecidos como *cordas de Dirac*. O interesse mais recente sobre o assunto se deve à física de altas energias, de acordo com a qual as teorias modernas, como algumas das teorias da grande unificação e das supercordas, não apenas predizem a existência de monopolos, mas necessitam que eles existam para sua própria consistência.

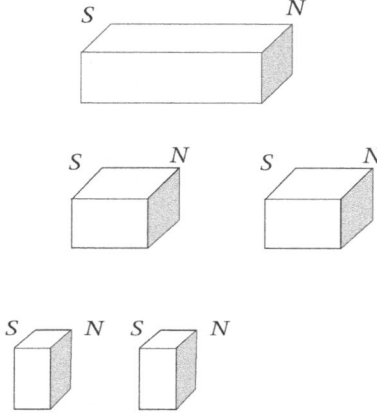

Figura 7.5 – Inseparabilidade dos polos magnéticos de um ímã.

Recentemente, em 2010, uma equipe de pesquisadores alemães e ingleses observou experimentalmente, pela primeira vez, a presença de monopolos magnéticos em materiais reais: a equipe detectou os monopolos magnéticos em um cristal de titanato de disprósio por meio de um experimento de espalhamento de nêutrons. Os monopolos magnéticos puderam ser detectados por sua interação com os nêutrons (que possuem momento magnético intrínseco), ou seja, os nêutrons se espalham de maneira que revelam os momentos das cordas de Dirac. Com efeito, uma equipe da Universidade College-Dublin captou pela primeira vez, em 2010, imagens diretas de monopolos magnéticos. Eles utilizaram, no Instituto Paul Scherrer, um instrumento chamado Swiss Light Source (SLS). Esse instrumento produz radiação eletromagnética de alto brilho, o que cria um feixe de luz de comprimentos de onda apropriados ao experimento. Seus resultados foram publicados na edição de 17 de outubro da revista *Nature Physics*, na qual os cientistas descreveram como foram registrados os monopolos dentro de um nanometamaterial magnético criado artificialmente. O experimento mostra de que maneira os polos norte e sul separam-se um do outro em um campo externo, criando as *cordas de Dirac*, que são responsáveis por alimentar os polos com fluxo magnético.

A rigor, esses não seriam os monopolos (partícula elementar) da concepção original de Dirac, mas há separação de polos, e os experimentos mostram que os monopolos magnéticos são estados emergentes da matéria, isto é, eles surgem como uma propriedade resultante do arranjo dos dipolos. Naturalmente, as pesquisas continuam e o interesse extrapola a existência (ou não) dos monopolos de Dirac, uma vez que os estudos na área poderiam levar, entre outros fatores, a melhorias no armazenamento e na transmissão de dados, possibilitando o desenvolvimento de computadores mais rápidos, o que seria uma importante aplicação tecnológica.

Mas, se não existe uma carga magnética, de onde vem o magnetismo? Já mencionamos que, à luz da relatividade especial, os campos elétrico e magnético são dois aspectos de um mesmo campo, denominado campo eletromagnético, e, portanto, a interação magnética, tal como a elétrica, seria mediada por fótons. Podemos, contudo, obter uma visão do que ocorre sem ter de evocar a QED, eletrodinâmica quântica (ver Introdução), para entender a maior parte dos fenômenos magnéticos que discutiremos aqui. No interior de toda matéria existem correntes elétricas elementares, produzidas pelos movimentos dos elétrons nos átomos. Essas correntes elementares formam pequenos campos magnéticos, como se toda matéria fosse constituída de ímãs elementares. Em escala microscópica, o campo magnético mais simples é aquele produzido pelo movimento de rotação dos elétrons em torno de um eixo próprio. Esse fenômeno, conhecido como *spin*, é representado na física quântica pelos números $+1/2$ e $-1/2$, que indicam a orientação do *spin* (sentido do giro do elétron). Associado ao *spin* está também o magneton, quantum elementar de momento magnético que foi introduzido em 1911 pelo físico francês Pierre Weiss.

No interior de um material não magnetizado, esses estados de *spin* encontram-se orientados totalmente ao acaso, de maneira que seus campos magnéticos se anulam mutuamente, o que resulta em um campo magnético total nulo. Entretanto, se o material for colocado em um campo magnético externo, este atuará sobre os *spins* dos elétrons, alinhando-os. A maioria das substâncias existentes na natureza, como a madeira, o papel, o cobre, o chumbo, entre outros, sofre pequena alteração no campo magnético total resultante quando submetida a um campo magnético externo. Essas substâncias são divididas em dois grupos; *paramagnéticas* e *diamagnéticas*. As substâncias paramagnéticas, quando colocadas em um campo magnético, tendem a alinhar seus *spins* no mesmo sentido do campo externo, mas o campo resultante é pouco maior do que o inicial. São exemplos o alumínio, a platina e o magnésio. Os *spins* das substâncias diamagnéticas tendem a se alinhar em sentido contrário ao do campo externo, apresentando pequena variação do valor do campo magnético resultante em relação ao valor inicial. Podemos citar como exemplo a água, o bismuto, a prata e o ouro. Um pequeno grupo de substâncias imanta-se fortemente ao ser exposto a um campo magnético. São os denominados *materiais ferromagnéticos*. O campo magnético estabelecido por esses materiais é, muitas vezes, maior do que o campo aplicado, atingindo centenas e até milhares de vezes o valor do campo magnético inicial. Podem-se citar, como exemplos de substâncias ferromagnéticas, o ferro, o cobalto e o níquel, bem como as ligas metálicas que contêm esses elementos.

Enfim, denomina-se campo magnético a perturbação sofrida pelo espaço no entorno de uma fonte magnética. A grandeza fundamental do campo magnético é a indução magnética de campo, representada habitualmente pelo símbolo $\vec{B}$ e dotada de caráter vetorial, já que depende tanto de seu valor numérico como da direção e do sentido de máxima variação do campo. A detecção do campo magnético em um meio é feita pela influência que ele exerce sobre uma bússola ou uma carga elétrica em movimento.

7.1 Indução magnética e fluxo magnético

Do mesmo modo que o campo elétrico (ver Capítulo 2), o campo magnético também pode ser representado por meio de linhas de força, um conceito, conforme vimos, introduzido por Faraday para a visualização de um campo, que, no caso do magnetismo, é representado por linhas de indução magnética, as quais, em cada ponto, têm a direção e o sentido do vetor *indução magnética* $\vec{B}$, como ilustra a Figura 7.6.

A indução magnética $\vec{B}$ é comumente chamada de campo magnético. Em um campo magnético onde $\vec{B}$ tem mesmo módulo, direção e sentido em cada ponto, as linhas de indução são retas e paralelas (como a da figura), e o campo é denominado uniforme.

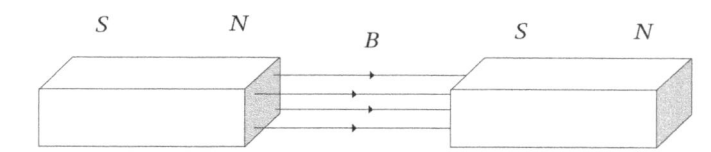

Figura 7.6 – Linhas de indução magnética.

O número total de linhas de indução que atravessam uma superfície, por sua vez, é denominado *fluxo magnético*, dado por

$$\Phi_B = \int_S \vec{B}.d\vec{S}. \tag{7.1}$$

No caso particular em que $\vec{B}$ é uniforme sobre uma área plana com área total A e unitário $\hat{n}$, temos que

$$\Phi_B = \int_S \vec{B}.\hat{n}dS = BA\cos\theta. \tag{7.2}$$

Se $\vec{B}$ for perpendicular à superfície, isto é, tiver a direção de $\hat{n}$, $BA\cos\theta = BA$, logo

$$\Phi_B = BA. \tag{7.3}$$

Independentemente das questões envolvendo o monopolo magnético mencionadas, adotaremos a visão de Ampère, que afirma que não há cargas magnéticas (monopolos magnéticos), de modo que uma carga elétrica em movimento é necessária para produzir um campo magnético, bem como uma carga em movimento para "perceber" um campo magnético. Isso também significa que as linhas de força do campo magnético $\vec{B}$ são fechadas ou se perdem no infinito (tal como indicado na Figura 7.1). Linhas de campo magnéticas devidas a correntes elétricas não começam nem terminam em qualquer ponto. Se considerarmos uma superfície fechada em um campo magnético, o número de linhas de campo entrando naquela superfície iguala-se ao número de linhas de campo partindo daquela superfície; em outras palavras, o fluxo magnético que entra nessa superfície é igual ao que sai, como pode ser visto na Figura 7.7. Portanto, a Equação 7.1 transforma-se em uma integral de superfície fechada, de modo que

$$\oint_S \vec{B}.d\vec{S} = 0. \tag{7.4}$$

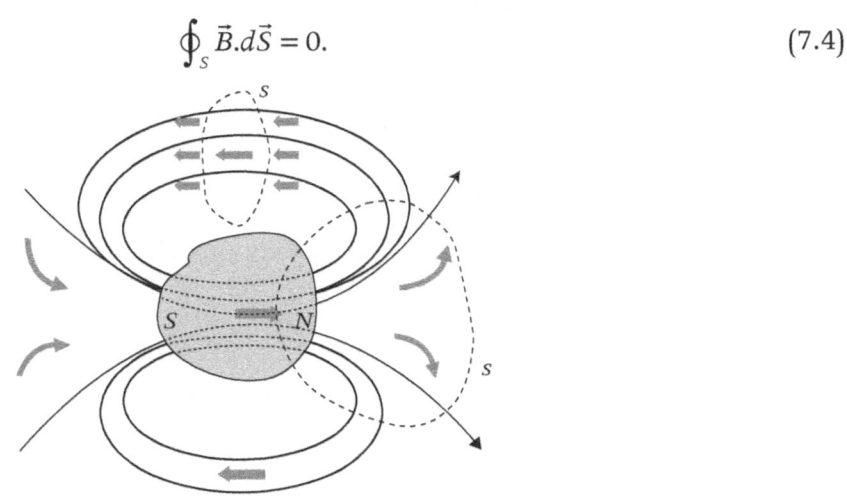

Figura 7.7 – O fluxo magnético que entra é igual ao que sai da superfície S.

Assim, concluímos que *o fluxo magnético através de uma superfície fechada é igual a zero*. Se aplicarmos agora nessa equação o teorema de Gauss, que transforma uma integral de superfície em uma integral de volume (ver Capítulo 12), obteremos

$$\oint_S \vec{B}.d\vec{S} = \int_V \nabla.\vec{B}\,dV = 0. \tag{7.5}$$

Como o volume é arbitrário, podemos dizer que $dV \neq 0$, e então

$$\nabla.\vec{B} = 0. \tag{7.6}$$

Essa é uma equação na forma diferencial que envolve a divergência do campo magnético. É, também, uma das *equações de Maxwell*. O fato de a divergência de $\vec{B}$ ser nula na Equação 7.6 resulta de admissão da inexistência de fontes pontuais para $\vec{B}$, isto é, não se considera a possibilidade de monopolos magnéticos, de modo que não há, portanto, fontes ou sorvedouros magnéticos.

Unidades de B e Φ no SI: a indução em um ponto qualquer pode ser expressa em linhas por unidade de área. No sistema internacional, a linha de indução é denominada *weber*, e B é expresso em Wb/m (ou tesla). Assim,

$$U(\Phi_B) = \text{weber}$$

e

$$U(B) = \frac{\text{weber(Wb)}}{\text{metro}^2\,(\text{m}^2)} = \text{tesla(T)}.$$

A unidade de B pode também ser vista e definida da seguinte maneira. Sendo $v = 1\,\text{m/s}$, $q = 1$ C e $F = 1$ N, obtemos

$$U(B) = 1\frac{\text{N/C}}{\text{m/s}} = 1\ \text{T}.$$

O valor de 1 T corresponde a um campo magnético muito intenso. No antigo, mas ainda muito usado, sistema CGS (centímetro, grama, segundo), a unidade de B é o Gauss (G), que vale:

$$1\ \text{G} = 10^{-4}\ \text{T}.$$

Na superfície da Terra (no plano equatorial), o valor do campo magnético é da ordem de $0,3$ G, que corresponde ao valor de 3×10^{-5}T. A Tabela 7.1 mostra ordens de grandeza, em tesla, de campos magnéticos típicos.

Tabela 7.1 – Ordens de grandezas de alguns campos magnéticos	
Fonte	*B(T)*
Bobinas de implosão	> 100
Bobinas pulsantes	10 – 50
Bobinas de alta corrente	20
Ímãs supercondutores	20
Eletroímãs com núcleo de ferro	3
Superfícies estelares	$10^{-2} - 5$
Ímãs permanentes	$10^{-2} - 1$
Campo magnético da Terra (superfície)	10^{-5}
Espaço interestelar	$< 10^{-9}$

7.2 Força magnética sobre uma carga em movimento

Em geral, a intensidade da força magnética é muito menor do que a intensidade da força elétrica. Somente quando a carga-fonte e a carga de prova estão se movendo em velocidades próximas à velocidade da luz é que a intensidade da força magnética se aproxima da intensidade da força elétrica. Entretanto, como veremos, na definição de força magnética o que entra é carga × (vezes) velocidade (corrente), e então podemos compensar uma velocidade mais baixa colocando uma enorme quantidade de carga em um fio. Além disso, mantemos o fio neutro adicionando-lhe uma quantidade igual de carga oposta em repouso, de modo que o campo elétrico praticamente se anulará. Na realidade, em um fio comum pelo qual passa uma corrente existe uma quantidade aproximadamente igual de cargas negativas (elétrons) e positivas (prótons), de modo que o campo elétrico originado por cargas móveis ou correntes elétricas é tão pequeno, na maioria dos casos, que a força eletrostática sobre uma carga móvel pode ser desprezada em face à força magnética.

Uma carga q em repouso e próxima ao campo de um ímã não sofre ação de força magnética. Mas, se essa carga for deslocada com uma velocidade $\vec{v}$, verifica-se uma força ortogonal a $\vec{v}$ atuando sobre ela. Essa força será máxima quando a direção do vetor indução magnética $\vec{B}$ for perpendicular a $\vec{v}$.

Partindo do conhecimento do produto vetorial, podemos concluir que, se uma carga q, ao passar por um ponto P com velocidade $\vec{v}$, sofre a ação de uma força perpendicular à velocidade ($\vec{F} \perp \vec{v}$), então existe, nesse ponto, uma indução magnética $\vec{B}$ que satisfaz a seguinte relação

$$\vec{F} = q\vec{v} \times \vec{B}, \tag{7.7}$$

cujo módulo é

$$F = qv\,B\,\mathrm{sen}\,\theta, \tag{7.8}$$

onde θ é o ângulo entre os vetores $\vec{v}$ e $\vec{B}$. A força máxima (em módulo) ocorre quando $\vec{v}$ e $\vec{B}$ são perpendiculares ($\theta = 90°$), ao passo que a força mínima ocorre quando são paralelos ($\theta = 0°$), e, neste último caso, a carga não sofre ação de força magnética. Isso significa que a interação entre a partícula em movimento e o campo magnético externo $\vec{B}$ é nula.

A Figura 7.8 ilustra a *regra da mão direita* para determinar a direção do produto vetorial $\vec{v} \times \vec{B}$. Gira-se o vetor $\vec{v}$ na direção de $\vec{B}$ utilizando-se os quatro dedos da mão direita, com a palma da mão aberta na direção de $\vec{B}$. O polegar aponta na direção de $\vec{v} \times \vec{B}$. O fato de a força magnética ser perpendicular à direção do movimento implica que o trabalho realizado pela força magnética é igual a zero (para um campo independentemente do tempo). Sendo assim, um campo magnético constante nunca pode mudar a energia cinética de uma partícula, mas apenas desviar sua trajetória.

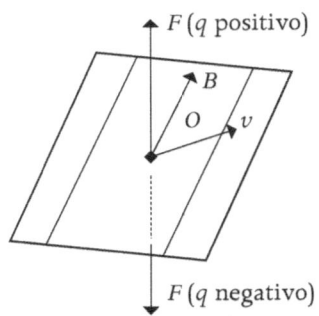

Figura 7.8 – Regra da mão direita para determinar a direção da força magnética $\vec{F}$ que age sobre uma carga q em movimento com velocidade $\vec{v}$ na presença de um campo magnético $\vec{B}$. Se q é positiva, $\vec{F}$ aponta para cima, na direção do polegar; contudo, se q é negativa, $\vec{F}$ aponta para baixo.

Se um campo elétrico $\vec{E}$ e um campo magnético $\vec{B}$ agem sobre uma partícula com carga q e velocidade $\vec{v}$, a partícula experimenta uma força F_L, chamada força de Lorentz:

$$\vec{F}_L = q\vec{E} + q\vec{v} \times \vec{B}. \qquad (7.9)$$

Exemplo 39

Um elétron é projetado em um campo magnético, em que $B = 10\,\text{Wb/m}^2$, com uma velocidade $v = 3 \times 10^7$ m/s, perpendicularmente ao campo. Determine a força magnética que atua sobre o elétron e compare-a ao peso desse elétron.

Solução

O módulo da força magnética é:

$$F = qvB = 1{,}6 \times 10^{-19}\,\text{C} \times 3 \times 10^7\,\text{m/s} \times 10\,\text{Wb/m}^2 = 4{,}8 \times 10^{-11}\,\text{N}.$$

A força gravitacional, ou peso do elétron, é:

$$F = mg = 9{,}1 \times 10^{-31}\,\text{kg} \times 9{,}8\,\text{m/s}^2 = 8{,}8 \times 10^{-30}\,\text{N}.$$

Vemos, então, que nas condições apresentadas o peso pode ser desprezado em comparação à força magnética.

APLIQUE SEUS CONHECIMENTOS

Vá ao módulo de simulação *mag1* e, com os dados do Exemplo 39, simule o valor do campo magnético capaz de equilibrar o peso do elétron. Veja também o que ocorre se, no lugar do elétron, tivermos um próton. Nesse caso, podemos desprezar a força gravitacional da massa do próton?

Eletromagnetismo: fundamentos e simulações

Exemplo 40

Um elétron possui velocidade inicial igual a $(12\hat{j}+15\hat{k})\,\text{km.s}^{-1}$ *e uma aceleração constante de* $(2\times10^{12}\hat{i})\,\text{m.s}^{-2}$ *em uma região na qual estão presentes um campo elétrico e um campo magnético, ambos uniformes. Sendo* $\vec{B}=(400\hat{i})\,\mu\text{T}$, *determine o campo elétrico* $\vec{E}$.

Solução

Dados:

$$q_e = 1,60\times10^{-19}\,\text{C};$$
$$m_e = 9,11\times10^{-31}\,\text{kg};$$
$$\vec{v}_e = (12,0\hat{j}+15,0\hat{k})\,\text{km.s}^{-1};$$
$$\vec{a} = (2,00\times10^{12}\hat{i})\,\text{m.s}^{-2};$$
$$\vec{B} = (400\hat{i})\,\mu\text{T}.$$

Utilizamos a expressão da força de Lorentz, uma vez que existe tanto um campo elétrico quanto um campo magnético interagindo com a partícula

$$\vec{F}_L = q_e\vec{E} + q_e\vec{v}\times\vec{B}.$$

Mas, da segunda lei de Newton,

$$\vec{F}_L = m\vec{a} = \vec{F}$$

$$\vec{F} = (9,11\times10^{-31}\,\text{kg}\times2,00\times10^{12}\,\text{m.s}^{-2})\hat{i} = 18,22\times10^{-19}\hat{i}\,\text{N},$$

que, em termos das componentes, fica

$$F_x = 18,22\times10^{-19}\,\text{N};\quad F_y = 0;\quad F_z = 0.$$

Quanto à força elétrica, temos que

$$q_e\vec{E} = q_e(E_x\hat{i} + E_y\hat{j} + E_z\hat{k}).$$

Contudo, podemos escrever as componentes da força magnética como

$$\vec{v}_e\times\vec{B} = v_z B_x\hat{j} - B_x v_y\hat{k}.$$

Assim, a força de Lorentz, em termos das componentes, fornece

$$F_x = q_e E_x$$
$$0 = q_e(E_y + v_z B_x).$$
$$0 = q_e(E_z - v_y B_x)$$

Vemos que as componentes do campo elétrico são

$$E_x = \frac{F_x}{q_e} = \frac{18,22 \times 10^{-19} \text{ N}}{1,60 \times 10^{-19} \text{ C}} = 11,4 \text{ N/C},$$

$$E_y = -v_z B_x = -15,0 \times 10^3 \text{ m.s}^{-1} \times 400 \times 10^{-6} \text{ T} = -6,00 \text{ N/C},$$

$$E_z = v_y B_x = 12,0 \times 10^3 \text{ m.s}^{-1} \times 400 \times 10^{-6} \text{ T} = 4,80 \text{ N/C}.$$

Assim, o campo total é

$$\vec{E} = (11,4\hat{i} - 6,00\hat{j} + 4,80\hat{k}) \text{ N/C}.$$

Exemplo 41

O efeito Hall.

O efeito Hall surgiu em 1879, quando Edwin Herbert Hall (1855-1938) descobriu que, ao passarmos uma corrente I em um condutor ao longo da uma direção e aplicarmos um campo magnético $\vec{B}$ perpendicular à direção da corrente, surge entre os dois lados do condutor, perpendiculares à direção de I e a $\vec{B}$, uma diferença de potencial denominada *diferença de potencial Hall*, em virtude da ação da força de Lorentz sobre as cargas móveis. Para o completo entendimento do efeito Hall, a física quântica torna-se necessária, porém, podemos visualizar um quadro suficiente do que ocorre utilizando apenas o que aprendemos até este momento. Para isso, vamos considerar uma chapa fina, plana e uniforme de um material condutor orientado de modo que o seu lado plano é ortogonal a um campo magnético uniforme (Figura 7.9). Suponha que passe uma corrente ao longo do comprimento da chapa. Para a corrente I indicada existem duas alternativas: ou a corrente é transportada por cargas positivas que se deslocam da esquerda para a direita, ou ela é transportada por cargas negativas que se deslocam na direção oposta, ou seja, da direita para a esquerda.

Se os portadores de cargas são positivos, eles se movem da esquerda para a direita, e, em virtude do campo magnético, essas cargas serão desviadas para cima pela força de Lorentz. Assim, a borda superior da fita torna-se carregada positivamente, ao passo que, na borda inferior, haverá escassez dessas cargas móveis positivas, levando a um desbalanço na carga das bordas. Por conseguinte, há uma diferença de potencial (positiva) entre as bordas superior e inferior da fita, diferença que é chamada de *tensão de Hall*, e o campo elétrico que se estabelece entre as bordas superior e inferior é análogo ao de um capacitor de placas paralelas e é chamado de *campo Hall*.

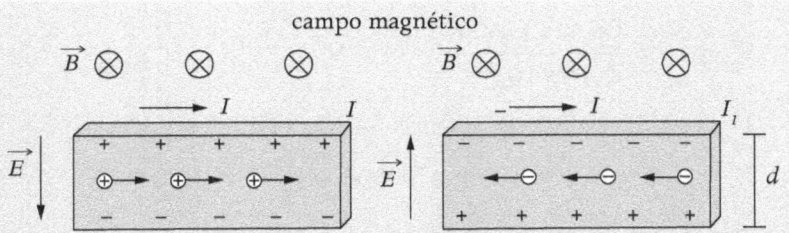

Figura 7.9 – Efeito Hall para portadores de cargas positivas (esquerda) e negativas (direita).

Suponha, agora, que a corrente seja transportada por cargas negativas movendo-se da direita para a esquerda. Essas cargas são também desviadas para cima pelo campo magnético. Assim, a borda superior da chapa torna-se carregada negativamente, enquanto a aresta inferior torna-se positivamente carregada. Ocorre que a tensão de Hall (isto é, a diferença de potencial entre as extremidades superior e inferior da chapa) é negativa nesse caso.

Considerando a exposição anterior, é importante observar que é possível determinar o sinal das cargas móveis na corrente que passa pelo condutor medindo-se a tensão Hall. Se essa voltagem é positiva, então as cargas móveis são positivas (assumindo que o campo magnético e a corrente estejam orientados como indicado na Figura 7.9); todavia, se a voltagem é negativa, então as cargas móveis são negativas. Na realidade, se realizarmos esse experimento com metais, veremos que as cargas móveis serão sempre negativas (elétrons), mas, em alguns semicondutores, as cargas móveis serão positivas. Essas cargas positivas são chamadas de buracos, constituem-se em ausência de elétrons na estrutura atômica do semicondutor e comportam-se essencialmente como cargas positivas.

Ao campo Hall estabelecido, podemos associar a força elétrica $\vec{F}_H = q\vec{E}_H$ sobre uma carga q. Essa força vai se opor ao acúmulo de mais cargas de mesmo sinal na borda, isto é, vai se opor à força magnética $\vec{F}_B = q\vec{v} \times \vec{B}$. O processo de acúmulo acontece até que ambas as forças igualem-se em módulo, atingindo uma situação de equilíbrio. Assim, se o portador de carga tem carga q e velocidade de deriva v_d, no equilíbrio temos

$$qv_d B = qE_H = q\frac{V_H}{d}. \tag{7.10}$$

A velocidade escalar de deriva v_d pode ser escrita em termos da densidade de corrente como $J = I/A$, sendo A a área da seção transversal da chapa que tem largura d e espessura l. De fato, a Equação 6.4 mostra que

$$v_d = \frac{J}{nq}, \tag{7.11}$$

sendo n o número de portadores de carga.

Combinando-se as últimas equações, vemos que

$$n = \frac{IB}{qlV_H}, \qquad (7.12)$$

isto é, podemos determinar a densidade de portadores de cargas no condutor em função de quantidades mensuráveis.

A determinação do sinal e da densidade de portadores no meio material é muito importante para a indústria eletrônica, pois torna possível a fabricação de dispositivos que dependem do tipo de portador (elétron ou buraco) e do número de portadores (densidade).

7.3 Órbitas de partículas carregadas em campo magnético

A força de Lorentz mostra que o campo magnético age para mudar o movimento de uma partícula carregada somente na direção perpendicular ao movimento. Em um campo magnético uniforme $\vec{B}$, cujo campo elétrico é nulo ($\vec{E} = 0$), a partícula carregada move-se em uma trajetória circular. Para poder visualizar essa situação, considere uma partícula positiva que penetra no ponto P de um campo magnético uniforme $\vec{B}$ perpendicular ao plano da folha. A partícula tem velocidade $\vec{v}$ perpendicular a $\vec{B}$. Sobre a partícula atua uma força cujo módulo é dado por:

$$F = qvB. \qquad (7.13)$$

Da segunda lei de Newton, temos que, para um movimento circular e uniforme, a expressão da força é dada por:

$$F = m\frac{v^2}{R}. \qquad (7.14)$$

Igualando as equações 7.13 e 7.14, temos

$$qvB = m\frac{v^2}{R},$$

de onde obtemos

$$R = \frac{mv}{qB}, \qquad (7.15)$$

que é o raio da órbita circular da partícula, como mostra a Figura 7.10.

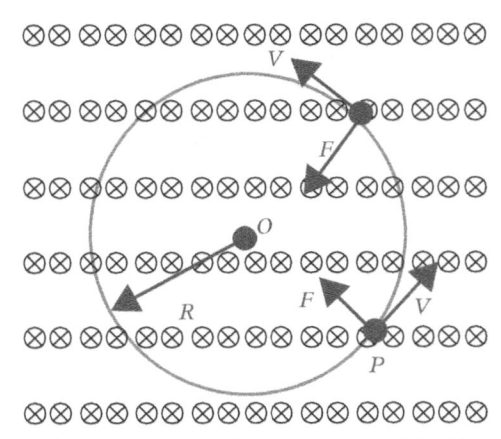

Figura 7.10 – Órbita da partícula q na presença do campo magnético B perpendicular ao plano da folha, apontando para dentro, representado por um círculo cruzado por um × na figura.

APLIQUE SEUS CONHECIMENTOS

No módulo de simulação *mag2*, você pode simular o problema anterior e obter a razão carga-massa para o elétron. Esse é também o princípio de funcionamento dos espectrômetros de massa e dos cíclotrons.

A partícula em movimento circular no campo magnético uniforme tem energia cinética $\left(\frac{1}{2}mv^2\right)$ constante. Isso pode ser provado utilizando-se a força de Lorentz. De fato, a partícula, ainda que sob a ação de um campo magnético uniforme e apesar de não ser acelerada na direção do movimento, possui uma aceleração normal, uma vez que sua trajetória é circular e está, então, sujeita a uma força $\vec{F}$ que obedece à segunda lei de Newton. Entretanto, é interessante observar que as forças magnéticas só obedecem à terceira lei de Newton na forma "fraca", isto é, as forças de ação e reação são opostas, mas nada pode ser afirmado com relação à direção dessas forças (na forma "forte", ação e reação são iguais e opostas e dirigem-se ao longo da linha que passa pelas duas partículas).

Desse modo, $\vec{F} = md\vec{v}/dt$, e a força de Lorentz pode ser escrita como:

$$m\frac{d\vec{v}}{dt} = q(\vec{E} + \vec{v} \times \vec{B}). \tag{7.16}$$

O lado esquerdo da Equação 7.16 representa a variação do momento $(m\vec{v})$. Fazendo $\vec{E} = 0$ e tomando-se o produto escalar com o vetor velocidade, obtemos

$$m\frac{d\vec{v}}{dt} \cdot \vec{v} = q(\vec{v} \times \vec{B}) \cdot \vec{v}. \tag{7.17}$$

O lado esquerdo da Equação 7.16 pode também ser escrito como $d\left(\dfrac{1}{2}mv^2\right)/dt$ e o lado direito pode ser escrito como

$$q\vec{v}\cdot(\vec{v}\times\vec{B}) = q\begin{vmatrix} v_x & v_y & v_z \\ v_x & v_y & v_z \\ B_x & B_y & B_z \end{vmatrix} = 0.$$

Logo, igualando-se os dois lados da equação, temos que

$$\dfrac{d\left(\dfrac{1}{2}mv^2\right)}{dt} = 0, \qquad (7.18)$$

isto é, a variação da energia cinética (termo entre parênteses) é nula. Esse resultado mostra que a força magnética não realiza trabalho sobre a partícula. Vê-se, então, que o fato de a força magnética ser perpendicular à direção do movimento implica que o trabalho realizado pela força magnética é igual a zero para um campo independentemente do tempo. Sendo assim, o campo magnético constante não pode mudar a energia cinética, mas apenas a trajetória de uma partícula.

Por fim, podemos determinar a frequência (velocidade) angular ω, a frequência v e o período T do movimento circular executado pela partícula. Recordando o fato de que no movimento circular uniforme a aceleração pode ser escrita na forma vetorial como $\vec{a} = \vec{\omega}\times\vec{v}$, assim a força será $\vec{F} = m\vec{\omega}\times\vec{v}$. Como a força magnética que atua sobre a partícula em presença de um campo uniforme é dada por $\vec{F} = q\vec{v}\times\vec{B}$, temos, igualando-se as duas forças, que $m\vec{\omega}\times\vec{v} = q\vec{v}\times\vec{B}$. Dividindo-se ambos os lados por m e invertendo-se o produto vetorial do lado direito, temos que $\vec{\omega}\times\vec{v} = -(q/m)\vec{B}\times\vec{v}$ e, portanto,

$$\vec{\omega} = -\dfrac{q}{m}\vec{B}. \qquad (7.19)$$

A equação anterior fornece a velocidade angular em função do campo $\vec{B}$. Essa velocidade também é chamada de *frequência de cíclotron* ou *girofrequência*. A relação entre $\vec{\omega}$ e a frequência é dada por $v = \omega/2\pi$ (cujas unidades são ciclos por segundo ou hertz), e o período, $T = 1/v$, de modo que

$$v = \dfrac{qB}{2\pi m} \qquad (7.20)$$

e

$$T = \dfrac{2\pi m}{qB}. \qquad (7.21)$$

7.3.1 Descrição geral do movimento da partícula

Como vimos, se a partícula com velocidade $\vec{v}$ penetra em um campo magnético uniforme $\vec{B}$, na ausência de um campo elétrico ($\vec{E} = 0$), essa partícula sofrerá a ação de uma força magnética $\vec{F}$ que irá mudar a direção do seu movimento na presença desse campo. Essa interação pode ser vista matematicamente da seguinte maneira:
sendo

$$\vec{F} = q\vec{v} \times \vec{B},$$

podemos explicitar as componentes do produto vetorial (lado direito da expressão anterior) como

$$\vec{F} = q\left[\hat{i}(v_y B_z - v_z B_y) + \hat{j}(v_z B_x - v_x B_z) + \hat{k}(v_x B_y - v_y B_x)\right]. \tag{7.22}$$

Alguns casos particulares são:

a) A partícula entra em uma direção perpendicular ao campo. Se o campo, por exemplo, está na direção y e a velocidade, na direção x, a força resultante dada pela expressão citada será

$$\vec{F} = \hat{k} q v_x B_y,$$

que tem componente na direção z apenas, ou seja, a partícula vai girar em uma trajetória circular em torno da linha de campo.

b) Outra situação possível é o caso em que a velocidade da partícula possui a mesma direção do campo. Por exemplo, se a partícula entra com velocidade paralelamente ao campo, isto é, na direção y, a força que atua sobre ela será

$$\vec{F} = 0,$$

ou seja, nenhuma força magnética atuará sobre a partícula, que continuará seu movimento sem sofrer qualquer mudança de direção.

c) Por fim, se a partícula entra em uma direção qualquer em relação ao campo magnético uniforme (por exemplo, se $\vec{v} = v_x \hat{i} + v_y \hat{j} + v_z \hat{k}$), e o campo está na direção z, $\vec{B} = B\hat{k} = B_z \hat{k}$, a força resultante será

$$\vec{F} = \hat{i} q v_y B_z - \hat{j} q v_x B_z,$$

que pode ser escrita segundo a forma das equações de movimento:

$$\frac{dv_x}{dt} = \frac{qB}{m} v_y, \tag{7.23}$$

$$\frac{dv_y}{dt} = -\frac{qB}{m} v_x, \tag{7.24}$$

$$\frac{dv_z}{dt} = 0. \tag{7.25}$$

Vemos que, nesse caso, as componentes x e y da velocidade serão afetadas pela força magnética, havendo mudança de direção, ao passo que a componente da velocidade na direção z, paralela ao campo, não sofrerá ação da força magnética, e a partícula avançará nessa direção. Como resultado, a partícula girará e avançará ao mesmo tempo em uma trajetória helicoidal, como mostra a Figura 7.11. A distância entre elos adjacentes é denominada de *passo p*.

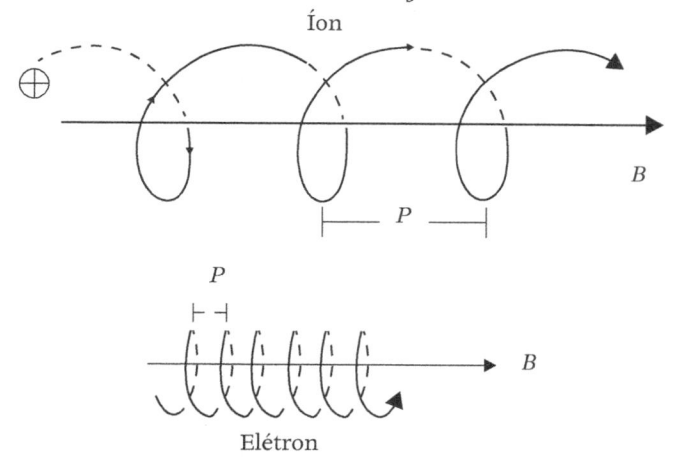

Figura 7.11 – O esquema mostra o movimento de uma carga positiva (figura superior) e uma carga negativa (figura inferior) em um campo magnético uniforme B. O diagrama representa o movimento em um plano perpendicular ao campo magnético. Para ambos os sinais da carga, o movimento ao longo do campo magnético tem velocidade constante, que não é afetada pela presença do campo.

Podemos obter a solução explícita desse último conjunto de equações: a partir da Equação 7.25, uma integração no tempo fornece v_z = constante, e uma nova integração mostra que

$$z = v_z t. \tag{7.26}$$

Como mencionado anteriormente, se t corresponde a um período, $t = T$, temos o passo, isto é, $p = z(T)$.

Para obter a solução das outras duas equações, podemos começar derivando a Equação 7.23 em relação ao tempo:

$$\frac{d^2 v_x}{dt^2} = \frac{qB}{m} \frac{dv_y}{dt}.$$

Desta última equação, vemos que $\frac{dv_y}{dt} = \frac{m}{qB} \frac{d^2 v_x}{dt^2}$. Levando esse resultado para a Equação 7.24, obtemos

$$\frac{d^2 v_x}{dt^2} + w_x^2 v_x = 0, \quad w_x = \frac{qB}{m} = w. \tag{7.27}$$

Essa é uma equação diferencial de segunda ordem, homogênea, linear,[1] e de coeficientes constantes. Ela é similar à equação de um oscilador harmônico simples.

A teoria das equações diferenciais mostra que equações como essa têm soluções da forma $v_x = e^{st}$. O método pode ser resumido da seguinte maneira:

- admitimos uma solução do tipo $v_x = e^{st}$ e a substituímos na Equação 7.27, obtendo $s^2 e^{st} + w^2 e^{st} = 0$;
- resolvendo essa equação, chamada de equação característica, obtemos $s = \pm\sqrt{-w} = \pm jw$, sendo j a notação de imaginário ($\sqrt{-1}$);
- a solução da Equação 7.27 será, portanto,

$$v_x = C_1 e^{jwt} + C_2 e^{-jwt},$$

onde C_1 e C_2 são as duas constantes arbitrárias da equação diferencial de segunda ordem.

- Logo, escolhendo-se essas constantes, de modo a obter solução real, obteremos

$$v_x = v_{x0} \cos(wt + \theta_x), \tag{7.28}$$

onde v_{x0} e θ_x são as constantes reais, que podem ser obtidas das condições iniciais para a posição e a velocidade. Integrando a Equação 7.28 no tempo, obtemos

$$x = x_0 \operatorname{sen}(wt + \theta_x). \tag{7.29}$$

Um procedimento análogo permite mostrar que

$$y = y_0 \operatorname{sen}(wt + \theta_y). \tag{7.30}$$

Vemos, então, que as coordenadas x e y do movimento da partícula oscilam no tempo de maneira senoidal.

Finalmente, substituindo-se a Equação 7.29 na Equação 7.27 e a Equação 7.30 na equação de v_y, constatamos que $\theta_y = \theta_x + \dfrac{\pi}{2} = \theta$ e $x_0 = y_0 = r$; consequentemente, as equações para x e y ficam

$$x = r\cos(wt + \theta) \tag{7.31}$$

e

$$y = r\operatorname{sen}(wt + \theta). \tag{7.32}$$

Na realidade, a partícula executa um movimento circular uniforme de raio r e velocidade angular w no plano xy. Além disso, vimos que ela avança com passo p na direção z, de modo que o movimento resultante é helicoidal, tal como mostrado na Figura 7.11.

---

[1] A ordem de uma equação diferencial corresponde à ordem da derivada de mais alta ordem. *Homogênea* significa que não tem termo-fonte, isto é, a equação é igual a zero, e *linear* significa que não existem termos maiores do que o primeiro grau da variável dependente (no caso, v_x).

Capítulo 7 – Campo magnético

Os resultados apresentados foram obtidos para $\vec{E}=0$. Consideremos agora uma partícula de massa m e carga q em movimento em um campo elétrico constante e uniforme $\vec{E}=E_y\hat{j}+E_z\hat{k}$ e sujeita a uma indução magnética uniforme e constante $\vec{B}=B_z\hat{k}$.

Nesse caso, a força de Lorentz e a segunda lei de Newton fornecem as seguintes equações de movimento:

$$\frac{dv_x}{dt}=\frac{qB}{m}v_y, \qquad (7.33)$$

$$\frac{dv_y}{dt}=-\frac{qB}{m}v_x+qE_y, \qquad (7.34)$$

$$\frac{dv_z}{dt}=qE_z, \qquad (7.35)$$

que podem ser resolvidas de maneira análoga ao caso anterior. A componente z do movimento é uniformemente acelerada:

$$z=z_0+v_{z0}t+\frac{1}{2}\frac{qE_z}{m}t^2.$$

As demais componentes podem ser escritas assim:

$$x=C_x+r\,\text{sen}(wt+\theta)+\frac{qE_y t}{mw}$$

e

$$y=C_y+r\cos(wt+\theta).$$

Vemos, então, que o efeito líquido do campo elétrico é acelerar o movimento na coordenada z devido a E_z e adicionar uma translação uniforme na direção x pela ação de E_y. Como resultado, a trajetória é uma cicloide no plano xy. Note que, se $E_y=0$, o movimento é um círculo de raio r com velocidade angular w em torno do ponto (C_x,C_y), e o problema é similar ao considerado no caso anterior.

APLIQUE SEUS CONHECIMENTOS

No módulo de simulação *mag3*, você pode simular os casos apresentados, variar as intensidades das grandezas envolvidas e ver em tempo real o movimento da carga.

Exemplo 42

Espectrômetro de massa.

Uma importante aplicação do movimento de partículas em campos eletromagnéticos é a determinação de suas massas por meio de um espectrômetro de massa. Existem diversos tipos de espectrômetros, mas, de modo geral, a obtenção do espectro de massa de determinado elemento é feita pelas seguintes etapas, como ilustrado na Figura 7.12:

1) ionização da amostra;

2) aceleração;

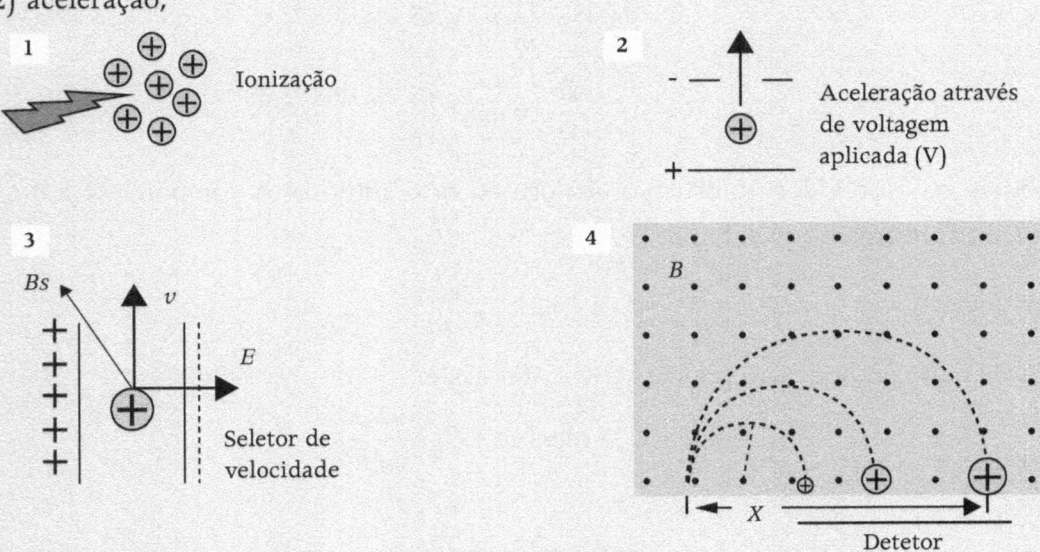

Figura 7.12 – Esquema de funcionamento de um espectrômetro de massa.

3) seleção de velocidade;

4) movimento no espectrômetro até o detetor.

Após o processo de ionização, os íons, praticamente em repouso, são acelerados por uma diferença de potencial V e, então, passam por um seletor de velocidade, no qual existem campos cruzados, isto é, há um campo elétrico e um campo magnético, o qual é perpendicular ao campo elétrico e à trajetória dos íons. Os íons que passam sem serem desviados pelos campos E e B_s são aqueles cuja velocidade é $v = E/B_s$ (Figura 7.13).

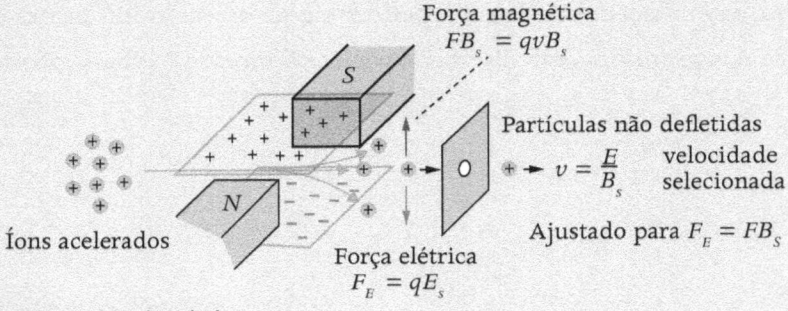

Figura 7.13 – Seletor de velocidade.

Pode-se observar que, se a velocidade do íon é grande, tal que $F_{B_S} > F_E$, ele é desviado na direção de $\vec{F}_{B_S}$. Contudo, se a velocidade é pequena, $F_E > F_{B_S}$. No entanto, se v é tal que $F_{B_S} = F_E$, o íon passará pelos campos cruzados sem sofrer desvio. Dizemos que a velocidade $v = E/B_S$ foi selecionada, e somente íons com essa velocidade emergirão do seletor. Ao sair do seletor, os íons penetram uma região onde existe um segundo campo magnético $\vec{B}$ e são curvados em trajetórias circulares de raio r, atingindo o detector em certa posição x. O raio da trajetória e a posição em que atinge o detector é função da massa do íon. O aparelho pode ser calibrado para fornecer o rendimento (que é uma medida do número de íons) diferente da razão m/z. A massa é medida na escala de ^{12}C.[2]

Os resultados em geral são apresentados em gráfico de barras, como o do exemplo da Figura 7.14.

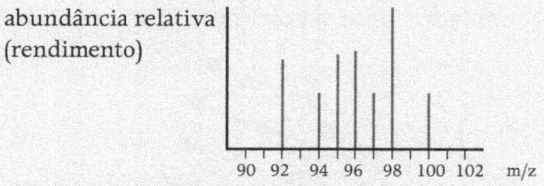

Figura 7.14 – Rendimento dos isótopos do molibdênio (Mo).

Com base no gráfico da Figura 7.14, podemos ver que o íon mais comum (abundante) apresenta relação massa/carga igual a 98. Outros íons com abundância considerável são aqueles que têm proporção de massa/carga igual a 92, 94, 95, 96, 97 e 100. Assim, podemos dizer que o molibdênio é composto por sete diferentes isótopos, cujas massas (partindo do princípio de que todos os íons têm carga de +1) na escala de Carbono-12 são de 92, 94, 95, 96, 97, 98 e 100.

A massa desses íons pode ser escrita em termos do raio da trajetória (ou da posição x em que ele atinge o detector), da tensão e do campo magnético aplicado. De fato, ao ser acelerado pela aplicação da diferença de potencial V, o íon de massa m e carga q ganha energia cinética que é igual à queda da tensão:

$$\frac{1}{2}mv^2 = qV, \qquad (7.36)$$

ao passo que, ao penetrar na região do espectrômetro, sofre ação da força magnética e descreve uma trajetória cujo raio é dado pela Equação 7.15: $r = mv/qB$. Substituindo-se o valor da velocidade obtido da Equação 7.36 na equação de r, podemos obter

$$m = \frac{r^2 B^2 q}{2V},$$

ou, em termos de $x = 2r$,

$$m = \frac{B^2 q}{8V} x^2. \qquad (7.37)$$

---

[2] A escala de ^{12}C é uma escala em que o isótopo ^{12}C tem exatamente 12 unidades de massa.

7.4 Força magnética sobre um condutor de corrente

Ao estudar a corrente elétrica, vimos que, em um condutor isolado, as cargas livres não formam uma corrente elétrica. Apenas quando os terminais desse condutor estão conectados a uma fonte de corrente contínua, por exemplo, formando um circuito elétrico fechado, surgia uma corrente elétrica propriamente dita. Portanto, no estudo da força magnética e de outras grandezas físicas relacionadas à corrente elétrica, subentende-se que tais fios sempre estarão ligados a uma fonte de corrente.

Sempre que um fio condutor de corrente for introduzido em presença de um campo magnético uniforme, forças magnéticas agirão sobre ele. A Figura 7.15 mostra um pequeno trecho de um fio condutor, portador de uma corrente I, imerso em um campo magnético.

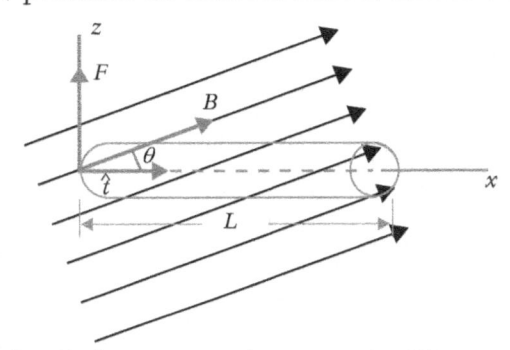

Figura 7.15 – Fio de comprimento L na presença de campo magnético.

Por meio de uma seção transversal A do fio, podemos medir a densidade de corrente,

$$\vec{J} = nq\vec{v},$$

onde n é o número de portadores da carga q por unidade de volume, com velocidade v. Assim, a corrente I que atravessa essa seção reta é dada por

$$I = nqvA.$$

Como o fio está em presença de um campo magnético, cada portador de carga estará sujeito a uma força magnética $\vec{f}$ dada por

$$\vec{f} = q\vec{v} \times \vec{B}. \tag{7.38}$$

Como existem n portadores por unidade de volume, a força total sobre um pequeno volume dV será

$$d\vec{F} = q\vec{v} \times \vec{B}dV = \vec{J} \times \vec{B}dV, \tag{7.39}$$

e, então, a força total sobre o volume do fio será:

$$\vec{F} = \int_V \vec{J} \times \vec{B}\, dV. \tag{7.40}$$

Para o fio em questão, temos que $dV = A\, dl$; logo,

$$\vec{F} = \int_C \vec{J} \times \vec{B} A\, dl \tag{7.41}$$

Mas, por construção (ver Figura 7.15), $\vec{J} = J\hat{t}$, onde $\hat{t}$ é o vetor unitário tangente ao fio, portanto

$$\vec{F} = \int J\hat{t} \times \vec{B} A\, dl = I \int \hat{t} \times \vec{B}\, dl, \tag{7.42}$$

onde $I = JA$. Para o caso de campo magnético uniforme $\vec{B}$, a Equação 7.42 pode ser reescrita da seguinte maneira:

$$\vec{F} = I \left(\int_C dl\, \hat{t} \right) \times \vec{B}, \tag{7.43}$$

e a integral entre parênteses representa o comprimento do fio condutor retilíneo $\vec{l}$, de modo que

$$\vec{F} = I\vec{l} \times \vec{B}. \tag{7.44}$$

A Equação 7.44 representa a força magnética resultante que age sobre um condutor de corrente sempre que este estiver em presença de um campo magnético uniforme $\vec{B}$.

A direção e o sentido de $\vec{F}$ podem ser determinados, mais uma vez, por meio da regra da mão direita (ver Seção 7.2). Considerando um segmento de fio retilíneo de comprimento $\vec{l}$ transportando uma corrente I (no mesmo sentido de $\vec{l}$), o produto vetorial $\vec{l} \times \vec{B}$ fornece a direção de $\vec{F}$. O módulo dessa força é dado por

$$F = IlB\operatorname{sen}\theta, \tag{7.45}$$

onde θ é o ângulo formado entre a direção de $\vec{l}$ e a direção das linhas do campo magnético $\vec{B}$.

Casos particulares:

1. Se $\vec{l}$ é paralelo a $\vec{B}$, temos que $\theta = 0°$ e $F = 0$. Nesse caso, não haverá ação de nenhuma força magnética agindo sobre o fio (a força é nula).
2. Se $\vec{l}$ é perpendicular a $\vec{B}$, temos que $\theta = 90°$ e $F = F_{max}$. Nesse caso, a força magnética resultante agindo sobre o fio terá valor máximo.

Se considerarmos um segmento infinitesimal $d\vec{l}$ do fio, a força sobre esse elemento será dada por

$$d\vec{F} = I d\vec{l} \times \vec{B}. \tag{7.46}$$

Nesse caso, a condição para recuperar a Equação 7.44 é que $\vec{B}$ não varie significativamente ao longo do pequeno elemento de comprimento $d\vec{l}$, considerado retilíneo. Obtém-se a força total sobre o condutor integrando-se $d\vec{l}$ ao longo do condutor. Ao contrário, se a distribuição de carga não for linear, isto é, se for superficial ou volumétrica, e, ainda, se $\vec{B}$ não for homogêneo, essas condições serão levadas em conta quando da integração da força diferencial, apresentada na Equação 7.46, que deverá ser integrada sobre a superfície ou o volume e considerando-se a dependência espacial do campo.

Exemplo 43

Um fio condutor dobrado em forma de semicircunferência é percorrido por uma corrente I. Esse fio é colocado em um campo magnético $\vec{B}$, perpendicular ao plano da folha e com sentido voltado para fora, como mostra a Figura 7.16. Calcule o valor da força total que atua sobre o fio.

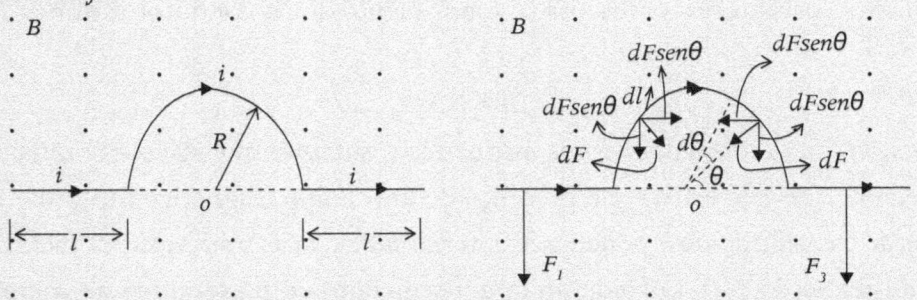

Figura 7.16 – Condutor de corrente encurvado. À direita, o mesmo condutor com o diagramas de forças.

Solução

Dividimos o fio em três setores: duas partes retilíneas e uma parte curva. Considerando que as partes retilíneas são perpendiculares a $\vec{B}$, a força sobre cada parte do fio possui módulo dado por

$$F_1 = F_3 = IlB.$$

O sentido dessas forças é produzido pelo produto vetorial de $\hat{i} \times \hat{k} = -\hat{j}$, visto que $\hat{i}$ é a direção de $\vec{l}$ e $\hat{k}$ é a direção de $\vec{B}$. Logo, essas forças apontam para baixo, como indicado na Figura 7.16.

Nessa figura, na parte da semicircunferência, o módulo da força sobre cada elemento $d\vec{l}$, cujo comprimento é $dl = R d\theta$ para um ângulo θ, vale:

$$dF = dF_2 = IdlB = IBRd\theta.$$

As componentes da força $d\vec{F}_2$ sobre o segmento $d\vec{l}$ são:

$$dF_x = IBRd\theta \cos\theta \quad \text{e} \quad dF_y = IBRd\theta \,\text{sen}\,\theta.$$

A determinação das componentes será dada pela integração de cada uma das expressões anteriores, de modo que

$$F_x = IBR\int_0^\pi \cos\theta d\theta = 0,$$

como era de esperar, visto que a componente na direção x é anulada por simetria, como indicado na Figura 7.16.

$$F_y = IBR\int_0^\pi \text{sen}\,\theta d\theta = -IBR[\cos\theta]_0^\pi = 2IBR.$$

Logo,

$$F_2 = 2IBR.$$

A força resultante sobre todo o fio é, portanto,

$$F = F_1 + F_2 + F_3 = 2IBl + 2IBR,$$

ou

$$F = IB(2l + 2R).$$

Esse valor corresponde à força sobre um fio esticado cujo comprimento é $2l + D$, onde D é o diâmetro da semicircunferência.

APLIQUE SEUS CONHECIMENTOS

No módulo de simulação *mag4*, você pode simular esse problema alterando os comprimentos do fio e do raio da circunferência. Simule outras formas geométricas para o encurvamento do fio, como um semiquadrado de lado $2R$ e um semirretângulo de lado maior também igual a $2R$. O que você pode concluir?

7.5 Torque sobre uma espira de corrente

Uma espira de corrente representa um circuito elétrico pelo qual circula uma corrente elétrica. Em geral, atribui-se esse termo a um circuito simples formado por um fio cujo formato geométrico é bem-definido, tal como uma espira retangular, quadrada ou circular. Esses circuitos têm um ponto de entrada e outro de saída da corrente elétrica, como mostra a Figura 7.17 a seguir.

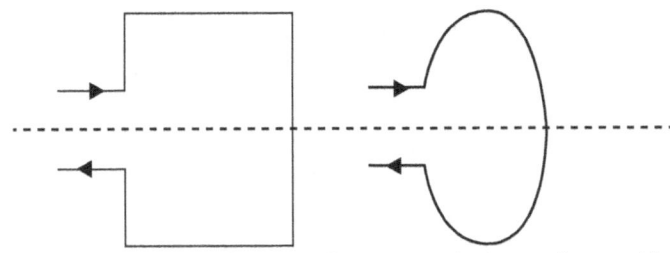

Figura 7.17 – Espira de corrente retangular e circular mostrando a entrada e a saída da corrente.

É importante estudarmos o torque sobre uma espira porque se trata de um componente fundamental dos motores elétricos. Com efeito, ao se introduzir uma espira de corrente em um campo magnético, visa-se, a partir de um circuito elétrico em presença de um campo magnético, provocar a rotação da espira e transformar energia elétrica em energia mecânica. Esse é o princípio de funcionamento de um *motor elétrico*. Diversos aparelhos eletromagnéticos, como liquidificadores, batedeiras, ventiladores, entre outros, são exemplos típicos da aplicação de um motor elétrico. Contudo, quando uma espira é levada a girar por uma força externa, provocando a criação de uma corrente alternada, a energia mecânica externa aplicada é transformada em elétrica. Nesse caso, temos um gerador elétrico.

Considere a seguir uma espira retangular de comprimento a e largura b percorrida por uma corrente I, localizada em uma região com campo magnético uniforme $\vec{B}$, conforme mostrado na Figura 7.18.

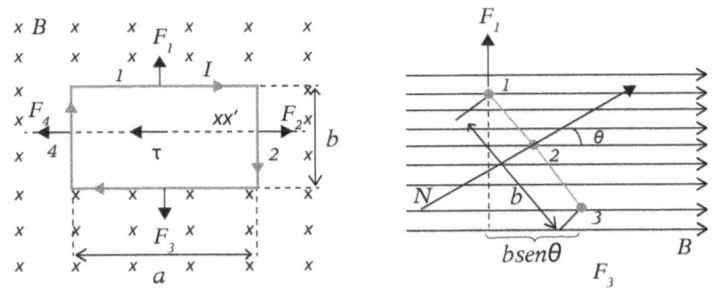

Figura 7.18 – Espira retangular de corrente na presença de um campo magnético uniforme (à esquerda) e vista lateral da espira (à direita).

Podemos observar, da Figura 7.18, que:

- os lados 1 e 3 são sempre perpendiculares a $\vec{B}$;
- a normal N ao plano da espira faz um ângulo θ com $\vec{B}$;
- as forças que atuam sobre os lados de comprimentos a e b, respectivamente, têm módulos dados por:

$$F_1 = F_3 = IaB\,\text{sen}\,\theta$$

$$F_2 = F_4 = IbB\,\text{sen}(90° - \theta) = IbB\cos\theta. \qquad (7.47)$$

Porém, além de as forças $\vec{F}_2$ e $\vec{F}_4$ serem iguais, elas também têm sentidos contrários e a mesma linha de ação; logo, a resultante entre elas, bem como o torque, são nulos. Do mesmo modo, as forças $\vec{F}_1 = \vec{F}_3$ têm o mesmo módulo, mas sentidos contrários, de maneira que não têm efeito sobre o movimento de centro de massa (CM) da espira. Contudo, essas forças não têm a mesma linha de ação; então, elas produzem um torque τ, cuja direção é perpendicular ao plano do par de forças. Esse torque atua ao longo da linha xx', fazendo a espira girar em torno desse eixo (de modo que o vetor da normal se alinhe na direção do campo).

Logo, o torque devido a F_1 e F_3 será

$$\tau = IaB\frac{b}{2}\operatorname{sen}\theta + IaB\frac{b}{2}\operatorname{sen}\theta. \tag{7.48}$$

Assim,

$$\tau = IaB\operatorname{sen}\theta, \tag{7.49}$$

mas, sendo $ab = S$ a área da espira, podemos, então, representar o torque como

$$\tau = ISB\operatorname{sen}\theta. \tag{7.50}$$

O produto IS é denominado momento magnético da espira, ou momento de dipolo magnético da espira, e é definido vetorialmente como

$$I\vec{S} = \vec{M}, \tag{7.51}$$

sendo $\vec{M}$ um vetor perpendicular ao plano da espira. Dessa maneira, temos que

$$\tau = MB\operatorname{sen}\theta, \tag{7.52}$$

ou, em notação vetorial,

$$\vec{\tau} = \vec{M} \times \vec{B} \tag{7.53}$$

ou, ainda,

$$\vec{\tau} = I\vec{S} \times \vec{B}, \tag{7.54}$$

sendo $\vec{S}$ um vetor perpendicular ao plano da espira. Embora tenhamos utilizado uma espira retangular, esse resultado é geral, ou seja, é válido para um circuito de área S independentemente de sua forma geométrica.

Se houver N espiras (como uma bobina, por exemplo) em vez de uma única, o torque estende-se sobre todas as espiras, de modo que o valor total será dado por

$$\tau = NISB\operatorname{sen}\theta, \tag{7.55}$$

ou na forma vetorial

$$\vec{\tau} = NI\vec{S} \times \vec{B}, \tag{7.56}$$

onde S agora representa a área da bobina e o produto $NIS = M$, seu momento magnético.

7.6 Exercícios

7.6.1 Exercícios resolvidos

1. **Carga em campo magnético.** Um pósitron, e⁺, antipartícula do elétron, tem velocidade $\vec{v} = 5 \times 10^4 \left[2\hat{i} - 5\hat{j} + 2\hat{k} \right]$ m/s. Calcule o módulo da força exercida sobre a carga pelo campo:

   (a) $\vec{B} = \left[-4\hat{i} + 4\hat{j} + 7\hat{k} \right]$ mT.

   (b) $\vec{E} = \left[-4\hat{i} + 4\hat{j} + 7\hat{k} \right]$ kV/m.

   (c) Os dois campos ($\vec{B}$ e $\vec{E}$) agindo juntos.

SOLUÇÃO

A carga do pósitron é: $q = 1,6 \times 10^{-19}$ C.

(a) A força devido ao campo magnético é: $\vec{F}_B = q\vec{v} \times \vec{B}$. Então,

$$\vec{F}_B = 1,6 \times 10^{-19} \text{ C} (5 \times 10^4 \tfrac{m}{s}) \left[2\hat{i} - 5\hat{j} + 2\hat{k} \right] \times \left[-4\hat{i} + 4\hat{j} + 7\hat{k} \right] 10^{-3} \text{ T},$$

$$\vec{F}_B = 8 \times 10^{-18} \text{ N} \left[-43\hat{i} - 22\hat{j} - 12\hat{k} \right],$$

ou seja,

$$F_B = |\vec{F}_B| = 8 \times 10^{-18} \text{ N} \left[\sqrt{1.849 + 484 + 144} \right],$$

assim,

$$F_B = 3,98 \times 10^{-16} \text{ N}.$$

Esse mesmo resultado pode ser obtido pela expressão do módulo da força $F_B = qvB\text{sen}(\vec{v}, \vec{B})$, mas, nesse caso, precisamos conhecer o ângulo entre $\vec{v}$ e $\vec{B}$, que pode ser obtido do produto escalar:

$$\vec{v} \cdot \vec{B} = |\vec{v}| \cdot |\vec{B}| \cos(\vec{v}, \vec{B}).$$

Então, como $|\vec{v}| = 28,73 \times 10^4$ m/s e $|\vec{B}| = 9 \times 10^{-3}$ T,

$$\cos(\vec{v}, \vec{B}) = \frac{\left(5 \times 10^4 \left[2\hat{i} - 5\hat{j} + 2\hat{k} \right] \tfrac{m}{s} \right) \cdot \left(\left[-4\hat{i} + 4\hat{j} + 7\hat{k} \right] \times 10^{-3} \text{ T} \right)}{\left(28,73 \times 10^4 \tfrac{m}{s} \right) \cdot \left(9 \times 10^{-3} \text{ T} \right)},$$

de onde vemos que $\cos(\vec{v}, \vec{B}) = -0,27$, e, então, $(\vec{v}, \vec{B}) = 117,4°$.

Assim,

$$F_B = (1,6 \times 10^{-19} \text{ C}) \left(28,73 \times 10^4 \tfrac{m}{s} \right) (9 \times 10^{-3} \text{ T}) \text{sen}(117,4°) = 3,98 \times 10^{-16} \text{ N}.$$

Trata-se, então, do resultado obtido anteriormente.

(b) A força gerada pelo campo elétrico é

$$\vec{F}_E = q\vec{E} = (1,6\times10^{-19}\text{ C})\left(\left[-4\hat{i}+4\hat{j}+7\hat{k}\right]\times10^3\text{ V/m}\right) = 1,6\times10^{-16}\left[-4\hat{i}+4\hat{j}+7\hat{k}\right].$$

O módulo de $\vec{F}_E$ fica:

$$F_E = 14,4\times10^{-16}\text{ N}.$$

(c) No caso em que os dois campos estão presentes, $\vec{F} = \vec{F}_B + \vec{F}_E$. Então,

$$\vec{F} = 8\times10^{-16}\left[-0,43\hat{i}-0,22\hat{j}-0,12\hat{k}\right]\text{N} + 1,6\times10^{-16}\left[-4\hat{i}+4\hat{j}+7\hat{k}\right]\text{N},$$

$$\vec{F} = 10^{-16}\left[-9,84\hat{i}-4,64\hat{j}+10,24\hat{k}\right]\text{N}.$$

O módulo da força será:

$$|\vec{F}| = 10^{-16}\left[96,83+21,53+104,86\right]^{1/2}\text{ N}, \quad |\vec{F}| = 14,94\times10^{-16}\text{ N}.$$

Note que a resultante não é simplesmente a soma $F_E + F_B$. Com efeito, $\vec{F}_E$ tem a direção de $\vec{E}$, mas $\vec{E}$ e $\vec{B}$ possuem a mesma direção, e $\vec{F}_B$ é ortogonal ao plano definido por $\vec{v}\times\vec{B}$. Portanto, $\vec{F}_E$ forma um ângulo de 90° com $\vec{F}_B$, isto é, também são ortogonais, e a soma tem de ser vetorial. De fato,

$$|\vec{F}|^2 = |\vec{F}_E|^2 + |\vec{F}_B|^2 + 2|\vec{F}_E|\cdot|\vec{F}_B|\cos90°.$$

$$|\vec{F}| = \sqrt{|\vec{F}_E|^2 + |\vec{F}_B|^2} = 14,94\times10^{-16}\text{ N},$$

como havíamos calculado.

2. **Campo não homogêneo.** Considere uma espira quadrada no plano $z = 0$ e de lados limitados pelas coordenadas $(1, 0)$, $(3, 0)$, $(3, 2)$, $(1, 2)$, conduzindo uma corrente de 1 mA em presença de um campo magnético não homogêneo e dado por $\vec{B} = \hat{k}\dfrac{2\times10^{-6}}{x}$ mT. Determine a força magnética total sobre a espira.

SOLUÇÃO

A expressão da força é dada por: $\vec{F} = \int I d\vec{l} \times \vec{B}$. Dados: $I = 10^{-3}$ A, $\vec{B} = \dfrac{2\times10^{-6}}{x}\text{mT}\,\hat{k}$ e $d\vec{l} = dx\hat{i} + dy\hat{j}$.

A integral pode ser separada em 4 partes, uma para cada lado da espira; assim,

$$\vec{F} = (10^{-3}A)(2\times10^{-6}\text{mT})\left[\int_{x=1}^{3}dx\frac{1}{x}(\hat{i}\times\hat{k}) + \int_{y=0}^{2}dy\frac{1}{x}\big|_{x=3\text{m}}(\hat{j}\times\hat{k})\right.$$

$$\left.+\int_{x=3}^{1}dx\frac{1}{x}(\hat{i}\times\hat{k}) + \int_{y=2}^{0}dy\frac{1}{x}\big|_{x=1\text{m}}(\hat{j}\times\hat{k})\right].$$

As integrais em x são idênticas e com limites de integração invertidos, de modo que se anulam. Além disso, como $\hat{j}\times\hat{k}=\hat{i}$, temos

$$\vec{F}=(2\times10^{-9}\,\text{AT})\left[\int_{y=0}^{2}dy\frac{1}{3}\hat{i}+\int_{y=2}^{0}dy\frac{1}{1}\hat{i}\right],$$

e, então,

$$\vec{F}=(2\times10^{-9}\,\text{N})\left[\frac{y}{3}\Big|_{0}^{2}\hat{i}+y\Big|_{2}^{0}\hat{i}\right].$$

Logo,

$$\vec{F}=-\hat{i}\frac{8}{3}\times10^{-9}\,\text{N}.$$

3. **Torque sobre uma espira.** Uma espira tem dimensões de 2 m × 3 m e está situada em um campo uniforme $\vec{B}=(-0{,}1\hat{j}+0{,}8\hat{k})\,\text{T}$. A corrente na espira é de 4 mA, sem efeito sobre o campo magnético $\vec{B}$. Determine o torque.

SOLUÇÃO

Poderíamos determinar a força sobre cada lado da espira e a contribuição para o torque de cada força escolhendo, por exemplo, o centro da espira para a origem do torque. Contudo, os cálculos serão bastante simplificados se fizermos uso da Equação 7.54:

$$\vec{\tau}=I\vec{S}\times\vec{B}.$$

O vetor área será:

$$\vec{S}=xy\hat{k}=(2).(3)\hat{k} \quad\Rightarrow\quad \vec{S}=6\hat{k}\,\text{m}^{2}.$$

Assim,

$$\vec{\tau}=4\times10^{-3}\,6\left[\hat{k}\times(-0{,}1\hat{j}+0{,}8\hat{k})\right]=-2{,}4\times10^{-3}\hat{k}\times\hat{j}.$$

Finalmente, o torque é

$$\vec{\tau}=2{,}4\times10^{-3}\hat{i}\,\text{Nm}.$$

7.6.2 Exercícios propostos

1. A Figura 7.19 mostra uma pessoa localizada na superfície da Terra, a meia distância entre o polo norte geográfico (NG) e o sul magnético (SM), sem contudo conhecer sua real posição. Decidindo então caminhar para o NG, ela usa sua bússola. Qual o caminho que ela deverá seguir?

Figura 7.19 – Polos magnéticos.

2. Um elétron é acelerado a partir do estado de repouso por uma ddp de 2.400 V e, então, entra em uma região com um campo magnético uniforme de 2,70 T. Determine os valores máximo e mínimo da força magnética que atua sobre essa carga.

3. Suponha que uma partícula de massa m carregada positivamente com carga q penetre perpendicularmente no plano da folha com velocidade v. A Figura 7.20 mostra as diferentes direções do campo magnético uniforme.

   a) Escreva a equação de movimento da partícula quando esta interage com um campo magnético B (uniforme) presente no plano da folha.

   b) As figuras a seguir representam diferentes direções desse campo magnético uniforme. Mostre, em cada caso, as trajetórias descritas pela partícula ao interagir com tal campo.

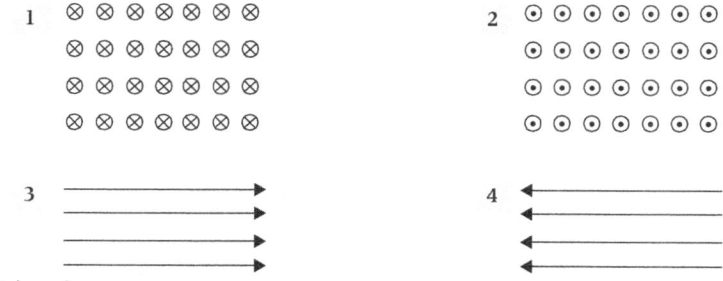

Figura 7.20 – Linhas de campo.

4. Um campo magnético uniforme $\vec{B} = 90,4\,\hat{k}\,\mu\text{T}$ está distribuído na região $x \geq 0$, como ilustrado na Figura 7.21. Se um elétron e, posteriormente, um próton entrarem nesse campo a partir da origem com a mesma velocidade $\vec{v}_0 = 600\hat{\imath}$ km/s, determine a posição onde o elétron e o próton deixarão o campo.

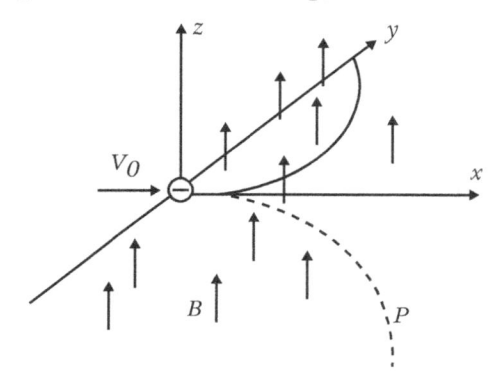

Figura 7.21 – Trajetória de partículas.

5. Um condutor de 4,00 m de comprimento situa-se ao longo do eixo y e conduz uma corrente de 10,0 A no sentido $\hat{j}$. Calcule a força sobre o condutor se o campo na região é $\vec{B} = 0,0300\hat{i}$ T.

6. Um condutor de 3,0 m de comprimento, localizado em $z = 0$ e $x = 4,0$ m, transporta uma corrente de 12,0 A no sentido $-\hat{j}$. Calcule o campo uniforme $\vec{B}$ na região se a força sobre o condutor é $2,40 \times 10^{-2}$ N no sentido definido por $\left(-\hat{i} + \hat{k}\right)/\sqrt{2}$.

7. Uma tira de corrente de 3 cm de largura conduz uma corrente de 15,0 A no sentido $\hat{i}$, como ilustrado pela Figura 7.22. Determine a força por unidade de comprimento sobre a tira se o campo uniforme for $\vec{B} = 0,40\hat{j}$ T.

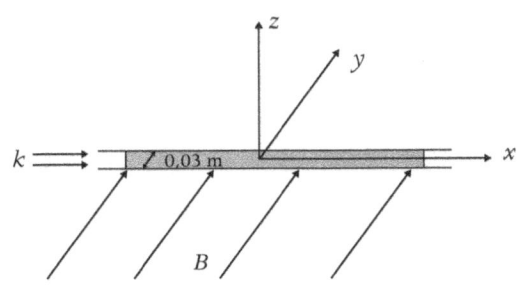

Figura 7.22 – Tira de corrente.

8. Considere dois fios paralelos, separados por uma distância d, conduzindo uma corrente I em sentidos opostos. Escreva a expressão da força magnética que atua entre os dois fios, indicando se os fios se atraem ou se afastam um do outro.

9. Um próton está se movendo em uma região onde existe um campo magnético uniforme $\vec{B} = \left(1\hat{i} - 2\hat{j} + 3\hat{k}\right)$ mT. Em determinado instante t, o próton possui uma velocidade dada por $\vec{v} = v_x\hat{i} + v_y\hat{j} + 1,0\hat{k}$ km/s, e a força magnética que atua sobre ele é $\vec{F} = \left(4,0\hat{i} + 2,0\hat{j}\right) \times 10^{-16}$ N. Nesse instante, calcule:
   a) a componente v_x da velocidade;
   b) a componente v_y da velocidade.

10. Um condutor longo e retilíneo situado sobre o eixo do x é percorrido por uma corrente elétrica de 1,0 A no sentido negativo do eixo x. Um campo magnético está presente e é dado por $\vec{B} = 3,0\hat{i} + 4,0x^2\hat{j}$, com x em metros e $\vec{B}$ em militeslas. Determine, na notação de vetores unitários, a força exercida pelo campo sobre o segmento de 2,0 m do condutor entre os pontos $x = 2,0$ m e $x = 3,0$ m.

11. Um próton tem velocidade $\vec{v} = 5 \times 10^3 [1\hat{i} - 5\hat{j} + 2\hat{k}]$ m/s. Calcule o módulo da força exercida sobre a carga pelo campo:
    a) $\vec{B} = [-2\hat{i} + 4\hat{j} + 5\hat{k}]$ mT;
    b) $\vec{E} = [-1\hat{i} + 2\hat{j} + 10\hat{k}]$ kV/m;
    c) Os dois campos ($\vec{B}$ e $\vec{E}$) agindo juntos.

12. Uma partícula de carga 2,0 C está se movendo na presença de um capo magnético uniforme. Em determinado instante, sua velocidade é $\vec{v} = [1,0\hat{i} + 2,0\hat{j} + 3,0\hat{k}]$ m/s e a força magnética experimentada é $\vec{F} = (2,0\hat{i} - 10\hat{j} + 6\hat{k})$ N. Se as componentes y e z do campo magnético são iguais. Qual o campo $\vec{B}$?

13. Uma partícula de massa m e carga elétrica q cai verticalmente com velocidade constante $\vec{v}_0$. Nessas condições, a força de resistência do ar pode ser considerada como $\vec{R}_{ar} = k\vec{v}$, sendo k uma constante. A partícula penetra então em uma região onde atua um campo magnético uniforme e constante $\vec{B}$, perpendicular ao plano do papel, como visto na Figura 7.23. A velocidade da partícula é então alterada, adquirindo, após certo intervalo de tempo, um novo valor constante $\vec{v}_L$. Determine:
    a) a constante k em função de m, g e v_0;
    b) a velocidade v_L da partícula.

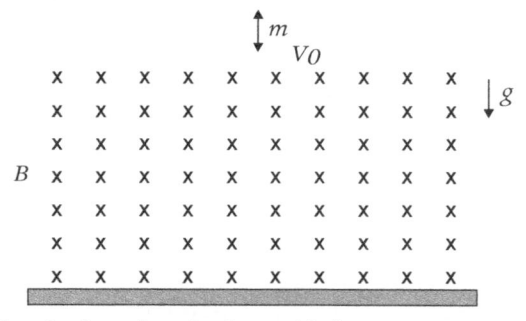

Figura 7.23 – Partícula sob ação da aceleração da gravidade em campo magnético.

14. Considere um fio encurvado na forma de um semicírculo de raio R no plano xy transportando uma corrente I na presença de um campo magnético B, como mostra a Figura 7.24. Determine a força que atua sobre a espira.

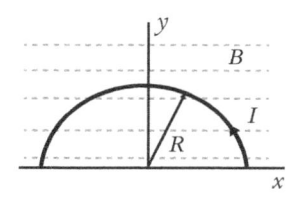

Figura 7.24 – Força magnética sobre um fio.

15. A Figura 7.25 mostra uma barra de cobre retilínea que conduz uma corrente de 55,0 A, da esquerda para a direita em uma região entre os polos de um grande eletroímã. Nessa região, existe um campo magnético de módulo 1,80 T. Calcule o módulo, a direção e o sentido da força magnética que atua sobre uma seção de 1,00 m da barra.

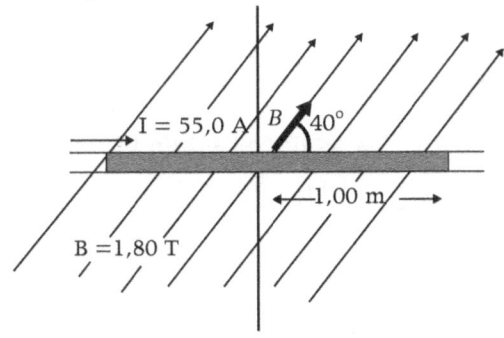

Figura 7.25 – Barra de cobre retilínea.

16. Na Figura 7.26, um fio condutor de massa M e comprimento L está suspenso por um par de contatos flexíveis na presença de um campo magnético uniforme de módulo $\vec{B}_0$. Obtenha a equação da corrente e o sentido da corrente necessária para remover a tensão dos contatos.

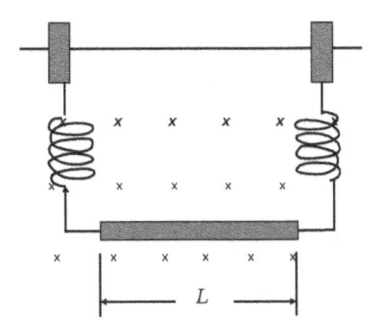

Figura 7.26 – Fio na presença de um campo magnético.

17. Uma bobina tem 300 espiras e conduz uma corrente $i = 2{,}0$ A. A área da seção reta da bobina é $10^{-3}\,m^2$ e está paralela ao plano yz. A bobina está imersa em um campo magnético uniforme $\vec{B} = (1{,}00\hat{\imath} + 4{,}00\hat{\jmath} - 6\hat{k})$ mT. Determine:
   a) a energia potencial magnética do sistema bobina-campo magnético;
   b) o vetor torque magnético sobre a bobina.

18. Duas espiras circulares concêntricas, de raios $r_1 = 10$ cm e $r_2 = 30$ cm, estão situadas no plano xy; ambas são percorridas por uma corrente de 5 A no sentido horário.
   a) Determine o módulo do momento dipolar magnético do sistema.
   b) Repita o cálculo supondo que a corrente da espira menor mudou de sentido.

19. Uma tira de cobre retangular com 1,8 cm de largura e 0,2 cm de espessura, transporta uma corrente de 3,0 A. Um campo magnético perpendicular de 1,8 T é aplicado à tira. Determine a voltagem Hall produzida. Considere $n = 8,48 \times 10^{-28} m^{-3}$.

20. Um elétron de energia cinética 1.200 eV descreve uma trajetória circular em um plano perpendicular a um campo magnético uniforme. Se o raio da órbita é 20 cm. Determine:
    a) a velocidade escalar do elétron;
    b) o módulo do campo magnético;
    c) a frequência da revolução;
    d) o período do movimento.

21. Um próton se movimenta numa órbita circular de raio $R = 12$ cm na presença de um campo magnético uniforme $B = 0,30$ T dirigido perpendicularmente a sua velocidade. Determine:
    a) a velocidade orbital do próton;
    b) sua frequência angular (ω);
    c) seu período de revolução.

22. Qual a energia cinética de um próton em cíclotron de 50 cm de raio na presença de um campo magnético de 0,30 T?

23. Um pósitron (antipartícula do elétron) é dotado de uma energia cinética de $2,00 \ keV$ e penetra em uma região onde existe um campo magnético uniforme $\vec{B}$ cujo módulo é igual a 0,300 T. O vetor velocidade da partícula faz um ângulo de 81,0° com $\vec{B}$. Determine:
    a) o período do movimento;
    b) o passo p;
    c) o raio da trajetória helicoidal.

24. Uma barra condutora de 1 kg repousa em dois trilhos horizontais situados a 1 m de distância um do outro e é percorrida por uma corrente de 50 A. O coeficiente de atrito estático entre a barra e os trilhos é 0,855. Determine o módulo e o ângulo (em relação à vertical) do menor campo magnético para o qual a barra entra em movimento.

25. Calcule o torque máximo sobre uma partícula carregada em órbita, sendo a carga elétrica da partícula igual a $1,602 \times 10^{-19} C$ e tendo a trajetória circular raio de $0,5 \times 10^{-10}$ m, com velocidade angular de $4,0 \times 10^{16} rad/s$ e $B = 0,4 \times 10^{-3}$ T.

26. Determine o torque máximo sobre uma bobina retangular com 75 espiras, com dimensões de 0,2 m por 0,3 m, conduzindo uma corrente de 2,0 A em um campo $B = 5,5$ T.

27. Determine o torque, em relação ao eixo y, para dois condutores de comprimento l, separados por uma distância fixa d, em um campo magnético uniforme $\vec{B}$ e conduzindo as corrente I como mostra a Figura 7.27.

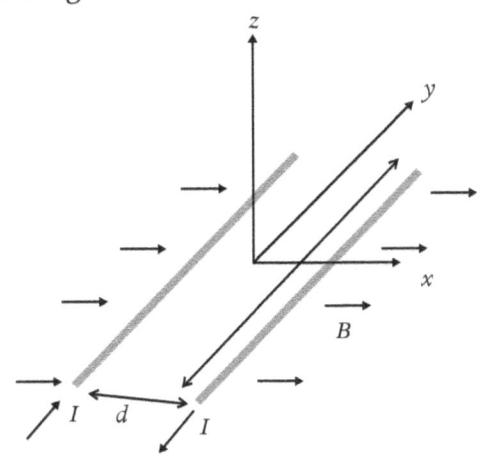

Figura 7.27 – Condutores paralelos.

28. A bobina da Figura 7.28 tem três espiras, conduz uma corrente $I = 2,0$ A no sentido mostrado e é paralela ao plano xz. A área da bobina tem 0,004 m² e está imersa em um campo magnético uniforme $\vec{B} = [4,00\hat{\imath} - 3,00\hat{\jmath} - 1,00\hat{k}]$ mT. Determine:
   a) a energia potencial magnética do sistema bobina-campo magnético;
   b) o torque magnético (na notação de vetores unitários) a que está sujeita a bobina.

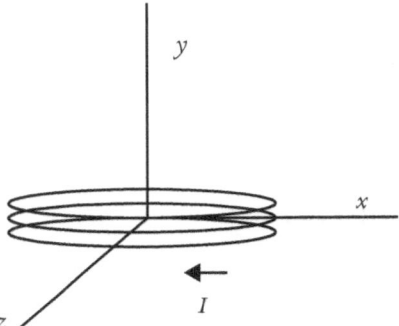

Figura 7.28 – Bobina.

PESQUISA E APROFUNDAMENTO

1. Descreva como funciona um espectrômetro de massa.
2. Partículas carregadas são aceleradas em um cíclotron; como isso ocorre?
3. O Inmetro tem trabalhado em um padrão primário de resistência com base no efeito Hall quântico e que permite manter e medir a unidade elétrica de resistência, relacionando-a a constantes fundamentais (a carga elementar e a constante de Plank), possibilitando, assim, a diminuição da incerteza na medição de resistências. O que é o efeito Hall? Como ele pode ser utilizado para medir resistência?

Bibliografia complementar

CARLIN, N. et al. Estudo experimental do movimento de partículas carregadas em campos elétricos e magnéticos: seletor de velocidades. *Revista Brasileira de Ensino de Física*, v. 31, n. 2, 2009, p. 2308.

CURIE, P. Sur la possibilité d'existence de la conductibilité magnétique et du magnétisme libre. *Séances de la Société Française de Physique* (Paris), 1894, p. 76.

DIRAC, P. Quantised singularities in the electromagnetic field. *Proc. Roy. Soc.* London, 1931, p. 133-60.

DIRAC, P. A. M. The quantum theory of the electron. *Proc. Roy. Soc.* London, n. 117, 1982, p. 610-24.

GOLDHABER, A. S.; TROWER, W. P. Magnetic monopoles. *American Association of Physics Teachers*, 1990.

HALL, E. On a new action of the magnet on electric currents. *American Journal of Mathematics*, v. 2, n. 3, 1879.

HARTLAND, A. The quantum hall effect and resistance standards. *Metrologia*, n. 29, 1992, p. 175-90.

HEISENBERG, W. Zur theorie des ferromagnetismus. *Zeitschrift für Physik*, n. 49, 1928, p. 619-36.

JECKELMANN, B.; JEANNERET, B. The quantum Hall effect as an electrical resistance. *Reports on Progress in Physics*, n. 64, 2001, p. 1603-55.

KNOBEL, M. Aplicações do magnetismo. *Revista Ciência Hoje*, n. 215, maio 2005.

MAURITY, A. J. S et al. Construção de um sistema de caracterização das propriedades de transporte de filmes finos pelo efeito Hall. *Revista Brasileira de Ensino de Física*, v. 34, n. 1, 2012, p. 1307.

MENGOTTI, E. et al. Real space observation of emergent magnetic monopoles and associated Dirac strings in artificial kagome spin ice. *Nature Physics Advance*, Online Publication, 2010.

MORRIS, D. J. P. et al. Dirac strings and magnetic monopoles in spin ice. *Science*, n. 3, set., 2009.

OLIVEIRA, A. J. A.; GUIMARÃES, A. P.; NOVAK, M. (Ed.). Seção especial: magnetismo. *Revista Brasileira de Ensino de Física*, v. 3., n. 22, 2000.

OLIVEIRA, N. A.; VON RANKE, P. J. Theoretical aspects of the magnetocaloric effect. *Phys. Rep*, v. 489, 2010, p. 89-159.

PAULI, W. *Physik*, v. 31, 1925, p. 373.

REIS, M. Troca de calor pelo efeito magnetocalórico é a base dos refrigeradores do futuro, mais ecológicos e econômicos. *Scientific American Brasil*, n. 34, 2005, p. 44.

SCHOENBERG, M. Sobre a existência de monopolos magnéticos. *Estudos avançados – ABC* [on-line]. V. 16, n. 44, 2002, p. 219-23,. Disponível em: <http://dx.doi.org/10.1590/S0103-40142002000100013>. Acesso em: 15 out. 2013.

UHLENBECK, G. E.; GOUDSMIT, S. *Naturwissenschaften*, v. 47, 1925, p. 953.

VON RANKE, P. J. Desmagnetização adiabática. *Ciência Hoje*, v. 155, n. 26, 1999, p. 34-40.

_____; CALDAS, A.; PALERMO, L. Um estudo do magnetismo realizado através dos conceitos da física clássica. *Revista Brasileira de Ensino de Física*, v. 16, 1994, p. 60.

WEISS, P. L'hypothese du champ moleculaire et la proprietè ferromagnetique. *J. de Phys*, n. 6, 1907, p. 661.

WEN, X. G.; WITTEN, E. Electric and magnetic charges in superstring models. *Nuclear Physics B*, v. 261, 1985, p. 651-77.

Campos magnéticos produzidos por correntes elétricas

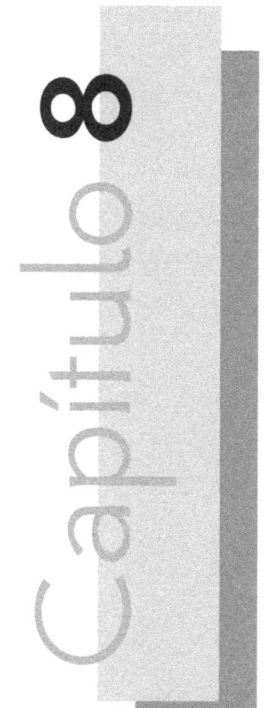

Capítulo 8

Neste capítulo, trataremos de campos magnéticos constantes no tempo. Esse tipo de campo é produzido por correntes que podem ser consideradas aproximadamente estacionárias, isto é, que se propagam como um fluxo de carga contínuo, constante e sem acúmulo ou diminuição de carga em qualquer ponto (de modo que a densidade de cargas deva ser constante). Falamos em uma aproximação porque, na prática, sempre ocorrem flutuações no deslocamento das cargas. Apesar disso, a magnetostática, nome dado a essa área do eletromagnetismo que é dedicada a estudar correntes estacionárias, é uma boa aproximação em grande parte das situações de que trataremos, sendo aplicável, inclusive, para as correntes residenciais, que se alternam sessenta vezes por segundo.

No Capítulo 2, iniciamos o estudo do campo elétrico produzido por uma carga em repouso e, em seguida, por uma distribuição de cargas elétricas por meio da lei de Coulomb. De acordo com o princípio da superposição, pode-se obter o campo elétrico resultante em um ponto por meio da soma vetorial do campo produzido por todas as cargas naquele ponto. O mesmo princípio de superposição ainda se aplica aos campos magnéticos, porém, uma carga pontual em movimento não constitui uma corrente estacionária e, portanto, não produz um campo constante e estático no tempo. Desse modo, é preciso considerar distribuições estendidas de correntes, isto é, um elemento diferencial de corrente. A superposição das contribuições de cada elemento de corrente fornece o campo magnético resultante da corrente, segundo a lei de Biot-Savart, que veremos na sequência.

8.1 Lei de Biot-Savart

Historicamente, a conexão entre corrente elétrica e campo magnético foi, em 1820, observada primeiro pelo cientista dinamarquês Hans Christian Oersted (1776-1851). Ele notou o desvio da agulha de uma bússola localizada próximo a um condutor percorrido por uma corrente elétrica. Quando essa bússola era posta perpendicularmente ao condutor, nenhuma oscilação era verificada na agulha; porém, quando posicionada paralelamente ao condutor de corrente, uma deflexão era observada na agulha, o que deixava clara a relação entre corrente elétrica e campo magnético (ver Figura 8.1).

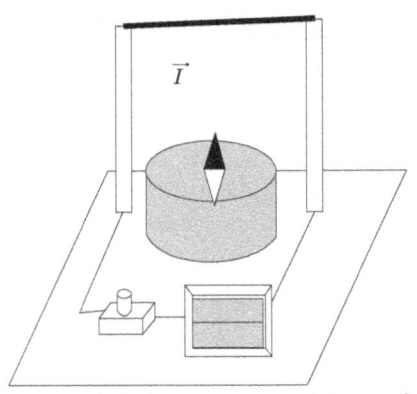

Figura 8.1 – Agulha magnética para medida de campo magnético produzido por uma corrente percorrendo um circuito elétrico.

Para determinar os campos magnéticos produzidos por uma distribuição de corrente, empregamos um método já bem estabelecido denominado lei de Biot-Savart, o qual corresponde, para a magnetostática, à lei de Coulomb da eletrostática.

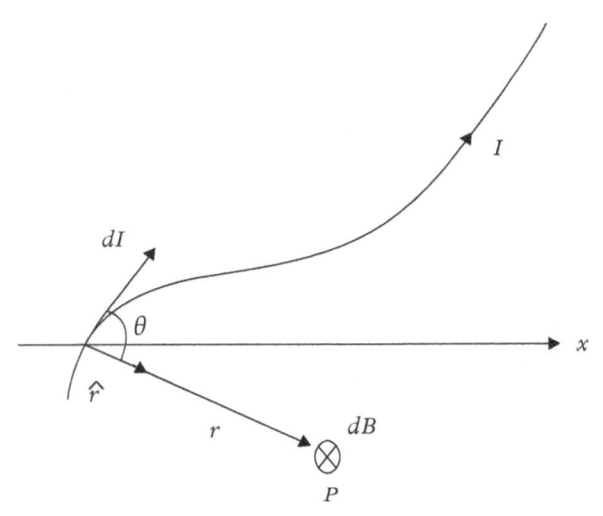

Figura 8.2 – Distribuição de corrente.

Em um ponto P qualquer do espaço, utilizamos a lei de Biot-Savart para calcular o campo magnético produzido por uma distribuição de corrente em um circuito de forma arbitrária, como mostra a Figura 8.2. Pode-se imaginar o elemento de corrente $I d\vec{l}$ como uma pequena parte de um condutor em forma de um fio cilíndrico cuja seção reta circular possui raio tendendo a zero, uma linha de corrente.

Consideremos a corrente I fluindo no elemento diferencial de comprimento $d\vec{l}$ dessa linha. Segundo a lei de Biot-Savart, a intensidade do campo magnético dB no ponto P, produzido pelo elemento diferencial de corrente, é proporcional ao produto da corrente, ao comprimento diferencial e ao seno do ângulo entre a direção do elemento de corrente $\left(Id\vec{l}\right)$ e a direção da linha $r(\hat{r})$ que une esse elemento ao ponto P. Esse campo é, ainda, inversamente proporcional ao quadrado de r. A direção do campo magnético será a direção normal ao plano definido por $Id\vec{l}$ e $\vec{r}$. Em forma de equação:

$$dB = \frac{\mu_0}{4\pi} \frac{Idl\,\text{sen}\,\theta}{r^2}, \tag{8.1}$$

onde μ_0 é uma constante de proporcionalidade denominada *permeabilidade magnética do vácuo*. No SI, seu valor é:

$$\mu_0 = 4\pi \times 10^{-7}\,\text{Tm/A}.$$

A direção do campo é dada pela regra da mão direita (ver Seção 7.2), e o campo total pode ser obtido pela integração ao longo do caminho da corrente.

Em notação vetorial, a lei de Biot-Savart é assim representada:

$$\vec{B} = \int \frac{\mu_0 I}{4\pi} \frac{d\vec{l} \times \hat{r}}{r^2}. \tag{8.2}$$

É interessante observar que somente a forma integral da lei de Biot-Savart pode ser verificada experimentalmente, uma vez que é impossível isolar um elemento diferencial de corrente.

8.1.1 Campo magnético de uma corrente retilínea

O exemplo a seguir ilustra a aplicação da lei de Biot-Savart para o cálculo do campo produzido por uma corrente que percorre um fio retilíneo muito comprido.

Eletromagnetismo: fundamentos e simulações

Exemplo 44

Determine o campo magnético em um ponto P localizado a uma distância R de um fio retilíneo longo e percorrido por uma corrente estacionária I, como mostra a Figura 8.3.

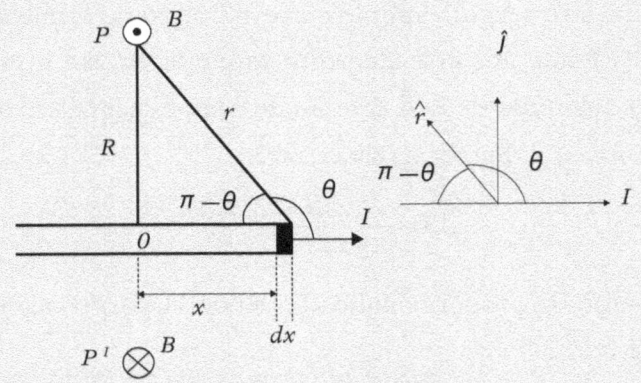

Figura 8.3 – Campo magnético de uma linha de corrente muito longa.

Solução

Para resolver esse problema, aplicaremos a lei de Biot-Savart (ver Equação 8.2). O sistema apresenta simetria retangular, de modo que empregaremos o sistema de coordenadas retangulares (x, y, z), com unitários $\hat{i}$, $\hat{j}$ e $\hat{k}$ e origem em 0. Por construção (ver Figura 8.3), temos que o elemento de comprimento do fio será:

$$d\vec{l} = dx\hat{i}.$$

Em termos dos unitários $\hat{i}$ e $\hat{j}$, a direção $\hat{r}$ pode ser assim representada:

$$\hat{r} = \cos(\pi - \theta)(-\hat{i}) + \text{sen}(\pi - \theta)\hat{j} = \cos\theta\hat{i} + \text{sen}\theta\hat{j}.$$

Assim, a Equação 8.2 torna-se:

$$\vec{B} = \int \frac{\mu_0 I}{4\pi} \frac{dx\hat{i} \times (\cos\theta\hat{i} + \text{sen}\theta\hat{j})}{r^2},$$

como vimos, $\hat{i} \times \hat{i} = 0$, e $\hat{i} \times \hat{j} = +\hat{k}$; logo,

$$\vec{B} = \frac{\mu_0 I}{4\pi} \int_{-\infty}^{\infty} \frac{dx\,\text{sen}\,\theta}{r^2} \hat{k}, \qquad (8.3)$$

onde os limites para um fio infinito foram incluídos. Com base na figura, podemos utilizar as relações de um triângulo retângulo e da trigonometria:

$$r^2 = x^2 + R^2$$

$$\text{sen}\,\theta = \text{sen}(\pi - \theta) = \frac{R}{r}.$$

De modo que

$$r = \frac{R}{\operatorname{sen}\theta} = R\operatorname{cossec}\theta,$$

$$x = -\frac{R}{\tan\theta} = -R\cotan\theta$$

e a diferencial de x é:

$$dx = -R\operatorname{cossec}^2\theta\, d\theta.$$

Para os limites de integração, quando $x \to -\infty, (\pi - \theta) \to 0 \Rightarrow \theta \to \pi$ e quando $x \to +\infty, (\pi - \theta) \to \pi \Rightarrow \theta \to 0$, de modo que, substituindo-se as variáveis na Equação 8.3, temos:

$$\vec{B} = \frac{\mu_0 I}{4\pi}\int_\pi^0 \frac{\operatorname{sen}\theta\left(-R\operatorname{cossec}^2\theta\, d\theta\right)}{R^2 \operatorname{cossec}^2\theta}\hat{k},$$

ou, simplificando,

$$\vec{B} = \frac{\mu_0 I}{4\pi R}\int_0^\pi \operatorname{sen}\theta\, d\theta\, \hat{k},$$

com

$$\int_0^\pi \operatorname{sen}\theta\, d\theta = \left[-\cos\theta\right]_0^\pi = 2.$$

O campo resultante de uma corrente retilínea infinita é dado, finalmente, por

$$\vec{B} = \frac{\mu_0 I}{2\pi R}\hat{k}.$$

Vemos, então, que o campo é inversamente proporcional à distância da linha de corrente. Na região abaixo da linha (ponto P'), $\vec{B}$ aponta para dentro da página, conforme indicado na Figura 8.3, circundando o fio.

APLIQUE SEUS CONHECIMENTOS

Vá ao módulo de simulação *bio1* e simule o cálculo do campo magnético de um fio longo. Ao realizar alterações na corrente I, observe o comportamento do campo em vários pontos diferentes do espaço.

8.1.2 Campo magnético produzido por uma espira circular de corrente

Os exemplos seguintes ilustram a aplicação da lei de Biot-Savart para o cálculo do campo produzido por uma corrente percorrendo um fio condutor em forma de espira circular, como mostra a Figura 8.4. Vamos considerar duas situações: na primeira, (exemplo 45) consideraremos o campo no centro do anel $(z=0)$, como ilustra a Figura 8.5; a seguir, veremos como calcular o campo em um ponto qualquer sobre o eixo z, o ponto P da Figura 8.4.

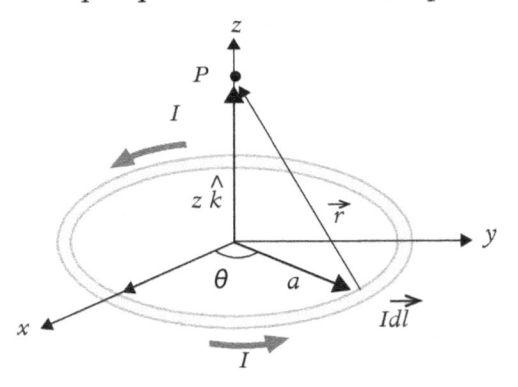

Figura 8.4 – Campo em um ponto sobre o eixo de uma espira circular.

Exemplo 45

Calcule o campo magnético no centro de um anel $(z=0)$ produzido por uma espira circular de corrente de raio a e percorrido por uma corrente I como a da Figura 8.5.

Solução

O cálculo do campo no centro do anel leva em conta que $\hat{\theta}$ é o unitário na direção de $d\vec{l}$ e o elemento de corrente pode ser escrito como $I d\vec{l} = Iad\theta\hat{\theta}$, como pode ser visto na Figura 8.5. Em termos dos unitários $\hat{i}$ e $\hat{j}$:

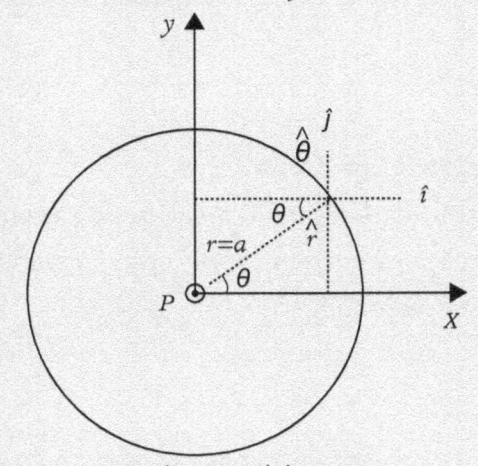

Figura 8.5 – Campo magnético no centro de um anel de corrente.

$$\hat{\theta} = \cos\left(\frac{\pi}{2}-\theta\right)(-\hat{i}) + \operatorname{sen}\left(\frac{\pi}{2}-\theta\right)\hat{j} = -\operatorname{sen}\theta\hat{i} + \cos\theta\hat{j}.$$

Então,
$$d\vec{l} = -a\operatorname{sen}\theta d\theta\hat{i} + a\cos\theta d\theta\hat{j}.$$

Assim, o unitário na direção de $\vec{r}$ será:
$$\hat{r} = -\cos\theta\hat{i} - \operatorname{sen}\theta\hat{j}.$$

Dessa maneira,
$$d\vec{l}\times\hat{r} = \left(-a\operatorname{sen}\theta d\theta\hat{i} + a\cos\theta d\theta\hat{j}\right)\times\left(-\cos\theta\hat{i} - \operatorname{sen}\theta\hat{j}\right) = a\operatorname{sen}^2\theta d\theta\hat{k} + a\cos^2\theta d\theta\hat{k}.$$

Logo,
$$d\vec{l}\times\hat{r} = ad\theta\hat{k}.$$

Assim,
$$\vec{B} = \frac{\mu_0 I}{4\pi a}\int_0^{2\pi} d\theta\hat{k} = \frac{\mu_0 I}{2a}\hat{k}.$$

Vemos que o campo é inversamente proporcional ao diâmetro da espira. Como alternativa ao cálculo anterior, poderíamos considerar que $d\vec{l}$ é ortogonal a $\hat{r}$ e, então,
$$\left|d\vec{l}\times\hat{r}\right| = \left|d\vec{l}\right|\left|\hat{r}\right|\operatorname{sen}90° = dl.$$

Logo, como dl é o elemento de linha de uma circunferência, temos
$$B = \frac{\mu_0 I}{4\pi a^2}\int_0^{2\pi a} dl = \frac{\mu_0 I}{2a}.$$

A regra da mão direita (ver Seção 7.2) mostra que o campo está na direção $\hat{k}$, apontando para fora da folha.

Exemplo 46

Calcule o campo magnético em um ponto P qualquer sobre o eixo de uma espira circular de raio a percorrida por uma corrente I (ver Figura 8.4).

Solução

Na Figura 8.4, podemos observar que o ponto P localiza-se no eixo da espira ($z\hat{k}$) a uma distância z do centro. Aplicando a lei de Biot-Savart, temos
$$d\vec{B} = \frac{\mu_0 I d\vec{l}\times\hat{r}}{4\pi r^2},$$

onde
$$d\vec{l} = a\,d\theta\hat{\theta} = -a\operatorname{sen}\theta d\theta\hat{i} + a\cos\theta d\theta\hat{j}$$

e
$$\hat{r} = \frac{\vec{r}}{r} = \frac{-a\cos\theta\hat{i} - a\,\text{sen}\,\theta\hat{j} + z\hat{k}}{\sqrt{a^2 + z^2}}.$$

Logo,
$$d\vec{l} \times \hat{r} = \frac{\left(-a\,\text{sen}\,\theta\hat{i} + a\cos\theta\hat{j}\right) \times \left(-a\cos\theta\hat{i} - a\,\text{sen}\,\theta\hat{j} + z\hat{k}\right)}{\sqrt{a^2 + z^2}} d\theta$$

$$= \frac{\left(a\,z\cos\theta\hat{i} + a\,z\text{sen}\,\theta\hat{j}\right) + a^2\left(\text{sen}^2\,\theta + \cos^2\theta\right)\hat{k}}{\sqrt{a^2 + z^2}} d\theta$$

$$= \left[\frac{az\cos\theta}{\sqrt{a^2 + z^2}}\hat{i} + \frac{az\,\text{sen}\,\theta}{\sqrt{a^2 + z^2}}\hat{j} + \frac{a^2}{\sqrt{a^2 + z^2}}\hat{k}\right]d\theta.$$

A equação integral de Biot-Savart pode ser escrita da seguinte maneira:

$$\vec{B} = \int \frac{\mu_0 I}{4\pi\left(a^2 + z^2\right)} \left[\frac{az\cos\theta}{\sqrt{a^2 + z^2}} d\theta\hat{i} + \frac{az\,\text{sen}\,\theta}{\sqrt{a^2 + z^2}} d\theta\hat{j} + \frac{\text{sen}^2\theta + \cos^2\theta}{\sqrt{a^2 + z^2}} a^2 d\theta\hat{k}\right],$$

e pode ser separada em três subequações, uma para cada direção (coordenada):

$$B_x = \frac{\mu_0 Iaz}{4\pi\left(a^2 + z^2\right)^{3/2}} \int_0^{2\pi} d\theta \cos\theta = 0,$$

$$B_y = \frac{\mu_0 Iaz}{4\pi\left(a^2 + z^2\right)^{3/2}} \int_0^{2\pi} d\theta\,\text{sen}\,\theta = 0,$$

$$B_z = \frac{\mu_0 Ia^2}{4\pi\left(a^2 + z^2\right)^{3/2}} \int_0^{2\pi} d\theta = \frac{\mu_0 Ia^2}{2\left(a^2 + z^2\right)^{3/2}}.$$

Vemos que as componentes em x e y se anulam em virtude da simetria axial (ao longo do eixo da espira), e a única componente não nula será:

$$\vec{B} = B_z\hat{k} = \frac{\mu_0 Ia^2}{2\left(a^2 + z^2\right)^{3/2}}\hat{k}. \tag{8.4}$$

Com efeito, elementos diferenciais de corrente em lados opostos da espira cancelarão mutuamente as componentes em x e y, mas vão se somar na direção $\hat{k}$ (ver Figura 8.6).

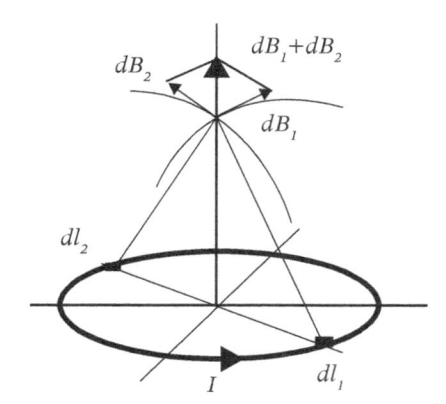

Capítulo 8 – Campos magnéticos produzidos por correntes elétricas

Figura 8.6 – Contribuições para o campo de dois elementos diferenciais de corrente de lados opostos da espira.

A intensidade normalizada do campo resultante é ilustrada como função de z/R na Figura 8.7, a seguir.

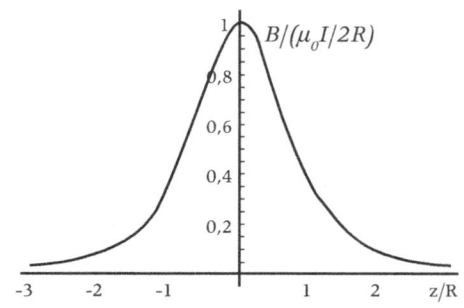

Figura 8.7 – Intensidade normalizada do campo magnético *versus* z/R.

Podemos também explorar as propriedades de simetria do problema e resolver a questão da espira de maneira simplificada. Na Figura 8.8, representamos novamente a espira com as grandezas relevantes. Observa-se que, por construção, o segmento infinitesimal da espira $d\vec{l}$ encontra-se no plano xy, e o unitário, na direção de r, $\hat{r}$ é ortogonal a $d\vec{l}$. Desse modo, $\left| d\vec{l} \times \hat{r} \right| = dl$.

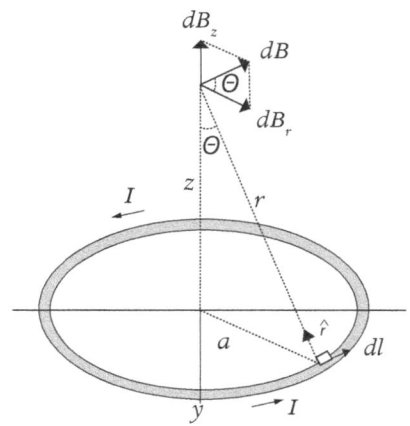

Figura 8.8 – Espira circular de corrente.

Além disso, $d\vec{B}$ pode ser escrito em termos de sua componente paralela ao eixo z, dB_z, e sua componente perpendicular a z, dB_r. À medida que integramos $d\vec{l}$ em torno da espira, as componentes horizontais (dB_r) se anulam e as componentes verticais (dB_z) se combinam. Assim,

$$\vec{B} = B_z \hat{k} = \int dB \operatorname{sen}\theta \hat{k} = \frac{\mu_0 I}{4\pi} \int \frac{dl}{r^2} \operatorname{sen}\theta \hat{k} = \frac{\mu_0 I \operatorname{sen}\theta}{4\pi r^2} \int_0^{2\pi a} dl \hat{k}.$$

Com base na Figura 8.8, podemos ainda extrair as seguintes relações:

$$r^2 = a^2 + z^2$$

e

$$\operatorname{sen}\theta = \frac{a}{r} = \frac{a}{\left(a^2 + z^2\right)^{1/2}},$$

que, substituídas na equação para o campo, geram $\vec{B} = \frac{\mu_0 I}{2} \frac{a^2}{\left(a^2 + z^2\right)^{3/2}} \hat{k}$, conforme obtido anteriormente. Esse é o valor do campo magnético produzido por uma espira de corrente de raio a em qualquer ponto axial (eixo principal), isto é, ao longo do eixo z da espira. No caso específico de o ponto P estar localizado no centro da espira, temos $z = 0$ e recuperamos o resultado do campo no centro da espira.

8.1.3 Campo de um dipolo magnético

Ao estudar eletrostática (Capítulo 2), calculamos o campo elétrico de duas cargas de sinais opostos ao longo do eixo que as une a uma distância muito maior do que a medida entre as cargas, caracterizando o campo de um dipolo elétrico ao longo do seu eixo, e cuja equação é $E = \frac{1}{2\pi\varepsilon_0} \frac{p}{r^3}$, sendo p o momento de dipolo elétrico.

Para calcular o campo de um dipolo magnético, consideramos o cálculo do campo no eixo de uma espira de corrente, o que foi visto na seção anterior e é dado por:

$$B = \frac{\mu_0}{2} \frac{Ia^2}{\left(a^2 + z^2\right)^{3/2}}.$$

Para pontos do eixo muito afastados da espira, ou seja, para $z \gg a$, a expressão para o campo pode ser simplificada se considerarmos a seguinte expansão:

$$\frac{1}{\left(z^2 + a^2\right)^{3/2}} = \frac{1}{z^3 \left(1 + \frac{a^2}{z^2}\right)^{3/2}} \approx z^{-3}\left(1 + \frac{a^2}{z^2}\right)^{-3/2} \sim z^{-3}\left(1 - \frac{3}{2}\frac{a^2}{z^2} + \ldots\right) \approx \frac{1}{z^3} - \frac{3}{2}\frac{a^2}{z^5} \approx \frac{1}{z^3}.$$

Desse modo, realizando essa aproximação e multiplicando e dividindo a equação do campo da espira por 2π, a nova expressão para B torna-se

$$B = \left(\frac{\mu_0}{4\pi}\right)\frac{2\pi I a^2}{z^3}. \tag{8.5}$$

O produto $\pi a^2 = S$ representa a área da espira, ao passo que o fator $I\pi a^2$ é denominado momento magnético da espira, M (ver Equação 7.51), assim,

$$M = IS.$$

Podemos, finalmente, escrever o valor de B como

$$B = \left(\frac{\mu_0}{4\pi}\right)\frac{2IS}{z^3}$$

ou, simplesmente,

$$B = \left(\frac{\mu_0}{4\pi}\right)\frac{2M}{z^3}. \tag{8.6}$$

Essa expressão para o campo magnético B é análoga à Equação 2.14 para o campo de um dipolo elétrico ao longo de seu eixo.

8.1.4 Campo magnético produzido por corrente em espira quadrada

O exemplo a seguir apresenta a aplicação da lei de Biot-Savart para o cálculo do campo produzido por uma corrente percorrendo um circuito em forma de espira quadrada.

Exemplo 47

Mostre que o valor de B, no centro de uma espira quadrada de lado a (como mostra a Figura 8.9) e percorrido por uma corrente I, é dado por $B = 2\sqrt{2}\mu_0 I/\pi a$.

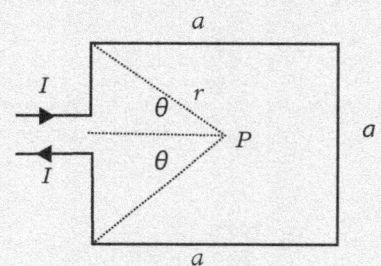

Figura 8.9 – Espira quadrada.

Solução

Para facilitar nossa compreensão do problema, vamos considerar cada lado da espira como um fio finito percorrido por uma corrente I. Tem-se, então, o fio finito de tamanho L da Figura 8.10.

Da figura, vemos que, por construção:

$$d\vec{l} = dx\hat{i}$$

$$\vec{r} = x(-\hat{i}) + y\hat{j}$$

$$\hat{r} = \frac{-x\hat{i} + y\hat{j}}{\sqrt{x^2 + y^2}} \quad r^2 = x^2 + y^2$$

$$\tan\alpha = \frac{x}{y} \quad \cos\alpha = \frac{y}{r} \quad \text{sen}\,\alpha = \frac{x}{r}.$$

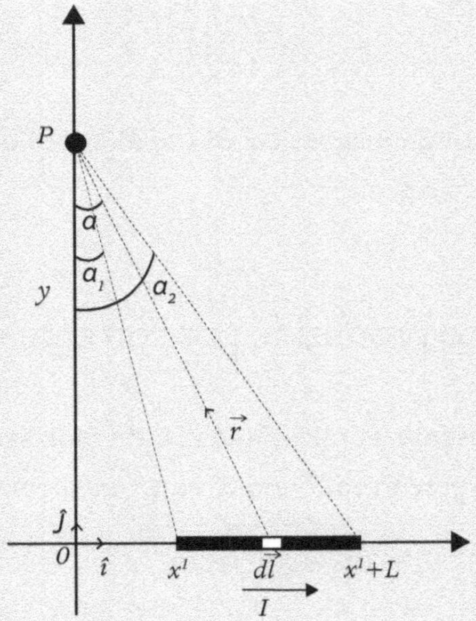

Figura 8.10 – Fio condutor finito.

Então,

$$d\vec{l} \times \hat{r} = dx\hat{i} \times \left[\frac{-x\hat{i} + y\hat{j}}{\sqrt{x^2 + y^2}}\right] = \frac{ydx}{\sqrt{x^2 + y^2}}\hat{k}.$$

Logo,

$$\vec{B} = \frac{\mu_0 I}{4\pi} \int_{x}^{x+L} \frac{ydx}{r^2\sqrt{x^2 + y^2}}\hat{k},$$

porém, $x = y\tan\alpha \Rightarrow dx = y\sec^2\alpha d\alpha$, e $x^2 = y^2\tan\alpha$. Assim, o campo pode ser reescrito da seguinte maneira:

$$\vec{B} = \frac{\mu_0 I}{4\pi}\int_{\alpha_1}^{\alpha_2}\frac{y^2\sec^2\alpha d\alpha}{\left(y^2\tan^2\alpha + y^2\right)^{3/2}}\hat{k},$$

como $1+\tan^2\alpha = \sec^2\alpha$, e $\cos\alpha = 1/\sec\alpha$, após algumas simplificações, chegamos a

$$\vec{B} = \frac{\mu_0 I}{4\pi y}\int_{\alpha_1}^{\alpha_2}\cos\alpha d\alpha \hat{k},$$

e, então,

$$\vec{B} = \frac{\mu_0 I}{4\pi y}[\operatorname{sen}\alpha_2 - \operatorname{sen}\alpha_1]\hat{k}. \tag{8.7}$$

Essa equação fornece o campo de qualquer segmento reto de fio em função dos ângulos inicial, α_1, e final, α_2. Observe que a contribuição proporcional a $\operatorname{sen}\alpha_1$ subtrai do campo magnético a contribuição da região $0 - x'$ (ver Figura 8.10) compreendida na região angular α_2, na qual não havia corrente. Se o ponto P estivesse na mediatriz do fio, o ângulo α_2 corresponderia à região da mediatriz para a direita e α_1 corresponderia à mediatriz para a esquerda, sendo esse ângulo, portanto, negativo. Assim, como $\operatorname{sen}(-\alpha_1) = -\operatorname{sen}\alpha_1$, e considerando que, na mediatriz $\alpha_1 = \alpha_2 = \alpha$, a Equação 8.7 pode ser assim escrita:

$$\vec{B} = \frac{\mu_0 I}{4\pi y}2\operatorname{sen}\alpha\hat{k}.$$

Porém, a mediatriz ainda divide em duas partes o comprimento L do fio, de modo que $\operatorname{sen}\alpha = \frac{L/2}{r} = L/2r$.

Considerando-se a equação do campo, obtemos

$$\vec{B} = \frac{\mu_0 I}{4\pi y}\frac{2L}{2r} = \frac{\mu_0 IL}{4\pi yr}\hat{k}, \tag{8.8}$$

que é o campo magnético na mediatriz de um fio finito.

No caso em que a linha de corrente assume a forma de um circuito quadrado de lados a, temos as seguintes relações:

$L = a$,

$y = a/2$,

$r = a\sqrt{2}/2$,

para um ponto P situado no centro do circuito. Assim, substituindo-se os respectivos valores na expressão do fio e considerando-se que o quadrado é formado por quatro fios, o campo total corresponderá à soma das quatro contribuições e, desse modo, o valor de B no centro da espira quadrada é dado por

$$\vec{B} = \frac{2\sqrt{2}\mu_0 I}{\pi a}\hat{k}.$$

APLIQUE SEUS CONHECIMENTOS

No módulo de simulação *bio2*, você pode escolher a geometria da espira, atribuir valores à corrente e obter o valor do campo.

8.2 Lei de Ampère

Vimos que a lei de Biot-Savart está para o magnetismo assim como a lei de Coulomb está para a eletricidade. Tal como a de Coulomb, a lei de Biot-Savart é geral e pode, a princípio, ser utilizada para o cálculo do campo magnético em qualquer ponto nas proximidades de uma corrente elétrica estacionária, independentemente da forma geométrica do circuito. Contudo, em muitas situações, assim como no caso elétrico, os cálculos tornam-se, em certa medida, bastante difíceis por conta da presença do produto vetorial na lei de Biot-Savart, e a única maneira de resolução é por meio da integração numérica. Felizmente, existem algumas situações em que podemos explorar as propriedades de simetria de alguns problemas, e, tal como no caso da lei de Gauss para o campo elétrico, podemos utilizar uma lei, devida à Maxwell, mais conhecida como lei circuital de Ampère. O físico francês André-Marie Ampère (1775-1836) observou e realizou diversas experiências para estudar a interação entre dois fios transportando correntes paralelas, trabalho que resultou em importantes contribuições para a teoria eletromagnética. A lei de Ampère exerce, no magnetismo, o papel que a lei de Gauss exerce na eletrostática, permitindo a resolução de problemas com alto grau de simetria de modo bastante simplificado.

8.2.1 Fluxo magnético

Imaginemos um elemento de área $d\vec{S}$ de uma superfície arbitrária e $\vec{B}$ como o campo nesse elemento (ver Figura 8.11). O fluxo magnético Φ_B através da superfície será

$$\Phi_B = \int d\vec{S}\ \vec{B}. \tag{8.9}$$

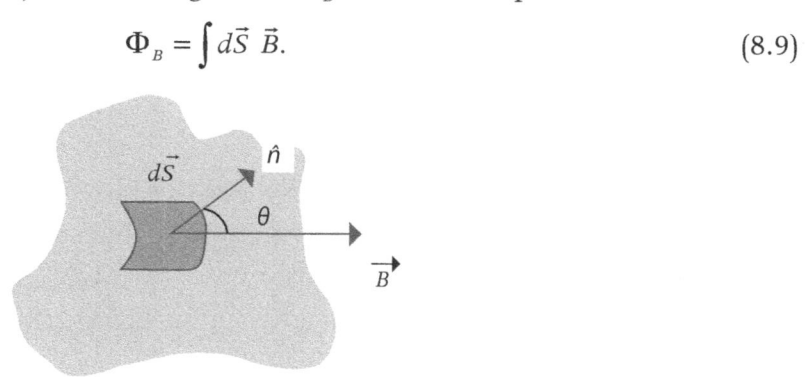

Figura 8.11 – Fluxo magnético através de superfície arbitrária e elemento de área $d\vec{S}$.

A unidade de fluxo magnético no SI é denominada weber (Wb), e 1 Wb é igual a 1 Tm². Vimos, no estudo da lei de Gauss, que $\Phi_E = \dfrac{Q}{\varepsilon_0}$ era uma medida do número de linhas do campo elétrico que atravessam a superfície, dependendo somente da carga líquida em seu interior. As linhas do campo elétrico têm origem nas cargas elétricas. Nos campos magnéticos, contudo, as linhas são contínuas e constituem curvas fechadas, isto é, as linhas do campo magnético provocado por uma corrente não possuem início e não acabam em nenhum ponto. Então, em qualquer superfície fechada, o número de linhas que entram é igual ao número de linhas que saem, de modo que o fluxo líquido é nulo ($\Phi_B = 0$). Essa é uma das premissas da lei de Gauss para o magnetismo: *o fluxo magnético líquido através de qualquer superfície fechada é sempre nulo*. Em forma de equação,

$$\oint d\vec{S}.\vec{B} = 0. \tag{8.10}$$

Essa lei reflete a inexistência de cargas magnéticas, os polos magnéticos de onde as linhas de campo teriam origem. A Equação 8.10 é uma das equações atribuídas a Maxwell que pode ser chamada de lei de Gauss do magnetismo.

8.2.2 A lei circuital de Ampère

A lei de Ampère considera, basicamente, que *a integral de linha do campo magnético em qualquer caminho fechado C é igual a $\mu_0 I$, sendo I a corrente que passa por qualquer superfície limitada pela curva fechada C*.

Eletromagnetismo: fundamentos e simulações

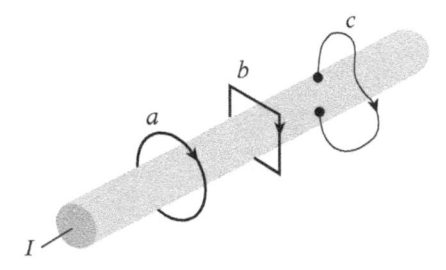

Figura 8.12 – Curvas de ampère.

A Figura 8.12 ilustra a lei de Ampère descrita anteriormente. Ela representa um fio conduzindo uma corrente estacionária I. A integral de linha de $\vec{B}$ nos caminhos fechados a e b resulta em $\mu_0 I$; contudo, no caminho fechado c, que passa pelo condutor, a integral fornece um valor menor do que $\mu_0 I$, o qual será proporcional à parte da corrente envolvida por c.

Podemos, então, escrever matematicamente a lei de Ampère para correntes estacionárias da seguinte maneira:

$$\oint_C \vec{B}.d\vec{l} = \mu_0 I. \tag{8.11}$$

Seguem abaixo algumas observações sobre a lei de Ampère:

1. A lei de Ampère se aplica a um caminho fechado (análogo à superfície fechada gaussiana na eletrostática).
2. A corrente que aparece na Equação 8.11 representa a corrente líquida contida na superfície limitada pelo contorno C.
3. Faz-se necessária uma regra adicional para a determinação do sentido do campo magnético, como a regra da mão direita: com a mão direita aberta, aponta-se o polegar no sentido da corrente. Fechando-se a mão, os demais dedos apontarão no sentido do campo.

A Figura 8.13 ilustra a regra da mão direita, que pode ser aplicada em qualquer situação em que se deseja determinar o sentido do campo produzido por uma corrente percorrendo um fio. Note que, se a corrente for invertida, o sentido do campo também será invertido, o que aparece claramente representado na Figura 8.14, em que o fio é projetado perpendicularmente ao plano da folha.

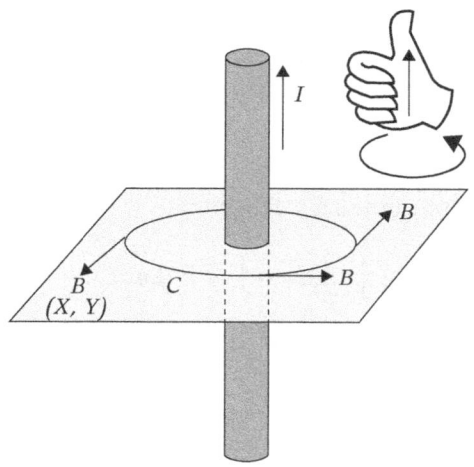

Capítulo 8 – Campos magnéticos produzidos por correntes elétricas

Figura 8.13 – A regra da mão direita determina o sentido do campo.

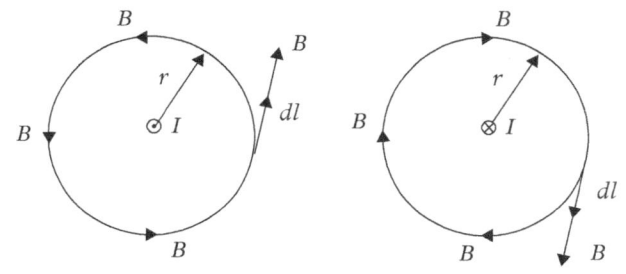

Figura 8.14 – Regra da mão direita em circuitos com corrente em sentidos opostos.

A figura à direita mostra uma corrente I penetrando no plano da folha e um campo $\vec{B}$, tangente em cada ponto da circunferência traçada, a uma distância r do eixo do fio. Analogamente, a figura à esquerda mostra o campo gerado por uma corrente saindo do plano da folha. A regra da mão direita pode ser utilizada em ambos os casos para verificar os sentidos do campo.

Vejamos, agora, a situação em que uma superfície S é limitada pela curva amperiana, o contorno C, e esteja sujeita a um fluxo de corrente elétrica, como mostra a Figura 8.15.

A equação da corrente é:

$$I = \int_S \vec{J}.\hat{n}dS. \tag{8.12}$$

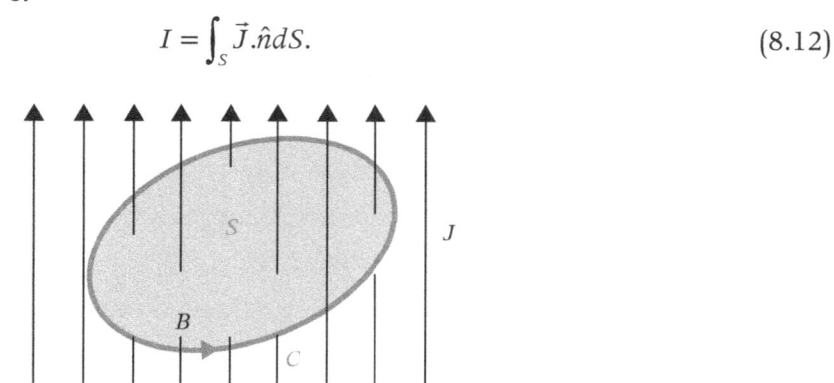

Figura 8.15 – A curva amperiana envolve e define uma superfície de área S.

Ao aplicar a lei de Ampère e substituir a Equação 8.11 na Equação 8.12, obtemos

$$\oint_C \vec{B}.d\vec{l} = \mu_0 \int_S \vec{J}.\hat{n}dS. \qquad (8.13)$$

Por meio do teorema de Stokes (ver Capítulo 12), podemos escrever o termo do lado esquerdo da equação da seguinte maneira:

$$\oint_C \vec{B}.d\vec{l} = \int_S \nabla \times \vec{B}.\hat{n}dS. \qquad (8.14)$$

Aplicando esse resultado na Equação 8.14 e alterando-o algebricamente, temos

$$\int_S \nabla \times \vec{B}.\hat{n}dS - \mu_0 \int_S \vec{J}.\hat{n}dS = 0.$$

Assim, a Equação 8.14 poderá ser escrita como:

$$\int_S \left(\nabla \times \vec{B} - \mu_0 \vec{J}\right).\hat{n}dS = 0, \qquad (8.15)$$

que deve ser verdadeira para qualquer dS diferente de zero. Logo, o termo entre parênteses deve ser nulo. Ou seja, para $\forall dS \neq 0$,

$$\nabla \times \vec{B} - \mu_0 \vec{J} = 0$$

ou, ainda,

$$\nabla \times \vec{B} = \mu_0 \vec{J}. \qquad (8.16)$$

A Equação 8.16 apresenta a forma diferencial da lei de Ampère, mostrando que o rotacional de $\vec{B}$ é proporcional à densidade de corrente $\vec{J}$. Essa expressão também é conhecida como um caso particular da *quarta equação de Maxwell* para uma corrente estacionária. Comparando-se as formas integral e diferencial da lei de Ampère, vemos que o rotacional corresponde à circulação por unidade de área; assim, a integral de linha fechada de $\vec{B}$ (a circulação de $\vec{B}$) por unidade de área é proporcional à densidade de corrente.

8.2.3 Aplicações da lei de Ampère

Assim como a lei de Gauss, no caso do cálculo do campo elétrico $\vec{E}$, que era utilizada apenas quando a distribuição de cargas apresentava simetria geométrica, a lei de Ampère também é utilizada para o cálculo do campo magnético $\vec{B}$, ou seja, somente quando a distribuição de corrente é especialmente simétrica.

Utilizando a lei de Ampère, vejamos o cálculo do campo magnético produzido por uma corrente em um fio de comprimento infinito.

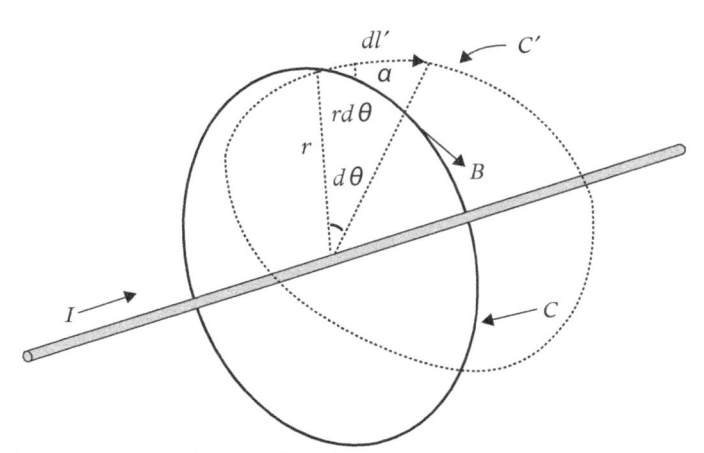

Figura 8.16 – Lei de Ampère aplicada a um fio infinito.

Iniciamos a questão observando se o problema apresenta simetria. Sabemos, com base na lei de Biot-Savart, que o campo é normal a $\vec{r}$ e à direção da corrente ao longo do fio. O fio é infinito e a simetria axial é evidente. A seguir, procuramos traçar um caminho, a curva amperiana, de maneira que $d\vec{l}$, em qualquer ponto, seja ou paralelo, ou perpendicular ao campo magnético $\vec{B}$. Tal escolha se deve ao produto escalar ($\vec{B}.d\vec{l}$) presente na lei de Ampère, que pode ser substituído pelo produto de duas quantidades escalares $B\,dl$, no caso paralelo, e zero, no caso perpendicular. A curva amperiana é também traçada de modo que B seja constante. Isso permite remover B do sinal de integração, de modo que a integral remanescente consiste no cálculo do caminho ao longo do qual $\vec{B}$ é paralelo.

Assim, no caso de um condutor com simetria cilíndrica, tomamos como curva amperiana C um círculo de raio r centrado no fio, traçado pelo ponto onde desejamos calcular $\vec{B}$. Nesse caso, $\vec{B}$ é paralelo a $d\vec{l}$ (ver Figura 8.16); então, a lei de Ampère pode ser escrita assim:

$$\oint_C \vec{B}.d\vec{l} = \oint_C B\,dl = \mu_0 I.$$

Além disso, B depende apenas de r, sendo constante para qualquer ponto sobre a curva C; então,

$$B\left(\oint_C dl\right) = \mu_0 I.$$

No entanto, o termo entre parênteses corresponde ao comprimento da circunferência de raio r. Logo,

$$B = \frac{\mu_0 I}{2\pi r},$$

tal como calculado anteriormente pela lei de Biot-Savart. O sentido de $\vec{B}$ é o que aparece indicado na figura, podendo ser determinado pela regra da mão direita. É importante observar que, se tivéssemos tomado como amperiana uma curva fechada arbitrária C' em vez da curva amperiana C, ainda assim teríamos obtido o mesmo resultado. Com efeito, a Figura 8.16 mostra determinado elemento infinitesimal $d\vec{l}$ da curva C', que forma um ângulo α com $\vec{B}$. Então,

$$\oint_C \vec{B}.d\vec{l} = \oint_C B\, dl \cos\alpha,$$

mas,

$$dl \cos\alpha = r d\theta,$$

e obtemos

$$B\left(\oint_C r d\theta\right) = \mu_0 I, \quad \Rightarrow \quad B = \frac{\mu_0 I}{2\pi r}.$$

Embora obtido para um fio condutor, o resultado apresentado é geral, já que a lei de Ampère não especifica a forma da curva amperiana, mas indica apenas que o caminho deve ser fechado.

O campo determinado anteriormente é externo ao condutor cilíndrico, ou seja, levando-se em consideração que $r > a$, sendo a o raio do cilindro condutor. É interessante observar que o campo independe de a. Vejamos a seguir o cálculo do campo no interior do cilindro ($r < a$).

Podemos considerar dois casos:

- Casca cilíndrica (cilindro oco): implica o fato de a corrente ser superficial. Nesse caso, $r < a$ e, portanto, a corrente é nula ($I = 0$) no interior do cilindro; consequentemente, o campo magnético também será nulo no interior da casca ($B = 0$).
- Cilindro maciço: nesse caso, a corrente distribui-se uniformemente por todo o volume do cilindro. Para obter o campo, traçamos uma curva amperiana passando pelo ponto P, no interior do condutor, e onde desejamos calcular o campo. Se I é a corrente no condutor cilíndrico de área πa^2, a curva amperiana envolverá somente uma fração I' da corrente I. É preciso, agora, encontrar a corrente envolvida pela curva amperiana de raio r' (Figura 8.17).

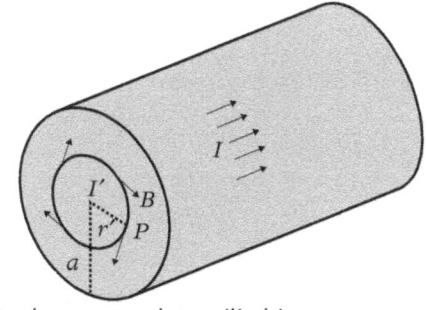

Figura 8.17– Lei de Ampère aplicada a um condutor cilíndrico.

Como a densidade de corrente é uniforme, podemos escrever a seguinte relação:

$$\frac{I}{\pi a^2} = \frac{I'}{\pi (r')^2},$$

onde I' é a corrente envolvida pela amperiana de raio r'. Assim,

$$I' = I\left(\frac{r'}{a}\right)^2. \tag{8.17}$$

Aplicando-se a lei de Ampère, temos

$$\oint_C B\,dl = \mu_0 I'.$$

Substituindo-se o valor da Equação 8.17 na equação anterior, encontramos

$$B\oint_C dl = \mu_0 I \left(\frac{r'}{a}\right)^2,$$

onde a integral $\oint_C dl = 2\pi r'$ corresponde novamente ao comprimento da circunferência, cujo raio é r'.

Assim, o valor do campo magnético no interior de um cilindro maciço, em função da corrente I, é dado por

$$B = \frac{\mu_0 I r'}{2\pi a^2}. \tag{8.18}$$

Esse resultado também mostra que o campo magnético é nulo no eixo do cilindro ($r' = 0 \rightarrow I' = 0$), crescendo linearmente com o raio da curva amperiana na região $r < a$ e decrescendo com $1/r$ na região $r > a$. A Figura 8.18 mostra B como função de r.

PARA REFLETIR

No módulo de simulação *amp1*, você pode ver, em tempo real, a aplicação da lei de Ampère a um cabo coaxial, obtendo os valores do campo em diferentes situações.

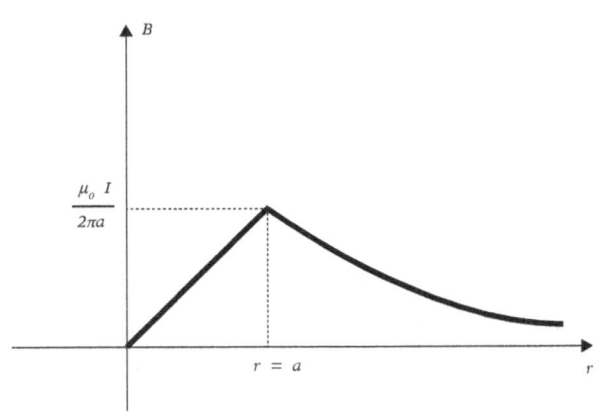

Figura 8.18 – B como função de r no caso de um cilindro maciço.

Podemos verificar outra aplicação bastante simples da lei de Ampère na determinação da força entre correntes. Com efeito, por meio da lei de Ampère determinamos o campo induzido de modo independente por correntes percorrendo fios paralelos e separados por uma distância d. Consideremos, então, o arranjo de dois fios longos e paralelos transportando as correntes I_a e I_b e separados por uma distância d, como ilustra a Figura 8.19. A distância d é pequena em relação ao comprimento dos fios, cujo tamanho é considerado infinito.

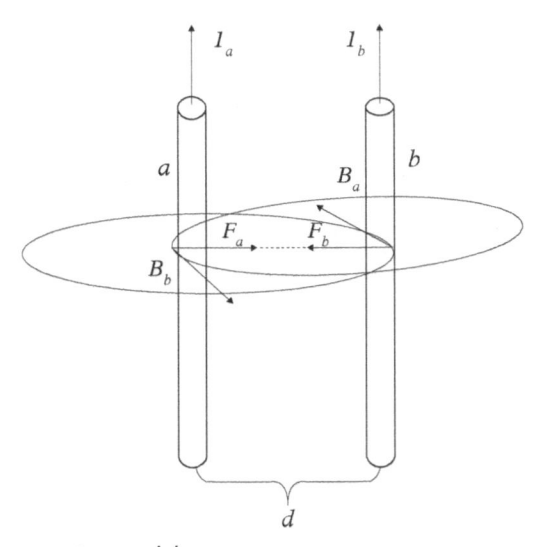

Figura 8.19 – Força entre correntes paralelas.

A corrente no fio a vai gerar um campo magnético B_a a uma distância d do fio a, envolvendo também o fio b; analogamente, a corrente no fio b vai gerar um campo magnético B_b, também a uma distância d do fio b, envolvendo o fio a. Assim, na aplicação da lei de Ampère no fio a, traçamos uma curva amperiana passando por b, isto é, de raio d, e obtemos

$$B_a = \frac{\mu_0 I_a}{2\pi d},$$

onde B_a é o campo produzido pela corrente I_a que percorre o condutor a e é percebido pelo condutor b. Em consequência, haverá uma força magnética atuando no condutor b (ver Equação 7.44), dada por

$$F_b = I_b L B_a = \mu_0 L \frac{I_a I_b}{2\pi d}. \tag{8.19}$$

A aplicação da regra da mão direita mostra que o campo apresenta o sentido mostrado na Figura 8.19. Como a força é proporcional ao produto vetorial $\vec{L} \times \vec{B}$ (ver Equação 7.44, no Capítulo 7), então ela é ortogonal ao plano definido por $\vec{L}$ e $\vec{B}$, e, conforme ilustra a Figura 8.19, aponta para a.

Do mesmo modo, aplicando-se a lei de Ampère no fio b, com a curva amperiana passando por a, obtemos

$$B_b = \frac{\mu_0 I_b}{2\pi d},$$

onde B_b representa o campo no condutor a produzido pela corrente que percorre o condutor b. Consequentemente, haverá uma força magnética atuando no condutor a, dada por

$$F_a = I_a L B_b = \mu_0 L \frac{I_a I_b}{2\pi d}, \tag{8.20}$$

cuja direção e sentido estão ilustrados na Figura 8.19.

Com base nos resultados obtidos, concluímos que fios condutores paralelos percorridos por correntes no mesmo sentido têm forças atuando em sentidos opostos, de modo que, portanto, os fios se atraem. No caso de fios conduzindo correntes em sentidos opostos, as forças atuam em sentidos opostos, ou seja, os fios se repelem. Além disso, podemos observar que a força é proporcional a L, que é o comprimento do fio. Isso significa que a força total sobre um fio infinito é, certamente, infinita. Contudo, a força por unidade de comprimento é finita:

$$f = \mu_0 \frac{I_a I_b}{2\pi d}.$$

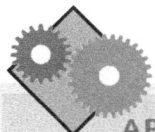

APLIQUE SEUS CONHECIMENTOS

No módulo de simulação *amp2*, você pode atribuir valores às correntes e observar a ação da força entre condutores paralelos.

Eletromagnetismo: fundamentos e simulações

Exemplo 48

Considere uma placa suposta infinita e ocupando o plano xy, de espessura b, e com uma densidade de corrente uniforme $\vec{J} = J_0 \hat{i}$, como ilustra a Figura 8.20. Determine o campo magnético $\vec{B}$ dentro e fora da placa.

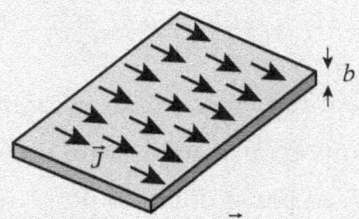

Figura 8.20 – Placa infinita com densidade de corrente $\vec{J}$.

Solução

Podemos imaginar a placa como um conjunto de fios paralelos carregando correntes na direção $\hat{i}$. Ao aplicar a lei de Ampère, observamos que o campo magnético no ponto P_1, acima da placa, aponta para a direção $-\hat{j}$ do vetor unitário do eixo dos y, enquanto a componente em z se anula ao somarmos a contribuição de todos os fios. De forma simétrica, para um ponto abaixo da placa, o campo magnético aponta para a direção $+\hat{j}$. Assim, a fim de obter o campo fora placa, integramos ao longo da curva amperiana C_1 (ver Figura 8.21),

$$\oint_{C_1} \vec{B} \cdot d\vec{l} = \mu_0 I, \qquad (8.21)$$

onde I é a corrente encerrada pela curva C_1. Então,

$$I = \int \vec{J} \cdot d\vec{A} = J_0 bl,$$

que, na lei de Ampère, fica

$$B\, 2l = \mu_0 J_0\, bl \quad \Rightarrow \quad B = \frac{\mu_0 J_0 b}{2},$$

$$\vec{B} = \pm \frac{\mu_0 J_0 b}{2}\hat{j},$$

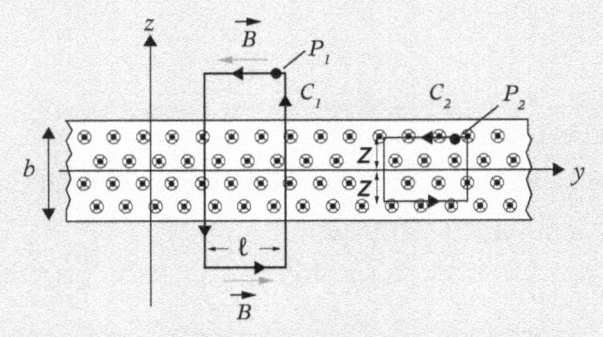

Figura 8.21 – Curvas amperianas para a determinação do campo magnético.

sendo o sinal negativo para pontos sobre a placa ($z > b/2$) e positivo para pontos sob a placa ($z > -b/2$). Esses resultados mostram que o campo magnético nos pontos externos à placa infinita é constante e independe da distância à placa.

Para determinar o campo dentro da placa, traçamos a amperiana C_2 de lados $2z$ e l, cuja corrente é

$$I = J_0 2zl.$$

Assim, a lei de Ampère fornece o campo

$$B2l = \mu_0 J_0 2zl \quad \Rightarrow \quad B = \mu_0 Jz,$$

que ainda pode ser escrito como

$$\vec{B} = -\mu_0 J_0 z \hat{j} \quad \text{para} \quad -\frac{b}{2} < z < \frac{b}{2}.$$

Note que $\vec{B} = 0$ para $z = 0$, como esperado em razão da simetria.

É interessante, ainda, observar o limite em que a placa é muito fina, uma lâmina ($b \to 0$). Nesse caso, em vez de $\vec{J} = J_0 \hat{i}$, temos uma densidade linear de corrente $\vec{K} = K\hat{i}$, com K tendo dimensão de corrente por unidade de comprimento (ver Equação 6.11).

Assim, o campo magnético fica:

$$\vec{B} = \begin{cases} -\dfrac{\mu_0 K}{2} \hat{j}, & (z > 0) \\ \dfrac{\mu_0 K}{2} \hat{j}, & (z < 0) \end{cases}. \tag{8.22}$$

8.3 Solenoides e toroides

Um solenoide é um fio condutor enrolado em hélice ou em forma helicoidal, como mostra a Figura 8.22, com determinado número de espiras, todas elas com a mesma área e percorridas pela mesma corrente I.

Vimos, no caso de um condutor retilíneo, que as linhas de campo descrevem círculos ao redor do fio e que a orientação do campo é tal que, se o polegar da mão direita for colocado sobre o fio no sentido que a corrente flui, os outros dedos da mão, que envolvem o fio, mostram o sentido de circulação do campo. No entanto, quando o passo da hélice de um solenoide é muito pequeno, pode-se considerar que o solenoide é, basicamente, constituído por vários pedaços de fios em forma de espiras circulares, situadas em planos perpendiculares ao seu eixo. O campo magnético gerado por um condutor, em uma região bem próxima a esse condutor, se apresenta em forma de circunferências em torno do eixo de cada fio.

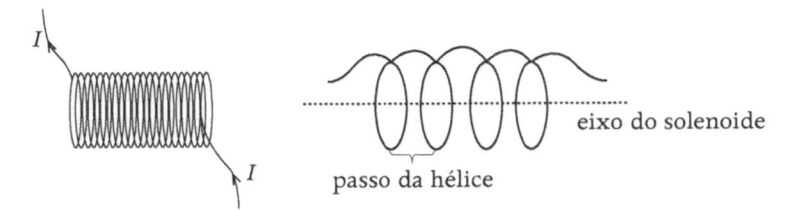

Figura 8.22 – Diagramas de solenoides.

A Figura 8.23, a seguir, mostra o corte em um plano perpendicular ao plano dessas espiras, bem como o esboço das linhas de campo.

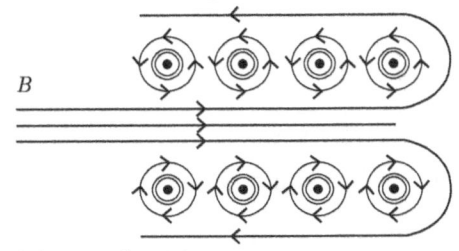

Figura 8.23 – Corte transversal de um solenoide.

Pode-se observar que há um cancelamento entre as contribuições de campo magnético adjacentes de cada fio, ao passo que, ao longo do eixo do solenoide, as linhas de campo se reforçam, resultando em um campo magnético que é basicamente uniforme e paralelo ao eixo do solenoide. Ao longo dos percursos de retorno externos, as linhas de campo espalham-se em uma região muito maior, e o campo é relativamente pequeno, sendo nulo para pontos suficientemente afastados.

Quanto ao problema do toroide, neste momento vamos nos limitar a dizer que pode ser visto como um solenoide encurvado nas extremidades. Descreveremos mais detalhadamente o toroide adiante, neste mesmo capítulo, na Seção 8.3.2.

8.3.1 Campo de um solenoide

A Figura 8.24, a seguir, representa um solenoide formado por N espiras cujo comprimento é muito maior do que seu diâmetro. A corrente I que percorre cada espira e, consequentemente, todo o solenoide, é vista como se estivesse entrando por um dos lados (como o lado inferior, por exemplo) e saindo pelo outro lado (como o lado superior, por exemplo). O campo produzido em um ponto qualquer por essa corrente é a resultante da superposição dos campos produzidos por todas as espiras do solenoide nesse ponto. O campo em um ponto P do eixo do solenoide é determinado considerando-se um comprimento elementar dz, com distância de P igual a r, conforme ilustra a Figura 8.24.

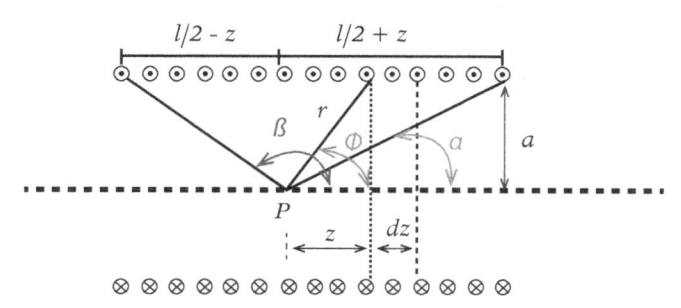

Figura 8.24 – Campo de um solenoide.

Sendo l o comprimento do solenoide, o número de espiras por unidade de comprimento será N/l; dividindo-se l em comprimentos elementares dz, o número de espiras em dz será $(N/l)dz$. O campo magnético em P será a soma da contribuição de cada elemento sobre todo o comprimento l. Supondo ainda que cada espira determine um plano perpendicular ao eixo do solenoide, a contribuição do elemento dz resultante da corrente I será $dB = \dfrac{N}{l}dz$ *espiras vezes o campo de uma espira*, o qual é dado pela Equação 8.4. Assim,

$$dB = \frac{\mu_0}{2}\frac{NI}{l}\frac{a^2}{\left(a^2+z^2\right)^{3/2}}dz. \tag{8.23}$$

Alternando agora a variável de z para ϕ, obtemos:

$$z = a\cotan\phi$$

e

$$dz = -a\cossec^2\phi\, d\phi.$$

Substituindo os valores de z e dz na Equação 8.23 e lembrando que $1 + \cotan^2\phi = \cossec^2\phi$ e $1/\cossec\phi = \sen\phi$, teremos

$$dB = -\frac{\mu_0}{2}\frac{NI}{l}\sen\phi\, d\phi. \tag{8.24}$$

Integrando ambos os membros da Equação 8.24, teremos

$$B = -\frac{\mu_0}{2}\frac{NI}{l}\int_\beta^\alpha \sen\phi\, d\phi$$

$$B = -\frac{\mu_0}{2}\frac{NI}{l}[\cos\beta - \cos\alpha]. \tag{8.25}$$

Se um solenoide for longo, para um ponto situado em seu eixo, distante das extremidades, teremos as seguintes condições: $\alpha = 0°$ e $\beta = 180°$; logo, fazendo as substituições na Equação 8.25, obtemos

$$B = \mu_0 \frac{NI}{l}. \tag{8.26}$$

A Equação 8.26 representa, em boa aproximação, o campo não apenas ao longo do eixo, mas em qualquer ponto no interior de um solenoide longo, de modo que podemos desprezar os efeitos das extremidades.

Com efeito, em um ponto axial (ao longo do eixo), mas próximo a uma das extremidades, $\alpha = 0°$ e $\beta = 90°$. Assim,

$$B = -\frac{\mu_0}{2}\frac{NI}{l}[\cos 90° - \cos 0°],$$

e, então, na extremidade de um solenoide, temos

$$B = \frac{\mu_0}{2}\frac{NI}{l}. \tag{8.27}$$

Isso mostra que, nas extremidades, o campo reduz-se à metade de seu valor na região central. Desse modo, o campo de um solenoide é aproximadamente uniforme, exceto nas extremidades. A fim de tornar esse fato mais claro, reescreveremos as variáveis angulares da Equação 8.25 em termos de z, l e a. Da Figura 8.24, podemos extrair as seguintes relações:

$$\cos(\pi - \beta) = -\cos \beta$$

$$\cos \beta = -\frac{l/2 - z}{\sqrt{\left(\frac{l}{2} - z\right)^2 + a^2}}$$

$$\cos \alpha = \frac{l/2 + z}{\sqrt{\left(\frac{l}{2} + z\right)^2 + a^2}}.$$

Então, a equação para o campo pode ser reescrita assim:

$$B = \frac{\mu_0}{2}\frac{NI}{l}\left[\frac{l/2 - z}{\sqrt{\left(\frac{l}{2} - z\right)^2 + a^2}} + \frac{l/2 + z}{\sqrt{\left(\frac{l}{2} + z\right)^2 + a^2}}\right]. \tag{8.28}$$

Examinemos essa equação mais detalhadamente. Primeiro, vamos tomar $z = 0$, o que significa que o ponto P encontra-se no centro do solenoide. Nessa situação,

$$B = \frac{\mu_0}{2}\frac{NI}{l}\left[\frac{l/2}{\sqrt{\frac{l^2}{4} + a^2}} + \frac{l/2}{\sqrt{\frac{l^2}{4} + a^2}}\right] = \frac{\mu_0}{2}\frac{NI}{l}\left[\frac{l}{\frac{l}{2}\sqrt{1 + \frac{4a^2}{l^2}}}\right],$$

que ainda pode ser reescrita como

$$B = \frac{\mu_0}{2}\frac{NI}{l}\left[2\left(1 + \frac{4a^2}{l^2}\right)^{-1/2}\right].$$

Capítulo 8 – Campos magnéticos produzidos por correntes elétricas

A expansão binomial do termo entre parênteses mostra que

$$B = \frac{\mu_0 NI}{l}\left[1 - 2\frac{a^2}{l^2}\right]. \tag{8.29}$$

Essa equação corresponde ao resultado do campo para um solenoide finito com o primeiro termo de correção. Vemos, então, que, se fizermos $a \ll l \rightarrow \frac{a^2}{l^2} \sim 0$, obtemos o resultado para o solenoide infinito:

$$B = B_{max} = \frac{\mu_0 NI}{l}.$$

Entretanto, se $z = l/2$, o ponto P encontra-se na extremidade esquerda, e o campo fica

$$B = \frac{\mu_0}{2}\frac{NI}{l}\left[\frac{l}{\sqrt{l^2+a^2}}\right] = \frac{\mu_0 NI}{2l}\left[\left(1+\frac{a^2}{l^2}\right)^{-1/2}\right],$$

$$B = \frac{\mu_0 NI}{2l}\left[1 - \frac{a^2}{2l^2}\right],$$

o que mostra que, na extremidade de um solenoide, com $l \gg a$, o valor do campo reduz-se à metade do valor da região central, como já havíamos visto. Esses resultados são apresentados na Figura 8.25, onde plotamos o campo normalizado B/B_{max} como função da razão z/a para dois solenoides finitos: o da esquerda com $l = 10a$ e o da direita com $l = 20a$. Podemos observar que, em ambos os casos, o campo passa a valer aproximadamente a metade quando $z \approx \pm l/2$, mas é aproximadamente uniforme na região $-l/2 < z < l/2$, caindo rapidamente a zero fora dessa região.

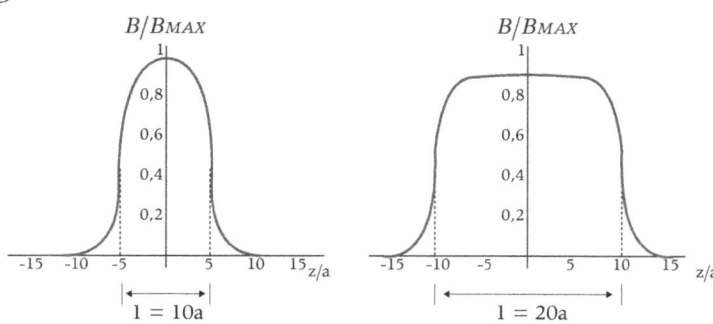

Figura 8.25 – Campo de solenoides finitos.

APLIQUE SEUS CONHECIMENTOS

No módulo de simulação *soleno*, você pode simular um solenoide, variando seu comprimento, raio etc., e reproduzir os resultados demonstrados anteriormente.

A Figura 8.26 mostra o esboço da configuração das linhas de campo de um solenoide real. No interior do solenoide, o campo magnético tem seu valor máximo e é aproximadamente uniforme. Já no exterior as distâncias entre as linhas de campo aumentam paulatinamente, e, em consequência, o campo diminui de intensidade. Mesmo assim, a Equação 8.26 ainda é uma boa aproximação para solenoides reais (finitos), desde que $l \gg a$, principalmente para pontos na região central.

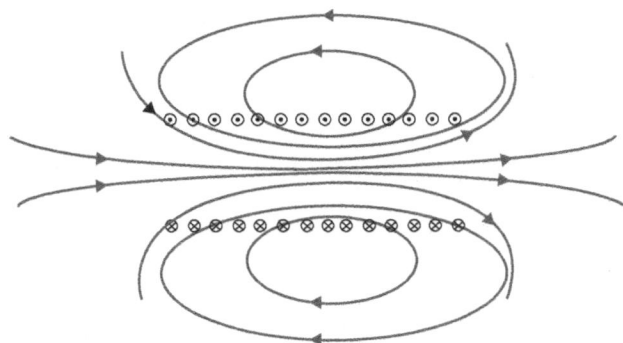

Figura 8.26 – Esboço das linhas de indução de um solenoide.

Finalmente, o torque total sobre o solenoide composto por N espiras, em um campo magnético $\vec{B}$, será

$$\tau = N\ I\ S\ B\operatorname{sen}\theta, \tag{8.30}$$

sendo θ, neste caso, o ângulo formado pelo eixo do solenoide e a direção do campo magnético. O torque será máximo quando a indução for paralela ao plano das espiras, ou, em outras palavras, perpendicular ao eixo do solenoide.

8.3.2 Campo de um toroide

Um toroide, ou, mais precisamente, uma bobina toroidal, pode ser considerado um solenoide cujas extremidades foram encurvadas de modo a se fecharem sobre elas mesmas. A figura de um toroide é semelhante à de um pneu de automóvel, de maneira que todo o fluxo magnético estará confinado em seu interior, e a densidade de fluxo, em qualquer ponto do interior da bobina, pode ser calculada por meio da lei de Ampère, como veremos a seguir.

A Figura 8.27 ilustra um toroide (lado esquerdo) com N voltas de fio enrolado em torno dele, raio interno a, raio externo b, e o sentido do campo é determinado pelo caminho da corrente. No caso de um toroide ideal, o campo magnético existe apenas dentro do toro ('corpo' do toroide). O campo, porém, não é uniforme sobre a seção transversal (figura do lado direito). A curva amperiana C também aparece representada.

Como as linhas de campo de um toroide são circulares, escolhemos como curva amperiana C um círculo de raio r qualquer no núcleo do toroide. A indução magnética B ao longo de toda a trajetória é sempre constante e paralela a essa trajetória.

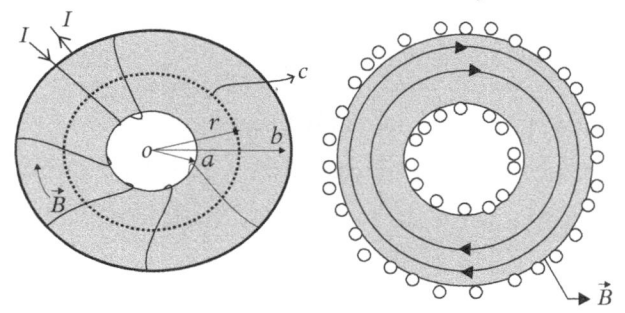

Figura 8.27 – Representação de um toroide (à esquerda) e sua seção transversal (à direita).

A corrente que é compreendida pela linha tracejada C é igual ao número de voltas N multiplicado pela corrente em cada volta I. Assim,

$$\oint_C \vec{B}.d\vec{l} = \mu_0 NI, \tag{8.31}$$

$$B\oint_C dl = B(2\pi r) = \mu_0 NI \tag{8.32}$$

e o campo de um toroide é dado por

$$B = \mu_0 \frac{NI}{2\pi r} \qquad (a < r < b). \tag{8.33}$$

Nota-se que o campo magnético dentro do núcleo do toroide não é uniforme, mas varia inversamente com a distância ao centro geométrico 0 do toroide.

Para $r < a$, não há corrente que corte uma superfície circular definida por uma curva de Ampère, ao passo que, para $r > b$, a corrente que cortaria a superfície definida pela curva amperiana entra e sai pela mesma quantidade de vezes, de modo que a corrente líquida é zero.

APLIQUE SEUS CONHECIMENTOS

No módulo de simulação *toroid*, você pode simular o campo em um toroide variando seu raio e sua corrente. Você pode, ainda, comparar o valor do campo com o de um solenoide cujo comprimento corresponde ao comprimento $2\pi r$ do toroide.

8.4 Exercícios

8.4.1 Exercícios resolvidos

1. **Placa metálica** – Uma longa lâmina metálica de largura $w = 2$ cm é percorrida por uma corrente $I = 0,1$ A uniformemente distribuída. Calcule o campo magnético no plano da lâmina a uma distância $a = 1$ m da extremidade mais próxima, como mostra a Figura 8.28 a seguir.

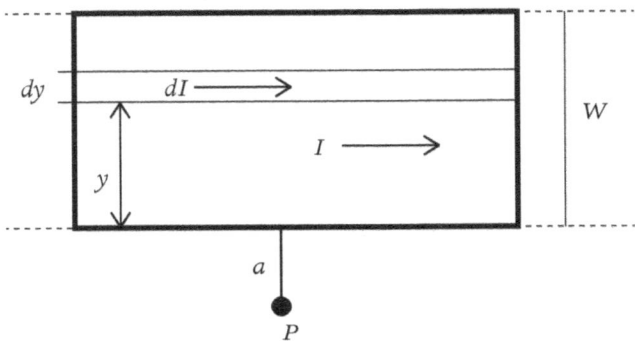

Figura 8.28 – Lâmina metálica percorrida por corrente uniformemente distribuída.

SOLUÇÃO

Podemos considerar que a placa é formada por um conjunto de fios longos, cada um transportando uma corrente dI. Vimos que, para um fio longo, $B = \dfrac{\mu_0 I}{2\pi R}$, onde R é a distância do fio ao ponto de observação. Assim, o fio que transporta a corrente elementar dI contribuirá com uma parcela dB do campo:

$$dB = \frac{\mu_0 dI}{2\pi(y+a)}.$$

A corrente é distribuída uniformemente na placa de modo que a densidade de corrente é constante. Então,

$$\frac{1}{w} = \frac{dI}{dy} \quad \rightarrow \quad dI = I\frac{dy}{w}.$$

Portanto,

$$B = \frac{\mu_0 I}{2\pi w}\int_0^w \frac{dy}{(y+a)} \quad \Rightarrow \quad B = \frac{\mu_0 I}{2\pi w}\left[\ln(y+a)\right]_0^w,$$

ou seja,

$$B = \frac{\mu_0 I}{2\pi w}\ln\left[\frac{w+a}{a}\right].$$

Substituindo os valores, temos $B = 200\mu\text{T}$, sendo que a direção é ortogonal e o sentido aponta para dentro da folha, $-\hat{k}$, se a placa está no plano xy.

2. **Anéis** – Considere um circuito formado por dois arcos circulares de raios $a = 13,5$ cm e $b = 10,7$ cm, com centro de curvatura em P e ângulo de abertura θ, que conduzem uma corrente $I = 0,411$ A, como ilustra a Figura 8.29. Determine o campo magnético no ponto P se $\theta = 0,78\pi$.

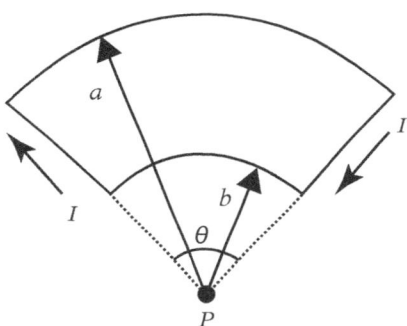

Figura 8.29 – Circuito formado por dois arcos circulares.

Podemos resolver este problema por meio da lei de Biot-Savart (ver Equação 8.2):

$$\vec{B} = \int \frac{\mu_0 I}{4\pi} \frac{d\vec{l} \times \hat{r}}{r^2}.$$

O circuito pode ser dividido na parte linear, onde

$$d\vec{l} \;//\; \hat{r} \;\rightarrow\; d\vec{l} \times \hat{r} = 0 \Rightarrow \vec{B} = 0,$$

e nas partes circulares. Cada parte circular pode ser considerada como um pedaço do circuito em forma de anel, que foi discutido detalhadamente no Exemplo 45. Contudo, vamos agora resolver o problema de um modo mais simplificado, que pode, inclusive, ser aplicado ao exemplo do anel de corrente. Com efeito, nas partes circulares, $d\vec{l}$ é normal a $\hat{r}$ (ver Figura 8.29); assim, o produto vetorial será um vetor cuja direção é ortogonal ao plano definido por $d\vec{l}$ a $\hat{r}$ e, portanto, ortogonal a essa folha e cujo módulo será:

$$\left| d\vec{l} \times \hat{r} \right| = dl = r d\theta.$$

Então, a equação de Biot-Savart pode ser assim representada:

$$B = \frac{\mu_0 I}{4\pi} \int_\theta \frac{r d\theta}{r^2} = \frac{\mu_0 I}{4\pi r} \int_{\theta_i}^{\theta_f} d\theta.$$

Ao escolher $\theta_i = 0$ como origem, temos

$$B = \frac{\mu_0 I}{4\pi r} \theta.$$

O módulo do campo magnético tem a mesma dependência em r e θ para os dois percursos. No percurso maior, $r = a$, e, no menor, $r = b$. A regra da mão direita fornece o sentido do campo; assim,

$$B_a = -\frac{\mu_0 I}{4\pi a}\theta$$

e

$$B_b = \frac{\mu_0 I}{4\pi b}\theta.$$

Logo, o campo do arco de raio a estará entrando na folha, e o de raio b estará saindo. O campo total será

$$B = B_a + B_b = \frac{\mu_0 I}{4\pi}\theta\left[\frac{1}{b} - \frac{1}{a}\right].$$

Substituindo-se os valores: $a = 0{,}135$ m, $b = 0{,}107$ m, $\theta = 0{,}78\pi$, $\mu_0 = 4\pi \times 10^{-7}$ Tm/A, e $I = 0{,}411$ A, obtemos $B \approx 0{,}1\mu$T, que tem direção ortogonal à folha e sentido direcionado para fora.

APLIQUE SEUS CONHECIMENTOS

No módulo *semianel*, você pode conferir esse resultado e testar novas situações, variando a, b, θ, a corrente e o sentido da corrente. Simule diversas situações e observe atenciosamente os resultados.

3. **Bobinas de Helmholtz** – Considere duas bobinas circulares coaxiais, cada uma com N espiras e raio a, separadas por uma distância d e com centros localizados em $x = \pm\frac{d}{2}$. As duas bobinas transportam correntes I iguais e no mesmo sentido. Determine o campo magnético em um ponto P sobre o eixo e a uma distância x do centro da bobina. (A Figura 8.30 ilustra essa situação.)

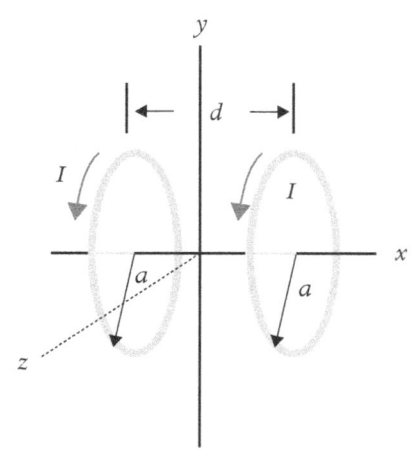

Capítulo 8 – Campos magnéticos produzidos por correntes elétricas

Figura 8.30 – Bobinas de Helmholtz.

SOLUÇÃO

Podemos determinar o campo de cada bobina no ponto P e superpô-los nesse mesmo ponto. O campo de uma única espira é dado pela Equação 8.4:

$$\vec{B} = \frac{\mu_0 I a^2}{2\left(a^2 + z^2\right)^{3/2}} \hat{k}.$$

sendo z a distância do ponto de observação ao centro da espira. Aplicando essa fórmula ao problema de uma única espira da bobina de Helmholtz, devemos substituir $z \to d/2 \pm x$, uma vez que, agora, P encontra-se a uma distância $1/2d - x$ do centro de uma espira e $1/2d + x$ do centro da outra. Ainda, por construção, as espiras estão dispostas com eixo sobre a direção dos x, de modo que $\hat{k} \to \hat{i}$. Lembrando que existem N espiras em cada bobina, o princípio da superposição fornece:

$$B = \frac{N\mu_0 I a^2}{2} \left[\frac{1}{\left[\left(\frac{d}{2}+x\right)^2 + a^2\right]^{3/2}} + \frac{1}{\left[\left(\frac{d}{2}-x\right)^2 + a^2\right]^{3/2}} \right]. \tag{8.34}$$

Esse é o campo no ponto P situado a uma distância x do centro da bobina.

Vamos analisar esse resultado com mais detalhes. Tomemos a derivada primeira de B:

$$\frac{dB}{dx} = \frac{N\mu_0 I a^2}{2} \frac{d}{dx}\left[\left[\left(\frac{d}{2}+x\right)^2 + a^2\right]^{-3/2} + \left[\left(\frac{d}{2}-x\right)^2 + a^2\right]^{-3/2} \right]$$

$$= \frac{N\mu_0 I a^2}{2}\left[-3\left[\left(\frac{d}{2}+x\right)^2 + a^2\right]^{-3/2-1}\left(x+\frac{d}{2}\right) + 3\left[\left(\frac{d}{2}-x\right)^2 + a^2\right]^{-3/2-1}\left(\frac{d}{2}-x\right) \right],$$

ou seja,

$$\frac{dB}{dx} = \frac{N\mu_0 I a^2}{2}\left[-3\frac{\left(\frac{d}{2}+x\right)}{\left[\left(\frac{d}{2}+x\right)^2+a^2\right]^{5/2}} + 3\frac{\left(\frac{d}{2}-x\right)}{\left[\left(\frac{d}{2}-x\right)^2+a^2\right]^{5/2}}\right].$$

Podemos observar que, no ponto médio entre as duas bobinas, $x = 0$, e as parcelas entre colchetes se anulam, mostrando que $\left.\frac{dB}{dx}\right|_{x=0} = 0$.

Uma nova derivação mostra que:

$$\frac{d^2B}{dx^2} = \frac{N\mu_0 I a^2}{2}\left[\frac{-3}{\left[\left(x+\frac{d}{2}\right)^2+a^2\right]^{5/2}} + 15\frac{\left(\frac{d}{2}+x\right)^2}{\left[\left(\frac{d}{2}+x\right)^2+a^2\right]^{7/2}} + \frac{-3}{\left[\left(\frac{d}{2}-x\right)^2+a^2\right]^{5/2}} + 15\frac{\left(\frac{d}{2}-x\right)^2}{\left[\left(\frac{d}{2}-x\right)^2+a^2\right]^{7/2}}\right]$$

No ponto $x = 0$, a equação anterior pode ser reescrita como:

$$\left.\frac{d^2B}{dx^2}\right|_{x=0} = \frac{N\mu_0 I a^2}{2}\left[-\frac{6}{\left[\left(\frac{d}{2}\right)^2+a^2\right]^{5/2}}\frac{\left[\left(\frac{d}{2}\right)^2+a^2\right]}{\left[\left(\frac{d}{2}\right)^2+a^2\right]} + \frac{30\left(\frac{d}{2}\right)^2}{\left[\left(\frac{d}{2}\right)^2+a^2\right]^{7/2}}\right],$$

ou

$$\left.\frac{d^2B}{dx^2}\right|_{x=0} = \frac{N\mu_0 I a^2}{2}\left[\frac{6d^2-6a^2}{\left[\left(\frac{d}{2}\right)^2+a^2\right]^{7/2}}\right].$$

Vemos, então, que a condição para que a segunda derivada de B se anule em $x = 0$ é $d = a$, isto é, a distância entre as bobinas tem de ser igual ao raio das espiras. Bobinas com essa configuração são denominadas *bobinas de Helmholtz*. O fato de as derivadas do campo se anularem em $x = 0$ indica que o campo é uniforme nessa região, e, na realidade, produzir campo uniforme é uma das características da bobina de Helmholtz. Para determinar esse campo, retornaremos à Equação 8.34, com as configurações apropriadas, $x = 0$ e $d = a$. Então,

$$B_H = \frac{8N\mu_0 I}{5\sqrt{5}a}. \qquad (8.35)$$

A Figura 8.31 mostra o gráfico de B (ver Equação 8.34) normalizado a B_H. Podemos observar que o campo é aproximadamente constante e igual a B_H no entorno de $x = 0$, quando $d = a$.

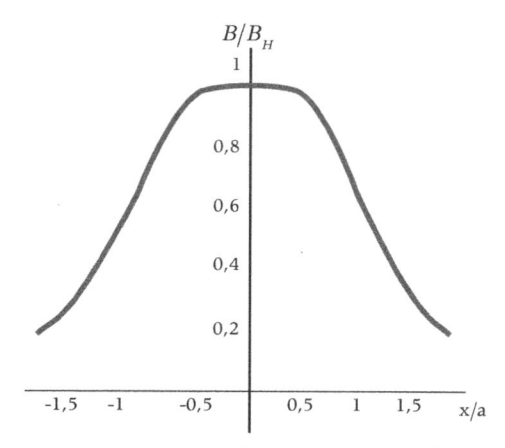

Figura 8.31 – Comportamento do campo de uma bobina de Helmholtz.

APLIQUE SEUS CONHECIMENTOS

No módulo *semianel* você pode conferir esse resultado e testar novas situações variando a, b, θ, a corrente e o sentido da corrente. Simule diversas situações e observe atenciosamente os resultados.

8.4.2 Exercícios propostos

1. No modelo de Bohr do átomo de hidrogênio, o elétron gira em torno do núcleo em uma trajetória circular de $5{,}1 \times 10^{-11}$ m de raio, com uma frequência $f = 6{,}8 \times 10^{15}$ Hz.
   a) Qual é o valor do campo magnético produzido no centro da órbita?
   b) Qual é o momento magnético correspondente a essa órbita circular?

2. No problema anterior, se o próton está em uma posição fixa e o elétron gira em torno dele seguindo uma trajetória circular de raio $5{,}1 \times 10^{-11}$ m, qual é o campo magnético na posição do próton?

3. Um fio reto de comprimento de $2L$ é colocado paralelamente ao eixo x. Suas extremidades estão nos pontos $x = -L$ e $x = L$. Esse fio é percorrido por uma corrente I na direção do eixo dos x positivos. Determine:
   a) A expressão do módulo do campo magnético em um ponto P ao longo da mediatriz do fio a uma distância L do eixo x, usando a lei de Biot-Savart.

b) Se o fio agora estiver submetido a um campo magnético externo de módulo B_0 na direção do eixo dos z positivos, calcule a força magnética sobre o fio.

4. Na Figura 8.32, o ponto P está a uma distância perpendicular R do ponto médio de um fio retilíneo pouco longo de comprimento L, conduzindo uma corrente I.
   a) Determine o módulo do campo magnético no ponto P.
   b) Considere $R = 12{,}0$ cm, $L = 20{,}0$ cm e $I = 49{,}3$ A: calcule o valor de B.

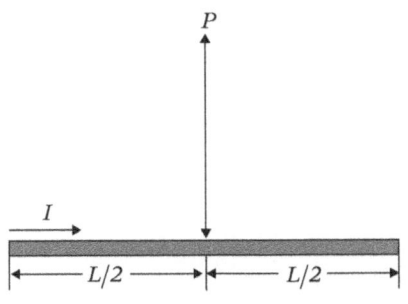

Figura 8.32 – Um fio de comprimento L conduzindo uma corrente I.

5. Seja um filamento de corrente de 0,06 A situado no semieixo x positivo vindo do infinito, dirigida para a origem e que segue pelo semieixo y positivo, em direção ao infinito, como procura ilustrar a Figura 8.33. Determine o campo magnético no ponto P, cujas coordenadas são: (4, 3, 0) cm.

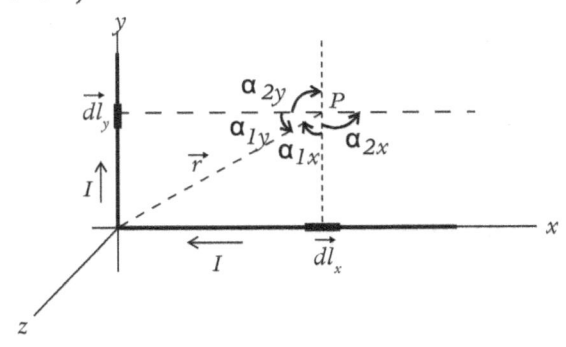

Figura 8.33 – Filamento de corrente.

6. Considere o fio dobrado em um ângulo reto, infinitamente longo como o da Figura 8.34. Determine o campo magnético no ponto P quando o fio conduz uma corrente constante i.

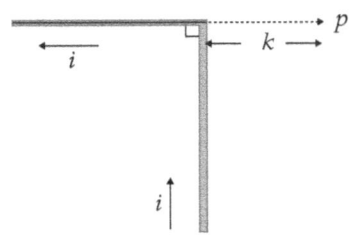

Figura 8.34 – Fio infinito dobrado.

Capítulo 8 – Campos magnéticos produzidos por correntes elétricas

7. Considere um circuito na forma de hexágono regular de lado a. Se o circuito é percorrido por uma corrente I, encontre o campo magnético no centro do hexágono.

8. Uma corrente $I = 0,144$ A percorre um circuito na forma de um hexágono regular de lados $a = 6$ cm. Calcule o campo magnético no centro geométrico P do hexágono.

9. Determine a indução magnética e o módulo da indução resultante produzida no ponto P pelas correntes que passam em cada um dos segmentos indicados na Figura 8.35.

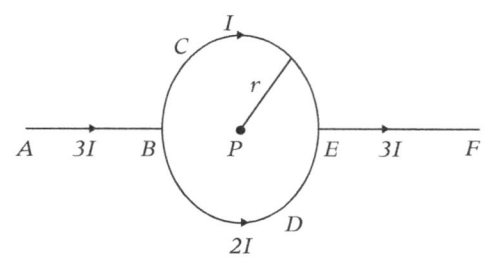

Figura 8.35 – Circuito na forma circular conduzindo uma corrente I.

10. Use a lei de Biot-Savart para calcular o campo magnético $\vec{B}$ no ponto C, o centro comum dos arcos semicirculares AD e HJ, de raios R_2 e R_1, respectivamente, que fazem parte do circuito $ADJHA$ percorrido pela corrente I, como mostra a Figura 8.36.

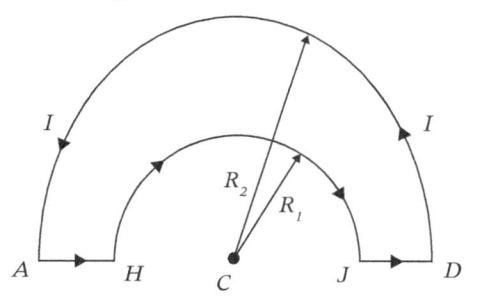

Figura 8.36 – Um circuito na forma de arco semicircular transportando uma corrente I.

11. Na Figura 8.36, os dois arcos semicirculares têm raios $R_2 = 7,8$ cm e $R_1 = 3,15$ cm e conduzem uma corrente $I = 0,280$ A. Determine o campo magnético no ponto P. Confira seu resultado no módulo *semianel*.

12. Na Figura 8.37 dois arcos circulares de raios a e b formam entre si um ângulo de θ, transportando uma corrente I sob o mesmo centro de curvatura P.
    a) Determine o módulo e o sentido do campo magnético no ponto P.
    b) Considere $a = 12,8$ cm, $b = 10,2$ cm, $\theta = 68°$ e $I = 0,321$ A; calcule o valor de B.

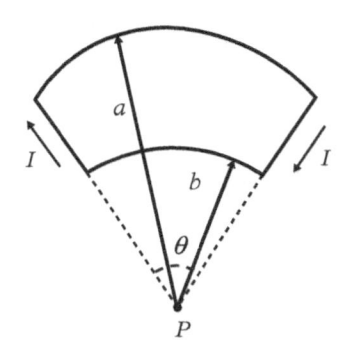

Figura 8.37 – Dois arcos circulares conduzindo uma corrente *I*.

13. Na Figura 8.38, uma corrente $I = 4{,}0$ mA circula na espira formada por dois segmentos radiais e duas semicircunferências de raios $a = 5{,}0$ cm e $b = 10{,}0$ cm com um centro comum P. Determine:

    a) o campo magnético no ponto P;

    b) o momento magnético da espira.

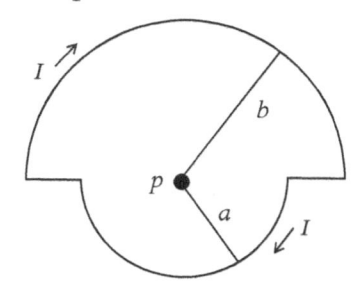

Figura 8.38 – Espira com geometria específica.

14. Considere dois fios paralelos, separados por uma distância d, conduzindo uma corrente I em sentidos opostos. Escreva a expressão da força magnética que atua entre os dois fios, indicando se os fios se atraem ou se afastam um do outro.

15. A Figura 8.39 mostra a seção reta de um condutor cilíndrico oco de raios a e b que conduz uma corrente I uniformemente distribuída. Usando a lei de Ampère, mostre que o módulo do campo magnético $B(r)$, a uma distância r do cilindro, é dado por:

    a) $B(r) = \dfrac{\mu_0 I}{2\pi r} \dfrac{r^2 - b^2}{(a^2 - b^2)} \qquad b < r < a$;

    b) $B(r) = \dfrac{\mu_0 I}{2\pi a}$, $r = a$ (tudo se passa como se o cilindro condutor oco fosse um fio longo retilíneo);

    c) $B(r) = 0$ e $r = b$;

    d) $B(r) = \dfrac{\mu_0 I r}{2\pi a^2}$, $b = 0$ (o condutor se comporta como um fio maciço);

e) Admita que $a = 2{,}0$ cm, $b = 1{,}8$ cm e $I = 30$ A e faça um gráfico de $B(r) \times r$ para $0 < r < 10$ cm.

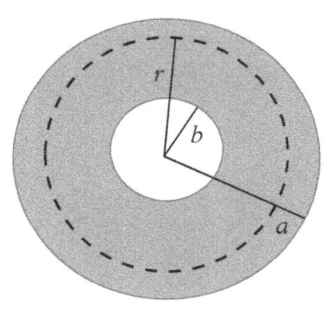

Figura 8.39 – Condutor cilíndrico oco.

16. Um próton se desloca ao longo da direção $\hat{j}$ com velocidade $\vec{v} = -300$ m/s $\hat{j}$ em direção a um fio retilíneo longo cujo eixo está sobre a direção $\hat{i}$ e que conduz uma corrente $I = 10$ A. Em determinado instante, a distância entre o próton e o fio é $d = 4{,}8$ cm. Na notação de vetores unitários, qual é a força magnética a que o próton está submetido?

17. Um condutor cilíndrico de raio R conduz uma corrente I. A corrente está uniformemente distribuída na área da seção reta do cilindro. Deduza, a partir da lei de Ampère, a expressão do campo magnético B em função da distância r entre o ponto do campo e o eixo do cilindro para um ponto
    a) dentro do condutor;
    b) fora do condutor.
    c) Faça um gráfico de B em função de r para os pontos no interior e no exterior do cilindro.

18. Na Figura 8.40, quatro fios retilíneos longos são perpendiculares ao plano da folha e suas seções retas formam um quadrado de lado a. As correntes são para fora do papel nos fios 1, 2 e 3 e para dentro do papel no fio 4. Todos os fios conduzem correntes iguais a I. Obtenha a equação do módulo do campo magnético resultante no centro do quadrado.

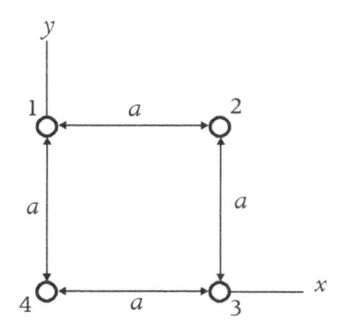

Figura 8.40 – Seção quadrada de fios transportando corrente.

19. Na Figura 8.41 quatro fios retilíneos longos são perpendiculares ao papel, e suas seções retas formam um quadrado de lado $a = 31,6$ cm. Todos os fios conduzem correntes de 10 A e as correntes são para fora do papel nos fios 1 e 4 e para dentro do papel nos fios 2 e 3. Na notação de vetores unitários, qual é a força magnética por metro de fio que age sobre o fio 4?

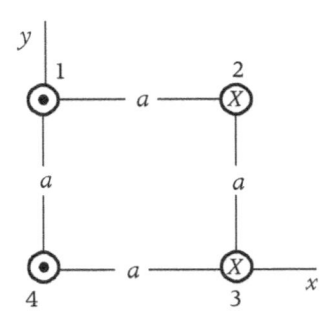

Figura 8.41 – Arranjo de fios condutores.

20. A Figura 8.42 mostra um corte transversal de um condutor cilíndrico, oco, de raios a e b, transportando uma corrente uniformemente distribuída i. Calcule $B(r)$ para:
    a) $r < a$;
    b) $a < r < b$;
    c) $r > b$.

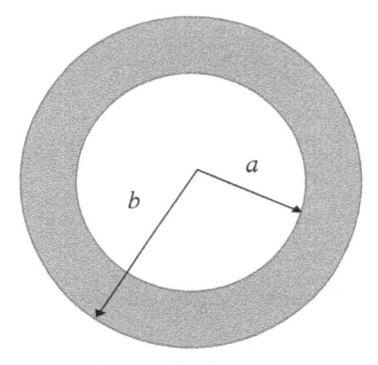

Figura 8.42 – Corte transversal de um condutor cilíndrico.

21. A Figura 8.43 mostra uma seção reta de um cabo coaxial longo de raios a, b e c, percorridos por uma corrente I de mesmo valor e sentidos opostos, uniformemente distribuídos nos dois condutores. Determine $B(r)$ para:
    a) $r < c$;
    b) $c < r < b$;
    c) $b < r < a$;
    d) $r > a$.

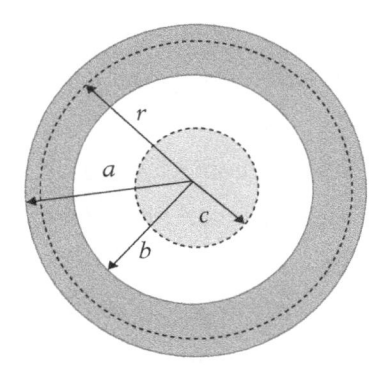

Figura 8.43 – Seção reta de um cabo coaxial transportando uma corrente *I* distribuída uniformemente.

22. A Figura 8.44 mostra um corte transversal de um condutor cilíndrico oco, de raios a e b, transportando uma corrente I uniformemente distribuída.
    a) Calcule o campo magnético $B(r)$ para a faixa $b < r < a$.
    b) O que acontece se $r = a$ e $r = b$?
    c) Esboce o gráfico de $B(r)$.

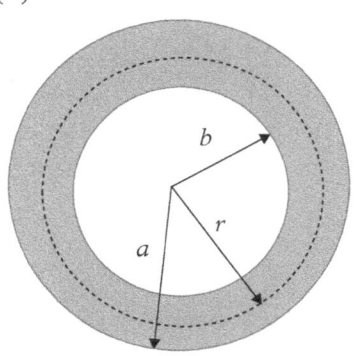

Figura 8.44 – Um cabo cilíndrico oco transportando uma corrente *I*.

23. A densidade de corrente $\vec{J}$ no interior de um fio cilíndrico longo de raio a é paralela ao eixo central e seu módulo varia linearmente com a distância radial, de acordo com a equação $J = J_0 r / a$, onde J_0 é constante. Determine o módulo $B(r)$ do campo magnético.

24. A densidade de corrente J no interior de um fio cilíndrico longo de raio $a = 2,7$ mm é paralela ao eixo central, e seu módulo varia linearmente com a distância radial, de acordo com a equação $J = J_0 r / a$, onde $J_0 = 100$ A/m². Determine o módulo do campo magnético para:
    a) $r = 0$;
    b) $r = a/2$ e $r = a/4$;
    c) $r = a$.

25. Um solenoide com 200 espiras, 20 cm de comprimento e 13 cm de diâmetro conduz uma corrente de 25 mA. Calcule o módulo do campo magnético no interior do solenoide.

26. Um toroide de seção reta quadrada, com 10,0 cm de lado e raio interno de 30,0 cm, é formado de 1.000 espiras que transportam uma corrente de 0,75 A. Determine o campo magnético nos seguintes pontos:
    a) a uma distância do centro equivalente ao seu raio interno;
    b) a uma distância do centro equivalente ao seu raio externo.

27. O módulo da densidade de corrente em certo fio cilíndrico, como mostra a Figura 8.45, é dado por $J(r) = Br$, onde r é a distância radial a partir do centro do fio em metros e $B = 2 \times 10^5 \, A/m^3$. Obtenha o valor numérico da corrente que passa em um anel concêntrico com o fio, com 10 μm de largura, situado a uma distância radial de 1,2 mm do centro do fio. Confira seu resultado no módulo *semianel*.

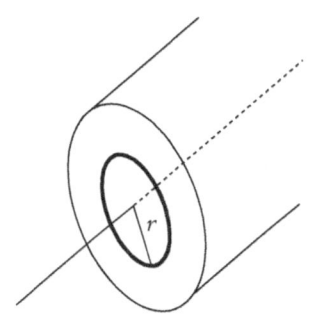

Figura 8.45 – Anel concêntrico com um fio transportando corrente.

28. Um condutor homogêneo de resistência 8,0 Ω tem a forma de uma circunferência. Uma corrente $I = 4,0$ A chega por um fio retilíneo ao ponto A e sai pelo ponto B por outro fio retilíneo perpendicular, conforme a Figura 8.46. As resistências dos fios retilíneos podem ser consideradas desprezíveis.

    a) Calcule a intensidade das correntes nos dois arcos de circunferência compreendidos entre A e B.
    b) Calcule o valor da intensidade do campo magnético B no centro O da circunferência.

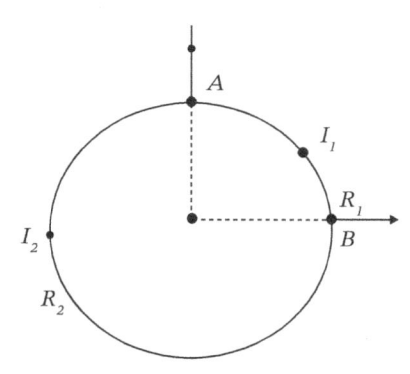

Figura 8.46 – Caminho de corrente.

29. Determine a força por unidade de comprimento sobre dois condutores paralelos, longos e retilíneos, ilustrados na Figura 8.47, se cada um transporta uma corrente de 12,0 A no mesmo sentido e a distância de separação é de 0,40 m.

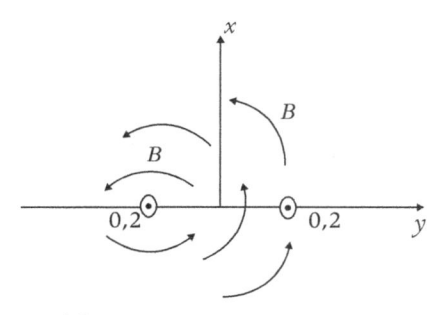

Figura 8.47 – Dois condutores paralelos.

PESQUISA E APROFUNDAMENTO

1) Descreva qualitativamente o princípio de funcionamento de um trem Maglev (*magnetic levitation transport*).

2) Descubra qual o papel do campo magnético (gerado por bobinas supercondutoras) nos exames médicos de ressonância magnética nuclear.

Bibliografia complementar

AMPÈRE, A. M. Sur les effets des courants électriques. *Annales de Chimie et de Physique*, v. 15, 1820, p. 59.

_____. *Theorie mathematique des phenomenes electro-dynamiques uniquement d'eduite de l'experience*. Sceaux: Editions Jacques Gabay, 1990.

ASSIS, A. K. T.; CHAIB, J. P. M. C. Nota sobre o magnetismo da pilha de volta. Tradução comentada do primeiro artigo de Biot e Savart sobre eletromagnetismo. *Cad. Hist. Fil. Ci.*, Campinas, 2006; série 3, v. 16, n. 2, p. 303.

_____. Distorção da obra eletromagnética de Ampère nos livros didáticos. *Revista Brasileira de Ensino de Física*, v. 29, n. 1, 2007, p. 65.

BIOT, J. B.; SAVART, F. Note sur le magnétisme de la pile de volta. *Annales de Chimie et de Physique*, v. 15, 1820, p. 222.

BLUNN, O. M. Biot and Savart: note on the magnetism of Volta's battery. In: TRICKER, R. A. R. *Early electrodynamics: the first law of circulation*. Oxford: Pergamon Press, 1965, p. 118.

FEYNMAN, R. P.; LEIGHTON, R. B.; SANDS, M. *The Feynman lectures on Physics: Mainly electromagnetism and matter* (Addison-Wesley, Reading), v. 2, 1972, 7. reimpressão.

FLETCHER, K. A.; LYER, S. V.; KINSEY, K. F. Some pivotal thoughts on the current balance. *The Physics Teacher*, v. 41, 2003, p. 280.

GRIFFITHS, D. J. *Eletrodinâmica*. 3. ed, Pearson Addison Wesley, 2011.

ROBERT, R. Bobina de Helmholtz. *Revista Brasileira de Ensino de Física*, v. 25, n. 1, 2003, p. 40.

VITTAL, P. P. Simplified Biot-Savart law for planar circuits. *IEEE Transactions on Education*, v. E29, n. 1, 1986, p. 32-3.

Lei de Faraday

Nos capítulos anteriores, vimos que cargas elétricas estacionárias geram campos elétricos e que cargas em movimento (correntes) geram campos magnéticos. Agora, veremos que campos elétricos também podem ser gerados por campos magnéticos que variam no tempo e que campos magnéticos, por sua vez, também podem ser gerados por campos elétricos que também variam no tempo. A lei de Faraday, especificamente, trata do caso em que um campo elétrico é gerado a partir da variação temporal do fluxo do campo magnético.

O inglês Michael Faraday (1791-1867) foi um dos principais físicos experimentais cujas descobertas científicas contribuíram significativamente com o processo da Revolução Industrial e para a vida tecnológica de que dispomos atualmente. De fato, o grande consumo atual de energia elétrica não seria economicamente viável se os únicos geradores de força eletromotriz (*fem*) existentes fossem de natureza química, como pilhas e baterias. Graças a Faraday e, também, ao cientista norte-americano Joseph Henry (1797-1878), que descobriram quase simultaneamente os princípios das forças eletromotrizes induzidas, a transformação da energia mecânica em energia elétrica tornou-se possível.

Após Oersted e Ampère, já se sabia que a imposição de um campo elétrico sobre um condutor gera uma corrente, que, por sua vez, gera um campo magnético. Faraday provavelmente levantou hipóteses sobre a seguinte situação: se uma corrente é capaz de gerar um campo magnético, um campo magnético deve ser capaz de produzir uma corrente. Contudo, como não se conhecia especificamente o conceito de campo, é provável que o objetivo de Faraday tenha sido mostrar que uma corrente podia ser produzida pelo *magnetismo*. Seus estudos obtiveram notoriedade em 1831, e Faraday divulgou uma série de experimentos. Podemos dizer, atualmente, que um campo magnético variante no tempo produz uma força eletromotriz[1] que pode estabelecer uma corrente em um circuito fechado. Esse fenômeno é denominado *indução eletromagnética*, e a referida corrente elétrica é denominada *corrente*

---

[1] Na realidade, *força* não é o termo mais adequado, uma vez que se trata de uma integral de uma força por unidade de carga, tendo, portanto, dimensão de tensão.

induzida. A descoberta desse fenômeno é a base do funcionamento de máquinas, motores e transformadores. De maneira simplificada, sem nos aprofundarmos nos detalhes dos experimentos de Faraday, podemos traçar o seguinte esquema (Figura 9.1):

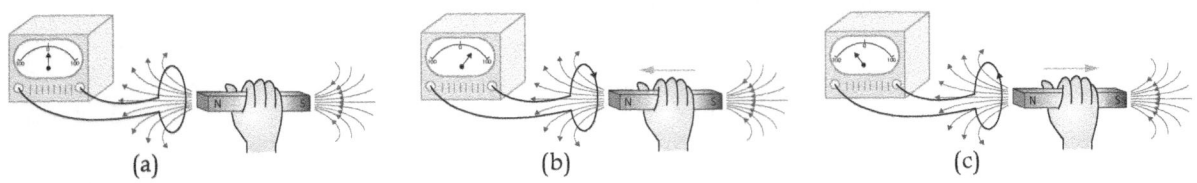

Figura 9.1 – Indução eletromagnética.

A Figura 9.1 mostra uma espira ligada a um galvanômetro (aparelho utilizado para detectar a presença de corrente elétrica) e uma barra imantada. Faraday demonstrou que nenhuma corrente é registrada quando o ímã está em repouso em relação à espira, tal como indica o ponteiro do galvanômetro em (a). Fazendo a barra avançar na direção da espira, cruzando sua seção transversal sem tocá-la, o galvanômetro irá detectar a presença de uma corrente elétrica percorrendo a espira (b). Note que a espira não está ligada a qualquer fonte capaz de gerar energia que responda pelo movimento de cargas (como uma bateria, por exemplo). Se invertermos, por fim, o sentido do movimento da barra, o ponteiro do galvanômetro também inverterá o sentido de movimento (c), indicando que, nesse momento, a corrente na espira foi invertida.

Os experimentos de Faraday revelam que uma corrente elétrica é induzida na espira em virtude da variação do campo magnético que a atravessa. Tudo acontece como se a espira estivesse conectada a uma fonte de *fem*. Pode-se verificar que a *fem* induzida depende da taxa de variação do fluxo magnético através da espira.

9.1 Lei de indução de Faraday

Considere o circuito fechado C, que define uma superfície aberta S, como mostra a Figura 9.2.

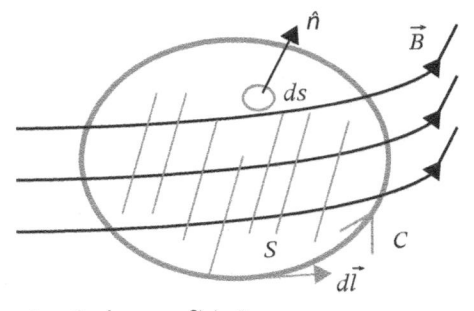

Figura 9.2 – Fluxo magnético através da superfície S.

O fluxo magnético através dessa superfície é representado pela integral sobre a área (envolvida por C) do produto escalar entre o campo magnético e o vetor elemento de superfície ($d\vec{S} = \hat{n}dS$), conforme definido pela Equação 8.9:

$$\Phi_B = \int_S \vec{B}.\hat{n}dS. \tag{9.1}$$

A lei de Faraday estabelece que, quando o fluxo de $\vec{B}$ começa a atravessar o circuito C, um campo induzido responsável por uma *fem* ($\mathcal{E}$) no circuito C será produzido em virtude da variação do fluxo Φ_B. O campo elétrico induzido no elemento $d\vec{l}$ do circuito C resultante da variação do fluxo magnético é dado por

$$\mathcal{E} = \oint_C \vec{E}.d\vec{l}, \tag{9.2}$$

onde $\vec{E}$ é definido em termos da força de Lorentz, isto é, de modo que a força eletromagnética sobre uma carga de prova seja sempre a força de Lorentz. Essa redefinição de campo elétrico é necessária, uma vez que a definição pela lei de Coulomb é válida na eletrostática.

A lei de Faraday pode ser enunciada da seguinte maneira: *a fem $\mathcal{E}$ induzida em um material condutor é proporcional ao valor negativo da taxa de variação do fluxo magnético*, e sua representação matemática (dada pelo físico alemão Franz Ernst Neumann em 1845) é assim escrita:

$$\mathcal{E} = -\frac{d\Phi_B}{dt}. \tag{9.3}$$

Certamente, se houver mais de uma espira, a *fem* total será a soma da contribuição de cada uma delas.

Para um campo espacialmente homogêneo, $\Phi_B = BS\cos\theta$; assim:

$$\mathcal{E} = -\frac{d}{dt}(BS\cos\theta),$$

ou seja,

$$\mathcal{E} = -\frac{dB}{dt}(S\cos\theta) - \frac{dS}{dt}(B\cos\theta) - \frac{d(\cos\theta)}{dt}(BS),$$

o que mostra que uma *fem* pode ser induzida variando-se a intensidade do campo magnético no tempo, ou a área do circuito no tempo, ou, ainda, o ângulo entre $\vec{B}$ e $\vec{S}$ no tempo. Pode-se, ainda, combinar qualquer uma dessas três possibilidades.

9.1.1 Lei de Lenz

O sinal negativo da Equação 9.3 não foi determinado por Faraday, mas foi atribuído ao trabalho do cientista alemão Heinrich Lenz (1804-1864). Essa equação passou a ser conhecida como lei de Lenz, que pode ser descrita da seguinte maneira: *a variação do fluxo magnético através de uma espira cria nela uma corrente elétrica induzida, de modo que essa corrente crie um campo que se oponha à variação do fluxo através da espira.*

Lenz postulou, portanto, que a *fem* gera uma corrente que tende a se opor à variação do fluxo, estabelecendo o sentido da corrente induzida. Em última análise, a lei de Lenz reflete o princípio da conservação da energia em circuitos nos quais há correntes induzidas. De fato, se o lado direito da equação da lei de Faraday tivesse sinal positivo, um aumento do fluxo tenderia a aumentar ainda mais o fluxo, levando a um fluxo infinito. Assim, uma corrente infinita seria produzida a partir do simples movimento do magneto na direção da espira, e isso, certamente, não conservaria a energia. É importante enfatizar que o sinal da Equação 9.3 está relacionado à conservação de energia, mas a lei de Faraday não é consequência da conservação de energia, ela é fruto de uma lei experimental independente, de modo que não pode ser deduzida de outras leis experimentais.

Para entender de que maneira a lei de Lenz funciona, analisemos a Figura 9.1. Quando, por hipótese, aproxima-se o ímã, com o polo norte voltado para a bobina, esta produz um campo magnético semelhante ao do ímã. Isso quer dizer que a bobina se comporta como um eletroímã com o polo norte voltado para o ímã, de modo que irão se repelir. A regra da mão direita mostra que, para um ímã que avance com o polo norte em direção à espira situada no plano perpendicular à face do ímã, a corrente induzida circulará na espira em sentido anti-horário e se comportará como se fosse um polo norte (*b*). Repare que, se a face da espira se comportasse como um polo sul, isso aceleraria o ímã em virtude da atração mútua entre eles, o que aumentaria ainda mais a intensidade da corrente induzida na espira, gerando energia sem dispêndio. Na realidade, quando levamos o polo norte do ímã em direção à espira, surge nesta um polo norte (no lado da aproximação), o qual nos obriga a dispender energia para que a aproximação seja possível.

Quando invertemos o sentido de movimento do ímã, isto é, quando afastamos o ímã da bobina, o sentido da corrente também se inverte (*c*). De acordo com a lei de Lenz, o afastamento do ímã é a variação que produz a corrente induzida, de modo que, então, essa corrente deve se opor a esse afastamento.

Para fixar esses conceitos, vejamos, genericamente, os passos da aplicação da lei de Lenz a um circuito condutor colocado em campo magnético. O procedimento pode ser assim realizado:

i) definindo-se uma direção positiva para o vetor área $\vec{S}$;

ii) admitindo-se o campo uniforme e efetuando-se o produto escalar $\vec{B}.\vec{S}$ para determinar o sinal do fluxo magnético Φ_B;

iii) determinando-se a taxa de variação de fluxo $d\Phi_B/dt$, que levará a três possibilidades:

$$\frac{d\Phi_B}{dt}<0 \quad fem>0; \qquad \frac{d\Phi_B}{dt}=0 \quad fem=0; \qquad \frac{d\Phi_B}{dt}>0 \quad fem<0,$$

iv) determinando-se o sentido da corrente induzida com base na regra da mão direita. Com o polegar apontando na direção de $\vec{S}$, fechamos os dedos ao redor do eixo que define a direção de $\vec{S}$. A corrente induzida segue a mesma direção que nossos dedos apontaram ao se encurvarem, se a *fem* for maior do que zero ($\mathcal{E}>0$), e na direção oposta, se a *fem* for menor do que zero ($\mathcal{E}<0$), ver Figura 9.3).

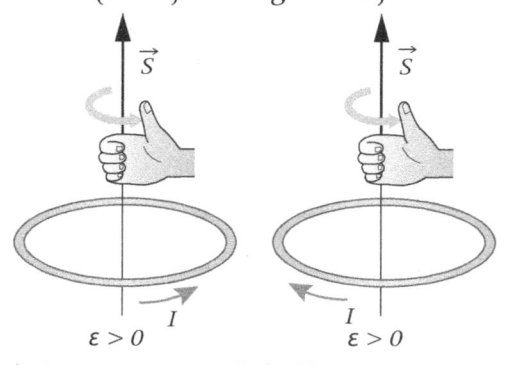

Figura 9.3 – Regra da mão direita para a corrente induzida.

Os resultados anteriores podem ser resumidos de acordo com o exposto na Tabela 9.1.

De maneira prática, considere a situação em que o ímã se move com o polo norte apontando na direção da espira, como mostra a Figura 9.1b. Com o campo magnético apontando para a esquerda (as linhas surgem no polo norte) e o vetor área para a direita, o fluxo magnético é negativo, $\Phi_B = -BS < 0$. À medida que o ímã se aproxima da espira, o campo torna-se mais forte, $dB/dt > 0$ e mais linhas de campo atravessarão o plano da espira, o que produz mais fluxo $(d\Phi_B/dt = -S(dB/dt\,0) < 0)$ implicando uma *fem* induzida positiva ($\mathcal{E}>0$) e uma corrente induzida percorrendo a espira em sentido anti-horário (quando observada ao longo do eixo do ímã na direção da espira), dando origem a um campo magnético induzido com fluxo positivo para compensar a mudança (como se a espira fosse o polo norte de um ímã).

Tabela 9.1 Convenção de sinais para a indução eletromagnética

Φ_B	$d\Phi_B/dt$	$\mathcal{E}$	I
+	+	−	horário
+	−	+	anti-horário
−	+	−	horário
−	−	+	anti-horário

No caso de o ímã, ainda com o polo norte mais próximo, se afastar (Figura 9.1c), ainda temos o fluxo magnético negativo ($\Phi_B = -BS < 0$). Contudo, o campo magnético agora diminui em razão do afastamento, de modo que $dB/dt < 0$. Assim, $d\Phi_B/dt = -S(-dB/dt) > 0$ e $\mathcal{E} < 0$, o que mostra que I terá sentido horário (ver Tabela 9.1).

> **APLIQUE SEUS CONHECIMENTOS**
>
> No módulo de simulação *farad1* é possível simular a experiência descrita na Figura 9.1 e rever as discussões apresentadas até agora.

9.1.2 Forma integral da lei de Faraday

Ao combinar as equações 9.2 e 9.3 com a definição de fluxo magnético, temos

$$\mathcal{E} = \oint_C \vec{E}.d\vec{l} = -\frac{d}{dt}\int_S \vec{B}.d\vec{S}, \tag{9.4}$$

que é a forma integral da lei de Faraday. Essa equação estabelece que a circulação elétrica em torno de um circuito fechado é igual à taxa de variação do fluxo magnético ao longo da área envolvida pela curva, com sinal negativo.

A Equação 9.4 mostra ainda uma importante diferença entre o campo induzido e o campo eletrostático. Este satisfazia à Equação 4.28 (ver Capítulo 4), isto é, sua circulação em um caminho fechado era nula, indicando que o campo eletrostático era conservativo e irrotacional. Agora, o campo elétrico ($\vec{E}$) é um campo induzido. Embora ambos os campos sejam igualmente capazes de exercer forças sobre cargas elétricas e uma carga de prova não possa distingui-los, existem diferenças fundamentais entre eles, uma das quais é a circulação apontada anteriormente. Outra diferença relaciona-se ao fato de os campos elétricos induzidos resultantes dos fluxos magnéticos variáveis não terem início e não terminarem nas cargas, isto é, suas linhas de campo são fechadas, assim como as linhas de campo magnético. Consequentemente, para um campo induzido, a lei de Gauss mostra que

$$\oint_S \vec{E}.d\vec{S} = 0. \tag{9.5}$$

Ainda, se o circuito é estacionário e rígido (ou seja, não sofre deformações), a derivada temporal da Equação 9.4 pode ser tomada dentro da integral, tornando-se uma derivada parcial. Com a aplicação do teorema de Stokes (ver Capítulo 12), temos

$$\oint_C \vec{E}.d\vec{l} = \int_S (\nabla \times \vec{E}).\hat{n}dS = -\int_S \frac{\partial \vec{B}}{\partial t}.\hat{n}dS,$$

ou seja,

$$\int_S \left[\nabla \times \vec{E} + \frac{\partial \vec{B}}{\partial t}\right].\hat{n}dS = 0.$$

Sendo S a superfície do circuito, $dS \neq 0$ e, então:

$$\nabla \times \vec{E} + \frac{\partial \vec{B}}{\partial t} = 0 \tag{9.6}$$

ou

$$\nabla \times \vec{E} = -\frac{\partial \vec{B}}{\partial t}. \tag{9.7}$$

Vemos, assim, que o campo elétrico induzido por um campo magnético é irrotacional e, portanto, não conservativo, indicando que o conceito de potencial elétrico não se aplica para os campos elétricos induzidos. As equações 9.6 e 9.7 são formas diferenciais da lei de Faraday e correspondem à terceira das equações de Maxwell, que estudaremos no Capítulo 11.

9.2 Aplicação da lei de indução de Faraday

A Figura 9.4 mostra uma espira retangular de lado menor l e lado maior a, imersa em um campo magnético $\vec{B}$ uniforme e constante, cobrindo uma região de largura $d = 3a$ e perpendicular ao plano da espira. Se a espira estiver parada em relação ao campo magnético, nenhuma corrente induzida será medida nela, e isso acontecerá também, se toda a espira estiver imersa no campo magnético. Ou seja, mesmo que haja movimento, não haverá corrente induzida, pois, nessas situações, não há variação de fluxo magnético através da espira.

Suponhamos, agora, que se aplique na espira uma força mecânica, que a puxe em direção ao campo (para a direita) com uma velocidade $\vec{v}$ constante. O movimento continua até que a espira atravesse o campo. Surgirá, nela, uma corrente induzida, e forças magnéticas, por sua vez, aparecerão nos lados que estão imersos no campo magnético, os quais, obviamente, também se movimentam com velocidade $\vec{v}$ para a direita.

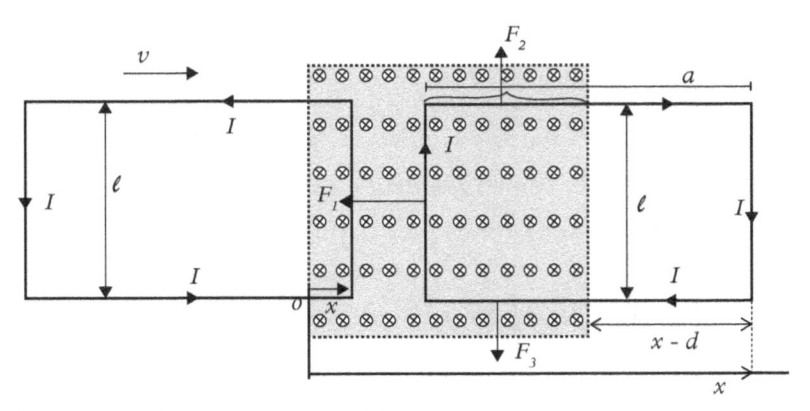

Figura 9.4 – Espira retangular em campo magnético.

O fluxo é nulo quando a espira encontra-se fora do campo. No entanto, quando a espira começa a entrar no campo, o fluxo magnético que a atravessa se modifica, uma vez que a área S efetiva (área sujeita ao fluxo) da espira também é alterada. Por meio da convenção de sinais, conforme mostra a Figura 9.3, vê-se que $\vec{S} = S\hat{k}$, $\vec{B} = -B\hat{k}$ e $\Phi_B = -BS$.

Podemos tomar o eixo x com origem em 0 na direção do movimento, tal que x seja a coordenada que localiza o lado esquerdo da espira, e separar o problema em partes.

Quando $x < 0$, toda a espira encontra-se fora do campo, portanto, $\Phi_B = 0$. À medida que a espira entra no campo uma distancia igual a x, a área sujeita ao fluxo será $S = lx$, assim:

$$\Phi_B = -Blx.$$

E a variação do fluxo nessa região será

$$\frac{d\Phi_B}{dt} = -Bl\frac{dx}{dt} = -Blv,$$

uma vez que dx/dt é a velocidade de movimento da espira. Assim, a *fem* induzida será

$$\mathcal{E} = Blv.$$

A lei de Lenz (ver Tabela 9.1) mostra que a corrente na espira tem sentido anti-horário nessa região.

No instante em que $x = a$, toda a espira encontra-se dentro do campo e

$$\Phi_B = -Bla,$$

e

$$\frac{d\Phi_B}{dt} = 0.$$

Não há variação do fluxo até $x = d$. A partir desse ponto, a espira começa a sair do campo, tal que, na nova posição x, a área sujeita ao fluxo será igual a $S = l[a - (x - d)]$ (Figura 9.4).

Nesse caso,

$$\Phi_B = -Bl[a-(x-d)],$$

$$\frac{d\Phi_B}{dt} = Blv,$$

e, então,

$$\mathcal{E} = -Blv.$$

Nessa região, a corrente circula no sentido horário.

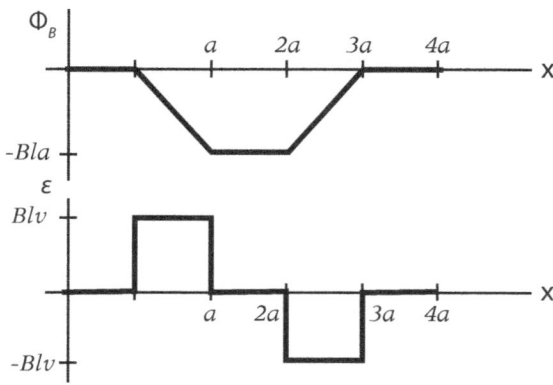

Figura 9.5 – O fluxo Φ_B e a *fem* $\mathcal{E}$ como função de x.

A Figura 9.5 mostra o gráfico que ilustra esses resultados. O comportamento do fluxo e da *fem* durante o percurso da espira pode ser observado.

A corrente I originada pela *fem* induzida é dada por $I = |\mathcal{E}|/R$, onde R representa a resistência da espira. Assim,

$$I = \frac{Blv}{R}. \tag{9.8}$$

Haverá força magnética sobre cada lado da espira em virtude da corrente induzida I. Na figura estão representadas as forças $\vec{F}_1$, $\vec{F}_2$ e $\vec{F}_3$ presentes na parte da espira que está imersa no campo magnético. A situação era simétrica quando a espira encontrava-se do lado esquerdo, e as forças não foram representadas. Contudo, $\vec{F}_2$ e $\vec{F}_3$ cancelam-se, uma vez que têm o mesmo módulo, mas sentidos contrários, restando apenas $\vec{F}_1$.

A força magnética é dada pela Equação 7.44, e seu módulo para um fio condutor de comprimento l é $F_1 = IlB$.

Essa força tende a se opor ao movimento. Portanto, se a espira desloca-se para a direita com velocidade constante, deve haver uma força externa para a direita de módulo IlB.

Desse modo,

$$F = F_1 = IlB = \frac{Blv}{R}lB \tag{9.9}$$

ou

$$F = \frac{B^2 l^2 v}{R},\qquad(9.10)$$

de onde vemos que a força depende da velocidade com que a espira é puxada para fora do campo.

Quando a barra é deslocada em velocidade constante, há conversão de energia mecânica em energia elétrica. A taxa com que a força externa realiza trabalho para retirar a espira do campo magnético é dada por

$$P = Fv = \frac{B^2 l^2 v^2}{R}.\qquad(9.11)$$

A injeção de potência pela força externa sobre a barra aparece no aquecimento do resistor. Quando a espira é puxada pelo agente externo, ocorre dissipação de energia em forma de energia térmica, correspondente à potência injetada no circuito (ver Equação 6.27):

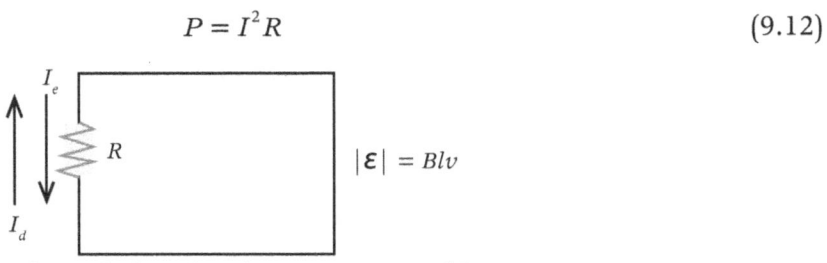

$$P = I^2 R \qquad(9.12)$$

Figura 9.6 – Elementos do circuito equivalente à espira no campo magnético.

A Figura 9.6 mostra o circuito equivalente à espira em movimento no campo magnético. Os índices *e* e *d* referem-se às regiões esquerda e direita, respectivamente. Substituindo o valor de *l* dado pela Equação 9.8, obtemos

$$P = \left(\frac{Blv}{R}\right)^2 R = \frac{B^2 l^2 v^2}{R}.\qquad(9.13)$$

Note que o resultado é o mesmo da taxa de realização de trabalho na espira obtido na Equação 9.11. É interessante observar, ainda, que, da última equação, $IlBv = I^2 R$, ou seja, $IR = Blv = \mathcal{E}$; logo, o balanço de energia do circuito fornece o mesmo valor para a *fem* que obtivemos pela lei de Faraday.

APLIQUE SEUS CONHECIMENTOS

No módulo de simulação *farespq* você pode ver em tempo real o problema da espira quadrada.

9.3 Indutância

Como vimos, a lei de Faraday demonstra que uma corrente induzida surge quando há variação do fluxo magnético no tempo. É a *fem* induzida que faz as cargas se moverem, e essa força corresponde ao trabalho realizado por unidade de carga. Contudo, o trabalho sobre as cargas móveis é elétrico (já que o campo magnético não realiza trabalho) e corresponde ao campo elétrico induzido, que é não conservativo. A Equação 9.4 explicita esses conceitos e pode ser reescrita da seguinte maneira:

$$\oint_C \vec{E}.d\vec{l} = -\frac{d\Phi_B}{dt}. \tag{9.14}$$

Essa expressão sintetiza os conceitos apresentados anteriormente, de que uma variação no fluxo magnético induz um campo elétrico não conservativo que pode variar no tempo. Embora ela tenha sido discutida no contexto do exemplo da espira, pode ser aplicada de maneira geral. Na realidade, a lei da indução eletromagnética mostra que sempre há geração de um campo elétrico por um fluxo magnético variável, até mesmo no vácuo, onde cargas não estão presentes, e esse campo apresenta importantes diferenças com relação ao campo conservativo de distribuições de cargas, como já tivemos oportunidade de mencionar.

Exemplo 49

Consideremos um campo magnético uniforme, variante no tempo a uma taxa constante $dB/dt > 0$, que aponta para dentro da página e está confinado a uma região circular de raio R (Figura 9.7). Determine o campo elétrico resultante da variação do campo magnético.

Solução

Com efeito, se o campo magnético varia com o tempo, a lei de Faraday estabelece que uma *fem* dada por $-d\Phi_B/dt$ é induzida. A corrente induzida gerada é consequência do aparecimento do campo elétrico induzido $\vec{E}$. Como o campo magnético está confinado a uma região circular, escolhemos, por simetria, o caminho de integração como um círculo de raio r, concêntrico à região de raio R (ver Figura 9.7). O campo $\vec{E}$ é tangente e tem módulo constante ao longo de cada círculo de raio r.

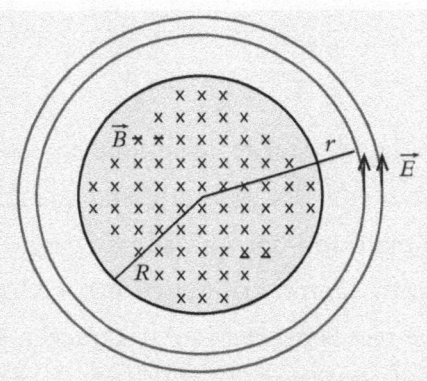

Figura 9.7 – Região circular com campo magnético que varia no tempo.

De acordo com a lei de Lenz, a direção de $\vec{E}$ deve ser tal que conduza a corrente induzida de modo a produzir um campo magnético que se oponha à variação de fluxo magnético. Considerando-se que o vetor área $\vec{S}$ aponta para fora da página, o fluxo magnético é negativo ou direcionado para dentro da página. Com $dB/dt > 0$, o fluxo magnético para dentro aumentará. Portanto, para contrariar essa variação, a corrente induzida deve circular no sentido anti-horário para produzir fluxo voltado para fora. Para todos os pontos do círculo de raio r,

$$\oint_C \vec{E}.d\vec{l} = E \oint_C dl = E(2\pi r),$$

que, com base na Equação 9.14, é igual ao valor negativo da taxa de variação do fluxo magnético.

Para $r < R$,

$$\frac{d\Phi_B}{dt} = \frac{d}{dt}(\vec{B}.\vec{S}) = -\frac{dB}{dt}\pi r^2.$$

Ao levar esses dois últimos resultados à Equação 9.14, obtemos

$$E(2\pi r) = \frac{dB}{dt}\pi r^2, \quad \Rightarrow \quad E = \frac{r}{2}\frac{dB}{dt} \quad (r < R).$$

Um procedimento similar mostra que, para $r > R$,

$$E(2\pi r) = -\frac{d\Phi_B}{dt} = \frac{dB}{dt}\pi R^2 \quad \Rightarrow \quad E = \frac{R^2}{2r}\frac{dB}{dt} \quad (r > R).$$

Note que, agora, toda a área πR^2 contribui com o fluxo.

Se a variação de B com o tempo for especificada, o campo elétrico induzido poderá ser calculado explicitamente. Os resultados, contudo, mostram que E cresce linearmente de acordo com r na região $r < R$, decaindo com $1/r$ na região $r > R$, uma vez que B é homogêneo e $dB/dt > 0$. Finalmente, vale a pena enfatizar que esses resultados não envolveram a presença de um condutor.

Capítulo 9 – Lei de Faraday

APLIQUE SEUS CONHECIMENTOS

No módulo de simulação *faradbt*, você pode simular o comportamento do campo elétrico induzido para várias dependências de B com t. Em particular, esboce os gráficos para os casos em que B varia linearmente com o tempo e quando essa variação for senoidal.

Exemplo 50

Um fio condutor reto infinito que transporta uma corrente I é colocado à esquerda e a uma distância d de uma espira retangular de largura a e comprimento b, como mostra a figura seguinte.

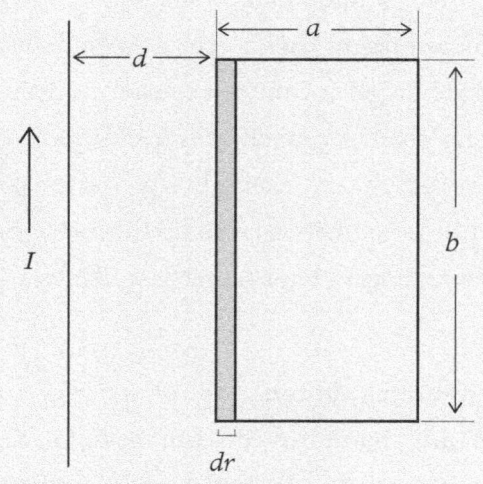

Figura 9.8 – Fio transportando corrente e espira retangular.

a) Determine o fluxo magnético resultante da corrente I através da espira retangular.
b) Suponha que a corrente seja função do tempo: $I(t) = k + gt$, onde k e g são constantes positivas. Qual a fem e a corrente induzida na espira?

Solução

a) Da lei de Ampère ($\oint \vec{B}.d\vec{l} = \mu_0 I$), temos que $B = \dfrac{\mu_0 I}{2\pi r}$ e o campo descreve círculos de raio r em torno do fio. A regra da mão direita mostra que o campo está entrando na espira. Escolhendo-se o vetor área apontando para cima (sentido oposto ao do campo sobre a espira) e o fluxo magnético $\Phi_B < 0$, encontraremos:

$$\Phi_B = \int \vec{B}.d\vec{S} = -\frac{\mu_0 I b}{2\pi} \int_d^{d+a} \frac{dr}{r} = -\frac{\mu_0 I b}{2\pi} \ln\left(\frac{d+a}{d}\right).$$

b) O fio portador da corrente I produz fluxo de campo magnético para dentro da página através da espira retangular. De acordo com a lei de Lenz, a corrente induzida na espira deve ser anti-horária, a fim de produzir campo magnético para fora da página para se opor ao aumento de fluxo para dentro. De fato, com base na lei de Faraday, a *fem* induzida é:

$$\mathcal{E} = -\frac{d\Phi_B}{dt} = \frac{\mu_0 b}{2\pi}\ln(\frac{d+a}{d})\frac{d}{dt}(k+gt) = \frac{\mu_0 bg}{2\pi}\ln(\frac{d+a}{d}).$$

Como $\Phi_B < 0$, $d\Phi_B/dt < 0$, $\mathcal{E} > 0$, a corrente encontra-se no sentido anti-horário (ver Tabela 9.1).

Este último exemplo mostra que podemos utilizar um condutor portador de corrente retilíneo para produzir determinado campo magnético. Os dispositivos que podem ser utilizados para gerar campo magnético em determinada região são denominados *indutores*, e sua capacidade de gerar campo e causar indução eletromagnética é denominada *indutância*. Assim como o capacitor, um indutor é um elemento de circuito, sob o qual existe certa voltagem. Um exemplo típico é um solenoide, pelo qual passa uma corrente variável que gera uma variação do fluxo magnético através do indutor, o qual, então, induz uma voltagem em suas extremidades.

Consideremos novamente uma bobina de N espiras transportando uma corrente I na direção contrária aos ponteiros de um relógio. Se essa corrente é estacionária, o fluxo magnético através dela permanece constante. Contudo, se a corrente varia com o tempo, uma *fem* induzida surgirá para se opor à variação. A corrente induzida fluirá na direção horária, se $dI/dt > 0$, e na direção anti-horária, se $dI/dt < 0$. A propriedade de um circuito em que seu próprio campo magnético se opõe a qualquer variação na corrente é chamada de *autoindutância*, e a *fem* gerada é chamada *fem autoinduzida* ou *de retorno*, simbolizada por $\mathcal{E}_L$. Todo circuito portador de corrente exibe essa propriedade. Um indutor, especificamente, é um elemento de circuito simbolizado por (⎯⎯⌒⌒⌒⎯⎯) e cujo valor de autoindutância é alto.

Para uma bobina de N espiras, a *fem* autoinduzida pode ser escrita da seguinte maneira:

$$\mathcal{E}_L = -N\frac{d\Phi_B}{dt}. \tag{9.15}$$

Entretanto, define-se a indutância L como

$$L = \frac{N\Phi_B}{I}, \tag{9.16}$$

de maneira que a *fem* autoinduzida fica

$$\mathcal{E}_L = -L\frac{dI}{dt}.\qquad(9.17)$$

Assim, podemos dizer que a indutância L é uma medida da "resistência" do indutor a uma variação de corrente. Isso significa que quanto maior o valor de L, menor a taxa de variação da corrente. A unidade de indutância (L) no SI é o *henry* (H), definido como

$$1\text{ henry}(H) = \frac{1\text{ tesla.metro}^2}{\text{ampére}} = 1\frac{\text{Tm}^2}{\text{A}}.$$

9.3.1 Indutância de um toroide e de um solenoide

A Figura 9.9 apresenta a seção reta de um toroide de N espiras, a seção reta retangular de raios interno e externo a e b, respectivamente, e altura h. Se uma corrente I percorre o enrolamento, a lei de Ampère mostra que (ver Equação 8.33):

$$B = \frac{\mu_0 NI}{2\pi r},$$

ao passo que o fluxo magnético pode ser obtido por meio da Equação 9.1, integrada sobre a seção reta retangular, com $dS = hdr$ como elemento diferencial de área, cujo vetor aponta na mesma direção que $\vec{B}$. Assim,

$$\Phi_B = \int BdS = \int_a^b \frac{\mu_0 NI}{2\pi r} hdr,$$

que, na forma integrada, fornece

$$\Phi_B = \frac{\mu_0 NIh}{2\pi} \ln\frac{b}{a}.$$

A partir da Equação 9.16, a indutância pode ser representada por $L = N\Phi_B/I$. Desse modo, a indutância de um toroide é

$$L = \frac{\mu_0 N^2 h}{2\pi} \ln\frac{b}{a},\qquad(9.18)$$

de onde notamos que a autoindutância, para um mesmo número de espiras, depende apenas dos fatores geométricos do toroide (h, b, a).

Eletromagnetismo: fundamentos e simulações

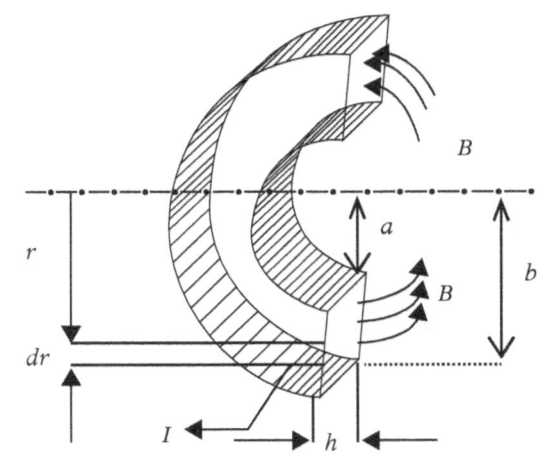

Figura 9.9 – Toroide de seção reta retangular.

É possível obter a indutância de um solenoide por meio de um procedimento análogo: o campo magnético no solenoide de N espiras, raio r e comprimento l, percorrido pela corrente I, é dado pela Equação 8.26, que, na expressão do fluxo

$$\Phi_B = \int B dS = \int \frac{\mu_0 N I}{l} dS,$$

fornece

$$\Phi_B = \mu_0 \pi r^2 N I.$$

Assim, a indutância dada pela Equação 9.16 fica:

$$L = \mu_0 N^2 \pi r^2,$$

ou, como $n = N/l$ representa o número de espiras por unidade de comprimento e $S = \pi r^2$ é a área da seção reta do solenoide, obtemos a indutância desse solenoide pela equação:

$$L = \mu_0 n^2 l S, \qquad (9.19)$$

onde podemos ver que, novamente, a autoindutância depende apenas dos fatores geométricos n, l e S.

APLIQUE SEUS CONHECIMENTOS

No módulo de simulação *fatosolen*, você pode desenvolver o "projeto" de um indutor em forma de um solenoide ou um toroide. Qual deles possibilita a obtenção do maior L se ambos devem ter o mesmo volume?

9.4 Circuito RL

Outro elemento denominado passivo em um circuito, além do resistor, é o indutor. A inclusão desse elemento compõe um circuito denominado *RL*. Todo circuito no qual a corrente varia com o tempo possui campos magnéticos que variam com o tempo e, então, campos elétricos induzidos. O que desejamos é estudar esses circuitos levando-se em conta tais efeitos. Considerar a variação do campo magnético no tempo em circuitos simples implica que a circulação do campo elétrico em torno do circuito não é mais nula, e, consequentemente, como já mencionamos, o conceito de potencial não é apropriado, de modo que a diferença de potencial entre dois pontos quaisquer do circuito dependerá do caminho entre eles. Além disso, a lei das malhas de Kirchhoff não é diretamente aplicável sem considerações ou hipóteses adicionais, uma vez que essa lei baseou-se originalmente no fato de que a integral de linha de $\vec{E}$ no circuito fechado é nula.

Felizmente, embora não possamos definir um potencial no interior do indutor onde o campo varia, podemos definir um potencial em pontos do circuito fora dessa região e, em particular, podemos definir uma diferença de potencial através do indutor (entre seus terminais), a qual, no caso de um indutor ideal (sem resistência interna), é igual ao módulo da *fem* induzida ϵ_L. O sentido dessa *fem* é determinado pela lei de Lenz, de modo que deve ser tal que se oponha à variação da corrente. Com efeito, podemos considerar duas situações — a corrente pode aumentar ($dI/dt > 0$) ou diminuir ($dI/dt < 0$), e, então, o aumento ou a diminuição da corrente corresponderá à variação a que a *fem* autoinduzida deve se opor (Figura 9.10).

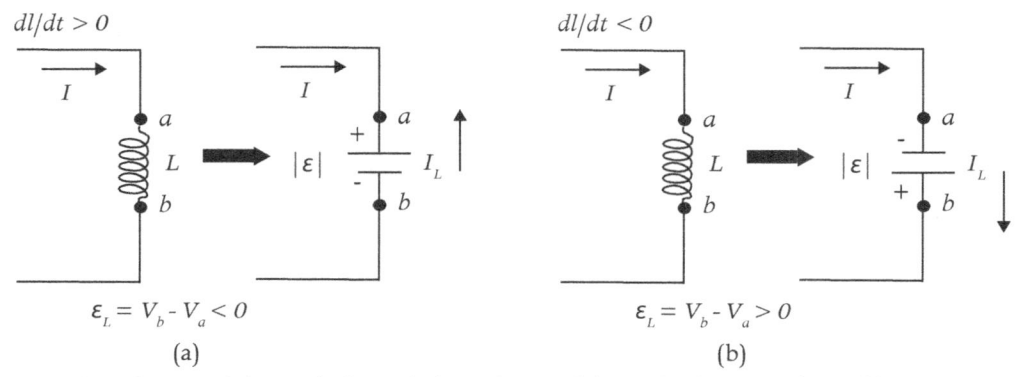

Figura 9.10 – O *potencial através de* um indutor (esquerda) e o circuito equivalente (direita) para o caso de a corrente estar aumentando (a) ou diminuindo (b).

Na Figura 9.10a, a corrente está aumentando e a *fem* autoinduzida surge na bobina, estabelecendo uma corrente induzida I_L com sentido que se oponha àquela variação. Da mesma maneira, na Figura 9.10b, I decresce e a *fem* se opõe a essa variação, estabelecendo uma corrente com o mesmo sentido da original para se opor à variação negativa da corrente original. Em cada caso, para obter o circuito equivalente, substituímos o indutor por uma fonte de *fem* cuja polaridade dependerá do sentido determinado para a I_L. Uma vez estabelecido o circuito equivalente, podemos aplicar a lei das malhas de Kirchhoff.

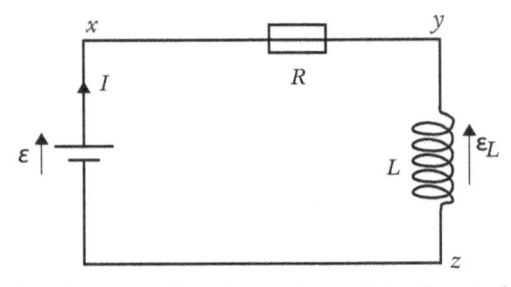

Figura 9.11 – Circuito *RL* cujos elementos são a fonte $\mathcal{E}$, o resistor *R* e o indutor *L*.

O circuito *RL* consiste em uma associação em série de um resistor e um indutor, como mostra a Figura 9.11. Na ausência de um indutor, quando conectamos a bateria ao circuito, a corrente no resistor aumenta, atingindo rapidamente o valor final máximo $\mathcal{E}/R$. Já com a presença do indutor, aparecerá uma *fem* autoinduzida $\mathcal{E}_L$, que, pela lei de Lenz, se opõe ao aumento da corrente, implicando uma polaridade oposta à da bateria. Assim, o resistor *R* ficará submetido à ação de duas *fem*, a saber:

- A primeira *fem* provém da bateria (constante) $\rightarrow \mathcal{E}$.
- A segunda *fem* resulta da autoindução (variável) $\rightarrow -L\dfrac{dI}{dt} \rightarrow \mathcal{E}_L$.

No caso de corrente crescente $dI/dt > 0$ e aplicando-se a lei das malhas, temos:

$$\sum \mathcal{E}' = \mathcal{E} - |\mathcal{E}_L| = \sum IR. \tag{9.20}$$

Contudo, $|\mathcal{E}_L|$ pode ser obtido a partir da Equação 9.17, e, então, podemos reescrever a Equação 9.20 da seguinte maneira:

$$\mathcal{E} - L\frac{dI}{dt} = IR. \tag{9.21}$$

O lado direito da Equação 9.21 representa a *ddp* sobre o resistor *R*, que equivale à *ddp* entre os pontos *xy*, isto é,

$$V_R = V_{xy} = IR, \tag{9.22}$$

do mesmo modo, a *ddp* sobre o indutor *L* equivale à *ddp* entre os pontos *yz*, isto é,

$$V_L = V_{yz} = L\frac{dI}{dt}. \tag{9.23}$$

Retornando à Equação 9.21 e rearranjando os termos, podemos escrever

$$IR + L\frac{dI}{dt} = \mathcal{E}. \tag{9.24}$$

A Equação 9.24 é diferencial de primeira ordem envolvendo $I(t)$. A solução dessa equação pode ser encontrada facilmente separando-se as variáveis da seguinte forma:

$$\frac{dI}{\left(\dfrac{\mathcal{E}}{R}-I\right)} = \frac{R}{L}dt. \tag{9.25}$$

Integrando ambos os membros da Equação 9.25 com a condição de que $I(t=0)=0$, isto é, que a corrente seja nula no instante inicial $t=0$ e igual a I_t num instante posterior t_p, teremos:

$$\int_0^{I_t} \frac{dI}{\left(\dfrac{\mathcal{E}}{R}-I\right)} = \int_0^{t_p} \frac{R}{L}dt,$$

ou seja,

$$-\ln\left(\frac{\mathcal{E}}{R}-I\right)\Big|_0^{I_t} = \frac{R}{L}t\Big|_0^{t_p}, \rightarrow -\ln\left(\frac{\mathcal{E}}{R}-I_t\right)+\ln\left(\frac{\mathcal{E}}{R}\right)=\frac{R}{L}t_p,$$

então, redefinindo $I_t = I$ e $t_p = t$, podemos arrumar os termos e escrever a equação para a corrente $I(t)$ como

$$I = \frac{\mathcal{E}}{R}\left[1-e^{-\frac{R}{L}t}\right]. \tag{9.26}$$

Definindo $\tau_L = L/R$ como constante de tempo indutiva, a Equação 9.26 fica

$$I = \frac{\mathcal{E}}{R}\left[1-e^{-t/\tau_L}\right]. \tag{9.27}$$

As equações 9.26 e 9.27 são soluções da equação diferencial 9.25 e descrevem a variação da corrente no tempo.

A razão L/R tem a dimensão de tempo; fazendo $L/R = t$ na Equação 9.26, teremos

$$I(t=R/L) = \frac{\mathcal{E}}{R}\left[1-e^1\right] \Rightarrow \left[1-e^1\right] \approx 1-0,37 = 0,63.$$

Logo,

$$I = 0,63\frac{\mathcal{E}}{R}, \tag{9.28}$$

o que mostra que L/R representa o tempo requerido para que a corrente alcance 63% do máximo ou do valor final de equilíbrio, isto é, $0,63(\mathcal{E}/R)$ é igual a L/R e é chamado de *constante de tempo indutiva* (τ_L).

A Figura 9.12 mostra o comportamento qualitativo da corrente em função do tempo. Podemos notar que, somente após um tempo suficientemente longo, a corrente atinge o valor máximo $\mathcal{E}/R$. Quanto maior o valor de L, maior será o tempo necessário para que a corrente atinja esse valor de equilíbrio. Esta proposição é demonstrada mais claramente na Figura 9.13, onde plotamos a corrente I *versus* t para indutores de diferentes valores. As curvas cheias correspondem aos circuitos com indutor igual a L_1 e $L_2 > L_1$, ao passo que a curva tracejada corresponde a $L = 0$ (circuito sem indutor). Pode-se observar que o circuito sem indutor atinge rapidamente o valor de equilíbrio $\mathcal{E}/R$, já o tempo requerido para o circuito com indutores é relativamente grande, sendo maior para L_2 do que para L_1.

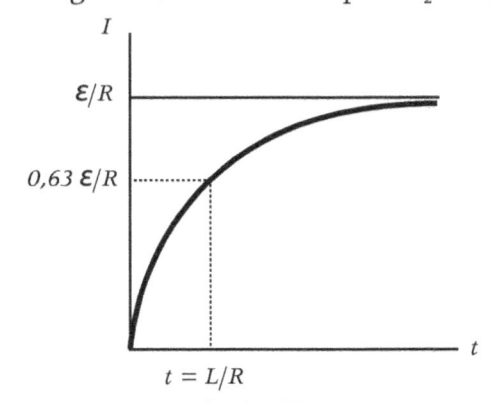

Figura 9.12 – Corrente *versus* tempo em um circuito *RL*.

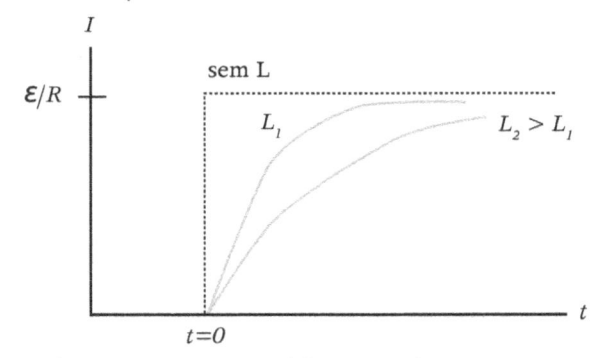

Figura 9.13 – *I* em função de *t* para circuito com diferentes indutores.

Suponhamos, agora, que um longo tempo se passou e a corrente do circuito da Figura 9.11 tenha atingido o equilíbrio $\mathcal{E}/R$. Então, desconectamos a bateria e no mesmo instante começamos a marcar o tempo, isto é, fazemos $t = 0$. O que desejamos saber é o que acontece com a corrente a partir de $t = 0$. Ao desconectarmos a bateria, ficamos com um circuito *RL* sem fonte, no qual $dI/dt < 0$. Aplicando a lei das malhas (ver Equação 9.20), temos:

$$|\mathcal{E}_L| - IR = -L\frac{dI}{dt} - IR = 0,$$

que equivale a $\mathcal{E} = 0$ na Equação 9.21; nesse caso,

$$-L\frac{dI}{dt} - IR = 0. \tag{9.29}$$

Essa equação ainda pode ser escrita como

$$\frac{dI}{I} = -\frac{dt}{L/R},$$

que, integrada, fornece

$$I = \frac{\mathcal{E}}{R}e^{-t/\tau_L}. \tag{9.30}$$

Nessa equação, aproveitamos o fato de que $\tau_L = L/R$ e as condições iniciais $I(t=0) = \mathcal{E}/R$. Essa equação mostra que I é levada exponencialmente a zero, podendo ser considera nula após um intervalo de tempo suficientemente longo. A variação da corrente com o tempo é ilustrada na Figura 9.14, a seguir.

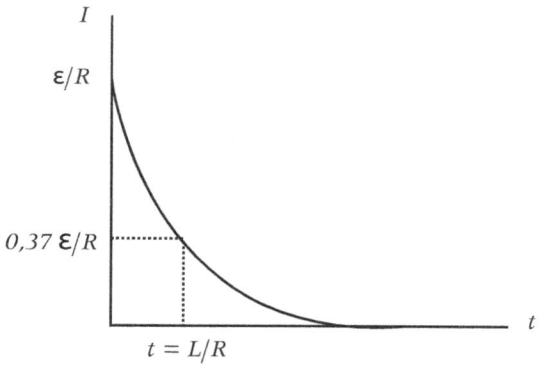

Figura 9.14 – Corrente em função de t no circuito RL sem fonte.

APLIQUE SEUS CONHECIMENTOS

No módulo de simulação *farrl*, você pode simular diversas situações para um circuito RL. Altere, especificamente, os valores de R, L e da *fem* e observe, em cada caso, o comportamento da corrente no tempo. Anote suas observações.

9.5 Energia armazenada em um campo magnético

Consideremos novamente o circuito da Figura 9.11. A equação que descreve o comportamento da corrente nesse circuito é a Equação 9.21. Multiplicando essa equação por I, obtemos:

$$\mathcal{E}I = I^2 R + LI\frac{dI}{dt}. \tag{9.31}$$

A Equação 9.31 representa a equação da energia para o circuito, e cada um de seus termos pode ser interpretado de acordo com conceitos de trabalho e energia, da seguinte forma:

- **1º termo:** $\mathcal{E}I$.

Sendo $I = dq/dt$, temos $\mathcal{E}I = \mathcal{E}\,dq/dt$. Como $\mathcal{E}dq = dW$, então $\mathcal{E}I = dW/dt$ representa a taxa de variação temporal da energia fornecida ao circuito pela *fem* ou potência fornecida ao circuito.

- **2º termo:** $I^2 R$.

Representa a potência dissipada por efeito joule ou energia térmica dissipada sobre o resistor.

- **3º termo:** $LI(dI/dt)$.

Representa a variação da energia armazenada no campo magnético do indutor.

De fato, uma vez que o papel do indutor no circuito é opor-se a qualquer variação de corrente que o atravesse, trabalho tem de ser realizado por uma fonte externa (bateria) para que uma corrente possa ser estabelecida nele. A potência ou a taxa na qual uma *fem* $\mathcal{E}$ realiza trabalho para superar a *fem* induzida $\mathcal{E}_L$ e fazer a corrente I atravessar o indutor é

$$P_L = \frac{dW}{dt} = I\mathcal{E}.$$

No caso em que somente a bateria e o indutor estão presentes, $\mathcal{E} = -\mathcal{E}_L$, e, então, a equação anterior pode ser reescrita como

$$P_L = \frac{dW}{dt} = -I\mathcal{E}_L = IL\frac{dI}{dt}. \tag{9.32}$$

Vemos assim que, se a corrente está aumentando, $dI/dt > 0$, então $P_L > 0$, o que significa que o trabalho é positivo e a bateria está transferindo energia para o indutor, de modo que, consequentemente, a energia interna do indutor está aumentando. No entanto, se a corrente está diminuindo, $dI/dt < 0$, então $P_L < 0$ e a energia está sendo retirada do indutor, de modo que sua energia interna também diminui.

O trabalho total realizado pela bateria para aumentar a corrente de zero até I corresponde à variação de energia interna do indutor e representa a energia magnética armazenada no indutor, U_B. Assim,

$$\int dW = \int dU_B = \int IL\,dI, \tag{9.33}$$

que, integrada, fornece,

$$U_B = \frac{1}{2}LI^2. \tag{9.34}$$

A Equação 9.34 representa, portanto, a energia magnética armazenada no campo de um indutor. Vemos assim que, da mesma maneira que um capacitor armazena energia elétrica, o indutor armazena energia magnética quando $dI/dt > 0$, e essa energia magnética é recuperada posteriormente, quando a corrente começa a decrescer ($dI/dt < 0$). Contudo, se a corrente que passa pelo indutor é estacionária, não há variação de energia e $P_L = 0$, já que $dI/dt = 0$, e nesse sentido há uma grande diferença entre um indutor e um resistor. Quando um fluxo de energia é absorvido por um resistor, ele a dissipa na forma de calor, independentemente de a corrente ser estacionária ou variável com o tempo.

Exemplo 51

Aplica-se subitamente uma fem de 3,0 V aos terminais de uma ligação em série de um indutor de 3,0 H com um resistor de 10 Ω. Calcule:

(a) a potência instantânea fornecida pela bateria 0,30 s após a ligação do circuito;

(b) a potência instantânea dissipada sob a forma de calor no resistor;

(c) o valor instantâneo da taxa de acumulação de energia no campo magnético.

Solução

a) A potência fornecida é dada por: $P_f = \mathcal{E}I$.

Sendo $\mathcal{E} = 3,0$ V, a corrente é dada por:

$$I = \frac{\mathcal{E}}{R}\left[1 - e^{-\frac{R}{L}t}\right]$$

$$I = \frac{3,0 \text{ V}}{10 \text{ }\Omega}\left[1 - e^{-\frac{10 \text{ }\Omega}{3,0 \text{ H}} 0,30 \text{ s}}\right]$$

$$I = 0,30[1 - 0,37]$$

$$I = 0,189 \text{ A}.$$

A potência fornecida será, portanto,

$$P_f = 3,0 \text{ V} \times 0,189 \text{ A} = 0,567 \text{ W}.$$

b) A potência dissipada no resistor pode ser encontrada do seguinte modo:

$$P_j = RI^2 = 10 \text{ }\Omega \times (0,189 \text{ A})^2 = 0,35 \text{ W}.$$

c) A energia acumulada no campo magnético será:

$$P_B = LI\frac{dI}{dt},$$

onde

$$\frac{dI}{dt} = \frac{\mathcal{E}}{L}e^{-\frac{R}{L}t}.$$

Logo:

$$P_B = I\mathcal{E}e^{-\frac{R}{L}t} = 0,189 \times 3,0 \times 0,37 = 0,21 \text{ W}.$$

9.5.1 Densidade de energia no indutor

A energia de um indutor está armazenada em seu campo magnético. Podemos, então, definir uma densidade de energia como sendo essa energia armazenada por unidade de volume do indutor. Consideremos, por exemplo, um solenoide de comprimento l e volume Sl. Admitindo o campo magnético uniforme no interior de um solenoide, podemos dizer que

$$u_B = \frac{U_B}{\text{volume}}. \qquad (9.35)$$

Utilizando o valor de U_B fornecido pela Equação 9.34, teremos

$$u_B = \frac{(L/l)I^2}{2S}. \qquad (9.36)$$

Mas, para um solenoide, $L/l = \mu_0 n^2 S$ e $B = \mu_0 In$, onde n é o número de espiras por unidade de comprimento do solenoide, de modo que a Equação 9.36 pode ser reescrita como

$$u_B = \frac{B^2}{2\mu_0}. \qquad (9.37)$$

Note que a Equação 9.37 não depende das características geométricas do solenoide. Nessa forma, a equação pode ser identificada como representação da densidade de energia do campo magnético ou como a energia magnética por unidade de volume.

9.6 Indutância mútua

A Figura 9.15 mostra duas bobinas muito próximas uma da outra. No circuito 1, formado por N_1 espiras, passa uma corrente I_1 gerada por uma bateria, por exemplo, que percorre a bobina e dá origem a um campo magnético. Parte do fluxo gerado passa através do circuito 2, sem fonte, formado por N_2 espiras, cuja bobina está ligada a um galvanômetro. Denominaremos Φ_{21} a parte do fluxo magnético gerado pela corrente do circuito 1 que atravessa a bobina 2 (e que pode ser detectado por meio do galvanômetro).

Definimos a indutância mútua M_{21} da bobina 2 em relação à bobina 1 como

$$M_{21} = \frac{N_2 \Phi_{21}}{I_1}, \qquad (9.38)$$

que pode ser escrita assim:

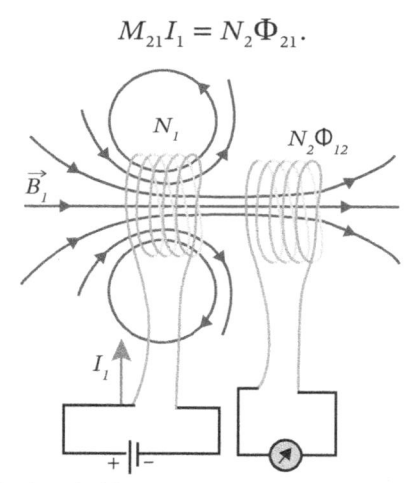

$$M_{21} I_1 = N_2 \Phi_{21}.$$

Figura 9.15 – Indução mútua de duas bobinas.

Se I_1 variar no tempo, o mesmo ocorrerá com Φ_{21} e, de acordo com a lei de Faraday (ver Equação 9.3), haverá uma *fem* induzida na espira 2($\mathcal{E}_2$) em virtude dessa variação, de modo que

$$\mathcal{E}_2 = -N_2 \frac{d\Phi_{21}}{dt} = -M_{21} \frac{dI_1}{dt}, \qquad (9.39)$$

isto é, a taxa de variação no tempo do fluxo Φ_{21} na espira 2 é proporcional à taxa de variação no tempo da corrente I_1 na espira 1, e o coeficiente de proporcionalidade M_{21} é denominado *indutância mútua*.

Em termos do campo B_1 da espira 1, a *fem* induzida na espira 2 fica

$$\mathcal{E}_2 = -\frac{d}{dt} \int \vec{B}_1 \cdot d\vec{S}_2. \qquad (9.40)$$

Analogamente, se invertermos os papéis das bobinas 1 e 2, isto é, se a bobina 2 transportar uma corrente I_2 variável no tempo, e esta, por sua vez, gerar um fluxo magnético Φ_{12} através da bobina 1, também variável no tempo, poderemos escrever

$$\mathcal{E}_1 = -M_{12}\frac{dI_2}{dt}, \qquad (9.41)$$

que é a *fem* induzida na bobina 1 em virtude da corrente variável na bobina 2. Da mesma forma,

$$M_{12} = \frac{N_1 \Phi_{12}}{I_2} \qquad (9.42)$$

É possível mostrar que $M_{21} = M_{12} = M$, isto é, as indutâncias mútuas são iguais. Embora isso não seja óbvio, comprovar essa afirmativa está além do escopo deste livro. Desse modo, as *fem* induzidas podem ser reescritas como:

$$\mathcal{E}_1 = -M\frac{dI_2}{dt} \qquad (9.43)$$

e

$$\mathcal{E}_2 = -M\frac{dI_1}{dt}. \qquad (9.44)$$

Exemplo 52

Considere dois solenoides concêntricos (acoplados no mesmo eixo) de raios R_1 e R_2 e com N_1 e N_2 espiras, respectivamente. Os dois solenoides são longos e de comprimento l, como ilustra a Figura 9.16. Determine a indutância mútua.

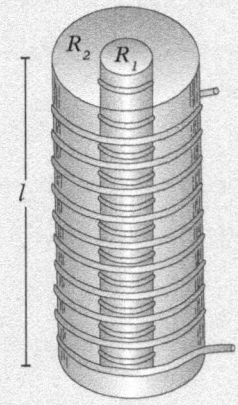

Figura 9.16 – Solenoides acoplados no mesmo eixo.

Solução

Se a corrente no solenoide 2 é I_2, o campo magnético será (ver Equação 8.26):

$$B_2 = \frac{\mu_0 N_2 I_2}{l}. \qquad (9.45)$$

Somente uma parte do fluxo atingirá o solenoide 1, cuja área é $S_1 = \pi R_1^2$. Assim, o fluxo magnético de B_2 sobre 1, Φ_{12}, é

$$\Phi_{12} = \int \vec{B}_2 \cdot d\vec{S}_1 = \frac{\mu_0 N_2 I_2}{l}\left(\pi R_1^2\right) = N_2 \mu_0 I_2 \frac{\left(\pi R_1^2\right)}{l}.$$

Então,

$$M_{12} = N_1 \frac{\Phi_{12}}{I_2} = \mu_0 \frac{N_1 N_2 \left(\pi R_1^2\right)}{l}.$$

Contudo, ao passar uma corrente I_1 no solenoide 1, todo o fluxo criado estará dentro do solenoide 2, mas restrito à área S_1 em virtude do comportamento de B em um solenoide (ver Figura 8.25). Logo:

$$\Phi_{21} = \int \vec{B}_1 \cdot d\vec{S}_2 = B_1 S_1 = \frac{\mu_0 N_1 I_1}{l}\left(\pi R_1^2\right) = N_1 \mu_0 I_1 \frac{\left(\pi R_1^2\right)}{l},$$

e, portanto,

$$M_{21} = N_2 \frac{\Phi_{21}}{I_1} = \mu_0 \frac{N_1 N_2 \left(\pi R_1^2\right)}{l}.$$

Vemos, então, que $M_{12} = M_{21} = M$. Como a autoindutância de um solenoide se dá por $L = \mu_0 N^2 \left(\pi R^2\right)/l$, podemos escrever, ainda:

$$L_1 L_2 = \frac{\mu_0^2 N_1^2 N_2^2 \left(\pi R^2\right)^2}{l^2} = M^2,$$

$$M = \sqrt{L_1 L_2}.$$

Esse resultado é válido quando todo o fluxo de cada um dos circuitos está dentro do outro. Se esse não for o caso, o acoplamento não é máximo e a indutância mútua será menor. De modo geral:

$$M = k\sqrt{L_1 L_2} \qquad k \leq 1. \tag{9.46}$$

9.7 Exercícios

9.7.1 Exercícios resolvidos

1. **Indução:** Uma bobina circular de 100 voltas e 20 mm de raio tem eixo paralelo a um campo magnético $\vec{B}$ uniformemente espaçado. O módulo de $\vec{B}$ varia a uma taxa constante de 18 a 43 mT em 240 s. Com base nesses dados,
   a) determine a *fem* induzida na bobina durante esse intervalo de tempo.
   b) qual o sentido da corrente induzida?

   SOLUÇÃO

   a) Escolhendo o unitário $\hat{k}$ na direção do campo e do eixo da bobina, temos $\vec{B} = B\hat{k}$, e, escolhendo-se o vetor área da seção reta da bobina como $\vec{S} = \pi R^2 \hat{k}$, sendo R o raio da volta, o fluxo será

   $$\Phi_B = \int \vec{B}.d\vec{S} = B\pi R^2.$$

   Da lei de Faraday, a *fem* induzida é:

   $$\varepsilon_L = -N\frac{d\Phi_B}{dt} = -N\frac{d}{dt}\left(B\pi R^2\right) = -N\pi R^2 \frac{dB}{dt},$$

   onde N é o número de voltas (espiras).

   B varia a uma taxa constante dada por:

   $$\frac{dB}{dt} = \frac{0,043\ \text{T} - 0,018\ \text{T}}{0,24\text{s}} = 0,1\ \text{T/s}.$$

   Assim, a *fem* induzida é:

   $$\varepsilon_L = -100\pi\left(0,02\ \text{m}\right)^2\left(0,1\ \text{T/s}\right) = -4\pi\text{mV},$$

   b) De acordo com a lei de Lenz (ver Tabela 9.1), a corrente é induzida no sentido horário.

2. **Indutores em série:** Mostre que a indutância equivalente da combinação da Figura 9.17 é dada por

   $$L_{eq} = L_1 + L_2 + L_3$$

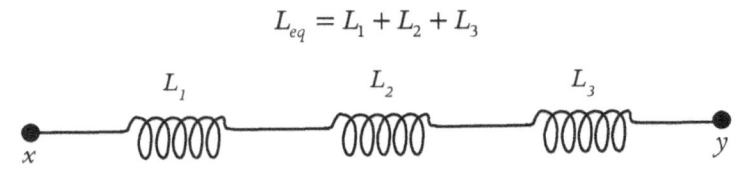

Figura 9.17 – Indutores em série.

SOLUÇÃO

Quando dois ou mais indutores estão ligados em série, desde que a distância entre eles seja suficiente para que o campo magnético de um não influencie no outro, podemos considerar o comportamento do conjunto de indutores em série semelhantes ao de resistores ligados em série. Assim, temos que a corrente em cada indutor é a mesma, isto é,

$$I_1 = I_2 = I_3 = I,$$

e a ddp entre x e y é dada por

$$V_{xy} = V_1 + V_2 + V_3.$$

Sendo $V_{xy} = LdI/dt$, temos que

$$L\frac{dI}{dt} = L_1\frac{dI}{dt} + L_2\frac{dI}{dt} + L_3\frac{dI}{dt}.$$

Simplificando, obtemos

$$L_{eq} = L_1 + L_2 + L_3.$$

3. **Indutores em paralelo:** Mostre que a indutância equivalente da combinação da Figura 9.18 é dada por

$$\frac{1}{L_{eq}} = \frac{1}{L_1} + \frac{1}{L_2} + \frac{1}{L_3}.$$

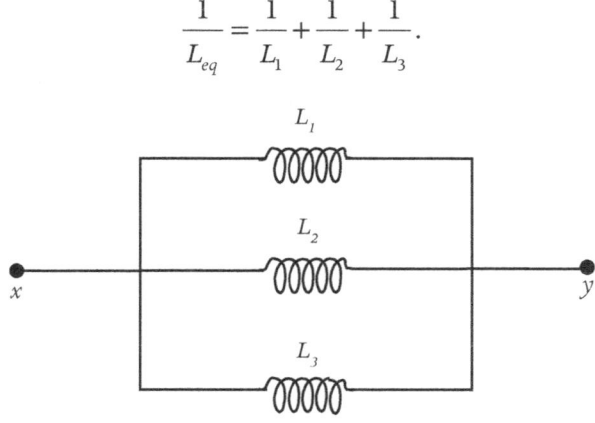

Figura 9.18 – Indutores em paralelo.

SOLUÇÃO

Quando dois ou mais indutores estão ligados em paralelo, desde que a distância entre eles seja suficiente para que o campo magnético de um não influencie no campo do outro, podemos considerar o comportamento do conjunto de indutores em paralelo semelhantes ao de resistores ligados em paralelo. Assim, a ddp entre x e y é a mesma, isto é,

$$V_1 = V_2 = V_3 = V.$$

Podemos escrever

$$V_1 = L_1 \frac{dI_1}{dt}; \quad V_2 = L_2 \frac{dI_2}{dt}; \quad V_3 = L_3 \frac{dI_3}{dt}.$$

A indutância equivalente satisfaz a relação

$$V_{xy} = L_{eq} \frac{dI}{dt}.$$

Como a corrente total é $I = I_1 + I_2 + I_3$, temos então

$$\frac{V_{xy}}{L_{eq}} = \frac{V_{xy}}{L_1} + \frac{V_{xy}}{L_2} + \frac{V_{xy}}{L_3}.$$

Por fim, ao simplificar encontramos:

$$\frac{1}{L_{eq}} = \frac{1}{L_1} + \frac{1}{L_2} + \frac{1}{L_3}.$$

4. **Circuito misto:** No circuito da Figura 9.19, considere os seguintes valores: $\mathcal{E} = 100$ V, $R_1 = 5{,}00$ Ω, $R_2 = 10{,}0$ Ω, $R_3 = 20{,}0$ Ω e $L = 2{,}00$ H. Determine:

a) logo após o fechamento da chave S, os valores de I_1 e I_2;

b) muito tempo depois de ter sido fechada a chave S, os valores de I_1, I_2 e I_3;

c) os valores de I_1, I_2 e I_3 após a nova abertura da chave S.

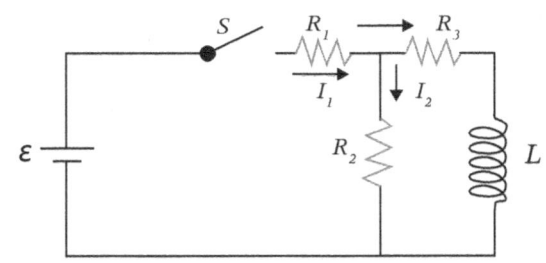

Figura 9.19 – Circuito misto.

SOLUÇÃO

a) Imediatamente após o fechamento da chave $(t \simeq 0)$, podemos escrever a equação de cada malha.

■ Malha (1):

$$\mathcal{E} = R_1 I_1 + R_2 I_2.$$

■ Malha (2):

$$R_3 I_3 + L \frac{dI_3}{dt} - R_2 I_2 = 0$$

e a equação dos nós

$$I_1 = I_2 + I_3.$$

Na malha (2), ao fazer $R_2 I_2 = \mathcal{E}_2$, encontramos:

$$I_3 R_3 + L\frac{dI_3}{dt} = \mathcal{E}_2;$$

separando as variáveis, obtemos

$$\frac{dI_3}{\left(\dfrac{\mathcal{E}_2}{R_3} - I_3\right)} = \frac{R_3}{L} dt;$$

e, resolvendo para I_3, temos como resultado

$$I_3 = \frac{\mathcal{E}_2}{R_3}\left[1 - e^{-t/\tau_L}\right].$$

Assim, logo após o fechamento de S, $t \simeq 0$, podemos constatar que $I_3 = 0$ (o indutor age como um ramo de circuito aberto).

Da equação dos nós,

$$I_1 = I_2 + I_3,$$

logo, $I_1 = I_2$.

Da malha (1),

$$I_1 = I_2 = \frac{\mathcal{E}}{R_1 + R_2} = \frac{100\ \text{V}}{15\ \Omega} = 6,66\ \text{A}.$$

b) Muito tempo depois do fechamento de S, $t \simeq \infty$, portanto o circuito entra no regime permanente. Então,

$$I_3 = \frac{\mathcal{E}_2}{R_3}[1 - e^{-t/\tau_L}] = \frac{\mathcal{E}_2}{R_3} = \frac{R_2 I_2}{R_3}.$$

Sendo

$$I = I_1 + I_2 + I_3 = I_2 + \frac{R_2 I_2}{R_3}$$

e realizando a substituição na equação das malhas, temos

$$\mathcal{E} = R_1\left(I_2 + \frac{R_2 I_2}{R_3}\right) + I_2.$$

Obtemos, assim:

$$I_2 = \frac{\mathcal{E} R_3}{[R_1 R_2 + R_1 R_3 + R_2 R_3]} = \frac{100 \times 20,0}{[5,00 \times 10,0 + 5,00 \times 20,0 + 10,0 \times 20,0]} = 5,71\ \text{A}$$

e

$$I_1 = I_2 + \frac{R_2 I_2}{R_3} = 5,71 + \frac{10,0 \times 5,71}{20,0} = 8,57 \text{ A},$$

portanto

$$I_3 = I_1 - I_2 = 8,57 - 5,71 = 2,86 \text{ A}.$$

c) após a chave S reabrir, não há corrente na malha (1), logo $I_1 = 0$.

Em virtude da presença do indutor na malha (2), a corrente não desaparece imediatamente a zero, portanto I_3, a corrente que passa pelo indutor, mantém o mesmo valor imediatamente antes e depois de ter sido aberta:

$$I_3 = 2,86 \text{ A},$$

ao passo que $I_2 = I_1 - I_3 = 2,86$ A.

Após um longo período, todas as correntes serão nulas.

9.7.2 Exercícios propostos

1. Na Figura 9.20, um campo elétrico uniforme aponta para fora do papel em uma região circular de raio $R = 3$ cm. O módulo do campo elétrico é dado por $E = \left(4,5 \times 10^{-3} \text{ V/ms}\right)t$, onde t está em segundos. Determine o módulo do campo magnético induzido a uma distância radial:
   a) de 2,00 cm;
   b) de 5,00 cm.

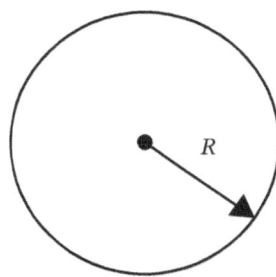

Figura 9.20 – Campo elétrico uniforme saindo da folha.

2. Considere a Figura 9.21. Na espira retangular não passa nenhuma corrente. No fio retilíneo infinito, que é paralelo ao segmento AB da espira, passa uma corrente I.
   a) Mostre que o fluxo magnético através da espira é $\Phi_B = \frac{\mu_0 I a}{2\pi} \ln\left(1 + \frac{b}{r}\right)$.

b) Determine a *fem* induzida na espira, no caso em que ela se afasta do fio com velocidade constante v ortogonal a ele.

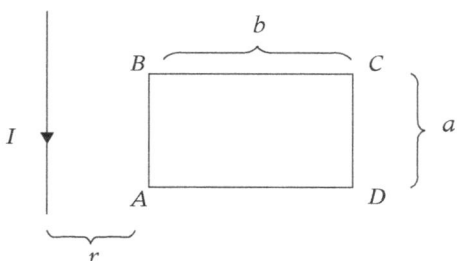

Figura 9.21 – Espira retangular.

3. Um capacitor de placas planas e paralelas de geometria circular de raio R está sendo carregado com uma corrente I. Considere que B_{MAX} é o campo magnético máximo induzido. Calcule o módulo do campo magnético induzido no ponto $r = R/5$ em termos de B_{MAX}.

4. Uma espira de metal com raio igual a 0,5 m está posicionada no plano xy e é mantida perpendicular a um campo magnético uniforme na direção dos z positivos. A espira tem uma resistência de $0,2\ \Omega$. Se o campo diminui a uma taxa de 20 mT/s, calcule:
   a) a *fem* induzida na espira;
   b) a corrente induzida na espira;
   c) o sentido da corrente induzida, explicando detalhadamente a sua resposta, baseando-se na lei de Faraday-Lenz.

5. Na Figura 9.22, uma barra de cobre de 1,5 kg repousa em dois trilhos horizontais situados a 0,90 m de distância um do outro e é percorrida por uma corrente de 5,0 A. O coeficiente de atrito estático entre a barra e os trilhos é 0,5. O sistema barra trilhos está imerso em um campo magnético B que faz 26° com a vertical, e a barra está na iminência de se deslocar. Determine o módulo do campo B.

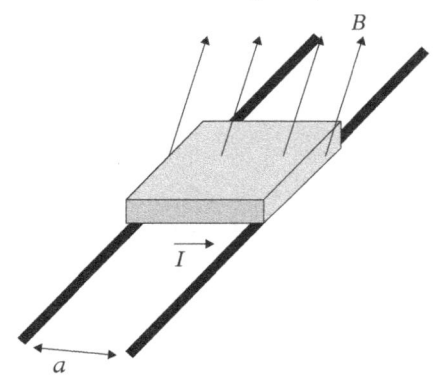

Figura 9.22 – Uma barra de cobre apoiada sobre trilhos.

6. Na Figura 9.23, uma espira quadrada com 2,0 cm de lado é submetida a um campo magnético, dirigido para fora do papel, cujo módulo é dado por $B = 4,0t^2 y$, onde B está em teslas, t está em segundos e y em metros. No instante $t = 2,5$ s, determine:

a) o valor em módulo;

b) o sentido da força eletromotriz induzida na espira. Explique sua resposta baseando-se na espira e nas leis do eletromagnetismo.

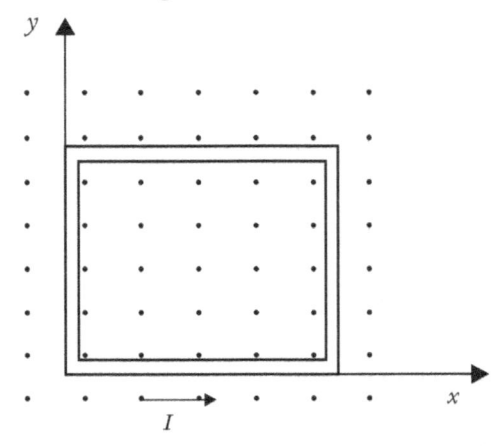

Figura 9.23 – Espira quadrada na presença de um campo magnético saindo da folha.

7. Na Figura 9.24, o campo magnético que atravessa a espira de 10 cm de raio varia com o tempo de acordo com a expressão:

$$B(t) = \left[\frac{t^2}{\pi} + \frac{20}{\pi}e^{-2t}\right],$$

com $B(t)$ dado em militesla e t em segundos. No instante $t = 0$, o campo magnético aponta para fora da folha. Calcule:

a) O fluxo magnético no instante $t = 0$.

b) A *fem* induzida na espira em $t = 2$ s.

c) Indique o sentido da corrente através de R para $t = 2$ s.

d) Confira seus resultados no módulo *indexfem*. Altere o raio da espira e estude os resultados para outros instantes de tempo.

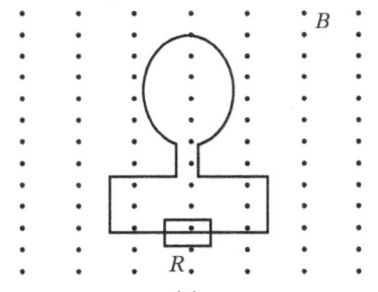

Figura 9.24 – Espira de corrente em campo magnético.

8. A haste condutora AB da Figura 9.25 está em contato com os dois trilhos paralelos AD e BC, separados pela distância de 50 cm. A resistência total do circuito ABCD (suposta constante) é igual a 0,5 Ω, e existe um campo magnético uniforme de 0,5 T perpendicular ao plano dos trilhos.

a) Qual deve ser o valor e o sentido da *fem* na haste quando ela é movida para a direita com velocidade constante de 4 m/s?

b) Qual é o valor da força F necessária para manter a haste em movimento?

c) Compare a potência mecânica produzida pela força F com a taxa de dissipação de energia térmica no circuito.

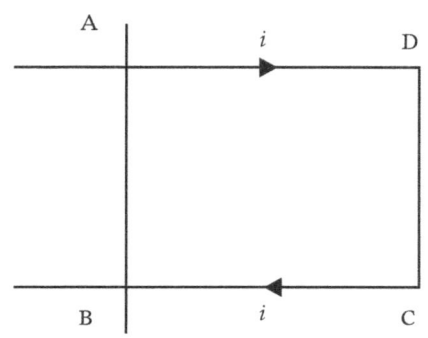

Figura 9.25 – Haste condutora.

9. Um disco metálico de raio a com velocidade angular w em um plano onde existe um campo magnético uniforme de módulo B e paralelo ao eixo do disco. Mostre que a ddp entre o centro e a borda é $\left[\dfrac{1}{2}\right] wa^2 B$.

10. Dois fios iguais e paralelos, cujos centros estão separados por uma distância d, são percorridos por correntes iguais, mas em sentidos opostos, como visto na Figura 9.26. Mostre que, desprezando o fluxo existente dentro dos próprios fios, a indutância relativa a um comprimento l nesse par de fios é dada por

$$L = \frac{\mu_0 l}{\pi} \ln\left(\frac{d-a}{a}\right),$$

onde a é o raio dos fios.

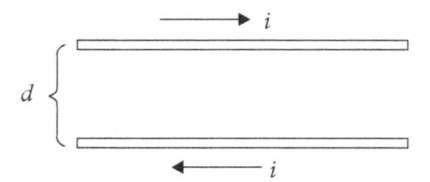

Figura 9.26 – Fios paralelos percorridos por correntes iguais.

11. Determine a indutância de um solenoide ideal com 500 espiras, $l = 0{,}70$ m e seção reta circular de raio 0,04 m.

12. Determine a indutância por unidade de comprimento do cabo coaxial de raio interno $a = 1$ mm e raio externo $b = 3$ mm. (Considere, para um cabo coaxial de comprimento l, $L = \dfrac{\mu_0 l}{\pi}\ln b/a$).

13. Considere um toroide formado de 600 espiras, com raio interno de 1,5 cm, raio externo de 3,0 cm e altura $h = 2{,}0$ cm. Determine a indutância desse toroide.

14. Um cilindro é composto de duas chapas metálicas cilíndricas e coaxiais, de raios a e b, cada uma percorrida por uma corrente I, mas de sentidos opostos. Calcule a autoindutância por unidade de comprimento. O espaço entre os cilindros é preenchido por uma substância cuja permeabilidade é μ.

15. Um solenoide toroidal com núcleo de ar, de seção reta $A = 10$ cm² e raio $r = 0{,}10$ m é enrolado com 100 espiras de fio muito unidas. Desprezando-se a variação de B ao longo da seção reta, determine a autoindutância magnética.

16. Na Figura 9.27 estão ilustrados três indutores ligados em série com os seguintes valores $L_1 = 5$ mH, $L_2 = 8$ mH e $L_3 = 12$ mH. Determine a indutância equivalente da configuração.

Figura 9.27 – Indutores ligados em série.

17. Na Figura 9.28 estão ilustrados três indutores ligados em paralelo com os seguintes valores: $L_1 = 5$ mH, $L_2 = 8$ mH e $L_3 = 12$ mH. Determine a indutância equivalente da configuração.

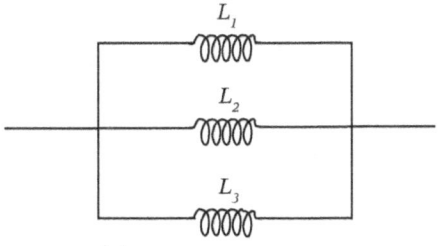

Figura 9.28 – Indutores ligados em paralelo.

18. Encontre a indutância equivalente do conjunto da Figura 9.29, sendo $L_1 = 5$ mH, $L_2 = 20$ mH, $L_3 = 20$ mH e $L_4 = 5$ mH.

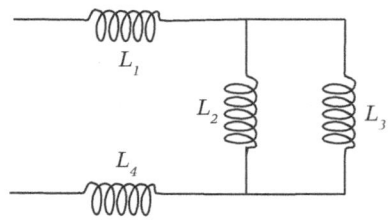

Figura 9.29 – Conjunto de indutores.

19. Considere um circuito RL ligado em série a uma fonte contínua de *fem* ($\mathcal{E}$).
    a) Demonstre que a corrente total é dada por
    $$I = \frac{\mathcal{E}}{R}\left[1 - e^{-t/\tau_L}\right],$$
    onde $\tau_L = L/R$.
    b) Faça o gráfico $I \times t$ correspondente ao aumento da corrente no circuito RL.

20. Considere o circuito da Figura 9.30, alimentado por uma *fem* de 60 V, com $R_1 = R_2 = 40$ $k\Omega$ e $L = 60$ mH. Após um longo período, a chave S é fechada. Pede-se:
    a) o valor da corrente na fonte logo após o fechamento da chave S;
    b) o valor da corrente na fonte para $t = 3{,}0$ μs.

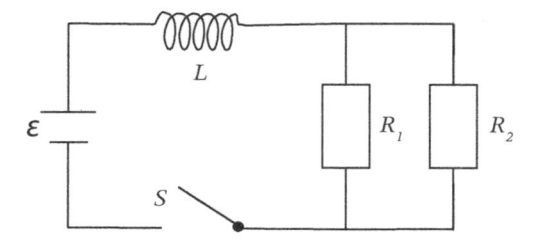

Figura 9.30 – Circuito RL.

21. Em um circuito RL, a corrente atinge 40 mA em 2,0 ms contados desde o instante em que o interruptor é ligado e, após alguns instantes, se estabiliza em 80 mA. A resistência é de 60 Ω.
    a) Determine a indutância no circuito.
    b) Confira seu resultado no módulo de simulação *indfarrl* e teste outras possibilidades.

22. No circuito da Figura 9.31, determine:
    a) a taxa de variação da corrente em cada indutor e resistor, logo depois de a chave S ter sido fechada;
    b) a corrente final.

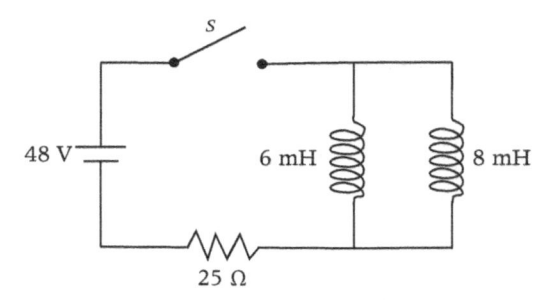

Figura 9.31 – Circuito com indutores paralelos.

23. Na Figura 9.32, uma bobina de autoindutância de 10,0 mH e resistência de 30,0 Ω está ligada aos terminais de uma bateria de 24 V e resistência interna desprezível. Determine:
    a) a corrente na fonte logo após a chave S ser fechada;
    b) a corrente final;
    c) a corrente após 100 μs.

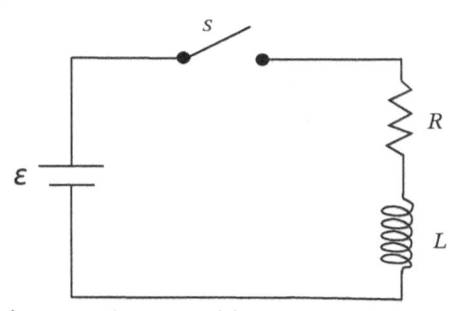

Figura 9.32 – Circuito com indutor e resistor em série.

24. No circuito da Figura 9.33, o indutor é constituído por 48 espiras e alimentado por uma fonte ideal com $\mathcal{E} = 20$ V. Sabemos que o fluxo magnético nas espiras do indutor em função da corrente vale $2,0 \times 10^{-4}$ T.m^2/A. Determine a taxa de variação da corrente (dI/dt) no instante $t = 0,80\tau_L$, considerando que a chave S foi fechada no instante $t = 0$.

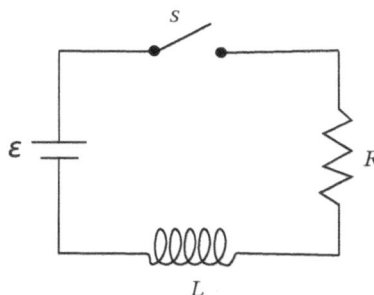

Figura 9.33 – Circuito com indutor em série.

25. No circuito da Figura 9.34, considere que a chave S tenha ficado fechada por um longo tempo, de modo que a corrente seja permanente e que a resistência do indutor seja desprezível. Determine
    a) a corrente da bateria;
    b) a corrente no resistor de 200 Ω;
    c) a corrente no indutor;
    d) a voltagem inicial no indutor quando a chave S for aberta;
    e) a corrente no indutor em função do tempo medido a partir da abertura da chave S.

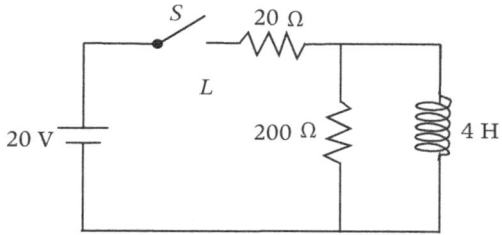

Figura 9.34 – Circuito indutor-resistor.

26. Aplica-se subitamente uma *fem* de 3,0 V aos extremos de uma ligação em série de um indutor de 3,0 H com um resistor 10 Ω.
    a) Calcule a potência instantânea fornecida pela bateria 0,30 s após a ligação do circuito.
    b) Qual a potência instantânea dissipada sob a forma de calor no resistor?
    c) Qual o valor instantâneo P_B da taxa de acumulação da energia no campo magnético?

27. Uma espira circular de 8 cm de raio transporta uma corrente de 75 A. Determine:
    a) a intensidade do campo magnético;
    b) a densidade de energia no centro da espira.

28. Um campo magnético de 300 G $(1\,G = 10^{-4}\,T)$ e um campo elétrico de $3,0 \times 10^6\,N/C$ estão presentes em uma mesma região do espaço. Calcule a densidade de energia total nessa região.

29. Considere a espira retangular e o fio infinito na Figura 9.21. Determine a indutância mútua entre o fio e a espira.

30. Dois solenoides concêntricos, sendo que o interno possui $N_1 = 1.000$ espiras, $r_1 = 1,0$ cm e $l_1 = 50$ cm. O solenoide externo possui $N_2 = 2.000$ espiras, $r_2 = 2,0$ cm e $l_2 = 50$ cm. Calcule a indutância mútua entre os solenoides, assumindo que o vácuo preenche o espaço entre eles.

PESQUISA E APROFUNDAMENTO

- Descreva o princípio de funcionamento de um detector de metais.
- Qual o papel da indução eletromagnética em um transformador de voltagem?
- Discuta o problema da indutância mútua em cabos umbilicais com condutores de potência e de sinal de controle, que são utilizados na indústria do petróleo (nas plataformas oceânicas de extração de petróleo – *offshore*).

Bibliografia complementar

ALVES, D. T. et. al. Aprendizagem de eletromagnetismo via programação e computação simbólica. *Revista Brasileira de Ensino de Física*, v. 24, n. 2, 2002, p. 201.

CANALLE, J. B. G.; MOURA, R. A. A lei de Faraday e a de Lenz. *Caderno Catarinense de Ensino de Física*, v. 14, n. 3, 1997, p. 299-301.

DAVISON, M. E. A simple proof that the Lorentz force, law implied Faraday's law of induction, when B is time independent. *American Journal of Physics*, v. 41, n. 5, 1973; p. 711-713.

DIAS DA SILVA, J. H. Algumas considerações sobre ensino e aprendizagem na disciplina laboratório de eletromagnetismo. *Revista Brasileira de Ensino de Física*, v. 24, n. 4, 2002, p. 471.

FARADAY, M. Experimental researches part II. *Philosophical Transactions*, v. 7, 1832, p. 125-7.

HESSEL, R. Laboratório caseiro, a lei de Faraday e a de Lenz. *Caderno Catarinense de Ensino de Física*, v. 16, n. 3, 1999, p. 340.

LÄUDKE, E. Estudando campos magnéticos e histerese com um anel de Rowland. *Revista Brasileira de Ensino de Física*, v. 32, n. 1, 2010, p. 1504.

_____. Um indutímetro para laboratório didático de eletromagnetismo. *Revista Brasileira de Ensino de Física*, v. 32, n. 1, 2010, p. 1505.

ORSTED, H. C. Experimenta circum effectum conflictus electrici in acum magneticum. *Journal fur Chemie und Physik*, n. 29, 1820, p 275-81.

RODRIGUES, F. G. On equivalent expressions for the Faraday's law of induction. *Revista Brasileira de Ensino de Física*, v. 34, n. 1, 2012, p. 1309.

STINE, W. M. *H. F. E. Lenz to electromagnetism*: the electrodynamic action of an induced current opposes equally the mechanical action inducing it. Philadelphia: The Acorn Press, 1923.

Osciloções eletromagnéticas

Nos capítulos precedentes, estudamos circuitos com um único elemento armazenador de energia, ou constituídos por um capacitor, capaz de armazenar energia elétrica, ou por um indutor, que pode armazenar energia magnética. Em ambos os casos, os circuitos eram descritos por equações diferenciais de primeira ordem, razão pela qual são denominados *circuitos de primeira ordem*.

Neste capítulo, consideraremos a presença simultânea dos dois elementos armazenadores de energia em um mesmo circuito, que serão modelados por equações diferenciais de segunda ordem ou que contenham derivadas de segunda ordem. Por esse motivo, esses circuitos são denominados *circuitos de segunda ordem*.

Iniciaremos nosso estudo sobre oscilações eletromagnéticas analisando um circuito LC no qual o resistor está ausente e todas as resistências internas são desconsideradas, o que o torna, portanto, um circuito ideal.

10.1 Circuito LC

O circuito LC é aquele cujos únicos elementos passivos são o indutor (L) e o capacitor (C). Esse é um exemplo típico de circuito ideal, uma vez que sua resistência é considerada nula ($R = 0$), de modo que não há dissipação ou perda de energia sob forma de calor. A Figura 10.1 mostra o caso típico de um circuito LC ideal e sem fonte.

Vamos considerar que o capacitor está carregado com uma carga q_0 e que, consequentemente, o circuito tem energia elétrica armazenada no campo elétrico presente no capacitor. Quando uma chave (não representada na figura) fecha o circuito, o capacitor começa a descarregar e a energia elétrica diminui. Contudo, a corrente criada pelo processo de descarga gera energia magnética, que é armazenada no indutor. No caso de um circuito ideal, em que não há resistência, a energia magnética do indutor retorna para o capacitor e, deste, novamente para o indutor. Isso ocorre em um processo semelhante às trocas de energia potencial e cinética nas oscilações de um movimento harmônico simples. Sem perdas, essa oscilação segue indefinidamente, e a isso se dá o nome de *oscilação eletromagnética*.

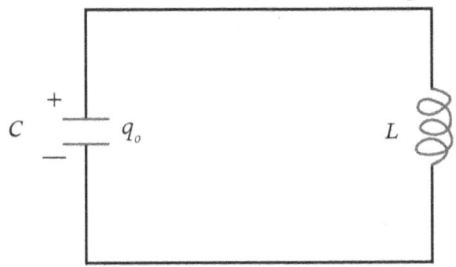

Figura 10.1 – Circuito *LC*.

A teoria das oscilações é muito importante, já que aparece em muitas áreas da física e em diversas modelagens nas mais variadas áreas da engenharia. Nas situações abordadas neste livro, as oscilações serão harmônicas e poderão ser descritas por equações diferenciais lineares. Assim, neste capítulo, analisaremos as equações dos circuitos e apresentaremos, resumidamente, o método de solução dessas equações, bem como os elementos para entendê-lo. Em particular, utilizaremos a fórmula de Euler e a álgebra dos complexos. Iniciaremos, então, apresentando a identidade de Euler por meio da expansão em série de Taylor.

10.1.1 Série de Taylor e MacLaurin

Muitas vezes, precisamos conhecer o comportamento de determinada função em uma pequena região em torno de certo ponto. Nesse caso, expande-se essa função por meio da série de Taylor em torno desse ponto de interesse. Chamando esse ponto de a, a expansão em Taylor pode ser escrita assim:

$$f(x) = \sum_{n=0}^{\infty} \frac{(x-a)^n}{n!} \frac{d^n f(x)}{dx^n}\bigg|x=a$$
$$= f(a) + (x-a)\frac{df(x)}{dx}\bigg|x=a + \frac{(x-a)^2}{2!}\frac{d^2 f(x)}{dx^2}\bigg|x=a + \ldots + \frac{(x-a)^n}{n!}\frac{d^n f(x)}{dx^n}\bigg|x=a,$$

(10.1)

onde $\frac{d^n f(x)}{dx^n}\bigg|x=a$ representa a derivada enésima de $f(x)$ no ponto $x = a$ e

$$n! = n \times (n-1) \times (n-2) \times \ldots \times 3 \times 2 \times 1$$

(10.2)

é o fatorial de n. No caso particular em que o ponto de interesse é o zero, $x = 0$, a série anterior também é chamada de série de MacLaurin, dada pela expressão:

$$f(x) = \sum_{n=0}^{\infty} \frac{x^n}{n!} \frac{d^n f(0)}{dx^n}\bigg|_{x=0} = f(0) + x\frac{df(0)}{dx}\bigg|_{x=0} + \frac{x^2}{2!}\frac{d^2 f(0)}{dx^2}\bigg|_{x=0} + \ldots + \frac{(0)^n}{n!}\frac{d^n f(0)}{dx^n}\bigg|_{x=0}. \qquad (10.3)$$

Assim, a série de Taylor fornece $f(x)$ em função dos valores que $f(x)$ e suas derivadas assumem em $x = a$. Do mesmo modo, a série de MacLaurin é o desenvolvimento de $f(x)$ em potências de x e suas derivadas na vizinhança de $x = 0$.

10.1.2 Exemplos de funções expandidas em série de MacLaurin

1. Função exponencial: $f(x) = e^x$.

Queremos expandir e^x em torno do ponto $x = 0$, então:

$$f(x) = e^x \rightarrow f(0) = e^0 = 1;$$
$$f'(x) = e^x \rightarrow f'(0) = e^0 = 1;$$
$$f''(x) = e^x \rightarrow f''(0) = e^0 = 1\ldots$$

Substituindo esses resultados na expressão de Taylor/MacLaurin, obtemos

$$e^x = 1 + x + \frac{x^2}{2!} + \frac{x^3}{3!} + \ldots$$

Se uma aproximação até segunda ordem for satisfatória, a função pode ser aproximada para

$$e^x = 1 + x + \frac{x^2}{2}.$$

2. Função cosseno: $f(x) = \cos x$.

Para a função cosseno, também podemos obter a expansão em série em torno do ponto $x = 0$:

$$f(x) = \cos x \rightarrow f(0) = \cos 0 = 1;$$
$$f'(x) = -\operatorname{sen} x \rightarrow f'(0) = -\operatorname{sen} 0 = 0;$$
$$f''(x) = -\cos x \rightarrow f''(0) = -\cos 0 = -1;$$
$$f'''(x) = \operatorname{sen} x \rightarrow f'''(0) = \operatorname{sen} 0 = 0.$$

Portanto,

$$\cos x = 1 - \frac{x^2}{2} + \frac{x^4}{4!} - \frac{x^6}{6!} + \ldots$$

3. Função seno: $f(x) = \operatorname{sen} x$.

Do mesmo modo,

$$f(x) = \operatorname{sen} x \quad \rightarrow \quad f(0) = \operatorname{sen} 0 = 0;$$
$$f'(x) = \cos x \quad \rightarrow \quad f'(0) = \cos 0 = 1;$$
$$f''(x) = -\operatorname{sen} x \quad \rightarrow \quad f''(0) = -\operatorname{sen} 0 = 0;$$
$$f'''(x) = -\cos x \quad \rightarrow \quad f'''(0) = -\cos 0 = -1.$$

Logo,

$$\operatorname{sen} x = x - \frac{x^3}{3!} + \frac{x^5}{5!} - \frac{x^7}{7!} + \ldots$$

4. Função identidade de Euler: $f(x) = e^{jx}$.

Nessa função, $j = \sqrt{-1}$, logo, trata-se de uma função complexa. Para a expansão em série, podemos verificar que

$$f(x) = e^{jx} \quad \rightarrow \quad f(0) = e^0 = 1;$$
$$f'(x) = je^{jx} \quad \rightarrow \quad f'(0) = je^0 = j;$$
$$f''(x) = -e^{jx} \quad \rightarrow \quad f''(0) = -e^0 = 1.$$

Assim, obtemos a função

$$e^{jx} = 1 + jx - \frac{x^2}{2!} - j\frac{x^3}{3!} + \frac{x^4}{4!} + j\frac{x^5}{5!} - \frac{x^6}{6!} + \ldots$$

Ajustando os termos,

$$e^{jx} = 1 - \frac{x^2}{2!} + \frac{x^4}{4!} - \frac{x^6}{6!} + j\left(x - \frac{x^3}{3!} + \frac{x^5}{5!}\right) + \ldots$$

Podemos notar, ainda, que os termos fora dos parênteses são equivalentes aos termos da função $\cos x$, ao passo que os termos dentro dos parênteses equivalem aos termos da função sen x. Assim, é possível escrever, simplificadamente:

$$e^{jx} = \cos x + j\operatorname{sen} x. \tag{10.4}$$

Do mesmo modo,

$$e^{-jx} = \cos x - j\operatorname{sen} x. \tag{10.5}$$

Das equações 10.4 e 10.5 seguem dois corolários:[1]

$$\begin{cases} \cos x = \dfrac{e^{jx} + e^{-jx}}{2} \\ \operatorname{sen} x = \dfrac{e^{jx} - e^{-jx}}{2j} \end{cases} \tag{10.6}$$

10.1.3 Circuito *LC* sem fonte

Como já mencionamos, o circuito *LC* constitui-se de dois elementos: um capacitor carregado com carga q_0 e um indutor *L*. Quando o circuito é fechado, o capacitor começa a se descarregar, e o indutor reage com uma tensão V_L que se opõe à tensão V_C do capacitor. Até então, a corrente era nula.

À medida que o capacitor descarrega, V_C diminui, e a corrente no circuito vai aumentando. O processo continua até que a carga do capacitor seja efetivamente nula. Como não há mais carga no capacitor, a corrente por ele gerada vai a zero, mas o indutor reage a essa queda de corrente, gerando agora uma tensão que tenta preservar a corrente no sentido positivo. O capacitor reage criando uma tensão que se opõe ao fluxo de corrente no sentido positivo (o capacitor está se carregando ao contrário). Assim, as tensões V_C e V_L terão se invertido em relação ao início, e a sequência se repete ao contrário, com corrente negativa, até que o capacitor se recarregue e volte ao estado inicial, começando novo ciclo.

Quando o capacitor começa a se descarregar, estabelece uma corrente *I*, que circula no indutor, gerando um campo magnético, e a energia elétrica do capacitor é transferida em forma de energia magnética para o campo do indutor. Essa energia armazenada no campo do indutor acaba por retornar ao capacitor na forma de energia elétrica e, se não ocorrer dissipação, a energia se conserva, de forma que

$$U = U_E + U_B = \frac{1}{2}\frac{q^2}{C} + \frac{1}{2}LI^2, \tag{10.7}$$

sendo U_E e U_B a energia elétrica (dada pela Equação 5.29) e a energia magnética (dada pela Equação 9.34), respectivamente, e *U* a energia total.

Se derivarmos a Equação 10.7 em relação a *t*, lembrando que *U* é constante no tempo, teremos

$$\frac{d}{dt}\left(\frac{1}{2}\frac{q^2}{C} + \frac{1}{2}LI^2\right) = 0, \quad \Rightarrow \quad \frac{1}{2C}2q\frac{dq}{dt} + \frac{L}{2}2I\frac{dI}{dt} = 0. \tag{10.8}$$

---

[1] Um corolário é uma proposição que se deduz imediatamente de outra já conhecida.

Logo, como

$$I = -\frac{dq}{dt} \qquad \frac{dI}{dt} = -\frac{d^2q}{dt^2},$$

(note a convenção de sinais: a corrente aumenta quando o capacitor descarrega), a Equação 10.8 fica

$$\frac{d^2q}{dt^2} + \frac{1}{LC}q = 0. \tag{10.9}$$

Podemos chamar de ω a frequência angular de oscilação do circuito LC, de modo que

$$\omega = 2\pi f = \sqrt{\frac{1}{LC}}. \tag{10.10}$$

Em termos de ω, a Equação 10.9 pode ser reescrita como

$$\frac{d^2q}{dt^2} + \omega^2 q = 0 \tag{10.11}$$

No caso de equações como a Equação 10.11, em que os coeficientes são constantes, a teoria das equações diferenciais mostra que existe sempre uma solução da forma $e^{\lambda t}$.

Assim, o método de resolução consiste em:

1. admitir uma solução dessa forma;
2. retornar à equação diferencial com essa solução;
3. obter a chamada equação característica, determinando-se suas duas raízes (no caso de uma equação diferencial de segunda ordem) e, então,
4. escrever a solução geral da equação diferencial.

Seguiremos esse procedimento.

Admitindo, então, $q(t) = e^{\lambda t}$ e tomando suas derivadas, obtemos

$$q = e^{\lambda t}, \quad \frac{dq}{dt} = \lambda e^{\lambda t}, \quad \frac{d^2q}{dt^2} = \lambda^2 e^{\lambda t}.$$

Ao utilizar esses resultados na Equação 10.11, encontramos

$$\lambda^2 + \omega^2 = 0, \tag{10.12}$$

que é uma equação algébrica de segundo grau em λ, chamada de *equação característica* da equação diferencial (Equação 10.11). Ela é assim chamada porque as raízes de λ determinam a solução (característica) $q(t)$. A solução da Equação 10.12 se dá por

$$\lambda = \pm j\omega. \tag{10.13}$$

Assim, a solução geral da Equação 10.11 apresenta a seguinte forma:

$$q(t) = C_1 e^{j\omega t} + C_2 e^{-j\omega t}, \tag{10.14}$$

onde C_1 e C_2 são constantes arbitrárias complexas que devem ser determinadas pelas condições iniciais. A vantagem desse método é que ele transforma a solução de uma equação diferencial na solução de uma equação algébrica.

Como dissemos, C_1 e C_2 devem ser complexas para que a Equação 10.14 seja a solução geral. Contudo, um problema físico deve apresentar solução real, logo, devemos escolher C_1 e C_2 a fim de que a solução $q(t)$ seja real. No entanto, sabemos que a soma de dois números complexos é real se um deles for o complexo conjugado do outro.

Assim, como $e^{-j\omega t}$ é o complexo conjugado de $e^{j\omega t}$, basta fazer $C_1 = C$ e $C_2 = C^*$ na Equação 10.14 para q ser real. Então,

$$C_1 = C = a + jb \qquad \text{e} \qquad C_2 = C^* = a - jb, \tag{10.15}$$

onde a e b são números reais. Ao substituir C_1 e C_2 na Equação 10.14, obtemos

$$q(t) = C\left[\cos\omega t + j\operatorname{sen}\omega t\right] + C^*\left[\cos\omega t - j\operatorname{sen}\omega t\right], \tag{10.16}$$

em que usamos a identidade de Euler (ver equações 10.4 e 10.5).

Ajustando-se os termos,

$$q(t) = (C + C^*)\cos\omega t + (C - C^*)j\operatorname{sen}\omega t.$$

Quanto à Equação 10.15, vemos que

$$C + C^* = 2a \qquad C - C^* = j2b, \tag{10.17}$$

Portanto,

$$q(t) = 2a\cos\omega t - 2b\operatorname{sen}\omega t. \tag{10.18}$$

Fazendo $2a = A_1$ e $2b = B_1$, temos

$$q(t) = A_1 \cos(\omega t) - B_1 \operatorname{sen}(\omega t), \tag{10.19}$$

que é a solução geral e real da Equação 10.11.

É possível escrever essa solução com $A = \sqrt{A_1^2 + B_1^2}$, de modo que o ponto $(A_1/A, B_1/A)$ está no círculo de raio unitário e existe um ângulo ϕ tal que:

$$\cos\phi = A_1/A \qquad \text{e} \qquad \operatorname{sen}\phi = B_1/A. \tag{10.20}$$

Então, a Equação 10.19 pode ser reescrita como

$$\frac{q(t)}{A} = \frac{A_1}{A}\cos(\omega t) - \frac{B_1}{A}\text{sen}(\omega t) = \cos\phi\cos(\omega t) - \text{sen}\phi\,\text{sen}(\omega t),$$

que, pela identidade trigonométrica $\cos\phi\cos(\omega t) - \text{sen}\phi\,\text{sen}(\omega t) = \cos(\omega t + \phi)$, toma a forma

$$q(t) = A\cos(\omega t + \phi). \tag{10.21}$$

Essa é a solução real e geral da Equação 10.11, onde A e ϕ são as constantes a serem obtidas em termos das condições iniciais, representando, respectivamente, a amplitude e a constante de fase. Portanto, as equações 10.19 e 10.21 representam soluções da Equação 10.11. Além disso, como $I = -dq/dt$,

$$I(t) = A\omega\,\text{sen}(\omega t + \phi). \tag{10.22}$$

Com a condição inicial $I(t=0) = 0$, nota-se que a fase inicial também é nula, $\phi = 0$, se $q(T=0) = q_0$. Assim, podemos escrever as amplitudes $A = q_0$, $A\omega = I_0 = q_0\omega$ e $\phi = 0$, de modo que as equações anteriores ficam:

$$q(t) = q_0\cos\omega t, \tag{10.23}$$

e

$$I(t) = I_0\text{sen}\,\omega t. \tag{10.24}$$

A Figura 10.2 ilustra o comportamento de q e I em função do tempo.

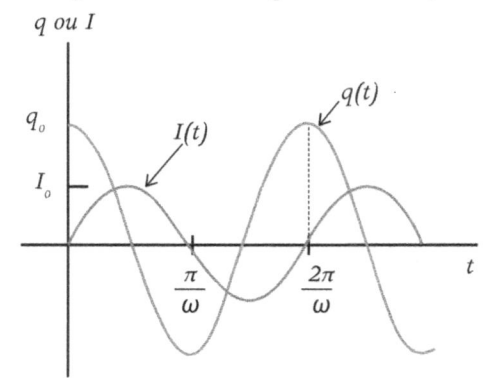

Figura 10.2 – q ou I versus t.

APLIQUE SEUS CONHECIMENTOS

No módulo de simulação *osclc*, é possível simular um circuito LC e rever os resultados anteriores.

As energias elétrica, U_E, e magnética, U_B, do circuito LC podem ser recalculadas com o auxílio das duas últimas equações, gerando:

$$U_E = \frac{1}{2}\frac{q^2}{C} = \frac{q_0^2}{2C}\cos^2\omega t \qquad (10.25)$$

e

$$U_B = \frac{1}{2}LI^2 = \frac{q_0^2}{2C}\text{sen}^2\omega t, \qquad (10.26)$$

que fornecem, respectivamente, essas energias no circuito como uma função do tempo. A energia total pode ser representada como:

$$U = U_E + U_B = \frac{q_0^2}{2C}\left[\cos^2\omega t + \text{sen}^2\omega t\right]$$

ou, ainda,

$$U = \frac{q_0^2}{2C}. \qquad (10.27)$$

O gráfico $(E \times t)$ da Figura 10.3 mostra a variação da energia elétrica (linha cheia) e da energia magnética (linha tracejada) em função do tempo. Observe que o valor máximo de cada uma delas corresponde a U. Além disso, quando uma se encontra com valor máximo, a outra se encontra com valor mínimo.

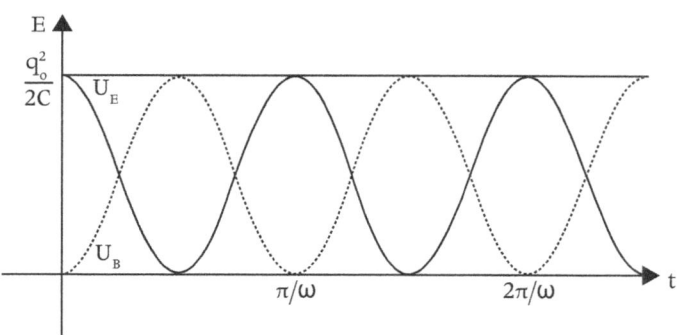

Figura 10.3 – Energia elétrica e magnética no circuito LC.

10.2 Circuito *RLC* em série, sem fonte

Considere um circuito RLC sem fonte, com seus elementos passivos dispostos em série, como mostra a Figura 10.4.

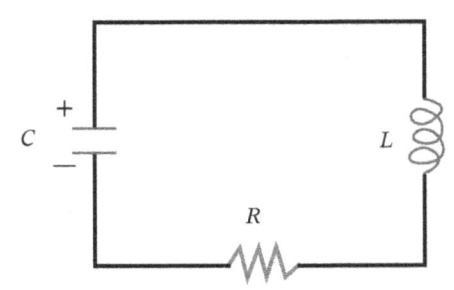

Figura 10.4 – Circuito *RLC* em série, sem fonte.

O circuito está inicialmente aberto e o capacitor é carregado por uma bateria com carga q_0. Em seguida, a bateria é removida e o circuito é fechado. Tal como no circuito *LC*, a corrente começa a fluir; contudo, agora há elemento resistivo, de modo que haverá dissipação de energia através da resistência. A taxa com que a energia é dissipada pode ser obtida pela Equação 6.27, sendo:

$$\frac{dU}{dt} = -I^2 R. \tag{10.28}$$

Então, a Equação 10.8 aplicada para o circuito *RLC* fica:

$$\frac{d}{dt}\left(\frac{1}{2}\frac{q^2}{C} + \frac{1}{2}LI^2\right) = -I^2 R \quad \Rightarrow \quad \frac{1}{C}q\frac{dq}{dt} + LI\frac{dI}{dt} = -I^2 R. \tag{10.29}$$

Logo, como $I = -\frac{dq}{dt}$ e $\frac{dI}{dt} = -\frac{d^2 q}{dt^2}$, se mantivermos a convenção de sinais, isto é, há aumento da corrente quando o capacitor descarrega, a Equação 10.29 pode ser escrita da seguinte forma:

$$\frac{1}{C}q(-I) + LI(-\frac{d^2 q}{dt^2}) = -I(-\frac{dq}{dt})R \quad \rightarrow \quad -L\frac{d^2 q}{dt^2} - \frac{q}{C} - R\frac{dq}{dt} = 0 \tag{10.30}$$

ou

$$\frac{d^2 q}{dt^2} + \frac{R}{L}\frac{dq}{dt} + \frac{q}{LC} = 0, \tag{10.31}$$

que é a equação diferencial que descreve as oscilações no circuito *RLC*. Quanto à forma, ela é similar à equação de um oscilador harmônico amortecido, com força de atrito proporcional à velocidade. O método de solução é o mesmo do circuito *LC*, ou seja: 1) admite-se uma solução; 2) obtém-se a equação característica e, então, 3) encontra-se a solução geral.

Assim, vamos admitir que a solução seja do tipo $q = e^{\lambda t}$, então:

$$\frac{dq}{dt} = \lambda e^{\lambda t} \qquad \frac{d^2 q}{dt^2} = \lambda^2 e^{\lambda t}.$$

Substituindo os resultados na Equação 10.31, obtemos

$$\lambda^2 + \frac{R}{L}\lambda + \frac{1}{LC} = 0, \tag{10.32}$$

cujas raízes são:

$$\lambda = -\frac{R}{2L} \pm \left[\left(\frac{R}{2L}\right)^2 - \frac{1}{LC}\right]^{1/2}. \tag{10.33}$$

Realizando as substituições:

$$\gamma = \frac{R}{2L}, \quad \omega_d = (\omega_0^2 - \gamma^2)^{1/2}, \quad \omega_0 = \frac{1}{\sqrt{LC}}, \tag{10.34}$$

onde γ é denominado fator de amortecimento, ω_0 é a frequência natural do circuito e ω_d é a frequência angular das oscilações amortecidas. Assim, a Equação 10.33 pode ser reescrita como

$$\lambda = -\gamma \pm [\gamma^2 - \omega_0^2]^{1/2} \quad \Rightarrow \quad \lambda = -\gamma \pm j\omega_d.$$

As raízes λ são as frequências do circuito e são medidas em *nepers por segundo* (Np/s), uma vez que estão associadas à resposta do circuito; ω_0 é a frequência natural não amortecida ou frequência de ressonância, medida em radianos por segundo (*rad/s*); γ é a frequência neperiana (ou fator de amortecimento), também medido em nepers por segundo, e, por fim, o termo ω_d representa a frequência natural amortecida.

Então, a solução da equação diferencial (Equação 10.31) será dada por:

$$q(t) = C_1 e^{-\gamma t + j\omega_d t} + C_2 e^{-\gamma t - j\omega_d t}. \tag{10.35}$$

Dessa solução geral, podemos distinguir três situações:

- Circuito subamortecido: $(\gamma < \omega_0)$

Se o fator de amortecimento for menor do que a frequência de ressonância, $\omega_d = \sqrt{\omega_0^2 - \gamma^2}$ será real e, consequentemente, as raízes da equação característica serão imaginárias. Nesse caso, a Equação 10.35 pode ser escrita como

$$q(t) = e^{-\gamma t}(C_1 e^{+j\omega_d t} + C_2 e^{-j\omega_d t}).$$

Redefinem-se as constantes $C_1 = \frac{1}{2}e^{i\phi}$ e $C_2 = \frac{1}{2}e^{-i\phi}$; então,

$$q(t) = Ae^{-\gamma t}\cos(\omega_d t + \phi), \tag{10.36}$$

onde a identidade de Euler $e^{\pm(j\omega_d t + \phi)} = \cos(\omega_d t + \phi) \pm j\text{sen}(\omega_d t + \phi)$ foi utilizada.

Essa equação é a solução geral da Equação 10.31 no caso de subamortecimento. Note que ela corresponde à Equação 10.21, mas com a amplitude e a frequência corrigidas por um fator de amortecimento.

A corrente pode ser obtida com a expressão a seguir

$$I(t) = -\frac{dq}{dt} = A\gamma e^{-\gamma t}\cos(\omega_d t + \phi) + q_0\omega_d e^{-\gamma t}\text{sen}(\omega_d t + \phi),$$

que, então, pode ser escrita como

$$I(t) = Ae^{-\gamma t}\left[\gamma\cos(\omega_d t + \phi) + \omega_d\text{sen}(\omega_d t + \phi)\right]. \tag{10.37}$$

Ainda, se definirmos

$$\cos\zeta = \frac{\omega_d}{\sqrt{\gamma^2 + \omega_d^2}} \quad \text{sen}\zeta = \frac{\gamma}{\sqrt{\gamma^2 + \omega_d^2}},$$

vemos que

$$I(t) = Ae^{-\gamma t}\sqrt{\gamma^2 + \omega_d^2}\,\text{sen}(\omega_d t + \phi + \zeta), \tag{10.38}$$

que é a corrente no regime de subamortecimento. Repare que sua amplitude, maior do que a amplitude A da equação da carga, também decresce no tempo e que a corrente encontra-se defasada em relação à carga de $\zeta + \pi/2$.

As constantes A e ϕ devem ser determinadas pelas condições iniciais. Se, por exemplo, $q(t=0) = q_0$, então $A = q_0$ e a fase é $\phi = 0$. Então,

$$q(t) = q_0 e^{-\gamma t}\cos\omega_d t. \tag{10.39}$$

O comportamento de $q(t)$ em função do tempo está ilustrado na Figura 10.5, em que é possível observar que a carga do capacitor oscila e sua amplitude decai exponencialmente ao longo do tempo.

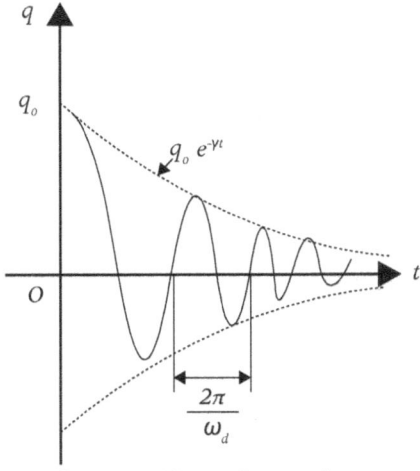

Figura 10.5 – $q(t)$ do circuito *RLC* subamortecido em função do tempo.

E a corrente fica:

$$I(t) = q_0 e^{-\gamma t} \sqrt{\gamma^2 + \omega_d^2}\,\text{sen}(\omega_d t + \phi + \zeta). \tag{10.40}$$

No caso de um pequeno amortecimento (pequeno R), $\gamma \ll \omega_0$, podemos desprezar γ em comparação a ω_0 e fazer $\omega_d \approx \omega_0$, bem como $\zeta = 0$. Nessa aproximação,

$$q(t) = q_0 e^{-\gamma t} \cos \omega_0 t, \tag{10.41}$$

$$I(t) = q_0 \omega_0 e^{-\gamma t} \text{sen}\,\omega_0 t.$$

A energia total (elétrica mais magnética) do circuito é

$$E = \frac{q^2}{2C} + \frac{LI^2}{2} = e^{-2\gamma t}\frac{q_0^2}{2C} = E_0 e^{-2\gamma t}, \tag{10.42}$$

sendo $E_0 = E(t = 0)$.

A equação mostra que a energia decresce a uma taxa igual a duas vezes a taxa de decaimento da amplitude.

Por fim, a taxa fracional de perda de energia ou derivada logarítmica de E é dada por

$$\frac{1}{E}\frac{dE}{dt} = \frac{d}{dt}\ln E = -2\gamma. \tag{10.43}$$

Em suma, a solução do circuito RLC, no caso de subamortecimento, mostra um decaimento exponencialmente amortecido ($e^{-\gamma t}$, sendo $1/\gamma$ uma constante de tempo) e oscilatório com período $T = 2\pi/\omega_d$. Esse tipo de solução descreve um circuito inicialmente carregado que começa a perder a energia gradualmente, fato evidenciado pelo decréscimo da amplitude da resposta. O efeito do amortecimento (dissipativo) ocorre em função da resistência R, ao passo que o fator de amortecimento γ determina a taxa segundo a qual a resposta é amortecida.

Se fizermos $R = 0$, então $\gamma = 0$, e teremos uma resposta exclusivamente oscilatória, como no caso do circuito LC, visto na seção anterior.

- Circuito criticamente amortecido: $(\gamma = \omega_0)$

Neste caso, o fator de amortecimento é igual à frequência de ressonância, o que significa que $\omega_d = 0$ e a equação característica terá apenas uma raiz $\lambda = -\gamma$. Consequentemente, a equação característica não é suficiente para encontrarmos a solução geral da equação diferencial, já que uma equação diferencial de segunda ordem exige duas constantes arbitrárias. Podemos resolver esse problema retornando à Equação 10.31 e utilizando a condição de amortecimento crítico $(\gamma = \omega_0)$ e $\gamma = R/2L$ e $\omega_0 = 1/\sqrt{LC} = \gamma$. Assim,

$$\frac{d^2q}{dt^2} + 2\gamma\frac{dq}{dt} + \gamma^2 q = 0, \quad \Rightarrow \left[\frac{d}{dt}\frac{d}{dt} + 2\gamma\frac{d}{dt} + \gamma\gamma\right]q = 0,$$

ou seja, a equação diferencial do circuito *RLC* criticamente amortecido pode ser escrita como

$$\left(\frac{d}{dt} + \gamma\right)\left(\frac{d}{dt} + \gamma\right)q = 0. \tag{10.44}$$

Com a introdução da variável

$$u = \left(\frac{d}{dt} + \gamma\right)q, \tag{10.45}$$

a Equação 10.44 pode ser escrita como:

$$\left(\frac{d}{dt} + \gamma\right)u = 0 \quad \Rightarrow \quad \frac{du}{dt} + \gamma u = 0. \tag{10.46}$$

Essa equação pode ser reescrita como:

$$\frac{du}{u} = -\gamma dt \quad \Rightarrow \quad \ln u = -\gamma t + C_1,$$

e, então,

$$u = C_1 e^{-\gamma t}.$$

Empregando esse valor de *u* na Equação 10.45, temos

$$C_1 e^{-\gamma t} = \left(\frac{d}{dt} + \gamma\right)q \quad \Rightarrow \quad e^{\gamma t}\frac{dq}{dt} + e^{\gamma t}\gamma q = C_1$$

ou

$$\frac{d}{dt}(qe^{\gamma t}) = C_1 \quad \Rightarrow \quad qe^{\gamma t} = C_1 t + C_2.$$

Logo,

$$q(t) = (C_2 + C_1 t)e^{-\gamma t}. \tag{10.47}$$

Essa é a solução da equação do circuito RLC criticamente amortecido. O comportamento da carga, nesse caso, é mostrado pela Figura 10.6. Podemos observar que não há oscilação, ou seja, o circuito chega rapidamente ao estado estacionário.

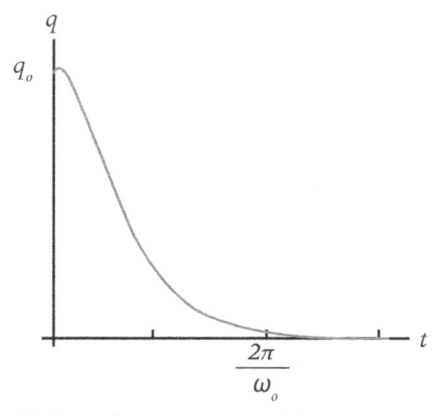

Figura 10.6 – Carga no circuito RLC sem fonte, no caso criticamente amortecido.

- Circuito superamortecido: $(\gamma > \omega_0)$

No caso em que o fator de amortecimento é maior do que a frequência de ressonância do circuito, a equação característica apresenta duas raízes reais e negativas:

$$\lambda = -\gamma \pm j\omega_d,$$

mas $\omega_d = \sqrt{\omega_0^2 - \gamma^2} = \sqrt{(-1)\left[\gamma^2 - \omega_0^2\right]} = j\sqrt{\gamma^2 - \omega_0^2}$.

Logo, as raízes são:

$$\lambda_1 = -\gamma - (\gamma^2 - \omega_0^2)^{1/2}$$

e

$$\lambda_2 = -\gamma + (\gamma^2 - \omega_0^2)^{1/2}.$$

Assim, a solução da equação diferencial para o caso de superamortecimento fica

$$q(t) = C_1 e^{\left[-\gamma - (\gamma^2 - \omega_0^2)^{1/2}\right]t} + C_2 e^{\left[-\gamma + (\gamma^2 - \omega_0^2)^{1/2}\right]t}. \tag{10.48}$$

Podemos notar que os dois termos decrescem exponencialmente com o tempo, o primeiro com taxa maior em relação ao segundo. A solução mostra ainda que, nesse caso, também não há oscilação, de modo que somente o caso de subamortecimento apresenta solução oscilante. O comportamento de $q(t)$ em função de t para o caso de superamortecimento é mostrado na Figura 10.7. Para efeitos de comparação, apresentam-se, novamente, os casos de amortecimento crítico e subamortecimento.

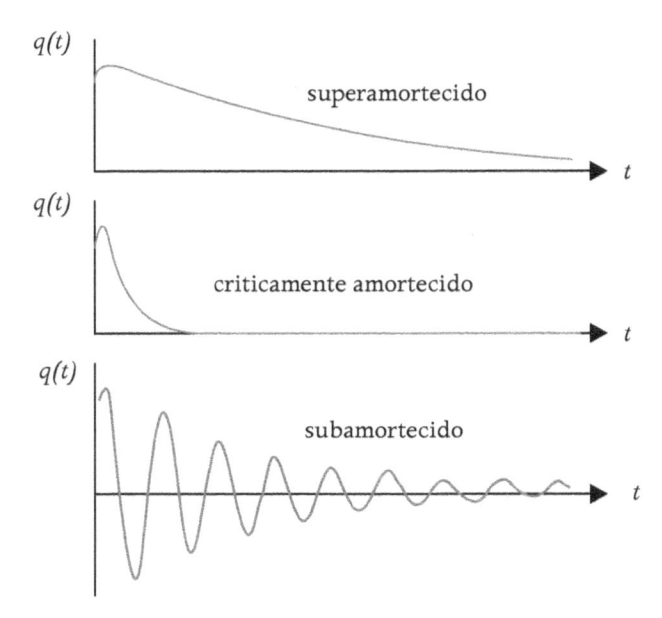

Figura 10.7 – O circuito RLC superamortecido é comparado aos outros casos de amortecimento.

Exemplo 53

Um capacitor de 0,02 µF é carregado até 100 V. Em t = 0, o capacitor é descarregado por meio de uma combinação em série de um indutor de 100 mH e um resistor de 1.000 Ω. Com base nesses dados:

a) determine a corrente $I(t)$, para $t \geq 0$,

b) determine a tensão $V_c(t)$, para $t \geq 0$.

Solução:

a) O primeiro passo para determinar $I(t)$ é calcular as raízes da equação característica. Com os valores dos elementos do circuito, temos:

$$\omega_0^2 = \frac{1}{LC} = \frac{1}{(2\times 10^{-8})(100\times 10^{-3})} = 5\times 10^8 \, \text{rad}^2/s^2;$$

$$\gamma = \frac{R}{2L} = \frac{1.000}{2(100\times 10^{-3})} = 5\times 10^3 \, \text{rad}/s,$$

$$\gamma^2 = 25\times 10^6 \rightarrow \omega_0^2 > \gamma^2.$$

Vemos que a resposta do circuito será subamortecida, e, então, a solução será do tipo $I(t) = e^{-\gamma t}\left[C_1 \cos(\omega_d t) + C_2 \, \text{sen}(\omega_d t)\right]$, sendo

$$\omega_d = \sqrt{\omega_0^2 - \gamma^2} = \sqrt{5\times 10^8 - 0,25\times 10^8} \approx 2,18\times 10^4 = 21.800 \, \text{rad/s}.$$

As constantes C_1 e C_2 são determinadas pelas condições iniciais: a corrente no indutor vale zero antes de a chave ser fechada e zero imediatamente após ela ser fechada; então $I(0) = 0 = C_1$. Para determinar C_2, podemos usar $dI(t)/dt$. Uma vez que $I(0) = 0$, não haverá queda de tensão no resistor imediatamente após o fechamento da chave, então a tensão inicial no capacitor aparecerá nos terminais do indutor, de modo que

$$L\frac{dI}{dt}\Big|_{t=0} = V_0,$$

ou seja,

$$\frac{dI}{dt}\Big|_{t=0} = \frac{V_0}{L} = \frac{100}{100 \times 10^{-3}} = 1.000 \text{ A/s}.$$

Como $C_1 = 0$, então

$$\frac{dI}{dt}\Big|_{t=0} = 1.000 \text{ A/s} = C_2\left[-\gamma e^{-\gamma t}\operatorname{sen}\omega_d t + \omega_d e^{-\gamma t}\cos\omega_d t\right]_{t=0} = C_2\omega_d$$

$$C_2 = \frac{1.000}{21.800} = 0,046 \text{ A}.$$

Consequentemente, a solução para $I(t)$ é

$$I(t) = 0,046 e^{-5.000t}\operatorname{sen}(21.800t) A \qquad t \geq 0.$$

b) Para determinar V_C, podemos usar

$$V_C = IR + L\frac{dI}{dt}$$

$IR = 46 e^{-5.000t}\operatorname{sen}(21.800t)$

$L\frac{dI}{dt} = 100 \times 10^{-3}\left[-5.000 \times 0,046 e^{-5.000t}\operatorname{sen}(21.800t) + (21.800 \times 0,046)e^{-5.000t}\cos(21.800t)\right]$

$L\frac{dI}{dt} = \left[-23\operatorname{sen}(21.800t) + 100,28\cos(21.800t)\right]e^{-5.000t}.$

Logo,

$$V_C(t) = \left[100,28\cos(21.800t) + 23\operatorname{sen}(21.800t)\right]e^{-5.000t} V \qquad t \geq 0.$$

APLIQUE SEUS CONHECIMENTOS

Vá ao módulo de simulação *oscrlc* e refaça o exemplo apresentado. Altere os valores das grandezas de cada elemento do circuito (R, L, C) e, em cada caso, observe os resultados. Em particular, procure responder à seguinte questão: o que acontecerá com I e com V_C se aumentarmos R, C ou L?

10.3 Circuito *RLC* em paralelo, sem fonte

Em um circuito *RLC* em paralelo, sem fonte, como o ilustrado na Figura 10.8, os três elementos em paralelo estão sujeitos à mesma tensão V. Nos casos precedentes, estabelecemos a equação do circuito em termos da carga do capacitor, a partir da qual era possível determinar a corrente ou a tensão. Como ainda estávamos no início do estudo de capacitores e de sua carga/descarga, essa foi a maneira encontrada para resolver o problema.

Na maioria das situações, contudo, as condições iniciais são apresentadas de acordo com as tensões ou correntes iniciais. Em geral, a determinação da resposta natural de um circuito *RLC* em série consiste em determinar a corrente gerada nos elementos em série, em virtude da energia inicialmente armazenada no indutor, no capacitor ou em ambos. Caso seja necessário determinar as tensões nos elementos individuais, pode-se fazê-lo por meio das correntes, e isso também vale para a carga do capacitor.

Felizmente, independentemente da escolha de variável, as equações conduzem a soluções do mesmo tipo, de modo que, ao se determinar uma delas, as demais podem ser obtidas a partir da primeira, e a conveniência é que deverá determinar nossa escolha, especialmente na presença de excitação externa (fonte).

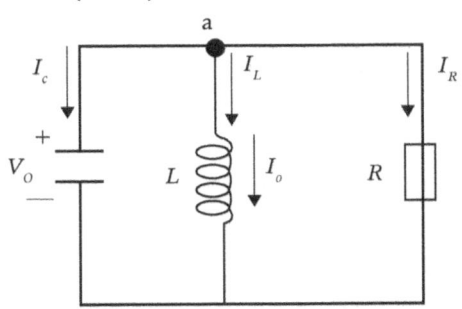

Figura 10.8 – Circuito *RLC* em paralelo, sem fonte.

No caso de um circuito *RLC* em paralelo, sua resposta natural é a tensão criada nos ramos em paralelo, resultante da liberação da energia armazenada no indutor, ou no capacitor, ou em ambos. Para determinar as correntes que passam pelos ramos individuais, pode-se utilizar a tensão.

Esse circuito está ilustrado na Figura 10.8. A tensão inicial V_0 no capacitor corresponde à energia inicial nele armazenada. A corrente inicial que passa pelo indutor I_0 representa a energia inicial armazenada no indutor. Vamos, então, obter a equação diferencial à qual a tensão V deve satisfazer. Escolhemos a tensão porque ela é a mesma para cada um dos componentes.

As condições iniciais ($t = 0$) podem ser escritas como:

- no capacitor:

$$V(t=0) = V_0, \qquad (10.49)$$

- no indutor:

$$I(t=0) = \frac{1}{L}\int_{-\infty}^{0} V(t')dt' = I_0. \qquad (10.50)$$

Esta última nos diz que, de um ponto no passado até o instante $t = 0$ em que começamos a marcar o tempo, uma energia foi armazenada no indutor, a qual é representada pela corrente I_0.

Podemos obter facilmente a equação diferencial para a tensão: basta somar as correntes que saem do nó superior, onde cada corrente pode ser expressa como função da tensão V desconhecida, e igualá-la a zero (lei das correntes de Kirchhoff). De fato, essa lei estabelece que a soma algébrica das correntes que entram em um nó é zero. Na forma matemática, para um nó ao qual chegam n correntes,

$$\sum_{n=1}^{N} I_n = 0. \qquad (10.51)$$

Para o nó indicado por a na Figura 10.8,

$$I_R + I_L + I_C = 0,$$

ou, em termos das expressões de cada elemento de corrente,

$$\frac{V}{R} + \frac{1}{L}\int_{-\infty}^{t} Vdt' + C\frac{dV}{dt} = 0 \implies \frac{V}{R} + \frac{1}{L}\int_{-\infty}^{0} Vdt' + \frac{1}{L}\int_{0}^{t} Vdt' + C\frac{dV}{dt} = 0. \qquad (10.52)$$

Derivando a Equação (10.52) em relação a t, e lembrando que $\frac{1}{L}\int_{-\infty}^{0} Vdt' = I_0$ é uma constante, obtemos

$$\frac{d^2V}{dt^2} + \frac{1}{RC}\frac{dV}{dt} + \frac{V}{LC} = 0. \qquad (10.53)$$

Seguindo o mesmo procedimento do circuito em série, veremos que a equação característica é dada por

$$\lambda^2 + \frac{1}{RC}\lambda + \frac{1}{LC} = 0, \qquad (10.54)$$

ou, simplesmente,

$$\lambda^2 + 2\beta\lambda + \omega_0^2 = 0, \qquad (10.55)$$

se chamarmos

$$\beta = 1/2RC, \qquad \omega_0 = \frac{1}{\sqrt{LC}} \quad e \quad \omega_d = \sqrt{\omega_0^2 - \beta^2}. \qquad (10.56)$$

Observe que a frequência de ressonância ω_0 permanece a mesma do caso anterior, mas a frequência Neper β é diferente da frequência do circuito em série. Assim como no circuito RLC em série, agora também existem três soluções possíveis para o circuito RLC: caso subamortecido, caso criticamente amortecido e caso superamortecido.

- Caso subamortecido $(\beta < \omega_0)$

Neste caso, a equação característica tem duas raízes imaginárias, $\lambda_1 = -\beta + j\omega_d$ e $\lambda_2 = -\beta - j\omega_d$, uma vez que ω_d é real (veja Equação 10.56). Esse resultado mostra que a solução será oscilante e pode ser escrita como

$$V(t) = e^{-\beta t}(C_1 \cos\omega_d t + C_2 \sen\omega_d t). \tag{10.57}$$

- Caso criticamente amortecido $(\beta = \omega_0)$

Com relação ao caso criticamente amortecido, a equação característica não pode fornecer a solução geral. Um procedimento análogo ao caso do circuito em série mostra que a solução é

$$V(t) = e^{-\beta t}(C_1 t + C_2). \tag{10.58}$$

- Caso superamortecido $(\beta > \omega_0)$

Com o fator de amortecimento maior do que a frequência de ressonância, a equação característica terá raízes reais e negativas: $\lambda_1 = -\beta - (\beta^2 - \omega_0^2)^{1/2}$ e $\lambda_2 = -\beta + (\beta^2 - \omega_0^2)^{1/2}$.

A solução decrescerá exponencialmente com o tempo:

$$V(t) = C_1 e^{\lambda_1 t} + C_2 e^{\lambda_2 t}. \tag{10.59}$$

As constantes C_1 e C_2, em cada caso, podem ser determinadas a partir das condições iniciais. A Figura 10.9 mostra as curvas características dos três casos. Tal como no circuito RLC em série, somente a resposta subarmortecida é oscilatória.

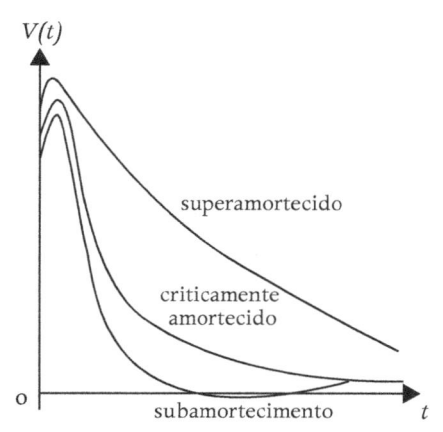

Figura 10.9 – Tipos de amortecimento do circuito *RLC* em paralelo.

Exemplo 54

Considere o circuito RLC em paralelo a seguir, como ilustra a Figura 10.10. Se $R = 210\ \Omega$, $L = 60$ mH e $C = 0,25\ \mu F$:

a) determine as raízes da equação característica que descrevem o comportamento transitório da tensão;

b) classifique o amortecimento da resposta do circuito;

c) se o resistor for substituído por outro de $310\ \Omega$, quais são as raízes da equação característica e o amortecimento?

d) qual o valor de R para que a resposta seja criticamente amortecida?

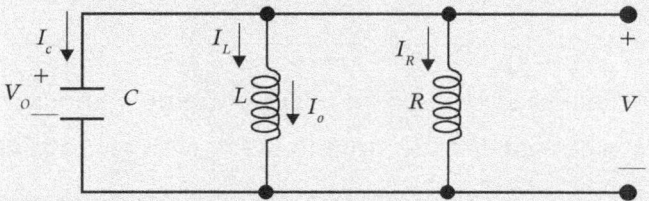

Figura 10.10 – Circuito RLC em paralelo.

Solução

a) Para os valores de *R*, *L* e *C* fornecidos,

$$\beta = \frac{1}{2RC} = \frac{1}{210(0,25 \times 10^{-6})} = 9,5 \times 10^3\ \text{rad/s} \rightarrow \beta^2 = 9,0 \times 10^7\ \text{rad}^2/\text{s}^2$$

$$\omega_0^2 = \frac{1}{LC} = \frac{1}{(60 \times 10^{-3})(0,25 \times 10^{-6})} = 6,7 \times 10^7\ \text{rad}^2/\text{s}^2.$$

As raízes são:

$$\lambda = -9,5 \times 10^3 \pm \sqrt{9,0 \times 10^7 - 6,7 \times 10^7} = -9,5 \times 10^3 \pm 4,8 \times 10^3,$$

$$\lambda_1 = -4,5 \times 10^3,$$

$$\lambda_2 = -14,3 \times 10^3.$$

b) A resposta do circuito é superamortecida, uma vez que $\beta^2 > \omega_0^2$.

c) Para $R = 310\ \Omega$,

$\beta = 6{,}45 \times 10^3\ \text{rad/s} \rightarrow \beta^2 = 4{,}16 \times 10^7\ \text{rad}^2/\text{s}^2$
$\omega_0^2 = 6{,}7 \times 10^7\ \text{rad}^2/\text{s}^2 \rightarrow \omega_0^2 > \beta^2$
, a resposta é subamortecida.

As raízes serão:

$\lambda = -6{,}45 \times 10^3 \pm \sqrt{4{,}16 \times 10^7 - 6{,}7 \times 10^7} = -6{,}45 \times 10^3 \pm \sqrt{(-1)[6{,}7 - 4{,}16] \times 10^7}$,

$\lambda = -6{,}45 \times 10^3 \pm \sqrt{(-1)}\sqrt{25{,}4 \times 10^6}$,

$\lambda_1 = -6{,}45 \times 10^3 + j5{,}04 \times 10^3$,

$\lambda_2 = -6{,}45 \times 10^3 - j5{,}04 \times 10^3$.

d) Para amortecimento crítico,

$$\omega_0^2 = \beta^2 \rightarrow \left(\frac{1}{2RC}\right)^2 = \frac{1}{LC} = 6{,}7 \times 10^7,$$

$$\frac{1}{2RC} = 8{,}18 \times 10^3 \rightarrow R = 244{,}5\ \Omega.$$

APLIQUE SEUS CONHECIMENTOS

Vá ao módulo de simulação *Paroscrlc* e refaça o exemplo anterior. Altere os valores das grandezas de cada elemento do circuito (*R*, *L*, *C*) e, em cada caso, observe os resultados. Em particular, procure responder à seguinte questão: a resposta do circuito apresenta qual tipo de amortecimento se aumentarmos *R*, *C* ou *L*?

10.4 Circuito *RLC* em paralelo/série, com fonte cc

Determinar a resposta de um circuito *RLC* em paralelo por conta da aplicação repentina de uma fonte cc significa encontrar a tensão nos ramos paralelos ou a corrente nos ramos individuais. Pode ou não haver energia armazenada no circuito quando a fonte de corrente é aplicada, contudo, para simplificar, vamos admitir que a energia inicial armazenada é zero e calcular a corrente no ramo indutivo. Essa escolha deve-se ao fato de a corrente no ramo indutivo não tender a zero à medida que *t* aumenta. Mais especificamente, depois de a chave ficar aberta por um tempo suficientemente longo, ela se torna igual à corrente (*I*) da fonte *cc*. O problema de um circuito sujeito a uma fonte *cc* também é chamado de *problema do degrau de um circuito*.

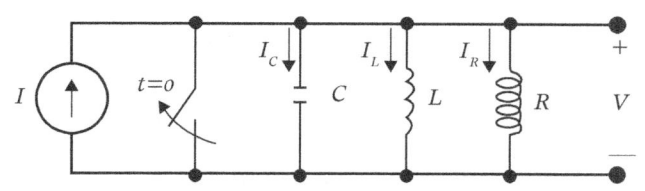

Figura 10.11 – Circuito *RLC* em paralelo, com fonte *cc*.

Para determinar I_L, utilizamos a lei de Kirchhoff para o circuito ilustrado na Figura 10.11, levando em consideração a corrente *I* da fonte externa:

$$I_L + I_R + I_C = I,$$

ou $\quad I_L + \dfrac{V}{R} + C\dfrac{dV}{dt} = I, \quad$ mas $V = L\dfrac{dI}{dt}, \quad$ então $dV = L\dfrac{d^2 I_L}{dt^2}.$

Logo,

$$\frac{d^2 I_L}{dt^2} + \frac{1}{RC}\frac{dI_L}{dt} + \frac{I_L}{LC} = \frac{I}{LC}. \tag{10.60}$$

A equação anterior é uma equação diferencial de segunda ordem linear, mas não homogênea (ou com fonte), e o termo de não homogeneidade (*I/LC*) é denominado *função externa* ou *forçante*. Antes de analisarmos como é possível resolver essa equação, consideremos o caso do circuito *RLC* em série, também com fonte *cc*.

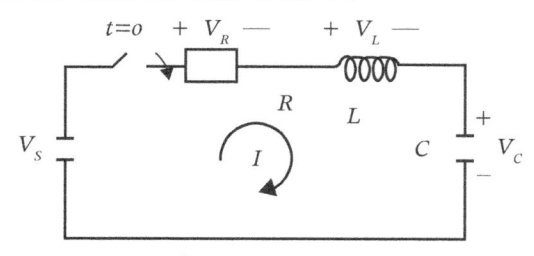

Figura 10.12 – Circuito *RLC* em série, com fonte.

No caso do circuito RLC em série (Figura 10.12), procuramos pela equação diferencial que descreve a tensão no capacitor e, por conveniência, admitimos que a energia armazenada no circuito é zero no instante em que a chave é fechada. A lei das tensões de Kirchhoff mostra que

$$V_S = RI + L\frac{dI}{dt} + V_C.$$

A corrente *I* está relacionada à tensão (V_C) no capacitor pela expressão $I = C dV_C/dt$, de modo que $dI/dt = C d^2 V_C/dt^2$.

Logo,

$$\frac{d^2V_C}{dt^2} + \frac{R}{L}\frac{dV_C}{dt} + \frac{V_C}{LC} = \frac{V_S}{LC}, \qquad (10.61)$$

que possui a mesma forma que a Equação 10.60. Ambas podem ser resolvidas pelo mesmo método.

Para resolver equações diferenciais lineares não homogêneas, fazemos uso de um teorema que estabelece que o resultado será a solução da homogênea associada (a solução natural, $V_S = 0$) mais a solução particular.

A solução das homogêneas associadas às equações 10.60 e 10.61 foi dada nas duas últimas seções e, como vimos, pode ser de três tipos: subamortecida, criticamente amortecida ou superamortecida. Se chamarmos genericamente de x_h a solução da homogênea associada e de x_p a solução particular, temos que $x = x_h + x_p$. Como já conhecemos x_h, o problema se resume em determinar x_p. Para determinar a solução particular, o método geral consiste em admitir que a solução particular tenha a mesma dependência na variável de integração que a função forçante, que é V_S, no caso da Equação 10.61. Assim, vamos admitir que a solução particular (ou forçada) da Equação 10.61 seja

$$V_f = V_S. \qquad (10.62)$$

Substituindo V_f na Equação 10.61 em lugar de V_C, vemos que $V_f = V_S$.

Podemos, então, escrever a solução final da Equação 10.61 assim:

$$V_C(t) = V_n(t) + V_f(t), \qquad (10.63)$$

onde $V_n(t)$ é a solução natural (da homogênea associada) e $V_f(t)$, a resposta forçada do circuito.

Assim, é possível escrever a solução geral para cada caso do circuito como

$$V_C(t) = V_S + C_1 e^{-\gamma t}\left[e^{-\sqrt{\gamma^2-\omega_0}\,t} + C_2 e^{-\gamma t}e^{\sqrt{\gamma^2-\omega_0}\,t}\right] \quad \text{(superamortecido)}, \qquad (10.64)$$

$$V_C(t) = V_S + e^{-\gamma t}(C_1 t + C_2) \quad \text{(criticamente amortecido)}, \qquad (10.65)$$

$$V_C(t) = V_S + e^{-\gamma t}(C_1 \cos\omega_d t + C_2 \sen\omega_d t) \quad \text{(subamortecido)}. \qquad (10.66)$$

Enfatizamos, mais uma vez, que as constantes C_1 e C_2 são obtidas a partir das condições iniciais:

$$V(0) \ \text{e} \ dV(0)/dt.$$

O conjunto das equações 10.64, 10.65 e 10.66 correspondem às possíveis respostas do circuito à repentina aplicação do degrau (da fonte cc). Podemos notar que a resposta depende do parâmetro de amortecimento.

Além disso, passado um tempo suficientemente longo, a parcela correspondente à resposta natural vai a zero em razão do decaimento exponencial da amplitude e constitui o regime transiente, de modo que a resposta forçada representa o valor final de $V_C(t)$ ou o regime permanente.

Finalmente, uma vez que $V = V_C$ é a tensão no capacitor, podemos determinar $I = C dV/dt$, que representa a corrente do circuito em série, ou seja, a corrente que percorre o capacitor, o indutor e o resistor; então, a tensão do resistor é $V_R = IR$ e, no indutor, $V_L = L dI/dt$.

Uma discussão semelhante pode ser feita para o circuito de RLC paralelo com fonte cc. Nesse caso, resolve-se a Equação 10.60 para a corrente I_L, cuja solução geral é dada por

$$I_L(t) = I_n(t) + I_f(t), \tag{10.67}$$

onde $I_n(t)$ é a resposta natural e $I_f(t) = I$, a resposta forçada do circuito.

Exemplo 55

A Figura 10.13 mostra um circuito cuja carga inicial armazenada é zero e o resistor é de 400 Ω. Em $t = 0$, uma fonte cc de 24 mA é aplicada ao circuito. Determine:

a) o valor inicial da corrente I_L no indutor;

b) o valor inicial de dI_L/dt;

c) as raízes da equação característica;

d) a expressão de $I_L(t)$ para $t \geq 0$.

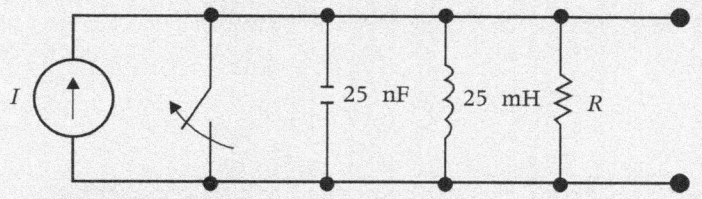

Figura 10.13 – Circuito RLC com fonte cc.

Solução

a) Como não há energia armazenada antes da aplicação da fonte cc, a corrente inicial no indutor é zero. Além disso, como o indutor impede uma variação instantânea na corrente que o percorre, então $I_L(0) = 0$ imediatamente após a abertura a chave.

b) A tensão inicial é zero e continua assim imediatamente depois. Porém, $V = L dI/dt$, então

$$\frac{dI_L(0)}{dt} = 0.$$

c) As raízes são função de ω_0 e β:

$$\omega_0^2 = \frac{1}{LC} = 16 \times 10^8 \text{ rad}^2/\text{s}^2 \quad \beta = \frac{1}{2RC} = 5 \times 10^4 \text{ rad/s} \quad \rightarrow \quad \beta^2 = 25 \times 10^8 \text{ rad}^2/\text{s}^2.$$

Vemos que $\omega_0^2 < \beta^2$, então, trata-se de superamortecimento, as raízes são reais, distintas e dadas por: $\lambda = -\gamma \pm \sqrt{\beta^2 - \omega^2}$, ou seja,

$$\lambda_1 = -20.000 \text{ rad/s} \quad \lambda_2 = -80.000 \text{ rad/s}.$$

d) Como se trata de superamortecimento, a corrente é da forma:

$$I_L = I_f + C_1 e^{\lambda_1 t} + C_2 e^{\lambda_2 t}.$$

As condições iniciais determinam C_1 e C_2. De $I_L(t)|_{t=0} = 0$, e vemos que $I_f + C_1 + C_2 = 0$, e, de $dI_L(t)/dt|_{t=0} = 0$, temos $\lambda_1 C_1 + \lambda_2 C_2 = 0$. Dessas duas equações: $C_1 = -32 \text{ mA}$ e $C_2 = 8 \text{ mA}$, de modo que:

$$I_L(t) = [24 - 32e^{-20.000t} + 8e^{80.000t}] \text{mA} \quad t \geq 0.$$

APLIQUE SEUS CONHECIMENTOS

No módulo de simulação *Parrlcf1*, é possível simular o problema acima. Altere o valor da corrente na fonte e observe os resultados obtidos.

10.5 Circuitos de tensão e corrente alternadas

Até aqui, estudamos circuitos sem fontes ou com fontes constantes (também chamadas de estacionárias). Vamos agora analisar circuitos energizados por fontes de tensão ou corrente que variem com o tempo. Em particular, vamos considerar fontes cuja variação seja senoidal. As fontes senoidais e seus efeitos sobre os circuitos são uma importante área de estudo, em grande parte porque quase todas as diversas usinas geradoras de eletricidade (hidroelétricas, nucleares, termoelétricas etc.) utilizam geradores de tensão e correntes senoidais ou alternadas (ca). O principal motivo dessa ampla utilização é econômico, pois, em uma transmissão dessa natureza, a energia pode ser transportada a longas distâncias utilizando-se alta tensão e baixas correntes, o que reduz, assim, a perda por efeito Joule. Quando essa energia chega aos locais de consumo, como as indústrias, o comércio, as residências, entre outros, ela é transformada adequadamente ao nível de tensão e corrente próprias do local, por meio de transformadores que funcionam pelo princípio da indução magnética.

Já uma fonte contínua não poderia ser modificada nas mesmas condições. Quando a tensão senoidal é gerada em um circuito, a corrente elétrica que circula nos elementos passivos, como resistores, indutores e capacitores, também é senoidal, contudo, ela não estará necessariamente em fase com a tensão da fonte. No Brasil, a eletricidade é gerada e distribuída na frequência de 60 Hz ou 60 ciclos por segundo.

10.5.1 Gerador de corrente alternada

Um gerador de corrente alternada é um dispositivo capaz de transformar energia mecânica em energia elétrica. Um modelo bastante simples desse dispositivo consta de uma espira retangular que gira em um campo magnético uniforme, como procura ilustrar a Figura 10.14. Em uma usina hidrelétrica, por exemplo, o movimento de rotação das espiras (bobina) é produzido pelo movimento de uma turbina acionada pela queda d'água, ao passo que em uma usina termoelétrica o responsável pelo movimento das turbinas é o vapor produzido na central térmica.

Quando a bobina, cujos terminais são ligados a anéis coletores, é forçada a girar na presença de um campo magnético uniforme ($\vec{B}$), o fluxo magnético que atravessa a bobina varia no tempo, e, portanto, uma força eletromotriz (*fem*) senoidal $\mathcal{E}$ é induzida nos terminais da bobina. O fluxo magnético através da bobina se dá por

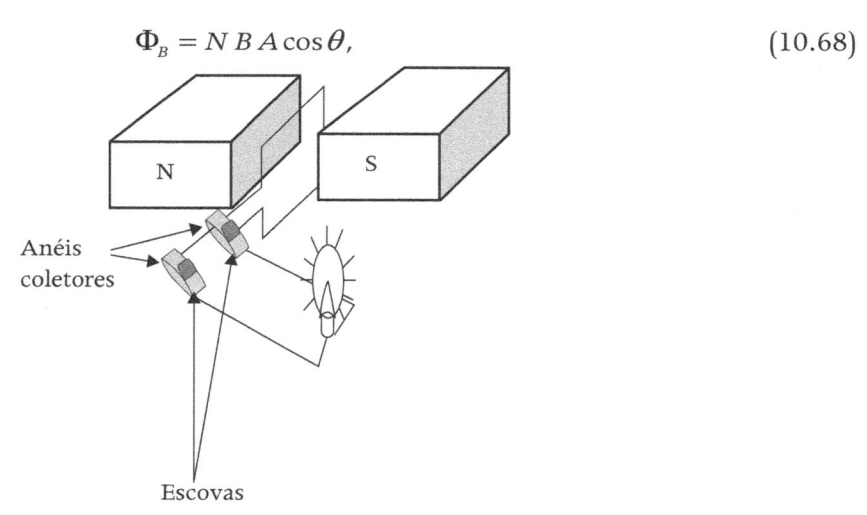

$$\Phi_B = N B A \cos\theta, \tag{10.68}$$

Figura 10.14 – Um gerador de *ca* produz uma força eletromotriz alternada.

onde $\theta = \omega t$ é o ângulo formado pela normal ao plano da bobina e o campo uniforme $\vec{B}$, e ω é a velocidade angular constante de rotação da bobina.

Para esse fluxo magnético, a *fem* induzida na bobina será:

$$V = -\frac{d\Phi_B}{dt} = -\frac{d}{dt}(NBA\cos\omega t) = NBA\omega \operatorname{sen}\omega t. \qquad (10.69)$$

Vemos, então, que a *fem* varia senoidalmente com o tempo. Essa equação ainda pode ser escrita como

$$V = \mathcal{E}_{max} \operatorname{sen}\omega t, \qquad (10.70)$$

sendo que

$$\mathcal{E}_{max} = NBA\omega \qquad (10.71)$$

representa a amplitude máxima de oscilação da *fem* senoidal induzida na bobina, e o produto ωt é a fase da oscilação. Observe que $V = \mathcal{E}_{max}$ ocorre quando $\omega t = 90°$ ou $270°$. Como a bobina é parte de um circuito elétrico, os anéis coletores transmitem a eletricidade para o resto do circuito por meio de escovas estacionárias, mantidas em contato com os anéis (Figura 10.14).

Assim, a *fem* produz uma corrente também senoidal ou alternada com a mesma frequência angular ω, de modo que

$$I = I_{max}\operatorname{sen}(\omega t - \phi), \qquad (10.72)$$

onde I_{max} é a amplitude máxima de oscilação e o termo entre parênteses é a fase da oscilação, sendo ϕ a constante de fase que determina a diferença de fase entre a *fem* e a corrente.

10.5.2 Álgebra dos complexos – fasores

A álgebra complexa está relacionada a operações algébricas realizadas com números complexos. A importância desse assunto reside no fato de que fontes senoidais de tensão ou corrente – que apresentam operações algébricas com números complexos – são muito comuns, ao passo que é muito mais simples trabalhar com complexos do que com funções trigonométricas. Para isso, introduziremos o conceito de fasor, que se fundamenta na identidade de Euler. Como veremos, um fasor contém informações sobre a amplitude e a fase de uma função senoidal. O conhecimento acerca dos complexos e a capacidade de manipulá-los algebricamente serão bastante úteis na análise de circuitos.

Um número complexo pode ser representado na forma cartesiana ou retangular, ou, ainda, na forma polar ou trigonométrica. Na forma retangular, um número complexo Z é expresso em termos de suas partes real e imaginária como

$$Z = x + jy \tag{10.73}$$

onde as quantidades x e y são as componentes real e imaginária de Z, respectivamente, e, como antes, $j = \sqrt{-1}$.

Na forma polar, o número complexo Z é escrito em termos de seu módulo, $|Z| = z$, e ângulo de fase θ:

$$Z = ze^{j\theta}. \tag{10.74}$$

Para entendermos melhor essas notações e suas relações, utilizaremos a representação geométrica de um complexo. Um número complexo Z pode ser representado geometricamente por um ponto no plano definido pelos eixos dos reais e dos imaginários, como mostrado na Figura 10.15(a).

Na interpretação geométrica equivalente, mostrada na Figura 10.15(b), Z é representado por um vetor ou fasor desenhado da origem para o ponto $x + jy$. O comprimento da reta orientada ou o módulo do vetor representado por z é a magnitude (ou valor absoluto, ou módulo) de Z. O ângulo do vetor (medido na direção anti-horária em relação ao eixo real positivo) é representado por θ. As relações de transformação entre a forma retangular e a polar fazem uso das propriedades do triângulo retângulo, e são:

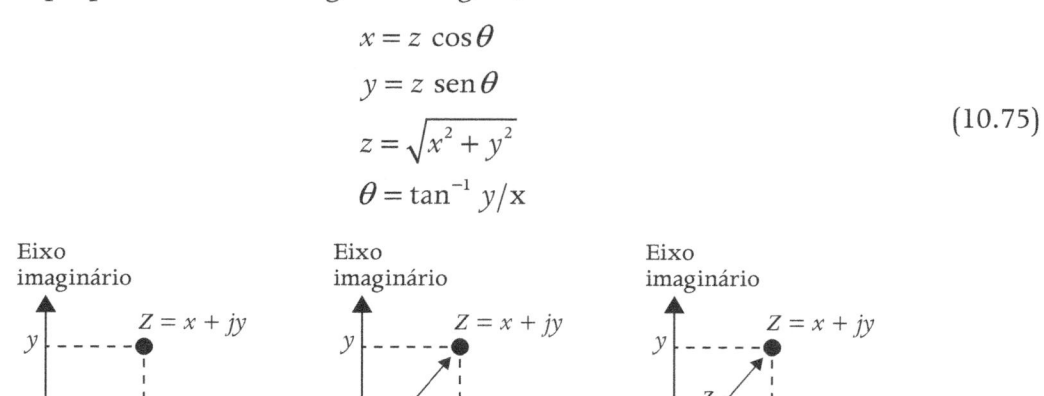

$$\begin{aligned} x &= z\cos\theta \\ y &= z\,\text{sen}\,\theta \\ z &= \sqrt{x^2 + y^2} \\ \theta &= \tan^{-1} y/x \end{aligned} \tag{10.75}$$

Figura 10.15 – Números complexos no plano imaginário.

Vemos então que

$$Z = x + jy = z(\cos\theta + j\,\text{sen}\,\theta) = ze^{j\theta},$$

como havíamos mencionado.

Ainda,

$$Z = ze^{j\theta} = z\angle\theta°, \qquad (10.76)$$

onde uma nova representação para a forma polar de Z é apresentada. O símbolo $\angle\theta°$ é uma notação abreviada para denotar   , muito empregada nas áreas tecnológicas e nas ciências da engenharia. Por exemplo:

$$4 + j3 = \sqrt{4^2 + 3^2}\angle\tan^{-1}(3/4) = 5\angle 36,9°$$

ou

$$5\angle 36,9° = 5\cos 36,9° + j5\,\text{sen}\,36,9° = 4 + j3;$$

e

$$-4 - j3 = \sqrt{(-4)^2 + (-3)^2}\angle\tan^{-1}(-3/-4) = 5\angle 216,9°$$

ou

$$5\angle 216,9° = 5\cos 216,9° + j5\,\text{sen}\,216,9° = -4 - j3.$$

A Figura 10.16 mostra a representação gráfica desses exemplos.

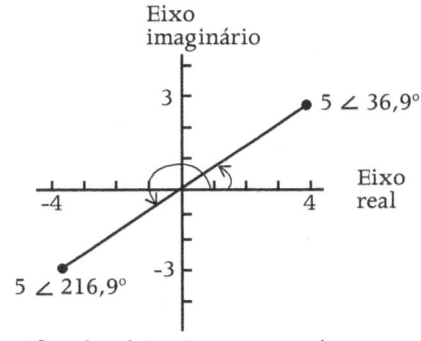

Figura 10.16 – Representação gráfica dos dois números complexos.

10.5.3 Operações com complexos

Ao conhecer as representações, podemos decidir qual delas é a mais conveniente para a manipulação algébrica dos números complexos. Veremos, por exemplo, que a adição pode ser feita facilmente na forma retangular, ao passo que a multiplicação ou a divisão podem ser operadas com facilidade na forma polar.

As operações algébricas usuais são similares às dos números reais, com $j^2 = -1$. Considerando-se os complexos: $Z_1 = x_1 + jy_1$ e $Z_2 = x_2 + jy_2$, a adição e a subtração são definidas por

$$\begin{cases} Z_1 + Z_2 = (x_1 + x_2) + j(y_1 + y_2) \\ Z_1 - Z_2 = (x_1 - x_2) + j(y_1 - y_2) \end{cases}. \qquad (10.77)$$

Caso utilizemos, ainda, a representação vetorial ou fasorial, essas operações resumem-se à soma ou à subtração de vetores no plano complexo. A representação gráfica da soma e da subtração encontra-se ilustrada na Figura 10.17(a) e (b), respectivamente. Embora a divisão e a multiplicação de quantidades complexas possam ser obtidas na forma retangular, por exemplo,

$$Z_1 Z_2 = (x_1 + jy_1)(x_2 + jy_2) = (x_1 x_2 - y_1 y_2) + j(x_1 y_2 + x_2 y_1), \qquad (10.78)$$

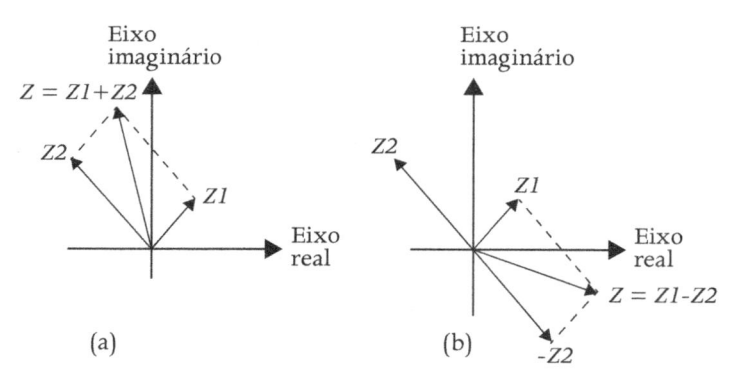

Figura 10.17 – Soma vetorial de números complexos.

e a divisão de duas quantidades complexas, $Z = Z_1 / Z_2$, é definida por $Z_1 = Z_2 Z$, desde que $Z_2 \neq 0$ ou o processo de divisão pode ser realizado pela racionalização, como

$$\frac{z_1}{z_2} = \frac{(x_1 + jy_1)}{(x_2 + jy_2)} \frac{(x_2 - jy_2)}{(x_2 - jy_2)} = \frac{(x_1 x_2 + y_1 y_2)}{(x_2^2 + y_2^2)} + j \frac{(x_2 y_1 - x_1 y_2)}{(x_2^2 + y_2^2)}. \qquad (10.79)$$

Todavia, na maioria das situações, a multiplicação e a divisão de quantidades complexas é mais facilmente realizada na forma polar. Se $Z_1 = z_1 e^{j\theta_1}$ e $Z_2 = z_2 e^{j\theta_2}$,

$$\begin{aligned} Z_1 Z_2 &= z_1 z_2 e^{j(\theta_1 + \theta_2)} \\ \frac{Z_1}{Z_2} &= \frac{z_1}{z_2} e^{j(\theta_1 - \theta_2)} \end{aligned} \qquad (10.80)$$

O mesmo ocorre com a potencialização:

$$\begin{aligned} Z^k &= (x + jy)^k \\ Z^k &= [z e^{j\theta}]^k \\ Z^k &= z^k e^{jk\theta} = z^k [\cos(k\theta) + j\,\mathrm{sen}(k\theta)]. \end{aligned} \qquad (10.81)$$

A operação de radiciação também pode ser realizada de maneira simples na representação polar. De fato, devemos observar que

$$Z = z e^{j\theta} = z e^{j(2\pi + \theta)}$$

e que extrair a raiz k de Z significa resolver uma equação da forma $x^k - z e^{j\theta} = 0$. Desse modo, por exemplo, as duas raízes quadradas de Z são

$$\sqrt{z}e^{j\theta/2}, \sqrt{z}e^{j(\pi+\theta/2)}$$

do mesmo modo, as k raízes k-ésimas de Z são:

$$\sqrt[k]{z}e^{j\theta/k}, \sqrt[k]{z}e^{j(\frac{2\pi}{k}+\frac{\theta}{k})},\ldots \qquad (10.82)$$

para qualquer k inteiro positivo.

A conjugação de um número complexo ou a determinação do complexo conjugado de um complexo é feita pela troca do sinal de j, isto é, pela troca de j por $-j$ no número Z. Assim, o complexo conjugado de $Z = x + jy$ é denotado por Z^* e definido por

$$Z^* = x - jy \qquad (10.83)$$

A Figura 10.18 mostra a representação gráfica do número Z e de seu complexo conjugado, bem como a soma $Z + Z^* = 2x$, que é um número real, como havíamos mencionado.

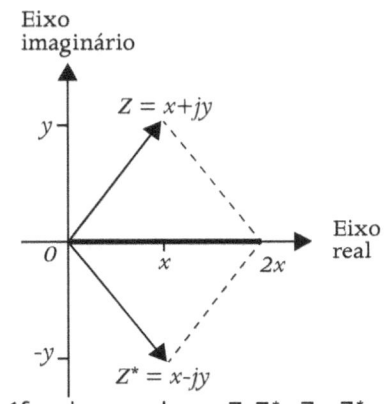

Figura 10.18 – Representação gráfica dos complexos: Z, Z^* e $Z + Z^*$.

Exemplo 56

Encontre $Z_1 = \dfrac{j100(1-j2)^2}{(-3+j4)(-1-j)}$ na forma retangular.

Solução

Se expressarmos cada um dos fatores na forma polar,

$$Z_1 = \frac{(100\angle 90°)(\sqrt{5}\angle -63,4°)^2}{(5\angle 126,8°)(\sqrt{2}\angle -135°)} = 70,7\angle -28,6° = 62 - j34.$$

Alternativamente, se os fatores são deixados na forma retangular e a fração resultante é racionalizada,

$$Z_1 = \left[\frac{100(4-j3)}{7-j1}\right]\left(\frac{7+j1}{7+j1}\right) = \frac{100(31-j17)}{49+1} = 62 - j34.$$

10.5.4 Algumas propriedades

Deve-se observar que duas quantidades complexas, $Z_1 = x_1 + jy_1$ e $Z_2 = x_2 + jy_2$, são iguais se e somente se $x_1 = x_2$ e $y_1 = y_2$. Além disso, multiplicar uma quantidade complexa por $j = 1\angle 90°$ não muda a magnitude, mas adiciona 90° ao ângulo. Se a quantidade original foi representada por um vetor no plano complexo, a multiplicação por j gira o vetor 90° na direção anti-horária. Note também que o complexo conjugado de $Z = x + jy = z\angle\theta°$ é $Z^* = x - jy = z\angle -\theta°$, então $ZZ^* = z^2$. Essas e outras propriedades são listadas a seguir.

$$\pm j^2 = \mp 1$$
$$\frac{1}{j} = -j$$
$$e^{\pm j\pi} = -1$$
$$e^{\pm j\pi/2} = \pm j.$$

Ainda, se $Z = x + jy = z\angle\theta°$, então

$$ZZ^* = z^2$$
$$Z + Z^* = 2x$$
$$Z - Z^* = j2y$$
$$\frac{Z}{Z^*} = 1\angle 2\theta°.$$

10.5.5 Representação de funções senoidais no tempo – fasor

Vimos que um *fasor* é um número complexo que representa a amplitude e a fase de uma senoide. Senoides são facilmente expressas em termos de fasores, os quais são muito mais simples para se trabalhar do que as funções seno e cosseno. Uma vez que circuitos de corrente alternada (ca) são fontes senoidais, torna-se recomendável a utilização de fasores na análise desses circuitos, cuja determinação pode ser inviável de outra maneira.

A função senoidal

$$f(t) = F_m \cos(\omega t + \phi) \tag{10.84}$$

pode ser expressa como a soma de dois termos exponenciais, como

$$f(t) = F_m \cos(\omega t + \phi) = \frac{1}{2}(F_m e^{j(\omega t + \phi)} + F_m e^{-j(\omega t + \phi)}) = \frac{1}{2}(F_m e^{j\phi} e^{j\omega t} + F_m e^{-j\phi} e^{-j\omega t}),$$

ou seja,

$$f(t) = \frac{1}{2}(\mathbf{F}_m e^{j\omega t} + \mathbf{F}^*_m e^{-j\omega t}), \tag{10.85}$$

onde $\mathbf{F}_m = F_m e^{j\phi}$ é uma constante complexa e $\mathbf{F}^*_m = F_m e^{-j\phi}$ é sua conjugada complexa.

Para dado valor de t, as duas funções complexas $\mathbf{F}_m e^{j\omega t}$ e $\mathbf{F}^*_m e^{-j\omega t}$ podem ser representadas pelos vetores em um plano complexo, como mostra a Figura 10.19(a) e (b), em que as duas funções são representadas graficamente em três diferentes instantes de tempo. À medida que t aumenta, os dois vetores giram em direções opostas, traçando o local geométrico de um círculo. Por essa razão, eles são chamados *fasores rotacionais contrários*. Em $\omega t = 2\pi, 4\pi \ldots$ (isto é, em $t = 2\pi/\omega, 4\pi/\omega \ldots$), os fasores estão na mesma posição que em $t = 0$. Eles fazem $\omega/2\pi$ revoluções por segundo e apresentam frequência angular de ω radianos por segundo. Para todos os valores de tempo, um meio da soma dos fasores rotacionais contrários é a função real $f(t)$ (ver Equação 10.85). Note que $f(t)$ também é igual à projeção de qualquer um deles sobre o eixo real.

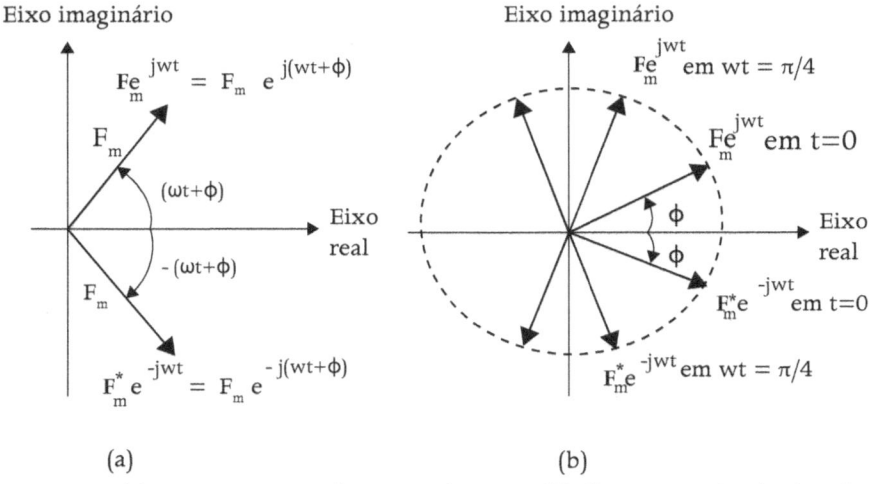

Figura 10.19 – Em (a), vetores em um plano complexo. Em (b), fasores rotacionais girando em sentidos contrários.

O termo *fasor* é dado ao vetor rotacional em sentido anti-horário no instante $t = 0$. Assim, o fasor correspondente à função $f(t)$ da Equação 10.85 é

$$\mathbf{F}_m = F_m e^{j\phi} = F_m \angle \phi. \qquad (10.86)$$

Exemplo 57

Para aplicar os conceitos que estudamos, vamos considerar o circuito RLC com fonte apresentado na Seção 10.4, mas, agora, a fonte de corrente contínua é substituída por uma de tensão alternada, tal que $V_S = V_m \cos(\omega t + \phi)$. Admitindo-se que a energia inicialmente armazenada no circuito é zero, vimos que a lei das tensões de Kirchhoff conduz à Equação 10.61 para a tensão no capacitor. O que desejamos é determinar as respostas do circuito à repentina aplicação da fonte V_S (da fonte ca).

A equação diferencial que descreve o circuito é:

$$\frac{d^2 V_C}{dt^2} + \frac{R}{L}\frac{dV_C}{dt} + \frac{V_C}{LC} = \frac{V_S}{LC}, \qquad V_S = V_m \cos(\omega t + \phi) \qquad (10.87)$$

A solução dessa equação pode ser separada em dois termos, um correspondente à solução da equação homogênea e ao regime transiente, e o outro que corresponde à solução particular (regime estacionário). O regime transiente já foi exaustivamente discutido, e sabemos que se podem encontrar três regimes: subamortecido, superamortecido e criticamente amortecido. Resta-nos, então, determinar a solução particular. Neste exemplo, utilizaremos o mesmo método de solução que empregamos no caso da fonte contínua, mas, na próxima seção, discutiremos outras maneiras de análise dos circuitos com base no conceito do fasor. O método de obtenção da solução particular consiste em admitir uma solução com a mesma dependência no tempo da solução forçante. Nossos cálculos serão simplificados se trabalharmos com quantidades complexas. Vamos, então, reescrever a tensão na fonte sob a forma da Equação 10.86:

$$\mathbf{V}_m = V_m e^{j\phi}. \tag{10.88}$$

Logo, podemos escrever V_S como a parte real de uma quantidade complexa, isto é,

$$V_S = R_e[\mathbf{V}_m e^{j\omega t}].$$

Então, a Equação 10.87 toma a forma complexa:

$$\frac{d^2\mathbf{V}_C}{dt^2} + \frac{R}{L}\frac{d\mathbf{V}_C}{dt} + \frac{\mathbf{V}_C}{LC} = \frac{\mathbf{V}_m e^{j\omega t}}{LC}. \tag{10.89}$$

Assim, vamos supor uma solução da forma:

$$\mathbf{V}_C = \mathbf{V}_0 e^{j\omega t}, \tag{10.90}$$

o que significa que admitiremos que a resposta tem a mesma frequência (dependência temporal) da fonte e uma amplitude a ser determinada. Para obtê-la, levamos a solução proposta à Equação 10.89, então:

$$\frac{d\mathbf{V}_C}{dt} = j\omega \mathbf{V}_0 e^{j\omega t}, \quad \rightarrow \quad \frac{d^2\mathbf{V}_C}{dt^2} = -\omega^2 \mathbf{V}_0 e^{j\omega t}.$$

Substituindo esses resultados na Equação 10.89, obtemos

$$-\omega^2 \mathbf{V}_0 e^{j\omega t} + \frac{R}{L} j\omega \mathbf{V}_0 e^{j\omega t} + \frac{\mathbf{V}_0 e^{j\omega t}}{LC} = \frac{\mathbf{V}_m e^{j\omega t}}{LC}.$$

Como $\beta = 1/2RL$, $\omega^2 = 1/LC$. Simplificando as exponenciais, vemos que

$$\mathbf{V}_0 = \frac{\mathbf{V}_m / LC}{\omega_0^2 - \omega^2 + 2j\beta\omega}. \tag{10.91}$$

Logo, pela Equação 10.90, temos que a solução da equação complexa (Equação 10.89) é:

$$\mathbf{V}_C = \frac{\mathbf{V}_m / LC}{\omega_0^2 - \omega^2 + 2j\beta\omega} e^{j\omega t}, \tag{10.92}$$

que é a forma complexa da resposta do circuito no regime estacionário. Para obter a solução real, faremos uso do que aprendemos sobre as propriedades dos complexos. Na representação polar, o denominador da Equação 10.92 fica

$$[\omega_0^2 - \omega^2 + 2j\beta\omega] = [(\omega_0^2 - \omega^2)^2 + 4\beta^2\omega^2]^{1/2} \exp\left\{j\arctan\left(\frac{2\beta\omega}{\omega_0^2 - \omega^2}\right)\right\}.$$

É também conveniente introduzirmos o ângulo α definido por

$$\alpha = \frac{\pi}{2} - \arctan\left(\frac{2\beta\omega}{\omega_0^2 - \omega^2}\right).$$

Retornando com essas duas últimas equações à Equação 10.92, obtemos

$$\mathbf{V}_C = \frac{(\mathbf{V}_m/LC)e^{j\omega t}}{[(\omega_0^2 - \omega^2)^2 + 4\beta^2\omega^2]^{1/2}e^{-j\beta}\,e^{j\pi/2}}. \tag{10.93}$$

Mas $e^{j\pi/2} = j$, e, da Equação 10.88, $\mathbf{V}_m = V_m e^{j\phi}$, então

$$\mathbf{V}_C = \frac{V_m e^{j(\omega t + \beta + \phi)}}{jLC[(\omega_0^2 - \omega^2)^2 + 4\beta^2\omega^2]^{1/2}}. \tag{10.94}$$

Finalmente, utilizando a identidade de Euler, vemos que a parte real da solução $\mathbf{V}_C$ é

$$V_C = \frac{(V_m/LC)\operatorname{sen}(\omega t + \beta + \phi)}{[(\omega_0^2 - \omega^2)^2 + 4\beta^2\omega^2]^{1/2}}. \tag{10.95}$$

que é a resposta (real) do circuito no regime permanente. Essa solução, acrescida da solução da homogênea (regime transiente), que depende do tipo de amortecimento, constitui a solução da Equação 10.87 do circuito *RLC* com fator de amortecimento β e fonte ca senoidal de frequência ω e amplitude V_m. Podemos observar ainda que o denominador da Equação 10.95 tem um valor mínimo se $\omega = \omega_0$, o que significa que a amplitude de V_C terá um máximo. Esse fenômeno é conhecido como ressonância e será melhor discutido em outra seção.

10.6 Análise de circuitos ca no regime estacionário

Vimos que a resposta de circuitos com fonte tem dois componentes: um transitório, em virtude do decréscimo da amplitude com o tempo, que, em última análise, devia-se às perdas no(s) resistor(es), e outro permanente, que perdura enquanto a fonte continuar fornecendo tensão (ou corrente). Em todas as situações estudadas, foi possível escrever e resolver (às vezes de modo não tão simples) a equação diferencial que descrevia o comportamento do circuito.

Agora, vamos desenvolver uma técnica por meio da qual é possível calcular a resposta do regime permanente sem precisar resolver a equação diferencial. Esse método baseia-se no conceito de vetor-fase (fasor) e, embora não forneça informações sobre o regime transiente e, portanto, sobre a resposta total, trata-se de uma poderosa ferramenta na análise de circuitos. Além disso, embora não tenhamos dito explicitamente, estamos admitindo que os elementos do circuito têm respostas lineares, isto é, a corrente alternada instantânea no resistor, no capacitor e no indutor é proporcional à voltagem alternada instantânea em cada um deles.

Nosso objetivo ao analisar um circuito é determinar, uma vez conhecidos seus elementos e a fonte ca, a corrente resultante, caracterizada pela sua amplitude e fase. Para isso, vamos construir graficamente um diagrama dos fasores, em que os sinais alternados senoidais (corrente, voltagem) são representados por vetores de fases girantes (no sentido anti-horário) no plano complexo. Para dada grandeza, o comprimento do fasor representa a amplitude, ou valor máximo, dessa grandeza e sua projeção sobre o eixo dos reais, o valor instantâneo da mesma grandeza.

10.6.1 Circuito resistivo com fonte alternada

No circuito resistivo ilustrado na Figura 10.20, o único elemento passivo é o resistor (R), acoplado a um gerador de corrente alternada, cuja tensão é dada por[2]

$$v = V_m \operatorname{sen} \omega t, \qquad (10.96)$$

onde V_m denota o valor máximo ou amplitude de v.

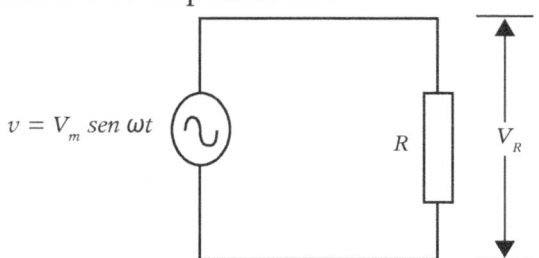

Figura 10.20 – Circuito em série formado por um resistor e um gerador de ca.

A lei das malhas de Kirchhoff estabelece que a soma algébrica instantânea da elevação e do abaixamento da tensão na malha do circuito deve ser nula, isto é,

$$\sum_n v_n = 0 \;\rightarrow\; v - v_R = 0 \;\Rightarrow\; v = v_R = V_m \operatorname{sen} \omega t,$$

sendo v_R a queda de tensão no resistor. Porém, a lei de Ohm ($v = Ri$) mostra que

$$v_R = R i_R, \qquad (10.97)$$

---

[2] Neste capítulo, utilizaremos as letras minúsculas para representar as grandezas instantâneas variáveis no tempo e as maiúsculas para representar suas amplitudes correspondentes.

que, com a Equação 10.96, fornece a corrente no resistor:

$$i_R = \frac{V_m}{R} \operatorname{sen} \omega t = I_m \operatorname{sen} \omega t, \qquad (10.98)$$

onde

$$I_m = \frac{V_m}{R} \qquad (10.99)$$

é a amplitude de oscilação da corrente (valor de pico) que atravessa o resistor R.

Ao comparar i_R e v_R (equações 10.96 e 10.98), observamos que a corrente e a tensão estão em fase, isto é, seus máximos correspondentes ocorrem simultaneamente, como mostra os gráficos $v_R(t)$ e $i(t)$ da Figura 10.21. Podemos observar o comportamento senoidal das grandezas e notar que seus valores médios sobre um ciclo é nulo.

O diagrama fasorial correspondente é dado pela Figura 10.22. No caso do circuito resistivo em questão, os dois fasores da corrente e tensão giram no sentido anti-horário, em torno da origem, com frequência angular ω. O comprimento dos fasores é proporcional à amplitude da grandeza alternada correspondente, neste caso, V_m para a tensão e I_m para a corrente. Observe que os dois fasores estão ao longo da mesma linha, indicando que as grandezas v_R e i_R estão em fase.

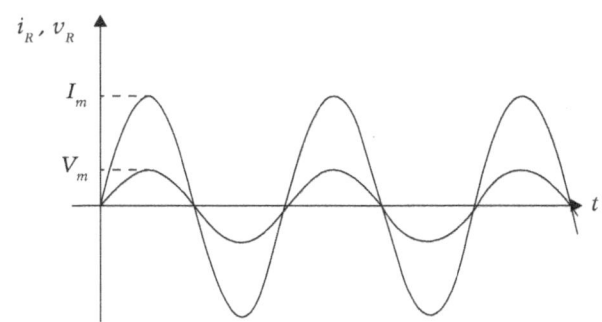

Figura 10.21 – Gráfico da corrente e da voltagem através do resistor.

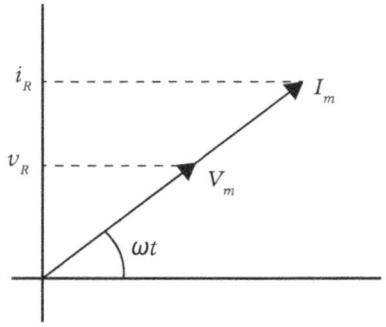

Figura 10.22 – Diagrama de fasor para o circuito resistivo, mostrando a corrente em fase com a voltagem.

Vemos, então, que a Equação 10.99 informa que a tensão fasorial nos terminais de um resistor é, simplesmente, a resistência multiplicada pela corrente fasorial.

Potência em um circuito de corrente alternada

Podemos agora calcular a potência dissipada no resistor. Seu valor instantâneo é dado por:

$$p = i_R^2 R = I_m^2 R \operatorname{sen}^2 \omega t. \tag{10.100}$$

Como $p \propto i^2$, não há diferença se a corrente for cc ou ca, porém o efeito térmico provocado por uma corrente alternada com I_m não é o mesmo que o provocado por uma corrente contínua com o mesmo valor, uma vez que a corrente alternada somente tem o valor I_m durante um pequeno instante de tempo no intervalo de um ciclo.

A Figura 10.23 mostra a variação da potência em função do tempo, onde a potência normalizada é apresentada em função de ωt. Observe que a potência varia desde o valor mínimo, zero, até o máximo, $I_m^2 R$. O interesse, contudo, reside em seu valor médio.

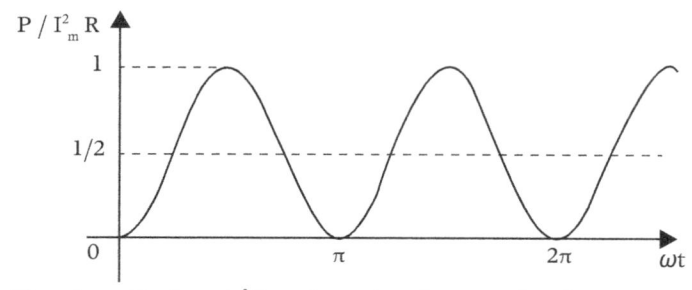

Figura 10.23 – Gráfico da potência $p / I_m^2 R \times \omega t$, mostrando que a função é sempre positiva e tem valor médio 1/2.

O valor médio da potência pode ser obtido de forma análoga ao cálculo da corrente média obtida pela Equação 6.43. Assim,

$$P_{\text{med}} = (i_R^2 R)_{\text{med}} = I_m^2 R (\operatorname{sen}^2 \omega t)_{\text{med}}. \tag{10.101}$$

Como o valor médio de $\operatorname{sen}^2 \omega t$ é igual a 1/2, temos

$$P_{\text{med}} = \frac{1}{2} I_m^2 R, \tag{10.102}$$

que corresponde à potência média dissipada no resistor.

Em termos do valor rms ou *valor médio quadrático* (ver Capítulo 6), a corrente é

$$I_{\text{rms}} = \frac{I_m}{\sqrt{2}}, \tag{10.103}$$

e, então, a potência média em termos do valor rms da corrente fica

$$P_{\text{med}} = I_{\text{rms}}^2 R. \tag{10.104}$$

10.6.2 Circuito capacitivo com fonte alternada

Estudamos capacitores nos circuitos de corrente contínua e vimos que esses circuitos, após carregados, deixam de conduzir corrente, isto é, passam a se comportar como circuito aberto. Porém, no caso de circuitos de corrente alternada, o capacitor continua a se carregar e descarregar indefinidamente, comportando-se em altas frequências, como um curto-circuito.

Quando um capacitor é ligado aos terminais de um gerador de corrente alternada (Figura 10.24), sua tensão é dada por

$$v = V_m \operatorname{sen} \omega t, \tag{10.105}$$

e a queda de tensão v_C no capacitor, como já vimos anteriormente (capítulos 5 e 6), é

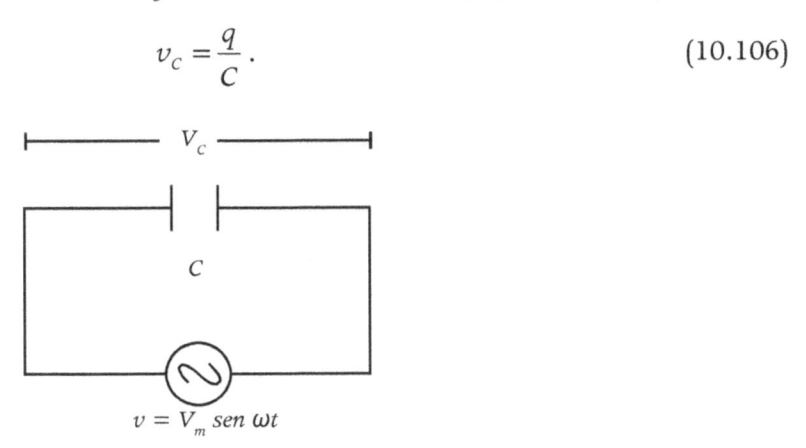

$$v_C = \frac{q}{C}. \tag{10.106}$$

Figura 10.24 – Circuito capacitivo conectado a uma fonte alternada.

De acordo com a lei das malhas de Kirchhoff, a equação que descreve o comportamento do circuito é

$$v - v_C = 0. \tag{10.107}$$

Substituindo as equações 10.105 e 10.106 na Equação 10.107, obtemos a variação da carga do capacitor com o tempo:

$$q = CV_m \operatorname{sen} \omega t. \tag{10.108}$$

Podemos finalmente calcular a variação da corrente no capacitor derivando-se a Equação 10.108 para obtermos

$$i_C = \frac{dq}{dt} = \omega C V_m \cos \omega t. \tag{10.109}$$

Por meio da identidade trigonométrica $\cos \omega t = \operatorname{sen}(\omega t + \pi/2)$, encontramos

$$i_C = \omega C V_m \operatorname{sen}(\omega t + \pi/2),$$

ou, tomando $I_m = \omega C V_m$ como a corrente máxima no circuito, obtemos

$$i_C = I_m \operatorname{sen}(\omega t + \pi/2). \tag{10.110}$$

Observe que as equações 10.110 e 10.105, que determinam, respectivamente, a corrente e a queda de tensão no capacitor, estão fora de fase, de acordo com a Figura 10.25, e o valor máximo da tensão ocorre em 90° ou em um quarto de ciclo atrasado em relação à corrente. Além disso, em $t = 0$, a carga do capacitor é nula $(q = 0)$, a corrente é máxima $(I = I_m)$ e a tensão também é nula $V_C = 0$. Da Equação 10.110, podemos ver que o valor máximo da corrente no circuito é dado por

$$I_m = \omega C V_m = \frac{V_m}{X_C}, \tag{10.111}$$

onde

$$X_C = \frac{1}{\omega C}, \tag{10.112}$$

é chamada de reatância capacitiva. A exemplo da resistência, a reatância capacitiva é medida em ohms (Ω). Combinando as equações 10.110 e 10.111, podemos expressar a queda de tensão através do capacitor, na forma da lei de Ohm, como

$$v_C = i_C X_C. \tag{10.113}$$

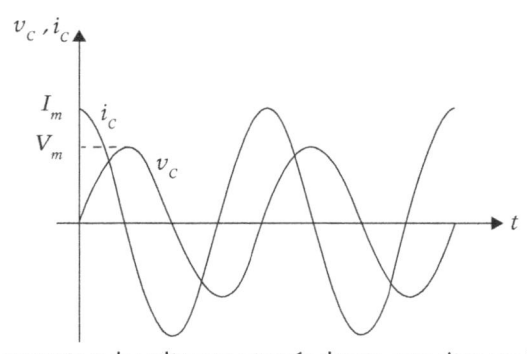

Figura 10.25 – Gráfico da corrente e da voltagem através de um capacitor em função do tempo. A corrente e a tensão ficam fora de fase.

Outro modo de analisarmos a fase entre a tensão (v_C) e a corrente (i_C) é por meio do diagrama fasorial ilustrado na Figura 10.26. Observe que os fasores V_m e I_m, que representam, respectivamente, as grandezas v_C e i_C, giram com a mesma velocidade angular no sentido anti-horário. Como i_C está adiantado em relação a v_C, o fasor I_m está 90° à frente do fasor V_m. Isso significa que i_C atinge o valor de pico I_m um quarto de ciclo mais cedo do que o instante em que a tensão v_C atinge V_m. Ainda, de acordo com a Equação 10.111, a corrente fasorial é, simplesmente, a tensão fasorial dividida pela reatância capacitiva.

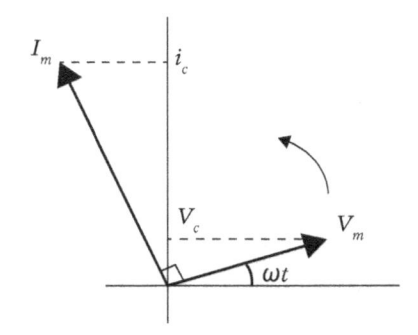

Figura 10.26 – Diagrama de fasores para circuito puramente capacitivo.

Exemplo 58

Considere um circuito puramente capacitivo (como o da Figura 10.24) $C = 9\mu F$ e $\varepsilon_{max} = 120\,V = V_m$. Determine:

a) a reatância capacitiva.

b) a corrente máxima no circuito se a frequência é 60 Hz.

Solução

a) Primeiro calcularemos a frequência, dada por

$$\omega = 2\pi f = 2\pi(60) = 377\,\text{rad/s}.$$

Sendo $X_C = 1/\omega C$, então

$$X_C = \frac{1}{(377\,\text{s}^{-1})(9\times 10^{-6}\,\text{F})} = 295\,\Omega.$$

b) Substituindo esse resultado na Equação 10.111, obtemos

$$I_m = \frac{V_m}{X_C} = \frac{120\,\text{V}}{295\,\Omega} = 0,407\,\text{A}.$$

10.6.3 Circuito indutivo com fonte alternada

Em um circuito de corrente contínua, um indutor geralmente apresenta resistência muito pequena, comportando-se como um curto-circuito, mas, quando a corrente é alternada, o indutor gera força contraeletromotriz. Em altas frequências, essa força contraeletromotriz é tão grande que o indutor se comporta como um circuito aberto.

No circuito indutivo da Figura 10.27, o indutor é o elemento passivo (L), acoplado ao mesmo tipo de gerador de corrente alternada das seções anteriores, cuja tensão é dada por

$$v = V_m\,\text{sen}\,\omega t. \tag{10.114}$$

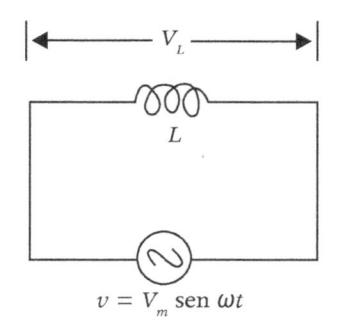

Figura 10.27 – Circuito em série formado por um indutor L e uma fonte de corrente alternada.

Sendo V_L a queda de tensão no indutor, temos, com a Equação 9.23, que

$$v_L = L \frac{di_L}{dt}. \tag{10.115}$$

Contudo, a lei das malhas de Kirchhoff aplicada ao circuito mostra que

$$v - v_L = 0. \tag{10.116}$$

Substituindo as equações 10.114 e 10.115 na Equação 10.116, obtemos a equação diferencial da corrente em função do tempo, como

$$di_L = \frac{V_m}{L} \operatorname{sen} \omega t \, dt. \tag{10.117}$$

Integrando ambos os membros da equação, podemos determinar o valor da corrente, obtendo

$$i_L = -\frac{V_m}{\omega L} \cos \omega t. \tag{10.118}$$

Por meio da identidade trigonométrica, $-\cos \omega t = \operatorname{sen}(\omega t - \pi/2)$, podemos ver que

$$i_L = \frac{V_m}{\omega L} \operatorname{sen}(\omega t - \pi/2). \tag{10.119}$$

Ao observar as equações 10.119 e 10.114, vemos que a corrente no circuito e a queda de tensão nos terminais do indutor estão fora de fase.

No gráfico da Figura 10.28, plotamos $i_L \times t$ e $v_L \times t$. Observe que a corrente está atrasada em 90° ou $\pi/2$ rad em relação à tensão. Note ainda que a tensão atinge seu valor de pico em um tempo que é um quarto do período de oscilação antes de a corrente atingir seu valor máximo. De acordo com a Equação 10.119, o máximo de corrente é dado por

$$I_m = \frac{V_m}{\omega L} = \frac{V_m}{X_L}, \tag{10.120}$$

onde

$$X_L = \omega L \tag{10.121}$$

é chamada de reatância indutiva, e seu valor depende da indutância e da frequência angular ω da excitação do circuito. Tal como a resistência e a reatância capacitiva, a reatância indutiva também é medida em ohms (Ω).

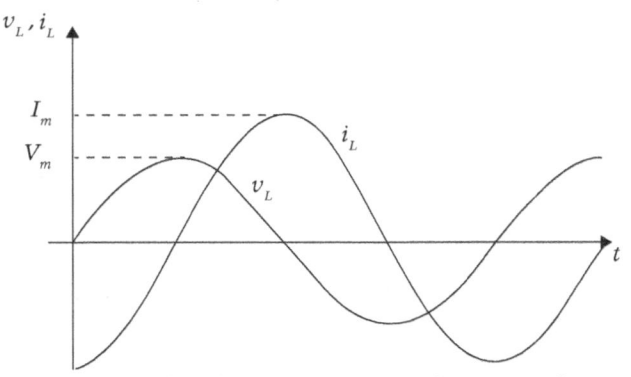

Figura 10.28 – Gráfico da corrente e da voltagem através do indutor como função do tempo.

O diagrama de fasor para o circuito é mostrado na Figura 10.29. Os fasores giram com a mesma velocidade angular no sentido anti-horário. Vemos que, para a voltagem senoidal aplicada, a corrente está sempre atrasada 90° em relação à voltagem através do indutor. Isso pode ser facilmente compreendido notando-se que, uma vez que a tensão no indutor é proporcional a di_L/dt, o valor de v_L é maior quando a corrente muda mais rapidamente. Uma vez que $i \times t$ é uma curva senoidal, di_L/dt (a inclinação) e, portanto, a tensão atinge o máximo quando i_L se anula. Do mesmo modo, i_L alcança seu valor de pico I_m quando v_L se anula. Finalmente, a Equação 10.120 mostra que, no circuito indutivo, a tensão fasorial é, simplesmente, a reatância indutiva multiplicada pela corrente fasorial.

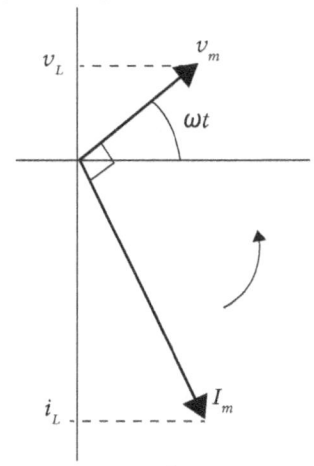

Figura 10.29 – Diagrama de fasor para o circuito indutivo.

Exemplo 59

Em um circuito puramente indutivo (como o da Figura 10.27), $L = 30$ mH e $\varepsilon_{max} = V_m = 120$ V. Determine:

a) a reatância indutiva.

b) a corrente máxima no circuito se a frequência é 60 Hz.

Solução

a) Primeiro calcularemos a frequência, dada por

$$\omega = 2\pi f = 2\pi(60) = 377 \text{ rad/s}.$$

Sendo $X_L = \omega L$, então

$$X_L = (377 \text{ s}^{-1})(30 \times 10^{-3} \text{ H}) = 11,31 \; \Omega.$$

b) Substituindo esse resultado na Equação 10.120, obtemos

$$I_m = \frac{V_m}{X_L} = \frac{120 \text{ V}}{11,31 \; \Omega} = 10,6 \text{ A}.$$

10.6.4 Circuito *RLC* em série, com fonte alternada

A Figura 10.30 mostra um circuito em série com resistor, indutor e capacitor acoplados a uma fonte de corrente alternada. A voltagem total, instantânea, ao longo dos elementos passivos, é igual à voltagem da fonte nesse instante. Por conveniência, vamos assumir que a voltagem aplicada é dada por

$$v = V_m \operatorname{sen}(\omega t + \phi), \qquad (10.122)$$

enquanto a corrente no circuito varia com

$$i = I_m \operatorname{sen} \omega t. \qquad (10.123)$$

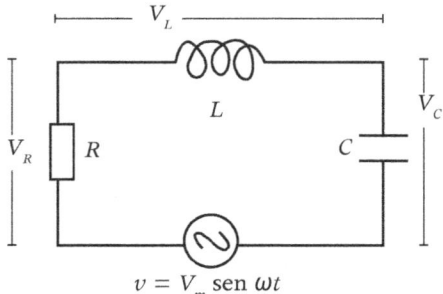

Figura 10.30 – Circuito *RLC* em série, com fonte *ca*.

Nesse caso, ϕ, na Equação 10.122, representa um possível ângulo de fase entre a corrente e a voltagem aplicada. Nosso objetivo é determinar ϕ e I_m. A fim de resolver esse problema, vamos construir e analisar o diagrama de fasores para o circuito RLC. Uma vez que os elementos estão em série, relembrando o que vimos nas seções anteriores, a corrente i é a mesma em qualquer ponto e em qualquer instante. Isso significa que a corrente alternada em todos os pontos de um circuito em série tem a mesma amplitude e a mesma fase, ao passo que a voltagem através de cada elemento do circuito terá diferentes valores de amplitude e fase. O diagrama de fasores da Figura 10.31 resume a situação.

De fato, podemos observar que a voltagem através do resistor está em fase com a corrente, mas 90° atrasada através do capacitor e 90° adiantada através do indutor em relação à mesma corrente. Por meio dessas relações de fase, podemos expressar a queda instantânea de voltagem através dos elementos do circuito como

$$v_R = I_m R \operatorname{sen} \omega t, \tag{10.124}$$

$$v_C = I_m X_C \operatorname{sen}(\omega t - \pi/2) = -V_C \cos \omega t, \tag{10.125}$$

e

$$v_L = I_m X_L \operatorname{sen}(\omega t + \pi/2) = V_L \cos \omega t, \tag{10.126}$$

onde as seguintes relações entre tensão fasorial e corrente fasorial foram utilizadas:

$$V_R = I_m R \tag{10.127}$$

$$V_C = I_m X_C \tag{10.128}$$

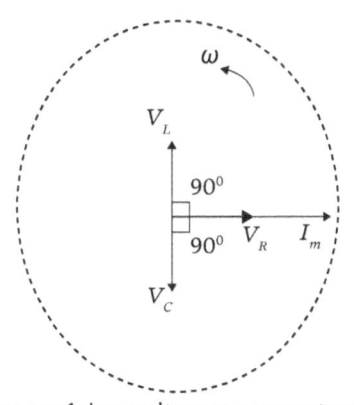

$$V_L = I_m X_L. \tag{10.129}$$

Figura 10.31 – Relação de fase entre a máxima voltagem e corrente para o resistor, o capacitor e o indutor.

Neste ponto, recorremos mais uma vez ao diagrama de fasores. Lembramos ainda que esse método é o mais simples para resolver o circuito RLC (ver Exemplo 57). Uma vez que, em um circuito RLC em série, a corrente em cada elemento é a mesma a qualquer instante, podemos obter o diagrama do fasor resultante combinando os três fasores da Figura 10.31.

Resultado disso é o diagrama da Figura 10.32(a), onde o fasor I_m representa a corrente em cada elemento. Para obter o vetor soma dessas voltagens, é conveniente reproduzir o diagrama de fasor como na Figura 10.32(b). A partir desse diagrama, percebemos que o vetor soma das amplitudes das voltagens V_R, V_C e V_L é igual ao fasor cuja intensidade é a máxima voltagem aplicada, V_m, sendo que o fasor V_m faz um ângulo ϕ com o fasor corrente, I_m. Observe que os fasores voltagem V_L e V_C estão ao longo da mesma linha, e, portanto, podemos determinar a diferença dos fasores $V_L - V_C$, que é perpendicular ao fasor V_R.

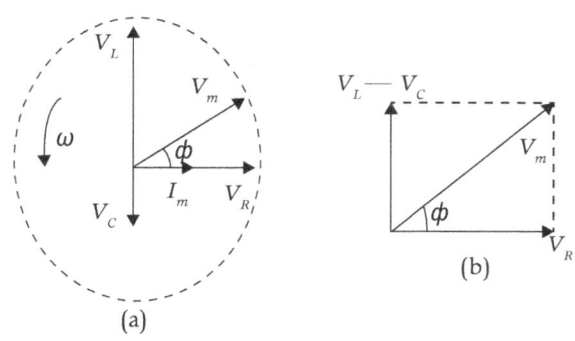

Figura 10.32 – Em (a), diagrama de fasores para o circuito RLC em série. Em (b), diagrama de fasores da voltagem resultante.

Do triângulo retângulo da Fig.10.32(b), depreendemos que

$$V_m = \sqrt{V_R^2 + (V_L - V_C)^2} = \sqrt{I_m^2 R^2 + (I_m X_L - I_m X_C)^2}$$

ou

$$V_m = I_m \sqrt{R^2 + (X_L - X_C)^2}, \qquad (10.130)$$

onde $X_L = \omega L$ e $X_C = 1/\omega C$.

Podemos, portanto, expressar o fasor corrente assim:

$$I_m = \frac{V_m}{\sqrt{R^2 + (X_L - X_C)^2}}. \qquad (10.131)$$

Ainda, definindo a *impedância Z* do circuito como

$$Z = \sqrt{R^2 + (X_L - X_C)^2}, \qquad (10.132)$$

podemos reescrever a Equação 10.130 assim:

$$V_m = I_m Z. \qquad (10.133)$$

Neste caso, nota-se que a unidade de medida da impedância também é em ohms (Ω) e que, no circuito RLC em série, a tensão fasorial é igual à impedância multiplicada pela corrente fasorial.

Por fim, para determinar a fase ϕ, podemos construir o triângulo da impedância (ver Figura 10.33) e, com base nesse diagrama de fasor, escrever o ângulo de fase como dado por

$$\tan\phi = \frac{X_L - X_C}{R} \quad \Rightarrow \quad \phi = \arctan\{\frac{X_L - X_C}{R}\}. \tag{10.134}$$

É possível observar que, se $X_L > X_C$, o ângulo de fase é positivo, o que implica que a corrente está atrasada em relação à voltagem aplicada. Agora, se $X_L < X_C$, o ângulo de fase é negativo e, então, a corrente está adiantada em relação à voltagem aplicada. Por fim, quando $X_L = X_C$, o ângulo de fase é zero, a impedância se iguala à resistência e a corrente tem seu valor máximo dado por V_m/R. A frequência na qual isso acontece é chamada de *frequência de ressonância* e será discutida na próxima seção.

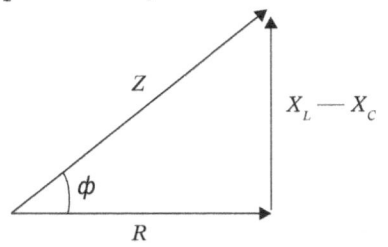

Figura 10.33 – Triângulo da impedância para um circuito *RLC* em série.

APLIQUE SEUS CONHECIMENTOS

No módulo de simulação *senrlc*, você pode analisar esses circuitos em tempo real. Observe o diagrama de fasores. Altere os valores das grandezas e teste várias situações.

10.6.5 Ressonância em um circuito *RLC* em série

Dizemos que um circuito *RLC* em série está em ressonância quando a amplitude da corrente atinge seu valor máximo. Isso ocorre quando a frequência da tensão da fonte é igual à frequência natural de oscilação do circuito.

A Equação 10.131 mostra que a amplitude da corrente é limitada pela impedância. Assim, quanto menor a impedância, maior o I_m. Reescrevendo essa equação com o valor de Z dado pela Equação 10.132, obtemos

$$I_m = \frac{V_m}{\sqrt{R^2 + (X_L - X_C)^2}}. \tag{10.135}$$

É fácil observar que a corrente atinge valor máximo quando $Z = R$ ou $X_L = X_C$. Como $X_L = \omega L$, $X_C = 1/\omega C$ e $\omega_0 = 1/\sqrt{LC}$, essa condição ainda pode ser escrita como $\omega = \omega_0$. A frequência na qual isso acontece é chamada de *frequência de ressonância do circuito*. Assim, na ressonância, a impedância tem um valor mínimo, a fase se anula (ver Equação 10.134) e a corrente tem um máximo de amplitude em V_m/R. Assim, se mantivermos fixos os valores das grandezas associadas aos elementos do circuito R, L, C e V_m e variarmos apenas a frequência da fonte de ca, veremos que a corrente tende ao valor de pico V_m/R quando $\omega \to \omega_0$.

A Figura 10.34, que apresenta o gráfico da corrente em função da frequência ω, torna isso ainda mais claro. Apresentam-se ali três curvas para três valores diferentes de resistência. Pode-se notar que a amplitude da corrente cresce rapidamente na região de $\omega \sim \omega_0$, atingindo o valor de pico quando a frequência da fonte se iguala à frequência natural do circuito. Além disso, o pico é mais pronunciado quanto menor a resistência. Se a resistência é grande, não há um pico bem-definido, mas uma região no entorno de ω_0, em que a corrente apresenta os valores mais altos. A curva torna-se mais estreita à medida que R decresce.

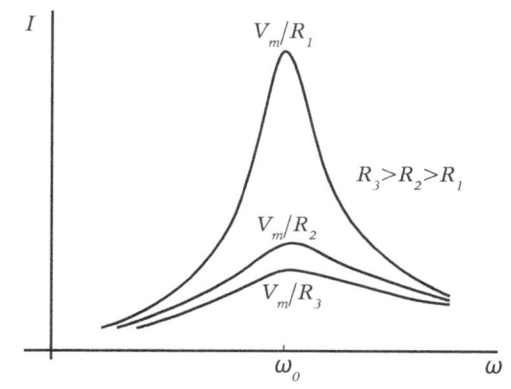

Figura 10.34 – Amplitude da corrente no circuito *RLC* em série em função da frequência da fonte. A corrente atinge o valor máximo na frequência de ressonância.

Observe que, na ressonância, a impedância é puramente resistiva, isto é, $Z = R$. Nesse caso, a frequência corresponde à frequência natural de oscilação de um circuito *LC* sem resistência (ver Seção 10.2). Portanto, a corrente em um circuito *RLC* em série atinge seu valor máximo quando a frequência da voltagem aplicada se iguala à frequência de oscilação natural, que depende apenas de L e C. Em outras palavras, nessa frequência a corrente está em fase com a voltagem aplicada. A Figura 10.34 mostra o gráfico de $I_{max} \times \omega$ para uma voltagem aplicada de amplitude constante. Note que a amplitude da corrente alcança seu máximo valor na frequência de ressonância ω_0.

No entanto, ao analisar a Equação 10.135, podemos concluir que a corrente se tornaria infinita na ressonância se $R = 0$. Embora trate-se de uma previsão teórica, circuitos reais sempre têm alguma resistência, o que limita o valor da corrente a um valor finito. O mesmo vale para a potência média, como veremos a seguir.

Com base na Equação 10.104, a potência média pode ser escrita como

$$P_{med} = I_{rms}^2 R = \frac{V_{rms}^2}{Z^2} R = \frac{V_{rms}^2 R}{R^2 + (X_L - X_C)^2}, \tag{10.136}$$

cujo denominador pode ser reescrito como

$$R^2 + (X_L - X_C)^2 = R^2 + (\omega L - \omega C)^2 = R^2 + \left[L\left(\omega - \frac{\omega_0^2}{\omega}\right)\right]^2$$

$$= R^2 + \left[\frac{L}{\omega}(\omega^2 - \omega_0^2)\right]^2 = R^2 + \frac{L^2}{\omega^2}(\omega^2 - \omega_0^2)^2.$$

(10.137)

Então, retornando à Equação 10.136, obtemos

$$P_{med} = \frac{V_{rms}^2 R}{R^2 + \frac{L^2}{\omega^2}(\omega^2 - \omega_0^2)^2} = \frac{V_{rms}^2 R \omega^2}{\omega^2 R^2 + L^2(\omega^2 - \omega_0^2)^2}.$$

(10.138)

A Equação 10.138 mostra que, na condição de ressonância $(\omega = \omega_0)$, a potência média alcança o valor máximo de V_{rms}^2/R. O gráfico de $P_{med} \times \omega$ é mostrado na Figura 10.35 para dois valores de R. Quando a resistência é menor, a curva torna-se mais estreita na vizinhança da ressonância. A largura da curva é comumente descrita pelo parâmetro adimensional conhecido como fator de qualidade, representado por Q. Na ressonância, a energia reativa no circuito oscila entre o indutor e o capacitor. O fator de qualidade relaciona a energia máxima armazenada, ou pico, à energia dissipada no circuito por ciclo de oscilação, sendo então, definido como:

$$Q = 2\pi \frac{\text{Energia armazenada no pico}}{\text{Energia dissipada pelo circuito em um período em ressonância}}.$$

(10.139)

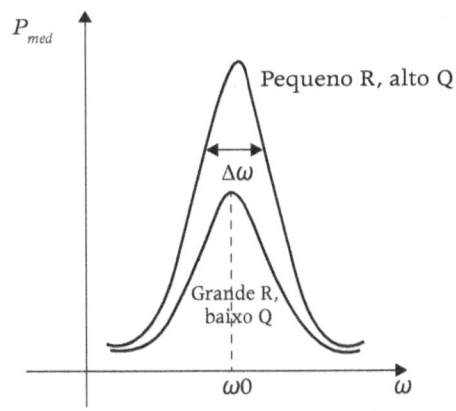

Figura 10.35 – Gráfico da potência média *versus* frequência da fonte no circuito *RLC* em série. A largura $\Delta\omega$ de cada curva é medida entre pontos nos quais a potência é metade do valor máximo.

No circuito *RLC* em série, a energia armazenada no pico pode ser escrita como $\frac{1}{2}LI^2$, ao passo que a energia dissipada em um período é $\frac{1}{2}I^2R(1/f)$. Logo, substituindo esses valores na Equação 10.139, temos

$$Q = 2\pi \frac{\frac{1}{2}LI^2}{\frac{1}{2}I^2R(1/f)} = \frac{2\pi fL}{R}$$

(10.140)

e, finalmente, o fator de qualidade pode ser dado em função da razão entre a reatância indutiva e a resistência, avaliados na frequência de ressonância ω_0:

$$Q = \frac{\omega_0 L}{R} \qquad (10.141)$$

Como esperado, quanto menor a resistência, maior o fator de qualidade Q, e, portanto, mais alta a qualidade da resposta.

10.7 Transformadores

Um dispositivo capaz de aumentar ou diminuir a diferença de potencial em um circuito, mantendo o produto IV essencialmente constante, constitui um transformador de corrente alternada. Quando a energia elétrica é transmitida através de grandes distâncias, é economicamente viável utilizar altas voltagens e baixas correntes a fim de minimizar as perdas de calor por efeito joule ($I^2 R$) nas linhas de transmissão, que estudaremos no Capítulo 14.

Contudo, nos terminais receptores dessas linhas, os consumidores requerem energia em baixa voltagem e alta corrente por questões de segurança e eficiência na operação de máquinas e motores. Todo esse processo de transformação de voltagem é feito por meio dos transformadores, cujo princípio de funcionamento é a indução mútua.

De maneira simples, um transformador consiste em duas bobinas enroladas em torno de um núcleo de ferro doce,[3] como mostra a Figura 10.36. As bobinas estão isoladas do núcleo. O enrolamento primário com N_1 espiras está ligado a um gerador de *ca*, e o conjunto é denominado *circuito primário*. O enrolamento secundário com N_2 espiras é um circuito aberto através da chave *s*, enquanto esta estiver aberta. Esse segundo conjunto denomina-se *circuito secundário*. O objetivo do núcleo comum de ferro é aumentar o fluxo magnético, promovendo um meio no qual quase todo o fluxo passe de uma bobina a outra. Apesar disso, ocorrem pequenas perdas em virtude da resistência dos enrolamentos, da histerese magnética do ferro (que é quase nula no ferro doce) e das correntes parasitas induzidas no núcleo. Esta última pode ser reduzida com o uso de ferro laminado no núcleo.

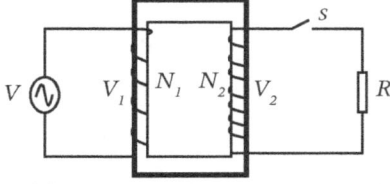

Figura 10.36 – Transformador ideal formado por duas bobinas enroladas no mesmo núcleo de ferro sob aplicação de uma tensão alternada V.

---

[3] O "ferro doce" é uma liga de ferro (*Fe*) e (*C*) com baixo teor de carbono. Em geral, a porcentagem do carbono é inferior a 0,5%, de modo que a liga é composta praticamente por ferro quase puro.

No caso de um transformador ideal, para o qual não existe perda de energia, ligado a um gerador de corrente alternada, o enrolamento primário é um indutor puro. A pequena corrente alternada primária, também chamada de corrente de magnetização, induz um fluxo magnético $\Phi_B(t)$ no núcleo de ferro. A lei de indução de Faraday estabelece que a voltagem V_1 através da bobina primária é igual à *fem* induzida no circuito. Supondo que os símbolos representem valores médios quadráticos, podemos escrever

$$V_1 = -N_1 \frac{d\Phi_B}{dt}. \tag{10.142}$$

Na condição ideal, assumimos que nenhum fluxo escapa do núcleo de ferro, de modo que o fluxo através de cada volta do circuito primário é igual ao fluxo através de cada volta do secundário. Portanto, a voltagem através do circuito secundário da bobina também é igual à *fem* induzida e dada por

$$V_2 = -N_2 \frac{d\Phi_B}{dt}. \tag{10.143}$$

Como $d\Phi_B/dt$ é o termo comum nas equações 10.142 e 10.143, então

$$V_2 = \frac{N_2}{N_1} V_1. \tag{10.144}$$

Essa equação mostra a relação entre o circuito primário e o secundário de um transformador. Quando N_2 é maior do que N_1, a voltagem de saída V_2 excede a voltagem de entrada V_1. Nesse caso, o dispositivo é denominado *transformador elevador*. Quando N_2 é menor do que N_1, a voltagem de saída V_2 é menor do que a voltagem de entrada V_1 e nos referimos ao dispositivo como um *transformador abaixador*.

Como estamos admitindo que não há perdas, o fluxo magnético através da bobina primária e da secundária deve ser igual, e isso implica que

$$N_1 I_1 = N_2 I_2, \tag{10.145}$$

onde I_1 e I_2 são as correntes no circuito primário e secundário, respectivamente. Combinando as equações 10.144 e 10.145, encontramos:

$$I_1 V_1 = I_2 V_2 \tag{10.146}$$

Essa equação estabelece que a potência de entrada é igual à potência de saída, no caso de um transformador ideal, e expressa a conservação de energia.

Como a Equação 10.144 é válida independentemente de a chave s da Figura 10.36 estar fechada ou não, temos

$$I_2 = I_1 \left(\frac{N_1}{N_2} \right), \tag{10.147}$$

que é a relação de transformação para correntes.

Podemos determinar, por fim, que a corrente do circuito secundário vale $I_2 = V_2/R$, onde R é a resistência de carga. Por meio das equações 10.144 e 10.147, obtemos a corrente no circuito primário em função de R:

$$I_1 = \frac{V_1}{(N_1/N_2)^2 R},$$

que mostra que, para o circuito primário, o equivalente da resistência R do circuito secundário seria

$$R_{eq} = \frac{V_1}{I_1} = \left(\frac{N_1}{N_2}\right)^2 R, \tag{10.148}$$

tal que

$$I_1 = \frac{V_1}{R_{eq}}.$$

Nas redes de transmissão, após a voltagem ter sido elevada (AT) – e a corrente diminuída – e deixar a usina, a energia elétrica trafega até chegar à subestação das distribuidoras, onde a tensão é rebaixada a níveis compatíveis para o consumo local. O setor terciário, como hospitais, edifícios administrativos e pequenas indústrias, são os principais usuários da rede de média tensão (MT). Já o nível de potência que envolve o setor residencial é atendido pelas redes de baixa tensão (BT). Em todos os casos, o transformador é um dispositivo essencial em todo o ciclo do sistema de distribuição de energia. No Brasil, a classificação das faixas de tensões no processo de transmissão de energia elétrica tem a seguinte nomenclatura: 230 kV e 138 kV são AT; 34,5 kV e 13,8 kV são MT; e 440 V, 220 V e 110 V são BT.

APLIQUE SEUS CONHECIMENTOS

No módulo de simulação *tranfor*, você pode simular um transformador. Altere os valores de N_1 e N_2 e construa um transformador abaixador. Altere os valores de tensão de entrada e anote os resultados. Refaça o experimento para um levantador.

10.8 Exercícios

10.8.1 Exercícios resolvidos

1. **Circuito** RL – Uma fonte de $\varepsilon = 100\,\text{V}$ (valor eficaz) e $\omega = 100/\pi\,\text{Hz}$ é conectada em série com um resistor de 30 Ω e um indutor de 20 mH. Utilizando a *fem* como fase de referência, determine:

    a) a impedância do circuito.

    b) a corrente e a corrente rms.

    c) a tensão através de cada elemento.

SOLUÇÃO

a) Começaremos refazendo o triângulo de impedância (Figura 10.33) para o circuito RL:

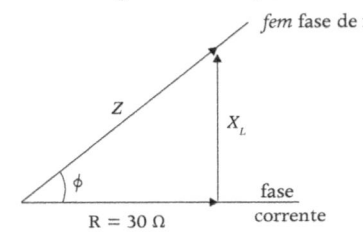

Figura 10.37 – Triângulo de impedância para o circuito RL.

e escrevendo a frequência:

$$\omega = 2\pi \times \left[\frac{1.000}{\pi}\right] = 2.000\,\text{rad/s}, \text{ e } X_L = \omega L = 2.000 \times (20 \times 10^{-3})\,\Omega.$$

A impedância é:

$$Z = \sqrt{R^2 + X_L^2} = \sqrt{30^2 + 40^2} = 50\,\Omega.$$

O ângulo de fase entre a corrente e a *fem* será

$$\phi = \text{arctg}\left(\frac{X_L}{R}\right) = 0,93\,\text{rad} \rightarrow \phi = 53,29°.$$

b)
$i = I_m \,\text{sen}(2.000t - 0,93)$ $\varepsilon = 100\,\text{V} \Rightarrow E_{\text{rms}} = 100\sqrt{2} = 141\,\text{V} = V_m$.

$I_m = V_m/Z = 141/50 = 2,82.$

$$i = 2,82\,\text{sen}(2.000t - 0,93)\,\text{A} \quad \text{e} \quad I_{\text{rms}} = 2,82/\sqrt{2} = 2\,\text{A}.$$

c) A queda instantânea de voltagem através dos elementos do circuito é dada pelas equações 10.124 e 10.126. Assim,

$$v_R = 30 \times 2,82\,\text{sen}(2.000t - 0,93) = 84,8\,\text{sen}(2.000t - 0,93)\,\text{V},$$

que está em fase com a corrente.
$$V_R = 84{,}8/\sqrt{2} = 30 \times 2 = 60\,\text{V}.$$

$v_L = 40 \times 2{,}82\,\text{sen}(2.000t - 093 + \pi/2)\,\text{V}$ $\rightarrow$ $V_L = 112{,}8\,\text{sen}(2.000t - 0{,}93 + 1{,}57)\,\text{V}$

$v_L = 112{,}8\,\text{sen}(2.000t + 0{,}64)\,\text{V}$ $\qquad V_L\text{rms} = 112{,}8/\sqrt{2} = 40 \times 2 = 80\,\text{V}.$

A tensão através do indutor está adiantada em relação à *fem* de 0,64 rad ou 37°.

2. **Circuito** *LC*– Um circuito *LC*, como o da Figura 10.4, tem uma indutância de 3,20 mH e uma capacitância de 12 pF. O capacitor está inicialmente carregado com uma bateria de 15 V quando a chave *S* é aberta. A bateria então é removida do circuito, e a chave é fechada de modo que o capacitor é curto-circuitado através do indutor. Determine:
   a) a frequência de oscilação;
   b) a carga máxima no capacitor e a corrente máxima no circuito;
   c) a carga e a corrente como funções do tempo;
   d) a energia total armazenada no circuito.

SOLUÇÃO:

a) Sendo
$$f = \frac{\omega}{2\pi} = \frac{1}{2\pi\sqrt{LC}}$$

$$f = \frac{1}{2\pi[(3{,}20 \times 10^{-3}\,\text{H})(12 \times 10^{-12}\,\text{F})]^{1/2}} = 0{,}812 \times 10^6\,\text{H}.$$

b) A carga inicial no capacitor é igual à carga máxima, logo $C = Q/V$. Assim,
$$Q_{max} = CV = (12 \times 10^{-12}\,\text{F})(15\,\text{V}) = 1{,}80 \times 10^{-10}\,C,$$

das equações temos que
$$I_{max} = \omega Q_{max} = 2\pi f Q_{max}$$

$$I_{max} = (2\pi \times 0{,}812 \times 10^6\,s^{-1})(1{,}80 \times 10^{-10}\,C) = 9{,}18 \times 10^{-4}\,\text{A}.$$

c)
$$Q = Q_{max}\cos\omega t = 1{,}80 \times 10^{-10}\cos\omega t\ C$$

$$I = -I_{max}\,\text{sen}\,\omega t = 9{,}18 \times 10^{-4}\,\text{sen}\,\omega t\ \text{A},$$

onde
$$\omega = 2\pi f = 2\pi \times 0{,}812 \times 10^6 = 5{,}10 \times 10^6\,\text{rad/s}.$$

d) A energia total:

$$U = \frac{Q_{max}^2}{2C} = \frac{(1,80 \times 10^{-10} C)^2}{2(12 \times 10^{-12} F)} = 13,5 \times 10^{-10} J.$$

3. **Impedância e tensão fasoriais.** Considerando o circuito da Figura 10.38, determine I e Z_{eq} e mostre que a soma das quedas de tensão é igual à tensão aplicada. Faça a representação fasorial para a impedância, tensão e corrente.

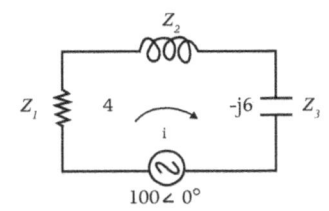

Figura 10.38 – Circuito *RLC*.

SOLUÇÃO:

Sendo

$$Z_{eq} = Z_1 + Z_2 + Z_3 = 4 + j3 - j6 = 4 - j3 = 5\angle -36,9°,$$

temos que

$$I = \frac{V}{Z_{eq}} = \frac{100\angle 0°}{5\angle -36,9°} = 20\angle 36,9°$$

e

$$V_1 = IZ_1 = 20\angle 36,9°(4) = 80\angle 36,9°$$

$$V_2 = IZ_2 = 20\angle 36,9° j3 = 20\angle 36,9°(3)\angle 90° = 60\angle 126,9°$$

$$V_3 = IZ_3 = 20\angle 36,9°(-j6) = 20\angle 36,9°(6)\angle -90° = 120\angle -53,1°;$$

e, finalmente,

$$V_1 + V_2 + V_3 = (64 + j48) + (-36 + j48) + (72 - j96) = 100 + j0 = V.$$

O diagrama fasorial é apresentado na Figura 10.39

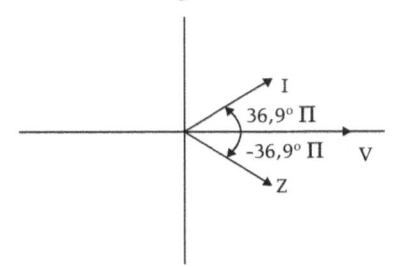

Figura 10.39 – Fasores.

4. **Circuito** RLC – Uma fonte de $\mathcal{E} = 240$V, $\omega = 250/\pi$Hz é conectada em série com um resistor de 60 Ω, um indutor de L = 180 mH e C = 50 μF. Determine:

a) a impedância do circuito,

b) a corrente e a corrente rms,

c) a tensão através de cada elemento.

SOLUÇÃO

a) $\omega = 2\pi \dfrac{250}{\pi} = 500 \text{ rad}/\text{s}$.

$Z = \sqrt{R^2 + (X_L - X_c)^2} = \sqrt{60^2 + (90-40)^2} = 78,1 \ \Omega \qquad \varphi = arctg\left[\dfrac{50}{60}\right] \to \varphi = 0,69 \text{ rad} = 39,8°$.

O ângulo de fase entre a corrente e a fem é de 39,8°.

b) $i = I_m \text{sen}(500t - 0,69), \mathcal{E}_{rms} = 240 \text{ V}/\sqrt{2} \to V_m = 339 \text{ V} \qquad I_m = V_m/Z = 4,3 \text{ A}$.

$i = 4,3 \text{sen}(500t - 0,69)$.

$I_{rms} = 4,3/\sqrt{2} = 3\text{A}$.

c) $v_R = Ri = 255\text{sen}(500t - 0,69)\text{V} \qquad V_{rms} = 180V. \qquad \varphi = 39,8°$.

$v_L = V_L \cos(500t - 0,69 = 90 \times 4,3\text{sen}(500t - 0,69 + \pi/2) = 382\text{sen}(500t + 0,88)\text{V} \qquad \varphi = 50,2°$.

$v_c = 172\text{sen}(500t - 2,27)\text{V} \qquad \varphi = -129,8° \qquad V_{rms} = 120\text{ V}$.

10.8.2 Exercícios propostos

1. Um circuito LC oscilante como o da Figura 10.40 é formado por um indutor de 100,0 mH e um capacitor de 4,8 μF. Se a carga máxima do capacitor é 2,2 μC. Determine:

a) a energia total presente no circuito;

b) a corrente máxima no circuito.

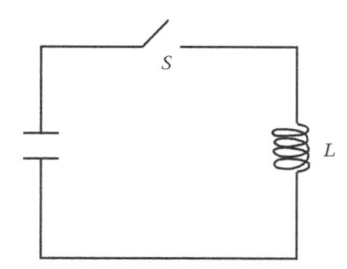

Figura 10.40 – Circuito LC com capacitor carregado.

2. No circuito LC da Figura 10.40, suponha que $C = 1 \ \mu$F. Supondo ainda que a carga em C é tal que a ddp entre as placas seja de 100 V, liga-se o interruptor S no instante $t = 0$. O circuito passa a oscilar à frequência de 10^3 ciclos/segundo. Calcule:

a) a frequência natural ω e o período T;

b) expresse q em função de t ($q(t)$) e determine o valor da carga máxima (q_m);

c) calcule a indutância L;

d) calcule a corrente instantânea no final de 1/4 de ciclo.

3. Um circuito LC oscilante é formado por dois indutores de 50,0 mH ligados em série e dois capacitores de 7,8 μF também ligados em série. Se a carga máxima do capacitor é 0,6 μC, determine:

a) a energia total presente no circuito;

b) a corrente máxima no circuito.

4. Um circuito LC oscilante é formado por dois indutores de 4,0 mH ligados em paralelo e dois capacitores de 2,8 nF também ligados em paralelo sob uma tensão máxima de 3,0 V. Determine:

a) a carga máxima no capacitor;

b) a corrente máxima no circuito;

c) a energia máxima armazenada no campo magnético dos indutores.

5. Em um circuito LC oscilante, $L = 25,0$ mH e $C = 5,00$ μF. No instante $t = 0$, a corrente é 10,0 mA, a carga do capacitor é 5,0 μC e o capacitor está sendo carregado. Determine:

a) a energia total do circuito;

b) a carga máxima do capacitor;

c) a corrente máxima do circuito;

d) se a carga do capacitor é dada por $q(t) = q_0 \cos(\omega t + \phi)$, qual é o ângulo de fase ϕ?

6. Em um circuito LC oscilante com $C = 50,0$ μF, a corrente varia no tempo de acordo com a função $I = (2,0)\mathrm{sen}(1.000t + 0,785)$, onde t está em segundos, I em ampères e a constante de fase em radianos. Determine:

a) o tempo que a corrente leva para atingir o valor máximo a partir de $t = 0$;

b) o valor da indutância L;

c) a energia total.

7. Considere um circuito composto de um indutor L e um capacitor C.

a) Qual é a carga presente no capacitor quando a energia armazenada no campo elétrico for 60% da energia armazenada no campo magnético. Expresse tal carga em termos da carga máxima Q.

b) Considere agora um circuito composto de um resistor R, um indutor L e um capacitor C. Determine o tempo necessário para que a energia máxima presente no capacitor durante uma oscilação caia para a metade do seu valor inicial, sabendo que no instante inicial a carga no capacitor é Q.

8. Considere um circuito RLC com $\varepsilon = 10$ V, $R = 10$ Ω, $L = 1,0$ H e $C = 1,0$ μF. Determine:
   a) a amplitude da tensão entre os terminais do indutor na frequência de ressonância;
   b) no circuito RLC, a amplitude da tensão entre os terminais do indutor pode ser maior que a força eletromotriz do gerador?

9. No circuito RLC da Figura 10.41, a chave S foi inicialmente ligada à posição 1 e posteriormente na 2. Escreva a equação do circuito em cada caso. Determine a impedância, a potência média e a frequência de ressonância.

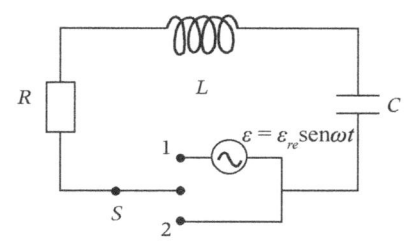

Figura 10.41 – Circuito RLC com fonte alternada.

10. No circuito da Figura 10.42, uma chave permite a mudança da posição a para b. Os valores dos elementos do circuito são $R = 18,0$ Ω, $C = 9,0$ μF, $L = 40,0$ mH, e a fonte (ideal) tem uma força eletromotriz $\varepsilon = 52,0$ V. Se a chave é mantida na posição a por um longo tempo antes de ser colocada na posição b, determine:
    a) a frequência;
    b) a amplitude da corrente no circuito.

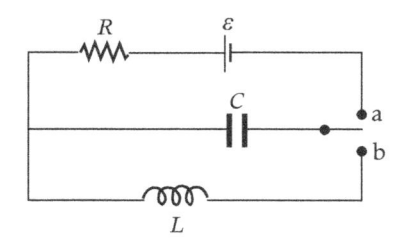

Figura 10.42 – RLC com fonte contínua.

11. No circuito RLC em série da Figura 10.43, os elementos passivos do circuito têm os seguintes valores, $R = 250$ Ω, $C = 18,0$ μF e $L = 250$ mH. Sendo a frequência de 60 Hz e a amplitude da força eletromotriz fornecida pelo gerador $\varepsilon_m = 48,0$ V, determine:

a) a amplitude da corrente;

b) a constante da fase ϕ da corrente no circuito em relação à força eletromotriz aplicada.

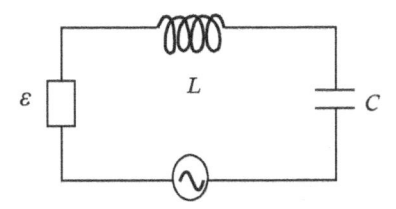

Figura 10.43 – Circuito *RLC*.

12. No circuito *RLC* em série da Figura 10.43, considere que os elementos passivos tenham os respectivos valores: $R = 300\ \Omega$, $L = 60$ mH, $C = 0,5\ \mu$F, $V = 50$ V e $\omega = 10^4$ rad/s.

    a) Calcule as reatâncias e a impedância no circuito.

    b) Calcule a amplitude da corrente, o ângulo de fase e a amplitude da voltagem através de cada elemento do circuito.

    c) Faça o diagrama de fasores do circuito.

13. Considere agora que, no circuito *RLC* em série da Figura 10.43, são conhecidos $R = 2.200\ \Omega$, $C = 3\ \mu$F e $L = 0,4$ H, sendo alimentado com um gerador de corrente de 120 V e 60,0 Hz. Calcule:

    a) a impedância do circuito;

    b) a frequência de ressonância do circuito;

    c) a amplitude de corrente na ressonância;

    d) a corrente de fase do circuito.

14. Calcule a indutância que deve ser ligada a um capacitor de 17 pF em um oscilador para que sejam geradas ondas eletromagnéticas de 550 nm. Considere a velocidade da luz igual a 3×10^8 m/s.

15. Em certo resistor, que corrente contínua produz a mesma energia térmica que uma corrente alternada com um valor máximo de 2,83 A?

16. Na Figura 10.44, $R = 200\ \Omega$, $C = 70\ \mu$F, $L = 230$ mH, $f_d = 60,0$ Hz e $\varepsilon = 36,0$ V. Determine:

    a) o valor da impedância no circuito;

    b) o valor do ângulo de fase;

    c) o valor da amplitude da corrente;

    d) desenhe um diagrama fasorial do circuito.

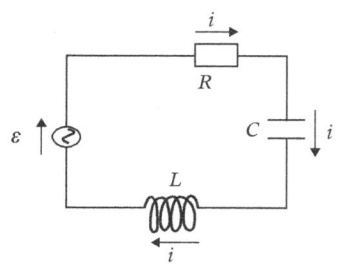

Figura 10.44 – Circuito com fonte alternada.

17. O gerador de corrente alternada da Figura 10.45 fornece uma força eletromotriz de 120 V e 60,0 Hz. Com a chave S aberta como na figura, a corrente está adiantada 20,0° em relação à força eletromotriz do gerador. Quando a chave é colocada na posição a, a corrente fica atrasada de 10,0° em relação à força eletromotriz do gerador. Quando a chave é colocada na posição b, a amplitude da corrente é 2,00 A. Determine:

a) o valor de R;
b) o valor de L;
c) o valor de C.

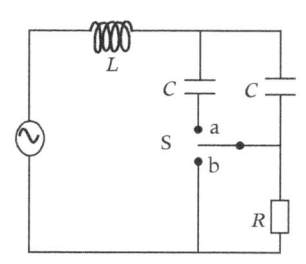

Figura 10.45 – Circuito elétrico com fonte ca.

18. O capacitor de placas paralelas possui placas circulares de raio $R = 30$ mm e a distância entre as placas é $D = 5{,}0$ mm. Uma diferença de potencial senoidal com valor máximo de 150 V e uma frequência de 60 Hz são aplicadas às placas, ou seja, a tensão entre as placas é: $V = (150 \text{ V})\text{sen}[2\pi(60 \text{ Hz})t]$.

a) Determine $B_{max}(r)$, o valor máximo do campo magnético induzido a uma distância radial $r = R$.
b) Esboce $B_{max}(r)$ para $0 < r < \infty$.

19. Calcule:

a) A corrente fornecida pela fonte no circuito da Figura 10.46, considerando uma frequência angular de 5.000 rad/s.
b) Resolva o circuito considerando agora a fonte em corrente contínua e discuta os resultados.

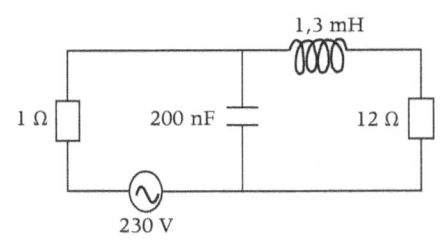

Figura 10.46 – Um circuito com fonte alternada.

20. Uma bobina com 88 mH de indutância e resistência desconhecida e um capacitor de 0,94 μF são ligados em série a um gerador cuja frequência é 930 Hz. Se a constante de fase entre a tensão aplicada pelo gerador e a corrente no circuito é 75°, qual é a resistência da bobina?

21. Um aparelho de ar condicionado ligado a uma tomada de 120 V rms é equivalente a uma resistência de 12,0 Ω e uma reatância indutiva de 1,30 Ω ligadas em série. Determine:
    a) a impedância do aparelho;
    b) a potência consumida pelo aparelho.

22. Um transformador possui 500 espiras no primário e 10 espiras no secundário.
    a) Se V_1 é 120 V (rms), quanto é V_2, com o secundário em circuito aberto?
    b) Se o secundário está ligado a uma carga resistiva de 15 Ω. Determine a corrente no primário e a corrente no secundário.

23. Um gerador de corrente alternada tem uma força eletromotriz $\varepsilon = \varepsilon_m \text{sen}(\omega_d t - \pi/4)$, onde $\varepsilon_m = 30,0$ V, e $\omega_d = 350$ rad/s. A corrente produzida no circuito ao qual o gerador está ligado é $i(t) = I \text{sen}(\omega_d t - 3\pi/4)$, onde $I = 620$ mA. Em que instante após $t = 0$,
    a) a força eletromotriz do gerador atinge pela primeira vez o valor máximo?
    b) a corrente atinge pela primeira vez o valor máximo?
    c) Se o circuito contém um único elemento além do gerador. Trata-se de um capacitor, um indutor ou um resistor? Justifique sua resposta.
    d) Qual é o valor da capacitância, indutância ou resistência?

24. Um circuito em série com $R = 40$ Ω e $L = 0,04$ H tem uma impedância de $50\angle\phi$ Ω. Determine o ângulo ϕ e a frequência em hertz.

25. Em um circuito em série de $R = 15$ Ω e $C = 45$ μF, a tensão aplicada e a frequência são tais que a corrente está adiantada de 30°. Qual a mudança de frequência necessária para que a corrente fique avançada em 70°?

26. Uma tensão $v = 400\cos(2.400t - 20°)$ está aplicada a um circuito em série de $R = 10\ \Omega$ e $C = 40\ \mu F$. Encontre a corrente i.

27. Um circuito em série de $12\ \Omega$ e $L = 20$ mH tem uma tensão aplicada de $v = 180\operatorname{sen}(200t + 90°)$. Encontre a corrente i.

28. Determine a impedância do circuito, as correntes nos braços e a corrente total no circuito da Figura 10.47. Trace o diagrama dos fasores.

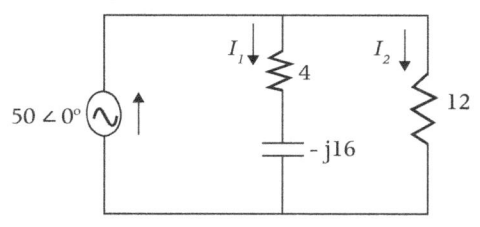

Figura 10.47 – Um circuito com fonte alternada.

29. Determine a corrente em cada elemento do circuito da Figura 10.48.

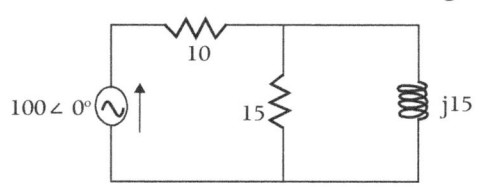

Figura 10.48 – Circuito resistor indutor.

APLIQUE SEUS CONHECIMENTOS

No módulo de simulação *exoscila*, você pode conferir seus resultados e testar outras situações.

PESQUISA E APROFUNDAMENTO

Procure pesquisar essas tecnologias:
- Qual o papel do resistor no desembaçador de vidro traseiro de um carro?
- Efeito piezoelétrico.
- Efeito Costa Ribeiro.

Bibliografia complementar

ARNOLD, F. J. Análise Unidimensional de transdutores piezelétricos baseada no teorema de Thévenin. *Revista Brasileira de Ensino de Física*, v. 31, n. 4, 2009, p. 4305.

CARLIN, N. et al. Comportamento caótico em um circuito RLC não-linear. *Revista Brasileira de Ensino de Física*, v. 27, n. 2, 2005, p. 225-30.

CHIQUITO, A. J.; LANCIOTTI JR., F. Bobina de Tesla: dos circuitos ressonantes LC aos princípios das telecomunicações. *Revista Brasileira de Ensino de Física*, v. 22, n. 1, 2000, p. 69.

RIBEIRO, J. C. On the thermo-dielectric effect. *An. Acad. Bras. Cien*, n. 22, 1950, p. 325.

DOFF, A.; FIGUEIRA, J. F.; GENTILINI, J. C. Dinâmica de relaxação em meios dielétricos: uma aplicação envolvendo osciladores harmônicos. *Revista Brasileira de Ensino de Física*, v. 33, n. 1, 2011, p. 1305.

DORNELES, P. F. T.; ARAUJO, I. S.; VEIT, E. A. Simulação e modelagem computacionais no auxílio da aprendizagem significativa de conceitos básicos de eletricidade: Parte I – circuitos elétricos simples. *Revista Brasileira de Ensino de Física*, v. 28, n. 4, 2006, p. 487-96.

_____.Simulação e Modelagem Computacionais no Auxílio da Aprendizagem Significativa de Conceitos Básicos de Eletricidade. Parte II – circuitos RLC. *Revista Brasileira de Ensino de Física*, v. 30, n. 3, 2008, p. 3308.

GUISASOLA, J.; MONTERO, A.; FERNANDEZ, M. La historia del concepto de fuerza electromotriz en circuitos eléctricos y la elección de indicadores de aprendizaje comprensivo. *Revista Brasileira de Ensino de Física*, v. 30, n. 1, 2008, p. 1604.

LARA, L.S. de; CARMO, T. A. S. do, O método das escalas múltiplas em circuitos LC e RLC. *Revista Brasileira de Ensino de Física*, v. 32, n. 2, 2010, p. 2308.

NILSON, J. W.; RIEDEL, S. A. Circuitos elétricos. 8. ed. Pearson/Prentice Hall, 2009.

REDINZ, J. A. Linhas de transmissão e choques elétricos em um passarinho. *Revista Brasileira de Ensino de Física*, v. 20, n. 4, 1998, p. 339.

ROBERT, R.; KOWALSKI, E. L.; MELO GOMES, D. Corrente de absorção e reabsorção em dielétricos. *Revista Brasileira de Ensino de Física*, v. 30, n. 3, 2008, p. 3307.

STEINMETZ, C. P. The natural period of a transmission line and the frequency of lightning discharge therefrom. *The Electrical World*, 27 ago. 1898, p. 203-5.

TAYLOR, B. *Methodus incrementorum directa et inversa*. Londres: Publicación Londini: Impensis Gulielmi Innys, 1717.

Equações de Maxwell

Neste capítulo, estudaremos quatro equações que são a base para descrever todo fenômeno elétrico e magnético. Essas equações, conhecidas como "equações de Maxwell" em homenagem ao físico James Clerk Maxwell, são tão fundamentais para a compreensão dos fenômenos elétricos e magnéticos quanto as leis de Newton para os estudos dos fenômenos mecânicos.

Essas equações compõem o fundamento teórico do eletromagnetismo e serviram de base para tudo o que discutimos ao longo do texto. Para simplificar, apresentaremos as equações de Maxwell aplicadas ao espaço livre, isto é, na ausência de qualquer material dielétrico e magnético. No fim deste capítulo, mostraremos que essas equações predizem a existência de ondas eletromagnéticas, que viajam com velocidade $c = 1/\sqrt{\mu_0 \varepsilon_0} \approx 3 \times 10^8 \, \text{m/s}$, a velocidade da luz. Além disso, a teoria mostra que tais ondas são irradiadas por cargas aceleradas, embora não seja esse o nosso enfoque neste momento.

Em seguida, estudaremos uma classe particular de soluções da equação da onda eletromagnética: as ondas planas. A solução em ondas planas, embora tenha base em hipóteses simplificadoras e seja, portanto, mais simples, permite determinar propriedades das ondas eletromagnéticas que se mostram gerais, ou seja, aplicam-se a qualquer tipo de onda eletromagnética.

11.1 Leis básicas da eletricidade e do magnetismo

Faremos a seguir uma breve revisão das leis básicas da eletricidade e do magnetismo, que vimos nos capítulos anteriores. Essa revisão visa convergir essas equações para um ponto comum, ou seja, mostrar como estão intimamente relacionadas ao mesmo tipo de fenômeno denominado eletromagnetismo, representado pelo conjunto das equações de Maxwell.

Iniciamos a apresentação das equações de Maxwell, então, introduzindo a lei de Gauss, discutida no Capítulo 3 (ver Equação 3.7), que pode ser escrita como

$$\oint_S \vec{E} \cdot \hat{n} \, dS = \frac{q}{\varepsilon_0}. \tag{11.1}$$

A Equação 11.1 mostra que o fluxo elétrico total através de qualquer superfície fechada é igual à carga líquida (q) dentro da mesma superfície dividida por ε_0.

Se a carga líquida estiver distribuída em um volume V' com densidade ρ, podemos escrever

$$q = \int_V \rho dV', \qquad (11.2)$$

que, assim como o teorema de Gauss, permite escrever

$$\nabla \cdot \vec{E} - \frac{\rho}{\varepsilon_0} = 0, \qquad (11.3)$$

que é a forma diferencial da lei de Gauss (no regime estacionário). Observe que essa equação equivale à Equação 11.1, que representa a forma integral da lei de Gauss.

Vemos, então, que a lei de Gauss relaciona fluxo elétrico com carga elétrica, fornecendo uma indicação de como as cargas elétricas criam campos elétricos. A lei de Gauss estabelece, além disso, que somente as cargas dentro da superfície gaussiana contribuem para o fluxo de campo elétrico.

Entretanto, a lei da indução de Faraday estabelece que uma força eletromotriz induzida ($\mathcal{E}$) ou *fem* somente aparecerá em uma espira sem fonte quando houver variação temporal do fluxo magnético através dessa espira, isto é, um fluxo magnético variável também pode induzir a formação de campo elétrico. A lei de Faraday, apresentada no Capítulo 9, pode ser escrita como

$$\oint_C \vec{E} \cdot d\vec{l} = -\frac{d\Phi_B}{dt}, \qquad (11.4)$$

onde o vetor $\vec{E}$ representa o campo elétrico induzido no elemento $d\vec{l}$ em virtude da variação do fluxo magnético Φ_B através do circuito. O sinal negativo expressa a conservação de energia, garantindo que a corrente induzida produz um campo magnético que se opõe à variação que lhe deu origem (lei de Lenz).

Essa equação, com a definição de fluxo e o teorema de Stokes, pode ser reescrita na forma

$$\nabla \times \vec{E} + \frac{\partial \vec{B}}{\partial t} = 0. \qquad (11.5)$$

A Equação 11.5 representa a forma diferencial da lei de Faraday (regime não estacionário) e estabelece que o campo elétrico terá um rotacional diferente de zero se o campo magnético na região mudar com o tempo, porém, se não houver mudança no tempo, o campo será irrotacional, $\nabla \times \vec{E} = 0$. Observe ainda que essa equação é equivalente à forma integral da lei de Faraday, dada pela Equação 11.4.

A lei de Gauss do magnetismo,

$$\int_S \vec{B} \cdot \hat{n} dS = 0, \qquad (11.6)$$

também é uma das equações de Maxwell. Ela estabelece que o fluxo magnético através de uma superfície S fechada é nulo e expressa a inexistência de monopolos magnéticos (cargas magnéticas). Sua forma diferencial pode ser obtida pela aplicação do teorema da divergência:

$$\nabla \cdot \vec{B} = 0. \tag{11.7}$$

O campo magnético, assim, possui divergência nula, isto é, as linhas de fluxo magnético são contínuas e formam circuitos fechados.

Por fim, temos a lei circuital de Ampère (ver Capítulo 8), que estabelece que, quando um condutor é percorrido por uma corrente elétrica (campo elétrico variável), surge um campo magnético $\vec{B}$ ao redor do condutor, dado pela seguinte relação:

$$\oint_C \vec{B} \cdot d\vec{l} = \mu_0 I, \tag{11.8}$$

onde I é a corrente elétrica que flui pelo circuito.

Utilizando-se o teorema de Stokes, a Equação 11.8 pode ser escrita na forma diferencial como

$$\nabla \times \vec{B} - \mu_0 \vec{J} = 0, \tag{11.9}$$

onde a densidade de corrente $\vec{J}$ é definida de modo que

$$I = \int_S \vec{J} \cdot \hat{n} dS. \tag{11.10}$$

A Equação 11.9 representa a forma diferencial da lei de Ampère (correntes estacionárias) e estabelece que, em um espaço onde a corrente está fluindo, o campo magnético apresenta rotacional diferente de zero. Observamos ainda que a Equação 11.9 equivale à forma integral da lei de Ampère dada pela Equação 11.8.

A Tabela 11.1 resume o conjunto das equações básicas dos fenômenos elétricos e magnéticos, nas formas integral e diferencial.

Tabela 11.1 – Equações da eletricidade e do magnetismo			
Lei	Forma integral	Forma diferencial	Regime
Gauss/eletrostática	$\oint_S \vec{E} \cdot \hat{n} dS = \dfrac{q}{\varepsilon_0}$	$\nabla \cdot \vec{E} = \dfrac{\rho}{\varepsilon_0}$	Estacionário
Gauss/magnetismo	$\oint_S \vec{B} \cdot \hat{n} dS = 0$	$\nabla \cdot \vec{B} = 0$	Estacionário
Ampère/correntes estacionárias	$\oint_C \vec{B} \cdot d\vec{l} = \mu_0 I$	$\nabla \times \vec{B} = \mu_0 \vec{J}$	Estacionário
Faraday	$\oint_C \vec{E} \cdot d\vec{l} = -\dfrac{d\Phi_B}{dt}$	$\nabla \times\ = -\dfrac{\partial}{\partial}$	Não estacionário

O conjunto das quatro equações apresentadas tanto na forma integral quanto na forma diferencial, embora descreva diversos fenômenos elétricos e magnéticos observados em laboratório, não corresponde à teoria eletromagnética tal como a conhecemos hoje, uma vez que a lei de Ampère, ou a terceira das equações, está incompleta, conforme veremos na Seção 11.3.

Na próxima seção, abordaremos a questão do princípio de conservação da carga e entenderemos por que esse conjunto de equações, na forma como está apresentado, descreve apenas fenômenos isolados da eletricidade e do magnetismo. Na verdade, podemos dizer que a lei de Faraday foi o primeiro passo para unificar a eletricidade e o magnetismo, uma vez que mostra que existe outra fonte de campos elétricos além das distribuições de cargas, de modo que essa fonte está diretamente relacionada aos campos magnéticos. De fato, a lei de Faraday mostra, precisamente, que variações do fluxo de campo magnético são capazes de produzir uma força eletromotriz (*fem*) e, portanto, campo elétrico.

Nesse ponto, surge uma questão importante: se um campo magnético que varia no tempo é capaz de gerar um campo elétrico, por que um campo elétrico variável no tempo não pode, igualmente, gerar um campo magnético? Se assim fosse, teríamos uma simetria nas equações empíricas do eletromagnetismo e haveria, então, duas fontes para o campo elétrico: as distribuições de cargas e campos magnéticos variáveis no tempo. Do mesmo modo, também haveria duas fontes possíveis para o campo magnético: as correntes e os campos elétricos dependentes do tempo. Isso é o que efetivamente ocorre, e deve-se a Maxwell a alteração na lei de Ampère, de modo que o conjunto de equações, a partir de então denominadas equações de Maxwell, forneça descrição unificada dos fenômenos elétricos e magnéticos: o eletromagnetismo.

11.2 Equação da continuidade

Considere uma região do espaço com um volume V limitado pela superfície S, onde existe uma distribuição de cargas caracterizada por uma densidade volumétrica $\rho(\vec{r}, t)$. A Figura 11.1 mostra essa região.

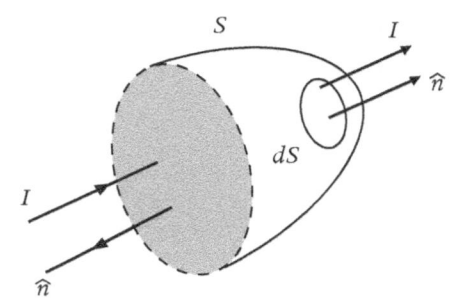

Figura 11.1 – Região volumétrica delimitada pela superfície S.

Se as cargas estiverem em repouso, tal que $\rho = \rho(\vec{r})$ apenas, o que revela a não dependência temporal, e, então,

$$\frac{\partial \rho}{\partial t} = 0. \tag{11.11}$$

De modo geral, entretanto, as cargas podem estar em movimento. Assim, a conservação da carga estabelece que a quantidade de cargas que entra (ou sai) através da superfície S, na unidade de tempo, é igual à quantidade de cargas que aumentou (ou diminuiu) no interior da região limitada por S.

Uma corrente I é produzida pelo movimento da carga e é determinada por

$$I = \int_S \rho \vec{v}.\hat{n}dS = \int_S \vec{J}.\hat{n}dS, \tag{11.12}$$

onde ρ é a densidade de carga, $\vec{v}$, a velocidade da carga, $\vec{J} = \rho \vec{v}$, a densidade de corrente elétrica e $\hat{n}$, o vetor unitário normal à superfície.

Assim, a carga total no volume será

$$q = \int_V \rho(\vec{r},t) dV. \tag{11.13}$$

Como a corrente pode ser obtida como a variação da carga na unidade de tempo, então

$$I = -\frac{dq}{dt}, \tag{11.14}$$

onde o sinal negativo indica que, se o sentido (positivo) da corrente é de dentro para fora, a carga está decrescendo, ou seja, saindo da superfície S. Igualando as equações 11.12 e 11.14 e utilizando a Equação 11.13, obtemos

$$-\frac{d}{dt}\int_V \rho(\vec{r},t) dV = \oint_S \vec{J}.\hat{n}dS. \tag{11.15}$$

Por meio do teorema de Gauss, o lado direito da equação é transformado em uma integral de volume. Assim,

$$-\frac{d}{dt}\int_V \rho(\vec{r},t) dV = \int_V \nabla.\vec{J} dV$$

ou

$$\int_V \nabla.\vec{J} dV + \frac{d}{dt}\int_V \rho(\vec{r},t) dV = 0. \tag{11.16}$$

Arranjando os termos, obtemos

$$\int_V \left[\nabla.\vec{J} + \frac{\partial \rho}{\partial t} \right] dV = 0. \tag{11.17}$$

Note que devemos trocar d/dt por $\partial/\partial t$ dentro da integral, visto que $\rho = \rho(\vec{r},t)$ é função de duas variáveis. Finalmente, como o volume é arbitrário, $dV \neq 0$, obtemos

$$\nabla \cdot \vec{J} + \frac{\partial \rho}{\partial t} = 0. \tag{11.18}$$

A Equação 11.18 é conhecida como *equação da continuidade*, que, nesse caso, expressa o princípio de conservação da carga elétrica, que estabelece que, em uma região do espaço de volume V limitada por uma superfície S, a taxa na qual a carga decresce (aumenta) é igual à taxa na qual a carga sai (entra) em V através de S.

Equações desse tipo sempre expressam a conservação de alguma quantidade física e não se restringem à carga elétrica. Na hidrodinâmica, por exemplo, temos que a equação

$$\nabla \cdot (\rho \vec{v}) + \frac{\partial \rho}{\partial t} = 0, \tag{11.19}$$

onde ρ é a densidade de massa e $\vec{v}$, a velocidade, expressa a conservação das massas.

11.3 Corrente de deslocamento e lei de Ampère-Maxwell

Veremos a seguir que a Equação 11.8, conhecida como lei de Ampère, é válida apenas em situações particulares. De fato, aplicando-se o operador divergência à forma diferencial da lei de Ampère (ver Equação 11.9), obtemos

$$\nabla \cdot \nabla \times \vec{B} - \nabla \cdot (\mu_0 \vec{J}) = 0.$$

Da análise vetorial, depreendemos que o divergente do rotacional de qualquer vetor é identicamente nulo. Portanto, o primeiro termo desaparece, e, sendo μ_0 uma constante com valor determinado ($\mu_0 \neq 0$), obtemos

$$\nabla \cdot \vec{J} = 0. \tag{11.20}$$

Observamos que a Equação 11.20 é o caso estático ou particular da equação da continuidade (ver Equação 11.18), em que ρ não é função do tempo $\left(\partial \rho(\vec{r},t)/\partial t = 0\right)$. Assim, do modo como se apresenta, a equação de Ampère trata apenas de correntes estacionárias e, portanto, é válida somente na eletrostática.

A fim de resolver esse problema da limitação imposta pela lei de Ampère (tratar apenas de correntes estacionárias), Maxwell propôs mudanças na equação para que pudesse obedecer à equação da continuidade na forma geral. Isso pode ser feito por meio do conceito de corrente de deslocamento.

Considere o capacitor da Figura 11.2 sendo carregado. Se q é a carga em qualquer instante no capacitor, a *corrente de condução* é definida por

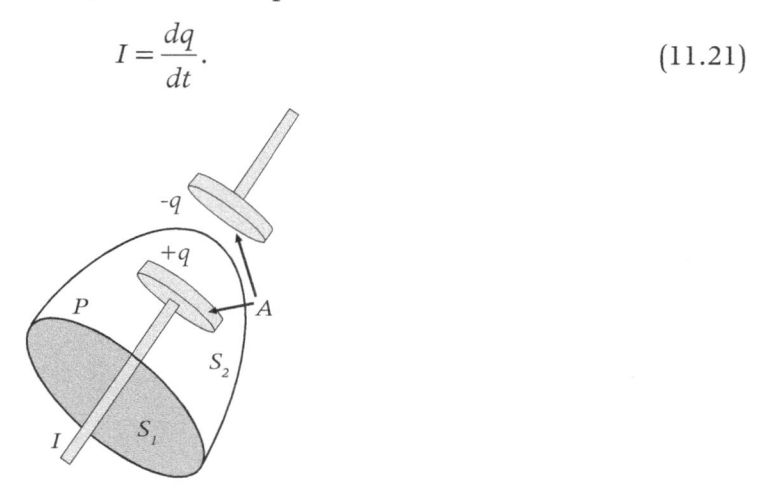

$$I = \frac{dq}{dt}. \tag{11.21}$$

Figura 11.2 – Superfícies S_1 e S_2 delimitadas pelo caminho P. A corrente de condução $I = dq/dt$ passa através de S_1 e a corrente de deslocamento $I_d = \varepsilon_0 d\Phi_E/dt$ passa através de S_2. As duas correntes devem ser iguais para a continuidade.

Tendo conhecimento de que a lei de Ampère é válida somente se a corrente de condução é estacionária $\left(\partial \rho/\partial t = 0\right)$, Maxwell modificou a lei de Ampère a fim de incluir todas as situações. Por exemplo, quando uma fonte de tensão alternada é utilizada, a corrente I muda com o tempo (ver Seção 10.5), a carga nas placas do capacitor muda, porém nenhuma corrente de condução passa de uma placa para outra. Se considerarmos agora as superfícies S_1 e S_2 delimitadas pelo caminho P, a integral de linha descrita pela lei de Ampère

$$\oint_C \vec{B}.d\vec{l} = \mu_0 I,$$

estabelece que I é a corrente total através de qualquer superfície limitada pelo caminho P. Isso é verdade para a superfície S_1, uma vez que I passa através dela, mas não vale para a superfície S_2, que não é atravessada por nenhuma corrente. Maxwell resolveu esse problema acrescentando um termo do lado direito da equação de Ampère, denominado *corrente de deslocamento*, I_d, e definida por

$$I_d = \varepsilon_0 \frac{d\Phi_E}{dt}, \tag{11.22}$$

onde o fluxo elétrico Φ_E é dado por

$$\Phi_E = \int \vec{E}.d\vec{S}.$$

Assim, sempre que um capacitor estiver sendo carregado (ou descarregado), ocorrerá mudança do campo elétrico entre as placas. Tal mudança pode ser imaginada como um *tipo de corrente* que preenche a descontinuidade na corrente de condução. Adicionando-se o termo representado como corrente de deslocamento à lei de Ampère, a dificuldade relacionada à ausência de corrente em S_2 desaparece, isto é, não importa qual superfície limitada por P, S_1 ou S_2 é escolhida, pois uma combinação das correntes de condução e deslocamento passará através da descontinuidade. Portanto, com a inclusão desse novo termo, podemos expressar a forma generalizada da lei de Ampère, também conhecida como lei de Ampère-Maxwell, do seguinte modo:

$$\oint_C \vec{B}.d\vec{l} = \mu_0 (I + I_d) = \mu_0 I + \mu_0 \varepsilon_0 \frac{d\Phi_E}{dt}. \quad (11.23)$$

A demonstração de que esse novo termo é de fato uma corrente pode ser obtida a partir do fato de que o fluxo elétrico através de S_2 é dado por

$$\Phi_E = \int \vec{E}.d\vec{S} = EA$$

onde A é a área da placa e E, o campo elétrico uniforme entre as placas. Se q é a carga nas placas, então $E = q/\varepsilon_0 A$ (ver Capítulo 5). Portanto,

$$\Phi_E = EA = \frac{q}{\varepsilon_0 A} A = \frac{q}{\varepsilon_0}.$$

Com a substituição do fluxo na expressão da corrente, obtemos

$$I_d = \varepsilon_0 \frac{d\Phi_E}{dt} = \frac{dq}{dt}. \quad (11.24)$$

Assim, concluímos que a corrente de deslocamento em S_2 é equivalente à corrente de condução em S_1.

Exemplo 60

Um cabo coaxial com 1,0 m de comprimento tem condutor interno com 2,0 mm de diâmetro e externo com 6,0 mm de diâmetro, separados por um isolante com constante dielétrica $\varepsilon = 10,2\varepsilon_0$. Considerando uma tensão $V(t) = 10\cos(6\pi \times 10^6 t)$ mV sendo aplicada nos terminais do cabo, determine a corrente de deslocamento entre os condutores interior e exterior.

Solução

Vimos que, no caso de um cabo axial, $C = 2\pi\varepsilon \dfrac{l}{\ln(b/a)} = 516,27$ pF. Então, como $I_d = C\dfrac{dV}{dt}$, $I_d = -97\operatorname{sen}(6\pi \times 10^6 t)\,\mu A$.

11.3.1 Equações de Maxwell no vácuo

Na seção anterior, vimos a nova forma da equação de Ampère em termos da corrente de deslocamento proposta por Maxwell, dada pela Equação 11.23:

$$\oint_C \vec{B}.d\vec{l} = \mu_0 I + \mu_0 \varepsilon_0 \frac{d\Phi_E}{dt}.$$

Ao substituir a Equação 11.10 e Φ_E na lei de Ampère-Maxwell, e utilizando o teorema de Stokes no lado esquerdo da equação, encontramos

$$\int_S (\nabla \times \vec{B}).d\vec{S} = \mu_0 \int_S \vec{J}.d\vec{S} + \mu_0 \varepsilon_0 \int_S \frac{\partial \vec{E}}{\partial t}.d\vec{S}. \tag{11.25}$$

Arranjando os termos, obtemos a forma diferencial da lei de Ampère-Maxwell, dada por

$$\nabla \times \vec{B} = \mu_0 \vec{J} + \mu_0 \varepsilon_0 \frac{\partial \vec{E}}{\partial t}. \tag{11.26}$$

Pode-se verificar, agora, que a inclusão do termo de corrente de deslocamento leva à equação da continuidade na sua forma geral. Aplicando o operador divergência em todos os membros da Equação 11.26, encontramos

$$\nabla . \nabla \times \vec{B} = \mu_0 \left(\nabla.\vec{J}\right) + \mu_0 \varepsilon_0 \frac{\partial \left(\nabla.\vec{E}\right)}{\partial t}, \tag{11.27}$$

mas, da análise vetorial, sabemos que o divergente do rotacional de qualquer vetor é identicamente nulo, portanto o lado esquerdo da Equação 11.27 desaparece. O segundo termo do lado direito dentro do parênteses representa a lei de Gauss e é igual a ρ/ε_0. Substituindo seu valor na expressão, encontramos

$$\mu_0 \left(\nabla.\vec{J}\right) + \mu_0 \varepsilon_0 \frac{\partial \left(\rho/\varepsilon_0\right)}{\partial t} = 0,$$

e, então,

$$\nabla.\vec{J} + \frac{\partial \rho}{\partial t} = 0, \tag{11.28}$$

que é a equação da continuidade. Vê-se que a Equação 11.26 está em concordância com o princípio de conservação da carga. Essa mudança, aparentemente pouco significativa, foi responsável por uma das maiores revoluções da física: com ela, Maxwell pôde estabelecer o vínculo entre as quatro equações básicas da eletricidade e do magnetismo – foi nesse momento que essas equações passaram a ser associadas a ele (e chamadas também de equações do eletromagnetismo) – e pôde prever a existência de ondas eletromagnéticas.

É interessante observar, contudo, que a forma das equações originalmente desenvolvidas por Maxwell era bastante diferente da que utilizamos atualmente. Maxwell valeu-se de uma complicada notação que se tornou obsoleta. O engenheiro britânico Oliver Heaviside (1850-1925) foi o grande responsável pela forma vetorial com que as equações de Maxwell são atualmente apresentadas nos livros de física.

A Tabela 11.2 apresenta as equações de Maxwell tanto na forma integral quanto na diferencial.

Tabela 11.2 – Equações de Maxwell		
Forma integral	**Forma diferencial**	**Regime**
$\oint_S \vec{E}.\hat{n}dS = \dfrac{q}{\varepsilon_0}$	$\nabla.\vec{E} = \dfrac{\rho}{\varepsilon_0}$	Estacionário
$\oint_S \vec{B}.\hat{n}dS = 0$	$\nabla.\vec{B} = 0$	Estacionário
$\oint_C \vec{B}.d\vec{l} = \mu_0 I + \mu_0\varepsilon_0 \dfrac{d\Phi_E}{dt}$	$\nabla \times \vec{B} = \mu_0 \vec{J} + \mu_0\varepsilon_0 \dfrac{\partial \vec{E}}{\partial t}$	Estacionário
$\oint_C \vec{E}.d\vec{l} = -\dfrac{d\Phi_B}{dt}$	$\nabla \times \vec{E} = -\dfrac{\partial \vec{B}}{\partial t}$	Não estacionário

As equações da Tabela 11.2 conduzem à equação das ondas eletromagnéticas (na ausência do termo $\mu_0\varepsilon_0 d\Phi_E/dt$, isso não acontece).

Duas dessas equações envolvem as fontes do eletromagnetismo, que são a densidade de carga elétrica $\rho(\vec{r},t)$, na lei de Gauss, e a densidade de corrente elétrica $\vec{J}(\vec{r},t)$, na lei de Ampère modificada. As outras duas equações não envolvem os termos de fonte.

As equações de Maxwell possuem soluções não nulas dependentes do tempo, mesmo nas regiões do espaço sem cargas ou correntes, isto é, nas regiões em que $\rho = 0$ e $\vec{J} = 0$. Essa importante propriedade decorre do efeito de indução associado à lei de Faraday e do termo de corrente de deslocamento introduzido por Maxwell.

Pela lei de Faraday, quando um campo magnético varia no tempo, existe a indução do aparecimento de um campo elétrico. Esse campo, por sua vez, também depende do tempo e, portanto, faz aparecer uma corrente de deslocamento (a segunda parcela no lado direito). Essa corrente gera um campo magnético dependente do tempo, que, então, gera um campo elétrico induzido, e assim sucessivamente. Logo, a indução mútua entre os campos $\vec{E}$ e $\vec{B}$ se traduz na propagação de uma onda eletromagnética.

11.4 Onda eletromagnética

A previsão das ondas eletromagnéticas é uma das mais importantes previsões das equações de Maxwell. Para obter a equação da onda eletromagnética a partir das equações de Maxwell, vamos considerar o meio em que estamos tomando os vetores $\vec{E}$ e $\vec{B}$ como desprovidos de fontes e no vácuo. Como não há fontes, $\rho = 0$ e $\vec{J} = 0$, e, nesse caso, as equações de Maxwell tornam-se

$$\begin{cases} \nabla \cdot \vec{E} = 0 \\ \nabla \cdot \vec{B} = 0 \\ \nabla \times \vec{B} = \mu_0 \varepsilon_0 \dfrac{\partial \vec{E}}{\partial t} \\ \nabla \times \vec{E} = -\dfrac{\partial \vec{B}}{\partial t} \end{cases} \qquad (11.29)$$

Aplicando o operador rotacional à terceira equação, temos

$$\nabla \times (\nabla \times \vec{B}) = \mu_0 \varepsilon_0 \frac{\partial (\nabla \times \vec{E})}{\partial t}. \qquad (11.30)$$

A partir da análise vetorial, o termo do lado esquerdo torna-se

$$\nabla \times \nabla \times \vec{B} = \nabla(\nabla \cdot \vec{B}) - \nabla^2 \vec{B},$$

e, com base nas equações de Maxwell, $\nabla \times \vec{E} = -\partial \vec{B}/\partial t$. Substituindo ambos na Equação 11.30, encontramos

$$\nabla(\nabla \cdot \vec{B}) - \nabla \vec{B} = -\mu_0 \varepsilon_0 \frac{\partial}{\partial}. \qquad (11.31)$$

O primeiro termo do lado esquerdo é nulo, e a equação torna-se, então,

$$\nabla^2 \vec{B} - \frac{1}{c^2} \frac{\partial^2 \vec{B}}{\partial t^2} = 0, \qquad (11.32)$$

que é a equação da onda para o campo $\vec{B}$ e cuja velocidade de propagação é $c = 1/\sqrt{\mu_0 \varepsilon_0}$. Analogamente, aplicando-se o operador rotacional à quarta equação de Maxwell, vê-se que o campo $\vec{E}$ satisfaz uma equação semelhante,

$$\nabla^2 \vec{E} - \frac{1}{c^2} \frac{\partial^2 \vec{E}}{\partial t^2} = 0. \qquad (11.33)$$

Observe que as equações 11.32 e 11.33 são vetoriais, de segunda ordem, tanto em relação à posição quanto ao tempo, e são equações de onda independentes (desacopladas) para $\vec{E}$ e $\vec{B}$. A velocidade de propagação dessas ondas, para os valores conhecidos de μ_0 e ε_0, é

$$c = \frac{1}{\sqrt{\mu_0 \varepsilon_0}} = 2,9979250 \times 10^8 \text{m/s},$$

que é a velocidade da luz no vácuo, ou seja, uma perturbação no campo eletromagnético se propaga no vácuo com a velocidade c[1] medida por qualquer observador inercial, mesmo o que está se deslocando em relação à fonte. Porém, Maxwell, em 1865, utilizando os valores de μ_0 e ε_0 conhecidos na época, concluiu:

> A velocidade das ondas transversas calculada a partir de quantidades eletromagnéticas, concorda tão exatamente com a velocidade da luz calculada a partir dos experimentos ópticos, que dificilmente podemos evitar a dedução de que a luz consiste de ondas transversas do mesmo meio que é responsável pelos fenômenos elétricos e magnéticos. (ASSIS, 1992)

Assim, Maxwell concluiu que a luz é uma onda eletromagnética e a óptica, uma parte do eletromagnetismo.

Praticamente todos os meios de comunicação de que dispomos hoje resultam das ondas eletromagnéticas, previstas por Maxwell. As comunicações por ondas eletromagnéticas ocorrem da seguinte maneira: um sinal é transmitido através de uma onda eletromagnética, o qual, em sua maior parte, não é percebido por nós, mas apenas na faixa que compreende o espectro visível (aproximadamente 4.000Å – 7.000Å), que é o que podemos perceber visualmente. Entretanto, esse sinal pode ser recebido ou captado por uma antena (ou outro dispositivo receptor). Os elétrons livres da antena passam a oscilar devido à interação com a onda eletromagnética incidente. Esse sinal é transmitido para um circuito cuja finalidade é transformá-lo, geralmente, em som, imagem ou dados.

É importante chamar a atenção para o fato de que a absorção ou emissão de radiação eletromagnética é feita de maneira discreta e não contínua. Essas quantidades discretas são chamadas de fótons. Quando o momento transportado pelos fótons é insignificante perante a variação de momento das partículas que interagem, temos um processo clássico. Caso contrário, o processo é quântico, e, nesse caso, o princípio da incerteza[2] torna-se relevante.

O que caracteriza, então, a interação eletromagnética entre duas partículas é a troca de fótons. As partículas que não são capazes de trocar fótons entre si, como os neutrinos, por exemplo, não possuem interação eletromagnética, mas podem interagir por meio de outro tipo de força, como a interação fraca, no caso dos neutrinos.

---

[1] O símbolo c origina-se do latim *celeritas*, que significa *velocidade* ou *rapidez*.
[2] O princípio da incerteza foi formulado pelo físico alemão Werner Karl Heisenberg (1901-1976), e estabelece que é impossível medir simultaneamente e com precisão absoluta a posição e o momento de uma partícula. É um dos fundamentos da física quântica.

Vamos retornar à equação da onda eletromagnética na forma

$$\nabla^2 \vec{U} - \frac{1}{c^2}\frac{\partial^2 \vec{U}}{\partial t^2} = 0, \qquad (11.34)$$

onde $\vec{U}(\vec{r}, t)$ representa genericamente ou $\vec{E}(\vec{r}, t)$ ou $\vec{B}(\vec{r}, t)$.

No lado esquerdo da Equação 11.34 aparece o operador $\nabla^2 = \nabla.\nabla$ atuando sobre o campo vetorial $\vec{U}$ ($\vec{E}$ ou $\vec{B}$). Esse operador é denominado laplaciano vetorial[3] e tem a mesma forma que o laplaciano em coordenadas cartesianas.

A Equação vetorial 11.34 pode ser transcrita como uma equação para cada componente do campo vetorial. Em coordenadas cartesianas:

$$\nabla^2 U_x - \frac{1}{c^2}\frac{\partial^2 U_x}{\partial t^2} = \frac{\partial^2 U_x}{\partial x^2} + \frac{\partial^2 U_x}{\partial y^2} + \frac{\partial^2 U_x}{\partial z^2} - \frac{1}{c^2}\frac{\partial^2 U_x}{\partial t^2} = 0$$

$$\nabla^2 U_y - \frac{1}{c^2}\frac{\partial^2 U_y}{\partial t^2} = \frac{\partial^2 U_y}{\partial x^2} + \frac{\partial^2 U_y}{\partial y^2} + \frac{\partial^2 U_y}{\partial z^2} - \frac{1}{c^2}\frac{\partial^2 U_y}{\partial t^2} = 0 \qquad (11.35)$$

$$\nabla^2 U_z - \frac{1}{c^2}\frac{\partial^2 U_z}{\partial t^2} = \frac{\partial^2 U_z}{\partial x^2} + \frac{\partial^2 U_z}{\partial y^2} + \frac{\partial^2 U_z}{\partial z^2} - \frac{1}{c^2}\frac{\partial^2 U_z}{\partial t^2} = 0,$$

onde cada componente de $\vec{U}$ é função da posição e do tempo:

$$U_x = U_x(x, y, z, t), \ U_y = U_y(x, y, z, t) \ \text{e} \ U_z = U_z(x, y, z, t).$$

A resolução da Equação 11.34 determina cada uma de suas componentes, isto é, a solução das equações de 11.35. As soluções são ondas que se propagam no espaço em três dimensões com velocidade c. A forma particular das funções que descrevem essas ondas depende das fontes dos campos elétricos e magnéticos, cargas e correntes, localizados em alguma região do espaço. Porém, em vez de prosseguirmos com essa análise, examinaremos o tipo mais simples possível de solução: o das ondas planas.

11.4.1 Onda plana

Ondas planas são aquelas que se propagam em uma direção fixa do espaço. A rigor, uma onda eletromagnética plana só pode ser gerada por uma distribuição infinita de cargas

---

[3] O nome *laplaciano vetorial* resulta da similaridade da expressão cartesiana deste operador com a do operador laplaciano que atua sobre campos escalares (funções escalares da posição). O laplaciano de um campo escalar $\phi(\vec{r})$ é definido como $\nabla^2\phi(\vec{r}) = div.grad\phi(\vec{r})$. O laplaciano de um campo vetorial $\vec{F}(\vec{r})$ é definido como $\nabla^2\vec{F}(\vec{r}) = grad.div\vec{F}(\vec{r}) - rot.rot\vec{F}(\vec{r})$. Os dois operadores são completamente diferentes e suas expressões são idênticas apenas em coordenadas cartesianas.

ou correntes com simetria plana. Contudo, se considerarmos uma pequena região do espaço que esteja bem distante de cargas e correntes, poderemos, com uma boa aproximação, tratar qualquer onda como plana. Esse é o caso da luz proveniente do Sol, por exemplo. As ondas emitidas pelo Sol propagam-se radialmente a partir dele. Porém, quando observadas em uma pequena região da Terra, a divergência angular do feixe de luz solar é completamente desprezível, de modo que podemos tratar a luz solar como se propagando em uma direção fixa.

Considerando-se que uma onda plana se propaga em uma direção fixa, podemos adotar essa direção como a direção do eixo x. A função que descreve essa onda plana, então, depende apenas de uma coordenada, como x, por exemplo, e do tempo t, independentemente das coordenadas y e z, e tem a seguinte forma:

$$\vec{U}(\vec{r}, t) = \vec{U}(x, t) = \hat{i} U_x(x, t) + \hat{j} U_y(x, t) + \hat{k} U_z(x, t).$$

Ou seja, em determinado instante, o campo elétrico, ou o campo magnético, é o mesmo em qualquer ponto de um plano x = constante, e o problema, na realidade, é unidimensional. Para um campo eletromagnético que satisfaça essa condição, as equações da onda (Equação 11.35) assumem a forma

$$\frac{\partial^2 U_x}{\partial x^2} - \frac{1}{c^2} \frac{\partial^2 U_x}{\partial t^2} = 0$$
$$\frac{\partial^2 U_y}{\partial x^2} - \frac{1}{c^2} \frac{\partial^2 U_y}{\partial t^2} = 0 \qquad (11.36)$$
$$\frac{\partial^2 U_z}{\partial x^2} - \frac{1}{c^2} \frac{\partial^2 U_z}{\partial t^2} = 0.$$

As equações para as três componentes do campo, quer elétrico, quer magnético, são idênticas e têm a forma da equação da onda unidimensional, como a que descreve a onda em uma corda, por exemplo. Cada componente, contudo, é função de (x, t). Resolvendo-se para uma componente, as demais apresentam soluções análogas.

Empregaremos o método denominado *separação de variáveis*, também conhecido como *método de solução produto*, que consiste em se admitir que a função de onda possa ser escrita como o produto de duas funções, uma que depende apenas da posição (x) e outra que depende apenas do tempo (t), como esta:

$$U_x(x, t) = X(x) T(t). \qquad (11.37)$$

Substituindo a Equação 11.37 na Equação 11.34, obtemos

$$T(t) \frac{\partial^2 X(x)}{\partial x^2} - \frac{X(x)}{c^2} \frac{\partial^2 T(t)}{\partial t^2} = 0. \qquad (11.38)$$

Dividindo cada termo pelo produto $X(x)T(t)$, a fim de separar as variáveis, obtemos

$$\frac{1}{X(x)}\frac{d^2X(x)}{dx^2} = \frac{1}{c^2T(t)}\frac{d^2T(t)}{dt^2}. \tag{11.39}$$

O termo do lado esquerdo é função apenas de x, ao passo que o termo do lado direito é função apenas de t. Logo, para que a igualdade seja satisfeita, ambos os membros da equação devem ser iguais a uma constante, a constante de separação.

Considerando esta constante igual a $-k^2$, em que $k = 2\pi/\lambda$ representa o número de onda (essencialmente o número de comprimentos de onda no intervalo de 2π), a equação anterior pode ser reescrita como

$$\frac{1}{X(x)}\frac{d^2X(x)}{dx^2} = \frac{1}{c^2T(t)}\frac{d^2T(t)}{dt^2} = -k^2, \tag{11.40}$$

a qual pode ser desmembrada e escrita como duas equações independentes, isto é,

$$\frac{d^2X(x)}{dx^2} + k^2 X(x) = 0 \tag{11.41}$$

e

$$\frac{d^2T(t)}{dt^2} + \omega^2 T(t) = 0, \tag{11.42}$$

sendo $\omega = ck$ a frequência angular da onda. Note que, com a separação das variáveis, a equação diferencial de derivadas parciais foi transformada em duas equações de derivadas totais.

As equações 11.41 e 11.42 são equações diferenciais de segunda ordem, homogêneas e de coeficientes constantes. A solução de cada uma das equações pode ser obtida escrevendo-se a equação característica de cada uma delas.

Admitindo-se solução do tipo e^{ut} para a Equação 11.41, vemos que sua equação característica é

$$u^2 + k^2 = 0,$$

ou seja,

$$u = \pm jk. \tag{11.43}$$

Logo, a solução da Equação 11.41 é

$$X(x) = X_1 e^{jkx} + X_2 e^{-jkx}. \tag{11.44}$$

Analogamente, a equação característica da Equação 11.42 é

$$p^2 + c^2 k^2 = 0.$$

Então,
$$p = \pm j\omega, \tag{11.45}$$
logo, a solução da Equação 11.42 é dada por
$$T(t) = T_1 e^{j\omega t} + T_2 e^{-j\omega t}. \tag{11.46}$$

A solução geral dada pela Equação 11.37 para $U_x(x,t) = X(x)T(t)$ é complexa e será, então

$$U_x(x,t) = \left(X_1 e^{jkx} + X_2 e^{-jkx}\right)\left(T_1 e^{j\omega t} + T_2 e^{-j\omega t}\right). \tag{11.47}$$

Ao multiplicar os termos, obtemos
$$U_x(x,t) = X_1 T_1 e^{j(kx+\omega t)} + X_1 T_2 e^{j(kx-\omega t)} + X_2 T_1 e^{-j(kx-\omega t)} + X_2 T_2 e^{-j(kx+\omega t)}.$$

Os campos físicos ($\vec{E}$ e $\vec{B}$), contudo, são reais. Para que $\vec{U}$ possa representá-los, é necessário que seja real. Então, por meio da identidade de Euler, tomando apenas a parte real de U_x e redefinindo as constantes, encontramos

$$U_x(x,t) = U_1 \cos(kx - \omega t) + U_2 \cos(kx + \omega t). \tag{11.48}$$

A Equação 11.48 é a solução geral e real da equação de onda (Equação 11.34) e representa uma onda propagando-se na direção x a partir de um ponto P. Ela é dada pela superposição de duas ondas: uma que se propaga com velocidade v (primeiro termo) e outra que se propaga com velocidade $-v$ (segundo termo). Com efeito, no primeiro termo a fase é $\varphi = kx - \omega t$. Se considerarmos um pequeno intervalo de tempo dt necessário para determinar o acréscimo dx necessário para manter a fase constante, teremos

$$d\varphi = kdx - \omega dt = 0 \rightarrow \frac{dx}{dt} = \frac{\omega}{k} = +v.$$

Da mesma maneira, para o segundo termo podemos escrever:

$$d\varphi = kdx + \omega dt = 0 \rightarrow \frac{dx}{dt} = -\frac{\omega}{k} = -v.$$

Como as componentes U_y e U_z satisfazem a mesma equação que U_x (ver Equação 11.36), elas terão solução do mesmo tipo. Para uma onda que se propaga à direita, podemos escrever:

$$\vec{U}(x,t) = \vec{U}_0 \cos(kx - \omega t), \tag{11.49}$$

ao passo que, para a onda que se propaga para a esquerda, temos

$$\vec{U}(x,t) = \vec{U}_0 \cos(kx + \omega t).$$

Embora essas equações sejam soluções gerais da equação da onda (Equação 11.36), ainda não podemos afirmar que correspondam ao campo eletromagnético definido pelas equações de

Maxwell, já que, na obtenção da equação da onda, tomamos o rotacional de uma das equações de Maxwell e, na operação de derivação, perdemos informações contidas na equação original.

Desse modo, temos de verificar se a solução apresentada é compatível com as equações de Maxwell ou se essas equações impõem alguma característica ou restrições às soluções obtidas pela equação da onda.

Consideremos então uma onda que se propaga a partir de P para a direita na direção x, isto é, a onda unidimensional ilustrada na Figura 11.3, e dada pela Equação 11.49:

$$\vec{E} = \vec{E}(x, t) = \vec{E}_0 \cos(kx - \omega t).$$

Da lei de Gauss no vácuo, sabemos que $\vec{E}$ também deve satisfazer

$$\nabla \cdot \vec{E} = 0.$$

Logo, no caso da onda unidimensional na direção x,

$$\left(\frac{\partial}{\partial x}\hat{i} + \frac{\partial}{\partial y}\hat{j} + \frac{\partial}{\partial z}\hat{k} \right) \cdot \left(E_x \hat{i} + E_y \hat{j} + E_z \hat{k} \right) = 0,$$

e, então, como $\vec{E} = \vec{E}(x, t)$, a equação anterior se reduz a

$$\frac{\partial E_x}{\partial x} = 0.$$

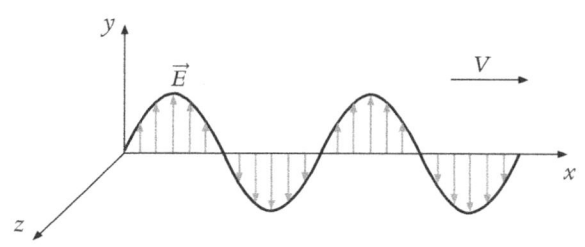

Figura 11.3 – Onda eletromagnética unidimensional propagando-se na direção x.

Vemos que a lei de Gauss requer o campo constante na direção x, isto é, ele vibra em direção perpendicular à direção de propagação da onda, sendo, portanto, uma onda transversal, que, então, pode ser polarizada.

Analogamente, para o campo magnético, podemos escrever:

$$\frac{\partial}{\partial} \ 0,$$

e o campo magnético também é constante na direção x, isto é, ele também vibra em direção perpendicular à direção de propagação da onda.

De fato, todo efeito ondulatório de uma onda eletromagnética envolve apenas as componentes de   e $\vec{B}$, no plano perpendicular à direção de propagação, o que caracteriza as ondas eletromagnéticas como ondas transversais.

É importante relembrar que a escolha que fizemos e os resultados obtidos não significam que os vetores $\vec{E}$ e $\vec{B}$, não possuam componentes nas direções y e z. Estamos apenas supondo que os valores assumidos por todas as componentes desses vetores dependem somente da coordenada escolhida x e do tempo t, isto é,

$$\vec{E} = \vec{E}(x, t) = \hat{i}E_x(x, t) + \hat{j}E_y(x, t) + \hat{k}E_z(x, t)$$

e

$$\vec{B} = \vec{B}(x, t) = \hat{i}B_x(x, t) + \hat{j}B_y(x, t) + \hat{k}B_z(x, t).$$

Porém, o rotacional de $\vec{E}$ mostra que

$$\nabla \times \vec{E} = \left(\frac{\partial E_z}{\partial y} - \frac{\partial E_y}{\partial z}\right)\hat{i} + \left(\frac{\partial E_x}{\partial z} - \frac{\partial E_z}{\partial x}\right)\hat{j} + \left(\frac{\partial E_y}{\partial x} - \frac{\partial E_x}{\partial y}\right)\hat{k},$$

e, como $\vec{E} = \vec{E}(x, t)$, as derivadas em relação a y e z se anulam, de modo que

$$\nabla \times \vec{E} = -\frac{\partial E_z}{\partial x}\hat{j} + \frac{\partial E_y}{\partial x}\hat{k},$$

que não tem componente na direção de $\hat{i}$, e $\vec{E}$ e $\vec{B}$ serão sempre ortogonais à direção de propagação.

Seguindo a lei de Faraday,

$$-\frac{\partial E_z}{\partial x}\hat{j} + \frac{\partial E_y}{\partial x}\hat{k} = -\frac{\partial \vec{B}}{\partial t} = -\frac{\partial B_x}{\partial t}\hat{i} - \frac{\partial B_y}{\partial t}\hat{j} - \frac{\partial B_z}{\partial t}\hat{k}.$$

Então,

$$\begin{aligned}
-\frac{\partial B_y}{\partial t} &= -\frac{\partial E_z}{\partial x} \\
\frac{\partial E_y}{\partial x} &= \frac{\partial B_z}{\partial t} \\
\frac{\partial E_x}{\partial x} &= \frac{\partial E_x}{\partial t} = 0, \\
\frac{\partial B_x}{\partial x} &= \frac{\partial B_x}{\partial t} = 0,
\end{aligned} \quad (11.50)$$

isto é, E_x e B_x não dependem nem de x, nem de t, pois são constantes. Vamos, então, escolher $E_x = 0$ e $B_x = 0$. Se tiverem valor diferente de zero, terão o mesmo valor em todos os pontos do espaço e em todos os instantes de tempo, e, do mesmo modo, não corresponderão à propagação de uma onda de uma região para outra. Além disso, se $E = E_y$, $B = B_z$ (ver Equação

11.50) e, então, $\vec{E}$ é ortogonal a $\vec{B}$. Tudo se passa como se a variação no tempo do campo magnético B_z na direção z induzisse um campo elétrico E_y na direção y e vice-versa. Os campos $\vec{E}$ e $\vec{B}$ alimentam-se mutuamente.

O fato de os campos $\vec{E}$ e $\vec{B}$ serem vetoriais implica que, para que uma onda eletromagnética seja completamente determinada, precisamos descrever, a cada instante, a direção desses vetores no plano ortogonal à direção de propagação da onda.

No entanto, como o espaço é isotrópico e nenhuma direção é privilegiada, podemos escolher qualquer direção arbitrariamente. Essa descrição corresponde ao conceito de polarização da onda eletromagnética. Por convenção, utiliza-se a direção do vetor $\vec{E}$ para definir o estado de polarização da onda. Se $\vec{E}$ está na direção y, diz-se que a onda tem polarização-y ou polarização vertical, e, nesse caso, $\vec{B}$ tem polarização horizontal.

Assim, se a onda se propaga na direção x, com $E = E_y$, temos que $B = B_z$. Logo, para uma onda plana movendo-se somente na direção x (polarização-y), a equação de onda (Equação 11.36), reduz-se a:

$$\frac{\partial^2 E_y}{\partial x^2} = \frac{1}{c^2}\frac{\partial^2 E_y}{\partial t^2} \qquad (11.51)$$

e

$$\frac{\partial^2 B_z}{\partial x^2} = \frac{1}{c^2}\frac{\partial^2 B_z}{\partial t^2}. \qquad (11.52)$$

As funções de onda, soluções das equações anteriores, são, respectivamente,

$$\vec{E}(x, t) = E_y \hat{j} = \vec{E}_{0y} \cos(kx - \omega t) \qquad (11.53)$$

e

$$\vec{B}(x, t) = B_z \hat{k} = \vec{B}_{0z} \cos(kx - \omega t) \qquad (11.54)$$

e ambas representam uma onda eletromagnética plana propagando-se na direção x. Observe que $\vec{E}$ e $\vec{B}$ estão em fase, ou seja, atingem seus valores mínimos e máximos exatamente ao mesmo tempo, onde $\vec{E}_{0y}$ e $\vec{B}_{0z}$ são as amplitudes ou valores máximos dos campos eletromagnéticos. A constante $k = 2\pi/\lambda$, onde λ é o comprimento de onda, e a frequência angular $\omega = 2\pi f$, onde f é o número de ciclos por segundo, fornecem a velocidade c, visto que

$$\frac{\omega}{k} = \frac{2\pi f}{2\pi/\lambda} = \lambda f = c.$$

A Figura 11.4 é uma ilustração instantânea de uma onda plana senoidal, linearmente polarizada, movendo-se na direção positiva de x.

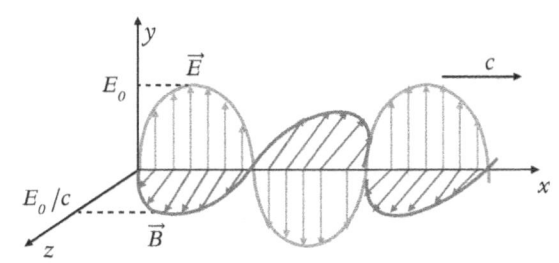

Figura 11.4 – Representação de uma onda senoidal eletromagnética plano-polarizada movendo-se na direção positiva de x com velocidade c.

Como $\vec{E}(x,t)$ e $\vec{B}(x,t)$ estão em fase, são, também, mutuamente perpendiculares. Se tomarmos $\vec{E}$ na direção y, podemos simplificar a notação fazendo $\vec{E}_{0y} = \vec{E}_0$ e $\vec{B}_{0z} = \vec{B}_0$. O módulo de suas amplitudes está relacionado pela Equação 11.50. Então, derivando-se a Equação 11.53 e a Equação 11.54, respectivamente, em relação a x e a t, encontramos

$$\frac{\partial E_y(x,t)}{\partial x} = -kE_0 \operatorname{sen}(kx - \omega t) \tag{11.55}$$

e

$$\frac{\partial B_z(x,t)}{\partial t} = \omega B_0 \operatorname{sen}(kx - \omega t). \tag{11.56}$$

Substituindo as equações anteriores na Equação 11.50, obtemos

$$-kE_0 \operatorname{sen}(kx - \omega t) = -\omega B_0 \operatorname{sen}(kx - \omega t).$$

Simplificando,

$$E_0 = \frac{\omega}{k} B_0.$$

Na notação vetorial, podemos escrever

$$\vec{B}_0 = \frac{k}{\omega}(\hat{i} \times \vec{E}_0). \tag{11.57}$$

Finalmente, a relação entre os módulos das amplitudes, considerando-se $c = \omega/k$, é dado por

$$\frac{E_0}{B_0} = \frac{E}{B} = c. \tag{11.58}$$

Esses resultados mostram que, em qualquer instante, os campos elétrico e magnético são mutuamente perpendiculares, e que a razão entre o campo elétrico e o campo magnético de uma onda eletromagnética é igual à velocidade da luz. Além disso, conhecendo-se um dos campos, o outro fica completamente determinado.

Podemos agora resumir algumas propriedades das ondas eletromagnéticas no espaço vazio (sem fonte e sem corrente), tal como obtidas pela solução da equação da onda e pelas restrições impostas pelas equações de Maxwell, da seguinte maneira:

1. As soluções da terceira e da quarta equação de Maxwell são funções de onda, onde tanto E como B satisfazem à mesma equação de onda e podem ser usados indistintamente para descrever a onda eletromagnética.
2. Ondas eletromagnéticas viajam pelo espaço vazio (vácuo) com a velocidade da luz, $c = 1/\sqrt{\varepsilon_0 \mu_0}$.
3. As componentes dos campos elétricos e magnéticos das ondas eletromagnéticas planas são perpendiculares entre si e também perpendiculares à direção de propagação da onda, ou seja, são ondas transversais.
4. A magnitude relativa de E e B no espaço vazio ou vácuo está relacionada por $E/B = c$.
5. Ondas eletromagnéticas obedecem ao princípio da superposição. Por exemplo, se duas ondas com a mesma frequência viajassem na mesma direção, mas em sentidos opostos, poderiam ser somadas simplesmente adicionando-se os campos das ondas algebricamente.

Exemplo 61

Suponha que a amplitude do campo elétrico da onda da Figura 11.4 seja $E_0 = 240$ N/C e que sua frequência seja $f = 50{,}0$ MHz. Determine

a) B_0, ω e λ;
b) as funções de onda de $\vec{E}$ e $\vec{B}$.

Solução

a) A amplitude do campo magnético está relacionada à do campo elétrico pela Equação 11.58, $B_0 = \dfrac{E_0}{c} = \dfrac{240 \text{ N/C}}{3{,}0 \times 10^8 \text{ m/s}} = 800$ nT.

A frequência angular será $\omega = 2\pi f = 2\pi 50 \times 10^6 \text{ Hz} = 3{,}14 \times 10^8 \text{ rad/s}$.

O número de onda é dado por $k = \dfrac{\omega}{c} = \dfrac{3{,}14 \times 10^8 \text{ rad/s}}{3{,}0 \times 10^8 \text{ m/s}} = 1{,}05$ rad/m.

Como $\lambda = 2\pi/k$, o comprimento de onda será: $\lambda = \dfrac{2\pi}{1{,}05 \text{ rad/m}} = 6{,}0$ m.

b) Levando-se os resultados do item anterior até as equações 11.53 e 11.54, temos, respectivamente,

$$\vec{E} = (240 \text{ N/C}) \operatorname{sen}\left[(1,05 \text{ rad/m})x - (3,14 \times 10^8 \text{ rad/s})t\right]\hat{j}$$

e

$$\vec{B} = (800 \text{ nT}) \operatorname{sen}\left[(1,05 \text{ rad/m})x - (3,14 \times 10^8 \text{ rad/s})t\right]\hat{k}.$$

APLIQUE SEUS CONHECIMENTOS

No módulo de simulação *ond1*, é possível simular a onda eletromagnética da Figura 11.4. Altere os valores da amplitude E_0 e da frequência f e anote suas observações. A seguir, troque o valor da velocidade de propagação da onda de $v = c\hat{i}$ para $v = -c\hat{i}$. Observe e explique o comportamento do campo magnético.

11.4.2 Energia eletromagnética e o vetor de Poynting

Nos capítulos 4 e 9, vimos que a energia potencial eletrostática de um sistema de cargas e a energia magnética armazenada no campo magnético eram respectivamente dadas por

$$U_E = \frac{1}{2}\varepsilon_0 \int_V E^2 dV$$

e

$$U_B = \frac{1}{2\mu_0} \int_V B^2 dV.$$

A energia total armazenada no campo eletromagnético é, portanto,

$$U_{EM} = \frac{1}{2}\int_V \left(\varepsilon_0 E^2 + \frac{1}{\mu_0}B^2\right)dV. \quad (11.59)$$

Supondo que, em um instante t, os campos $\vec{E}$ e $\vec{B}$ sejam produzidos por alguma configuração de carga e alguma corrente, um trabalho dU será realizado pela força eletromagnética em um intervalo dt.

De acordo com a força de Lorentz (ver Equação 7.9), o trabalho sobre um elemento de carga dq será

$$\vec{F}.d\vec{l} = dq(\vec{E} + \vec{v}\times\vec{B}).\vec{v}dt$$

$$= dq\vec{E}.\vec{v}dt + dq\vec{v}\times\vec{B}.\vec{v}dt. \tag{11.60}$$

No entanto, o segundo termo do lado direito é nulo, uma vez que a força magnética não realiza trabalho. De fato,

$$\vec{v}\times\vec{B}.\vec{v} = \begin{vmatrix} v_x & v_y & v_y \\ B_x & B_y & B_z \\ v_x & v_y & v_z \end{vmatrix} = 0.$$

Assim,

$$\vec{F}.d\vec{l} = \vec{E}.\vec{v}dqdt, \tag{11.61}$$

Porém, $dq = \rho dV$ e $\rho\vec{v} = \vec{J}$, então $\vec{F}.\vec{v} = (\vec{E}.\vec{J})dV$, e o trabalho por unidade de tempo devido às cargas no volume V é dado por

$$\frac{dU}{dt} = \int_V (\vec{E}.\vec{J})dV, \tag{11.62}$$

onde $\vec{E}.\vec{J}$ representa o trabalho realizado por unidade de tempo e por unidade de volume, o que significa que a potência é transferida por unidade de volume.

Para expressar essa quantidade apenas em termos do campo, utilizamos a lei de Ampère-Maxwell a fim de eliminar $\vec{J}$:

$$\nabla\times\vec{B} = \mu_0\vec{J} + \mu_0\varepsilon_0\frac{\partial\vec{E}}{\partial t}.$$

Multiplicando por $\vec{E}$, encontramos

$$\vec{E}.(\nabla\times\vec{B}) = \mu_0\vec{E}.\vec{J} + \mu_0\varepsilon_0\vec{E}.\frac{\partial\vec{E}}{\partial t}$$

ou

$$\vec{E}.\vec{J} = \frac{1}{\mu_0}\vec{E}.(\nabla\times\vec{B}) - \varepsilon_0\vec{E}.\frac{\partial\vec{E}}{\partial t}. \tag{11.63}$$

Da regra de produto vetorial, temos que

$$\nabla.(\vec{E}\times\vec{B}) = \vec{B}.(\nabla\times\vec{E}) - \vec{E}.(\nabla\times\vec{B}).$$

Por meio da lei de Faraday ($\nabla\times\vec{E} = -\partial\vec{B}/\partial t$) na expressão anterior, temos

$$\nabla.(\vec{E}\times\vec{B}) = -\vec{B}.\frac{\partial\vec{B}}{\partial t} - \vec{E}.(\nabla\times\vec{B})$$

e, finalmente,

$$\vec{E}.(\nabla \times \vec{B}) = -\vec{B}.\frac{\partial \vec{B}}{\partial t} - \nabla.(\vec{E} \times \vec{B}).$$

Reescreveremos, então, a Equação 11.63 como

$$\vec{E}.\vec{J} = -\frac{1}{\mu_0}\vec{B}.\frac{\partial \vec{B}}{\partial t} - \frac{1}{\mu_0}\nabla.(\vec{E} \times \vec{B}) - \varepsilon_0 \vec{E}\frac{\partial \vec{E}}{\partial t}. \tag{11.64}$$

Porém, o primeiro e o terceiro termos do lado direito da Equação 11.64 podem ser escritos, respectivamente, como

$$\vec{B}.\frac{\partial \vec{B}}{\partial t} = \frac{1}{2}\frac{\partial}{\partial t}(B^2)$$

e

$$\vec{E}.\frac{\partial \vec{E}}{\partial t} = \frac{1}{2}\frac{\partial}{\partial t}(E^2).$$

Substituindo novamente, obtemos

$$\vec{E}.\vec{J} = -\frac{1}{2}\frac{\partial}{\partial t}(\varepsilon_0 E^2 + \frac{1}{\mu_0}B^2) - \frac{1}{\mu_0}\nabla.(\vec{E} \times \vec{B}). \tag{11.65}$$

Finalmente, substituindo a Equação 11.65 na Equação 11.62, encontramos

$$\frac{dU}{dt} = -\frac{d}{dt}\int_V \frac{1}{2}(\varepsilon_0 E^2 + \frac{1}{\mu_0}B^2)dV - \frac{1}{\mu_0}\int_V \nabla.(\vec{E} \times \vec{B})dV. \tag{11.66}$$

Aplicando-se o teorema do divergente ao segundo termo do lado direito, obtemos a expressão

$$\frac{dU}{dt} = -\frac{d}{dt}\int_V \frac{1}{2}(\varepsilon_0 E^2 + \frac{1}{\mu_0}B^2)dV - \frac{1}{\mu_0}\oint_S (\vec{E} \times \vec{B}).d\vec{a}, \tag{11.67}$$

onde S é a superfície que encerra o volume V e $d\vec{a}$ é o elemento de superfície. Em homenagem ao físico inglês John Henry Poynting (1852-1914), a esses resultados deu-se o nome de Teorema de Poynting (que constitui o teorema do trabalho-energia da eletrodinâmica). A primeira integral do lado direito é a energia total armazenada no campo eletromagnético (U_{EM}). O segundo termo representa a energia transferida ou que sai do volume V carregado pela onda eletromagnética, através da superfície de contorno S. Repare que a energia necessária para criar a polarização do meio é omitida.

O teorema de Poynting estabelece, então, que o trabalho realizado pela força eletromagnética é igual ao decréscimo da energia armazenada no campo, da qual se subtrai a energia que flui para fora através da superfície. A energia por unidade de tempo, por unidade de área, transportada pelo campo, é chamada de vetor de Poynting:

$$\vec{S} = \frac{1}{\mu_0}\left(\vec{E} \times \vec{B}\right). \tag{11.68}$$

Podemos agora reescrever a expressão do teorema de Poynting (Equação 11.67) de maneira mais compacta:

$$\frac{dU}{dt} = -\frac{dU_{EM}}{dt} - \oint_S \vec{S}.d\vec{a}. \tag{11.69}$$

onde $\vec{S}.d\vec{a}$ representa o fluxo de energia e $\vec{S}$, a densidade do fluxo de energia.

Logicamente, o trabalho U realizado sobre a carga aumentará sua energia mecânica (cinética ou potencial). Se representarmos a densidade de energia mecânica por U_{mec}, tal que

$$\frac{dU}{dt} = \frac{d}{dt}\int_V U_{mec} dV, \tag{11.70}$$

e usarmos U_{EM} para densidade de energia do campo eletromagnético,

$$U_{EM} = \frac{1}{2}(\varepsilon_0 E^2 + \frac{1}{\mu_0} B^2), \tag{11.71}$$

então,

$$\frac{d}{dt}\int_V \left(U_{mec} + U_{EM}\right) dV = -\oint_S \vec{S}.d\vec{a} = -\int_V \left(\nabla.\vec{S}\right) dV, \tag{11.72}$$

assim,

$$\int_V \left[\frac{\partial}{\partial t}\left(U_{mec} + U_{EM}\right) + \nabla.\vec{S}\right] dV = 0, \tag{11.73}$$

e, portanto,

$$\nabla.\vec{S} + \frac{\partial}{\partial t}\left(U_{mec} + U_{EM}\right) = 0. \tag{11.74}$$

Essa é a forma diferencial do teorema de Poynting. A Equação 11.74 tem a mesma forma matemática da equação da continuidade, como visto na Equação 11.28, expressando a conservação da carga. Contudo, a densidade total de energia $\left(U_{mec} + U_{EM}\right)$ está no lugar da densidade de carga ρ e a densidade de corrente $\vec{J}$ representando o fluxo de carga é substituída pelo vetor de Poynting $\vec{S}$, descrevendo o fluxo de energia. Nesse caso, a equação da continuidade expressa a conservação de energia total.

11.4.3 Energia e momento da onda eletromagnética

De acordo com a Equação 11.71, a energia por unidade de volume armazenada no campo eletromagnético é

$$U_{EM} = \frac{1}{2}\left(\varepsilon_0 E^2 + \frac{1}{\mu_0} B^2\right). \tag{11.75}$$

Sendo $B = E/c$, podemos escrever

$$B^2 = \frac{1}{c^2} E^2 = \mu_0 \varepsilon_0 E^2. \tag{11.76}$$

Para a onda plana da Equação 11.53, temos que

$$E^2 = E_{0y}^2 \cos^2(kx - \omega t), \tag{11.77}$$

Portanto, ao substituir as equações 11.77 e 11.76 na Equação 11.75, obtemos

$$U_{EM} = \varepsilon_0 E_{0y}^2 \cos^2(kx - \omega t). \tag{11.78}$$

o que significa que a onda transporta energia ao se propagar. A densidade do fluxo de energia (energia por unidade de área, por unidade de tempo) transportada pelo campo é dada pelo vetor de Poynting (Equação 11.68): $\vec{S} = \dfrac{1}{\mu_0}\left(\vec{E} \times \vec{B}\right)$.

Contudo, das equações 11.53 e 11.54, vemos que

$$\vec{E} \times \vec{B} = \frac{1}{c} E_{0y}^2 \cos^2(kx - \omega t)\hat{i},$$

então, para a onda que se propaga na direção x,

$$\vec{S} = c\varepsilon_0 E_{0y}^2 \cos^2(kx - \omega t)\hat{i}, \tag{11.79}$$

onde $1/\mu_0 = c^2 \varepsilon_0$.

Por meio da Equação 11.78, temos que

$$\vec{S} = cU_{EM}\hat{i}. \tag{11.80}$$

Podemos observar que $\vec{S}$ é a densidade de energia U_{EM} multiplicada pela velocidade da onda que se propaga no espaço livre ($c\hat{i}$). Assim, para um intervalo de tempo Δt, uma intensidade de onda correspondendo ao comprimento $c\Delta t$ passa através de uma área A, carregando com ela uma energia $U_{EM} A c \Delta t$. A energia por unidade de tempo, por unidade de área, transportada pela onda é, portanto, cU_{EM}. Finalmente, a constante $\mu_0 c = \dfrac{1}{\varepsilon_0 c} = \sqrt{\dfrac{\mu_0}{\varepsilon_0}} = 376{,}73031\ldots\Omega = Z_0$ é denominada impedância característica do vácuo.

Campos eletromagnéticos não transportam apenas energia, mas também transportam momento. Considerando que a densidade de momento armazenada no campo eletromagnético é dada por

$$\vec{P} = \frac{1}{c^2}\vec{S}, \tag{11.81}$$

que, no caso das ondas de que estamos tratando, pode ser assim escrita:

$$\vec{P} = \frac{1}{c}\varepsilon_0 E_{0y}^2 \cos^2(kx - \omega t)\hat{i}. \tag{11.82}$$

Assim,

$$U_{EM} = cP, \tag{11.83}$$

que representa a relação entre a energia e o momento transportado pela onda. Na realidade, em geral não estamos interessados na flutuação do termo $\cos^2(kx - \omega t)$ da densidade de energia e momento, uma vez que, no caso das ondas eletromagnéticas, o comprimento de onda é pequeno, de modo que o período é tão curto que as medidas macroscópicas envolvem escalas de tempo que compreendem vários períodos, de maneira que o valor médio das quantidades constitui informação mais útil.

Como o valor médio do quadrado da função cosseno (sobre um ou mais ciclos) é 1/2, podemos escrever

$$\langle U_{EM} \rangle = \frac{1}{2}\varepsilon_0 E_{0y}^2, \tag{11.84}$$

$$\langle \vec{S} \rangle = \frac{1}{2}c\varepsilon_0 E_{0y}^2 \hat{i}, \tag{11.85}$$

e

$$\langle \vec{P} \rangle = \frac{1}{2c}\varepsilon_0 E_{0y}^2 \hat{i}. \tag{11.86}$$

A potência média por unidade de área transportada por uma onda eletromagnética é chamada de irradiância, dada por

$$I = \langle \vec{S} \rangle = \frac{1}{2}c\varepsilon_0 E_{0y}^2, \tag{11.87}$$

Como mencionamos, a onda transporta momento. Assim, quando a onda eletromagnética incide sobre um meio absorvedor (perfeito), ela transmite momento à superfície de área A. Em um intervalo de tempo Δt, a transferência de momento é dada por $\Delta p = \langle \vec{P} \rangle Ac\Delta t$, e a força média por unidade de área, a pressão de radiação, será:

$$P_{rad} = \frac{1}{A}\frac{\Delta p}{\Delta t} = \frac{1}{2}\varepsilon_0 E_{0y}^2 = \frac{I}{c}. \tag{11.88}$$

No caso de um refletor (perfeito), a pressão de radiação será o dobro, $2I/c$, já que, na reflexão, o momento troca de sentido. Em ambas as situações, tanto a absorção total como a reflexão total, consideramos a incidência normal sobre a superfície. Um objeto real, contudo, reflete e absorve parcialmente a radiação que incide sobre sua superfície, de maneira que, em geral, a pressão de radiação possui um valor entre os dois casos extremos considerados.

Exemplo 62

Retorne ao Exemplo 61 e determine:
a) a intensidade média da onda;
b) a expressão do vetor de Poynting.

Solução

a) Como a amplitude do campo elétrico é $E_0 = 240$ N/C, e a intensidade média (irradiância) é dada pela Equação 11.87, $\langle \vec{S} \rangle = I = \frac{1}{2} c \varepsilon_0 E_0^2$, então

$$I = \frac{1}{2}(3,0 \times 10^8 \text{ m/s})(8,85 \times 10^{-12} \text{ C}^2/\text{Nm})(240 \text{ N/C})^2 = 76,4 \text{ W/m}^2.$$

b) O vetor de Poynting é dado pela Equação 11.79, $\vec{S} = c\varepsilon_0 E_0^2 \cos^2(kx - \omega t)\hat{i}$, onde k e ω foram calculados no Exemplo 61, e sua amplitude é $c\varepsilon_0 E_0^2 = 2I$. Então,

$$\vec{S} = c\varepsilon_0 E_0^2 \cos^2(kx - \omega t)\hat{i} = (152,8 \text{ W/m}^2)\cos^2\left[(1,05 \text{ rad/m})x - (3,14 \times 10^8 \text{ rad/s})t\right]\hat{i}.$$

11.5 O espectro eletromagnético

Ao longo deste capítulo, tratamos de ondas com frequência ω bem definida. Tais ondas são chamadas de monocromáticas, uma vez que a frequência está associada à percepção de cores no espectro visível, de modo que frequências diferentes correspondem a cores diferentes. Os emissores de radiação eletromagnética, contudo, podem emitir ondas em uma ou várias frequências, de maneira que devemos nos lembrar de que o tratamento monocromático é uma aproximação.

Com efeito, desde a identificação da luz como uma onda eletromagnética, muitas outras dessas ondas foram descobertas, compreendendo comprimentos que vão desde o tamanho do raio da Terra (aproximadamente 6.000 km) até o tamanho do núcleo atômico (aproximadamente 10^{-15} m). Assim, a luz visível que nos é mais familiar constitui-se de ondas eletromagnéticas, análogas às demais em todos os aspectos, diferindo apenas na frequência (ou no comprimento de onda). Podemos citar como exemplo de ondas eletromagnéticas as ondas de rádio, as micro-ondas, os raios infravermelhos, os raios ultravioleta, os raios X, os raios gama e as radiações associadas aos raios cósmicos. O conjunto de todas essas ondas é chamado de *espectro eletromagnético*. Como essas ondas eletromagnéticas possuem comprimentos de onda cujos valores variam bastante, devemos representar esses comprimentos por meio de unidades de medida adequadas. A frequência correspondente, em geral, é expressa em hertz (Hz). A Tabela 11.3 apresenta alguns tipos de ondas eletromagnéticas e seus respectivos comprimentos de ondas e frequências.

Tabela 11.3 – Tipo de onda eletromagnética, seus comprimentos de onda e frequências. Note as diferentes unidades no caso do comprimento de onda

Onda eletromagnética	Comprimento de onda	Frequência (Hz)
Frequência ultrabaixa	> 100 km	$< 10^3$
Rádio, TV, radar	1 km ~ 1 mm	$10^5 \sim 10^{11}$
Raios infravermelhos	$10\,\mu$m ~ $1\,\mu$m	10^{14}
Luz visível	700 nm ~ 440 nm	10^{15}
Raios ultravioleta	$0,1\,\mu$m ~ $0,01\,\mu$m	10^{17}
Raios X	1 nm ~ 0,1 Å	$10^{18} \sim 10^{19}$
Raios gama	< 0,1 Å	$> 10^{20}$

O espectro eletromagnético é composto, então, por ondas que se propagam no vácuo com a velocidade da luz ($c \approx 3 \times 10^8$ m/s), sem a necessidade de um meio material. Na Tabela 11.3, vimos o espectro eletromagnético com diversas frequências e comprimentos de onda que o compõem e que podem ser relacionados pela expressão $c = \lambda f$, onde λ representa o comprimento de onda e f, a frequência da onda eletromagnética. Devemos notar que, ao dizer que temos uma onda eletromagnética do tipo infravermelho ou, simplesmente, raio infravermelho, temos, na verdade, um conjunto de ondas dentro de um intervalo de frequências (ou comprimentos de onda) que receberam essa denominação. Nota-se ainda que o intervalo de frequência da luz visível corresponde a uma faixa muito pequena, sendo o menor intervalo de todos.

Assim, podemos ver que todo o espectro eletromagnético (*EM*) corresponde à luz de diferentes comprimentos de onda. Essas faixas representam regiões do espectro, compostas por ondas que possuem características peculiares em termos dos processos físicos, geradores de energia, ou dos mecanismos físicos de detecção dessa energia. Dependendo da região do espectro, trabalha-se com energia, comprimentos de onda ou frequência. Por exemplo: na região dos raios gama e cósmicos, usa-se energia; na região entre ultravioleta e infravermelho, usa-se comprimento de onda; na região das micro-ondas e do rádio, usa-se frequência. Porém, a título de comparação, podemos dizer que as radiações com comprimento de onda superior a 0,74 μm são consideradas infravermelhas, aquelas cujo comprimento de onda é inferior a 0,36 μm são chamadas de ultravioleta. Na pequena região intermediária situa-se o espectro visível. Em conjunto, esses diferentes tipos de radiação do *EM* compõem o espectro eletromagnético.

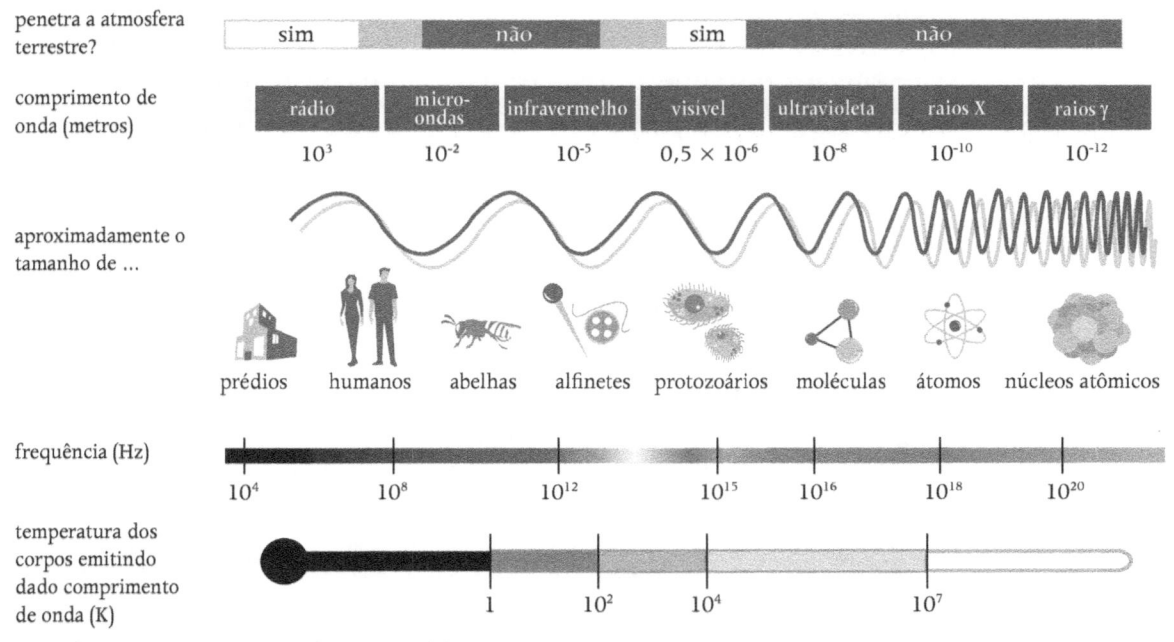

Figura 11.5 – Espectro eletromagnético.

Na realidade, não existe um ponto de divisão exata entre um tipo de onda e o próximo, mas as classificamos em seções do espectro eletromagnético, no qual cada seção apresenta níveis de energia característicos, comprimento de onda e frequências associadas a seus fótons. As ondas de rádio têm as energias mais baixas, comprimentos de onda maiores e frequências menores. Os raios gama, por sua vez, têm as energias mais altas, as ondas mais curtas e as frequências mais altas. Em ordem da menor para a maior energia, as seções do espectro eletromagnético são assim nomeadas:

Ondas de rádio. São o resultado de cargas aceleradas por meio de fios condutores. São geradas por dispositivos eletrônicos como osciladores *LC* e são utilizadas em sistemas de comunicação de rádio e televisão. As ondas de rádio oscilam na frequência entre alguns quilohertz (kHz ou 10^3 hertz) e alguns poucos tera-hertz (THz ou 10^{12} hertz).

Micro-ondas. Podem ser entendidas como uma onda de rádio de curto comprimento de onda, o qual está na faixa entre aproximadamente 1 mm e 30 cm, e são geradas por dispositivos eletrônicos.

Infravermelho (IV). A faixa do comprimento de onda dessa radiação gira em torno de ~ 1 mm a 7×10^{-7} m. Essas ondas, produzidas por corpos quentes e moléculas, são facilmente absorvidas pela maioria dos materiais. A energia infravermelha absorvida por uma substância aparece como calor, uma vez que a energia agita os átomos do corpo e aumenta seu movimento vibracional, o que resulta no aumento de temperatura. A radiação infravermelha tem muitas aplicações práticas e científicas, incluindo terapia física, espectroscopia vibracional e fotografia infravermelha.

Luz visível. A mais comum entre todas as formas de ondas eletromagnéticas pode ser definida como a parcela de energia que o olho humano pode captar. A luz pode ser produzida pelo rearranjo de elétrons em átomos e moléculas. Os diferentes comprimentos de onda da luz visível podem ser classificados como cores que vão desde o violeta ($\lambda = 4 \times 10^{-7}$ m) até o vermelho ($\lambda = 7 \times 10^{-7}$ m). Em outras palavras, o comprimento de onda da luz visível situa-se na faixa de ~ 0,4 a ~ 0,7 μm, ou 4.000 a 7.000 Å.

Luz ultravioleta (UV). A luz ou radiação ultravioleta tem comprimento de onda na faixa $3,8 \times 10^{-7}$ m (3.800 Å) até 6×10^{-8} m (600 Å). O Sol é uma importante fonte de luz ultravioleta, que é a principal causa do bronzeamento em pessoas de pele clara. Como o UV é um tipo de radiação ionizante, pode danificar as células do corpo, de modo que a superexposição aos raios UV pode causar queimaduras que, por sua vez, podem causar câncer de pele e anomalias diversas. A maior parte da luz ultravioleta do sol é absorvida pelos átomos na alta atmosfera ou estratosfera. Somente em torno de 1% dos raios UV provenientes do Sol é capaz de penetrar na atmosfera da Terra.

Raios X. São ondas eletromagnéticas com comprimento de onda na faixa de ~ 10^{-8} m (100 Å) até ~ 10^{-13} m (10^{-3} Å). A fonte mais comum de raio X é a desaceleração de elétrons de alta energia bombardeando-se um alvo de metal. Os raios X resultam de processos atômicos. Na medicina, o raio X é utilizado como ferramenta de diagnóstico e tratamento em alguns tipos de câncer. Uma vez que os raios X danificam ou destroem tecidos vivos e organismos, cuidados devem ser tomados para evitar exposição desnecessária. Estruturas cristalinas também podem ser analisadas, uma vez que o comprimento de onda dos raios X é comparável à distância da separação atômica nos sólidos (≈ 1 Å).

Raios gama. São ondas eletromagnéticas emitidas por núcleos radioativos (tais como ^{60}Co e ^{137}Cs) e durante certas reações nucleares, isto é, os raios gama resultam de processos nucleares. Eles possuem comprimentos de onda que variam de $\sim 10^{-10}$ m a menos de $\sim 10^{-14}$ m. São altamente penetrantes e produzem sérios danos quando absorvidos por tecidos vivos. Um tipo de proteção a esses raios são materiais fortemente absorventes, como camadas espessas de chumbo. A gamagrafia é uma importante aplicação industrial, que permite, por exemplo, a realização de ensaios não destrutivos.

Exemplo 63

a) Expresse a onda $E_y = 100\cos(10^8 t - 1,5z + 20°)$ V/m, como um fasor.
b) Em qual região do espectro essa onda poderia estar localizada?

Solução

a) Em primeiro lugar, escrevemos E_y como um complexo: $E_y = 100 e^{j(10^8 t - 1,5z + 20°)}$. Então, suprimimos $e^{j10^8 t}$, obtendo o fasor:

$$E_y = 100 e^{j(-1,5z + 20°)}.$$

Note que se utilizam diferentes unidades para o ângulo nessa notação (1,5z está em radianos e 20°, em graus).

b) $\omega = 10^8$, então, $f = \omega/2\pi \Rightarrow f \sim 16$ MHz, que corresponde a ondas de rádio.

11.6 Exercícios

11.6.1 Exercícios resolvidos

1. Demonstre que a relação da amplitude da densidade de corrente de condução pela amplitude da densidade de corrente de deslocamento é $\dfrac{\sigma}{\omega\varepsilon}$, quando o campo elétrico for $E = E_m \operatorname{sen} \omega t$, e $\mu = \mu_0$.

SOLUÇÃO

Como $D = \varepsilon E$, $D = E_m \operatorname{sen} \omega t$. Então, uma vez que a densidade de corrente de deslocamento é $J_d = \partial D / \partial t$, temos que $J_d = \omega \varepsilon E_m \cos \omega t$. Porém, a densidade de corrente de condução é $J = \sigma E$, então, $J = \sigma E_m \operatorname{sen} \omega t$.

A razão entre as amplitudes será: $\dfrac{J}{J_d} = \dfrac{\sigma}{\omega\varepsilon}$.

2. Determine a polarização do campo $\vec{E}(t) = \hat{i}\, 4\cos \omega t + \hat{j}\, 3\operatorname{sen}\omega t$

SOLUÇÃO

$$E_x = 4\cos\omega t \text{ e } E_y = 3\operatorname{sen}\omega t.$$

Eliminando o tempo, temos: $\dfrac{E_x^2}{4^2} + \dfrac{E_y^2}{3^2} = 1 \rightarrow \dfrac{E_x^2}{16} + \dfrac{E_y^2}{9} = 1$; que é a equação de uma elipse. A onda é dita elipticamente polarizada. Caso as amplitudes das duas componentes fossem iguais, $E_x = E_y$, a elipse se degeneraria em um círculo e a onda seria circularmente polarizada.

11.6.2 Exercícios propostos

1. Calcule a razão entre as densidades de corrente e de deslocamento, para o campo elétrico $E = E_0 \operatorname{sen}(\omega t)\,\text{V/m}$, quando $\sigma = 5,8 \times 10^7\,\text{S/m}$, $\varepsilon = \varepsilon_0$ e $\mu = \mu_0$, considerando uma frequência de 1,0 MHz.

2. Um condutor de seção reta circular de raio 2,5 mm conduz uma corrente de condução $i_c = 6,8 \operatorname{sen}(5 \times 10^{10} t)\,\mu\text{A}$. Sendo $\sigma = 35\,\text{MS/m}$ e $\varepsilon = \varepsilon_0$. Calcule a amplitude da densidade de corrente de deslocamento.

3. Em um material para o qual $\sigma = 5{,}0$ S/m e $k_e = 1$, a intensidade de campo elétrico é $E = 250\,\text{sen}10^{10}t$ V/m. Determine:
   a) as densidades de corrente de condução e deslocamento;
   b) a frequência para a qual elas têm o mesmo módulo.

4. Prove que, em um circuito simples de corrente alternada (ca) consistindo em um gerador e um capacitor, a corrente de deslocamento através do capacitor é igual à corrente de condução nos fios elétricos, considerando $V = V_0 e^{j\omega t}$.

5. Somente 60 anos depois de Maxwell ter enunciado o conceito de corrente de deslocamento, M. R. Van Cauwenberghe, em 1929, conseguiu medir diretamente, pela primeira vez, a corrente de deslocamento I_d entre as placas de um capacitor de placas paralelas, submetido a uma diferença de potencial alternado $V(t) = V_0\,\text{sen}\,\omega t$. Ele usou placas circulares cujo raio efetivo era de 40 cm, e cuja capacitância era 100 pF. A diferença de potencial aplicada tinha um valor máximo de 174 kV na frequência 50 Hz. Determine a corrente de deslocamento máxima obtida entre as placas.

6. Um mau condutor é caracterizado pela condutividade $\sigma = 100$ S/m e permissividade $\varepsilon = 4\varepsilon_0$.
   a) Qual é a frequência em que a amplitude das densidades de corrente de condução J_c e deslocamento J_d são iguais?
   b) Comente o resultado.

7. Um capacitor de placas planas e paralelas possui placas circulares de raio $R = 20$ cm. Um campo elétrico E aplicado entre as placas do capacitor tem a forma:
$$E = \left(3 \times 10^5\ \text{V/ms}^2\right)t^2.$$
   a) Determine o valor da corrente de deslocamento no capacitor em $t = 2s$.
   b) Obtenha o calor do campo magnético gerado pela corrente de deslocamento a uma distância radial $r = R$ entre as placas do capacitor.

8. Considere um capacitor de placas planas e paralelas com placas circulares de raio $R = 20$ cm cuja distância entre as placas é $d = 4{,}0$ cm Se uma diferença de potencial senoidal for aplicada entre as placas, considerando de valor zero a placa de menor potencial e a tensão entre as placas dada por
$$(180\ \text{V})\,\text{sen}[2\pi(60\ \text{Hz})t].$$

a) Determine $B_{max}(R)$ para $r = R$.
b) Esboce $B_{max}(r)$ para $0 < r < \infty$.

9. Determine a taxa de variação da diferença de potencial entre as placas de um capacitor de placas paralelas com uma capacitância de 4 μF para que seja produzida uma corrente de deslocamento de 2,5 A.

10. Um capacitor de placas circulares planas e paralelas de raio R = 20 cm está ligado a uma fonte alternada $\varepsilon = \varepsilon_{max}$ senωt, onde $\varepsilon_{max} = 250$ V e $\omega = 120$ rad/s. O valor máximo da corrente de deslocamento vale $i_d = 8,3\ \mu$A. Determine:
   a) o valor máximo da corrente no circuito;
   b) o valor máximo de $d\Phi_E/dt$ entre as placas;
   c) a distância entre as placas do capacitor;
   d) o valor máximo de B entre as placas a uma distância $r = 13,0$ cm do centro.

11. Duas placas planas paralelas com área de 60 cm² estão separadas com um dielétrico com espessura de 2,0 mm, e caracterizado pela constante dielétrica $\varepsilon = 9,0$. Se a tensão $V(t) = 1,0\ \text{sen}(2\pi \times 10^3 t)$ volts é aplicada nas placas, determine a corrente de deslocamento.

12. Obtenha as equações escalares de cada equação vetorial de Maxwell em coordenadas retangulares.

13. Um trem de onda harmônico é descrito pela equação
$$y = 0,4\ \text{sen}4\pi(0,8x+t),$$
onde x, y e t estão no SI. Determine para essa onda:
   a) a amplitude;
   b) frequência angular;
   c) o número de onda;
   d) o comprimento de onda;
   e) a velocidade de onda;
   f) a direção do movimento.

14. Para a onda harmônica do problema anterior, descreva o gráfico $y \times t$ em $x = 0$. Determine o período de vibração para este gráfico.

15. Uma onda senoidal viajando na direção positiva do eixo x apresenta uma amplitude de 18,0 cm, um comprimento de onda de 38,0 cm, e uma frequência de 9,00 Hz. O deslocamento da onda em $t = 0$ e $x = 0$ também é de 18,0 cm. Determine:

    a) o número de onda (k), o período (T), a frequência angular (ω) e a velocidade da onda (v);

    b) a constante de fase φ e a expressão geral da função de onda.

16. Uma onda viajante se propaga de acordo com a equação $y = 3,0 \ \text{sen}(2,0x - 3,0t)$, onde x está em metros e t em segundos. Determine:

    a) a amplitude da onda;

    b) o comprimento de onda;

    c) a frequência;

    d) o período;

    e) a direção do movimento.

17. Dado $\vec{E} = E_m \ \text{sen}(\omega t - \beta z) \hat{j}$ no vácuo. Determine $\vec{D}$ e $\vec{B}$.

18. Considere o campo magnético $\vec{B}(t) = B_0 \ \text{sen}(\omega t - \beta z) \hat{j}$, que se propaga no vácuo. Calcule o campo $\vec{E}(t)$ usando a equação de Maxwell conveniente no regime harmônico.

19. Determine o campo magnético associado à onda de campo elétrico $\vec{E} = E_1 \cos(kz - \omega t)\hat{i} + E_2 \cos(kz - \omega t)\hat{j}$.

20. Numa onda eletromagnética plana, a amplitude do campo elétrico vale 0,580 mV/m. Assim, determine a amplitude de seu campo magnético.

21. O campo elétrico $\vec{E}(z, t) = (25\hat{i} - 30\hat{j})\cos(\omega t - 50z)$ V/m está presente no vácuo. Com base nessas informações, determine:

    a) A velocidade angular.

    b) A densidade de corrente de deslocamento.

22. Considere uma fonte luminosa puntiforme cujo valor máximo do campo elétrico medido a uma distância de 15 m da fonte é de 4,0 V/m. Determine:

    a) o valor máximo do campo magnético;

    b) a intensidade média da luz naquele ponto;

    c) a potência da fonte.

23. Uma lâmina de corrente infinita no plano yz transporta uma densidade de corrente senoidal que tem um valor máximo de 7 A/m. Determine os valores máximos do campo elétrico e magnético irradiado.

24. Numa estação de rádio AM, a potência de irradiação de uma senoidal isotrópica é de 50 kW. Quais são os valores de E_m e B_m a uma distância de 500 m da fonte.

25. O campo magnético próximo ao motor de um secador de cabelos varia senoidalmente com uma frequência de 60 Hz.
    a) Mostre que a expressão $\vec{B} = \hat{i}[\cos 2\pi 60 t]$T não satisfaz às equações de Maxwell no ar.
    b) Ache o valor de k sabendo que $\vec{B} = \hat{i}[\cos 2\pi 60 t - ky]$T satisfaz às equações de Maxwell.

26. Discuta a polarização da onda de campo elétrico dada por:
    a) $\vec{E} = 5\,\text{sen}(\omega t - kz)\hat{i} + \cos(\omega t - kz)\hat{j}$.
    b) $\vec{E} = 4\cos\omega t\,\hat{i} + 3\cos\omega t\,\hat{j}$.

27. Considere as componentes do vetor campo elétrico das equações de Maxwell (ondas plano-polarizadas).
$$E_y = A\,e^{j\omega(t-z/v)};\ E_x = 0;\ E_z = 0.$$
    Quais as componentes do vetor campo magnético?

28. Determine o vetor de Poynting de transmissão de energia ao longo de um cabo coaxial.

29. No espaço livre $E = 50\cos(\omega t - kz)$ V/m, calcule a potência média que atravessa uma área circular de raio 2,5 m pertencente a um plano z constante.

PESQUISA E APROFUNDAMENTO

Pesquise as seguintes tecnologias:
a) Fibra óptica;
b) Telescópio de raios X Chandra;
c) Gamagrafia;
d) Radiogoniômetro.

Bibliografia complementar

ASSIS, A. K. T. Teorias de ação a distância: uma tradução comentada de um texto de James Clerk Maxwell. *Revista Brasileira de História da Ciência*, v. 7, 1992, p. 53.

BARTELETT, D. F.; CORTE, T. R. Measuring Maxwell's displacement current inside a capacitor. *Physical Review Letters*, v. 55, n. 59, 1985.

BASTOS FILHO, J. B. Existem ondas vazias? *Revista Brasileira de Ensino de Física*, v. 16, n. 33, 1994.

CALLEGARI, F. A. Análise dos transientes de ondas de tensão em ambos os extremos de uma linha quarto de onda e analogia com o fenômeno de reflexão e transmissão de ondas eletromagnéticas. *Revista Brasileira de Ensino de Física*, v. 33, n. 2, 2011, p. 2307.

CARVER, T. R.; RAJHEL, J. Direct 'literal' demonstration of the effect of a displacement current. *American Journal of Physics*, v. 42, 1974, p. 246.

CASTELLANI, O. C.; GONÇALVES, M. G.; SANTIAGO, A. J. Aproximação WKB e propagação de ondas em meios não-homogêneos. *Revista Brasileira de Ensino de Física*, v. 15, n. 34, 1993.

COSTA, I. F. Fogo vs. Microondas. *Revista Brasileira de Ensino de Física*, v. 17, n. 180, 1995.

COSTA JÚNIOR, E. et al. Ondas de Alfvén no meio interplanetário. *Revista Brasileira de Ensino de Física*, v. 33, n. 2, 2011, p. 2302.

DARTORA, C. A. et al. Conceitos básicos sobre a difração e a dispersão de ondas eletromagnéticas. *Revista Brasileira de Ensino de Física*, v. 33, n. 1, 2011, p. 1307.

FILOMENO DA SILVA, H. Estudo da transmissão e reflexão de campo elétrico através de uma interface formada por dois guias de ondas planares. *Revista Brasileira de Ensino de Física*, v. 21, 1999, p. 314.

FERNANDES, A. S.; JUNIORY, W. M. Propagação de ondas longitudinais eletrostáticas em plasmas. *Revista Brasileira de Ensino de Física*, v. 23, n.2, 2000, p. 200.

FERREIRA, G. F. L. Sobre o Teorema de Poynting. *Revista Brasileira de Ensino de Física*, v. 24, n. 4, 2002, p. 377-8.

HELENE, O. Penetração de barreiras por ondas eletromagnéticas. *Revista Brasileira de Física*, v. 3, n. 21, 1980.

NELSON, O. R.; FILHO, R. C. Da valorização dos erros da construção das soluções apropriadas: uma estratégia didática na aprendizagem das equações de Maxwell. *Revista Brasileira de Ensino de Física*, v. 33, n.3, 2011, p. 3311.

VAN CAUWENBERGHE, R. M. Vérification expérimentale de l'équivalence électromagnétique entre les courants de déplacement de Maxwell et les courants de conduction. *Journal de Physique et le Radium*, n. 10, 1929, p. 303.

Complementos de matemática aplicados à física

Capítulo 12

Sem a matemática, o estudo da física ficaria severamente comprometido, limitado a mera descrição fenomenológica, sem consistência para a formulação das leis naturais, fator essencial para o desenvolvimento científico e a aplicação tecnológica. Embora muitos desaprovem o termo, para as ciências exatas, a matemática é uma "ferramenta" imprescindível ao estudo e à formulação dos fenômenos da natureza. Nesse sentido, procuramos, na medida do possível, apresentar os conceitos e as operações matemáticas no próprio texto.

Este capítulo de complementos matemáticos contém algumas seções com assuntos que têm se revelado fonte de dificuldades para grande parte dos estudantes dos cursos de ciências exatas, ao passo que outras seções trazem fórmulas e definições amplamente utilizadas não apenas em eletromagnetismo, mas em diversas áreas das ciências.

Temas como grandezas fundamentais e grandezas derivadas, sistemas de unidades e suas operações básicas são discutidos e exemplificados logo no início. Na sequência, revisamos alguns conceitos de análise vetorial, convencidos de que o aluno já tenha alguma familiaridade com o assunto, porém enfatizamos algumas operações vetoriais por considerá-las fundamentais ao estudo do eletromagnetismo. Em particular, apresentamos os operadores diferenciais vetoriais e os principais teoremas, cujas deduções não foram incluídas no texto para não desviar o foco dos novos conceitos apresentados. Por fim, apresentamos a regra de Cramer como um método alternativo na solução de problemas envolvendo circuitos elétricos.

12.1 Grandezas físicas e unidades: metrologia

Nesta seção, estudaremos grandezas físicas e as unidades relacionadas como base para o entendimento das leis físicas e suas aplicações em diferentes áreas do conhecimento. Assim, é particularmente importante medir uma grandeza com precisão e exatidão adequadas. A parte da física que se ocupa das medidas das grandezas físicas é chamada *metrologia*.

Segundo a Academia de Ciências da França (BERNARD, D.; KOVALEVSKY, J.; CADAS, 1996) e o Inmetro (2003), um laboratório de metrologia é, antes de tudo, um laboratório de pesquisa. De fato, se a metrologia procede essencialmente da física, os objetivos da pesquisa são dirigidos muito especialmente para a melhoria da precisão e da exatidão das medidas. Segue-se que a pesquisa fundamental e aplicada na física constitui a base do progresso da metrologia.

As partes constitutivas da ciência (física) são as grandezas pelas quais as leis da física são expressas. Essas grandezas podem ser divididas em *fundamentais* e *derivadas*.

12.1.1 Grandezas fundamentais

As grandezas fundamentais são definidas independentemente de outras grandezas físicas, por isso são consideradas fundamentais e independentes. De modo geral, abrangendo todas as áreas da física, são sete as grandezas fundamentais – e todas as demais podem ser consideradas derivadas ou obtidas a partir delas –, a saber: *comprimento*, *massa*, *tempo*, *corrente elétrica*, *temperatura termodinâmica*, *quantidade de massa* e *intensidade luminosa*.

A definição de uma grandeza física, contudo, sempre é acompanhada de uma unidade. Para efetuar alguma medida, o físico deve dispor de um sistema de unidades em que possa expressar seus dados. Na maioria dos países, utiliza-se, por exemplo, o sistema métrico, cuja principal vantagem é basear-se em um sistema decimal, o que facilita a conversão de determinada unidade em outra muito diferente (como milímetro para quilômetro, por exemplo), já que basta apenas deslocar a vírgula decimal.

12.1.2 Grandezas derivadas

As grandezas derivadas são aquelas cujas definições baseiam-se em outras grandezas físicas, neste caso, as grandezas fundamentais. Como exemplos de grandezas derivadas, podemos citar a velocidade a que um corpo se desloca, a aceleração sofrida por um corpo para aumentar sua velocidade, a força exercida para deformar um corpo, o volume ocupado por um líquido em um recipiente, a pressão que a atmosfera exerce sobre nós, o trabalho realizado para deslocar um corpo, entre outros.

12.1.3 Equações dimensionais

Partindo-se das grandezas fundamentais e suas representações, como comprimento (L), massa (M), tempo (T), corrente elétrica (A), temperatura termodinâmica (K), quantidade de matéria (mol) e intensidade luminosa (cd), podemos encontrar uma equação referente para qualquer grandeza derivada em função das representações das grandezas fundamentais. Vejamos alguns exemplos.

$$\text{velocidade} = \frac{\text{distância}}{\text{tempo}} = \frac{L}{T} = LT^{-1}$$

$$\text{aceleração} = \frac{\text{velocidade}}{\text{tempo}} = \frac{LT^{-1}}{T} = LT^{-2}.$$

A Tabela 12.1 relaciona diversas grandezas derivadas às suas equações dimensionais.

Tabela 12.1 – Grandezas físicas e suas equações dimensionais	
Grandezas	Equações dimensionais
velocidade = distância/tempo	LT^{-1}
aceleração = velocidade/tempo	LT^{-2}
força = massa × aceleração	MLT^{-2}
área = lado × lado	L^2
pressão = força/área	$ML^{-1}T^{-2}$
massa específica (densidade) = massa/volume	ML^{-3}
trabalho = força × distância	ML^2T^{-2}

Uma grandeza adimensional, por sua vez, é aquela que não é expressa em termos das grandezas fundamentais. Em outras palavras, podemos dizer que é a grandeza cujos expoentes das dimensões das grandezas são reduzidos a zero. Alguns exemplos são: coeficiente de atrito, índice de refração e deformação linear.

12.1.4 A importância das medições em nossa vida

Você já observou quantas vezes fazemos medições em nosso dia a dia? Quando compramos alimentos como carne, manteiga, tomate, estamos medindo seu "peso". Quando compramos roupas ou corda para o varal de nossa casa, ou determinamos a distância que nos deslocamos de carro de casa para o trabalho, estamos medindo o comprimento. Quando registramos a duração de uma aula ou quantas horas trabalhamos durante o dia, ou a nossa idade, estamos medindo o tempo. Quando o médico avalia as condições de um paciente e faz uso de um termômetro para saber se ele está com febre, ou observamos quantos graus marca o termômetro, estamos medindo a temperatura, e assim por diante. Em diferentes situações, as medições fazem parte de nossa rotina.

12.1.5 Medida-padrão

Medimos uma dimensão ou uma propriedade de um objeto pela comparação com algo que admitimos como unidade-padrão. Por exemplo, quando medimos o comprimento de uma quadra de futebol em metros, estamos comparando o comprimento da quadra com o de uma fita métrica (de um metro, por exemplo). Utilizamos o comprimento da fita métrica como padrão de unidade. Se encontrarmos que o comprimento da quadra de ponta a ponta é igual à distância medida de 20 fitas métricas, descrevemos o comprimento da quadra como 20 metros, o que significa que a quadra é 20 vezes mais longa que o metro-padrão.

Analogamente, ao medirmos o tempo que um corredor de 100 metros rasos leva para completar a corrida, acionamos o cronômetro no mesmo instante em que ele começa a correr, e podemos saber que ele levou 10 vezes o tempo do segundo padrão para cruzar a linha de chegada.

Assim, antes de fazermos qualquer medição, devemos concordar sobre os padrões com os quais podemos compará-la, como o metro e o segundo dos exemplos citados. Vale lembrar que os padrões de medida devem guardar rastreabilidade de medição em relação aos padrões internacionais, que estão sob a guarda do Bureau International des Poids et Mesures (BIPM, Escritório Internacional de Pesos e Medidas), de onde, então, todos os padrões são derivados segundo determinada hierarquia. Para esclarecer, o diagrama da Figura 12.1 mostra a hierarquia dos padrões metrológicos.

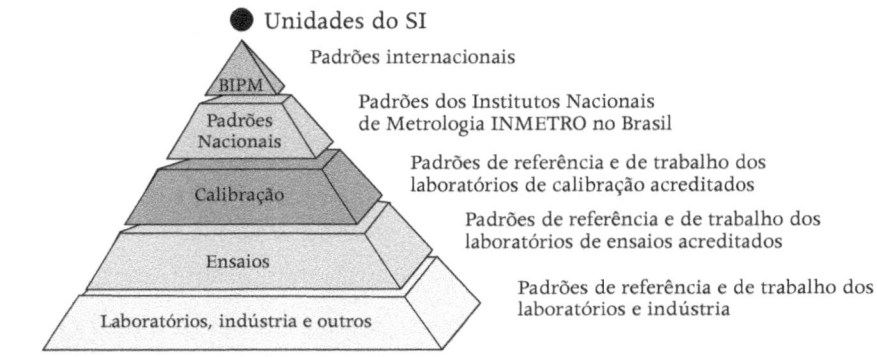

Figura 12.1 – Hierarquia dos padrões metrológicos.

12.1.6 Sistema Internacional de unidades: SI

No Brasil, assim como na imensa maioria dos países, utiliza-se o Sistema Internacional de Unidades (SI). O SI foi adotado e recomendado pela Conferência Geral de Pesos e Medidas (CGPM), ratificado pela 11ª CGPM/1960 e atualizado até a 18ª CGPM/1987, que constitui a expressão moderna e atualizada do antigo Sistema Métrico Decimal. Contudo, a 24ª CGPM/2011 aponta para possíveis mudanças no SI, buscando hoje um padrão de massa que independa de artefato e se baseie em constantes físicas, apenas. Com efeito, das sete unidades de base do SI, apenas o quilograma, kg, ainda é definido em termos de um artefato material, o protótipo internacional do quilograma (um cilindro de platina iridiada).

12.1.7 Unidades de base

O SI possibilita a existência de unidades de base únicas, que podem ser reproduzidas e realizadas em qualquer lugar do mundo, e de poucas unidades fundamentais, separadas e independentes. Além disso, o SI é um sistema coerente, de modo que a combinação de unidades existentes produz outras unidades sem a necessidade de constantes.

Na Tabela 12.2 estão representadas as sete grandezas e as unidades de base do SI.

Tabela 12.2 – Grandezas e unidades de base do SI		
Grandeza	Nome	Símbolo
Comprimento	metro	m
Massa	quilograma	kg
Tempo	segundo	s
Corrente elétrica	ampère	A
Temperatura termodinâmica	kelvin	K
Quantidade de matéria	mol	mol
Intensidade luminosa	candela	cd

12.1.8 Definição das unidades de base

- **Metro (m):** é o comprimento do trajeto percorrido pela luz no vácuo durante o intervalo de tempo de 1/299.792.458 do segundo.

- **Quilograma (kg):** é a unidade de massa igual à massa do protótipo internacional do quilograma.
- **Segundo (s):** é a duração de 9.192.631.770 períodos da radiação correspondentes à transição de níveis hiperfinos do estado fundamental do átomo de césio 133.
- **Ampère (A):** é a intensidade de corrente elétrica constante que, mantida entre dois condutores paralelos, retilíneos, de comprimento infinito, de seção circular desprezível e situados à distância de 1 metro entre si, no vácuo, produz entre esses condutores uma força igual a 2×10^{-7} newton por metro de comprimento.
- **Kelvin (K):** é a fração da temperatura termodinâmica do ponto tríplice da água.
- **Mol (mol):** é a quantidade de matéria de um sistema contendo tantas entidades elementares quanto átomos existentes em 0,012 quilograma de carbono 12.
- **Candela (cd):** é a intensidade luminosa, em determinada direção, de uma fonte que emite uma radiação monocromática de frequência 540×10^{12} hertz e cuja intensidade energética naquela direção é de 1/638 watt por esterradiano.

12.1.9 Unidades suplementares do SI

São duas as unidades suplementares: o *radiano*, unidade de ângulo plano, e o *esterradiano*, unidade de ângulo sólido.

Tabela 12.3 – Unidades suplementares do SI		
Grandeza	Unidade	Símbolo
ângulo plano	radiano	rad
ângulo sólido	esterradiano	sr

12.1.10 Unidades derivadas do SI

São unidades formadas pela combinação de unidades de base, derivadas e suplementares. Os símbolos para as unidades derivadas são obtidos por meio dos sinais matemáticos de multiplicação e divisão. Por exemplo, a unidade de velocidade é dada pela divisão de m por s, isto é, m/s.

12.1.11 Nomes e símbolos das unidades

As regras básicas para representação de nomes e símbolos das unidades podem ser enumeradas da seguinte maneira:

1. Os símbolos são sempre expressos em letras minúsculas, exceto quando a unidade corresponde a um nome próprio, caso em que o símbolo terá letra maiúscula, porém sua representação por extenso terá letra minúscula. Exemplos: metro (m), segundo (s), kelvin (K), newton (N), exceto o grau Celsius (C).
2. Os símbolos serão expressos por caracteres romanos, com exceção das letras gregas μ (mícron) e Ω (ohm).

Tabela 12.4 – Unidades derivadas no SI		
Grandeza	Unidade	Símbolo
área	metro quadrado	m^2
volume	metro cúbico	m^3
velocidade	metro por segundo	m/s
aceleração	metro por segundo ao quadrado	m/s^2
velocidade angular	radiano por segundo	rad/s
aceleração angular	radiano por segundo quadrado	rad/s^2
força	newton	N
número de onda	metro recíproco	m^{-1}
densidade	quilograma por metro cúbico	kg/m^3
frequência	hertz	Hz
pressão, tensão	pascal	Pa
energia, trabalho	joule	J
temperatura Celsius	grau Celsius	°C
potência, fluxo radiante	watt	W
carga elétrica	coulomb	C
potencial elétrico	volt	V
capacitância elétrica	farad	F
resistência elétrica	ohm	Ω

Continua

Continuação

Tabela 12.4 – Unidades derivadas no SI		
Grandeza	Unidade	Símbolo
condutância elétrica	siemens	S
densidade de corrente	ampère por metro quadrado	A/m^2
campo elétrico	volt por metro	V/m
fluxo magnético	weber	Wb
campo magnético	tesla	T
indutância	henry	H
energia, trabalho	joule	J
entropia	joule por kelvin	J/K

3. Os símbolos das unidades não têm plurais e não são seguidos por pontos.
   Exemplos: 50 metros (50 m), 30 segundos (30 s) etc.
4. No plural das unidades, acrescenta-se apenas o "s" ao final.
   Exemplos: 10 pascals, 20 newtons, 50 kelvins etc.
5. Na divisão de uma unidade por outra se utiliza a barra inclinada, o traço horizontal ou a potência negativa. Exemplo: km/h ou kmh^{-1}; m/s^2 ou m/s^{-2}.
6. O quilograma, seus múltiplos e submúltiplos pertencem ao gênero masculino.
   Exemplos: quatrocentos gramas de queijo, trezentos gramas de presunto.
7. Na representação de tempo não se usam dois-pontos, nem um ponto após a abreviatura de horas, minutos ou segundos.
   Exemplos: 3h15min, 16h42min23s etc.

12.1.12 Adição e subtração de números expressos em notação científica

Números podem ser adicionados ou subtraídos desde que as potências de base dez sejam iguais. Se os números não são iguais, eles devem ser adequadamente ajustados em suas casas decimais deslocando-se a vírgula. O procedimento é este:
1. Tenha certeza de que a potência de dez dos dois números é igual;
2. Adicione e subtraia os números antes das potências de dez;
3. Conserve a mesma potência de dez na resposta.

Exemplo 64

Faça a adição de:

a) $(5+2) \times 10^3 = 7 \times 10^3$.

b) $4,0 \times 10^4 + 5 \times 10^3 = 4,0 \times 10^4 + 0,5 \times 10^4 = (4,0 + 0,5) \times 10^4 = 4,5 \times 10^4$.

12.1.13 Multiplicação de números expressos em notação científica

Para multiplicar um número por outro:

1. multiplicamos os dois números precedendo as potências de dez;
2. adicionamos os expoentes para obter o expoente da potência de dez na resposta.

Exemplo 65

Multiplique:

a) $2 \times (3 \times 10^4) = 6 \times 10^4$.

b) $(2 \times 10^5) \times (3 \times 10^2) = 2 \times 3 \times 10^5 \times 10^2 = 6 \times 10^{5+2} = 6 \times 10^7$.

12.1.14 Divisão de números expressos em notação científica

Para dividir um número por outro:

1. divida o número precedendo a potência de dez no numerador, ou dividendo, por um número precedendo a potência de dez no denominador ou divisor;
2. subtraia o expoente da potência de dez no denominador do expoente da potência de dez no numerador; isso resulta no expoente da potência de dez na resposta.

Exemplo 66

Divida:

a) $\dfrac{7,5 \times 10^5}{3,0 \times 10^2} = \dfrac{7,5}{3,0} \times \dfrac{10^5}{10^2} = 2,5 \times 10^{5-2} = 2,5 \times 10^3$.

b) $\dfrac{6 \times 10^4}{2 \times 10^{-2}} = \dfrac{6}{2} \times \dfrac{10^4}{10^{-2}} = 3 \times 10^{4-(-2)} = 3 \times 10^6$.

12.1.15 Múltiplos e submúltiplos no SI

Quantificar uma medida significa dizer que múltiplos ou submúltiplos da unidade têm a propriedade da medida em questão.

A Tabela 12.5 apresenta os múltiplos e submúltiplos mais comuns, expressos na forma de potência de 10.

Tabela 12.5 – Múltiplos e submúltiplos no SI			
Prefixo	Símbolo	Potência	Multiplique por...
quilo	K	10^3	1.000
mega	M	10^6	1.000.000
giga	G	10^9	1.000.000.000
tera	T	10^{12}	1.000.000.000.000
mili	m	10^{-3}	0,001
micro	μ	10^{-6}	0,000001
nano	n	10^{-9}	0,000000001
pico	p	10^{-12}	0,000000000001
femto	f	10^{-15}	0,000000000000001

12.1.16 Medidas e aproximações

É importante notar que qualquer medida será sempre uma aproximação para o valor do objeto mensurado, o mensurando. Ela representa o melhor que pode ser obtido para determinada medida com o instrumento utilizado.

Suponha que tenhamos medido a espessura de uma placa de vidro, inicialmente por meio de uma fita métrica e depois por meio de um micrômetro. A menor unidade na fita métrica é 1 milímetro. Utilizando a fita métrica, encontramos que a espessura do vidro é consideravelmente mais do que 3 milímetros e próxima a 4 milímetros, porém menor do que essa medida. Assim, estimamos sua espessura em 3,7 milímetros. Voltando ao micrômetro, percebemos que ele pode medir um comprimento com a aproximação de um centésimo de milímetro. Com o micrômetro, podemos determinar a espessura do vidro como 3,65 mm. Observe que temos duas medidas da mesma quantidade, isto é, do mesmo pedaço de vidro. Ambas são aproximações do valor verdadeiro da espessura do vidro, mas a segunda é uma aproximação mais acurada do que a primeira. Assim, descrevemos a precisão de nossas medidas, em cada caso, anotando quantos dígitos foram obtidos pela medição real. Cada um desses dígitos é chamado de *algarismo significativo*.

O número de algarismos significativos em uma medida indica quão precisa é a medida. A medida da fita métrica de 3,7 mm dá dois algarismos significativos (os algarismos 3 e 7). Podemos afirmar que o 3 nesta medida é correto. O algarismo 7, entretanto, é duvidoso, porque não podemos ler décimos de milímetros diretamente na fita métrica, sendo necessário estimá-lo. A medida mais precisa de 3,65 mm obtida com o micrômetro possui três algarismos significativos (os algarismos 3, 6 e 5). Podemos ter certeza de que os algarismos 3 e 6 dessas medidas são corretos. O algarismo 5, entretanto, é duvidoso, pois o valor poderia ser um pouco menor ou um pouco maior do que 5, que é simplesmente a mais exata aproximação que pode ser feita com aquele instrumento. Note que, em geral, o último algarismo significativo de uma medida é sempre duvidoso.

Embora esse exemplo refira-se à medida de comprimento, todas as medidas de quantidades físicas fornecem somente valores aproximados das quantidades medidas. A exatidão da aproximação é determinada pelo número de algarismos significativos na medida. Quanto maior o número de algarismos significativos, mais precisa é a medida.

12.1.17 Algarismos significativos

O número de algarismos significativos em uma medida é encontrado por meio da contagem do algarismo duvidoso e de todos os algarismos à esquerda dele até o último algarismo diferente de zero. Por exemplo, suponha que certo comprimento seja medido como 0,0003102 metro. O algarismo duvidoso é o último (o 2). Contando para a esquerda a partir de 2, incluímos os algarismos 0, 1 e 3, que é o último algarismo diferente de zero à esquerda de 2. Isso resulta em quatro algarismos significativos.

Na determinação do número de algarismos significativos, os zeros na extremidade direita de um número de medidas são contados somente se tiverem sido obtidos pela medição real. Se você mede o comprimento de uma folha de papel e encontra o valor de 23,30 centímetros de comprimento, o zero é significativo porque você consegue obtê-lo por medida real. Assim, o numeral 23,30 centímetros possui 4 algarismos significativos. Neste livro, quando os zeros aparecem no final do lado direito de um número medido, supõe-se que eles foram obtidos por meio da medição e que são significativos.

12.1.18 Operações com quantidades medidas

O resultado de operações como adição, subtração, multiplicação e divisão de quantidades medidas não pode ser mais exato do que a menos precisa dessas quantidades. Por exemplo, suponha que se deseje realizar a soma de duas medidas de comprimento de um fio, 4,58 e 85,9 metros, respectivamente. Na primeira medida do fio, o algarismo duvidoso localiza-se na casa do centésimo do metro, ao passo que na segunda medida ele está na casa do décimo do metro. Dessa forma, a soma dos dois comprimentos terá precisão aproximada apenas da décima parte do metro. Portanto, antes de encontrar sua soma, arredondamos 4,58 metros para o seu décimo mais próximo, resultando em 4,6 metros. Agora, adicionando-se 4,6 metros e 85,9 metros, obtemos 90,5 metros como soma.

Por meio de cálculos que envolvam quantidades medidas, conservamos nas respostas somente os algarismos significativos. Isso pode ser feito utilizando-se as seguintes regras:

1. Na adição ou subtração de quantidades medidas, primeiro arredondamos cada um deles para o número de casas decimais na quantidade tendo o menor número de casas decimais. Então, adicionamos ou subtraímos as quantidades aproximadas. Sendo que, ao arredondar um número, o último dígito mantido é aumentado de 1 se o dígito que segue é maior que 5 ou é 5 seguido por números diferentes de zero. Não é modificado se o dígito que segue é 5 ou menor do que 5. Assim, o número 3,853 arredondado para três algarismos significativos torna-se 3,85. Arredondado para dois algarismos significativos, torna-se 3,9.

2. Na multiplicação ou divisão de dois números medidos, conserva-se no produto, ou quociente, o mesmo número de algarismos significativos que o menos exato dos dois números. Por exemplo, vamos encontrar a área de um retângulo cujos lados medem 1,21 metro por 2,4 metros. Note que o lado de 1,21 metro é medido com três algarismos significativos, enquanto o lado de 2,4 metros é medido com somente dois algarismos significativos. Somente dois algarismos significativos serão, portanto, mantidos na área obtida pela multiplicação de 1,21 metro por 2,4 metros. O cálculo resulta em 2,9 metros quadrados como área do retângulo.

12.1.19 Incertezas e erros de uma medida

Sempre que realizamos uma medida, estamos sujeitos a cometer algum tipo de erro, que pode ser tanto um erro desprezível quanto um erro significativo. O objetivo de uma medição é determinar o valor específico da grandeza a ser medida, o mensurando.

Uma medição começa, portanto, com uma especificação apropriada do mensurando, do método da medição e do procedimento de medição. O resultado de uma medição é somente uma aproximação ou estimativa do valor do mensurando, e, assim, só é completa quando acompanhada pela declaração da incerteza dessa estimativa. A palavra *incerteza* significa *dúvida*, e, assim, em sentido mais amplo, *incerteza de medição* significa dúvida acerca da validade do resultado de uma medição.

A incerteza é um conceito qualitativo definido como um parâmetro associado ao resultado de uma medição, que caracteriza a dispersão de valores que podem ser fundamentadamente atribuídos ao objeto mensurado. Do ponto de vista quantitativo, temos a incerteza-padrão (*standard uncertainty*), que é a incerteza dada em forma de desvio-padrão, a incerteza tipo A, que é avaliada a partir da análise de uma série de observações, realizada conforme os métodos da estatística clássica, e a incerteza tipo B, que é avaliada por quaisquer outros métodos, que não os estatísticos clássicos. Em geral, para estimar a incerteza tipo B, os métodos empregados correspondem aos da estatística bayesiana, que se baseia em distribuições de probabilidade. As incertezas do tipo A e do tipo B podem ser dadas na forma de desvio-padrão, e, nesse caso, são chamadas de incerteza-padrão tipo A e B, respectivamente. No entanto, a *incerteza combinada* é aquela que resulta da combinação de incertezas tipo A e tipo B. Finalmente, temos a *incerteza expandida* (*expanded uncertainty*), que é a incerteza-padrão multiplicada por um fator de abrangência k (*coverage factor*), de modo a se definir um intervalo de confiança maior do que o correspondente à incerteza-padrão.

A incerteza-padrão tipo A (u_A) é identificada como o desvio-padrão experimental, que é uma estimativa não tendenciosa (*unbiased*) para o desvio-padrão. No caso mais simples (a medição é repetida N vezes, exatamente nas mesmas condições, fornecendo os resultados $y_1;\ ;\ldots;y_N$), podemos dizer que a melhor estimativa para o valor do objeto mensurado é a média $\overline{y}$, e a estimativa não tendenciosa para a incerteza tipo A será

$$u_A = \frac{u}{\sqrt{N}}, \qquad (12.1)$$

com

$$u^2 = \frac{1}{N-1}\sum_{i=1}^{N}(y_1 - \overline{y})^2.$$

Assim, a expressão do resultado da medida da grandeza y, em termos da incerteza envolvida, ficaria:

$$y = \overline{y} \pm u_A. \qquad (12.2)$$

12.2 Elementos de análise vetorial

12.2.1 Grandezas vetoriais e escalares

As grandezas físicas são classificadas em *escalares* e *vetoriais*. Por escalar, fazemos referência a toda grandeza física caracterizada por sua intensidade (definida por um número e sua unidade, apenas). Podemos citar como exemplos: temperatura, massa, volume, pressão, corrente elétrica, fluxo elétrico, potencial elétrico, fluxo magnético, potência, energia etc. Já a grandeza vetorial é toda grandeza física que, para ficar bem caracterizada, requer conhecimento de sua intensidade ou módulo (o número e unidade), sua direção e sentido. Podemos citar como exemplos: a velocidade, a aceleração, o peso, a força etc.

12.2.2 Vetores

O ente matemático capaz de representar uma grandeza vetorial chama-se *vetor*. As características de um vetor são apresentadas na Figura 12.2.

A representação de um vetor é dada por $\vec{V}$ (uma letra com a seta na parte superior) ou **V** (letra destacada em negrito).

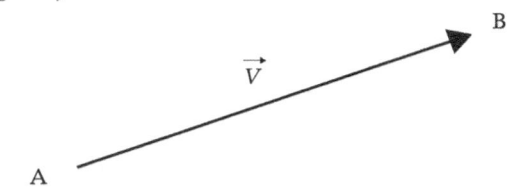

Figura 12.2 – Representação gráfica de um vetor.

Alguns autores ainda representam um vetor como $\overrightarrow{AB}$, o que indica que o vetor está orientado de A para B e possui intensidade, magnitude ou módulo dados por $|\overrightarrow{AB}|$, ou, simplesmente, AB.

■ **Vetor unitário**

O vetor unitário $\hat{u}$ de um vetor $\vec{V}$ possui mesma direção e o mesmo sentido de $\vec{V}$, porém seu módulo vale uma unidade. A Figura 12.3 representa um vetor unitário, que é descrito matematicamente por

$$\hat{u} = \frac{\vec{V}}{|\vec{V}|}. \tag{12.3}$$

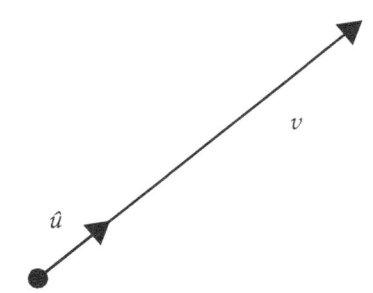

Figura 12.3 – Representação do vetor unitário.

Vetores paralelos

Considere dois vetores $\vec{A}$ e $\vec{B}$. Diz-se que $\vec{A}$ é paralelo a $\vec{B}$ ou, simbolicamente, $\vec{A}//\vec{B}$ se, e somente se, existe um escalar m tal que $\vec{A} = m\vec{B}$, do mesmo modo que existe um escalar n tal que $\vec{B} = n\vec{A}$.

Vetores iguais

No caso de vetores paralelos, se $m = n = 1$, então $\vec{A} = \vec{B}$.

Vetor nulo

É um vetor que possui módulo zero e não tem direção e sentido definidos; em outras palavras, possui direção e sentido quaisquer.

12.2.3 Operação com vetores

Adição

Existem diversas maneiras de operar a adição de vetores. Os métodos podem ser gráficos, trigonométricos ou analíticos. Considere $\vec{V}_1$ e $\vec{V}_2$ dois vetores quaisquer, como mostra a Figura 12.4.

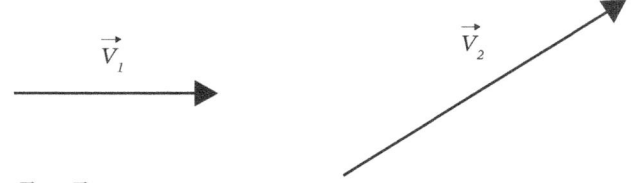

Figura 12.4 – Vetores $\vec{V}_1$ e $\vec{V}_2$.

A soma desses vetores pode ser obtida por meio das seguintes regras:

a) Regra do polígono

O cálculo do vetor resultante de dois vetores pode ser obtido por meio da soma vetorial com a aplicação da regra do polígono (triângulo). Deslocam-se os vetores paralelamente de modo a unir a extremidade do primeiro à origem do segundo. O vetor resultante terá a origem do primeiro e a extremidade do segundo, como mostra a Figura 12.5.

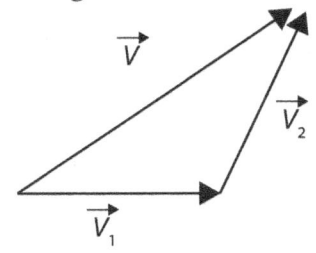

Figura 12.5 – Regra do polígono.

A representação matemática é dada por

$$\vec{V} = \vec{V}_1 + \vec{V}_2.$$

Se houver mais do que dois vetores, o vetor resultante é obtido unindo-se as extremidades de um à origem do outro sucessivamente. O vetor resultante será dado ligando-se a origem do primeiro à extremidade do último.

b) Regra do paralelogramo

O cálculo do vetor resultante pode ser obtido por meio da soma vetorial com a aplicação da regra do paralelogramo. Essa regra estabelece que o segmento representativo do vetor resultante da soma de dois vetores $\vec{V}_1$ e $\vec{V}_2$ em um ponto O é obtido pela diagonal do paralelogramo de lados adjacentes formados pelos segmentos representativos de $\vec{V}_1$ e $\vec{V}_2$, sendo o ponto O a origem daquele segmento representativo, como mostra a Figura 12.6. Essa regra pode ser aplicada de forma gráfica, trigonométrica ou fazendo-se a decomposição dos vetores em componentes.

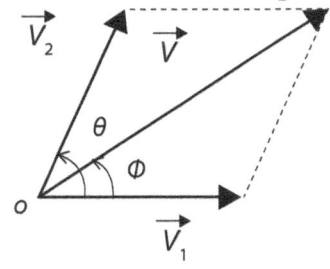

Figura 12.6 – Regra do paralelogramo.

Na determinação gráfica do vetor resultante, constrói-se o paralelogramo e determina-se a intensidade de $\vec{V}$ medindo-se o segmento que o representa com o segmento unitário utilizado para traçar os segmentos representativos de $\vec{V}_1$ e $\vec{V}_2$. A direção de $\vec{V}$ é dada pelo ângulo que esse vetor forma com um dos vetores, como o ângulo ϕ entre $\vec{V}$ e $\vec{V}_1$ da Figura 12.6.

No método trigonométrico, utilizam-se as relações geométricas e trigonométricas do paralelogramo para se obter uma expressão matemática equivalente ao gráfico do paralelogramo. Nesse caso, a regra do paralelogramo pode ser escrita em duas expressões, uma para a magnitude do vetor resultante e outra para a direção:

$$V^2 = V_1^2 + V_2^2 + 2V_1V_2\cos\theta,$$

$$\tan\phi = \frac{V_2\,\text{sen}\,\theta}{V_1 + V_2\cos\theta}. \qquad (12.4)$$

■ Subtração

Considere $\vec{V}_1$ e $\vec{V}_2$ dois vetores quaisquer. A diferença entre esses vetores é equivalente à soma de $\vec{V}_1$ com o negativo de $\vec{V}_2$. A Figura 12.7 mostra essa operação. A representação matemática é dada por

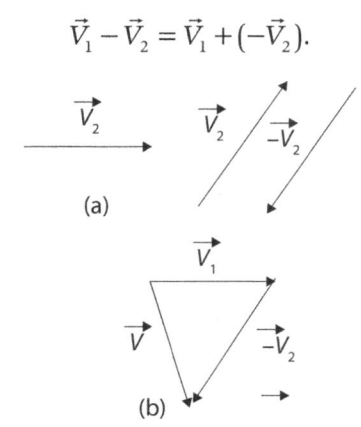

$$\vec{V}_1 - \vec{V}_2 = \vec{V}_1 + (-\vec{V}_2).$$

Figura 12.7 – Subtração de vetores: (a) representação dos vetores; (b) aplicação da regra do polígono para subtração.

A seguir, veremos o método da decomposição em componentes e outras operações com vetores.

12.2.4 Sistema de coordenadas

a) Sistema de coordenadas retangulares

No sistema plano de coordenadas cartesianas (ou retangulares), estabelecemos dois eixos coordenados que formam ângulos retos (ortogonais) entre si. Geralmente, denomina-se x o eixo horizontal ou das abscissas e y o eixo vertical ou das ordenadas.

Nesse sistema, podemos localizar um ponto qualquer $P(x, y)$ desse plano, por meio de suas coordenadas x e y. A Figura 12.8 mostra esse sistema de coordenadas.

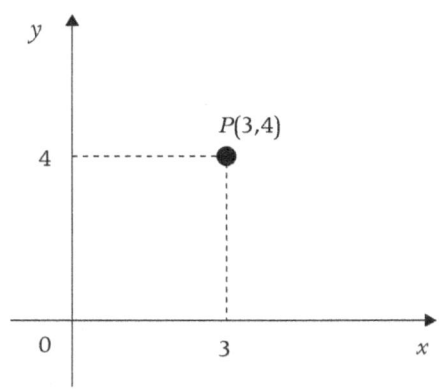

Figura 12.8 – Localização de um ponto em x = 3 e y = 4.

b) Representação de uma grandeza vetorial no sistema de coordenadas retangulares

Uma grandeza vetorial pode ser representada graficamente por um vetor, como mostra a Figura 12.9. Nessa forma, o módulo de um vetor é representado pelo comprimento da seta, a direção do vetor é definida pelo ângulo formado entre o eixo de referência (x) e a linha de ação da seta e o sentido é indicado pela extremidade da seta. Já a direção dos eixos cartesianos é definida pelos versores.[1] Por convenção, o versor na direção x é geralmente representado por $\hat{i}$, ao passo que o versor na direção y é representado por $\hat{j}$.

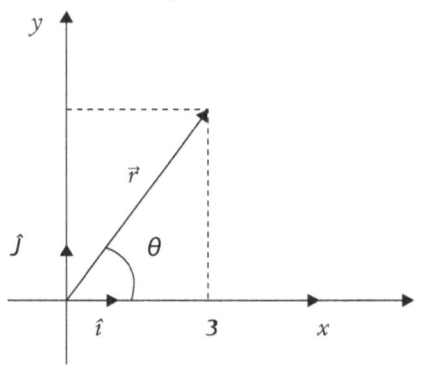

Figura 12.9 – Representação gráfica de um vetor.

c) Componentes retangulares de um vetor

Para descrever um vetor no sistema plano de coordenadas cartesianas, consideremos de início o vetor $\vec{R}$ partindo da origem. Uma maneira lógica de identificar esse vetor consiste em fornecer suas componentes vetoriais tomadas ao longo dos eixos coordenados $\vec{R}_x$ e $\vec{R}_y$, cuja soma vetorial deve ser o vetor $\vec{R}$ citado, como mostra a Figura 12.10(a). Note que agora temos dois vetores, mas estes têm direção estabelecida ao longo dos eixos coordenados.

---

[1] *Versor* é um vetor de valor unitário cujo módulo é igual a 1.

Capítulo 12 – Complementos de matemática aplicados à física

Assim, as componentes vetoriais possuem módulos que dependem do vetor considerado, mas cada uma tem direção fixa e definida, que é a direção dos unitários ao longo dos eixos coordenados. Então, o vetor $\vec{R}$ tem componentes

$$\vec{R}_x = R_x \hat{i},$$

$$\vec{R}_y = R_y \hat{j}$$

e pode ser escrito como

$$\vec{R} = \vec{R}_x + \vec{R}_y = R_x \hat{i} + R_y \hat{j}. \tag{12.5}$$

Inversamente, vemos que $\vec{R}$ é a resultante da soma dos vetores $\vec{R}_x$ e $\vec{R}_y$.

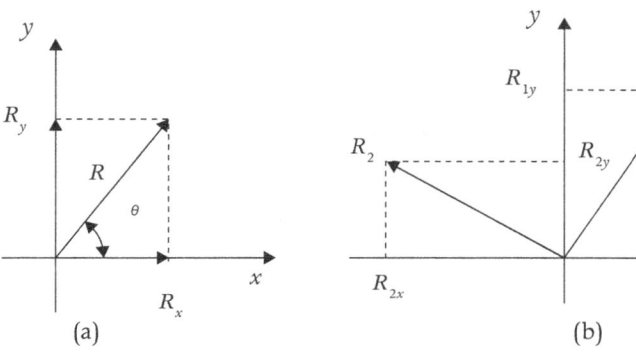

Figura 12.10 – Vetores no plano cartesiano.

Na Figura 12.10(b), dois vetores $\vec{R}_1$ e $\vec{R}_2$ no plano cartesiano são decompostos em termos de suas componentes ao longo dos eixos de coordenadas x e y. Qualquer vetor no plano pode ser decomposto em relação a esses eixos. Os vetores $\vec{R}_1$ e $\vec{R}_2$ podem ser escritos como

$$\vec{R}_1 = R_{1x}\hat{i} + R_{1y}\hat{j} \quad \text{e} \quad \vec{R}_2 = -R_{2x}\hat{i} + R_{2y}\hat{j},$$

e a resultante como:

$$\vec{R} = \vec{R}_1 + \vec{R}_2$$
$$= R_{1x}\hat{i} + R_{1y}\hat{j} - R_{2x}\hat{i} + R_{2y}\hat{j}$$
$$= (R_{1x} - R_{2x})\hat{i} + (R_{1y} + R_{2y})\hat{j}.$$

Generalizando-se para n vetores, a resultante fica:

$$\vec{R} = \sum_n \vec{R}_n = \vec{R}_1 + \vec{R}_2 + \ldots + \vec{R}_n, \tag{12.6}$$

cujo módulo é:

$$R_x = \sum R_{nx}$$
$$R_y = \sum R_{ny} \tag{12.7}$$
$$R = \sqrt{R_x^2 + R_y^2}$$

e cuja direção é:

$$\tan\theta = \frac{R_y}{R_x}$$

$$\theta = \arctan\frac{R_y}{R_x}.$$

(12.8)

d) Componentes retangulares de um vetor em três dimensões

Em três dimensões, o versor da direção z é tomado como $\hat{k}$. A Figura 12.11 mostra um vetor $\vec{A}$ escrito sob a forma de suas componentes retangulares. Suas componentes representam a projeção do vetor em relação aos eixos de referência. Assim,

$$\vec{A} = A_x\hat{i} + A_y\hat{j} + A_z\hat{k},$$

cujo módulo é

$$A = \sqrt{A_x^2 + A_y^2 + A_z^2}$$

e a direção é a do unitário

$$\hat{a} = \frac{\vec{A}}{A}.$$

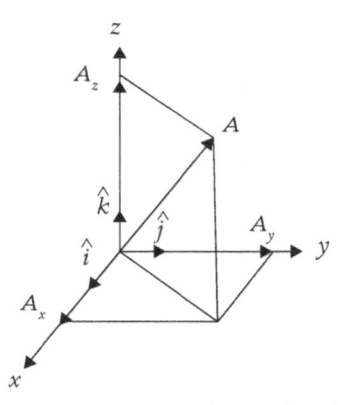

Figura 12.11 – Representação de um vetor no sistema de coordenadas retangulares.

12.2.5 Produto escalar e produto vetorial

a) Produto escalar

É o produto de duas grandezas vetoriais cujo resultado é uma grandeza escalar. Por definição,

$$\vec{A}.\vec{B} = |\vec{A}|\,|\vec{B}|\cos\theta.$$

(12.9)

O produto escalar (também chamado de produto interno) de dois vetores é igual ao produto dos seus módulos multiplicado pelo cosseno do ângulo formado entre os dois vetores.

Em termos das componentes cartesianas, temos:

$$\vec{A} = A_x\hat{i} + A_y\hat{j} + A_z\hat{k},$$
$$\vec{B} = B_x\hat{i} + B_y\hat{j} + B_z\hat{k}.$$

Logo,

$$\vec{A}.\vec{B} = [A_x\hat{i} + A_y\hat{j} + A_z\hat{k}].[B_x\hat{i} + B_y\hat{j} + B_z\hat{k}]$$
$$= A_xB_x + A_yB_y + A_zB_z. \qquad (12.10)$$

O resultado apresentado decorre do produto escalar dos unitários:

$$\hat{i}.\hat{j} = \hat{i}.\hat{k} = \hat{j}.\hat{i} = \hat{j}.\hat{k} = \hat{k}.\hat{i} = \hat{k}.\hat{j} = 0$$

e

$$\hat{i}.\hat{i} = \hat{j}.\hat{j} = \hat{k}.\hat{k} = 1.$$

Note que, se tomarmos o produto escalar do vetor $\vec{A}$ pelo unitário de determinada direção, como $\hat{i}$, por exemplo, obtemos:

$$\vec{A}.\hat{i} = (A_x\hat{i} + A_y\hat{j} + A_z\hat{k}).\hat{i} = A_x,$$

isto é, a componente do vetor naquela direção. Por esse motivo, o produto escalar também é chamado de *projeção*. Nesse exemplo, realizamos a projeção do vetor $\vec{A}$ sobre a direção do eixo x.

b) Produto vetorial

É o produto de duas grandezas vetoriais cujo resultado é uma grandeza vetorial. Por definição,

$$\vec{A} \times \vec{B} = |\vec{A}|\,|\vec{B}|\,\text{sen}\,\theta. \qquad (12.11)$$

O produto vetorial de dois vetores é definido de modo que sua intensidade é igual ao produto dos módulos dos vetores multiplicado pelo seno do menor ângulo formado entre os dois vetores. A direção do produto vetorial pode ser obtida pela regra da mão direita.

A Figura 12.12 mostra o produto vetorial entre dois vetores. O produto vetorial entre dois vetores não é comutativo, pois $\vec{A} \times \vec{B} = -\vec{B} \times \vec{A}$. Este último aparece representado na figura pela seta tracejada.

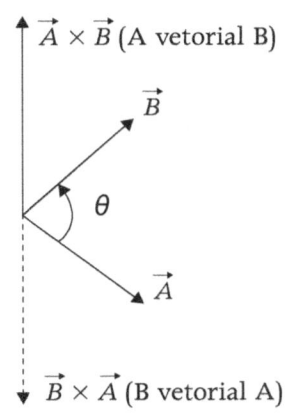

Figura 12.12 – Produto vetorial entre dois vetores.

Em termos das componentes cartesianas de $\vec{A}$ e $\vec{B}$, temos

$$\begin{aligned}\vec{A}\times\vec{B} &= [A_x\hat{i}+A_y\hat{j}+A_z\hat{k}]\times[B_x\hat{i}+B_y\hat{j}+B_z\hat{k}] \\ &= (A_xB_x)\hat{i}\times\hat{i}+(A_xB_y)\hat{i}\times\hat{j}+(A_xB_z)\hat{i}\times\hat{k} \\ &= (A_yB_x)\hat{j}\times\hat{i}+(A_yB_y)\hat{j}\times\hat{j}+(A_yB_y)\hat{j}\times\hat{k} \\ &= (A_zB_x)\hat{k}\times\hat{i}+(A_zB_y)\hat{k}\times\hat{j}+(A_zB_z)\hat{k}\times\hat{k}.\end{aligned} \quad (12.12)$$

O produto vetorial entre os unitários fornece:

$$\hat{i}\times\hat{j}=\hat{k}$$
$$\hat{j}\times\hat{k}=\hat{i}$$
$$\hat{k}\times\hat{i}=\hat{j}.$$

Da propriedade de anticomutatividade, vemos que $\hat{j}\times\hat{i}=-\hat{k}$ etc. Finalmente, o produto vetorial de um vetor por ele mesmo é igual a zero, já que o ângulo envolvido é nulo.

Assim, combinando esses resultados, obtemos:

$$\vec{A}\times\vec{B}=(A_yB_z-A_zB_y)\hat{i}+(A_zB_x-A_xB_z)\hat{j}+(A_xB_y-A_yB_x)\hat{k}, \quad (12.13)$$

que pode ser escrito na forma de determinante:

$$\vec{A}\times\vec{B}=\begin{vmatrix}\hat{i} & \hat{j} & \hat{k} \\ A_x & A_y & A_z \\ B_x & B_y & B_z\end{vmatrix}. \quad (12.14)$$

12.2.6 Campos escalares e vetoriais

Considere uma região qualquer do espaço. Se a cada ponto dessa região corresponde um escalar, dizemos que nessa região existe um campo escalar. Se dissermos que em cada ponto de uma sala nota-se certa temperatura, estamos definindo um campo escalar. Esse conceito também se estende para grandezas como potencial elétrico, fluxo elétrico, fluxo magnético, pressão, corrente elétrica, energia, massa, comprimento, entre outras. Um campo escalar (x,y,z) é o conjunto de escalares $\Phi(x,y,z)$ que corresponde a cada ponto (x,y,z) de uma região R do espaço.

Considere $\Phi(x,y,z)$ um campo escalar dado por

$$\Phi(x,y,z) = x^2 + y^2 + z^2, \qquad (12.15)$$

onde a cada ponto corresponde um valor de Φ. Temos aqui uma função de ponto. Se atribuirmos um valor para Φ, como $\Phi(x,y,z) = 16$, a Equação 12.15 torna-se

$$x^2 + y^2 + z^2 = 16, \qquad (12.16)$$

que equivale à equação de uma superfície esférica de raio igual a quatro. Se atribuirmos diferentes valores para Φ, teremos como solução uma família de superfícies esféricas representando um campo escalar. Teremos, assim, superfícies equipotenciais, se o campo escalar for de potenciais, superfícies isotérmicas, se o campo escalar for de temperaturas, ou superfícies isobáricas, se o campo escalar for de pressão.

Suponhamos agora que a cada ponto (x,y,z) corresponda um vetor. Nesse caso, temos um campo vetorial. Se dissermos que em cada ponto localizado entre duas placas carregadas com cargas de sinais opostos existe um vetor $\vec{E}$, estamos definindo um campo vetorial. Outros campos vetoriais importantes são os campos de: velocidades de partículas que escoam em um fluxo de água, gravitacional e magnético. Um campo vetorial $\vec{v}(x,y,z)$ é o conjunto de vetores $\vec{v}(x,y,z)$ que corresponde a cada ponto (x,y,z) de uma região R no espaço. Assim,

$$\vec{v} = xy\hat{i} + x^2 z\hat{j} + \hat{k} \qquad (12.17)$$

representa um campo vetorial.

Em geral, uma função vetorial $\vec{v}(x,y,z)$ especifica a magnitude e a direção de cada ponto em uma região do espaço. A Figura 12.13(a) mostra uma função vetorial como uma coleção de setas, uma para cada ponto (x,y,z). A direção de cada seta em qualquer ponto é a direção dada pela função vetorial, e o seu comprimento é proporcional à magnitude da função.

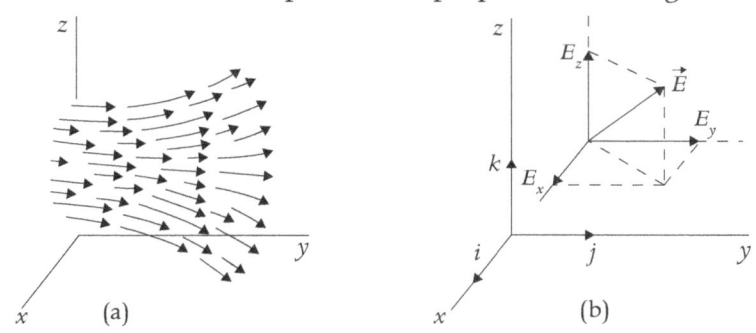

Figura 12.13 – Campos vetoriais.

Uma função vetorial também pode ser representada por meio de suas componentes, como mostra a Figura 12.13(b), onde $\hat{i}$, $\hat{j}$ e $\hat{k}$ são os vetores unitários ao longo dos eixos x, y e z, respectivamente. Desse modo,

$$\vec{E}(x,y,z) = E_x(x,y,z)\hat{i} + E_y(x,y,z)\hat{j} + E_z(x,y,z)\hat{k}.$$

As três quantidades, E_x, E_y e E_z, são funções escalares de x, y e z, e todas elas são componentes cartesianas da função vetorial $\vec{E}(x,y,z)$.

Para ilustrar melhor, vamos considerar um exemplo de função vetorial em apenas duas dimensões:

$$\vec{G}(x,y) = x\hat{i} + y\hat{i}, \tag{12.18}$$

como mostra a Figura 12.14(a). Nesse caso, a posição dos vetores é representada pelas setas, que estão na direção radial (isto é, na direção de uma linha que passa pela origem) e têm como comprimento sua distância à origem. Já no exemplo da Figura 12.14(b), todas as setas estão na direção tangente (isto é, cada uma é tangente a um círculo centrado na origem) e todas têm o mesmo comprimento. Nesse caso, a função vetorial é dada por:

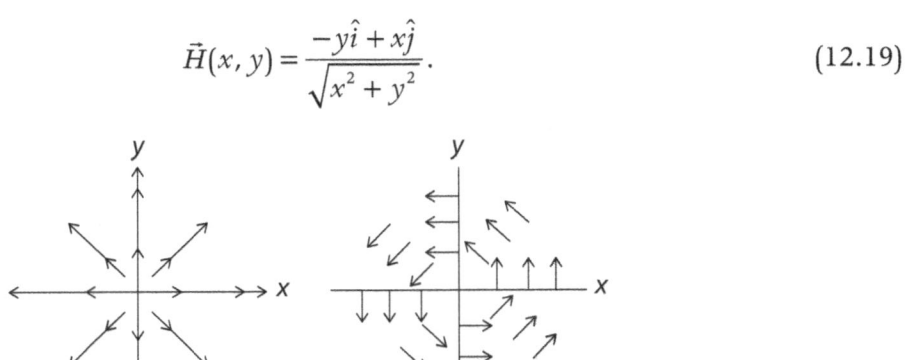

$$\vec{H}(x,y) = \frac{-y\hat{i} + x\hat{j}}{\sqrt{x^2 + y^2}}. \tag{12.19}$$

Figura 12.14 – Funções vetoriais $\vec{G}(x,y)$ e $\vec{H}(x,y)$.

12.2.7 Operador diferencial vetorial

O operador diferencial vetorial nabla (∇) é utilizado, simplesmente, para facilitar o uso do gradiente, do divergente e do rotacional, que serão definidos a seguir. O símbolo ∇ é utilizado para representar o operador definido em coordenadas retangulares como:

$$\nabla = \frac{\partial}{\partial x}\hat{i} + \frac{\partial}{\partial y}\hat{j} + \frac{\partial}{\partial z}\hat{k} \equiv \hat{i}\frac{\partial}{\partial x} + \hat{j}\frac{\partial}{\partial y} + \hat{k}\frac{\partial}{\partial z}. \tag{12.20}$$

12.2.8 Gradiente

Seja $\Phi(x,y,z)$ uma função escalar definida e derivável em todos os pontos (x, y, z) de determinada região do espaço. O gradiente de Φ, que se escreve $\nabla\Phi$ ou *grad* Φ, representa uma função vetorial que, no sistema cartesiano, é definida por:

$$\nabla\Phi = (\frac{\partial}{\partial x}\hat{i} + \frac{\partial}{\partial y}\hat{j} + \frac{\partial}{\partial z}\hat{k})\Phi = \frac{\partial\Phi}{\partial x}\hat{i} + \frac{\partial\Phi}{\partial y}\hat{j} + \frac{\partial\Phi}{\partial z}\hat{k}. \qquad (12.21)$$

Note que $\nabla\Phi$ define um campo vetorial, ou seja, um operador vetorial aplicado a uma função escalar cujo resultado é uma função vetorial. O gradiente expressa a máxima taxa de variação espacial de uma função escalar e a direção na qual esse máximo ocorre.

Exemplo 67

Se $\Phi(x,y,z) = 3x^2 y - y^3 z^2$, o $\nabla\Phi$ no ponto $(1,-2,-1)$ tem como resultado a seguinte expressão vetorial:

Solução

$$\nabla\Phi = \frac{\partial}{\partial x}(3x^2 y - y^3 z^2)\hat{i} + \frac{\partial}{\partial y}(3x^2 y - y^3 z^2)\hat{j} + \frac{\partial}{\partial z}(3x^2 y - y^3 z^2)\hat{k}$$

$$\nabla\Phi = (6xy)\hat{i} + (3x^2 - 3y^2 z^2)\hat{j} + (-2y^3 z)\hat{k}.$$

Substituindo os valores de x, y e z, obtemos

$$\nabla\Phi = -12\hat{i} - 9\hat{j} - 16\hat{k}.$$

12.2.9 Divergente

Consideremos uma função vetorial $\vec{v}(x,y,z) = v_1\hat{i} + v_2\hat{j} + v_3\hat{k}$ definida e derivável em todos os pontos. A divergência de $\vec{v}$, que se escreve $\nabla\cdot\vec{v}$ ou *div* $\vec{v}$, é definida no sistema cartesiano por:

$$\nabla\cdot\vec{v} \equiv (\frac{\partial}{\partial x}\hat{i} + \frac{\partial}{\partial y}\hat{j} + \frac{\partial}{\partial z}\hat{k})\cdot(v_1\hat{i} + v_2\hat{j} + v_3\hat{k}) = \frac{\partial v_1}{\partial x} + \frac{\partial v_2}{\partial y} + \frac{\partial v_3}{\partial z}. \qquad (12.22)$$

Do ponto de vista físico, o conceito de divergente está diretamente ligado ao fluxo de um campo. No caso de um campo elétrico, o divergente do campo em uma superfície que encerra uma carga positiva (uma fonte) terá um valor positivo, com as linhas de campo apontando para fora da superfície. Se a superfície encerrar uma carga negativa (um sorvedouro), o divergente será negativo e as linhas de campo apontarão para dentro da superfície, no sentido da carga. Na ausência de fontes ou sorvedouros no interior de determinada região do espaço, o divergente do campo será nulo em todos os pontos da superfície. Do mesmo modo, o divergente do campo será nulo caso a superfície em questão encerre simultaneamente uma fonte e um sorvedouro, ou seja, uma carga positiva e outra negativa, de modo que a carga total encerrada seja nula.

Exemplo 68

Se $\vec{A} = x^2 z \hat{i} - 2 y^3 z^2 \hat{j} + xy^2 z \hat{k}$, encontre $\nabla \cdot \vec{A}$ no ponto $(1,-1,1)$.

Solução

Sendo $\nabla \cdot \vec{A}$ um produto escalar entre dois vetores, seu resultado será obrigatoriamente um número (um escalar), como pode ser visto a seguir:

$$\nabla \cdot \vec{A} = \left(\frac{\partial}{\partial x} \hat{i} + \frac{\partial}{\partial y} \hat{j} + \frac{\partial}{\partial z} \hat{k} \right) \cdot (x^2 z \hat{i} - 2 y^3 z^2 \hat{j} + xy^2 z \hat{k}) = 2xz - 6y^2 z^2 + xy^2,$$

que, no ponto $(1,-1,1)$, pode ser assim representado:

$$\nabla \cdot \vec{A} = -3.$$

12.2.10 Rotacional

Se $\vec{v}(x,y,z)$ é um campo vetorial derivável, o rotacional de $\vec{v}$, que se escreve $\nabla \times \vec{v}$ ou rot $\vec{v}$, é definido em coordenadas cartesianas retangulares por:

$$\nabla \times \vec{v} = \left(\frac{\partial}{\partial x} \hat{i} + \frac{\partial}{\partial y} \hat{j} + \frac{\partial}{\partial z} \hat{k} \right) \times (v_1 \hat{i} + v_2 \hat{j} + v_3 \hat{k}) \equiv \begin{vmatrix} \hat{i} & \hat{j} & \hat{k} \\ \partial/\partial x & \partial/\partial y & \partial/\partial z \\ v_1 & v_2 & v_3 \end{vmatrix}$$

$$= \begin{vmatrix} \partial/\partial y & \partial/\partial z \\ v_2 & v_3 \end{vmatrix} \hat{i} - \begin{vmatrix} \partial/\partial x & \partial/\partial z \\ v_1 & v_3 \end{vmatrix} \hat{j} - \begin{vmatrix} \partial/\partial x & \partial/\partial y \\ v_1 & v_2 \end{vmatrix} \hat{k},$$

e, finalmente, podemos escrever

$$\nabla \times \vec{v} = \left(\frac{\partial v_3}{\partial y} - \frac{\partial v_2}{\partial z} \right) \hat{i} + \left(\frac{\partial v_1}{\partial z} - \frac{\partial v_3}{\partial x} \right) \hat{j} + \left(\frac{\partial v_2}{\partial x} - \frac{\partial v_1}{\partial y} \right) \hat{k}. \tag{12.23}$$

Podemos dizer que o rotacional é uma medida da máxima circulação do vetor $\vec{v}$ em torno de um ponto P. Em geral, a circulação de $\vec{v}$ em torno de P depende da orientação do plano de P. O sentido de $\nabla \times \vec{v}$ é o sentido da máxima circulação.

Exemplo 69

Se $\vec{A} = z^3 x \hat{i} - 2x^2 yz \hat{j} + 2yz^4 \hat{k}$, encontre $\nabla \times \vec{A}$ no ponto $(1, -1, 1)$.

Solução

Tomemos o rotacional do vetor $\vec{A}$ utilizando o resultado anterior.

$$\nabla \times \vec{A} = \left[\frac{\partial}{\partial y}(2yz^4) - \frac{\partial}{\partial z}(-2x^2 yz)\right]\hat{i} + \left[\frac{\partial}{\partial z}(z^3 x) - \frac{\partial}{\partial x}(2yz^4)\right]\hat{j} + \left[\frac{\partial}{\partial x}(-2x^2 yz) - \frac{\partial}{\partial y}(z^3 x)\right]\hat{k}.$$

Então,

$$\nabla \times \vec{A} = (z^4 + 2x^2 y)\hat{i} + (3xz^2)\hat{j} - (4xyz)\hat{k}.$$

Substituindo os valores de x, y e z, obtemos

$$\nabla \times \vec{A} = -\hat{i} + 3\hat{j} + 4\hat{k}.$$

12.2.11 Laplaciano

A divergência do gradiente escrita como $\nabla . \nabla$ é representada por ∇^2, que é o resultado dessa operação. Assim, sendo Φ um escalar e $\nabla \Phi$ o gradiente de Φ, podemos escrever

$$\nabla . (\nabla \Phi) = \nabla . \nabla \Phi = \nabla^2 \Phi \tag{12.24}$$

O operador ∇^2 é chamado de laplaciano, que, em coordenadas retangulares, é assim representado:

$$\nabla^2 = \left(\frac{\partial}{\partial x}\hat{i} + \frac{\partial}{\partial y}\hat{j} + \frac{\partial}{\partial z}\hat{k}\right) . \left(\frac{\partial}{\partial x}\hat{i} + \frac{\partial}{\partial y}\hat{j} + \frac{\partial}{\partial z}\hat{k}\right).$$

Logo,

$$\nabla^2 = \frac{\partial^2}{\partial x^2} + \frac{\partial^2}{\partial y^2} + \frac{\partial^2}{\partial z^2}. \tag{12.25}$$

O laplaciano de Φ é, então, dado por

$$\nabla^2 \Phi = \left(\frac{\partial^2}{\partial x^2} + \frac{\partial^2}{\partial y^2} + \frac{\partial^2}{\partial z^2}\right)\Phi \equiv \frac{\partial^2 \Phi}{\partial x^2} + \frac{\partial^2 \Phi}{\partial y^2} + \frac{\partial^2 \Phi}{\partial z^2} \tag{12.26}$$

Note que o laplaciano de uma função escalar Φ é um escalar. Ocasionalmente, falaremos do laplaciano de um vetor, $\nabla^2 \vec{v}$. Representamos, assim, uma quantidade vetorial cuja componente x é o laplaciano de v_x, e assim por diante:

$$\nabla^2 \vec{v} = (\nabla^2 v_x)\hat{i} + (\nabla^2 v_y)\hat{j} + (\nabla^2 v_z)\hat{k}.$$

Exemplo 70

Mostre que a função $1/r$, onde $r = (x^2 + y^2 + z^2)^{1/2}$, $\forall r \neq 0$, satisfaz à equação de Laplace.

Solução

Primeiro, encontramos a derivada parcial em relação a x:

$$\frac{\partial}{\partial x}[(x^2 + y^2 + z^2)^{-1/2}] = -\frac{1}{2}(x^2 + y^2 + z^2)^{-3/2} 2x.$$

A seguir, encontramos a derivada segunda parcial

$$\frac{\partial^2}{\partial x^2} = -x\left[-\frac{3}{2}(x^2 + y^2 + z^2)^{-5/2}\right] 2x - (x^2 + y^2 + z^2)^{-3/2}$$

$$= 3x^2(x^2 + y^2 + z^2)^{-5/2} - (x^2 + y^2 + z^2)^{-3/2}$$

$$= 3x^2 r^{-5} - r^{-3}.$$

Do mesmo modo, para y e z, obtemos

$$\frac{\partial^2}{\partial y^2} = 3y^2 r^{-5} - r^{-3}$$

e

$$\frac{\partial^2}{\partial z^2} = 3z^2 r^{-5} - r^{-3}.$$

Portanto,

$$\nabla^2\left(\frac{1}{r}\right) = \frac{3(x^2 + y^2 + z^2)}{r^5} - \frac{3}{r^3} = \frac{3}{r^3} - \frac{3}{r^3} = 0.$$

12.2.12 Derivação de função vetorial

O cálculo de derivadas ordinárias de funções escalares é facilitado por um número de regras, como:

- a regra da soma,

$$\frac{d}{dx}(f + g) = \frac{df}{dx} + \frac{dg}{dx};$$

- a regra de multiplicação por uma constante,

$$\frac{d}{dx}(kf) = k\frac{df}{dx};$$

- a regra do produto,

$$\frac{d}{dx}(fg) = f\frac{dg}{dx} + g\frac{df}{dx};$$

e a regra do quociente,

$$\frac{d}{dx}\left(\frac{f}{g}\right) = \frac{g\,df/dx - f\,dg/dx}{g^2}.$$

Relações semelhantes também ocorrem para a derivada de funções vetoriais. Assim,

$$\nabla.(\vec{A}+\vec{B}) = \nabla.\vec{A} + \nabla.\vec{B}$$
$$\nabla\times(\vec{A}+\vec{B}) = \nabla\times\vec{A} + \nabla\times\vec{B}$$

e

$$\nabla.(k\vec{A}) = k\nabla.(\vec{A}), \quad \nabla\times(k\vec{A}) = k\nabla\times(\vec{A}).$$

Existem duas maneiras de construir um escalar como produto de duas funções: fg (produto de duas funções escalares) e $\vec{A}.\vec{B}$ (produto escalar de duas funções vetoriais), e duas maneiras de se fazer um vetor: $f\vec{A}$ (escalar multiplicada por vetor) e $(\vec{A}\times\vec{B})$ (produto vetorial de dois vetores).

Consequentemente, existem seis regras de produto, sendo duas para o gradiente:

1. $\nabla(fg) = f\nabla g + g\nabla f$;
2. $\nabla(\vec{A}.\vec{B}) = \vec{A}\times(\nabla\times\vec{B}) + \vec{B}\times(\nabla\times\vec{A}) + (\vec{A}.\nabla)\vec{B} + (\vec{B}.\nabla)\vec{A}$;

duas para divergência:

3. $\nabla(f\vec{A}) = f(\nabla.\vec{A}) + \vec{A}.(\nabla f)$;
4. $\nabla.(\vec{A}\times\vec{B}) = \vec{B}.(\nabla\times\vec{A}) - \vec{A}.(\nabla\times\vec{B})$;

e duas para o rotacional:

5. $\nabla\times(f\vec{A}) = f(\nabla\times\vec{A}) - \vec{A}\times(\nabla f)$;
6. $\nabla\times(\vec{A}\times\vec{B}) = (\vec{B}.\nabla)\vec{A} - (\vec{A}.\nabla)\vec{B} + \vec{A}(\nabla.\vec{B}) - \vec{B}(\nabla.\vec{A})$

12.2.13 Derivadas de segunda ordem

Gradiente, divergente e rotacional são derivadas de primeira ordem e correspondem à atuação do operador ∇. Pela aplicação de ∇ duas vezes, podemos construir cinco espécies de derivadas de segunda ordem. O gradiente de T é um vetor, de modo que podemos tomar a divergência e/ou o rotacional de *grad T*:

1. Divergente do gradiente:

$$\nabla.(\nabla T) = \nabla^2 T.$$

2. Rotacional do gradiente:
$$\nabla \times (\nabla T) = 0.$$

A divergência $\nabla . \vec{v}$ é um escalar. Tudo que podemos fazer é tomar seu gradiente:

3. Gradiente do divergente:
$$\nabla(\nabla . \vec{v}) = \nabla^2 \vec{v} + \nabla \times \vec{v}.$$

O rotacional $\nabla \times \vec{v}$ é um vetor, então podemos tomar seu divergente ou rotacional:

4. Divergente do rotacional:
$$\nabla . (\nabla \times \vec{v}) = 0.$$

5. Rotacional do rotacional:
$$\nabla \times (\nabla \times \vec{v}) = \nabla(\nabla . \vec{v}) - \nabla^2 \vec{v}.$$

12.2.14 Operadores diferenciais em outros sistemas de coordenadas

Além do sistema de coordenadas cartesiano, existem diversos outros que são úteis em problemas com determinada simetria. Depois do cartesiano, os sistemas mais comuns são o polar cilíndrico e o polar esférico.

1. **Coordenadas cilíndricas**

As coordenadas cilíndricas (ρ, φ, z), como ilustrado na Figura 12.15, estão relacionadas com as coordenadas cartesianas (x, y, z) por

$$x = \rho \cos\varphi, \quad y = \rho \, \text{sen}\,\varphi, \quad z = z,$$

ou, inversamente,

$$\rho = \sqrt{x^2 + y^2}, \quad \varphi = \tan^{-1} \frac{y}{x} = \text{sen}^{-1} \frac{y}{\rho} = \cos^{-1} \frac{x}{\rho}, \quad z = z,$$

cujos vetores unitários são, respectivamente, $\hat{\rho}$, $\hat{\varphi}$ e $\hat{k}$, que, por sua vez, relacionam-se aos versores cartesianos por

$$\hat{\rho} = \hat{i}\cos\varphi + \hat{j}\,\text{sen}\,\varphi, \quad \hat{\varphi} = -\hat{i}\,\text{sen}\,\varphi + \hat{j}\cos\varphi, \quad \hat{k} = \hat{k}.$$

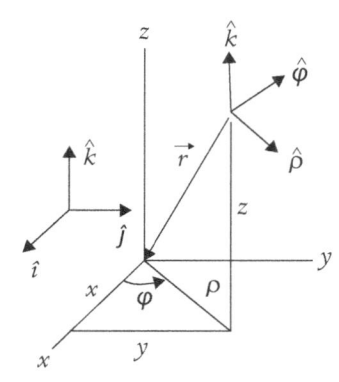

Figura 12.15 – Sistema de coordenadas polares cilíndricas.

Nesse sistema de coordenadas, qualquer vetor $\vec{A}$ pode escrito em termos de seus componentes ao longo das direções de $\hat{\rho}$, $\hat{\varphi}$ e $\hat{k}$, isto é,

$$\vec{A} = A_\rho \hat{\rho} + A_\varphi \hat{\varphi} + A_z \hat{k}.$$

Por exemplo, o vetor posição $\vec{r}$ pode ser escrito como

$$\vec{r} = \rho \hat{\rho} + z\hat{k}.$$

Note que ρ carrega a dependência com φ. Em coordenadas cilíndricas, os operadores diferenciais ficam:

- Divergente de $\vec{D}$:

$$\nabla \cdot \vec{D} = \frac{1}{\rho}\frac{\partial}{\partial \rho}(\rho D_\rho) + \frac{1}{\rho}\frac{\partial D_\varphi}{\partial \rho} + \frac{\partial D_z}{\partial z}.$$

- Gradiente de V:

$$\nabla V = \frac{\partial V}{\partial \rho}\hat{\rho} + \frac{1}{\rho}\frac{\partial V}{\partial \varphi}\hat{\varphi} + \frac{\partial V}{\partial z}\hat{k}.$$

- Rotacional de $\vec{H}$:

$$\nabla \times \vec{H} = \left[\frac{1}{\rho}\frac{\partial H_z}{\partial \varphi} - \frac{\partial H_\varphi}{\partial z}\right]\hat{\rho} + \left[\frac{\partial H_\rho}{\partial z} - \frac{\partial H_z}{\partial \rho}\right]\hat{\varphi} + \frac{1}{\rho}\left[\frac{\partial (\rho H_\varphi)}{\partial \rho} - \frac{\partial H_\rho}{\partial \varphi}\right]\hat{k}.$$

- Laplaciano de V:

$$\nabla^2 V = \frac{1}{\rho}\frac{\partial}{\partial \rho}\left(\rho \frac{\partial V}{\partial \rho}\right) + \frac{1}{\rho^2}\frac{\partial^2 V}{\partial \varphi^2} + \frac{\partial^2 V}{\partial z^2}.$$

2. **Coordenadas esféricas**

As coordenadas polares esféricas (r, θ, ϕ), como ilustrado na Figura 12.16, relacionam-se com as coordenadas cartesianas (x, y, z) por

$$x = r\,\text{sen}\,\theta \cos\phi, \qquad y = r\,\text{sen}\,\theta\,\text{sen}\,\phi, \qquad z = r\cos\theta,$$

ou, inversamente,

$$r = \sqrt{x^2 + y^2 + z^2}, \qquad \theta = \tan^{-1} \frac{\sqrt{x^2 + y^2}}{z}, \qquad \phi = \tan^{-1} \frac{y}{x},$$

cujos vetores unitários são, respectivamente, $\hat{r}$, $\hat{\theta}$ e $\hat{\phi}$, que estão relacionados aos versos cartesianos por

$$\hat{r} = \hat{i}\,\text{sen}\,\theta\cos\phi + \hat{j}\,\text{sen}\,\theta\,\text{sen}\,\phi + \hat{k}\cos\theta,$$
$$\hat{\theta} = \hat{i}\cos\theta\cos\phi + \hat{j}\cos\theta\,\text{sen}\,\phi,$$
$$\hat{\phi} = -\hat{i}\,\text{sen}\,\phi + \hat{j}\cos\phi.$$

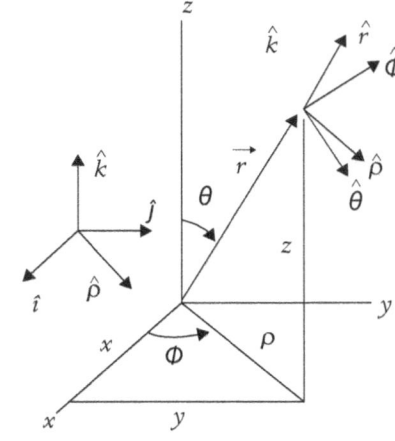

Figura 12.16 – Sistema de coordenadas polares esféricas.

Nesse sistema de coordenadas, qualquer vetor $\vec{A}$ pode ser escrito em termos de seus componentes ao longo das direções $\hat{r}$, $\hat{\theta}$ e $\hat{\phi}$, isto é,

$$\vec{A} = A_r \hat{r} + A_\theta \hat{\theta} + A_\phi \hat{\phi}.$$

Por exemplo, o vetor posição $\vec{r}$ pode ser escrito como

$$\vec{r} = r\hat{r}(\theta,\phi).$$

Note que $\hat{r}$ carrega a dependência com θ e ϕ.

Em coordenadas esféricas, os operadores diferenciais ficam:

- Divergente de $\vec{D}$:

$$\nabla \cdot \vec{D} = \frac{1}{r^2}\frac{\partial}{\partial r}(r^2 D_r) + \frac{1}{r\,\text{sen}\,\theta}\frac{\partial}{\partial \theta}(D_\theta\,\text{sen}\,\theta) + \frac{1}{r\,\text{sen}\,\theta}\frac{\partial D_\phi}{\partial \phi}.$$

- Gradiente de V:

$$\nabla V = \frac{\partial V}{\partial r}\hat{r} + \frac{1}{r}\frac{\partial V}{\partial \theta}\hat{\theta} + \frac{1}{r\,\text{sen}\,\theta}\frac{\partial V}{\partial \phi}\hat{\phi}.$$

■ Rotacional de $\vec{H}$:

$$\nabla \times \vec{H} = \frac{1}{r\,\mathrm{sen}\,\theta}\left[\frac{\partial H_\phi \,\mathrm{sen}\,\theta}{\partial \theta} - \frac{\partial H_\theta}{\partial \phi}\right]\hat{r} + \frac{1}{r}\left[\frac{1}{\mathrm{sen}\,\theta}\frac{\partial H_r}{\partial \phi} - \frac{\partial (rH_\phi)}{\partial r}\right]\hat{\theta} + \left[\frac{1}{r}\frac{\partial (rH_\theta)}{\partial r} - \frac{\partial H_r}{\partial \theta}\right]\hat{\phi}.$$

■ Laplaciano de V:

$$\nabla^2 V = \frac{1}{r^2}\frac{\partial}{\partial r}(r^2 \frac{\partial V}{\partial r}) + \frac{1}{r^2 \mathrm{sen}\,\theta}\frac{\partial}{\partial \theta}(\mathrm{sen}\,\theta \frac{\partial V}{\partial \theta}) + \frac{1}{r^2 \mathrm{sen}^2 \theta}\frac{\partial^2 V}{\partial \phi^2}.$$

12.2.15 Integração vetorial

Integral de linha

Considere a curva C apresentada na Figura 12.17 e uma função vetorial $\vec{A}$ definida em pontos sobre essa curva. Podemos definir uma integral de linha de $\vec{A}$ ao longo da curva C, curva esta que pode ser subdividida em pequenos segmentos, cada qual representado por um vetor $d\vec{r}$ que tem a direção e o comprimento deste segmento. Desse modo, a curva consistirá em uma sucessão de vetores $d\vec{r}$ de um extremo a outro. A integral de linha de $\vec{A}$ ao longo de C é definida como o limite da soma dos produtos $\vec{A}.d\vec{r}$, quando o número de segmentos cresce sem limite, ao mesmo tempo em que o módulo $|d\vec{r}|$ de cada segmento se aproxima de zero, isto é,

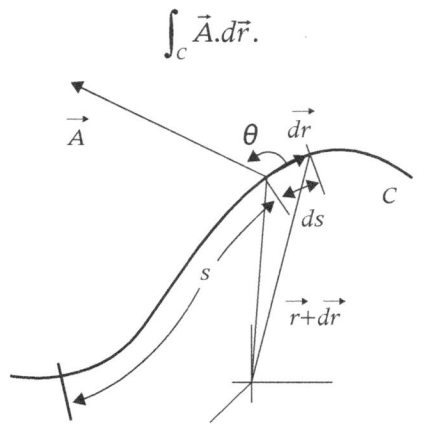

$$\int_C \vec{A}.d\vec{r}.$$

Figura 12.17 – Representação de uma curva C no sistema de coordenadas retangulares.

Se $\vec{r} = x\hat{i} + y\hat{j} + z\hat{k}$, então $d\vec{r} = dx\hat{i} + dy\hat{j} + dz\hat{k}$, sendo dx, dy, dz as diferenças nas coordenadas dos dois extremos do segmento. Da definição de produto escalar, se conhecemos as componentes de $\vec{A} = A_x\hat{i} + A_y\hat{j} + A_z\hat{k}$, podemos escrever

$$\int_C \vec{A}.d\vec{r} = \int_C (A_x dx + A_y dy + A_z dz). \tag{12.27}$$

Ainda, se s for a distância medida ao longo da curva a partir de algum ponto fixo, tal que $ds = |d\vec{r}|$, e se conhecemos A e θ como função de s, a integral fica

$$\int_C \vec{A}.d\vec{r} = \int A\cos\theta ds. \tag{12.28}$$

Outras definições de gradiente, divergente e rotacional

$$\begin{aligned} \nabla\phi &= \lim_{\Delta V \to 0} \frac{1}{\Delta V} \int_S \phi \overrightarrow{ds} \\ \nabla.\vec{f} &= \lim_{\Delta V \to 0} \frac{1}{\Delta V} \oint_S \overrightarrow{ds}.\vec{f} \\ \nabla \times \vec{f} &= \lim_{\Delta V \to 0} \frac{1}{\Delta V} \oint_S \overrightarrow{ds} \times \vec{f}, \end{aligned} \tag{12.29}$$

onde ΔV é o volume da região R limitada pela superfície fechada S.

12.3 Regra de Cramer

A regra de Cramer é um dos métodos mais eficientes na solução de equações de circuitos elétricos. Na análise desses circuitos, é comum encontrarmos um conjunto de equações deste tipo:

$$\begin{aligned} a_{11}x_1 + a_{12}x_2 + a_{13}x_3 + \ldots + a_{1n}x_n &= b_1 \\ a_{21}x_1 + a_{22}x_2 + a_{23}x_3 + \ldots + a_{2n}x_n &= b_2 \\ a_{31}x_1 + a_{32}x_2 + a_{33}x_3 + \ldots + a_{3n}x_n &= b_3 \\ &\vdots \\ a_{n1}x_1 + a_{n2}x_2 + a_{n3}x_3 + \ldots + a_{nn}x_n &= b_n, \end{aligned} \tag{12.30}$$

onde $x_1, x_2, x_3, \ldots, x_n$ são incógnitas a serem determinadas. Na forma matricial, a Equação 12.30 pode ser escrita como

$$\begin{bmatrix} a_{11} & a_{12} & a_{13} & \ldots & a_{1n} \\ a_{21} & a_{22} & a_{23} & \ldots & a_{2n} \\ a_{31} & a_{32} & a_{33} & \ldots & a_{3n} \\ \vdots & \vdots & \vdots & \ldots & \vdots \\ a_{n1} & a_{n2} & a_{n3} & \ldots & a_{nn} \end{bmatrix} \begin{bmatrix} x_1 \\ x_2 \\ x_3 \\ \vdots \\ x_n \end{bmatrix} = \begin{bmatrix} b_1 \\ b_2 \\ b_3 \\ \vdots \\ b_n \end{bmatrix}.$$

Essa equação matricial pode ser colocada na seguinte forma completa:

$$AX = B, \tag{12.31}$$

onde

$$A = \begin{bmatrix} a_{11} & a_{12} & a_{13} & \ldots & a_{1n} \\ a_{21} & a_{22} & a_{23} & \ldots & a_{2n} \\ a_{31} & a_{32} & a_{33} & \ldots & a_{3n} \\ \vdots & \vdots & \vdots & \ldots & \vdots \\ a_{n1} & a_{n2} & a_{n3} & \ldots & a_{nn} \end{bmatrix} ; \quad X = \begin{bmatrix} x_1 \\ x_2 \\ x_3 \\ \vdots \\ x_n \end{bmatrix} ; \quad B = \begin{bmatrix} b_1 \\ b_2 \\ b_3 \\ \vdots \\ b_n \end{bmatrix},$$

sendo A uma matriz quadrada $n \times n$, ao passo que X e B são matrizes coluna.

A regra de Cramer estabelece que a solução da Equação 12.30 ou da Equação 12.31 é:

$$\begin{aligned} X_1 &= \frac{\Delta_1}{\Delta} \\ X_2 &= \frac{\Delta_2}{\Delta} \\ X_n &= \frac{\Delta_n}{\Delta}, \end{aligned} \tag{12.32}$$

onde os Δ são os determinantes dados por

$$\Delta = \begin{vmatrix} a_{11} & a_{12} & a_{13} & \ldots & a_{1n} \\ a_{21} & a_{22} & a_{23} & \ldots & a_{2n} \\ a_{31} & a_{32} & a_{33} & \ldots & a_{3n} \\ \vdots & \vdots & \vdots & \ldots & \vdots \\ a_{n1} & a_{n2} & a_{n3} & \ldots & a_{nn} \end{vmatrix} ; \quad \Delta_1 = \begin{vmatrix} b_1 & a_{12} & a_{13} & \ldots & a_{1n} \\ b_2 & a_{22} & a_{23} & \ldots & a_{2n} \\ b_3 & a_{32} & a_{33} & \ldots & a_{3n} \\ \vdots & \vdots & \vdots & \ldots & \vdots \\ b_n & a_{n2} & a_{n3} & \ldots & a_{nn} \end{vmatrix}$$

e

$$\Delta_2 = \begin{vmatrix} a_{11} & b_1 & a_{13} & \ldots & a_{1n} \\ a_{12} & b_2 & a_{23} & \ldots & a_{2n} \\ a_{13} & b_3 & a_{33} & \ldots & a_{3n} \\ \vdots & \vdots & \vdots & \ldots & \vdots \\ a_{1n} & b_n & a_{n3} & \ldots & a_{nn} \end{vmatrix} ; \quad \Delta_n = \begin{vmatrix} a_{11} & a_{21} & a_{13} & \ldots & b_1 \\ a_{12} & a_{22} & a_{23} & \ldots & b_2 \\ a_{13} & a_{23} & a_{33} & \ldots & b_3 \\ \vdots & \vdots & \vdots & \ldots & \vdots \\ a_{1n} & a_{2n} & a_{n3} & \ldots & b_n \end{vmatrix}.$$

Observe que Δ é o determinante da matriz A e Δ_k é o determinante das matrizes formadas pela substituição da k-ésima coluna de A por B. O valor do determinante Δ pode ser obtido pela expansão da primeira linha:

$$\Delta = a_{11}M_{11} - a_{12}M_{12} + a_{13}M_{13} + \ldots + (-1)^{1+n} a_{1n}M_{1n}, \tag{12.33}$$

ou, ainda, pela expansão da primeira coluna:

$$\Delta = a_{11}M_{11} - a_{21}M_{21} + a_{31}M_{31} + \ldots + (-1)^{n+1} a_{n1}M_{n1}, \qquad (12.34)$$

onde o menor M_{ij} é o determinante da matriz $(n-1)\times(n-1)$ formada quando retiramos a i-ésima linha e j-ésima coluna.

Resumidamente, para uma matriz 2 × 2, obtém-se o determinante da seguinte maneira:

$$\Delta = \begin{vmatrix} a_{11} & a_{12} \\ a_{21} & a_{22} \end{vmatrix} = a_{11}a_{22} - a_{12}a_{21}. \qquad (12.35)$$

Para uma matriz 3 × 3,

$$\Delta = \begin{vmatrix} a_{11} & a_{12} & a_{13} \\ a_{21} & a_{22} & a_{23} \\ a_{31} & a_{32} & a_{33} \end{vmatrix} = a_{11}(-1)^2 \begin{vmatrix} a_{22} & a_{23} \\ a_{32} & a_{33} \end{vmatrix} + a_{21}(-1)^3 \begin{vmatrix} a_{12} & a_{13} \\ a_{32} & a_{33} \end{vmatrix} + a_{31}(-1)^4 \begin{vmatrix} a_{12} & a_{13} \\ a_{22} & a_{23} \end{vmatrix} \qquad (12.36)$$

$$= a_{11}(a_{22}a_{33} - a_{32}a_{23}) - a_{21}(a_{12}a_{33} - a_{32}a_{13}) + a_{31}(a_{12}a_{23} - a_{22}a_{13}).$$

Bibliografia complementar

BERNARD, D.; KOVALEVSKY, J.; ACADÉMIE DES SCIENCES. *Quelle place pour la métrologie em France à l'aube du XXIe siècle*. Tec & Doc Lavoisier, 1996, p. 25.

INMETRO. *Diretrizes estratégicas para a metrologia Brasileira 2003-2007*. Comitê Brasileiro de Metrologia: CBM, 2003, p. 12.

Índice remissivo

A
acoplamento eletromagnético, 1, 5
acoplamentos, 1, 2, 16, 333
amperímetro, 198, 201, 215, 219
amplitude de probabilidade, 7
anel, 46, 266, 304
anel carregado, 44-6, 56-4, 103-4, 107, 293
ângulo de fase, 375, 392-4, 400, 404, 406
ângulo sólido, 71, 456
associação de resistores, 195, 197
átomo, 2-5, 16-9, 34-5, 119, 131, 167, 180,
    182, 184, 226, 297, 440-1, 456
autoindutância, 320-1, 333, 342, 344,

B
barreira coulombiana, 206
bobina, 249, 256, 258, 310, 320, 331-2,
    344, 373-4, 397-8, 408
bobina circular, 294, 297, 334
bobina de Helmholtz, 294, 295, 296, 297
bobina toroidal, 290
buracos, 234-5
bússola, 221, 223-4, 227, 252, 261-2

C
calorimetria, 185
campo elétrico induzido, 309, 312-3, 317-
    8, 412
campo eletromagnético, 8, 226, 422, 424,
    426, 432, 434-5, 437
campo eletrostático, 67, 224, 312
campo elétrico, 8, 13, 17, 19-26, 28-31, 33,
    36, 38, 41, 51-9, 61, 66-91, 93-5, 98,
    104-17, 122, 126, 128, 130-2, 135-7,
    140, 145-6, 153, 165, 167, 179, 181,
    212, 224, 226, 230-5, 238, 241-2, 251,
    261, 270, 274-5, 278, 307, 309, 312-
    3, 317-8, 323, 338, 345, 347, 412-4,
    417-8, 420, 423-4, 429-31, 438, 443-4,
    446-7, 458, 475
campo magnético, 8, 17, 34, 93, 221-305,
    307-8, 323, 326-334, 338-41, 345, 351,
    373, 404, 407, 412-4, 420, 424, 427,
    430-2, 444-47, 458
campos cruzados, 242-3
campos elétricos estacionários, 11
capacitância equivalente, 155, 158, 162,
    164, 219
capacitor, 135, 143-7, 149, 151-2, 154-7,
    162-5, 205-209, 211, 217-9, 320, 329,
    347, 351-2, 356, 358, 362-5, 369, 371,
    380, 383, 386-7, 391-2, 396, 401, 403-
    4, 406, 408, 417, 444
capacitor coaxial, 148
capacitores em paralelo, 146, 153, 155, 158,
    160, 162-3, 165, 233, 407
capacitores em série, 156
capacitância, 135, 144-5, 147-51, 154-5,
    157-8, 160, 163, 218, 401, 408, 444-5
capacitâncias parasitas, 152
carga de prova, 20-1, 26, 93-8, 229, 309, 312
carga do capacitor, 206-7, 351, 358, 364,
    386-7, 401
carga do elétron, 9, 117-8
carga elementar, 8-9, 259
cargas fracionárias, 9

casca esférica, 76, 85, 88-90, 127-9, 165
circuito, 135, 152, 154-6, 163-4, 180, 183-4, 188, 192-219, 247, 249, 262, 271, 273-4, 277, 293, 299, 307-13, 316, 320, 327-36, 341-45, 347-8, 372-84, 380-2, 405-408, 412-3, 422, 444-5
circuito RL, 323-27, 343, 400
circuito RLC, 355-56, 359-69, 380, 382, 391-96, 402, 404-406
circuito elétrico, 135, 154, 167, 180, 183, 191-2, 195, 198, 200, 203, 212, 214, 244, 247-8, 262, 374, 407, 451
circuito primário, 388
circuito resistivo, 201, 372
circuito secundário, 388
circularmente polarizada, 443
comprimento de onda, 429, 431, 437, 439-12, 446
condensador, 135
condutividade elétrica, 179, 185
condutividade térmica, 185
condutor, 17-8, 41, 56, 60-3, 81, 84-5, 88, 107-9, 111, 116-7, 122, 127-32, 135-7, 144, 150-2, 155, 164-5, 167-9, 171, 179-12, 185, 192, 212, 229, 233-5, 244-46, 254, 256-8, 261-2, 266, 272, 276, 279-80, 283, 295, 300-310, 315, 318-20, 341, 346, 413, 418, 440, 443, 456
condutor metálico, 173, 180
condutância, 181-2, 458
conservação de carga, 6, 25
conservação de energia, 2, 192, 203, 310, 398, 435
constante de tempo, 359
constante de tempo capacitiva, 201, 210, 219
constante de tempo indutiva, 325

constante dielétrica, 137-40, 149, 160, 162-5, 445
constante eletrostática, 13
cordas de Dirac, 225
corrente, 167-73, 181-94, 188-93, 192-3, 195-203, 208-9, 212-19, 229-30, 233-4, 244-9, 251-58, 262-87, 290-4, 297-305, 307-8, 310-1, 323-29, 331-3, 347, 351-2, 356, 358, 361, 362-3, 368-72, 379-411, 412-14, 431-2, 435, 458
corrente alternada, 169, 185-90, 248, 372-3, 379, 383, 385-86, 388-9, 391-2, 398, 407-8, 442,
corrente contínua, 169, 181, 183, 188-9, 198, 244, 380, 386, 388, 406-7
corrente de condução, 417, 443-4
corrente de deslocamento, 416-20, 443-5, 447
corrente elétrica, 17, 167-219, 224, 244, 247, 261-2, 274, 277, 307-8, 310, 373, 413, 420, 453, 455-56, 464, 473
corrente fasorial, 384, 387, 390, 392-3
corrente induzida, 310-1, 313, 315, 317, 319-20, 323, 334, 339, 412
corrente senoidal, 185, 187, 191, 372
corrente transitória, 167
corrente térmica, 185
correntes estacionárias, 261, 264, 276, 278, 413, 416
curto-circuito, 199-201, 386, 388
curva amperiana, 303, 279-83, 290-1

D

densidade de corrente, 169-72, 212, 234, 244, 278, 281, 284, 303-4, 413, 415, 420, 435, 443, 447, 458

densidade de energia, 153-4, 161, 330, 345, 435-36
densidade de portadores, 235
densidade linear de cargas, 37, 65, 107, 123
densidade superficial de cargas, 37, 76-7, 128, 131, 139, 141, 165, 171-2
densidade volumétrica de cargas, 36-7, 85, 88, 91, 129, 171, 414
derivada logarítmica, 359
deslocamento elétrico, 142, 145-6
determinante, 204-5, 472, 485-6
diagrama de fasor, 378, 388, 390, 392-4, 406
dielétrico, 17-8, 135-65, 410-1, 445
diferença de potencial, 105, 111-5, 128, 143-51, 154, 157-8, 160-3, 179, 183, 192, 194-5, 197, 205-206, 208, 210-1, 212, 216, 218, 233-4, 242-3, 323, 397, 407, 444-5
diferença de potencial Hall, 233
dipolo elétrico, 29-35, 50-1, 66, 129, 133, 270-1
dipolo magnético, 34, 270
disco carregado, 46, 131
disjuntor, 200
dissipações resistivas, 184

E

efeito Hall, 17, 233-4, 259
efeito Joule, 184, 192, 200n.4, 322, 372, 397
efeito magnetocalórico, 211
eletrização, 18-9
eletrodinâmica quântica, 1-2, 226
eletrostática, 11-66, 67, 80, 92, 96-7, 116, 126, 135, 153, 165, 167, 221, 224, 230, 262, 270, 274, 276, 309, 413, 416, 432

elipticamente polarizada, 443
elétron, 1-9, 16-9, 22, 34, 61, 87, 117-8, 127-8, 135-6, 167-71, 181-2, 184, 211-2, 226, 230-2, 234-36, 239, 250, 253, 257, 297, 422, 441
elétron-volt, 117-9
emissão termiônica, 19
energia dissipada, 177, 396
energia elétrica, 19, 135, 153, 184, 213, 248, 307, 316, 329, 346, 351, 355, 373, 397, 399
energia magnética, 328-30, 347, 351, 355, 432
energia potencial, 93-8, 102, 105, 113-4, 135, 161, 348
energia potencial eletrostática, 126, 135, 432
energia potencial elétrica, 94, 96-8, 124, 151-2, 161
equação característica, 240, 352, 356-7, 360-2, 366-7, 371, 425
equação da continuidade, 414-16, 419, 435
equação de descarga do capacitor, 208-9
equação de Laplace, 120-2
equação de Maxwell, 1, 82, 143, 228, 278, 313, 411-48
equação de onda, 426, 429, 431
equação de Poisson, 119-22
equação de Schrödinger, 176
equação do circuito, 188, 361, 364, 405
equações diferenciais, 24, 201, 240, 347-8, 351, 370, 425
esfera maciça, 78-9, 89, 130
espectrômetro de massa, 8, 242, 259
espira circular, 266-7, 269, 345
espira quadrada, 251, 271, 274, 340

espira retangular, 247-8, 313, 319-20, 338-9, 345, 373
estado de polarização, 429

F

f, 161, 186-7, 190, 213, 244, 283, 293, 297, 329, 348-9, 352, 370-2, 380, 388, 391, 401-2, 406, 429, 431-2, 439,
fase inicial, 187, 354
fasores, 188, 374-5, 377, 379-80, 387-94, 402-3, 406, 409, 441
fator de amortecimento, 357-61, 366, 381
fem, 191-2, 203, 307-8, 314-24, 327-9, 331-2, 328, 339-41, 345, 373-4, 398, 400-1, 412, 414
fem autoinduzida, 320-1, 323-4
fio finito, 41, 55, 123, 272-3
fio infinito, 38, 41, 43, 262, 279, 283, 345
fluxo de corrente, 174, 200n.4, 351
fluxo de corrente elétrica, 174, 277
fluxo de elétrons, 19, 168
fluxo elétrico, 68-72, 86-7, 141, 464, 473
fluxo magnético, 225, 227-8, 275, 308-14, 317, 319-21, 331-2, 338, 340, 344, 383-4, 397-8, 458, 464, 473
forma diferencial da lei de Ampère, 278, 413
forma diferencial da lei de Faraday, 313, 412
forma integral da lei de Faraday, 312-3, 412-3
força contraeletromotriz, 388
força coulombiana, 20, 48-9
força de Lorentz, 231-3, 235-36, 241, 309, 431
força eletromotriz, 191-2, 195, 213, 340, 373, 404-5, 407-8, 412
força eletrostática, 12, 15, 48, 59-60, 96, 230

força elétrica, 16-8, 22-3, 33, 58, 60, 64, 95-6, 111, 118, 229, 231, 234, 241
força entre correntes, 281
força magnética, 1, 221, 229-33, 234, 237-9, 241-4, 251, 253-56, 283, 298, 300-2, 315, 433
frequência, 187, 237, 297, 357, 367, 373, 381-2, 386, 388, 391, 394-96, 403, 405-8, 431-2, 438-41, 443-4, 446-7, 456-7,
frequência angular, 186-8, 257, 352, 357, 380, 384, 390
frequência angular da onda, 425, 429, 431, 446
frequência de cíclotron, 237
frequência de ressonância, 357, 360-1, 366, 394-5, 396, 404-406
frequência natural, 357, 394-5, 403
frequência natural amortecida, 357
frequência Neper, 366
função de onda, 4, 7, 182, 422, 429, 431, 446
fusível, 199-200
física clássica, 204, 260
física quântica, 1, 181, 226, 233, 421
fóton, 2, 226, 421, 440
fóton virtual, 2

G

galvanômetro, 215, 308, 331
gerador elétrico, 248
girofrequência, 237
gradiente de temperatura, 185
gradiente de um potencial, 94
gradiente do potencial, 105, 110, 119, 122, 126, 185

I

identidade de Euler, 348, 350, 353, 357, 382, 426
ímã, 221-25, 229-30, 308, 310-14
impedância, 393-4, 400, 402, 405-406, 408-9
impedância característica do vácuo, 436
indutor, 320-30, 334-38, 341-4, 347-8, 351, 361-4, 371, 373, 383, 388-90, 396, 398, 400-1, 403-4, 408-9
indutância, 317-22, 334-36, 341-4, 390, 401, 403-4, 406, 408, 458
indutância mútua, 331-3, 345-46
indução eletromagnética, 313-4, 318, 323, 326, 352
indução magnética, 233-239, 247, 297, 306, 379
intensidade do campo magnético, 269, 310, 315, 351
interação eletromagnética, 1-3, 5-6, 11, 16, 227, 428
interação forte, 2
interação fraca, 428
interação gravitacional, 60
ionização térmica, 19
irradiância, 431
isolante, 17-8, 63-4, 128, 130, 135-7, 139, 186, 424

L

LC, 353-4 358-63, 360-6, 387, 401, 407, 410-5, 446
lei Circuital de Ampère, 274-78, 413
lei da indução de Faraday, 412
lei da indução eletromagnética, 317
lei das malhas, 194-205, 203-14, 206, 324, 326
lei das malhas de Kirchhoff, 323, 383, 386, 389
lei de Ampère, 274-85, 290, 300-11, 319, 321, 413-14, 416-9, 433
lei de Ampère-Maxwell, 416, 418-9
lei de Biot-Savart, 261-7, 271, 274, 279, 293, 297, 299
lei de conservação, 2, 7, 203
lei de conservação de carga, 6
lei de Coulomb, 11-5, 21, 23, 26, 67-8, 261-2, 274, 309
lei de Faraday, 306-46, 412, 414, 420, 428, 433
lei de Gauss, 67-92, 107-8, 116, 119, 137, 141-3, 146, 148-9, 151, 157, 266-7, 274, 278, 312, 411, 419-20, 427
lei de Gauss do magnetismo, 275, 412
lei de Joule, 178
lei de Lenz, 310-2, 314, 318, 320, 323-4, 334, 412
lei de Ohm, 180-1, 196, 383, 387
lei dos nós, 203
leis de Kirchhoff, 203, 205, 210, 215-6, 369
linhas de campo, 23-5, 54-5, 58-9, 62, 68-9, 83, 88, 222-3, 228, 238, 253, 285-6, 290-1, 311-2, 475-6
linhas de força, 23-5, 68, 87, 227-8

M

magnetismo, 221, 226-7, 274-5, 307, 411-2, 419
magneton, 226
magnetostática, 261-2
materiais ferromagnéticos, 226
medidores de corrente contínua, 198

meios ôhmicos, 179
moléculas, 3, 5-6, 16, 19, 34-5, 140-1, 224, 440-1
momento de dipolo, 33-5, 110, 141
momento de dipolo elétrico, 31, 33, 35, 270
momento de dipolo magnético, 249
momento magnético, 225, 297
momento magnético da bobina, 250
momento magnético da espira, 249, 271, 300
monopolo magnético, 224-5, 227
monopolos de Dirac, 226
monopolos magnéticos, 7, 225, 227-8, 413
método das imagens, 122
método de solução produto, 424

N
N, 13-5, 49-50, 60-1, 66, 68-9, 84-5, 87, 112, 139, 229, 231-2, 250-2, 254-5, 345, 398, 431-2, 457
nanocondutores, 182
nêutron, 3-5, 119, 225
núcleo atômico, 2-3, 60, 119, 438
número atômico, 4
número de onda, 425, 431, 446, 457
número quântico, 9

O
onda eletromagnética, 171, 406, 411, 419-20, 427, 429-32, 434, 436-42, 447
onda eletromagnética plana, 410
onda unidimensional, 424, 427
ondas planas, 411, 423
ondas transversais, 427, 431
oscilações eletromagnéticas, 347-409

P
permeabilidade magnética, 263
permissividade, 137-40, 143-5, 148-9, 165, 444
permissividade elétrica, 13, 147-8
período, 186, 211, 219, 237, 239, 257, 338, 343, 359, 389, 396, 403, 439, 446, 456
placa plana infinita, 79
placas paralelas, 112, 117, 121, 128, 132, 137, 139, 146, 153, 157-8, 160, 162-3, 165, 233, 407, 444-5
polarização, 140-3, 430, 434, 443, 447
polos magnéticos, 222, 224-5, 253 , 275
ponte de Wheatstone, 201, 215
potencial, 2, 67, 93-4, 98, 100-17, 119-22, 125-33, 135, 167, 182, 192-3, 201, 213, 313, 323
potencial eletrostático, 105
potencial elétrico, 93-133, 213, 215, 313, 457, 464, 473
potência absorvida, 189
potência consumida, 183, 193, 408
potência média, 189, 385, 395-6, 405, 437, 448
pressão de radiação, 437-8
princípio da incerteza, 422
princípio da superposição, 25-9, 261,295, 431
prótons, 3-5, 17-8, 170, 230
pósitron, 250, 257

Q
QED, 226
quantização da carga, 8-9
quantum, 1, 226
quarks, 3, 4, 6, 9

quebra espontânea de simetria, 7
quedas de tensão, 194, 363, 383, 386-7, 389,

R

radiação eletromagnética, 438
raio da órbita, 235, 257
raios catódicos, 8
razão q/m, 8
reatância indutiva, 390-1, 408
região equipotencial, 121
regra da *fem*, 193
regra da mão direita, 230, 263, 267, 276-7, 279, 283, 294, 311, 319, 471
regra do resistor, 193
resistividade, 179-80, 182, 212
resistor, 180-4, 189, 192-3, 195-203, 205, 208-19, 323-4, 328, 335, 343-7, 347, 362-3, 371, 373, 382-5, 391-2, 400, 402, 406, 408-9
resistor variável, 201
resistores em paralelo, 197-8, 200-2
resistência, 181-4, 189, 192, 199, 212-5, 218, 304, 321, 345, 347, 356, 359, 384, 387-8, 390, 394-9, 408
resistência elétrica, 180-1, 191, 457
resistência equivalente, 196-8, 204, 213-5, 219
resistência à passagem, 182
ressonância, 357, 360-1, 366, 382, 394-7, 404-2
rigidez dielétrica, 135, 160, 162

S

seletor de velocidade, 242
semicondutores, 17, 180, 234
sentido convencional, 168
sentido eletrônico, 168
separação de variáveis, 424
simetria, 7, 16, 35, 38-9, 44, 54, 57-8, 67, 72-4, 76, 119, 124-5, 127, 151, 247, 264, 268-9, 274, 278-9, 285, 317, 414, 424, 480
sinais senoidais, 191
sistema internacional de unidades, 13
sobrecarga, 199-200
solenoide, 285-91, 304, 320-2, 330, 332-3, 342, 345
spin, 4, 226
subamortecimento, 358-9, 361, 367
substâncias diamagnéticas, 226
substâncias paramagnéticas, 226
superfície equipotencial, 115-6, 122, 128, 137, 473
superfície gaussiana, 67-8, 70, 72-8, 80, 84-6, 116, 141, 146, 148-9, 160, 412
suscetibilidade elétrica, 138, 143-4
série de MacLaurin, 348-9
série de Taylor, 348-9

T

tempo característico, 207
tensão, 156, 160, 162, 180-1, 183, 185, 189, 191, 194-5, 198, 211, 219, 243, 351, 362-5, 367-9, 371-4, 380-4, 386-90, 392-4, 396-7, 399-404, 407-8, 417-8, 444-5, 457
tensão eficaz, 191
tensão fasorial, 387, 390, 392-3
teorema de Gauss, 228, 412, 415
teorema de Noether, 7
teorema de Poynting, 434-5
teorema de Stokes, 278, 313, 412-3
teorema do trabalho-energia, 434

teoria atômica, 3
torque sobre uma espira, 247-50, 252
toroide, 286, 290-1, 304, 321-2, 342
trabalho, 93-7, 111-5, 124-5, 127, 151-2,
    183, 192-3, 230, 237, 274, 310, 316-7,
    328, 432-3, 452-4, 457-8
transformador, 346, 397-9, 408
transformador abaixador, 398-9
transformador elevador, 398
tunelamento de barreira, 2

U
unificação, 3, 225

V
valor rms, 189-91, 385
valor eficaz, 189-91,
valor eficaz da corrente, 189, 191
valor eficaz da tensão, 189, 191
valor médio, 73, 188, 190, 285, 437
velocidade de deriva, 169, 234
velocidade de deslocamento, 169, 212
vetor de Poynting, 432, 434-6, 438, 448
voltagem, 112-3, 117-8, 144, 146, 151, 209,
    234, 242, 257, 320, 345-6, 383-4, 387,
    390-401, 406
voltímetro, 198, 215, 219